Bilingual Dictionary

English-Hindi
Hindi-English
Dictionary

Compiled by
Sudhakar Chaturvedi

STAR Foreign Language BOOKS

© Publishers

ISBN : 978 1 908357 49 6

All rights reserved with the Publishers. No part of this publication may be reproduced or transmitted in any form or by any means, electronic, mechanical, photocopying, recording or otherwise, without the prior written permission of the Publishers.

This Edition : 2020

Published by
STAR Foreign Language BOOKS
a unit of
ibs BOOKS (UK)
56, Langland Crescent
Stanmore HA7 1NG, U.K.
info@starbooksuk.com
www.starbooksuk.com

Printed in India at
Star Print-O-Bind, New Delhi-110 020

About this Dictionary

Developments in science and technology today have narrowed down distances between countries, and have made the world a small place. A person living thousands of miles away can learn and understand the culture and lifestyle of another country with ease and without travelling to that country. Languages play an important role as facilitators of communication in this respect.

To promote such an understanding, **STAR Foreign Language BOOKS** has planned to bring out a series of bilingual dictionaries in which important English words have been translated into other languages, with Roman transliteration in case of languages that have different scripts. This is a humble attempt to bring people of the word closer through the medium of language, thus making communication easy and convenient.

Under this series of *one-to-one dictionaries*, we have published almost 50 languages, the list of which has been given in the opening pages. These have all been compiled and edited by teachers and scholars of the relative languages.

Publishers

ONE TO ONE
Bilingual Dictionaries in this Series

English-Afrikaans / Afrikaans-English	Abraham Venter
English-Albanian / Albanian-English	Theodhora Blushi
English-Amharic / Amharic-English	Girun Asanke
English-Arabic / Arabic-English	Rania-al-Qass
English-Bengali / Bengali-English	Amit Majumdar
English-Bosnian / Bosnian-English	Boris Kazanegra
English-Bulgarian / Bulgarian-English	Vladka Kocheshkova
English-Cantonese / Cantonese-English	Nisa Yang
English-Chinese (Mandarin) / Chinese (Mandarin)-Eng	Y. Shang & R. Yao
English-Croatian / Croatain-English	Vesna Kazanegra
English-Czech / Czech-English	Jindriska Poulova
English-Danish / Danish-English	Rikke Wend Hartung
English-Dari / Dari-English	Amir Khan
English-Dutch / Dutch-English	Lisanne Vogel
English-Estonian / Estonian-English	Lana Haleta
English-Farsi / Farsi-English	Maryam Zaman Khani
English-French / French-English	Aurélie Colin
English-Gujarati / Gujarati-English	Sujata Basaria
English-German / German-English	Bicskei Hedwig
English-Greek / Greek-English	Lina Stergiou
English-Hindi / Hindi-English	Sudhakar Chaturvedi
English-Hungarian / Hungarian-English	Lucy Mallows
English-Italian / Italian-English	Eni Lamllari
English-Korean / Korean-English	Mihee Song
English-Latvian / Latvian-English	Julija Baranovska
English-Levantine Arabic / Levantine Arabic-English	Ayman Khalaf
English-Lithuanian / Lithuanian-English	Regina Kazakeviciute
English-Nepali / Nepali-English	Anil Mandal
English-Norwegian / Norwegian-English	Samuele Narcisi
English-Pashto / Pashto-English	Amir Khan
English-Polish / Polish-English	Magdalena Herok
English-Portuguese / Portuguese-English	Dina Teresa
English-Punjabi / Punjabi-English	Teja Singh Chatwal
English-Romanian / Romanian-English	Georgeta Laura Dutulescu
English-Russian / Russian-English	Katerina Volobuyeva
English-Serbian / Serbian-English	Vesna Kazanegra
English-Sinhalese / Sinhalese-English	Naseer Salahudeen
English-Slovak / Slovak-English	Zuzana Horvathova
English-Slovenian / Slovenian-English	Tanja Turk
English-Somali / Somali-English	Ali Mohamud Omer
English-Spanish / Spanish-English	Cristina Rodriguez
English-Swahili / Swahili-English	Abdul Rauf Hassan Kinga
English-Swedish / Swedish-English	Madelene Axelsson
English-Tagalog / Tagalog-English	Jefferson Bantayan
English-Tamil / Tamil-English	Sandhya Mahadevan
English-Thai / Thai-English	Suwan Kaewkongpan
English-Turkish / Turkish-English	Nagme Yazgin
English-Ukrainian / Ukrainian-English	Katerina Volobuyeva
English-Urdu / Urdu-English	S. A. Rahman
English-Vietnamese / Vietnamese-English	Hoa Hoang
English-Yoruba / Yoruba-English	O. A. Temitope

STAR Foreign Language BOOKS

ENGLISH-HINDI

A

aback *adv.* भौचक्का bhauchakka
abandon *v.t.* त्याग देना tyag dena
abase *v.t.* अपमानित करना apmanit karna
abasement *n* अपमान apman
abash *v.t.* लज्जित करना lajjit karna
abate *v.t.* कम करना kam karna
abatement *n.* कमी kami
abbey *n.* ईसाई मठ isai math
abbreviate *v.t.* संक्षिप्त करना sankshipt karna
abbreviation *n* संक्षिप्तीकरण sankshiptikaran
abdicate *v.t,* त्यागना tyagna
abdication *n* पद-त्याग pad tyag
abdomen *n* पेट pet
abdominal *a.* पेट-संबंधी pet-sambandhi
abduct *v.t.* अपहरण करना apaharan karna
abduction *n* अपहरण apaharan
abed *adv.* बिस्तर पर bistar par
aberrance *n.* विचलित होना vichalit hona
abet *v.t.* उकसाना uksana
abetment *n.* उकसाव uksaav
abeyance *n.* ठहराव thahrav
abhor *v.t.* घृणा करना ghrina karna
abhorrence *n.* घृणा ghrina
abide *v.i* पालन करना palan karna
abiding *a* पालन करते हुए palan karte hue
ability *n* योग्यता yogyata
abject *a.* अधम adham
ablactate *v. t* दूध पिलाना dudh pilana
ablaze *adv.* जलता हुआ jalta hua
able *a* योग्य yogya
ablepsy *n* अन्धापन andha-pan
ablush *adv* लज्जित lajjit karna
abnegate *v. t* त्याग करना tyag karna
abnegation *n* त्याग tyag
abnormal *a* असामान्य asamanya

aboard *adv* नौका पर nauka par
abode *n* घर ghar
abolish *v.t* उन्मूलन करना unmulan karna
abolition *v* उन्मूलन unmulan
abominable *a* घिनौना ghinauna
aboriginal *a* मूल mul
aborigines *n. pl* मूल निवासी mul nivasi
abort *v.i* गर्भपात होना garbhpaat hona
abortion *n* गर्भपात garbhpaat
abortive *adv* निष्फल nishphal
about *adv* लगभग lagbhag
about *prep* विषय में vishay mein
above *adv* ऊपर upar
abreast *adv* बराबर में barabar mein
abridge *v.t* संक्षेप करना sankshep karna
abridgement *n* संक्षेप sankshep
abroad *adv* विदेश videsh
abrogate *v. t.* रद्द करना radd karna
abrupt *a* आकस्मिक aakasmik
abruption *n* एकाएक टूटना eka-ek tutna
abscond *v.i* फ़रार होना farar hona
absence *n* अनुपस्थिति anupasthiti
absent *a* अनुपस्थित anupasthit
absent *v.t* अनुपस्थित रखना anupasthit rakhna
absolute *a* पूर्ण purna
absolutely *adv* पूर्ण रूप से purna rup se
absolve *v.t* दोषमुक्त करना doshmukt karna
absonant *adj* न्याय विरुद्ध nyaya virudh
absorb *v.t* सोखना sokhna
abstain *v.i.* बचना bachna
abstract *a* अमूर्त amurt
abstract *n* सारांश saransh
abstract *v.t* अलग करना alag karna
abstraction *n.* मतिहीनता matihinta
absurd *a* मूर्खतापूर्ण murkhatapurn
absurd *adj* विवेकहीन vivekhin
absurdity *n* मूर्खता murkhata
abundance *n* प्रचुरता prachurta
abundant *a* प्रचुर prachur
abuse *v.t.* गाली देना gaali dena

abuse *n* अपशब्द apshabd	**account** *n.* खाता khata
abusive *a* अपमानजनक apmanjanak	**account** *v.t.* विचार करना vichar karna
abut *v* मिलना milna	**accountable** *a* उत्तरदायी uttardayi
abuttal *n* मिलन स्थल milan sthal	**accountancy** *n.* मुनीमी munimi
abyss *n* रसातल rasatal	**accountant** *n.* मुनीम munim
academic *a* विद्यामूलक vidyamulak	**accredit** *v.t.* सच मानना sach manana
academy *n* अकादमी akadami	**accrete** *v.t.* साथ उगना sath ugna
acarpous *adj.* बाँझ banjh	**accretion** *n* क्रमिक वृद्धि kramik vridhi
accede *v.t.* मान लेना maan lena	**accrue** *v.i.* वृद्धि होना vridhi hona
accelerate *v.t* गति बढ़ाना gati barhana	**accumulate** *v.t.* बढ़ना badhna
acceleration *n* गतिवृद्धि gativridhi	**accumulation** *n* संग्रह sangreh
accent *n* स्वर svar	**accuracy** *n.* शुद्घता shudhata
accent *v.t* स्वरोच्चारण करना svarochaaran karna	**accurate** *a.* ठीक theek
accept *v.t.* स्वीकार करना sveekar karna	**accursed** *a.* अभागा abhaga
acceptable *a* प्रिय priya	**accusation** *n* आरोप aarop
acceptance *n* स्वीकृति svikriti	**accuse** *v.t.* अपराधी ठहराना apradhi thaharana
access पहुँच pahunch	**accused** *n.* अपराधी apradhi
access *n* प्रवेश pravesh	**accustom** *v.t.* आदी बनाना aadi banana
accession *n* सहमति sahamati	**accustomed** *a.* आदी aadi
accessory *n* उपसाधन upsadhan	**ace** *n* ताश का इक्का taash ka ikka
accident *n* दुर्घटना durghatna	**acephalous** *adj.* बिना सिर का bina sir ka
accidental *a* आकस्मिक aakasmik	**acetify** *v.* सिरका बनाना sirka banana
acclaim *v.t* जय जयकार करना jay jaykar karna	**ache** *n.* पीड़ा peerha
acclaim *n* जयकार jaykar	**ache** *v.i.* पीड़ा होना peerha hona
acclamation *n* प्रशंसा prashansa	**achieve** *v.t.* हासिल करना hasil karna
accommodate *v.t* अनुकूल बनाना anukul banana	**achievement** *n.* सफलता safalta
accommodation *n.* निवास nivas	**achromatic** *adj* बिना रंग का bina rang ka
accompaniment *n* संगत sangat	**acid** *a* अम्ल amal
accompany *v.t.* साथ देना saath dena	**acid** *n* तेज़ाब tezab
accomplice *n* अपराध का साथी apradh ka saathi	**acidity** *n.* अम्लता amlata
accomplish *v.t.* पूर्ण करना purna karna	**acknowledge** *v.* धन्यवाद देना dhanyavad dena
accomplished *a* पारंगत parangat	**acknowledgement** *n.* रसीद raseed
accomplishment *n.* निपुणता nipunta	**acne** *n.* मुँहासा muhansa
accord *v.t.* सहमत करना sahamat karna	**acorn** *n.* बलूत का फल balut ka phal
accord *n.* सहमति sahmati	**acoustic** *a* ध्वनि-संबंधी dhvani sambandhi
accordingly *adv.* तद्‍नुसार tadanusar	**acoustics** *n.* ध्वनिशास्त्र dhvani shastra
	acquaint *v.t.* परिचय कराना parichay karna

acquaintance *n.* परिचित व्यक्ति parichit vyakti
acquiesce *v.i.* राज़ी होना razi hona
acquiescence *n.* रज़ामंदी razamandi
acquire *v.t.* प्राप्त करना prapt karna
acquirement *n.* प्राप्ति prapti
acquisition *n.* अभिग्रहण abhigrahan
acquit *v.t.* निर्दोष घोषित करना nirdosh ghoshit karna
acquittal *n.* दोषमुक्ति या रिहाई doshmukti ya rihai
acre *n.* एकड़ acre
acreage *n.* एकड़ों में नाप ekarhon mein nap
acrimony *n* रूखापन rukhapan
acrobat *n.* कलाबाज़ kalabaz
across *adv.* आर-पार aar-paar
act *n.* कार्य karya
act *v.i.* अभिनय करना abhinay karna
acting *n.* अभिनय abhinay
action *n.* कार्य karya
activate *v.t.* शक्ति बढ़ाना shakti barhana
active *a.* चपल chapal
activity *n.* चपलता chapalta
actor *n.* अभिनेता abhineta
actress *n.* अभिनेत्री abhinetri
actual *a.* यथार्थ yatharth
actually *adv.* वस्तुत: vastuteh
acumen *n.* कुशाग्रता kushagrata
acute *a.* पैना paina
adage *n.* कहावत kahavat
adamant *a.* हठी hatthi
adapt *v.t.* अनुकूल बनाना anukul banana
adaptation *n.* अनुकूलन anukulan
add *v.t.* जोड़ना jorna
addict *v.t.* आदी होना aadi hona
addition *n.* जोड़ने की क्रिया jorhne ki kriya
additional *a.* अतिरिक्त atirikt
addle *adj* सड़ा हुआ sadha hua
address *v.t.* निवेदन करना sambhodan karna
address *n.* पता pata

addressee *n.* पत्र पाने वाला patra pane wala
adduce *v.t.* प्रस्तुत करना prastut karna
adept *n.* निपुण व्यक्ति nipun vyakti
adept *adj.* निपुण nipun
adequacy *n.* प्रचुरता prachurta
adequate *a.* पर्याप्त paryapt
adhere *v.i.* चिपकना chipakna
adhesion *n.* चिपकाव chipkav
adhesive *n.* चिपकाने वाला पदार्थ chipkane wala padarth
adhesive *a.* चिपकनेवाला chipakane wala
adieu *n.* विदाई vidayee
adieu *interj.* अलविदा alvida
adjacent *a.* समीपवर्ती samipvarti
adjective *n.* विशेषण visheshan
adjoin *v.t.* अगला होना agla hona
adjourn *v.t.* स्थगित करना sthagit karna
adjournment *n.* स्थगन sthagan
adjudge *v.t.* निर्णय करना nirnay karna
adjuration *n* शपथ shapath
adjust *v.t.* अनुकूलित करना anukulit karna
adjustment *n.* अनुकूलन anukulan
administer *v.t.* प्रबंध करना prabandh karna
administration *n.* प्रबंधन prabandhan
administrative *a.* प्रशासन-संबंधी prashasan-sambandhi
administrator *n.* प्रशासक prashasak
admirable *a.* प्रशंसनीय prashansniya
admiral *n.* नौसेनाध्यक्ष nausena adhyaksha
admiration *n.* प्रशंसा prashansa
admire *v.t.* प्रशंसा करना prashansa karna
admissible *a.* स्वीकार्य svikarya
admission *n.* प्रवेश pravesh
admit स्वीकार करना svikar karna
admit *v.t.* प्रवेश की अनुमति देना pravesh ki anumati dena
admittance *n.* प्रवेश pravesh
admonish *v.t.* चेताना chetana
admonition *n.* चेतावनी chetavani

ado *n.* हलचल halchal
adolescence *n.* किशोरावस्था kishoravastha
adolescent *a.* किशोर kishor
adopt *v.t.* अपनाना apnana
adoption *n* अंगीकरण angikaran
adorable *a.* आराध्य aradhya
adoration *n.* आराधना aradhana
adore *v.t.* पूजा करना puja karna
adorn *v.t.* सजाना sajaana
adscript *n.* दास daas
adulation *n* चापलूसी chaplusi
adult *a* वयस्क vyasak
adult *n.* वयस्क व्यक्ति vyasak vyakti
adulterate *v.t.* मिलावट करना milavat karna
adulteration *n.* मिलावट milavat
adultery *n.* व्यभिचार vyabhichar
advance *v.t.* आगे बढ़ाना agay badhana
advance *n.* उधार udhaar
advancement *n.* प्रगति pragati
advantage *n.* लाभ labh
advantage *v.t.* लाभ पहुंचाना labh pahunchana
advantageous *a.* लाभदायक labhdayak
advent *n.* आगमन aagman
adventure *n* साहसिक कार्य sahasik karya
adventurous *a.* जोखिम से भरा jokhim se bhara
adverb *n.* क्रिया-विशेषण kriya-visheshan
adversary *n.* दुश्मन dushman
adverse *a* हानिकारक hanikarak
adversity *n.* दुर्भाग्य durbhagya
advertise *v.t.* विज्ञापन करना vigyapan karna
advertise *v.t.* घोषित करना ghoshit karna
advertisement *n* विज्ञापन vigyapan
advice *n* परामर्श paramarsh
advisable *a.* उचित uchit
advise *v.t.* परामर्श देना paramarsh dena
advocacy *n.* वकालत vakalat

advocacy *n.* पक्षपोषण pakshposhan
advocate *n* वकील vakil
advocate *v.t.* पक्षपोषित करना pakshposhit karna
aerial *a.* हवाई havayee
aerial *n.* एंटिना antenna
aeriform *adj.* वायु के समान vayu kay saman
aerodrome *n* हवाई अड्डा havayee adda
aeronautics *n.pl.* विमान चालन-विज्ञान viman chalan-vigyan
aeroplane *n.* हवाई जहाज़ havayee jahaz
aesthetics *n.pl.* सौंदर्यशास्त्र saundryashastra
aestival *adj* ग्रीष्म ऋतु सम्बन्धी grishma ritu sambandhi
afar *adv.* दूरी पर duri par
affable *a.* मिलनसार milansaar
affair *n.* मामला mamla
affect *v.t.* प्रभावित करना prabhavit karna
affectation *n* दिखावा dikhava
affection *n.* प्यार pyar
affectionate *a.* प्यारा pyara
affidavit *n* शपथपत्र shapathpatra
affiliation *n.* सम्पर्क sampark
affinity *n* समानता samanta
affirm *v.t.* दावे से कहना davay se kahana
affirmation *n* पुष्टिकरण pushtikaran
affirmative *a* सकारात्मक sakaratmak
affix *v.t.* चिपकाना chipkana
afflict *v.t.* सताना satana
affliction *n.* यातना yatna
affluence *n.* संपन्नता sampannata
affluent *a.* धनवान dhanvan
afford *v.t.* जुटाना jutana
afforest *v.t.* वन लगाना van lagana
affray *n* हंगामा hungama
affront *v.t.* अपमानित करना apmanit karna
affront *n* अपमान apman
afield *adv.* खेत में khet mein

aflame *adv.* आग पर aag par
afloat *adv.* बहता हुआ bahata hua
afoot *adv.* सक्रिय स्थिति में sakriya sthiti mein
afore *prep. & adv.* आगे aage
afore *prep. & adv.* सामने samney
afore *prep.* प्राचीन काल में prachin kaal mein
afraid *a.* भयभीत bhaybhith
afresh *adv.* नए सिरे से nayain sire se
after *prep.* के बाद में ke baad mein
after *adv* उसके बाद uske baad
after *conj.* उसके बाद जब uske baad jab
after *a* आगामी aagami
afterwards *adv.* बाद में baad mein
again *adv.* फिर से phir se
against *prep.* विरोध में virodh mein
agamist *n* विवाह विरोधी vivah virodhi
agape *adv.*, मुंह खोले हुए munh kholay hue
age *n.* आयु ayu
aged *a.* वृद्ध vridh
agency *n.* शाखा shakha
agenda *n.* कार्यसूची karya suchi
agent *n* प्रतिनिधि pratinidhi
aggravate *v.t.* बिगाड़ना bigarhana
aggravation *n.* वृद्धि vridhi
aggregate *v.t.* संचित करना sanchit karna
aggression *n* आक्रमण akraman
aggressive *a.* क्रोधी krodhi
aggressor *n.* आक्रामक akramak
aggrieve *v.t.* पीड़ित करना peerhit karna
aghast *a.* आश्चर्यचकित aashcharyachakit
agile *a.* फुर्तीला phurtila
agility *n.* चपलता chapalta
agitate *v.t.* उत्तेजित करना uttejit karna
agitate *v.t.* हिलाना hilana
agitation *n* आंदोलन aandolan
aglow *adv.* चमकता हुआ chamakta hua
agnus *n* मेमना memna

ago *adv.* बहुत समय पहले bahut samay pahley
agog *adj.* गतिमान gatimaan
agonist *n* योद्धा yodha
agonize *v.t.* कष्ट देना kasht dena
agony *n.* यंत्रणा yantrana
agoraphobia *n.* भीड़ से डर लगना bheerh se dar lagna
agrarian *a.* भूमि-संबंधी bhumi-sambandhi
agree *v.i.* सहमत होना sahmat hona
agreeable *a.* सहमत sahamat
agreement *n.* सहमति sahamati
agricultural *a* कृषि-संबंधी krishi-sambandhi
agriculture *n* कृषि krishi
agriculturist *n.* किसान kisaan
agronomy *n.* ग्रामीण व्यवस्था gramin vyavastha
ague *n* बुखार bukhar
ahead *adv.* आगे aage
aid *n* सहायता sahayata
aid *n* सहायक sahayak
aid *v.t* सहायता देना sahayata dena
aigrette *n* सफेद सारस पक्षी saphed saras pakshi
ail *v.i.* बीमार होना beemar hona
ailment *n.* बीमारी beemari
aim *n.* लक्ष्य lakshya
aim *v.i.* लक्ष्य साधना lakshya sadhna
air *n* वायुमण्डल vayumandal
aircraft *n.* विमान viman
airy *n.* हवादार havadar
airy *a.* वायु-संबंधी vayu-sambandhi
ajar *adv.* अधखुला adhakhula
akin *a.* समान प्रकृति वाला saman prakarti vala
akin *n.* सगा saga
alacrity *n.* फुर्ती phurti
alarm *n* चेतावनी chetavani
alarm *v.t* खतरे की सूचना khatre ki suchana

albeit *conj.* हालांकि halanki
album *n.* चित्राधार chitradhar
albumen *n* अंडे की सफेदी ande ki saphedi
alchemy *n.* कीमियागीरी kimiyagiri
alcohol *n* मद्यसार madyasar
ale *n* शराब sharab
alert *a.* फुरतीला phurtila
alertness *n.* फुरतीलापन phurtilapan
algebra *n.* बीजगणित beejganit
alias *n.* उपनाम upnaam
alias *adv.* अन्यथा anayatha
alibi *n.* अन्यत्र उपस्थिति anyatra upasthit
alien *a.* अजनबी ajnabi
alienate *v.t.* पराया करना paraya karna
aliform *adj.* परदार pardar
alight *v.i.* नीचे आना neechay aana
align *v.t.* श्रेणीबद्ध करना shrenibadh karna
alignment *n.* सीध निर्धारण seedh nirdharan
alike *a.* समान saman
alike *adv* समान रूप से saman rup se
aliment *n.* पोषण poshan
alive *a* ज़िंदा zinda
alkali *n* पोटास potash
all *a.* समस्त samast
all *n.* सबकुछ sabkuchh
all *adv.* पूर्णतया purnataya
all *pron.* सब sab
allay *v.t.* शांत करना shant karna
allegation *n.* आरोपण aaropan
allege *v.t.* आरोपित करना aaropit karna
allegiance *n.* निष्ठा nistha
allegorical *a.* अन्योक्ति-संबंधी anyokti-sambandhi
allegory *n.* अन्योक्ति anyokti
allergy *n.* चिढ़ chidh
alleviate *v.t.* कम करना kam karna
alleviation *n.* कमी kami
alley *n.* गली gali
alliance *n.* संधि sandhi

alliteration *n.* अनुप्रास anupras
allocate *v.t.* निर्धारित करना nirdharit karna
allocation *n.* आवंटन aavantan
allot *v.t.* नियत करना niyat karna
allotment *n.* हिस्सा hissa
allow *v.t.* अनुमति देना anumati dena
allowance *n.* अनुमति anumati
alloy *n.* खोट khot
allude *v.i.* इंगित करना ingit karna
allure *v.t.* आकर्षित करना aakarshit karna
allurement *n* प्रलोभन pralobhan
allusion *n* संकेत sanket
allusive *a.* सांकेतिक sanketik
ally *v.t.* जोड़ना jorhna
ally *n.* मित्र mitr
almanac *n.* पंचांग panchang
almighty *a.* सर्वशक्तिमान sarvashaktiman
almost *adv.* करीब-करीब karib-karib
alms *n.* भिक्षा bhiksha
aloft *adv.* आकाश में aakash mein
alone *a.* अकेला akela
along *adv.* साथ में saath may
along *prep.* समानांतर samanantar
aloof *adv.* अलग alag
aloud *adv.* ऊँची आवाज़ में unchi awaz may
alp *n.* पर्वत की चोटी parvat ki choti
alpha *n* आरम्भ aarambh
alphabet *n.* वर्णमाला varnamala
alphabetical *a.* वर्णक्रमानुसारी varnakramanusari
already *adv.* पहले से pehle se
already *adv.* अब तक aab tak
also *adv.* साथ ही saath he
altar *n.* बलिवेदी balivedi
alter *v.t.* परिवर्तित करना parivartit karna
alteration *n* संशोधन sanshodhan
altercation *n.* झगड़ा jhagrha
alternate *a.* क्रम से होने वाला krama se hone wala

alternate v.t. आगे-पीछे करना aage-peeche karna
alternative n. विकल्प vikalp
alternative a. वैकल्पिक vaikalpik
although conj. यद्यपि yadyapi
altitude n. ऊँचाई uchayee
altogether adv. पूर्णरूप से purna rup se
aluminium n. अल्युमीनियम aluminium
always adv सर्वदा sarvada
am हूँ hun
amalgam n मिश्रण mishran
amalgamate v.t. मिल जाना mil jana
amalgamation n मिश्रण mishran
amass v.t. एकत्र करना ekatra karna
amateur n. अव्यवसायी avyavyasayee
amaze v.t. विस्मित करना vismit karna
amazement n. विस्मय vismay
ambassador n. राजदूत rajdoot
amberite n. बिना धुऐं का बारूद bina dhuain ka barud
ambient adj. चारों ओर रहने वाला charon aur rahne wala
ambiguity n. संदिग्धता sandigadhata
ambiguous a. अनेकार्थी anekarthi
ambition n. महत्वाकांक्षा mahtvakansha
ambitious a. महत्वाकांक्षी mahtvakanshi
ambry n. भण्डार bhandar
ambulance n. रोगी-वाहन rogi-vahan
ambulate v.t इधर उधर घूमना idhar udhar ghumna
ambush n. घात ghat
ameliorate v.t. सुधरना sudharna
amelioration n. सुधार sudhar
amen interj. तथास्तु tatasthu
amenable a प्रतिसंवेदी pratisanvedi
amend v.t. संशोधन करना sanshodhan karna
amendment n. सुधार sudhar
amends n.pl. क्षतिपूर्ति kshatipurti
amiability n. सुशीलता sushilta

amiable n. सौम्य saumya
amiable a. प्रेमपात्र prempatra
amicable adj. मित्रभाव का mitrabhav ka
amid prep. दौरान dauran
amiss adv. अनुचित रूप में anuchit rup se
amity n. मित्रता mitrata
ammunition n. अस्त्र-शस्त्र astra-shastra
amnesty n. सर्वक्षमा sarvakshama
among prep. बीच में beech mein
amongst prep. बीच में beech mein
amoral a. नैतिकता-निरपेक्ष naitikta-nirpeksha
amorous a. प्रेमातुर prematur
amount n योग yog
amount v.i परिणाम होना parinam hona
amount v. बराबर होना barabar hona
amour n प्रेम prem
ampere n विद्युत् धारा की इकाई vidyut dhara ki ekayee
amphitheatre n रंगभूमि rang bhumi
ample a. प्रचुर prachur
amplification n प्रवर्धन pravardhan
amplifier n ध्वनिविस्तारक dhvanivistarak
amplify v.t. बढ़ाना badhana
amuck adv. पगलाकर paglakar
amulet n. ताबीज़ tabeez
amuse v.t. मनोरंजन करना manoranjan karna
amusement n मनोरंजन manoranjan
an art एक ek
anabaptism n दुबारा नामकरण dubara namakaran
anadem n माला mala
anaemia n खून की कमी khoon ki kami
anaesthesia n बेहोशी behoshi
analogous a. अनुरूप anurup
analogy n. अनुरूपता anurupta
analysis n. वाक्य-विग्रह vakya vigreh
analyst n विश्लेषणकर्ता vishleshan karta

analytical *a* विश्लेषणात्मक vishleshanaatmak
anamnesis *n* पूर्व जन्म का स्मरण purv janam ka smaran
anamorphous *adj* विकृत अंग वाला vicrit ang wala
anarchism *n.* अराजकतावाद arajkatavaad
anarchist *n* अराजकतावादी arajkatavaadi
anarchy *n* अराजकता arajakata
anatomy *n.* शरीर-रचना विज्ञान shareer rachna vigyan
ancestor *n.* पूर्वज purvaj
ancestral *a.* पैतृक petrak
ancestry *n.* वंशावली vanshavali
anchor *n.* लंगर langar
anchorage *n* लंगरशुल्क langar shulk
ancient *a.* प्राचीन prachin
ancon *n* कोहनी kohni
and *conj.* और aur
anecdote *n.* रूचिकर घटना ruchikar ghatna
anew *adv.* फिर phir
anfractuous *adj* पेचीला pechila
angel *n* देवदूत devdoot
anger *n.* क्रोध krodh
angina *n* गण्डमाला gandmala
angle *n* कोन kona
angry *a.* क्रोधित krodhit
anguish *n.* परिताप paritaap
angular *a.* कोण-संबंधी kon-sambandhi
animal *n.* प्राणी prani
animate *v.t.* जीवन युक्त करना jivan yukt karna
animate *a.* जीवित jeevit
animation *n* सजीवता sajivta
animosity *n* वैर vair
animus *n* द्वेष dwesh
aniseed *n* सौंफ का बीज saunf ka beej
ankle *n.* टखना takhna
anklet *n* नुपूर nupur
annalist *n.* इतिहासकार itihaascar

annals *n.pl.* वार्षिक वृत्तांत varshik vrintant
annectant *adj.* जोड़ने वाला jodne wala
annex *v.t.* अधिकार करना adhikar karna
annex *v.t.* संबद्ध करना sambadh karna
annexation *n* संयोजन sanyojan
annihilate *v.t.* नष्ट करना nasht karna
annihilation *n* ध्वंस dhvansh
anniversary *n.* जयंती jayanti
announce *v.t.* घोषणा करना ghoshna karna
announcement *n.* घोषणा ghoshna
annoy *v.t.* चिढ़ाना chiddhana
annoyance *n.* चिढ़, गुस्सा chiddh, gussa
annual *a.* वार्षिक varshik
annuity *n.* वार्षिक अनुदान varshik anudaan
annul *v.t.* रद्द करना radhya karna
annulet *n* छोटी अँगूठी choti anguthi
anoint *v.t.* मरहम लगाना maraham lagana
anomalous *a* अनियमित aniyamit
anomaly *n* नियम-विरोध niyam virodh
anon *adv.* शीघ्र shighra
anonymity *n.* अज्ञात होने की अवस्था agyat hone ki awastha
anonymity *n.* अनामता anamata
anonymous *a.* अनाम anaam
another *a* अन्य anya
answer *n* समाधान samadhaan
answerable *a.* उत्तरदायी uttardayi
ant *n* चींटी chhinti
antacid *adj.* अम्लत्व amlatv
antagonism *n* बैर bair
antagonist *n.* विपक्षी vipakshi
antagonize *v.t.* वैरी बनाना veri banana
Antarctic *a.* दक्षिणध्रुवीय dakshin dhruviya
ante nuptial *adj.* विवाह से पूर्व होने वाला vivah se purva hone wala
antecede *v.t.* समय से पूर्व घटित होना samay se purva ghatit hona
antecedent *n.* पूर्वगामी purvagami
antecedent *a.* पूर्ववर्ती purvavarti

antedate *n* स्थिर काल से पूर्व का समय sthir kaal se purve ka samay
antenatal *adj.* उत्पत्ति से पूर्व utpatti se purv
antennae *n.* एंटिना antenna
anthem *n* भजन bhajan
anthology *n.* चयनिका chayanika
anti-aircraft *a.* विमान-भेदी viman-bhedi
antic *n* अजीब कार्य अथवा व्यवहार ajib karya athawa bahawayar
anticipate *v.t.* पूर्वानुमान होना purvanuman hona
anticipation *n.* पूर्वानुमान purwaanuman
antidote *n.* विषमारक औषध wishmarak aushadhi
antinomy *n.* अधिकार विरोध adhikar virodh
antipathy *n.* विरोध virodh
antiphony *n.* प्रतिगान pratigan
antipodes *n.* प्रतिलोम pratilom
antiquarian *a.* पुरातत्व-विषयक puratatva-vishayak
antiquarian *n* पुरातत्ववेत्ता puratatvaveta
antiquated *a.* प्राचीन prachin
antique *a.* अप्रचलित aprachalit
antiquity *n.* प्राचीनकाल prachinkaal
antiseptic *n.* रोगाणुरोधक औषधि roganurodhak aushadhi
antiseptic *a.* रोगाणुरोधक roganurodhak
antitheist *n* नास्तिक nastik
antithesis *n.* विरोध virodh
antonym *n.* विलोम vilom
anus *n.* गुदा guda
anvil *n.* निहाई nihaye
anxiety *a* चिंता chinta
anxious *a.* चिंताजनक chintajanak
any *a.* कोई koi
any *adv.* किसी सीमा तक kisi seema tak
anyhow *adv.* किसी न किसी तरीके से kisi na kisi tarike se

apace *adv.* शीघ्रता से shigrahta se
apart *adv.* अलग से alag se
apartment *n.* कक्ष kaksh
apathy *n.* उदासीनता udasinta
ape *n* कपि kapi
ape *v.t.* अनुकरण करना anukaran karna
aperture *n.* छिद्र chhidra
apex *n.* शिखर shikhar
aphorism *n* वचन vachan
apiary *n.* मधुमक्खीपालन-स्थान madhumakhipaalan-sthan
apiculture *n.* मधुमक्खी-पालन madhumakhi-paalan
apish *a.* वानर-सदृश vanar-sadrish
apnoea *n* साँस की रुकावट saans ki rukawat
apologize *v.i.* खेद प्रकट करना khed prakat karna
apologue *n* उपदेशपूर्ण कहानी updeshpurna kahani
apology *n.* स्वदोष-स्वीकार svadosh svikar
apostle *n.* धर्मप्रचारक dharampracharak
apotheosis *n.* देवता तुल्य निर्माण devta tulya nirman
apparatus *n.* उपकरण upkaran
apparel *n.* वस्त्र vastr
apparel *v.t.* वस्त्र पहनना vastr pehenana
apparent *a.* प्रत्यक्ष pratyaksh
appeal *n.* अपील apeel
appeal *v.t.* विनती करना vinti karna
appear *v.i.* प्रतीत होना pratit hona
appearance *n* उदय uday
appease *v.t.* शांत करना shant karna
appellant *n.* अपीलकर्ता apeelkarta
append *v.t.* संलग्न करना sanlagna karna
appendage *n.* संलग्नक sanlaganak
appendicitis *n.* उपांत्रशूल upantrashool
appendix *n.* शेष संग्रह shesh sangreh
appendix *n.* परिशिष्ट parishisht
appetence *n.* अभिलाषा abhilasha
appetent *adj.* अति उत्सुक ati utsuk

appetite *n.* भूख bhukh
appetizer *n* क्षुधावर्धक वस्तु kshudhavardhak vastu
applaud *v.t.* प्रशंसा करना prashansa karna
applause *n.* प्रशंसा prashansa
apple *n.* सेब seb
appliance *n.* उपकरण upkaran
applicable *a.* प्रयोग योग्य prayog yogya
applicant *n.* प्रार्थी prarthi
application *n.* अनुप्रयोग anuprayog
apply *v.t.* लागू करना lagu karna
appoint *v.t.* नियुक्त करना niyukt karna
appointment *n.* नौकरी naukari
apportion *v.t.* बांटना bantana
apposite *adj* योग्य yogya
apposite *a.* संगत sangat
appositely *adv* उचित रीति से uchit riti se
appraise *v.t.* मूल्यांकन करना mulyankan karna
appreciable *a.* उल्लेखनीय ullekhaniya
appreciate *v.t.* मूल्यांकन करना mulyankan karna
appreciation *n.* प्रशंसा prashansa
apprehend *v.t.* डरना darna
apprehension *n.* आशंका ashanka
apprehensive *a.* आशंकित ashankit
apprentice *n.* प्रशिक्षु prashikshu
apprise *v.t.* सूचित करना suchit karna
approach *v.t.* पास पहुंचना paas pahunchana
approach *n.* आगमन aagman
approach *n.* विधि vidhi
approbate *v.t* अनुमोदन करना anumodan karna
approbation *n.* अनुमोदन anumodan
appropriate *v.t.* हड़प लेना harhap lena
appropriate *a.* उपयुक्त upyukt
appropriation *n.* स्वायत्ती करण svayattikaran
approval *n.* अनुमोदन anumodan

approve *v.t.* अनुमोदन करना anumodan karna
approximate *a.* समीप samip
appurtenance *n* लगाव lagav
apricot *n.* खूबानी khubani
apron *n.* पेटबंद pet band
apt *a.* योग्य yogya
aptitude *n.* औचित्य auchitya
Aquarius *n.* कुम्भ राशि kumbh rashi
aqueduct *n* नहर nahar
arable *adj* जुताई-योग्य भूमि jutayee-yogya bhumi
arbiter *n.* मध्यस्थ madhyastha
arbitrary *a.* निरंकुश nirankush
arbitrate *v.t.* मध्यस्थता करना madhyasthata karna
arbitration *n.* पंचफैसला panch faisla
arbitrator *n.* मध्यस्थ madhyasth
arc *n.* चाप chap
arch *n.* तोरण toran
arch *v.t.* मेहराबदार बनाना mehrabadaar banana
arch *a* प्रधान pradhan
archaic *a.* अप्रचलित aprachalit
archangel *n* प्रधान देवदूत pradhan devdut
archbishop *n.* प्रमुख पादरी pramukh padri
archer *n* धनुर्धर dhanrudhar
architect *n.* वास्तुकार vaastukar
architecture *n.* निर्माण शैली nirman shaili
archives *n.pl.* अभिलेखागार abhilekhagar
Arctic *n* उत्तरीध्रुव-संबंधी utaridhruva-sambandhi
ardent *a.* उत्साही utsahi
ardour *n.* जोश josh
arduous *a.* कठिन kathin
area *n.* भू-भाग bhu-bhag
area *n* क्षेत्रफल kshetraphal
areca *n* सुपारी का वृक्ष supari ka vriksh
arena *n* अखाड़ा akharha
argil *n* एल्यूमिनियम aluminium

argue n. तर्क प्रस्तुत करना tark prastut karna
argue v.t. प्रमाणित करना pramaanit karna
argument n. वाद-विवाद vaad-vivad
arid adj. गरमी से झुलसा हुआ garmi se jhulsa hua
Aries n मेष राशि mesh rashi
aright adv उचित रीति से uchit riti se
aright adv. ठीक प्रकार से theek prakar se
arise v.i. ऊपर उठना upar uthana
aristocracy n. कुलीनतंत्र kulintantra
aristocrat n. कुलीन व्यक्ति kulin vyakti
arithmetic n. अंकगणित ankganit
arithmetical a. अंकगणित-संबंधी ankganit-sambandhi
ark n तिजोरी tijori
arm n. भुजा bhuja
arm n. हथियार hathiyaar
arm v.t. युद्ध के लिए तैयारी करना yudh ke liye taiyar karna
armada n. युद्धपोतों का बेड़ा yudhpoton ka berha
armament n. युद्ध-सामग्री yudh-saamagri
armistice n. युद्धविराम yudhviram
armlet a समुद्र की शाखा samudra ke shakha
armour n. कवच kavach
armoury n. शास्त्रागार shastragar
army n. सेना sena
around prep. चारों ओर chaaron aur
around adv आसपास aaspass
arouse v.t. क्रियाशील बनाना kriyashil banana
arraign v. दोष लगाना dosh lagana
arrange v.t. क्रम में रखना kram mein rakhna
arrangement n. क्रमस्थापन karmsthapan
arrant n. कुख्यात kukhyat
array n. क्रम kram
arrears n.pl. बकाया bakaya

arrest v.t. रोकना rokna
arrest n. गिरफ़्तारी giraphtari
arrival n. आगमन aagman
arrive v.i. पहुंचना pahunchana
arrogance n. घमंड ghamand
arrogant adj. घमंडी ghamandi
arrogant a. अक्खड़ akharh
arrow n तीर teer
arrowroot n. अरारोट aararot
arsenal n. आयुधागार aayudhagar
arsenic n संखिया sankhiya
arson n आगज़नी aagzani
art n. कुशलता kushalta
artery n. धमनी dhamni
artful a. चालाक chalak
arthritis n जोड़ों की सूजन jorhon ki sujan
artichoke n. चुकन्दर chukandar
article n लेख lekh
article n. वस्तु vastu
articulate a. स्पष्ट spasht
artifice n. साधन sadhan
artificial a. नकली nakali
artillery n. तोपखाना topkhana
artisan n. शिल्पी shilpi
artist n. कलाकार kalakar
artistic a. कलात्मक kalatamak
artless a. सीधा sidha
as adv. इस सीमा तक is seema tak
as conj. समान saman
as pron. जिसको jisko
asafoetida n. हींग hing
ascend v.t. ऊपर जाना upar jana
ascent n. चढ़ाई chadhayee
ascertain v.t. निश्चित करना nishchit karna
ascetic n. तपस्वी tapasvi
ascetic a. तपस्यापूर्ण tapasyapurna
ascribe v.t. आरोपित करना aropit karna
ash n. अवशेष avshesh
ashamed a. लज्जित lajjit
ashore adv. किनारे पर kinare par

aside *adv.* अलग alag
asinine *adj.* मूर्ख murkh
ask *v.t.* निवेदन करना nivden karna
ask *v.t.* पूछना poochhna
ask *v.t.* माँगना mangana
asleep *adv.* सोता हुआ sota hua
aspect *n.* आकृति aakriti
aspect *n.* पहलू pehlu
asperse *v.* निन्दा करना ninda karna
aspirant *n.* उच्चाकांक्षी व्यक्ति uchakankshi vyakti
aspiration *n.* अभिलाषा abhilasha
aspire *v.t.* महत्वाकांक्षा mahatvakanksha
ass *n.* गधा gadha
ass *n.* मूर्ख व्यक्ति murkh vyakti
assail *v.* आक्रमण करना akraman karna
assassin *n.* हत्यारा hatyara
assassinate *v.t.* हत्या करना hatya karna
assassination *n* हत्या hatya
assault *n.* धावा dhava
assault *v.t.* आक्रमण करना aakraman karna
assemble *v.t.* एकत्र करना ekatra karna
assembly *n.* मंडली mandali
assent *v.i.* सहमत होना sahamat hona
assent *n.* अनुमति anumati
assert *v.t.* दावा करना dava karna
assess *v.t.* अनुमान लगाना anuman lagana
assessment *n.* कर-निर्धारण kar-nirdharan
asset *n.* संपत्ति sampatti
assibilate *v.* सीत्कार सहित बोलना seetkaar sahith bholna
assign *v.t.* नियुक्त करना niyukt karna
assignee *n.* संपत्ति-भागी sampatti-bhagi
assimilate *v.i.* पचाना pachana
assimilate *v.* परिपाक करना paripak karna
assimilation *n* समीकरण samikaran
assist *v.t.* सहायता करना sahayata karna
assistance *n.* सहायता sahayata
assistant *n.* सहायक sahayak
associate *v.t.* संयुक्त करना sanyukt karna

associate *v.t.* साथ देना sath dena
associate *n.* साथी sathi
association *n.* संगति sangati
association *n.* घनिष्ठता ghanishtata
assoil *v.t.* पाप से मुक्त करना paap se mukt karna
assort *v.t.* वर्गीकरण करना vargikaran karna
assuage *v.t.* मृदु करना mridu karna
assume *v.t.* कल्पना करना kalpana karna
assumption *n.* पूर्व धारणा purva dharna
assumption *n.* मान्यता manyata
assurance *n.* प्रतिभूति pratibhuti
assure *v.t.* बीमा करना bima karna
astatic *adj.* अस्थिर asthir
asterisk *n.* तारक चिन्ह taarak chinha
asterism *n.* तीन तारों का चिन्ह teen taaron ka chinha
asteroid *adj.* एक छोटा तारा ek chota tara
asthma *n.* दमा dama
astir *adv.* गतिशील gatishil
astonish *v.t.* विस्मित करना vismit karna
astonishment *n.* विस्मय vismaya
astound *v.t* चकित करना chakit karna
astray *adv.,* पथभ्रष्ट pathbhrasht
astrologer *n.* ज्योतिषी jyotishi
astrology *n.* ज्योतिष jyotish
astronaut *n.* अंतरिक्ष-यात्री antriksh-yatri
astronomer *n.* खगोलशास्त्री khagolshastri
astronomy *n.* खगोलशास्त्र khagolshastra
asunder *adv.* अलग-अलग alag-alag
asylum *n* शरण-स्थल sharan-sthal
at *prep.* के पास ke paas
atheism *n* नास्तिकता nastikta
atheist *n* नास्तिक nastik
athirst *adj.* प्यासा pyasa
athlete *n.* क्रीड़ा-प्रतियागी krirha pratiyogi
athletic *a.* बलवान balwan
athletics *n.* खेलकूद khelkud
athwart *prep.* आर पार aar paar

atlas *n.* मानचित्रावली manchitrawali
atmosphere *n.* वायुमंडल vayumandal
atom *n.* परमाणु parmanu
atomic *a.* अणु-संबंधी anu-sambandhi
atone *v.i.* प्रायश्चित करना prayashchit karna
atonement *n.* प्रायश्चित prayashchit
atrocious *a.* भयंकर bhayankar
atrocity *n* नृशंसता nrishansata
attach *v.t.* जोड़ना jorna
attache *n.* दूतावास का अधिकारी dutavas ka adhikari
attachment *n.* संलग्न sanlagna
attachment *n.* लगाव lagav
attack *n.* हमला hamla
attack *v.t.* आलोचना करना alochana karna
attain *v.t.* हासिल करना hasil karna
attainment *n.* कौशल kaushal
attaint *v.t.* अपमानित करना apmaanit karna
attempt *v.t.* प्रयत्न करना prayatna karna
attempt *n.* प्रयास prayas
attend *v.t.* साथ होना sath hona
attendance *n.* उपस्थिति upasthith
attendant *n.* सेवक sevak
attention *n.* सावधान savdhan
attentive *a.* सतर्क satark
attest *v.t.* प्रमाणित करना pramanit karna
attire *n.* परिधान paridhan
attire *v.t.* वस्त्र पहनाना vastra pahanaana
attitude *n.* मुद्रा mudra
attorney *n.* प्रतिनिधि pratinidhi
attract *v.t.* आकर्षित करना aakarshit karna
attraction *n.* आकर्षक वस्तु aakarshan
attractive *a.* आकर्षक aakrashak
attribute *v.t.* आरोपित करना aaropit karna
attribute *n.* आंतरिक गुण aantrik gun
auction *n* नीलामी neelaami
auction *v.t.* नीलाम करना neelaam karna
audible *a* श्रव्य shravya

audience *n.* श्रोतागण shrotagan
audit *n.* अंकेक्षण ankekshan
audit *v.t.* अंकेक्षण करना ankekshan karna
auditive *adj.* श्रवण सम्बन्धी shravan sambandhi
auditor *n.* अंकेक्षक ankekshak
auditorium *n.* श्रोताकक्ष shrotakaksh
auger *n.* बरमा barma
aught *n.* कोई वस्तु koi wastu
augment *v.t.* बढ़ना badhana
augmentation *n.* वृद्धि vridhi
August *n.* अगस्त August
august *n* भव्य bhavya
aunt *n.* चाची chachi
auricle *n.* कानखोदनी kaan khodni
auricular *adj.* कान की आकृति का kaan ki aakriti ka
aurora *n* अरुणोदय arunodaya
auspicate *v.t.* अभिमंत्रित करना abhimantrit karna
auspice *n.* शकुन विचार shakun wichar
auspicious *a.* शुभसूचक shubhsuchak
austere *a.* सरल saral
authentic *a.* प्रामाणिक pramanik
author *n.* लेखक lekhak
authoritative *a.* आधिकारिक adhikarik
authority *n.* शक्ति या अधिकार shakti ya adhikar
authorize *v.t.* प्राधिकृत करना pradhikrit karna
autobiography *n.* आत्मकथा aatmakatha
autocracy *n* एकतंत्र ektantra
autocrat *n* निरंकुश शासक nerankush shasak
autocratic *a* निरंकुश nerankush
autograph *n.* हस्ताक्षर hastakshar
automatic *a.* अविवेचित avivechit
automobile *n.* मोटरकार motorcar
autonomous *a* स्वायत्त svayat
autumn *n.* पतझड़ patjharh

auxiliary *a.* सहायक sahayak
auxiliary *n.* सहायक क्रिया sahayak kriya
avail *v.t.* उपयोगी होना upyogi hona
available *a* पहुंच के अंदर pahunch ke andar
avarice *n.* लालसा lalsa
avenge *v.t.* प्रतिशोध लेना pratishodh lena
avenue *n.* मार्ग marg
average *n.* औसत ausat
average *a.* औसत दर्जे का ausat darjay ka
average *v.t.* माध्य निकालना madhya nikalna
averse *a.* विपरीत viparit
aversion *n.* घृणा ghrina
avert *v.t.* रोकना rokna
aviary *n.* चिड़ियाखाना chirhiyakhana
aviation *n.* विमानचालन vimanchalak
aviator *n.* विमानचालक vimanchalak
avid *adj.* उत्सुक utsuk
avidity *adv.* उत्कट इच्छा utkat ichcha
avidly *adv* उत्सुकता से utsukta se
avoid *v.t.* से बचना se bachna
avoidance *n.* बचाव bachav
avow *v.t.* घोषणा करना ghoshana karna
avulsion *n.* अलगाव algav
await *v.t.* आशा करना asha karna
awake *v.t.* सचेत होना sachait hona
awake *a* सचेत sachait
award *v.t.* प्रदान करना pradan karna
award *n.* पुरस्कार puraskaar
aware *a.* अवगत avgat
away *adv.* अलग alag
awe *n.* विस्मय vismaya
awful *a.* अति महान ati mahan
awhile *adv.* कुछ देर के लिए kuchh der ke liye
awkward *a.* नाजुक naajuk
axe *n.* कुल्हाड़ी kulharhi
axis *n.* अक्षरेखा aksharekha
axle *n.* धुरी dhuri

B

babble *n.* बकवास bakwas
babble *v.i.* बकवास करना bakwas karna
babe *n.* बच्चा bachha
babel *n* बवाल bawal
baboon *n.* बड़ा बन्दर barha bandar
baby *n.* शिशु shishu
bachelor *n.* अविवाहित व्यक्ति avivahit vyakti
back *n.* पिछला भाग pichla bhag
back *adv.* पिछली तरफ़ pichli taraph
backbite *v.t.* चुगली खाना chugli khana
backbone *n.* आधार aadhar
background *n.* पृष्ठभूमि prishthbhumi
backhand *n.* बाईं ओर झुका हुआ लेख bayeen aur jhuka hua lekh
backslide *v.i.* पतित होना patit hona
backward *a.* पिछड़ा हुआ pichrha hua
backward *adv.* भूतकाल की ओर bhootkal ki aur
bacon *n.* शूकर-मांस shukar-mans
bacteria *n.* जीवाणु jewaanu
bad *a.* बुरा bura
bad *a.* गंभीर gambhir
badge *n.* बिल्ला billa
badger *n.* बिज्जू bijju
badly *adv.* बुरे प्रकार से bure prakar se
badminton *n.* बैडमिंटन badminton
baffle *v. t.* विफल कर देना vifal kar dena
bag *n.* थैला thaila
bag *v. i.* पकड़ना pakarhna
baggage *n.* यात्री-सामान yatri-saman
bagpipe *n.* मसक बाजा masak baja
bail *n.* ज़मानत zamanat
bailable *a.* जिसकी ज़मानत हो सके jiski zamanat ho sake
bailiff *n.* कारिंदा kaarinda

bait *n* प्रलोभन pralobhan
bait *v.t.* तंग करना tang karna
bake *v.t.* सेंकना senkna
baker *n.* नानबाई naanbaai
bakery *n* बेकरी bakery
balance *n.* संतुलन santulan
balance *v.t.* संतुलित करना santulit karna
balcony *n.* छज्जा chajja
bald *a.* गंजा ganja
bale *n.* गांठ gaanth
bale *v.t.* गांठ बनाना gaanth banana
baleen *n.* ह्वेल मछली की हड्डी whale machali ki haddi
baleful *a.* हानिकारक hanikarak
ball *n.* गेंद gend
ballad *n.* गाथा-गीत gatha-geet
ballet *sn.* बैले नृत्य belle nritya
balloon *n.* गुब्बारा gubbara
ballot *n.* मत पत्र mat patra
ballot *n* गुप्त मतदान gupt matdaan
balm *n.* मरहम marham
balsam *n.* गुलमेंहदी gulmehndi
bam *v.t.* धोखा देना dhoka dena
bamboo *n.* बांस bans
ban *n.* प्रतिबंध pratibandh
ban *v.t.* प्रतिबंधित करना pratibandhith karna
banal *a.* निम्नस्तरीय nimnastariya
banana *n.* केला kela
band *n.* पट्टी patti
bandage *v.t* पट्टी बांधना patti bandhana
bandit *n.* डाकू daku
bang *v.t.* धम से बंद करना dham se band karna
bang *n.* ज़ोरदार दस्तक jordar dastakh
bangle *n.* चूड़ी chudi
banish *v.t.* निर्वासित करना nirvasit karna
banishment *n.* निर्वासन nirvasan
banjo *n.* एक प्रकार का बाजा ek prakar ka baja

bank *n.* बैंक bank
bank *v.t.* आशा करना asha karna
banker *n.* बैंक-कर्मी bank-karmi
bankrupt *n.* दिवालिया deevaliya
bankruptcy *n.* दिवालियापन deevaliyapan
banner *n.* कपड़े पर लिखा संदेश kapde par likha sandesh
banquet *n.* दावत dawat
banquet *v.t.* दावत देना dawat dena
bantam *n.* नाटा पुरुष nata purush
banter *v.t.* मज़ाक उड़ाना mazak urhana
banter *n.* मज़ाक mazak
bantling *n.* बच्चा bachha
banyan *n.* बरगद bargad
baptism *n.* दीक्षा-स्नान diksha snan
baptize +*v.t.* दीक्षा-स्नान कराना diksha snan karna
bar *n.* बाधा baadha
bar *v.t* रोकना rokna
barbarian *a.* जंगली jangali
barbarian *n.* असभ्य व्यक्ति asabhya vyakti
barbarism *n.* असभ्यता asabhyata
barbarity *n* बर्बरता barbarta
barbarous *a.* असभ्य asabhya
barbed *a.* कांटेदार kantedar
barber *n.* हज्जाम hajjam
bard *n.* कवि kavi
bare *a.* खाली khali
bare *v.t.* नंगा करना nanga karna
barely *adv.* मुश्किल से mushkil se
bargain *n.* सौदा sauda
bargain *v.t.* सौदा करना sauda karna
barge *n.* नाव nav
bark *n.* छाल chhaal
bark *v.t.* भौंकना bhaunkna
barley *n.* जौ jau
barn *n.* कोठार kothar
barn *n.* पशुपाला pashupala
barometer *n* वायुदाबमापी wayudaabmapi

barrack n. सेनावास sainavas
barrage n. भारी गोलाबारी bhari golabari
barrator ns. अदलतिया adlatiya
barrel n पीपा pipa
barrel n. बंदूक की नाल banduk ke naal
barren a. अनउपजाऊ anupajau
barren n बांझ banjh
barricade n. बाधा badha
barrier n. अवरोध avrodh
barrister n. वकील vakil
barter v.t. अदला-बदली करना adla-badli karna
barter n. विनिमय vinimaya
basal adj. आधार सम्बन्धी adhar sambandhi
base n. आधार aadhar
base v.t. आधारित करना aadharit karna
baseless a. निर्मूल nirmul
basement n. तहखाना tahakhana
bashful a. संकोची sankochi
basic a. बुनियादी buniyadi
basil n. तुलसी tulsi
basin n. चिलमची chilamachi
basis n. मूलाधार muladhar
bask v.i. आनंद लेना anand lena
basket n. टोकरी tokari
bastard n. अवैध संतान awaidh santan
bastard a अवैध awaidh
bat n चमगादड़ chamgaadharh
bat n बल्ला balla
batch n घान dhaan
bath n स्नान snaan
bathe v. t स्नान करना snaan karna
baton n छड़ी chadi
batsman n. बल्लेबाज ballebaj
battalion n वाहिनी vahini
battery n तोपखाना topkhana
battle n युद्ध yudh
battle v. i. युद्ध लड़ना yudh ladna

bawl n.i. चिल्लाकर बोलना chilakar bolna
bay n खाड़ी kharhi
bayonet n संगीन sangin
be v.t. होना hona
beach n समुद्र-तट samudra tat
beacon n संकेतक sankaitak
bead n मनका manka
beadle n. गिरजे का पदाधिकारी girja ka padadhikari
beak n चोंच chonch
beaker n बीकर beekar
beam n किरण kiran
beam v. i चमकना chamakana
bean n. सेम same
bear n भालू bhalu
bear v.t ले जाना le jana
beard n दाढ़ी dadhi
bearing n आचरण aacharan
beast n पशु pashu
beastly a क्रूरतापूर्ण krurtapurna
beat v.t. पीटना peetna
beat v. t. पराजित करना parajit karna
beat n धड़कन dharkan
beautiful a सुंदर sundar
beautify v. t सजाना sajana
beauty n सौंदर्य saundariya
beaver n लोमचर्म lomcharm
because conj. क्योंकि kyonki
beck n. पहाड़ी नाला या नदी paharhi nala ya nadi
beckon v.t. संकेत करना sanket karna
beckon v. t इशारा करना ishara karna
become v. i हो जाना ho jana
becoming a उपयुक्त upyukt
bed n चारपाई charpai
bedding n. शयन सामग्री shayan saamagri
bedevil v. t सताना satana
bedight v.t. सजाना sajana
bed-time n. निद्रा का समय nindra ka samay

bee n. मधुमक्खी madhumakhi
beef n गोमांस gomans
beehive n. मधुमक्खी का घर madhumakhi ka ghar
beet n चुकंदर chukandar
beetle n भृंग bhring
befall v. t घटित होना ghatit hona
before prep के सामने ke saamney
before adv. सामने saamney
before conj इससे पहले कि is se pehle ki
beforehand adv. पहले ही pehle hi
befriend v. t. मित्र बनाना mitr banana
beg v. t. निवेदन करना nivedan karna
beget v. t जन्म देना janm dena
beggar n भिखारी bhikhari
begin n प्रारंभ करना prarambh karna
beginning n. प्रारंभ prarambh
begird v.t. घेरना gherna
beguile v. t मोहित करना mohit karna
behave v. i. आचरण करना aacharan karna
behaviour n आचरण aacharan
behead v. t. सिर काटना seer katna
behind adv पीछे की ओर peeche ki aur
behind prep से बाद में se baad mein
behold v. t ध्यान से देखना dhyan se dhekna
being n प्राणी prani
belabour v. t पीटना peetna
belated adj. देर से आने वाला der se aane wala
belch v. t डकार लेना dakaar lena
belch n डकार dakaar
belief n. विश्वास vishwas
belief n. आस्था astha
belief n धारणा dharna
believe v. t भरोसा रखना bharosa rakhna
bell n घंटा ghanta
belle n सुंदरी sundari
bellicose a लड़ाकू larhaku
belligerency n युद्धप्रियता yudhapriyata

belligerent a युद्धरत yudhrat
belligerent n युद्धरत राज्य yudhrat rajya
bellow v. i गरजना garjana
bellows n. धौंकनी dhaunkani
belly n पेट pet
belong v. i होना hona
belongings n. व्यक्तिगत माल-असबाब vyaktigat maal-asbaab
beloved a परमप्रिय parampriya
beloved n प्रियतम priyatam
below adv नीचे neechay
below prep से नीचे se neechay
belt n पट्टा patta
bemire v. t कीचड़ से गन्दा करना kicharh se ganda karna
bemuse v. t बुद्धिहीन करना budhihin karna
bench n अदालत adalat
bend n मोड़ morh
bend v. t हार मानना haar maanna
beneath adv नीचे neeche
beneath prep के नीचे ke neeche
benefaction n. उपकार upkaar
benefice n पादरी की वृत्ति padri ki vriti
beneficial a लाभकारी labhkari
benefit n लाभ labh
benefit v. t. लाभ पहुँचाना labh pahuchana
benevolence n कृपा kripa
benevolent a कृपालु kripalu
benign adj दयालु dayalu
benignly adv दयालुता से dayaluta se
benison n वरदान vardan
bent n रूझान rujhan
bequeath v. t. वसीयत में देना vasiyat mein dena
bereave v. t. वंचित करना vanchit karna
bereavement n वियोग viyog
berth n शायिका shayika
beside prep. के पास में ke paas mein
besides prep के अतिरिक्त ke atirikt

besides *adv* साथ ही saath he
besiege *v. t* आक्रमण करना akraman karna
beslaver *v. t* चाटुकारी करना chatukari karna
bestow *v. t* प्रदान करना pradan karna
bestrew *v. t* छींटना chintana
bet *v.i* शर्त लगाना shart lagana
bet *n* शर्त shart
betel *n* पान paan
betray *vt.* विश्वासघात करना vishvasghat karna
betray *v.t.* प्रकट करना prakat karna
betrayal *n* विश्वासघात vishvasghat
betroth *v. t* वाग्दान करना vaagdan karna
betrothal *n.* वाग्दान vaagdan
better *a* पहले से अच्छा pehle se acchha
better *adv.* और अच्छे ढंग से aur aache dhang se
better *v. t* सुधारना sudhaarna
betterment *n* सुधार sudhar
between *prep* मध्य madhya
beverage *n* पेय paye
bewail *v. t* शोक मनाना shok manana
beware *v.i.* चौकस रहना chaukas rehna
bewilder *v. t* उलझन में डालना uljhan may dalna
bewitch *v.t* मोहित करना mohit karna
beyond *prep.* से ऊपर se upar
beyond *adv.* दूरी पर duri par
bi *pref* दोहरा dohara
biangular *adj.* दो कोण का do kon ka
bias *n* पक्षपात pakshapat
bias *v. t* पक्षपातपूर्ण बनाना pakshapatpurna banana
biaxial *adj* दो धुरा वाला do dhura wala
bibber *n* पियक्कड़ piyakkad
bible *n* ईसाइयों की धर्म पुस्तक isaiyon ki dharm pustak
bibliography *+n* ग्रंथ-सूची granth-suchi

biceps *n* द्विशिर पेशी dvishir peshi
bicker *v. t* विवाद करना vivad karna
bicycle *n.* बाइसिकिल bicycle
bid *v.t* आदेश देना adesh dena
bid *n* प्रयत्न prayatan
bidder *n* दाँव या बाजी लगाने वाला dav ya bazi lagane wala
bide *v. t* सहना sahana
biennial *adj* दो साल में होने वाला do saal mein hone wala
bier *n* अरथी arthi
big *a* महान mahan
bigamy *n* द्विविवाह-प्रथा dvivavah-pratha
bight *n* छोटी खाड़ी choti kharhi
bigot *n* धर्मांध व्यक्ति dharmandh vyakti
bigotry *n* कट्टरता kattarta
bile *n* पित्त pit
bilingual *a* द्विभाषी dvibhashi
bilk *v. t.* धोखा देना dhokha dena
bill *n* बिल, प्रपायक bill, prapayak
billion *n* एक अरब ek arab
billow *n* लहर lehar
billow *v.i* लहराना lehrana
bimonthly *adj.* महीने में दो बार maheene mein do bar
binary *adj* दोहरा जोड़ा dohara jorha
bind *v.t* बांधना baandhana
binding *a* अनिवार्य anivarya
binocular *n.* दूरबीन durbin
biographer *n* जीवनी-लेखक jeevani-lekhak
biography *n* जीवनी jeevani
biologist *n* जीव विज्ञानी jeev vigyani
biology *n* जीव विज्ञान jeev vigyan
biped *n* द्विपाद dvipad
birch *n.* भोजपत्र bhojpatra
bird *n* पक्षी panchi
birth *n.* जन्म janm
biscuit *n* बिस्कुट biscuit
bisect *v. t* द्विविभाजित करना dvivibhajit karna

bisexual *adj.* द्विलिंगीय dvilingiya
bishop *n* बिशप bishap
bison *n* जंगली साँड़ jangali sand
bit *n* टुकड़ा tukra
bitch *n* कुतिया kutiya
bite *v. t.* काटना kaatna
bite *n* काटने का घाव katne ka ghav
bitter *a* पीड़ादायक pirhadayak
bi-weekly *adj* अर्ध साप्ताहिक ardh saptahik
bizarre *adj* पागल pagal
blab *v. t. & i* भेद खोल देना bhed khol dena
black *adj.* काला kala
black *a* प्रकाश-रहित prakash-rahit
blacken *v. t.* काला करना kala karna
blackmail *n, v.t.* डरा कर वसूल करना dara kar vasul karna
blacksmith *n* लोहार lohar
bladder *n* मूत्राशय mutrashaya
blade *n.* पत्ती patti
blain *n* छाला chaala
blame *v. t* दोष लगाना dosh lagana
blame *n* दोष dosh
blanch *v. t. & i* भय से पीला पड़ जाना bhay se peela parh jana
bland *adj.* विनीत vineet
blank *a* कोरा kora
blank *n* रिक्त स्थान rikt sthan
blanket *n* कंबल kambal
blare *v. t* चिल्लाकर बोलना chilakar bolna
blast *n* धमाका dhamaka
blast *v.i* नष्ट करना nasht karna
blaze *n* चमक chamak
blaze *v.i* दहकना dahakana
bleach *v. t* सफेद करना saphed karana
blear *v. t* मन्द करना mand karna
bleat *n* मिमियाहट mimiyahat
bleat *v. i* मिमियाना mimiyana
bleb *n* फफोला phaphola
bleed *v. i* खून बहना khoon behna

blemish *n* दोष dosh
blend *v. t* मिलना milna
blend *n* मिश्रण mishran
bless *v. t* प्रदान करना pradaan karna
blether *v. i* बड़बड़ करना barhbarh karna
blight *n* पाला pala
blind *a* अंधा andha
blindness *n* अंधापन andhapan
blink *v. t. & i* टिमटिमाहट timtimahat
bliss *n* परमानंद parmanand
blister *n* फफोला phaphola
bloc *n* गुट gut
block *n* कुंदा kunda
block *v.t* अवरुद्ध करना avrudh karna
blockade *n* घेराबंदी gherabandi
blockhead *n* मूर्ख व्यक्ति murkh vyakti
blood *n* खून khun
bloodshed *n* रक्तपात raktapaat
bloody *a* निर्दय nirdaya
bloom *n* यौवन yauvan
bloom *v.i.* महकना mahakna
blossom *n* मंजरी manjari
blossom *v.i* खिलना khilna
blot *n.* दाग daag
blot *v. t* धब्बा लगाना dhabba lagana
blouse *n* ब्लाउज़ blouse
blow *v.i.* बजाना bajana
blow *n* झटका jhatka
blue *n* नीलवर्ण neelvarna
blue *a* आकाश-नील akash-neel
bluff *v. t* धोखा देना dhokha dena
bluff *n* धोखा dhokha
blunder *n* भारी भूल bhari bhul
blunder *v.i* भारी भूल करना bhari bhul karna
blunt *a* कुंद kund
blur *n* कलंक kalank
blush *n* झेंप jhenp
blush *v.i* झेंपना jhenpana
boar *n* सूअर suar

board *n.* तख्त takht
board *v.t.* सवार होना sawar hona

boarding *n* भोजन bhojan
boast *v.i* डींग मारना ding marna
boast *n* डींग ding
boat *v.i* नाव खेना nav khena
boat *n* नाव nav
bodice *n* चोली choli
bodily *adv.* सशरीर sasharir
bodily *a* शारीरिक sharirik
body *n* काया kaya
bodyguard *n.* अंगरक्षक angrakshak
bog *n* दलदल daldal
bog *v.i* फंस जाना phans jana
bogus *a* खोटा khota
boil *n* फोड़ा phorha
boil *v.i.* उबलना ubalna
****boiler** *n* देग deg
bold *a.* निडर nidar
boldness *n* निर्भीकता nirbhikta
bolt *n* काबला kabla
bolt *v. t* सिटकनी लगाना sitakani lagana
bomb *n* बम bam
bomb *v. t* बम गिराना bam girana
bombard *v. t* बमबारी करना bambari karna
bombardment *n* बमबारी bambbari
bomber *n* बमवर्षक bambvarshak
bonafide *adv* सद्भावपूर्वक sad bhavpurwak
bonafide *a* सद्भावपूर्ण sad bhavpurna
bond *n* अनुबंध anubandh
bondage *n* दासता daasta
bone *n.* हड्डी haddi
bonfire *n* उत्सवाग्नि utsvaagni
bonnet *n* बोनिट bonnet
bonus *n* बोनस bonus
book *n* पुस्तक pustak
bookish *n.* पढ़ाक्कू padhaku

book-keeper *n* हिसाब करने वाला hisab karne wala
booklet *n* पुस्तिका pustika
book-seller *n* पुस्तक बेचने वाला pustak bechne wala
book-worm *n* पाठक paathak
boon *n* वरदान vardan
boor *n* किसान kisan
boost *n* सहारा sahara
boost *v. t* बढ़ावा देना badhava dena
boot *n* जूता joota
booth *n* मंडप mandap
booty *n* लूट का माल lut ka maal
booze *v. i* अधिक मदिरा पीना adhik madira peena
border *n* किनारी seemant
border *v.t* किनारी लगाना kinari lagana
bore *v. t* छेदना chedna
bore *n* छेद ched
born *v.* पैदा हुआ paida hua
born rich *adj.* जन्म का धनी janam ka dhani
borne *adj.* लाया हुआ laya hua
borrow *v. t* उधार लेना udhar lena
bosom *n* छाती chaati
boss *n* मालिक malik
botany *n* वनस्पति विज्ञान banaspati wigyan
botch *v. t* फोड़ा foda
both *a* दोनों dono
both *pron* दोनों लोग dono log
both *conj* समान रूप से saman rup se
bother *v.* परेशान होना pareshan hona
botheration *n* झंझट jhanjhat
bottle *n* बोतल botal
bottom *n* तह teh
bough *n* शाखा shakha
bouncer *n* झूठा jhutha
bound *n.* सीमा seema
boundary *n* सीमारेखा seema rekha

bountiful *a* प्रचुर prachur
bounty *n* उपहार uphar
bouquet *n* गुलदस्ता guldasta
bout *n* बीमारी का दौरा bimari ka daura
bow *v. t* झुकना jhukana
bow *n* नमन naman
bow *n* धनुष dhanush
bowel *n.* आंतें aante
bower *n* कुंज kunj
bowl *n* कटोरा katora
bowl *v.i* गेंद फेंकना gend phenkna
box *n* संदूक sanduk
boxing *n* मुक्केबाज़ी mukkebazee
boy *n* बालक balak
boycott *v. t.* बहिष्कार करना bahiskar karna
boycott *n* बहिष्कार bahishkar
boyhood *n* लड़कपन larhakpan
brace *n* बढ़ाई का औज़ार badhai ka auzaar
bracelet *n* कंगन kangan
brag *v. i* डींग मारना ding marna
brag *n* डींग ding
brain *n* दिमाग़ demaag
brake *n* ब्रेक break
brake *v. t* ब्रेक लगाना break lagana
branch *n* शाखा shakha
brand *n.* व्यापारिक चिन्ह vyaparik chinh
brand *n* तलवार talwar
brandy *n* ब्रांडी brandi
brass *n.* पीतल peetal
brave *a* बहादुर bahadur
bravery *n* बहादुरी bahaduri
brawl *v. i. & n* विवाद vivad
bray *n* गधे की रेंक gadhe ki renk
bray *v. i* रेंकना renkna
breach *n* विच्छेद viched
bread *n* रोटी roti
breadth *n* चौड़ाई chaurhayee
break *v. t* नष्ट करना nasht karna
break *n* भंजन bhanjan
breakage *n* तोड़ने की क्रिया torhne ki kriya

breakdown *n* अचानक अवरोध achanak avrodh
breakfast *n* नाश्ता nashta
breakneck *n* बहुत तेज़ bahut tez
breast *n* छाती chhaati
breath *n* श्वसन shvasan
breathe *v. i.* सांस लेना sans lena
breeches *n.* जांघिया jhangiya
breed *v.t* पालन-पोषण करना palan-poshan karna
breed *n* जाति jati
breeze *n* समीर samir
breviary *n.* स्तोत्र संग्रह stotra sangreh
brevity *n* संक्षिप्तता sankshiptata
brew *v. t.* शराब बनाना sharab banana
brewery *n* यवसुरा निर्माणशाला yavsura nirmansala
bribe *n* घूस ghoos
bribe *v. t.* रिश्वत देना rishvat dena
brick *n* ईंट eent
bride *n* दुलहन dulhan
bridegroom *n.* दुल्हा dulha
bridge *n* पुल pull
bridle *n* लगाम lagam
brief *a.* संक्षिप्त sankshipt
brigade *n.* वाहिनी vahini
brigadier *n* ब्रिगेडियर brigadier
bright *a* चमकदार chamakdaar
brighten *v. t* चमकाना chamkana
brilliance *n* चमक chamak
brilliant *a* प्रतिभाशाली pratibhashali
brim *n* मुख mukh
brine *n* खारा पानी khara pani
bring *v. t* लाना lana
brinjal *n* बैंगन baingan
brink *n.* कगार kagar
brisk *adj* चपल chapal
bristle *n* बाल baal
British *adj* अंग्रेज़ angrez
brittle *a.* टूटने-योग्य tutne-yogya

broad *a* चौड़ा chaurha	building *n* इमारत imarat
broadcast *n* प्रसारण prasaran	bulb *n.* रोशनी वाला बल्ब roshni vala bulb
broadcast *v. t* प्रचारित करना pracharit karna	bulk *n* आकार aakar
	bulky *a* भारी bhari
broaden *v. t. & i* चौड़ा करना या होना chaurha karna ya hona	bull *n* सांड sand
	bulldog *n* एक प्रकार का कुत्ता ek prakar ka kutta
brocade *n* ज़रीदार कपड़ा zaridar kapda	
broccoli *n.* फूलगोभी phoolgobhi	bullet *n* गोली goli
brochure *n* छोटी पुस्तक chhoti pustak	bulletin *n* विज्ञप्ति vigyapati
brochure *n* विवरणिका vivranika	bullock *n* बैल bell
broker *n* दलाल dalal	bully *n* धौंसिया dhaunsiya
bronze *n. & adj* कांसा kasha	bully *v. t.* भयभीत करना bhaybhit karna
brook *n.* छोटी नदी choti nadi	bulwark *n* कोट coat
broom *n* झाड़ू jharhu	bumpy *adj* उछाल वाला uchhal wala
broth *n* शोरबा shorba	bunch *n* गुच्छा guchha
brothel *n* रंडी का घर randi ka ghar	bundle *n* पुलिंदा pulinda
brother *n* भाई bhai	bungalow *n* बंगला bangla
brotherhood *n* भ्रातृत्व bhratritva	bungle *v. t* बिगाड़ना bigarhana
brow *n* भौंह bhaunh	bungle *n* घपला ghapla
brown *a* भूरा bhoora	bunk *n* सोने के लिये पटरी sone ke liye patri
brown *n* भूरा रंग bhoora rang	bunker *n* सेनावास senavas
browse *n* नई पत्तियाँ nayee pattiyan	bunting *n* कपड़े की सजावटी पट्टी kaparhe ki sajawat patti
bruise *n* चोट chot	
bruit *n* झूठी खबर jhuti khabhar	buoyancy *n* हल्कापन halkapan
brush *n* सफ़ाई का ब्रश safai ka brush	burden *n* बोझा bhojha
brutal *a* निर्दय nirdaya	burden *v. t* लादना laadna
brute *n* पशु pashu	burdensome *a* कष्टकारी kashtakari
bubble *n* बुलबुला bulbula	bureau *n.* मुहकमा muhakama
bucket *n* बाल्टी balti	bureaucracy *n.* नौकरशाही naukarshahi
buckle *n* बकसुआ baksua	burglar *n* चोर chor
bud *n* कली kali	burglary *n* चोरी chori
budge *v.t.* हिलना hilna	burial *n* दफ़न dafan
budget *n* कोष kosh	burn *v. t* जलाना jalana
buff *n* घूँसा ghoonsa	burn *n* जलने की चोट jalne ki chot
buffalo *n.* भैंसा bhainsa	burrow *n* बिल bill
buffoon *n* मसखरा maskhara	burst *v. i.* फोड़ना phorhna
bug *n.* खटमल khatmal	burst *n* विस्फोट visphot
bugle *n* बिगुल bigul	bury *v. t.* दफनाना dafnana
build *v. t* निर्माण करना nirman karna	bus *n* बस bus
build *n* रचना rachna	bush *n* झाड़ी jhaarhi

business *n* व्यापार vyapar
businessman *n* व्यापारी vyapari
bustle *v. t* जल्दी से काम करना jaldi se kam karna
busy *a* व्यस्त vyast
but *prep* उसके अतिरिक्त uske atirikt
but *conj.* किंतु kintu
butcher *n* कसाई kasayee
butcher *v. t* हत्या करना hatya karna
butter *n* मक्खन makhan
butter *v. t* मक्खन लगाना makhan lagana
butterfly *n* तितली titli
buttermilk *n* मट्ठा matha
button *n* बटन batan
button *v. t.* बटन लगाना batan lagana
buy *v. t.* खरीदना kharidana
buyer *n.* क्रेता kreta
buzz *v. i* गुंजन करना gunjan karna
buzz *n.* भिनभिनाहट bhinbhinahat
by *prep* दौरान dauran
by *adv* पास में paas mein
bye-bye *interj.* अलविदा alvida
by-election *n* उप-चुनाव up-chunav
bye-law *n* उपनियम upniyam
bypass *n* उपमार्ग upmarg
by-product *n* उपोत्पादन uptopadan
byre *n* गोशाला gaushala
byword *n* लोकोक्ति lokokti

C

cab *n.* टैक्सी taxi
cabaret *n.* नाच naach
cabbage *n.* बन्दगोभी bandgobhi
cabin *n.* कोठरी kothri
cabinet *n.* मंत्रि-मंडल mantri-mandal
cable *n.* डोरी rassa
cable *v. t.* समुद्रीतार से भेजना samudritar se bhejna

cache *n* गुप्त भंडार gupt bhandar
cachet *n* मोहर mohar
cackle *v. i* कूकना kukna
cactus *n.* नागफनी nagphani
cadet *n.* सैनिक छात्र sainik chhatra
cadge *v. i* भीख माँगते फिरना bheekh mangte phirna
cadmium *n* टीन समान धातु tin saman dhatu
cafe *n.* काफ़ीघर cafighar
cage *n.* पिंजरा pinjra
cain *n.* हत्यारा hatyara
cake *n.* केक cake
calamity *n.* विपत्ति vipatti
calcium *n* चूने का तत्त्व chune ka tatva
calculate *v. t.* गणना करना ganana karna
calculation *n.* गणना ganana
calculator *n* गणना करने का यन्त्र ganana karn ka yantra
calendar *n.* पंचांग panchang
calf *n.* पिंडली pindali
calf *n.* बछड़ा bachhra
call *v. t.* पुकारना pukaarna
call *n.* पुकार pukaar
calligraphy *n* लिखावट likhavat
calling *v.* बुलाना bulana
callous *a.* कठोर kathor
callow *adj* अनुभवहीन anubhavhin
calm *n.* शांत shant
calm *v. t.* शांत करना shant karna
calm *n.* शांति shanti
calmative *adj* शान्ति लाने वाली shanti lane wali
calorie *n.* तापमान का माप taapman ka maap
calumniate *v. t.* निन्दा करना ninda karna
camel *n.* ऊँट unt
camera *n.* कैमरा camera
camp *n.* शिविर shivir
camp *v. i.* पड़ाव डालना parhav dalna

campaign *n.* आंदोलन andolan
camphor *n.* कपूर kapur
can *v. t.* डिब्बे में बंद करना dibbai mein band karna
can *v.* संभव होना sambhav hona
can *n.* डिब्बा dibba
canal *n.* नहर nahar
canard *n* कल्पित कथा kalpit katha
cancel *v. t.* रद्द करना radd karna
cancellation *n* रद्द radd
cancer *n.* कैंसर cancer
candid *a.* मासूम maasum
candidate *n.* परीक्षार्थी pariksharthi
candle *n.* मोमबत्ती mombatti
candour *n.* निष्कपटता nishkapatata
candy *n.* मिसरी misri
candy *v. t.* पागना paagana
cane *v. t.* बेंत से मारना bent se marna
cane *n.* बेंत bent
canister *n.* कनस्तर kanastar
cannon *n.* तोप top
canon *n.* तोप गोला top gola
canopy *n.* छतरी chhatri
canteen *n.* जलपान-गृह jalpan-greh
canter *n* कदम चाल kadam chal
canton *n* प्रदेश pradesh
cantonment *n.* छावनी chhavani
canvas *n.* चित्रकारी के लिए कपड़ा chitrakari ke liye kapda
canvass *v. t.* वोट मांगना vote mangana
cap *v. t.* टोपी पहनाना topi pahanana
cap *n.* टोपी topi
capability *n.* सामर्थ्य samarthya
capable *a.* योग्य yogya
capacious *a.* विशाल vishal
capacity *n.* क्षमता kshamta
cape *n.* अंतरीप antreep
capital *n.* राजधानी rajdhani
capital *n* पूंजी punji
capitalist *n.* पूंजीपति punjipati

caprice *n.* सनक sanak
capricious *a.* मनमौजी manmauji
Capricorn *n* मकर राशि makar rashi
capsicum *n* बड़ी लाल मिर्च barhi lal mirch
capsize *v. i.* उलट जाना ulat jana
capsular *adj* बीजकोष सम्बन्धी bijkosh sambandhi
captain *n.* कप्तान kaptan
captaincy *n.* कप्तानी kaptani
caption *n.* शीर्षक shirshak
captivate *v. t.* आकर्षित करना aakarashit karna
captive *a.* बंदी बना हुआ bandi bana hua
captive *n.* बंदी bandi
captivity *n.* बंदी दशा bandi dasha
capture *n.* बंदीकरण bandikaran
capture *v. t.* बंदी बनाना bandi banana
car *n.* गाड़ी garhi
carat *n.* स्वर्ण शुद्धता का माप svarn shuddhta ka map
caravan *n.* काफिला kaphila
carbon *n.* कार्बन carbon
card *n.* ताश का पत्ता taash ka patta
cardamom *n.* इलायची ilaychi
cardboard *n.* गत्ता gatta
cardiac *adjs* हृदय सम्बन्धी hriday sambandhi
cardinal *n.* बड़ा पादरी bara padri
cardinal *a.* प्रधान pradhan
care *n.* देख-रेख dekh-rekh
care *n.* चिंता chinta
career *n.* व्यवसाय vyvasaya
careful *a* सचेत sachait
careless *a.* असावधान asavdhan
caress *v. t.* पुचकारना puchkaarna
cargo *n.* पोतभार potbhar
caricature *n.* व्यंग्य-चित्र vyangya chitr
carious *adj* गला हुआ gala hua
carnage *n* संहार sanhar
carnival *n* आनन्द उत्सव anand utsav

carol *n* आनन्द का गीत anand ka geet
carpal *adj* कलाई संबंधी kalai sambandhi
carpenter *n.* बढ़ई barhayee
carpentry *n.* बढ़ईगीरी barhayeegiri
carpet *n.* कालीन kalin
carriage *n.* गाड़ी garhi
carrier *n.* वाहक vahak
carrot *n.* गाजर gajar
carry *v. t.* उठाना uthana
cart *n.* छकड़ा chakrha
cartage *n.* ढुलाई का काम dhulayee ka kam
cartoon *n.* कार्टून cartoon
cartridge *n.* कारतूस cartoos
carve *v. t.* मूर्ति का रूप देना murti ka rup dena
cascade *n.* जलप्रताप jalpratap
case *n.* संदूक sanduk
cash *v. t.* नगदी में बदलना nagadi mein badalna
cash *n.* नकद धन nagad dhan
cashier *n.* ख़ज़ांची khajanchi
casing *n.* ढकना dhakna
cask *n* पीपा pipa
casket *n* जवाहरात का बक्सा jawaharat ka baksa
cassette *n.* कैसिट cassette
cast *v. t.* ढालना dhalana
cast *n.* ढांचा dhancha
caste *n* जाति jati
castigate *v. t.* दंड देना dand dena
casting *n* धातु को गलाकर ढलाई dhatu ko galakar dhalayee
cast-iron *n* कान्ती लोहा kanti loha
castle *n.* दुर्ग durg
castor oil *n.* रेंडी का तेल redi ka tel
casual *a.* आकस्मिक aakasmik
casualty *n.* दुर्घटना durghatna
cat *n.* बिल्ली billi
catalogue *n.* सूचीपत्र suchipatra
cataract *n.* मोतियाबिंद motiyabind

catch *n.* धोखा dhokha
catch *v. t.* पकड़ना pakarna
categorical *a.* सुनिश्चित sunishchit
category *n.* श्रेणी shreni
caterpillar *n.* कीड़ा kirha
cathedral *n.* प्रधान गिरजाघर pradhan girjaghar
catholic *a.* इसाई धर्म का isaai dharm ka
cattle *n.* मवेशी maveshi
cauliflower *n.* फूलगोभी foolgobhi
causal *adj.* कारण बतलाने वाला kaaran batlanay wala
causality *n* कारणत्व karanatva
cause *v.t* कारण बनना kaaran banana
cause *n.* कारण kaaran
causeway *n* बाँध baandh
caustic *a.* तीखा teekha
caution *v. t.* चेतावनी देना chaitavani dena
caution *n.* चेतावनी chaitavani
cautious *a.* सतर्क satarkh
cavalry *n.* वख्तरबंद सेना vakhtarband sena
cave *n.* गुफ़ा gufa
cavern *n.* गुफ़ा gufa
cavil *v. t* दोष निकालना dosh nikalna
cavity *n.* गुहा guha
caw *v. i.* काँव-काँव करना kanw-kanw karna
caw *n.* काँव-काँव kanw-kanw
cease *v. i.* बंद करना band karna
ceaseless ~*a.* निरंतर nirantar
cedar *n.* देवदार का वृक्ष devdar ka vriksh
ceiling *n.* भीतरी छत bhitari chat
celebrate *v. t. & i.* उत्सव मनाना utsav manana
celebration *n.* उत्सव utsav
celebrity *n* प्रसिद्ध व्यक्ति prasiddh vyakti
celestial *adj.* दिव्य divya
celestial *adj* सुन्दर sundar
celibacy *n.* अविवाहित जीवन avivahit jeevan
cell *n.* कोठरी kothari

cellar n तहखाना tahakhana
cellular adj जालीदार jalidaar
cement v. t. जोड़ना jorhna
cement n. सीमेंट cement
cemetery n. कब्रिस्तान kabristan
cense v. t धूप देना dhup dena
censor v. t. निरीक्षण करना nirikshan karna
censor n. नियंत्रक niyantrak
censorious adj दोष निकालने वाला dosh nekalne wala
censure n. निंदा ninda
censure v. t. निंदा करना ninda karna
census n. जनगणना janganana
cent n सौ sau
centenarian n शतायु व्यक्ति shatayu vyakti
centenary n. सौ वर्ष का समय sau varsh ka samay
centennial adj. सौवीं वर्षगाँठ sauvin varshaganth
centigrade a. सौ अंशों में विभाजित sau anshon mein vibhajit
centipede n. कनखजूरा kankhajura
central a. केंद्रीय kendriya
centre n केंद्र kendra
centrifugal adj. केन्द्र से हट जाने वाली kendra se hat janai wala
centuple n. & adj सौगुना saugunna
century n. शतक shatak
ceramics n मिट्टी के पात्र mitti ke patra
cerated adj. मोम से ढँका हुआ mom se dhaka huya
cereal a अन्नमय annmaya
cereal n. अन्न ann
ceremonial a. समारोहपूर्ण samaarohapurna
ceremonious a. औपचारिक aupcharik
ceremony n. धर्मक्रिया dharmakriya
certain a निर्विवाद nirvivad
certainly adv. निःसंदेह nisandeh
certainty n. सत्य satya

certificate n. प्रमाण पत्र pramanpatra
certify v. t. प्रमाणित करना pramanit karna
cerumen n कान का खूँट kaan ka khunt
cesspool n. हौदी haudi
chain n बेड़ी bedhi
chair n. कुर्सी kursi
chair n. पद pad
chairman n सभापति sabhapati
chaise n आनन्द की सवारी anand ki savari
challenge v. t. चुनौती देना chunauti dena
challenge n. चुनौती chunauti
chamber n. सदन sadan
champion n. विजेता vijeta
champion v. t. समर्थन करना samarthan karna
chance n. संयोग sanyog
chancellor n. कुलाधिपति kuladhipati
chancery n प्रधान न्यायालय pradhan nyayalaya
change n. परिवर्तन parivartan
change v. t. बदल देना badal dena
channel n नाला nala
chant n भजन bhajan
chaos n. अव्यवस्था avyavastha
chaotic adv. अव्यवस्थित avayvasthit
chapel n. पूजास्थल pujasthal
chapter n. अध्याय adhyaya
character n. चरित्र charitra
charge n. धावा dhava
charge v. t. दोष देना dosh dena
chariot n रथ rath
charitable a. दानशील daanshil
charity n. दानी संस्था dani sanstha
charm n. आकर्षण aakarshan
charm v. t. आनंद देना anand dena
chart n. नक्शा naksha
charter n प्राधिकार pradhikar
chase v. t. पीछा करना pichha karna
chase n. पीछा pichha
chaste a. पवित्र pavitra

chastity *n.* शुद्धता shudhta
chat *n.* गपशप gapshap
chat *v. i.* बातचीत करना batchit karna
chatter *v. t.* बकवास करना bakvas karna
chauffeur *n.* कार-चालक kar-chalak
cheap *a* सस्ता sasta
cheapen *v. t.* सस्ता करना sasta karna
cheat *n.* ठग thag
cheat *v. t.* ठगना thagna
check *n* अवरोध avarodh
check *v. t.* जांचना janchana
checkmate *n* शहमात shahamat
cheek *n* गाल gaal
cheer *n.* प्रसन्नता prasannata
cheer *v. t.* जयजयकार करना jayjaykaar karna
cheerful *a.* प्रसन्न prasann
cheerless *a* उदास udas
cheese *n.* पनीर panir
chemical *n.* रासायनिक पदार्थ rasayanik padarth
chemical *a.* रसायन-संबंधी rasayan-sambandhi
chemise *n* शमीज़ shamiz
chemist *n.* औषध-विक्रेता aushadh vikreta
chemistry *n.* रसायन-शास्त्र rasayan shastra
cheque *n.* चेक cheque
cherish *v. t.* पोसना poshana
cheroot *n* सिगार sigaar
chess *n.* शतरंज shatranj
chest *n* छाती chhati
chestnut *n.* पांगर paangar
chevalier *n* महावीर mahavir
chew *v. t* चबाना chabana
chicken *n.* चूज़ा chuja
chide *v. t.* डाँटना dantna
chief *a.* मुख्य mukhya
chieftain *n.* मुखिया mukhiya
child *n* बच्चा bachcha
childhood *n.* शैशव shaishav

childish *a.* बचकाना bachkana
chill *n.* ठंड thand
chilli *n.* लाल मिर्च lal mirch
chilly *a* ठंडा thanda
chimney *n.* चिमनी chimni
chimpanzee *n.* वनमानुष vanmaanush
chin *n.* ठोड़ी thorhi
chirp *v.i.* चींचीं करना chinchin karna
chirp *n* चींचीं chinchin
chisel *v. t.* छेनी से काटना chaine se katna
chisel *n* छेनी chaine
chit *n.* पर्ची parchi
chivalrous *a.* शौर्यवान shauryavan
chivalrous *a.* उदार udar
chivalry *n.* शिष्टता shishtata
chlorine *n* साँस घुटाने वाली एक गैस saans ghutanai wali ek gas
chocolate *n* चॉकोलेट chocolate
choice *n.* पसंद pasand
choir *n* गायक-मंडली gayak-mandali
choke *v. t.* गला घोंटना gala ghontna
cholera *n.* हैज़ा haija
choose *v. t.* चुनना chunana
chop *v. t* काटना katna
chord *n.* तार taar
choroid *n* आँख की झिल्ली aankh ki jhilli
chorus *n.* गायक-दल gayak-dal
Christ *n.* मसीहा masiha
Christendom *n.* ईसाई जगत isai jagat
Christian *n* ईसाई isai
Christian *a.* ईसाई धर्म-संबंधी isai dharma-sambandhi
Christianity *n.* ईसाई धर्म isai dharma
Christmas *n* ईसा-जन्मोत्सव isa-janmotasav
chrome *n* पीला रंग peela rang
chronic *a.* पुराना purana
chronicle *n.* इतिहास itihas
chronology *n.* कालक्रम kaalkram

chuckle *v. i* दबी हँसी हँसना dabi hansi hansna
chum *n* पुराना मित्र purana mitr
church *n.* गिरजाघर girjaghar
churchyard *n.* कब्रिस्तान kabristan
churl *n* गँवार ganvar
churn *n.* दूध का मटका dudh ka matka
churn *v. t. & i.* बिलोना bilona
cigar *n.* सिगार sigaar
cigarette *n.* सिगरेट cigrate
cinema *n.* सिनेमाघर cinemaghar
cinnabar *n* सिन्दूर sindur
cinnamon *n* दालचीनी daalchini
cipher, cypher *n.* शून्य का अंक shunya ka ank
circle *n.* वृत vrit
circle *n.* घेरा ghera
circuit *n.* परिधि paridhi
circular *a* गोल gol
circular *n.* परिपत्र paripatra
circulate *v. i.* प्रसारित करना prasarit karna
circulation *n* प्रसारण prasaran
circumference *n.* परिधि paridhi
circumspect *adj.* सावधान savdhan
circumstance *n.pl.* परिस्थिति paristithi
circumstance *n* घटना ghatna
circus *n.* सर्कस sarkas
cist *n* पत्थर का सन्दूक pathar ka sanduk
citadel *n.* दुर्ग durg
cite *v. t* अदालत में तलब करना adalat mein talab karna
citizen *n* नगर-निवासी nagar-nivasi
citizenship *n* नागरिकता naagrikta
citric *adj.* खट्टा khatta
city *n* नगर nagar
civic *a* नगर का nagar ka
civics *n* नागरिकशास्त्र naagrikshastra
civil *a* असैनिक asainik
civilian *n* असैनिक व्यक्ति asainik vyakti
civilization *n.* सभ्यता sabhyta

civilize *v. t* सभ्य बनाना sabhya banana
clack *n. & v. i* कर्कश शब्द karkash shabd
claim *v. t* दावा करना dava karna
claim *n* दावा dava
claimant *n* दावेदार davedar
clamber *v. i* कठिनता से चढ़ना kathinta se chadhna
clamour *v. i.* कोलाहल करना kolahal karna
clamour *n* कोलाहल kolahal
clamp *n* शिकंजा shikanja
clandestine *adj.* छिपा हुआ chhipa hua
clap *v. i.* ताली बजाना tali bajana
clap *n* कड़क karhak
clarification *n* स्पष्टीकरण spashtikaran
clarify *v. t* स्पष्ट करना spasht karna
clarion *n.* तुरही turahi
clarity *n* सफाई safaai
clash *v. t.* विरोध होना virodh hona
clash *n.* संघर्ष sangharsh
clasp *n* आलिंगन alingan
class *n* कक्षा kaksha
classic *n* उत्कृष्ट कृति utkrisht kriti
classic *a* उत्कृष्ट utkrisht
classical *a* प्राचीनकाल-संबंधी prachinkaal-sambandhi
classification *n* वर्गीकरण vargikaran
classify *v. t* वर्गीकृत करना vargikrit karna
clause *n* धारा dhara
claw *n* पंजा panja
clay *n* मिट्टी mitti
clean *v. t* साफ़ करना saaf rakhna
clean *a.* साफ़ saaf
cleanliness *n* स्वच्छता svachhata
cleanse *v. t* परिमार्जन करना parimarjan karna
clear *a* साफ़-सुथरा saaf-suthara
clear *v. t* साफ़ करना saaf karna
clearance *n* निकासी nikaasi
clearly *adv* स्पष्ट रूप से spasht rup se
cleft *n* दरार darar

clergy *n* पादरी paadri
clerical *a* याजकीय yaajkiya
clerk *n* लिपिक lipik
clever *a.* चतुर chatur
clew, clue *n.* सुराग़ suraag
click *n.* खटखट की आवाज़ khat-khat ki awaz
client *n..* ग्राहक grahak
cliff *n.* खाड़ी चट्टान kharhi chattan
climate *n.* जलवायु jalwayu
climax *n.* शिखर shikhar
climb *n.* चढ़ाई chadhayee
climb *v.i* चड़ाई करना chadai karna
cling *v. i.* चिपटना chiptana
clinic *n.* चिकित्सालय chikitsalaya
clink *n.* कील keel
cloak *n.* चोगा choga
clock *n.* घड़ी gharhi
clod *n.* मूर्ख murkh
cloister *n.* मठ math
close *a.* घनिष्ट ghanisht
close *v. t* बंद करना band karna
close *n.* अंत aant
closet *n.* कोठरी kothari
closure *n.* समापन samapan
clot *n.* थक्का thakka
clot *v. t* थक्का बनाना thakka banana
cloth *n* कपड़ा kaprha
clothe *v. t* कपड़े पहनाना kaprhe pahnana
clothes *n.* परिधान paridhan
clothing *n* परिधान paridhan
cloud *n.* बादल baadal
cloudy *a* धुंधला dhundhala
clove *n* लवंग lavang
clown *n* विदूषक vidushak
club *n* मंडली mandali
clue *n* संकेत sanket
clumsy *a* अनाड़ी anari
cluster *n* गुच्छा guchha

cluster *v. i.* समूहबद्घ होना samuhbadh hona
clutch *n* चंगुल changul
clutter *v. t* चिल्लाकर दौड़ना chillakar dhaudna
coach *n* रेलगाड़ी का डिब्बा railgarhi ka dabba
coachman *n* गाड़ीवान gaarivaan
coal *n* कोयला koyla
coalition *n* मेल mail
coarse *a* घटिया ghatiya
coast *n* समुद्र-तट samudra-tat
coat *n* कोट coat
coating *n* रंग की तह rang ke the
coax *v. t* बहलाना behalana
cobbler *n* मोची mochi
cobra *n* विषैला साँप vishaila sanp
cobweb *n* मकड़ी का जाला makrhi ka jala
cocaine *n* कोकीन kokeen
cock *n* मुर्गा murga
cocker *v. t* दुलार करना dulaar karna
cockle *v. i* फूलना phulna
cock-pit *n.* वायुयान में चालक-कक्ष vayuyan mein chalak kaksha
cockroach *n* तिलचट्टा tilchatta
coconut *n* नारियल nariyal
code *n* संहिता sanhita
code *n.* संकेत लिपि sanket lipi
co-education *n.* सहशिक्षा sahashiksha
coefficient *n.* गुणक gunak
co-exist *v. i* सहवर्ती होना sahavarti hona
co-existence *n* सहअस्तित्व sah-astitva
coffee *n* कॉफ़ी के बीज़ coffee ke beej
coffin *n* ताबूत taabut
cog *n* पहिये का दाँता pahiye ka danta
cogent *adj.* प्रबल prabal
cognate *adj* सम्बन्धी sambandhi
cognizance *n* जानकारी jankaari
cohabit *v. t* सहवास करना sahawas karna
coherent *a* सुसंगत susangat

cohesive *adj* सहचारी sahchaari
coif *n* टोपी topi
coin *n* सिक्का sikka
coinage *n* सिक्का sikka
coincide *v.i.* संयोग sanyog
coincide *v. i* सहमत होना sahamat hona
coir *n* नारियल की जटा nariyal ki jata
cold *a* शीतल sheetal
cold *n* सर्दी sardi
collaborate *v. i* सहयोग करना sahayog karna
collaboration *n* सहयोग sahayog
collapse *v. i* एकाएक गिरना eka ek girna
collar *n* कॉलर kaular
colleague *n* सहकर्मी sahakarmi
collect *v. t* संग्रह करना sangreh karna
collection *n* संचित वस्तु sanchit vastu
collective *a* सामूहिक samuhik
collector *n* वसूल करनेवाला vasul karnewala
college *n* महाविद्यालय maha vidyalaya
collide *v. i.* भिड़ना bhirna
collision *n* भिड़ंत bhirhant
collusion *n* दलबन्दी dalbandi
colon *n* अपूर्ण विराम apurna viram
colon *n* बड़ी अंतड़ी barhi antarhi
colonel *adj.* कर्नल karnal
colonial *a* औपनिवेशिक upniveshak
colony *n* उपनिवेश upnivesh
colour *v. t* रूप बदल देना rup badal dena
colour *n* रंग rang
column *n.* स्तंभ stambh
column *n* कॉलम kaalam
coma *n.* अचेतन अवस्था achetan avastha
comb *n* कंघा kangha
combat *n* संग्राम sangram
combat *v. t.* विरोध करना virodh karna
combatant *n* योद्धा yodha
combatant *a.* युद्धघशील yudhshil
combination *n* संगठन sangathan

combine *v. t* मिल जाना mil jana
come *v. i.* आना aana
comedian *n.* हास्य अभिनेता hasya abhineta
comedy *n.* प्रहसन prahasan
comet *n* पुच्छलतारा puchaltara
comfit *n.* मिठाई mitthai
comfort *n.* आराम aaram
comfortable *a* आरामदायक aaramdayak
comic *n* हास्यरस की पत्रिका hasyaras ki patrika
comic *a* आनंदप्रद anandprad
comical *a* मज़ाकिया majakiya
comma *n* अल्पविराम चिह्न alpawiram chinah
command *n* आदेश aadesh
command *v. t* आदेश देना aadesh dena
commandant *n* सेनानायक sainanayak
commander *n* नायक nayak
commemorate *v. t.* कीर्तिमान होना kirtimaan hona
commemoration *n.* स्मरणोत्सव smaranotsava
commence *v. t* प्रांरभ करना prarambha karna
commencement *n* प्रांरभ prarambha
commend *v. t* प्रशंसा करना prashansa karna
commendable *a.* प्रशंसनीय prashansniya
commendation *n* प्रशंसा prashansa
comment *n* टिप्पणी tippani
comment *v. i* टिप्पणी करना tippni karna
commentary *n* टीका टिप्पणी tika-tippani
commentator *n* भाष्यकार bhashyakar
commerce *n* वाणिज्य wanijaya
commercial *a* व्यवसायिक vyavasayik
commiserate *v. t* दया करना daya karna
commission *n.* आयोग aayog
commissioner *n.* आयुक्त aayukt
commissure *n.* संयोजिका tantu bandh

commit *v. t.* प्रतिज्ञा करना pratigya karna	competence *n* सामर्थ्य samarthya
committee *n* समिति samiti	competent *a.* समर्थ samarth
commodity *n.* माल maal	competition *n.* प्रतियोगिता pratiyogita
common *a.* साधारण saadharan	competitive *a* प्रतियोगी pratiyogi
commoner *n.* सामान्य व्यक्ति samaniya vaykti	compile *v. t* संग्रह करना sangrah karna
commonplace *a.* सामान्य samanya	complacent *adj.* सन्तुष्ट santusht
commonwealth *n.* राष्ट्रमंडल rashtr-mandal	complain *v. i* शिकायत करना shikayat karna
commotion *n* शोरगुल shorgul	complaint *n.* शिकायत shikayat
commove *v. t* उत्तेजित करना uttejet karna	complaisance *n.* भलमन्सी bhalmansi
communal *a* सांप्रदायिक sampradayik	complaisant *adj.* सुशील sushil
commune *v. t* बातचीत करना baat-chit karna	complement *n* पूरक purak
	complementary *a* अनुपूरक anupurak
communicate *v. t* सूचित करना suchit karna	complete *a* पूर्ण purna
	complete *v. t* पूरा करना pura karna
communication *n.* सूचना suchna	completion *adj.* पूर्ति purti
communiqué *n.* सरकारी विज्ञप्ति sarkaari vigyapati	complex *a* जटिल jatil
	complex *n* भवन समूह bhavan samuh
communism *n* साम्यवाद saamiyvad	complexion *n* वर्ण warn
community *n.* समाज samaaj	compliance *n.* आज्ञाकारिता aagyakarita
commute *v. t* अदल बदल करना adal badal karna	compliant *adj.* संकोची sankochi
	complicate *v. t* उलझाना uljhana
compact *a.* ठोस thos	complication *n.* उलझन uljhan
compact *n.* संविदा sanvida	compliment *n.* प्रशंसा prashansa
companion *n.* साथी sathi	compliment *v. t* प्रशंसा करना prashansa karna
company *n.* साथ saath	
comparative *a* तुलनात्मक tulnaatmak	comply *v. i* पालन करना palan karna
compare *v. t* तुलना करना tulna karna	component *adj.* साधक saadhak
comparison *n* मिलान milan	compose *v. t* शांत होना nirmit karna
compartment *n.* रेलगाड़ी का डिब्बा rail garhi ka dibba	composition *n.* रचना rachna
	compositor *n* अक्षर योजक akshar yojak
compass *n* परकार parkar	compost *n* मिश्रित खाद mishrit khad
compassion *n* सहानुभूति sahanubhuti	composure *n.* शान्ति shanti
compel *v. t* दबाव डालना dabav dalana	compound *a* यौगिक yogik
compensate *v.t* क्षतिपूर्ति करना kshatipurti karna	compound *n* समास samaas
	compound *n* अहाता ahaata
compensation *n* क्षतिपूर्ति kshatipurti	compound *v. i* मिलाना milaana
compete *v. i* प्रतिस्पर्धा करना pratispardha karna	compounder *n.* औषधि बनाने वाला aushadhi banane wala
	comprehend *v. t* समझना samajhna

comprehension n धारणा dharana
comprehensive a व्यापक vyapak
compress v. t. दबाना dabana
compromise v. t समझौता करना samjhota karna
compromise n समझौता samjhota
compulsion n बाध्यकरण badhyakaran
compulsory a अनिवार्य anivarya
compunction n. मनोव्यथ manovyath
computation n. गिनती ginti
compute v.t. लेखा करना lekha karna
comrade n. साथी sathi
concave adj. नतोदर natodar
conceal v. t. छिपाना chipana
concede v.t. अंगीकार करना angikar karna
conceit n घमण्ड ghamand
conceive v. t विचार करना vichaar karna
concentrate v. t केंद्रित करना kendrit karna
concentration n. एकाग्रता ekagrata
concept n संकल्पना sankalpana
conception n अवधारण avdharan
concern v. t चिंतित करना chintit karna
concern n चिंता chinta
concert n. संगीत गोष्ठी sangeet gosthi
concession n छूट chhoot
conch n. शंख shankh
conciliate v.t. शान्त करना shant karna
concise a संक्षिप्त sankshipt
conclude v. t समापन करना samapan karna
conclusion n. निर्णय nirnaya
conclusive a निर्णायक nirnayak
concoct v. t पकाना pakana
concoction n. मनगढ़ंत कहानी mangharant kahani
concord n. सामंजस्य samanjasya
concrete a ठोस thos
concrete v. t ठोस रूप देना thos rup dena
concubinage n. वेश्यापन veshyapan
concubine n उपपत्नी up patni
condemn v. t. निंदा करना ninda karna

condemnation n निंदा ninda
condense v. t गाढ़ा करना gaadha karna
condite v.t. अचार aachaar
condition n शर्त shart
conditional a प्रतिबंधात्मक pratibandhatmak
condole v. i. शोक प्रकट करना shok prakat karna
condolence n शोक shok
condone n. क्षमा प्रदान kshama pradan
conduct n आचार व्यवहार aachar vyavahar
conduct v. t नेतृत्व करना netritva karna
conductor n निर्देशक nirdeshak
cone n. शंकु shanku
confectioner n हलवाई halwai
confectionery n मिष्ठान गृह mishthan greha
confer v. i प्रदान करना pradan karna
conference n सभा sabha
confess v. t. स्वीकार करना svikar karna
confession n पाप स्वीकरण paap svikaran
confidant n विश्वासपात्र vishvaspatra
confide v. i गुप्त रूप से बताना gupt rup se batana
confidence n विश्वास vishvast
confident a. आश्वस्त ashvast
confidential a. गुप्त gupt
confine v. t कैद करना kaid karna
confinement n. कारावास karavas
confirm v. t पुष्टि करना pushti karna
confirmation n प्रमाणीकरण pramanikaran
confiscate v. t ज़ब्त करना jabt karna
confiscation n. ज़ब्ती zabti
conflict n. संघर्ष sangharsh
conflict v. i संघर्ष करना sangharsh karna
confluence n संगम sangam
confluent adj. बहता हुआ bahta hua
conformity n. समानता samanata
conformity n. अनुकूलता anukulta
confraternity n. भाईचारा bhaichara

confrontation n. विरोध virodh
confuse v. t अव्यवस्थित करना avyavasthit karna
confusion n अव्यवस्था avyavastha
confute v.t. झूठा सिद्ध करना jhuta sidh karna
conge n. विदाई vidayee
congenial a अनुकूल anukul
congratulate v. t बधाई देना badhai dena
congratulation n बधाई badhai
congress n सम्मेलन sammelan
conjecture n अनुमान anumaan
conjugal a वैवाहिक vaivahik
conjugate v.t. & i. विवाह करना vivah karna
conjunct adj. संयुक्त sanyukt
conjunctive n. आंख की झिल्ली aankh ki jhilli
conjuncture n. घटना ghatna
conjure v.t. अनुरोध करना anurodh karna
conjure v.i. जादू करना jadu karna
connect v. t. जोड़ना jorna
connection n संबंध sambandh
connivance n. आनाकानी anakani
conquer v. t जीतना jeetna
conquest n विजय vijay
conscience n विवेक vivek
conscious a सचेतन sachetan
consecrate v.t. प्रतिष्ठा करना pratistha karna
consecutive adj. लगातार laga-taar
consecutively adv क्रम से kram se
consensus n. अनुकूलता anukulta
consent v. i सहमत होना sahamat hona
consent v.t. स्वीकार करना svikar karna
consent n. सहमति sahamiti
consequence n परिणाम parinam
consequent a अनुगामी anugami
conservative n रूढ़िवादी व्यक्ति rurhivadi vyakti

conserve v. t सुरक्षित रखना surakshit rakhna
consider v. t विचार करना vichar karna
considerable a विचारणीय vicharniya
considerate a. ध्यान रखने वाला dhyan rakhne wala
consideration n विचार vichar
considering prep. विचार करते हुए vichar karte huye
consign v.t. भेजना bhejna
consign v. t. सुपुर्द करना supurd karna
consignment n. प्रेषित माल preshit maal
consist v. i निहित होना nihit hona
consistency n. सामंजस्य samanjasya
consistent a अविरोधी awirodhi
consolation n सांत्वना santwana
console v. t सांत्वना देना santwana dena
consolidate v. t. संघटित करना sangathit hona
consolidation n चकबंदी chakbandi
consonance n. अविरोध avirodh
consonant n. व्यंजन vyanjan
consort n. साथी sathi
conspectus n. रूपरेखा ruprekha
conspicuous a. विशिष्ट vishishita
conspiracy n. षड्यंत्र shadyantra
conspirator n. षड्यंत्रकर्त्ता shadyantra
conspire v. i. मिल जाना mil jana
constable n. सिपाही sipahi
constant a स्थिर sthir
constellation n. नक्षत्रों का समूह nakshatron ka samuh
constipation n. कब्ज़ kabz
constituency n मतदाता क्षेत्र matdata kshetra
constituent n. मतदाता matdata
constituent adj. संविधान निर्माणकारी sanvidhan nirmankari
constitute v. t नियुक्त करना niyukt karna
constitution n विधान vidhan

constrict v.t. दबाना dabaana
construct v. t. निर्माण करना nirman karna
construction n निर्माण nirman
consult v. t परामर्श लेना paramarsh lena
consultation n परामर्श paramarsh
consumption n उपयोग upyog
consumption n क्षयरोग kshay rog
contact n. संपर्क sampark
contact v. t संपर्क स्थापित करना sampark sthapit karna
contagious a संक्रामक sankramak
contain v.t. नियंत्रित करना niyantrit karna
contaminate v.t. दूषित करना dushit karna
contemplate v. t विचार करना vichar karna
contemplation n अवलोकन avlokan
contemporary a समकालीन samakalin
contempt n अपमान apmaan
contemptuous a तिरस्कारपूर्ण tiraskaarpurna
contend v. i विरोध करना virodh karna
content a. संतुष्ट santusht
content v. t संतुष्टि प्रदान करना santushti pradan karna
content n संतुष्टि santushti
content n. विषय सूची vishay soochi
contention n तर्क tark
contentment n संतोष santosh
contest v. t संघर्ष करना sangharsh karna
contest n. प्रतियोगिता pratiyogita
context n प्रसंग prasang
continent n महाद्वीप mahadvip
continental a महाद्वीपीय mahadvipiya
contingency n. आकस्मिक घटना aakasmik ghatna
continual adj. निरन्तर nirantar
continuation n. विस्तार vistar
continue v. i. जारी रखना jari rakhna
continuity n निरंतरता nirantarta
continuous a निरन्तर nirantar
contour n रूपरेखा rup rekha

contra pref. विमुख vimukh
contraception n. गर्भ निरोध garbh nirodh
contract n संविदा sanvida
contract v. t अनुबंध anubandh
contractor n ठेकेदार thekedar
contradict v. t विरोध करना virodh karna
contradiction n प्रतिवाद prativad
contrary a विरोधत्माक virodhatmak
contrast v. t विषमता दिखाना vishamta dikhana
contrast n विरोध virodh
contribute v. t योग देना yog dena
contribution n योगदान yogdaan
control n नियंत्रण niyantran
control v. t नियन्त्रण रखना niyantran rakhna
controller n. नियंत्रक niyantrak
controversy n विवाद vivad
contuse v.t. कुचलना kuchalna
conundrum n. पहेली paheli
convene v. t आयोजित करना aayojit karna
convener n संयोजक sanyojak
convenience n. सुविधा suvidha
convenient a सुविधा जनक suvidha janak
convent n मठ math
convention n. प्रथा pratha
conversant adj. परिचित parichit
conversant a प्रवीण pravin
conversation n संवाद sanwad
converse v.t. बोलना bolna
conversion n रूपांतरण rupantran
convert v. t रूपांतरित करना rupantarit karna
convey v. t. सूचित करना suchit karna
conveyance n सवारी sawari
convict v. t. अपराधी घोषित करना apradhi ghoshit karna
convict n अपराधी apradhi
conviction n धारणा dharna

convince v. t विश्वास दिलाना vishvas dilana
convivial adj. प्रफुल्ल praphul
convocation n. पादरियों का संघ paadariyon ka sangh
convoke v.t. पंचरणना pahunchana
convolve v.t. लपेटना lapetna
coo n अचरज achraj
cook v. t पकाना pakana
cook n रसोइया rasoiyaa
cooker n कुकर cooker
cool a शीतल sheetal
cool v. i. ठंडा होना thanda hona
cooler n कूलर cooler
coolie n कुली kuli
co-operate v. i सहयोग करना sahyog karna
co-operation n सहकारिता sahakarita
co-operative a सहकारी sahakari
co-ordinate a. समकक्ष samkaksh
co-ordinate v. t समायोजन करना samaayojan karna
co-ordination n समायोजन samayojan
coot n. पानी का पक्षी pani ka pakshi
co-partner n सहभागी sahabhagi
copper n तांबा tamba
coppice n. जंगल jungle
coprology n. कला कौशल की अश्लीलता kala kaushal ki ashlilta
copulate v.i. मैथुन करना maithun karna
copy n प्रतिलिपि pratilipi
copy v. t अनुकरण करना anukaran karna
coral n मूंगा munga
corbel n. ताखा takha
cord n डोरी dori
cordate adj. हृदय के आकार का hridya ke akar ka
cordial a हार्दिक hardik
core n. भीतरी हिस्सा bhitri hissa
coriander n. धनियां dhaniya

cormorant n. भुक्खड़ आदमी bhukarh aadmi
corn n अनाज anaaj
cornea n आंखों की पुतली aankhon ki putli
corner n कोना kona
cornet n. पलटन का अफसर paltan ka afsar
cornicle n. छोटा सींग chota sing
coronation n राज्याभिषेक rajyabhishek
coronet n. छोटा ताज chhota taaj
corporal a दैहिक daihik
corporate adj. संयुक्त sanyukt
corporation n निगम nigam
corps n सैन्य निकाय sainya nikaya
corpse n शव shav
correct a दोष रहित dosh rahit prasadhan
correct v. t संशोधन करना sanshodhan karna
correction n संशोधन sashodhan
correlate v.t. सहसंबंधी बनाना sahsambandhi banana
correlation n. पारस्परिक संबंध parasaparik sambandh
correspond v. i पत्र व्यवहार करना patra vyavahar karna
correspondence n. समानता samanta
correspondent n. संवाददाता samvadata
corridor n गलियारा galiyara
corroborate v.t. प्रमाणित करना pramanit karna
corrupt v. t. दूषित करना dushit karna
corrupt a. दूषित dushit
corruption n. भ्रष्टाचार bhrasthtachar
cosmetic a. सौंदर्यवर्धक saundarya vardhak
cosmetic n. अंगराग angrag
cosmic adj. जगत संबंधी jagat sambandhi
cost v.t. मूल्य mulya
cost n. लागत laagat
costal adj. पसली संबंधी pasali sambandhi
costly a. मूल्यवान mulyawan
costume n. पोशाक poshaak

cosy सुखकर sukh kar
cosy *a.* आरामदायक aaramdayak
cot *n.* खटिया ghatiya
cote *n.* झोंपड़ी jhomparhi
cottage *n* झोंपड़ी jhomparhi
cotton *n.* कपास kapas
couch *n.* सोफा sofa
cough *n.* खांसी khansi
cough *v. i.* खांसना khansna
coulter *n* फाल faal
council *n.* परिषद् parishad
councillor *n.* सभासद sabha-sad
counsel *n.* मंत्रणा mantrana
counsel *v. t.* परामर्श देना paramarsh dena
counsellor *n.* सलाहकार salahakar
count *n.* संख्या sankhya
count *v. t.* गिनना ginana
countenance *n.* समर्थन samarthan
counter *n.* काउंटर counter
counter *v. t* विरोध करना virodh karna
counteract *v.t.* निष्फल करना nishphal karna
counterfeit *a.* खोटा khota
counterfeiter *n.* जालसाज jaalsaaz
countermand *v.t.* प्रतिकूल आदेश देना pratikul aadesh dena
counterpart *n.* प्रतिवस्तु prativastu
countersign *v. t.* प्रतिहस्ताक्षरित करना pratihastaksharit karna
countess *n.* बेगम begam
countless *a.* अनगिनत an-ginat
country *n.* देश desh
county *n.* प्रदेश pradesh
coup *n.* तख्ता पलट takhta palat
couple *n* जोड़ा jorha
couple *v. t* जोड़ना jorhna
couplet *n.* दोहा doha
coupon *n.* कूपन coupan
courage *n.* साहस saahas
courageous *a.* साहसि saahasi

courier *n.* संदेशवाहक sandeshvahak
course *n.* कार्यप्रणाली karyapranali
court *n.* कचहरी kachahri
court *v. t.* प्रेम करना prem karna
courteous *a.* शिष्ट shisht
courtesan *n.* वेश्या vaishya
courtesy *n.* सौजन्य saujanya
courtier *n.* दरबारी darbari
courtship *n.* प्रणय निवेदन pranay nivedan
courtyard *n.* चौक chowk
cousin *n.* ममेरा भाई mamera bhai
covenant *n.* प्रतिज्ञा पत्र pratigya patra
cover *v. t.* ढकना dhakna
cover *n.* आवरण aavaran
coverlet *n.* पलंगपोश palangposh
covet *v.t.* लोभ करना lobh karna
cow *n.* गाय gaay
cow *v. t.* डराना daarana
coward *n.* कायर kayar
cowardice *n.* कायरता kayarta
cower *v.i.* दबकना dabkana
crab *n* केकड़ा kekrha
crack *n* दरार daraar
crack *v. i* तोड़ना torhna
cracker *n* पटाखा patakha
crackle *v.t.* कड़ाके का शब्द करना karhake ka shabd karna
cradle *n* पालना palna
craft *n* चालाकी chalaki
craftsman *n* शिल्पी shilpi
crafty *a* चालाक chalak
cram *v. t* रटना ratna
crambo *n.* तुकबंदी का खेल tukbandi ka khel
crane *n* क्रेन crane
crankle *v.t.* घुमाना ghumana
crash *v. i* धमाके के साथ गिरना dhamakay ke sath gherna
crash *n* धमाका dhamaka
crass *adj.* मूर्ख murkh

crate n. ढाँचा dhancha
crave v.t. याचना करना yachna karna
crawl v. t घिसटना ghisatna
crawl n मंदगति mandgati
craze n पागलपन pagalpan
crazy a सनकी sanki
creak v. i चरमराना charmarana
creak n चरमराहट charmarahat
cream n मलाई malai
crease n तह का निशान taha ka nisan
create v. t सर्जन करना sarjan karna
creation n रचना rachna
creative adj. उत्पादक utpadak
creator n निर्माता nirmata
creature n प्राणी prani
credible a प्रामाणिक pramanik
credit n प्रसिद्धि prasidhi
creditor n ऋणदाता rindata
credulity adj. सन्देह शून्य sandeh shunya
creed n. धर्म dharm
creed n पंथ panth
creek n. खाड़ी khaari
creep v. i पेट के बल खिसकना pet ke bal khisakna
creeper n लता lata
cremate v. t दाहसंस्कार करना dahasanskar karna
cremation n दाहसंस्कार dahasanskar
crest n कलगी kalgi
crew n. कर्मीदल karmidal
crib n. चरनी charni
cricket n क्रिकेट cricket
crime n अपराध aapradh
criminal n अपराधी व्यक्ति apradhi vyakti
criminal a अपराधी apradhi
crimp n भरती करने वाला bharti karne wala
crimple v.t. मोड़ना morhna
crimson n गहरा लाल gehra lal
cringe v. i. चापलूसी करना chaplusi karna
cripple n विकलांग व्यक्ति viklang vyakti

crisis n संकटकाल sankat kal
crisp a फुर्तीला खस्ता phurtila khasta
criterion n मापदंड maapdand
critic n समालोचक samalochak
critical a संकटपूर्ण sankatpurna
criticism n आलोचना aalochna
criticize v. t निंदा करना ninda karna
crockery n. मिट्टी के बरतन mitti ke bartan
crocodile n घड़ियाल gharhiyal
croesus n. धनी dhani
crook a कमान kaman
crop n फ़सल phasal
cross v.t. पार करना paar karna
cross v. t विरोध करना virodh karna
cross n संकर sankar
cross a तिरछा tircha
crossing n. चौराहा chauraha
crotchet n. झक jhak
crouch v. i. ज़मीन से सट जाना zameen se sat jana
crow n कौआ kauwa
crow v. i डींग मारना ding marna
crowd n जनसमूह jansamuh
crown n राजमुकुट rajmukut
crown v. t मुकुट पहनाना mukut pahanana
crucial adj. अत्यंत महत्वपूर्ण atyant mahatva purna
crude a अशोधित ashodhit
cruel a नृशंस nrishans
cruelty n दयाहीनता dayahinta
cruise v.i. समुद्र में यात्रा करना samudra mein yatra karna
cruiser n युद्धपोत yudhpot
crumb n टुकड़ा tukrha
crumble v. t टुकड़े टुकड़े करना tukrhe tukrhe karna
crump adj. ऐंठा टेढ़ा aintha tedha
crusade n धर्मयुद्ध dharmayudh
crush v. t पीसना peesna
crust n. छाल chhal

crutch *n* आधार aadhar
cry *n* पशु की बोली pashu ki boli
cry *v. i* रोना rona
cryptography *n.* गुप्त लिखन की विद्या gupt lekhan ki vidya
crystal *n* बढ़िया कांच badhiya kanch
cub *n* पशुशावक pashushavak
cube *n* घनक्षेत्र dhankshetra
cubical *a* घनीय dhaniy
cubiform *adj.* घनाकार dhanakar
cuckold *n.* व्यभिचारिणी स्त्री का पति vyabhicharini stri ka pati
cuckoo *n* कोयल koyal
cucumber *n* खीरा khira
cudgel *n* गदा gada
cue *n* संकेत sanket
cuff *n* तमाचा tamacha
cuff *v. t* तमाचा मारना tamacha maarna
cuisine *n.* पकाने की विधि pakane ki widhi
culminate *v.i.* परम कोटि को प्राप्त करना param koti ko prapt karna
culpable *a* आपराधिक aaparadhik
culprit *n* अपराधी aapradhi
cult *n* पंथ panth
cultivate *v. t* जोतना jotana
cultural *a* सांस्कृतिक sanskritik
culture *n* पालन paalan
cunning *a* चालाक chalak
cunning *n* चालाकी chalaki
cup *n.* प्याला pyala
cupboard *n* अलमारी almaari
Cupid *n* कामदेव kamdev
cupidity *n* अर्थलिप्सा arthalipsa
curable *a* आरोग्य साध्य aarogya sadhya
curative *a* रोगनिवारक rognivarak
curb *n* नियंत्रण niyantran
curb *v. t* नियंत्रण करना niyantran karna
curcuma *n.* हल्दी haldi
curd *n* दही dahi
cure *n* औषध aushadh

cure *v. t.* उपचार करना upchar karna
curfew *n* निषेधाज्ञा nishedhagya
curiosity *n* कुतूहल kutuhal
curious *a* अद्भुत adbhut
curl *n.* घुंघराला बाल ghunghrala baal
currant *n.* सूखा अंगूर sukha angur
currency *n* मुद्रा mudra
current *n* धारा dhara
current *a* प्रचलित prachalit
curriculum *n* पाठ्यक्रम pathykram
curse *n* अभिशाप abhishaap
curse *v. t* अभिशाप देना abhishaap dena
cursory *a* सरसरी sarsari
curt *a* अशिष्टतापूर्ण ashishtatapurna
curtail *v. t* घटाना ghatana
curtain *n* आवरण aawaran
curve *n* वक्र vakra
curve *v. t* मोड़ना morhna
cushion *n* मसनद masnad
cushion *v. t* गद्दों से सजाना gaddo se sajana
custard *n* दूध की लपसी dudh ki lapsi
custodian *n* संरक्षक sanrakshak
custody *v* हिरासत hirasat
custom *n.* प्रथा pratha
customary *a* प्रथागत prathagat
customer *n* ग्राहक grahak
cut *v. t* कम करना kam karna
cut *n* प्रहार prahar
cutis *n.* भीतरी त्वचा bhitri tvacha
cycle *n* साइकिल cycle
cyclic *a* चक्रीय chakriya
cyclist *n* साइकिल सवार cycle sawar
cyclone *n.* चक्रवात chakrawat
cyclostyle *n* चक्रलेखित्र chakralekhitra
cyclostyle *v. t* चक्रलिपित करना chakralipit karna
cylinder *n* बेलन belan
cynic *n* निंदक nindak

D

dacoit n. डाकू daku
dacoity n. डकैती dakaiti
dad, daddy n पिता pita
daffodil n. पीला नरगिस pila nargis
daft adj. पागल pagal
dagger n. खंजर khanjar
daily a दैनिक dainik
daily n. दैनिक समाचार पत्र dainik samachar patra
daily adv. प्रतिदिन pratidin
dainty a. नाजुक najuk
dainty n. स्वादिष्ट खाद्य svadisht khadya
dairy n दुग्धशाला dugdhshala
dais n. मंच manch
daisy n एक पुष्प ek pushp
dale n घाटी ghaati
dam n बांध bandh
damage v. t. क्षति पहुंचाना kshti pahuchana
damage n. हानि haani
dame n. गृहिणी grehini
damn v. t. शाप देना shap dena
damnation n. नरक यातना narak yatana
damp a आर्द्र aadra
damp v. t. गीला करना geela karna
damp n कोहरा kohara
damsel n. कुमारी कन्या kumari kaniya
dance n नृत्य nritya
dance v. t. नाचना nachana
dandle v.t. लाड करना laad karna
dandruff n रूसी roosi
dandy n छैला chaila
danger n. संकट sankat
dangerous a खतरनाक khatarnak
dangle v. t झुलाना jhulana
dank adj. गीला geela
dap v.i. कूदना kudna

dare v. i. हिम्मत रखना himmat rakhna
daring n. निर्भीकता nirbhikta
daring a हिम्मत वाला himmat wala
dark a अंधकारमय andhkarmaya
dark n अंधकार andhakar
darkle v.i. छिपे रहना chipe rehna
darling n प्रियतम priyatam
darling a प्यारा pyara
dart n. बर्छी barchi
dash v. i. पटक देना patak dena
dash n छोटी दौड़ choti daurh
date n समय samay
date v. t तिथ्यंकित करना tithyankit karna
daub n. पुताई putayee
daub v. t. पोतना potana
daughter n पुत्री putri
daunt v. t भयभीत करना bhayabhit karna
dauntless a निर्भीक nirbhik
dawdle v.i. विलम्ब करना vilamb karna
dawn n प्रभात prabhat
dawn v. i. प्रकट होना prakat hona
day n दिन का समय din ka samay
daze n स्तब्धता stabdhata
daze v. t स्तब्ध करना stabdha karna
dazzle n चकाचौंध chakachaundh
dazzle v. t. चकाचौंध करना chakachaundh karna
deacon n. छोटा पादरी chota padari
dead a गतिहीन gati hin
deadlock n गतिरोध gatirodh
deadly a भयंकर bhayankar
deaf a बधिर badhir
deal n लेन-देन len-den
deal v. i कार्य करना karya karna
dealer n व्यापारी vyapari
dealing n. व्यापार संबंध vyapar sambandh
dean n. कालेज का अध्यक्ष college ka adhyaksh
dear a. प्रिय, प्यारा priya, pyara
dear a महंगा mahanga

dearth n दुर्लभता dhurlabhta
death n मृत्यु mrityu
debar v. t. वर्जित करना varjit karna
debase v. t. पतित करना patit karna
debate v. t. बहस करना bahas karna
debate n. विवाद vivad
debauch v. t. भ्रष्ट करना bhrasht karna
debauch n लंपटता lampatata
debauchee n विषयी vishayi
debauchery n व्यभिचारिता vyabhicharita
debility n दुर्बलता durbalta
debit n नामखाता naam khata
debit v. t. ऋणांकन करना rinankan karna
debris n मलबा malba
debt n उधार udhar
debtor n कर्जदार karjadar
decade n दशाब्दी dashabadi
decadent a पतनोन्मुख patnonmukh
decamp v. i चुप चुप भाग जाना chup chup bhag jana
decay v. i ह्रास होना haas hona
decay vt सड़न saarhna
decease n मृत्यु mrityu
decease v. i मर जाना mar jana
deceit n धोखा dhokha
deceive v. t धोखा देना dhokha dena
decency n शालीनता shalinta
decennary n. दस वर्ष का काल dus varsh ka kaal
decent a. शोभनीय shobh-niya
deception n धोखा dhokha
decide v. t निर्णय करना nirnaya karna
decimal a दशमलव dashamlav
decimate v.t. नष्ट करना nasht karna
decision n निर्णय nirnaya
decisive a निर्णयात्मक nirnayatmak
deck n जहाज़ का फ़र्श jahaz ka farsh
deck v. t सजाना sajaana
declaration n घोषणा ghosana
declare v. t. प्रकट करना prakat karna

decline n घटाव ghatav
decline v. t. कमज़ोर होना kamzor hona
declivitous adj. नीचे को झुका हुआ neeche ko jhuka hua
decompose v. t. सड़ना sarhna
decomposition n. सड़न sarhan
decontrol v.t. नियन्त्रण हटाना niyantran hatana
decorate v. t सजाना sajaana
decoration n सजावट sajaavat
decorum n शिष्टाचार shishtachar
decrease v. t कम करना kam karna
decrease n ह्वास hras
decree n न्यायिक निर्णय nyayik nirnaya
decree v. i निर्णय करना nirnaya karna
decrement n. कमी kami
dedicate v. t. समर्पण करना samarpan karna
dedication n समर्पण samarpan
deduct v.t. कम करना kam karna
deed n दस्तावेज़ dastavez
deem v.i. विचारना vicharna
deep a. भारी bhari
deer n हरिण harin
defamation n मान हानि maan hani
defame v. t. बदनाम करना badnam karna
default n. अपराध aapradh
defeat n पराजय parajaya
defeat v. t. परास्त करना parast karna
defect n दोष dosh
defence n बचाव bachaav
defend v. t रक्षा करना raksha karna
defendant n प्रतिवादी prativadi
defensive adv. सुरक्षात्मक surakshatmak
deference n सम्मान samman
defiance n चुनौती chunauti
deficient adj. हीन heen
deficit n घाटा ghaata
defile n. संकुचित मार्ग sankuchit marg
define v. t परिभाषा देना paribhasha dena

definite *a* निश्चित nishchit
definition *n* परिभाषा paribhasha
deflation *n.* अवमूल्यन avamulyan
deflect *v.t. & i.* रास्ता बदलना raasta badalna
deft *adj.* कुशल kushal
degrade *v. t* दरजा घटाना darja ghatana
degree *n* मात्रा matra
deist *n.* आस्तिक aastik
deity *n.* देवता devta
deject *v. t* हतोत्साह करना hatotsaha karna
dejection *n* निराशा nirasha
delay *v.t. & i.* समय बितान samai bitan
delegate *n* प्रतिनिधि pratinidhi
delegation *n* प्रतिनिधान pratinidhan
delete *v. t* काट देना kaat dena
deliberate *a* जानबूझ कर किया हुआ jaanbhuj kar kiya hua
deliberate *v. i* विचरना vicharna
deliberation *n* विचार विमर्श vichar vimarsh
delicate *a* नाज़ुक nazuk
delicious *a* स्वादिष्ट svadisht
delight *n* आनंद anand
delight *v. t.* आनंद देना anand dena
deliver *v. t* देना dena
delivery *n* भाषण शैली bhashan shailee
delta *n* नदी मुख भूमि nadi mukh bhumi
delude *n.t.* मोहित करना mohit karna
delusion *n.* माया maya
demand *n* मांग maang
demand *v. t* मांग करना mang karna
demarcation *n.* सीमा निर्धारण sima nirdharan
dement *v.t* पागल करना pagal karna
demerit *n* दोष dosh
democracy *n* प्रजातंत्र prajatantra
democratic *a* प्रजातंत्रात्मक prajatantratmak
demolish *v. t.* समाप्त करना samapt karna

demon *n.* प्रेत prait
demonstrate *v. t* प्रदर्शन करना pradarshan karna
demonstration *n.* प्रदर्शन pradarshan
demoralize *v. t.* नैतिक पतन करना naitik patan karna
demur *n* आपत्ति aapatti
demur *v. t* आपत्ति करना apatti karna
den *n* गुहा guha
denial *n* नकार nakaar
denote *v. i* अर्थ रखना arth rakhna
denounce *v. t* निंदा करना ninda karna
dense *a* सघन saghna
density *n* सघनता saghnata
dentist *n* दंत चिकित्सक dant chikitsak
denude *v.t.* नंगा करना nanga karna
denunciation *n.* भर्त्सना bhartasana
deny *v. t.* खंडन करना khandan karna
depart *v. i.* प्रयाण करना prayaan karna
department *n* विभाग vibhaag
departure *n* विचलन vichalan
depend *v. i.* भरोसा करना bharosa karna
dependant *n* पराधीन paradheen
dependence *n* पराधीनता pradhinta
dependent *a* निर्भर nirbhar
depict *v. t.* वर्णन करना varnan karna
deplorable *a* खेदजनक khedjanak
deploy *v.t.* पंक्ति में रखना pankti mai rakhna
deponent *n.* गवाह gavaha
deport *v.t.* देश बाहर निकालना desh bahar nikalna
depose *v. t* गवाही देना gavahi dena
deposit *n.* जमा jama
depot *n* संग्रहागार sagrahagaar
depreciate *v.t.i.* दाम कम होना daam kam hona
depredate *v.t.* शिकार करना shikar karna
depress *v. t* उदास करना udas karna
depression *n* उदासी udasi

deprive v. t वंचित करना vanchit karna
depth n गहराई gehaarai
deputation n शिष्टमंडल shisht mandal
depute v. t नियुक्त करना niyukt karna
deputy n प्रतिनिधि pratinidhi
derail v. t. पटरी से उतर जाना patri se uttar jana
derive v. t. प्राप्त करना prapt karna
descend v. i. नीचे आना neeche aana
descendant n वंशज vanshaj
descent n. उतार utaar
describe v. t वर्णन करना varnan karna
description n परिभाषा paribhasha
descriptive a वर्णनात्मक varnatmak
desert v. t. हट जाना hat jana
desert n रेगिस्तान registan
deserve v. t. योग्य होना yogya hona
design v. t. योजना बनाना yojana banana
design n. रूपरेखा ruprekha
desirable a वांछनीय vanchaniya
desire n अभिलाषा abhilasha
desire v.t कामना करना kamna karna
desirous a इच्छुक icchuk
desk n मेज़ mez
despair n निराशा nirasha
despair v. i निराश होना nirash hona
desperate a निराशाजनक nirashajanak
despicable a घृणित ghrenit
despise v. t घृणा करना ghrina karna
despot n निरंकुश शासक nirankush shasak
destination n गंतव्य gantavya
destiny n नियति niyati
destroy v. t मारना marna
destruction n विनाश vinash
detach v. t अलग करना alag karna
detachment n अलग करने की क्रिया alag karnai ki kriya
detail n गौण बात gaun baat
detail v. t विवरण vivaran
detain v. t रोके रखना roke rakhna

detect v. t खोजना khojana
detective n. जासूस jasus
determination n. दृढ़ संकल्प dridh sankalp
determine v. t तय करना tay karna
dethrone v. t गद्दी से उतारना gaddi se utarna
develop v. t. विकसित करना viksit karna
development n. विकास vikas
deviate v. i भटकना bhatkana
deviation n विचलन vichalan
device n योजना yojana
devil n शैतान shaitan
devise v. t सोच लेना soch lena
devoid a रहित rahit
devote v. t अर्पित करना arpit karna
devotee n समर्पित व्यक्ति samarpit vyakti
devotion n समर्पण samarpan
devour v. t निगल जाना nigal jana
dew n. ओस os
diabetes n मधुमेह madhumeh
diagnose v. t निदान करना nidaan karna
diagnosis n निदान nidan
diagram n आरेख aarekh
dialect n उपभाषा upbhasha
dialogue n संवाद sanvad
diameter n व्यास vyas
diamond n हीरा hira
diarrhoea n अतिसार atisaar
diary n दैनिक विवरण Dainik vivrun
dice n. पांसा paansa
dice v. i. पासे का खेल खेलना pase ka khel khelna
dictate v. t आदेश देना aadesh dena
dictation n आदेश aadesh
dictator n तानाशाह tanashaha
diction n शब्द चयन shabd chayan
dictionary n शब्दकोश shabdakosh
dictum n आदेश वाक्य aadesh vakya
didactic a उपदेशात्मक updeshatmak
die v. i मरना marna

diet *n* भोजन bhojan
differ *v. i* मत-भेद होना mat-bhed hona
difference *n* असमानता asamanta
different *a* भिन्न bhinn
difficult *a* जटिल jatil
difficulty *n* बाधा baadha
dig *v.t.* खोदना khodna
dig *n* खुदाई khudayee
digest *v. t.* पचाना pachana
digest *n.* संग्रह sangrah
digestion *n* पाचन pachan
digit *n.* अंक ank
digit *n* उंगली ungli
dignify *v.t* शोभायुक्त करना shobhayukt karna
dignity *n* गौरवपूर्ण gauravpurna
dilemma *n* दुविधा duvidha
diligence *n* परिश्रम parishram
diligent *a* परिश्रमी parishrami
dilute *v. t* पतला करना patla karna
dilute *a* पतला patla
dim *a* धुंधला dhundhala
dim *v. t* धुंधला करना dhundhala karna
dimension *n* आयाम aayam
diminish *v. t* कम करना kam karna
din *n* कोलाहल kolahal
dine *v. t.* भोजन करना bhojan karna
dinner *n* भोजन bhojan
dip *n.* गोता gota
dip *v. t* गोता लगाना gota lagana
diploma *n* प्रमाण पत्र praman patra
diplomacy *n* कूटनीति kutniti
diplomat *n* राजनयिक rajnayik
diplomatic *a* कूट नीतिक kut-nitik
dire *a* भयानक bhayanak
direct *a* सीधा sidha
direct *v. t* संचालन करना sanchalan karna
direction *n* निर्देश nirdesh
director *n.* निर्देशक nirdeshak
directory *n* निर्देशिका nirdeshika

dirt *n* धूल dhul
dirty *a* मलिन malin
disability *n* विकलांगता viklangata
disable *v. t* विकलांग बनाना viklang banana
disabled *a* विकलांग viklang
disadvantage *n* नुकसान nuksaan
disagree *v. i* असहमत होना asahamat hona
disagreeable *a.* अरुचिकर aruchikar
disagreement *n.* असहमति asahamati
disappear *v. i* अदृश्य होना adrishya hona
disappearance *n* अदृश्यता adrishyata
disappoint *v. t.* हताश करना hatash karna
disapproval *n* अस्वीकृति asvikriti
disapprove *v. t* अस्वीकार करना asvikar karana
disarm *v. t* नि:शस्त्र करना ni-shastra karna
disarmament *n.* नि:शस्त्रीकरण ni:shastrikaran
disaster *n* आपदा aapada
disastrous *a* संकटपूर्ण sankatpurna
disc *n.* चकती chakati
discard *v. t* रद्द करना radd karna
discharge *v. t* मुक्त करना mukt karna
discharge *n.* मुक्ति mukti
disciple *n* अनुयायी anuyayee
discipline *n* अनुशासन anushasan
disclose *v. t* प्रकट करना prakat karna
discomfort *n* असुविधा asuvidha
disconnect *v. t* वियोजित करना viyojit karna
discontent *n* असंतोष asantosh
discontinue *v. t* बंद करना band karna
discord *n* अनबन an-ban
discount *n* छूट chhoot
discourage *v. t.* हतोत्साह करना hatotsah karna
discourse *n* प्रवचन pravachan
discourteous *a* अविनीत avinit
discover *v. t* पता लगाना pata lagana
discovery *n.* खोज khoj

discretion *n* समझदारी samajhdari
discriminate *v. t.* भेद करना bhed karna
discrimination *n* विभेदन क्षमता vibhedan kshamata
discuss *v. t.* विचार विनिमय करना vichar vinimaya karna
disdain *n* घृणा ghrina
disdain *v. t.* घृणा करना ghrina karna
disease *n* बीमारी bimari
disguise *n* छद्रमवेश chadramavesh
disguise *v. t* वेश बदलना vesh badalana
dish *n* तश्तरी tashtari
dishearten *v. t* हतोत्साह करना hatotsah karna
dishonest *a* बेईमान baiman
dishonesty *n.* बेईमानी baimani
dishonour *v. t* अनादर करना anadar karna
dishonour *n* अनादर anadar
dislike *v. t.* नापसंद करना napasand karna
dislike *n* अरुचि aruchi
disloyal *a* विश्वासघाती vishvasghati
dismiss *v. t.* खारिज करना kharij karna
dismissal *n* बरखास्तगी barkhastgi
disobey *v. t* अवज्ञा करना avagya karna
disorder *n* अव्यवस्था avyavastha
disparity *n* असमानता asamanta
dispensary *n* दवाखाना davakhana
disperse *v. t* छितराना chhitarana
displace *v. t* विस्थापित करना visthapit karna
display *n* प्रदर्शन pradarshan
display *v. t* प्रदर्शित करना pradarshit karna
displease *v. t* नाराज़ करना naraaz karna
displeasure *n* क्रोध krodh
disposal *n* परित्याग parityag
dispose *v. t* मामला निपटाना mamla niptana
disprove *v. t* असत्य सिद्ध करना asatya sidh karna
dispute *n* विवाद vivad
dispute *v. i* विवाद करना vivad karna
disqualification *n* अयोग्यता ayogyata
disqualify *v. t.* अयोग्य ठहराना ayogya thaharana
disquiet *n* अशांत ashaant
disregard *n* अपमान apmaan
disregard *v. t* उपेक्षा करना upeksha karna
disrepute *n* बदनामी badnami
disrespect *n* अनादर anadar
disrupt *v. t* भंग करना bhang karna
dissatisfaction *n* असंतोष asantosh
dissatisfy *v. t.* नाराज़ करना naraz karna
dissect *v. t* विभाजित करना vibhajit karana
dissection *n* विश्लेषण vishleshan
dissimilar *a* असमान asamaan
dissolve *v.t* लुप्त होना lupt hona
distance *n* दूरी duri
distant *a* दूर का dur ka
distil *v. t* शुद्ध करना shudh karna
distillery *n* भट्टी bhatti
distinct *a* अलग alag
distinction *n* अंतर antar
distinguish *v. i* अंतर समझना antar samjhana
distort *v. t* तोड़ मरोड़ देना torh marorh
distress *n* परेशानी paresani
distress *v. t* परेशान करना pareshaan karna
distribute *v. t* बांटना baantana
distribution *n* वितरण vitaran
district *n* जनपद janpad
distrust *n* अविश्वास avishvas
distrust *v. t.* विश्वास न रखना vishvas na rakhna
disturb *v. t* बाधा डालना badha dalna
ditch *v* धोखा देना dhokha dena
ditto *n.* यथोपरि yathopari
dive *v. i* पानी के नीचे जाना pani ke neechay jaana
dive *n* गोता gota
diverse *a* विविध vividh

divert v. t मोड़ना morhna
divide v. t बांटना bantna
divine a दैवी daivee
divinity n देवता devta
division n विभाजन vibhajan
divorce n तलाक talaak
divorce v. t तलाक देना talaak dena
divulge v. t प्रकट करना prakat karna
do v. t करना karna
docile a विनम्र vinamra
dock n. गोदी godi
doctor n चिकित्सक chikitsak
doctorate n डॉक्टर की उपाधि doctor ki upadhi
doctrine n सिद्धांत sidhant
document n दस्तावेज़ dastavej
dodge n चकमा chakma
dodge v. t चकमा देना chakma dena
doe n मृग mrig
dog n कुत्ता kutta
dog v. t पीछा करना peecha karna
dogma n धर्ममत dharmmat
dogmatic a धर्ममत संबंधी dharmmat sambandhi
doll n गुड़िया gudiya
dollar n डॉलर dollar
domain n शासन क्षेत्र shasan kshetra
dome n गुंबद gumbad
domestic a घरेलू gharelu
domicile n आवास aawaas
dominant a प्रमुख pramukh
dominate v. t शासन करना shasan karna
domination n शासन shasan
dominion n उपनिवेश upnivesh
donate v. t दान देना daan dena
donation n. दान daan
donkey n गधा gadha
donor n दाता daata
doom n विनाश vinash
door n प्रवेश मार्ग pravesh marg

dose n खुराक khurak
dot n बिंदु bindu
dot v. t बिंदु लगाना bindu lagana
double a दोगुना doguna
double n प्रतिरूप pratirup
double v. t. दोहरा करना dohara karna
doubt n शंका shanka
doubt v. i शंका करना shanka karna
dough n गुँथा हुआ आटा guntha hua aata
dove n kabutar
down prep नीचे की ओर neeche ki aur
down v. t गिरा देना gira dena
downfall n बर्बादी barbadi
downpour n भारी वर्षा bhari varsha
downright adv पूरी तरह से puri tarah se
downright a स्पष्टवादी spash+D3379twadi
downward adv नीचे की ओर nechai ki aur
dowry n दहेज dahej
doze n. झपकी jhapki
doze v. i ऊँघना unghana
dozen n दर्जन darjan
draft v. t प्रारूप तैयार करना prarup taiyar karna
draftsman a दस्तावेज़ लेखक dastavez lekhak
drag n बाधा badha
drag v. t घसीटना ghaseetna
dragon n अजगर ajgar
drain n गंदी नाली gandi naali
drain v. t धीरे धीरे निकालना dheere dheere nikalana
drainage n जलनिकास jalnikas
drama n नाटक natak
dramatic a नाटक संबंधी natak sambandhi
dramatist n नाटककार natakkar
draper n वस्त्र विक्रेता vastr vikreta
drastic a कठोर kathor
draught n प्रारूप तैयार करना prarup taiyar karna

draw *v.t* अंकित करना ankit karna
drawback *n* कमी kami
drawer *n* दराज daraj
drawing *n* चित्रांकन chitrankan
drawing-room *n* बैठक baithak
dread *n* बहावाय bhayavah
dread *v.t* भयभीत होना bhyabhit hona
dread *a* आतंकमय aatankmaya
dream *n* स्वप्न svapan
dream *v. i.* स्वप्न देखना svapan dekhna
drench *v. t* सराबोर कर देना sarabor kar dena
dress *n* पोशाक poshak
dress *v. t* पहनाना pahnana
dressing *n* वस्त्र vastr
drill *n* बरमा barma
drill *v. t.* छेद करना ched karna
drink *v.t.* पीना peena
drink *n* शराब sharab
drip *n* टपकन tapkan
drip *v. i* टपकना tapkana
drive *n* संचालन sanchalan
drive *v. t* गाड़ी चलाना gaari chalana
driver *n* चालक chaalak
drizzle *n* फुहार phuhar parhna
drizzle *v. i* फुहार पड़ना phuhar parhna
drop *v. i* टपकना tapkana
drop *n* बूंद boond
drought *n* सूखा sookha
drown *v.i* डुबा देना duba dena
drug *n* औषधि aushadhi
druggist *n* औषध विक्रेता aushadh vikreta
drum *n* कान का परदा kaan ka parda
drum *v.i.* ढोल बजाना dhol bajana
drunkard *n* शराबी sharabi
dry *a* सूखा sukha
dry *v. i.* सूखना sukhna
dual *a* दोहरा dohara
duck *n.* बतख batakh
duck *v.i.* डुबकी लगाना dubki lagana
due *a* उचित uchit

due *n* उधार udhar
duke *n* राजा raja
dull *a* उदास udas
dull *v. t.* मंद बनाना mand banana
duly *adv* विधिवत् vidhivat
dumb *a* गूंगा gunga
dunce *n* मूर्ख आदमी murkh aadmi
dung *n* गोबर gobar
duplicate *a* मिलता जुलता milta julta
duplicate *n* प्रतिलिपि pratilipi
duplicate *v. t* प्रतिलिपि बनाना pratilipi banana
duplicity *n* कपट kapat
durable *a* टिकाऊ tikau
duration *n* कालावधि kalavadhi
during *prep* पर्यंत paryant
dusk *n* संध्या sandhya
dust *n* धूल dhool
dust *v.t.* धूल झाड़ना dhul jharhna
duster *n* झाड़न jharhan
dutiful *a* कर्त्तव्यनिष्ठ kartavyanishta
duty *n* कर्तव्य kartavya
dwarf *n* बौना bauna
dwell *v. i* रहना rehna
dwelling *n* घर ghar
dwindle *v. t* क्षीण होना kshin hona
dye *v. t* रंगना rangna
dye *n* रंग rang
dynamic *a* गति-शील gati-shil
dynamics *n.* गतिविज्ञान gativigyan
dynamite *n* बारूद barud
dynamo *n* विद्युत् शक्ति यंत्र vidyut shakti yantra
dynasty *n* राजवंश rajvansh
dysentery *n* पेचिश paichish

E

each *pron.* प्रत्येक pratyek
eager *a* व्यग्र vyagra

eagle *n* गरुड़ garud	effective *a* प्रभावशाली prabhavshali
ear *n* कान kaan	effeminate *a* कायर kayar
early *adv* समय से पूर्व samay se purva	efficacy *n* प्रभावोत्पादकता prabhavotpadakta
earn *v. t* अपर्जन करना uparjan karna	efficiency *n* निपुणता nipunta
earnest *a* जोशीला joshila	efficient *a* कुशल kushal
earth *n* पृथ्वी prithvi	effigy *n* पुतला putla
earthen *a* मरीआमया mrinamaya	effort *n* प्रयास prayas
earthly *a* सांसारिक saansarik	egg *n* अंडा anda
earthquake *n* भूकंप bhukamp	ego *n* अहंकार aahankar
ease *n* आराम aaram	egotism *n* अहंभाव ahambhag
ease *v. t* सुविधा देना suvidha dena	eight *n* आठ aath
east *n* पूर्व दिशा purva disha	eighteen *a* अठारह atharah
eastern *a* पूर्वीय puviya	eighty *n* अस्सी assi
easy *a* सरल saral	either *a.,* दो में से कोई do mein se koi
eat *v. t* खाना khana	eject *v. t.* बाहर फेंकना baahar phenkna
eatable *n.* खाद्य पदार्थ khadya padarth	elaborate *v. t* विस्तार से कहना vistar se kahana
eatable *a* खाने योग्य khane yoygya	elaborate *a* विस्तृत vistrit
ebb *n.* अवनति avnati	elapse *v. t* गुज़रना guzarna
ebb *n* भाटा bhata	elastic *a* लचीला lachila
ebb *v. i* उतर जाना utar jana	elbow *n* कोहनी kohani
ebony *n* आबनूस aabnus	elder *a* ज्येष्ठ jyeshth
echo *n* प्रतिध्वनि pratidhvani	elder *n* आयु में बड़ा व्यक्ति aayu mein barha vyakti
echo *v. t* गूंजना gunjana	elderly *a* वयो-वृद्ध vayo-vridh
eclipse *n* ग्रहण grehen	elect *v. t* चुनना chunana
economic *a* आर्थिक aarthik	election *n* निर्वाचन nirvachan
economical *a* मितव्ययी mitvyayi	electorate *n* निर्वाचक मंडल nirvachak mandal
economics *n.* अर्थशास्त्र arthashastra	electric *a* विद्युतीय vidyutiya
economy *n* अर्थव्यवस्था arthvyavastha	electricity *n* विद्युत् vidyut
edge *n* धार dhar	electrify *v. t* विद्युतीकरण करना vidyutikaran karna
edible *a* भोज्य bhojya	elegance *n* सुन्दरता sunderta
edifice *n* भवन bhavan	elegant *adj* रमणीय ramaniya
edit *v. t* संपादन करना sampadan karna	elegy *n* शोकगीत shokgeet
edition *n* संस्करण sanskaran	element *n* मूलवस्तु mulvastu
editor *n* संपादक sampadak	elementary *a* सामान्य samanya
editorial *a* संपादकीय sampadkiya	elephant *n* हाथी hathi
educate *v. t* शिक्षा देना shiksha dena	
education *n* शिक्षा shiksha	
efface *v. t* मिटा देना mita dena	
effect *n* प्रभाव prabhav	
effect *v. t* अमल में लाना amal mein laana	

elevate v. t उन्नत करना uunat karna
elevation n ऊंचाई unchayee
eleven n ग्यारह gyarah
elf n परी pari
eligible a उपयुक्त upyukt
eliminate v. t हटाना hatana
elimination n हटाव hatav
elope v. i सहपलायन करना sahpalan karna
eloquence n वाक्पटुता vakpatuta
eloquent a भाषणपटु bhashanpatu
else a अतिरिक्त atirikt
else adv अन्यथा anyatha
elucidate v. t स्पष्ट करना spashta karna
elude v. t टालना taalna
elusion n छल chhal
elusive a चालाक chalaak
emancipation n. मुक्ति mukti
embalm v. t शवलेप करना shavlep karna
embankment n तटबंधन tatbandhan
embark v. t पोतारोहण करना potarohan karna
embarrass v. t मुश्किल में डालना mushkil mein dalna
embassy n दूतावास dutawas
embitter v. t कड़वा बनाना karhva banana
emblem n प्रतीक pratik
embodiment n मूर्तरूप murtrup
embody v. t. मूर्तरूप देना murtrup dena
embolden v. t. प्रोत्साहित करना protsahit karna
embrace v. t. आलिंगन करना aalingan karna
embrace n आलिंगन aalingan
embroidery n कसीदाकारी kasidakari
embryo n भ्रूण bhroon
emerald n पन्ना panna
emerge v. i प्रकट होना prakat hona
emergency n आपातकाल apaatkal
eminence n उच्चता ucchata
eminent a प्रतिष्ठित pratishtith

emissary n दूत doot
emit v. t बाहर भेजना bahar bhejna
emolument n परिलाभ parilabh
emotion n भावावेश bhavavesh
emotional a भावुक bhavuk
emperor n सम्राट samraat
emphasis n प्रमुखता pramukhta
emphasize v. t महत्व देना mahatva dena
emphatic a प्रभावी prabhavi
empire n साम्राज्य samrajya
employ v. t नौकरी देना naukri dena
employee n कर्मचारी karamchari
employer n नियोजक niyojak
employment n नौकरी naukari
empower v. t अधिकार देना adhikaar dena
empress n महारानी maharani
empty v खाली करना khali karna
empty a खाली khali
emulate v. t अनुकरण करना anukaran karna
enable v. t योग्य बनाना yogya banana
enact v. t कानून का रूप देना kanun ka rup dena
enamel n तामचीनी tamchini
enamour v. t अनुरक्त करना anurakt karna
encase v. t डिब्बे में बंद करना dibbe mein band karna
enchant v. t प्रसन्न करना prasann karna
encircle v. t. घेरना gherna
enclose v. t संग्लन करना sangalan karna
enclosure n. घेरा ghera
encompass v. t घेरना gherna
encounter n. भिड़ंत bhirhant
encourage v. t प्रोत्साहित करना protsahit karna
encroach v. i अतिक्रमण करना atikraman karna
encumber v. t. बाधा डालना badha dalna
encyclopaedia n. विश्वकोश vishvakosh
end v. t समाप्त करना samapt karna

end n. अंजाम samapan
endanger v. t. विपत्ति में डालना vipatti mai dalna
endear v.t प्यारा बनाना pyara banana
endearment n. प्रीति priti
endeavour n प्रयास prayas
endeavour v.i प्रयत्न करना praytan karna
endorse v. t. समर्थन करना samarthan karna
endow v. t प्रदान करना pradan karna
endurable a सहनीय sahaniya
endurance n. सहनशीलता sahanshilta
endure v.t. सहन करना sahan karna
enemy n शत्रु shatru
energetic a शक्तिशाली shaktishali
energy n. ऊर्जा urja
enfeeble v. t. दुर्बल करना durbal karna
enforce v. t. बाध्य करना badhya karna
enfranchise v.t. मताधिकार देना matadhikaar dena
engage v. t काम पर लगाना kaam par lagana
engagement व्यवस्था vyastata
engine n यंत्र yantra
engineer n अभियंता abhiyanta
english n अंग्रेज़ लोग angrez log
engrave v. t उत्कीर्ण करना utkeerna karna
engross v.t व्यस्त रखना vyast rakhna
engulf v.t निगलना nigalna
enigma n पहेली paheli
enjoy v. t. आनंद लेना anand lena
enjoyment n आनंद anand
enlarge v. t विस्तार करना vistar karna
enlighten v. t. समझाना samjhana
enlist v. t नाम लिखना naam likhna
enliven v. t. सजीव करना sajiv karna
enmity n शत्रुता shatruta
ennoble v. t. उदात्त बनाना udaat banana
enormous a विशाल vishal
enough a यथेष्ट yathesht

enough adv पर्याप्त paraypt
enrage v. t क्रुद्घ करना krodh karna
enrapture v. t प्रफुल्ल करना prafull karna
enrich v. t संपन्न बनाना sampaan banana
enrol v. t भरती करना bharti karna
enshrine v. t संजोना sanyojana
enslave v.t. दास बनाना das banana
ensue v.i पीछे घटित होना peche ghatit hona
ensure सुनिश्चत करना sunishchit karna
entangle v. t फंदे में फंसाना fande mai fasana
enter v. t प्रवेश करना pravesh karna
enterprise n उपक्रम upkram
entertain v. t मनोरंजन करना manoranjan karna
entertainment n. मनोरंजन manoranjan
enthrone v. t सिंहासनारूढ़ करना sinhasanarurh karna
enthusiasm n उत्साह utsah
enthusiastic a उत्साही utsahi
entice v. t. लुभाना lubhana
entire a संपूर्ण sampurna
entirely adv संपूर्णत: sampurnata
entitle v. t. दावेदार बनाना davedar banana
entity n सत्ता satta
entomology n. कीटविज्ञान keet vigyan
entrails n. अंतड़ियां antarhiyan
entrance n प्रवेश pravesh
entrap v. t. बहकाना behakna
entreat v. t. अनुनय करना anunay karna
entreaty n. विनती vinti
entrust v. t सौंपना saunpana
entry n प्रवेश pravesh
enumerate v. t. एक एक करके बताना ek ek karke batana
envelop v. t ढकना dhakna
envelope n लिफ़ाफ़ा lifafaa
enviable a ईर्ष्या योग्य irshya yogya
envious a ईर्ष्यालु irshyalu

environment n. परिवेश parivesh
envy v. t ईर्ष्या रखना irshya rakhna
epic n महाकाव्य mahakavya
epidemic n महामारी mahamari
epigram n विदग्धोक्ति vidagdhokti
epilepsy n मिरगी mirgi
epilogue n उपसंहार upsanhaar
episode n घटना ghatna
epitaph n समाधिलेख samadhilekh
epoch n युग yug
equal a समान saman
equal v. t कसमान होना samaan hona
equality n समानता samanata
equalize v. t. बराबर करना barabar karna
equate v. t समान मानना samaan manana
equation n संतुलन santulan
equation n. समीकरण samikaran
equator n विषुवत् रेखा vishuvat rekha
equilateral a समबाह sambaah
equip v. t सज्जित sajjit
equipment n साज़ सामान saaj saaman
equitable a न्यायोचित nyayaochit
equivalent a समानार्थी samanarthi
equivocal a भ्रमात्मक bhramaatmak
era n काल kaal
eradicate v. t उन्मूलन करना unmulan karna
erase v. t मिटाना mitana
erect v. t निर्माण करना nirman karna
erection n निर्माण nirman
erode v. t खा जाना kha jana
erosion n कटाव katav
erotic a कामुक kaamuk
err v. i भूल करना bhul karna
errand n संदेश sandesh
erroneous a गलत galat
error n भूल bhul
erupt v. i प्रस्फुटित होना prasphutit hona
eruption n विस्फोट visphot
escape n निकास nikas

escape v.i मुक्त होना mukt hona
escort n अनुरक्षी anurakshi
escort v. t रक्षार्थ साथ जाना raksharth sath jana
especial a विशिष्ट wishisht
essay n. निबंध nibandh
essayist n निबंधकार nibhandkaar
essence n सार saar
essential a आवश्यक avashyak
establish v. t. स्थापित करना sthapit karna
establishment n स्थापना sthapana
estate n भूसंपत्ति bhu sampati
esteem n आदर aadar
esteem v. t आदर करना aadar karna
estimate n. अनुमान anuman
estimate v. t अनुमान लगाना anuman lagana
estimation n मूल्यांकन mulyankan
eternal सनातन sanatan
eternity n अनंत काल anant kaal
ether n व्योम vyom
ethical a नैतिक naitik
ethics n. नीतिग्रंथ nitigranth
etiquette n शिष्टाचार shishtachar
etymology n. व्युत्पत्तिशास्त्र vyutpatishastra
eunuch n हिजड़ा hijrha
evacuate v. t खाली करना khali karna
evacuation n निकास nikaas
evade v. t टालना talna
evaluate v. t मूल्यांकन करना mulyankan karna
evaporate v. i भाप बनाना bhap banana
evasion n टाल मटोल taal matol
even a समतल samtal
even v. t सम करना sam karna
evening n संध्या sandhya
event n घटना ghatna
eventually adv. अंतत: antatah
ever adv किसी भी समय kisi bhi samay

evergreen *a* सदाबहार sadabahar
everlasting *a.* चिरस्थायी chirsthayee
every *a* प्रत्येक pratyek
evict *v. t* बेदखल करना baidakhal karna
eviction *n* बेदखली baidakhali
evidence *n* प्रमाण praman
evident *a.* सुस्पष्ट suspasht
evil *a* दुष्ट dusht
evil *n* अशुभ ashubh
evoke *v. t* पुकारना pukarna
evolution *n* विकास vikas
evolve *v.t* विकसित करना viksit karna
ewe *n* भेड़ bherh
exact *a* ठीक theek
exaggerate *v. t.* अतिरंजना करना atiranjana karna
exaggeration *n.* अतिशयोक्ति atishyokti
exalt *v. t* सराहना करना sarahana karna
examination *n.* जांच पड़ताल jaanch parhtaal
examine *v. t* परीक्षा करना pariksha karna
examinee *n* परीक्षार्थी pariksharthi
examiner *n* परीक्षक parikshak
example *n* उदाहरण udaharan
excavate *v. t.* खोखला करना khokla karna
excavation *n.* उत्खनन utkhanan
exceed *v.t* अधिक होना adhik hona
excel *v.i* अग्रगण्य होना agraganya hona
excellence *n.* उत्कृष्टता utkrishtata
excellency *n* मान्यवर manyawar
excellent *a.* उत्कृष्ट utkrisht
except *v. t* छोड़ देना chorh dena
except *prep* अतिरिक्त atirikt
exception *n* अपवाद apvaad
excess *n* बाहुल्य bahulya
excess *a* अतिरिक्त atirikt
exchange *n* आदान-प्रदान adaan-pradaan
exchange *v. t* विनिमय करना vinimaya karna
excise *n* उत्पादन शुल्क utpadan shulk

excite *v. t* उत्तेजित करना utejit karna
exclaim *v.i* चिल्लाना chillanaa
exclamation *n* विस्मयोद्गार vismayodgaar
exclude *v. t* निकालना nikaalna
exclusive *a* एकमात्र ek-maatra
excommunicate *v. t.* बहिष्कृत करना bahishkrit karna
excursion *n.* आमोद विहार aamod vihar
excuse *v.t* दोषमुक्त करना doshmukt karna
excuse *n* बहाना bahana
execute *v. t* पालन करना palan karna
execution *n* फांसी का दंड fansi ka dand
executioner *n.* फांसी देने वाला fansi dene wala
exempt *v. t.* मुक्त करना mukt karna
exempt शुल्क से मुक्त shulk se mukt
exercise *n.* प्रयोग prayog
exercise *v. t* प्रयोग करना prayog karna
exhaust *v. t.* थका देना thaka dena
exhibit *n.* प्रदर्शनीय वस्तु pradarsiniya wastu
exhibit *v. t* दिखाना dekhana
exhibition *n.* प्रदर्शनी pradarshini
exile *n.* देश निष्कासन des nishkasan
exile *v. t* देश से निकालना des se nikalna
exist *v.i* मौजूद होना maujud hona
existence *n* अस्तित्व astitva
exit *n.* प्रस्थान prasthan
expand *v.t* फैलाना failaana
expansion *n.* विस्तार vistaar
ex-parte *a* एकपक्षीय ekpakchiya
expect *v. t* आशा करना aasha karna
expectation *n.* आशा aasha karna
expedient *a* उपयुक्त upyukt
expedite *v. t.* जल्दी करना jaldi karna
expedition *n* खोजयात्रा khoj yatra
expel *v. t.* निकाल देना nikaal dena
expend *v. t* खर्च करना kharch karna
expenditure *n* खर्चा kharchaa
expense *n.* खर्च kharch

expensive *a* महंगा mahanga
experience *n* अनुभव anubhav
experiment *n* परीक्षण parikshan
expert *a* विशेषज्ञ visheshagya
expert *n* कुशल व्यक्ति kushal vyakti
expire *v.i.* मरना marna
expiry *n* अवसान awasaan
explain *v. t.* विवरण देना vivaran dena
explanation *n* स्पष्ट करना spashti-karan
explicit *a.* सुस्पष्ट suspasht
explode *v. t.* विस्फोट करना wisfot karna
exploit *n* पराक्रम parakarm
exploit *v. t* अनुचित लाभ उठाना anuchit labh uthana
exploration *n* जांच पड़ताल janch padtaal
explore *v.t* खोजना khojna
explosion *n.* धमाका dhmaka
explosive *n.* विस्फोटक पदार्थ wisfotak padarth
explosive *a* विस्फोटक wisfotak
exponent *n* प्रतिपादक pratipadak
export *v. t.* निर्यात करना niryaat karna
export *n* निर्यात niryaat
expose *v. t* प्रकट करना prakat karna
express *v. t.* वर्णन करना warnan karna
express *n* द्रुतगामी रेलगाड़ी drutgami railgadi
expression *n.* अभिव्यक्ति abhi-vyakti
expressive *a.* द्योतक dyotak
expulsion *n.* निष्कासन nishkasan
extend *v. t* बढ़ाना barhaana
extent *n.* आकार aakar
external *a* बाहरी baahri
extinct *a* बुझा हुआ bujha hua
extinguish *v.t* नष्ट करना nasht karna
extol *v. t.* प्रशंसा करना prashansa karna
extra *a* अतिरिक्त atirikt
extra *adv* असामान्य रूप से asamanya rup se
extract *n* सार saar
extract *v. t* अर्क निकालना ark nikalana

extraordinary *a.* असाधारण asadharan
extravagance *n* फिजूलखर्ची fijulkharchi
extravagant *a* असंयमी asanyami
extreme *a* उग्र क्रांतिकारी ugra krantikari
extreme *n* अधिकतम adhiktam
extremist *n* अतिवादी atiwadi
exult *v. i* उल्लसित होना ullasit hona
eye *n* आंख aankh
eyeball *n* नेत्र गोलक naitra golak
eyelash *n* बरौनी baroni
eyelet *n* सूराख suraakh
eyewash *n* बहाना bahana

F

fable *n.* नीति कथा niti katha
fabric *n* कपड़ा kapada
fabricate *v.t* निर्माण करना nirman karna
fabrication *n* छल रचना chaal rachna
fabulous *a* उत्कृष्ट utkrishta
facade *n* मुखौटा mukhauta
face *n* चेहरा chaihara
face *v.t* आमने सामने होना aamne samne hona
facet *n* पहलू pahulu
facial *a* मुख संबंधी mukh sambandhi
facile *a* सुगम sugam
facilitate *v.t* आसान कर देना aasan kar dena
facility *n* सुविधा suvidha
facsimile *n* फैक्स fax
fact *n* यथार्थ yatharth
faction *n* दलबंदी dalbandi
factious *a* झगड़ालू jhagralu
factor *n* अभिकर्त्ता abhikarta
factory *n* कारखाना karkhana
faculty *n* संकाय sankaya
fad *n* सनक sanak
fade *v.i* रंग उड़ना rang urhna

failure *n* असफलता asafalta
faint *a* कमज़ोर kamjor
faint *v.i* मूर्च्छित होना murchit hona
fair *a* सुंदर sundar
fair *n.* मेला mela
fairly *adv.* पर्याप्त मात्रा में paryapt matra mein
fairy *n* परी pari
faith *n* निष्ठा nishta
faithful *a* वफ़ादार wafaadar
falcon *n* बाज़ baaj
fall *vt* गिरना girna
fall *n* विनाश vinash
fallacy *n* भ्रांति bhranti
fallow *n* बञ्जर banjar
false *a* ग़लत galat
falter *v.i* हकलाना haklaana
fame *n* कीर्ति kirti
familiar *a* जानकार jaankar
family *n* परिवार pariwar
famine *n* अकाल akaal
famous *a* प्रसिद्ध prasidh
fan *n* पंखा pankha
fanatic *a* मतांध mataandh
fanatic *n* धर्मांध व्यक्ति dharmandh vyakti
fancy *n* कल्पना kalpana
fancy *v.t* पसंद करना pasand karna
fantastic *a* विलक्षण vilakshan
far *adv.* दूर door
far *a* दूरस्थ durasth
far *n* दूरी doori
farce *n* तमाशा tamasha
fare *n* भाड़ा bharha
farewell *n* विदा vida
farewell *interj.* अलविदा alvida
farm *n* कृषि भूमि krishi bhumi
farmer *n* किसान kisan
fascinate *v.t* मोहित करना mohit karna
fascination *n.* आकर्षण aakarshan
fashion *n* फ़ैशन fashion

fashionable *a* फ़ैशनपरस्त fashionparast
fast *a* पक्का pakka
fast *adv* तेज़ी से teji se
fast *n* उपवास upwas
fast *v.i* उपवास करना upwas karna
fasten *v.t* बांधना bandhana
fat *a* मोटा mota
fat *n* चर्बी charbi
fatal *a* घातक ghatak
fate *n* भाग्य bhagya
father *n* पिता pita
fathom *n* हराई का माप harayee ka maap
fathom *v.t* थाह लेना thah lena
fatigue *n* थकान thakan
fatigue *v.t* थकाना thakana
fault *n* दोषपूर्ण doshpurna
faulty *a* दोषपूर्ण doshpurna
fauna *n* जीव जंतु jeev jantu
favour *n* अनुमोदन anumodan
favour *v.t* समर्थन करना samarthan karna
favourable *a* अनुकूल anukul
favourite *n* प्रेमपात्र prempatra
fax *n* प्रतिकृति pratikirti
fear *n* भय bhaye
fear *v.i* डरना darna
fearful *a.* भयानक bhayanak
feasible *a* संभव sambhav
feast *n* प्रीतिभोज pritibhoj
feast *v.i* दावत देना davat dena
feat *n* साहसिक कार्य sahasik karya
feather *n* पंख pankh
feature *n* लक्षण lakshan
February *n* फ़रवरी farwari
federal *a* संघीय sanghiya
federation *n* संघ sangh
fee *n* शुल्क shulk
feeble *a* कमज़ोर kamjor
feed *v.t* भोजन देना bhojan dena
feed *n* भोजन bhojan
feel *v.t* महसूस करना mahsus karna

feeling *n* धारणा dhaarna	fictitious *a* काल्पनिक kaalpanik
feign *v.t* बहाना करना bahana karna	fiddle *v.i* सारंगी बजाना saarangi bajana
felicitate *v.t* बधाई देना badhai karna	fiddle *n* सारंगी saarang
felicity *n* सौभाग्य saubhagya	fidelity *n* निष्ठा nishtha
fell *v.t* गिराना girna	fie *interj* धिक्कार dhikkar
fellow *n* साथी sathi	field *n* कृषि भूमि krishi bhumi
female *a* स्त्री जाति stri jati	field *n* कार्य क्षेत्र karya kshetra
female *n* मादा maada	field *n* खेल का मैदान khel ka maidaan
feminine *a* स्त्री-जाति stri-jatiya	fiend *n* प्रेत prait
fence *n* घेरा ghera	fierce *a* प्रचंड prachand
fence *v.t* घेरना gherna	fiery *a* जोशीला joshila
fend *v.t* रक्षा करना raksha karna	fifteen *n* पंद्रह pandra
ferment *n* हंगामा hangama	fifty *n.* पचास pachaas
ferment *v.t* खमीर उठाना khamir uthana	fig *n* अंजीर anjeer
fermentation *n* उत्तेजना uttejana	fight *n* झगड़ा jhagda
ferocious *a* खूंखार khunkhar	fight *v.t* किसी के विरुद्ध लड़ना kisi ke virudh larhna
ferry *n* नाव nav	figment *n* काल्पनिक वस्तु kalpanik wastu
ferry *v.t* नाव से पार उतारना nav se upar utarna	figurative *a* आलंकारिक aalankarik
fertile *a* फलदायक faldayak	figure *n* आकार aakar
fertility *n* उर्वरता urwarta	file *n* संचिका sanchika
fertilize *v.t* उर्वर बनाना uwar banana	file *v.t* फ़ाइल में रखना file mai rakhna
fertilizer *n* खाद khaad	file *n* रेती reti
fervent *a* उत्साही uthsahi	file *v.t* रेती लगाना reti lagana
fervour *n* जोश josh	fill *v.t* पूरा भरना pura bharna
festival *n* पर्व parv	film *n* चलचित्र chalchitra
festive *a* उल्लासमय ullasamai	filter *n* छन्ना chana
festivity *n* आनंदमंगल anandmangal	filter *v.t* छनना channa
festoon *n* बंदनवार, तोरण bandanwar, toran	filth *n* कचरा kachara
fetch *v.t* लाना lana	filthy *a* गंदा ganda
fetter *n* ज़ंजीर janjir	fin *n* मीनपक्ष meen-paksh
fetter *v.t* बंधन लगाना bandhan lagana	final *a* अंतिम antim
feud *n.* सामंत saamant	finance *n* अर्थ arth
feudal *a* सामंती saamanti	finance *v.t* अर्थ व्यवस्था करना arth wayawasta karna
fever *n.* ज्वर jwar	financial *a* आर्थिक arthik
few *a* थोड़े से thorhe se	financier *n* वित्त प्रबंधक bitth prabandhak
fiasco *n* पूर्ण असफलता puran asafalta.	find *v.t* प्राप्त करना prapt karna
fibre *n.* धागा dhaaga	fine *n* जुर्माना jurmana
fickle *a* चंचल chanchal	fine *v.t* जुर्माना करना jurmana karna
fiction *n* कथा साहित्य katha sahitya	

fine *a* महीन mahin
finger *n* उंगली ungli
finger *v.t* उंगलियों से छूना ungliyo se chuna
finish *n* अंत aant
finish *v.t* पूरा करना pura karna
finite *a* समापक samapak
fir *n* देवदारू devdaru
fire *n* आग aag
fire *v.t* जलाना jalana
firm *n.* व्यवसाय-संघ vyavasaya sangh
firm *a* कठोर kathore
first *a* प्रमुख pramukh
first *n* प्रथम स्थान pratham sthan
fiscal year वित्त वर्ष vitt varsh
fiscal *a* आर्थिक arthik
fish *n* मछली machli
fish *v.i* तलाश करना talash karna
fisherman *n* मछुआरा machuaara
fissure *n* दरार daraar
fist *n* घूंसा ghunsa
fistula *n* नासूर naasur
fit उपयुक्त upyukt
fit *n* दौरा daura
fit *v.t* स्वस्थ swasth
fitful *a* अस्थिर asthir
fitter *n* मिस्तरी mistari
five *n* पांच panch
fix *vt* स्थिर करना sthir karna
fix *n* परेशानी paraishani
flabby *a* दुर्बल durbal
flag *n* झंडा jhanda
flame *n* आग की लपट aag ki lapat
flame *v.i* दहकना dahakana
flannel *n* ऊनी कपड़ा uni kaprha
flare *v.i* दमकना damaktna
flare *n* भड़क bharhak
flash *n* दमक damak
flash *v.t* चमकाना bharhak
flask *n* सुराही surahi

flat *a* एक समान ek saman
flat *n* भवन खंड bhavan khand
flatter *v.t* चापलूसी करना chaaplusi karna
flattery *n* चापलूसी chaplusi
flavour *n* सुगंध sugandh
flaw *n* दोष dosh
flea *n.* पिस्सू pissu
flee *v.i* रफूचक्कर होना rafuchakar
fleece *n* ऊन uun
fleece *v.t* लूटना lutna
fleet *n* जहाज़ी बेड़ा jahazi berha
flesh *n* मांस maans
flexible *a* लचीला lachila
flicker *n* टिमटिमाहट timtimahat
flicker *v.t* टिमटिमाना timtimana
flight *n* पलायन palayan
flimsy *a* पतला patla
fling *v.t* फेंकना phenkana
flippancy *n* छिछोरापन chichorapan
flirt *n* चोचलेबाज़ व्यक्ति chochlebaz vyakti
flirt *v.i* दिखावटी प्रेम करना dekhawati prem karna
float *v.i* मंडराना mandarna
flock *n* झुंड jhund
flock *v.i* एकत्र होना ektra hona
flog *v.t* पीटना pitna
flood *n* बाढ़ baarch
flood *v.t* जलमग्न करना jalmagan karna
floor *n* मंज़िल manzil
floor *v.t* फ़र्श बनाना farsh banana
flora *n* वनस्पति vanaspati
florist *n* फूल विक्रेता phool bikrita
flour *n* आटा aata
flourish *v.i* फलना फूलना phalna phulna
flow *n* प्रवाह prawah
flow *v.i* उमड़ना umarna
flower *n* पुष्प pushp
flowery *a* अलंकृत alangkrit
fluent *a* प्रवाह युक्त pravah yukt
fluid *a* तरल taral

fluid *n* द्रव्य dravya
flush *v.i* लज्जा से लाल हो जाना lajja se lal ho jana
flush *n* प्रवाह pravah
flute *n* बांसुरी baansuri
flute *v.i* बांसुरी बजाना baansuri bajana
flutter *n* फड़फड़ाहट pharhpharhahat
flutter *v.t* फड़फड़ाना pharhpharhana
fly *n* मक्खी makhi
fly *v.i* उड़ना udna
foam *n* झाग jhaag
foam *v.t* झाग पैदा करना jhag paida karna
focal *a* नाभीय naabhiya
focus *n* किरण केंद्र kiran kendra
focus *v.t* केंद्रित करना kendrit karna
fodder *n* चारा chara
foe *n* शत्रु shatru
fog *n* कोहरा kohara
foil *v.t* निष्फल करना nishphal karna
fold *n* बाड़ा baarha
fold *v.t* मोड़ना morna
foliage *n* पत्तियाँ patiyaan
follow *v.t* अनुसरण करना anusaaran karna
follower *n* अनुचर anuchar
folly *n* मूर्खता murkahta
foment *v.t* सेंकना senkna
fond *a* चाहनेवाला chahnewala
fondle *v.t* पुचकारना puchkarna
food *n* भोजन bhojan
fool *n* मूर्ख व्यक्ति murkh vyakti
foolish *a* मूर्ख murkh
foot path पटरी patri
foot *n* पैर pair
for *prep* के हेतु ke hetu
for *conj.* क्योंकि kyonki
forbid *v.t* निषिद्ध करना nishidh karna
force *n* शक्ति shakti
force *v.t* बाध्य करना badhya karna
forceful *a* बलशाली balshali
forcible *a* शक्ति-पूरण shakti puran

forearm *n* अग्र बाहू agra-baahu
forecast *n* पूर्वानुमान purwanuman
forecast *v.t* पूर्वानुमान करना purwanuman karna
forefather *n* पूर्वज purwaj
forefinger *n* तर्जनी tarjani
forehead *n* माथा maatha
foreign *a* विदेश videsh
foreigner *n* विदेशी व्यक्ति videshi vyakti
foreknowledge *n.* पूर्वज्ञान purvagyan
foreleg *n* अगली टांग agle tang
forelock *n* माथे पर की अलक maathe par ki alak
foreman *n* अगुआ agua
foremost *a* सर्वोत्तम sarwatam
forenoon *n* पुर्वाहन purwahan
forerunner *n* अग्रदूत agradut
foresight *n* दूरदर्शिता durdarshita
forest *n* जंगल jungle
forestall *v.t* रोकथाम करना roktham karna
forester *n* वनरक्षक vanrakshak
forestry *n* वानिकी vaniki
foretell *v.t* भविष्यवाणी करना bhavishyavani karna
forethought *n* पूर्व विचार purwa wichar
forever *adv* सदैव के लिए sadaiv ke leya
forewarn *v.t* पूर्व चेतावनी देना purva chetawani dena
foreword *n* भूमिका bhumika
forfeit *v.t* ज़ब्त हो जाना zabt ho jana
forfeit *n* ज़ब्त zabt
forfeiture *n* ज़ब्ती jabti
forge *n* लोहार की दुकान lohar ki dokaan
forge *v.t* जाली नकल करना jali nakal karna
forgery *n* जालसाज़ी jaalsajhe
forget *v.t* भूल जाना bhul jana
forgetful *a* भुलक्कड़ bhulakaarh
forgive *v.t* क्षमा करना kshama karna
forgo *v.t* त्याग देना tyag dena
forlorn *a* अभागा abhaga

form *n* प्रकार prakar
formal *a* आकारिक aakarik
format *n* ग्रंथ का आकार granth ka aakar
formation *n* निर्माण nirman
former *a* पहला pahala
former *pron* पूर्वोक्त purvokt
formerly *adv* गतकाल में gatkaal mein
formidable *a* कठिन kathin
formula *n* नियम niyam
formulate *v.t* सूत्रबद्ध करना sutrabadh karna
forsake *v.t.* त्याग देना tyag dena
fort *n.* किला qilla
forte *n.* विशिष्टता wishishta
forth *adv.* बाहर bahar
forthcoming *a.* आगामी aagami
forthwith *adv.* तुरंत turant
fortify *v.t.* मज़बूत करना majbuth karna
fortitude *n.* धैर्य dhairya
fort-night *n.* पखवारा pakhwara
fortress *n.* किला qilla
fortunate *a.* भाग्यशाली bhagyasali
fortune *n.* अच्छा नसीब achha naseeb
forty *n.* चालीस chalis
forum *n.* मंच manch
forward *a.* अग्रिम agrim
forward *adv* आगे की ओर aage ki aur
fossick *vt* तलाश करना talash karna
fossil *n.* खनिज khanij
foster *v.t.* पोषण करना poshan karna
foul *a.* बेईमान baimaan
found *v.t.* बुनियाद रखना buniyaad rakhna
foundation *n.* आधार aadhar
founder *n.* संस्थापक sansthapak
foundry *n.* ढलाई की कला dhalye ki kala
fountain *n.* फव्वारा favara
four *n.* चार chaar
fourteen *n.* चौदह chaudah
fowl *n.* चिड़िया chiriya
fowler *n.* चिड़ीमार chirimaar

fox *n.* लोमड़ी lomdi
fraction *n.* अंश ansh
fracture *n.* अस्थिभंग asthibhang
fracture *v.t* तोड़ना torhna
fragile *a.* भंगुर bhangur
fragment *n.* खंडित अंश khandit ansh
fragrance *n.* सुवास suvas
fragrant *a.* सुगंधित sugandhit
frail *a.* कमज़ोर kamzor
frame *v.t.* बनाना banana
frame *n* ढांचा dhancha
franchise *n.* मताधिकार matadhikaar
frank *a.* निष्कपट nishkapat
frantic *a.* उत्तेजित uttejit
fraternal *a.* भाई का bhai ka
fraternity *n.* भ्रातृसंघ bhratrisangh
fratricide *n.* भाई/बहिन की हत्या bhai/bahin ki hatya
fraud *n.* धोखा dhokha
fraudulent *a.* कपटी kapti
fraught *a.* भरा हुआ bhara hua
fray *n* लड़ाई larhayee
free *a.* निशुल्क nishulk
free *v.t* मुक्त करना mukt karna
freedom *n.* स्वतंत्रता swatantrata
freeze *v.i.* जम जाना jam jana
freight *n.* भाड़ा bhada
French *a.* फ्रांसीसी भाषा francici bhasha
frenzy *n.* उन्माद unmaad
frequency *n.* निरन्तर nirantar
frequent *n.* बार बार baar baar
fresh *a.* अप्रयुक्त uprayukt
fret *n.* चिड़चिड़ापन chidchidapan
fret *v.t.* चिंतित करना chintitkarna
friction *n.* मनमुटाव manmutav
Friday *n.* शुक्रवार shukrawar
fridge *n.* प्रशीतियंत्र prashiti yantra
friend *n.* मित्र mitr
fright *n.* भय bhai
frighten *v.t.* भयभीत करना bhayabhit karna

frigid *a.* ठंडा thanda
frill *n.* झालर jhalar
fringe *n.* झब्बेदार किनारा jhabbedar kinara
fringe *v.t* झब्बा लगाना jhabba lagana
frivolous *a.* छिछोरा chhichhora
frock *n.* चोली choli
frog *n.* मेंढक mendhak
frolic *n.* प्रसन्नता prasanta
frolic *v.i.* उछलकूद करना uchchalkud karna
from *prep.* से se
front *n.* मोरचा morcha
front *a* सामने samaney
front *v.t* सामने होना samaney hona
frontier *n.* सीमांत simant
frost *n.* तुषार tushar
frown *n.* तेवर tevar
frown *v.i* भौंहें चढ़ाना bhauhain charhana
frugal *a.* सस्ता sasta
fruit *n.* फल phal
fruitful *a.* लाभकारी labhkari
frustrate *v.t.* बौखलाना baukhalana
frustration *n.* निराशा, बौखलाहट nirasha, baukhalahat
fry *v.t.* छुंकना chhunkana
fry *n* तला हुआ tala hua
fuel *n.* ईंधन indhan
fugitive *n.* भगोड़ा bhagorha
fulfil *v.t.* पूर्ण करना purna karna
fulfilment *n.* पूर्ति purti
full *a.* भरपूर bharpur
fullness *n.* प्रचुरता prachurta
fully *adv.* पूर्ण रूप से purna rup se
fumble *v.i.* गड़बड़ कर देना garhbarh kar dena
fun *n.* आमोद प्रमोद aamod pramod
function *n.* उत्सव utsav
function *v.i* काम करना kaam karna
functionary *n.* कर्म करने वाला kaam karne wala
fund *n.* खज़ाना khajana

fundamental *a.* आधारभूत adharbhut
funeral *n.* शव यात्रा shav yatra
fungus *n.* फफूंद fafundh
funny *n.* मज़ाकिया majakiya
fur *n.* पशुलोम pashulom
furious *a.* उग्र ugra
furl *v.t.* मोड़ना morna
furlong *n.* फर्लांग farlang
furnace *n.* अग्निकुंड agnikund
furnish *v.t.* साजाना sajaana
furniture *n.* साज सामान saaj samaan
furrow *n.* कूंड kund
further *adv.* इस के आगे iss ke aage
further *a* अतिरिक्त atirikth
further *v.t* आगे बढ़ाना aage badhana
fury *n.* गुस्सा gussa
fuse *v.t.* पिघल जाना pighal jana
fuse *n* फ्यूज़ तार fuje taar
fusion *n.* विलयन vilayan
fuss *n.* गड़बड़ी garhbarhi
fuss *v.i* गड़बड़ी करना gadwadi karna
futile *a.* व्यर्थ wayrth
futility *n.* निर्थकता nirthakta
future *a.* भावी bhavi
future *n* भविष्य bhavishya

G

gabble *v.i.* ऊलजलूल बातें करना uljalul bate karna
gadfly *adj* उत्तेजना utejna
gaiety *n.* प्रफुल्लता prafulta
gain *n* लाभ labhkari
gain *v.t.* प्राप्त करना prapt karna
gainsay *v.t.* प्रतिवाद करना pratiwaad karna
gait *n.* चाल chaal-dhaal
galaxy *n.* आकाश गंगा akash ganga
gale *n.* तेज़ हवा tez hawa
gallant *a.* सुंदर sundar

gallant n आकर्षित akrisht
gallantry n. बहादुरी bahaduri
gallery n. चित्रशाला chitrasala
gallon n. गैलन galen
gallop n. चौकड़ी chokrhi
gallop v.t. सरपट दौड़ाना sarpat daurna
gallows n. . फांसी phaansi
galore adv. प्रचुर मात्रा prachur matra
galvanize v.t. उत्साह देना utsah dena
gamble v.i. जुआ खेलना jua khelna
gamble n जुआ jua
gambler n. जुआरी juari
game n. खेल khel
gander n. हंस hans
gang n. गिरोह giroh
gap n अंतराल aantral
gape v.i. देखते रह जाना dekhte rah jana
garage n. यानशाला yaanshala
garb n. परिधान paridhan
garb v.t परिधान पहनाना paridhan pahanana
garbage n. कूड़ा कचरा kuda kachra
garden n. उद्यान udyaan
gardener n. माली maali
gargle v.i. ग़रारे करना garare karna
garland n. माला mala
garland v.t. माला पहनाना mala pahnana
garlic n. लहसुन lahasun
garment n. परिधान paridhan
garter n. मोज़ाबंध mauzabandh
gas n. गैस gas
gasket n. अवरोधक डोरी awarodhak dori
gasp n. हाँफा haanfa
gasp v.i हांफना haanfna
gassy a. गैस युक्त gas yukt
gastric a. अंतरिक ज्वर antrik jwar
gate n. फाटक faatak
gather v.t. एकत्र करना ekatra karna
gaudy a. दिखाऊ dikhau
gauge n. पैमाना paimana

gauntlet n. हस्तत्राण hasttran
gay a. जिंदादिल zinda-dil
gaze v.t. एकटक देखना ektak dekhna
gaze n टकटकी taktaki
gazette n. राजपत्र rajpatra
gear n. गरारी garari
geld v.t. बधिया करना badhiya karna
gem n रत्न ratan
gender n. लिंग ling
general a. साधारण saadharan
generally adv. सामान्यत: samaniyat
generate v.t. पैदा करना paida karna
generation n. उत्पादन utpadan
generator n. उत्पादक utpadak
generosity n. उदारता udarta
generous a. प्रचुर prachur
genius n. प्रतिभा pratibha
gentle a. भद्र bhadra
gentleman n. भद्रपुरुष bhadrapurush
gentry n. कुलीनलोग kulinlog
genuine a. असली asli
geographer n. भूगोलवेत्ता bhugolveta
geographical a. भौगोलिक bhaugolik
geography n. भूगोल bhugol
geological a. भूविज्ञानीय bhuvigyaniya
geologist n. भूविज्ञान वेत्ता bhuvigyan vetta
geology n. भूविज्ञान bhuvigyan
geometrical a. रेखा गणितीय rekha ganitiya
geometry n. रेखागणित rekhaganit
germ n. जीवाणु jiwanu
germinate v.i. अंकुरित होना ankurit hona
germination n. अंकुरण ankuran
gerund n. क्रियावाचक संज्ञा kriyawachak sangya
gesture n. संकेत sanket
get v.t. प्राप्त करना prapt karna
ghastly a. भयानक bhayanak
ghost n. भूत bhoot

giant *n.* दैत्य daitya
gibbon *n.* लंगूर langur
gibe *v.i.* ताना मारना tana marna
gibe *n* ताना tana
giddy *a.* चकराने वाला chakrane wala
gift *n.* उपहार uphar
gigantic *a.* भीमकाय bhimkaya
giggle *v.i.* फूहड़ढंग से हंसना fuharh dhang se hasna
gild *v.t.* चमकाना chamkana
gilt *a.* सुनहरा sunhara
ginger *n.* अदरक aadrak
giraffe *n.* जिराफ़ girrafe
gird *v.t.* हंसी उड़ाना hansi urana
girder *n.* शहतीर shahteer
girdle *n.* पेटी peti
girdle *v.t* पेटी से बांधना peti se bandhna
girl *n.* लड़की ladki
girlish *a.* लड़कियों की तरह larkion ki tarah
gist *n.* सार saar
give *v.t.* देना dena
glacier *n.* हिमनद himnaad
glad *a.* आनंदकारी anandkari
gladden *v.t.* प्रसन्न करना prasaan karna
glamour *n.* मोहकता mohakata
glance *n.* झांकी jhanki
glance *v.i.* झांकना jhanakna
gland *n.* ग्रंथि granthi
glare *n.* चमक chamak
glare *v.i* चमकना chamkana
glass *n.* कांच kaanch
glaucoma *n.* मोतिया बिंद motia band
glaze *v.t.* शीशा लगाना shisha lagana
glaze *n* चमक chamak
glazier *n.* कांच का काम करने वाला kanch ka kam karne wala
glee *n.* गीत geet
glide *v.t.* सरकना sarkana
glider *n.* छोटा विमान chhota viman
glimpse *n.* झलक jhalak

glitter *v.i.* चमचमाना chamchamana
glitter *n* चमक chamak
global *a.* विश्व-व्यापी vishva-vyapi
globe *n.* पृथ्वी prithvi
gloom *n.* उदासी udasi
gloomy *a.* उदास udas
glorification *n.* प्रशस्ति prashasti
glorify *v.t.* गुणगान करना gungaan karna
glorious *a.* शोभायुक्त shobha yukt
glory *n.* प्रतिष्ठता pratishtha
gloss *n.* व्याख्या vyakhya
glossary *n.* शब्दावली shabdawali
glossy *a.* चमकदार chamakdar
glove *n.* दस्ताना dastana
glow *v.i.* चमकना chamkana
glow *n* दीप्ति dipti
glucose *n.* ग्लूकोज़ glucose
glue *n.* सरेस sares
glut *v.t.* भरमार होना bharmar hona
glut *n* प्रचुरता,बहुतायत prachurta, bahutayat
glutton *n.* खाऊ ahik khaney wala
gluttony *n.* पेटूपन petupan
glycerine *n.* ग्लिसरीन glycerin
go *v.i.* जाना jana
goad *n.* अंकुश ankush
goad *v.t* प्रेरित करना prairit karna
goal *n.* लक्ष्य lakshya
goat *n.* बकरी bakri
gobble *n.* भकोसना bhakosana
goblet *n.* पहला pyala
god *n.* भगवान bhagwan
goddess *n.* देवी devi
godship *n.* देवत्व devatav
godly *a.* धार्मिक dharmik
godown *n.* गोदाम godam
godsend *n.* वरदान vardaan
goggles *n.* धूप का चश्मा dhup ka chasma
gold *n.* सोना sona
golden *a.* सुनहरा sunhara
goldsmith *n.* स्वर्णकार swarnakar

golf *n.* गॉल्फ़ golf	grant *v.t.* प्रदान करना pradan karna
gong *n.* पदक padak	grant *n* अनुदान anudaan
good *a.* उचित ucchit	grape *n.* अंगूर angur
goods *n* सामान saamaan	graph *n.* रेखाचित्र rekhachitra
good-bye *interj.* अलविदा alvida	graphic *a.* आलेखी aalekhi
goodness *n.* उदारता uddarta	grapple *n.* पकड़ pakad
goodwill *n.* साख saakh	grapple *v.i.* भिड़ना bhidhna
goose *n.* बत्तख batakh	grasp *v.t.* कसकर पकड़ना kaskar pakarna
gooseberry *n.* करोंदा karonda	grasp *n* पकड़ pakad
gorgeous *a.* भव्य bhvya	grass *n* घास ghas
gorilla *n.* वनमानुष vanmanush	grate *n.* जाली jaali
gospel *n.* ईसा का उपदेश esa ka updesh	grate *v.t* घिसना ghisna
gossip *n.* गपशप gupshup	grateful *a.* आभारी aabhari
gourd *n.* लौकी lauki	gratification *n.* संतोष santosh
gout *n.* गठिया gathiya	gratis *adv.* नि:शुल्क nishulk
govern *v.t.* शासित करना shasit karna	gratitude *n.* कृतज्ञता kritagayta
governance *n.* शासन shasan	gratuity *n.* उपदान updaan
governess *n.* अध्यापिका adhiyapika	grave *n.* कब्र kabr
government *n.* शासन shasan	grave *a.* गंभीर gambhir
governor *n.* राज्यपाल rajyapaal	gravitate *v.i.* आकर्षित होना aakarshit hona
gown *n.* लबादा labada	gravitation *n.* गुरुत्वाकर्षण gurutvakarshan
grab *v.t.* छीनना chinna	gravity *n.* गंभीरता gambhirta
grace *n.* शोभा shobha	graze *v.i.* चरना charna
grace *v.t.* शोभा बढ़ाना shobha badhana	graze *n* खरोंच kharonch
gracious *a.* दयालु dayalu	grease *n* चिकनायी chiknai
gradation *n.* श्रेणी shreni	grease *v.t* चिकना करना chikna karna
grade *n.* पदक्रम padkram	greasy *a.* चिकना chikna
grade *v.t* वर्गीकरण करना vargikaran karna	great *a* विशाल vishal
gradual *a.* क्रमिक kramik	greed *n.* लोलुपता lolupata
graduate *v.i.* स्नातक होना sanatak hona	greedy *a.* लालची lalchi
graduate *n* स्नातक sanatak	greek *n.* यूनानी भाषा yunani bhasha
graft *n.* पैबन्द paiband	green *a.* हरित harit
grain *n.* अनाज anaaj	green *n* हरा रंग hara rang
grammar *n.* व्याकरण vyakaran	greenery *n.* हरियाली hariyali
grammarian *n.* व्याकरणवेत्ता vyakaranweta	greet *v.t.* अभिवादन करना abhivadan karna
gramophone *n.* ग्रामोफ़ोन gramophone	grenade *n.* हथगोला hathgola
granary *n.* अन्नभंडार annabhandar	grey *a.* भूरा bhura
grand *a.* महान mahan	greyhound *n.* शिकारी कुत्ता shikari kutta
grandeur *n.* शान shaan	grief *n.* शोक shok
	grievance *n.* शिकायत shikayat

grieve v.t. शोक मनाना shok manana
grievous a. शोक जनक shok janak
grim n. कटोरी kathore
grind v.i. पिसना pisna
grinder n. पीसने का उपकरण pisne ka upkaran
grip v.t. पकड़ना pakadna
grip n जकड़न jakdan
groan v.i. कराहना karahana
groan n कराहना karahna
grocer n. पंसारी pansaari
grocery n. किराना kirana
groom n. दूल्हा dulha
groove n. नाली naali
groove v.t नालीदार बनाना nalidaar banana
grope v.t. तलाशना talashna
gross n. बारह दर्जन barah darjan
gross a प्रचुर prachur
grotesque a. भोंडा bhonda
ground n. पृथ्वी prithvi
group n. समूह samuh
group v.t. वर्गीकृत करना vargikrit karna
grow v.t. उगाना ugaana
grower n. उत्पादक utpaadak
growl v.i. गुर्राना gurraana
growl n गुर्राहट gurahat
growth n. विकास vikas
grudge n द्रोह droh
grumble v.i. असंतोष प्रकट करना asantosh prakat karna
grunt n. असंतोष asantosh
grunt v.i. घुरघुराना ghurghurna
guarantee n. ज़मानत zamanat
guarantee v.t दायित्व लेना dayitva lena
guard v.i. बचाना bachana
guard रखवाली rakhwali
guardian n. अभिभावक abhibhavak
guava n. अमरूद amrud
guerrilla n. छापामार सैनिक chhapa-maar sainik
guess n. अनुमान anumaan

guess v.i अनुमान लगाना anumaan lagana
guest n. अतिथि atithi
guidance n. पथ-प्रदर्शन path-pradarshan
guide v.t. पथप्रदर्शन करना pathpradashan karna
guide n. पथप्रदर्शक path pradarshak
guild n. संघ sangh
guile n. छल कपट chhal kapat
guilt n. अपराध apradh
guilty a. अपराधी apradhi
guise n. बनावटी रूप banawati roop
guitar n. गिटार guitar
gulf n. खाड़ी khadi
gull n. जलमुर्गी jalmurgi
gull n मूर्ख murkh
gulp vt निगलना nigalna
gum n. मसूढ़ा masurha
gun n. बंदूक banduk
gust n. झोंका jhonka
gutter n. नाली nali
guttural a. कंठ संबंधी kanth sambandhi
gymnast n. व्यायामी vyayami
gymnastic a. व्यायाम संबंधी vyayam sambandhi
gymnastics n. व्यायाम विद्या vyayam vidha

H

habeas corpus n. बंदी प्रत्यक्षीकरण bandi pratyakshikaran
habit n. आदत aadat
habitable a. रहने योग्य rahne yogya
habitat n. प्राकृतिक वास prakartik was
habitation n. निवास niwas
habituate v. t. आदी बनाना aadi banana
hack v.t. काटना kaatna
hag n. डायन dayan
haggard a. थका मांदा thaka manda
haggle v.i. सौदेबाज़ी करना saudebaji karna

hail *n.* ओला aula
hail *v.i* ओला गिरना aula girna
hail *v.t* अभिवादन करना abhiwadan karna
hair *n* बाल baal
hale *a.* भला चंगा bhala changa
half *n.* आधा भाग aadha bhag
half *a* आधा aadha
hall *n.* बड़ा कमरा bada kamara
hallmark *n.* विशिष्टता चिन्ह wishishtata chinha
hallow *v.t.* पवित्र करना pavitra karna
halt *v. t.* रोकना rokna
halt *n* रुकाव rukaav
halve *v.t.* आधा-आधा बांटना adha-adha bantna
hamlet *n.* खेड़ा khrda
hammer *n.* हथौड़ा hathaura
hammer *v.t* पीटना peetna
hand *n* हाथ haath
handbill *n.* इश्तहार ishtehaar
handbook *n.* पुस्तिका pustika
handcuff *n.* हथकड़ी hathkadi
handcuff *v.t* हथकड़ी लगाना hathkari lagana
handful *n.* मुट्ठीभर muthibhar
handicap *n* बाधा badha
handicap *v.t.* बाधा डालना badha dalana
handicraft *n.* हस्तशिल्प hastsilp
handiwork *n.* दस्तकारी dastkari
handkerchief *n.* रूमाल rumaal
handle *n.* हत्था hattha
handle *v.t* नियंत्रण करना niyantran karna
handsome *a.* सुंदर sundar
handy *a.* सुविधाजनक suvidhajanak
hang *v.t.* फांसी देना fansi dena
hanker *v.i.* लालायित होना lalayit hona
haphazard *a.* अव्यवस्थित avayvastith
happen *v.t.* घटित होना ghatit hona
happening *n.* घटना gathna
happiness *n.* आनंद anand

happy *a.* प्रसन्न prasann
harass *v.t.* तंग करना tang karna
harassment *n.* परेशानी pareshani
harbour *n.* बंदरगाह bandargaha
harbour *v.t* शरण देना sharan dena
hard *a.* कड़ा karha
harden *v.t.* कठोर बनाना kathore banana
hardihood *n.* साहसिकता sahasikta
hardly *adv.* मुश्किल से mushkil se
hardship *n.* मुसीबत musibat
hardy *adj.* साहसी sahasi
hare *n.* खरगोश khargosh
harm *n.* चोट chot
harm *v.t* चोट पहुंचाना chot pahunchana
harmonious *a.* सामंजस्यपूर्ण saamanjsyapurna
harmonium *n.* हारमोनियम harmoniyam
harmony *n.* सुव्यवस्था suvyavastha
harness *n.* साज सज्जा saaj sajja
harness *v.t* प्रयोग करना prayog karna
harp *n.* वीणा veena
harsh *a.* कठोर kathor
harvest *n.* फ़सल की कटाई fasal ki katai
harvester *n.* फ़सल काटने वाला fasal katne wala
haste *n.* शीघ्रता shighrata
hasten *v.i.* जल्दी कराना jaldi karna
hasty *a.* हड़बड़ाहट के साथ harhbarahat ke sath
hat *n.* टोप tope
hatchet *n.* कुल्हाड़ी kulharhi
hate *n.* घृणा ghrina
hate *v.t.* घृणा करना ghrina karna
haughty *a.* दंभी dambhi
haunt *v.t.* परेशान करना pareshan karna
haunt *n* अड्डा adda
have *v.t.* प्राप्त करना prapt karna
haven *n.* बंदरगाह bandargaha
havoc *n.* विध्वंस vidhvans
hawk *n* बाज़ baaj

hawker *n* फेरीवाला pheri wala
hawthorn *n.* वन संजली van sanjali
hay *n.* सूखी घास sookhi ghaas
hazard *n.* संयोग sanyog
hazard *v.t* संकट में डालना sankat mai dalna
haze *n.* कुहरा kohra
hazy *a.* धुंधला dhundhala
he *pron.* वह voh
head *n.* सिर sar
head *v.t* आगे बढ़ना aage badhna
headache *n.* सिरदर्द sirdard
heading *n.* शीर्षक sirsak
headlong *adv.* सिर के बल sar kai bal
headstrong *a.* स्वेच्छाचारी svechachari
heal *v.i.* ठीक होना theek hona
health *n.* आरोग्य aarogya
healthy *a.* स्वस्थ swastha
heap *n.* संग्रह sangrah
heap *v.t* संचय करना sanchay karna
hear *v.t.* बताया जाना bataya jana
hearsay *n.* अफ़वाह afwaha
heart *n.* दिल dil
hearth *n.* चूल्हा chulha
heartily *adv.* हृदय से hridya se
heat *n.* गर्मी garmi
heat *v.t* गर्म करना garm karna
heave *v.i.* उठाना uthana
heaven *n.* स्वर्ग swarg
heavenly *a.* दिव्य divya
hedge *n.* झाड़ी की बाड़ jharhi ki baarh
hedge *v.t* बाड़ लगाना baarh lagana
heed *v.t.* ध्यान में रखना dhyan mein rakhna
heed *n* देखभाल dekhbhal
heel *n.* जूते का पिछला भाग jutay ka pichla bhag
hefty *a.* भारी bhari
height *n.* ऊंचाई unchai
heighten *v.t.* ऊंचा करना uncha karna

heinous *a.* घृणित ghrenit
heir *n.* उत्तराधिकारी utradhikari
hell *a.* नरक narak
helm *n.* पतवार patwar
helmet *n.* शिरस्त्राण shirstraan
help *v.t.* सहायता करना sahayta karna
help *n* सहायता sahayata
helpful *a.* सहायक sahayak
helpless *a.* असहाय asahaya
helpmate *n.* सहायक sahayak
hemisphere *n.* गोलार्ध golardh
hemp *n.* भांग bhangh
hen *n.* मुर्गी murgi
hence *adv.* यहां से yahan se
henceforth *adv.* अब से आगे ab se aage
henceforward *adv.* अब से आगे ab se aage
henchman *n.* विश्वसनीय अनुचर vishwasniya anuchar
henpecked *a.* जोरू का गुलाम joru ka gulam
her *a* उस (स्री)का us (istri)ka
herald *n.* उद्घोषक udhghoshak
herald *v.t* घोषित करना ghosit karna
herb *n.* जड़ी बूटी jadi buti
herculean *a.* अत्यंत कठिन aatyant kathin
herd *n.* पशु समूह pasu samuh
herdsman *n.* चरवाहा charwaha
here यहां yahan
hereabouts *adv.* आसपास aaspass
hereafter *adv.* इसके बाद iss ke baad
hereditary *n.* वंशानुगत vanshanugat
heredity *n.* आनुवंशिकता aanu-vanshikta
heritable *a.* वंशागत vanshagat
heritage *n.* विरासत viraasat
hermit *n.* संन्यासी sanyasi
hermitage *n.* कुटी kuttiya
hernia *n.* हर्निया harniya
hero *n.* नायक nayak
heroic *a.* नायक संबंधी nayak sambandhi
heroine *n.* नायिका nayika

heroism *n.* वीरता veerta
herring *n.* हिलसा hilsa machhli
hesitant *a.* संशयशील sanshay-sheel
hesitate *v.i.* संकोच करना sankoch karna
hesitation *n.* संकोच sankoch
hew *v.t.* कुल्हाड़ी से काटना khulhadi se katna
heyday *n.* सर्वोत्तम समय sarbotam samay
hibernation *n.* शीतनिद्रा seetnindra
hiccup *n.* हिचकी hichki
hide *n.* चमड़ा chamda
hide *v.t* छिपाना chhipana
hideous *a.* भयंकर bhayankar
hierarchy *n.* पदक्रम pad-kram
high *a.* ऊँचा uncha
Highness *n.* महाराज maharaj
highway *n.* राजपथ rajpath
hilarious *a.* उल्लसित ullasit
hilarity *n.* प्रफुल्लता prafullta
hill *n.* टीला teela
hillock *n.* टीला teela
him *pron.* उसको usko
hinder *v.t.* बाधा पहुंचाना badha pahuchana
hindrance *n.* अवरोध awrodh
hint *n.* संकेत sanket
hint *v.i* इशारा करना eshara karna
hip *n* कूल्हा kuulha
hire *n.* भाड़ा bhada
hire *v.t* किराए पर देना kiraay par dena
his *pron.* उसका uska
hiss *n* सिसकारी siskari
hiss *v.i* फुफकारना fufkarna
historian *n.* इतिहासकार itihaskaar
historic *a.* इतिहास प्रसिद्ध itihas prasidh
historical *a.* ऐतिहासिक itihasik
history *n.* इतिहास itihaas
hit *n* प्रहार prahar
hit *v.t.* प्रहार करना prahaar karna
hitch *n.* अड़चन adchan
hither *adv.* इस स्थान पर es isthan par

hitherto *adv.* अब तक ab tak
hive *n.* मधुमक्खी का छत्ता madhumakhi ka chhata
hoarse *a.* बेसुरा baisura
hoax *n.* चकमा chakma
hoax *v.t* चकमा देना chakma dena
hobby *n.* शौक shauk
hobby-horse *n.* कठघोड़ा kath-ghora
hockey *n.* हॉकी का खेल hockey ka khel
hoist *v.t.* ऊपर उठाना upar uthana
hold *n.* पकड़ pakad
hold *v.t* पकड़ना pakadna
hole *n* छेद ched
hole *v.t.* छेद में डालना ched mein dalna
holiday *n.* अवकाश का दिन awkash ka din
hollow *a.* खोखला khokhla
hollow *n.* छेद ched
hollow *v.t* खोखला करना khokhla karna
holocaust *n.* सर्वनाश sarvanash
holy *a.* पावन pawan
homage *n.* श्रद्घा shraddha
home *n.* निवास nivas
homicide *n.* मानव हत्या manav hatya
homoeopath *n.* चिकित्सक chiktsak
homogeneous *a.* सजातीय sajaatiya
honest *a.* ईमानदार imaandaar
honesty *n.* ईमानदारी imaandaari
honey *n.* शहद sahad
honeycomb *n.* मधुकोश madhukosh
honeymoon *n.* प्रमोदकाल pramodkaal
honorarium *n.* मानदेय maandaiya
honorary *a.* सम्मानार्थ sammanarth
honour *n.* आदर aadar
honour *v. t* सम्मानित करना sammanit karna
honourable *a.* माननीय maanniya
hood *n.* टोप top
hoodwink *v.t.* आंख में धूल झोंकना aankh mein dhool jhonkana
hoof *n.* खुर khur

hook *n.* अंकुश ankush
hooligan *n.* आवारा aawara
hoot *n.* उल्लू की बोली ullu ki boli
hoot *v.i* घृणा सूचक शोर करना grehna suchak shor karna
hop *v. i* फुदकना fudakana
hop *n* कूद kuud
hope *v.t.* आशा रखना asha rakhna
hope *n* आशा asha
hopeful *a.* आशावान ashavan
hopeless *a.* निराश nirash
horde *n.* भीड़ bhirh
horizon *n.* दिग मंडल dig mandal
horn *n.* सींग seengh
hornet *n.* भिड़ bhirh
horrible *a.* भीषण bheeshan
horrify *v.t.* भयभीत करना bhayabhit karna
horror *n.* भय bhay
horse *n.* घोड़ा ghodha
horticulture *n.* बाग़बानी bagbaani
hose *n.* रबर का पाइप rabar ka pipe
hospitable *a.* सत्कार करने वाला satkaar karne wala
hospital *n.* चिकित्सालय chikitsalaya
hospitality *n.* आतिथ्य aathitya
host *n.* मेज़बान meijbaan
hostage *n.* बंधक bandhak
hostel *n.* छात्रावास chatrawas
hostile *a.* विरोधी virodhi
hostility *n.* विरोध virodh
hot *a.* गर्म garm
hotchpotch *n.* घालमेल ghal-mel
hotel *n.* होटल hotel
hound *n.* शिकारी कुत्ता shikari kutta
hour *n.* घंटा ghanta
house *n* मकान makaan
how *adv.* कैसे kaise
however *adv.* चाहे जैसे chahe jaise
however *conj* तथापि tathapi

howl *v.t.* चिल्लाकर कहना chilla kar kahana
howl *n* चीख cheekh
hub *n.* नाभि naabhi
hubbub *n.* कोलाहल kolahaal
huge *a.* विशाल vishal
hum *v. i* गुंजन करना gunjan karna
hum *n* गुंजन gunjan
human *a.* मानवीय maanviya
humane *a.* दयालु dayaalu
humanitarian *a* मानवीय manavi
humanity *n.* मानवीयता manaviyata
humanize *v.t.* मानवीय बनाना manaviya banana
humble *a.* विनम्र vinamra
humdrum *a.* नीरस niras
humid *a.* गीला geela
humidity *n.* नमी nami
humiliate *v.t.* अपमानित करना apmanit karna
humiliation *n.* अपमान apman
humility *n.* विनम्रता vinamrata
humorist *n.* विनोदी vinodi
humorous *a.* विनोदपूर्ण vinod puran
humour *n.* परिहास parihaas
hunch *n.* कूबड़ kubad
hundred *n.* सौ sau
hunger *n* भूख bhukh
hungry *a.* भूखा bhukha
hunt *v.t.* शिकार करना shikaar karna
hunt *n* आखेट aakhet
hunter *n.* शिकारी shikari
huntsman *n.* आखेटक aakhetak
hurdle *n.* बाधा baadha
hurdle *v.t* बाधा खड़ी करना baadha khari karna
hurl *v.t.* उछालना ucchalana
hurrah *interj.* आनंद anand
hurricane *n.* झंझावात jhanjhawat
hurry *v.t.* जल्दी करना jaldi karna

hurry n शीघ्रता shigrata
hurt v.t. चोट पहुंचाना chot pahuchana
hurt n चोट chot
husband n पति pati
husbandry n. काश्तकारी kastkari
hush n निस्तब्धता nisthabadtha
hush v.i शांत होना shant hona
husk n. भूसी bhusi
husky a. छिलकेदार chhilke daar
hut n. कुटीर kutir
hybrid a. संकर जाति का sankar jati ka
hybrid n संकर sankar
hydrogen n. उदजन udjan
hyena, hyena n. लकड़बग्घा lakarbaggha
hygiene n. स्वास्थ्य विज्ञान svasthya vigyaan
hygienic a. स्वास्थ्य संबंधी svasthya sambandhi
hymn n. स्तुति stuti
hyperbole n. अतिशयोक्ति atishyokti
hypnotism n. सम्मोहन sammohan
hypnotize v.t. सम्मोहित करना sammohit karna
hypocrisy n. आडंबर aadambar
hypocrite n. पाखंडी paakhandi
hypocritical a. पाखंडी paakhandi
hypothesis n. कल्पना kalpana
hypothetical a. काल्पनिक kaalpanik
hysteria n. उन्माद unmaad
hysterical a. उन्मत्त unmat

I

I pron. मैं main
ice n. बर्फ़ barf
iceberg n. हिमशैल himshail
icy a. बर्फ़ीला barfila
idea n. विचार vichar
ideal a. आदर्श aadarsh

idealism n. आदर्शवाद aadarsh waad
idealist n. आदर्शवादी aadarshwadi
idealistic a. आदर्शात्मक aadarshatmak
idealize v.t. आदर्श बनाना adarsh banana
identical a. मिलता जुलता milta julta
identification n. पहचान pehchan
identify v.t. पहचानना pehchanana
identity n. पहचान pahchan
idiocy n. मूर्खता murkhta
idiom n. मुहावरा muhawara
idiomatic a. मुहावरेदार muhavare-daar
idiot n. मूर्ख व्यक्ति murkha vyakti
idiotic a. मूर्खतापूर्ण murkhtapurna
idle a. बेकार bekar
idleness n. आलस्य aalasya
idler n. आलसी व्यक्ति aalasi vyakti
idol n. मूर्ति murti
idolater n. मूर्तिपूजक murtipujak
if conj. यदि yadi
ignoble a. शर्मनाक sharm-naak
ignorance n. अज्ञान agyan
ignorant a. अनजान anjaan
ignore v.t. उपेक्षा करना upeksha karna
ill a. बीमार bimar
ill adv. ग़लत ढंग से galat dhang se
tempered n क्रोधी krodhi
illegal a. अवैध avaidh
ilegality n. अवैधता avaidhita
illegible a. अपठनीय apathaniya
illegitimate a. अवैध avaidh
illicit a. निषिद्ध nishidh
illiteracy n. निरक्षरता niraksharta
illiterate a. निरक्षर nirshar
illness n. रोग rog
illogical a. तर्कविरुद्ध tarkwirodh
illuminate v.t. जगमगा देना jagmaga dena
illumination n. प्रकाश prakash
illusion n. मरीचिका marichika
illustrate v.t. सचित्र बनाना sachitra banana
illustration n. उदहारण udhahran

image n. मूर्ति murti
imagery n. बिंब विधान bimb vidhan
imaginary a. काल्पनिक kalpanik
imagination n. कल्पनाशक्ति kalpanashakti
imaginative a. कल्पनाशील kalpanashil
imagine v.t. कल्पना करना kalpana karna
imitate v.t. अनुकरण करना anukaran karna
imitation n. नकल nakal
imitator n. अनुकरण करनेवाला anukaran karne wala
immaterial a. महत्वहीन mahatva-heen
immature a. अविकसित avikasit
immaturity n. अपरिपक्वता aparipakwata
immeasurable a. अमित amit
immediate a तुरंत turant
immemorial a. अति प्राचीन ati prachin
immense a. विशाल vishal
immensity n. विशालता vishalta
immerse v.t. डुबाना dubana
immersion n. निमज्जन nimajjan
immigrant n. आप्रवासी aprawaasi
immigrate v.i. आप्रवासन करना aprawasan karna
immigration n. आप्रवासन aprawasan
imminent a. निकटस्थ nikatasth
immodest a. अविनीत avineet
immoral a. अनैतिक anaitik
immorality n. अनैतिकता anaitikta
immortal a. अमर amar
immortality n. अविनिष्टता avinashita
immortalize v.t. अमर बनाना amar banana
immovable a. अचल achal
immune a. प्रतिरक्षित pratirakshit
immunity n. बचाव bachao
immunize v.t. प्रतिरक्षित करना pratirakshit karna
impact n. प्रभाव prabhav
impart v.t. देन den
impartial a. निष्पक्ष nishpaksh

impartiality n. निष्पक्षता nishpakshta
impassable a. अलंघ्य alanghya
impasse n. गतिरोध gatirodh
impatience n. अधीरता adhirta
impatient a. अधीर adhir
impeach v.t. अभियोग लगाना abhiyog lagana
impeachment n. अभियोग abhiyog
impede v.t. बाधा डालना badha dalna
impediment n. बाध baadha
impenetrable a. अभेद्य abhedya
imperative a. अत्यावश्यक atyavashyak
imperfect a. अपूर्ण apurna
imperfection n. अपूर्णता apurnata
imperial a. शाही shahi
imperialism n. साम्राज्यवाद samrajyawad
imperil v.t. संकट में डालना sankat mein dalna
imperishable a. अक्षय akshya
impersonal a. अवैयक्तिक awaiyaktik
impersonate v.t. अभिनय करना abhinaya karna
impersonation n. पररूप धारण par-roop dharna
impertinence n. गुस्ताखी gustakhi
impertinent a. गुस्ताख gustakh
impetuosity n. प्रचंड prachand
impetuous a. जल्दबाज़ jaldbaaz
implement n. उपकरण upkaran
implement v.t. कार्यान्वित करना karyaniwit karna
implicate v.t. फंसाना fansana
implication n. उलझाव uljhav
implicit a. निर्विवाद nirviwad
implore v.t. प्रार्थना करना prarthana karna
imply v.t. अंतर्निहित होना antarnihit hona
impolite a. अभद्र abhadra
import v.t. आयात करना aayat karna
import n. आयात aayat
importance n. महत्व mahatva

important *a.* महत्वपूर्ण mahatvapurna
impose *v.t.* लगाना lagana
imposing *a.* प्रभावशाली prabhavshali
imposition *n.* आरोपण aaropan
impossibility *n.* असंभवता asambhavta
impossible *a.* असंभव asambhav
impostor *n.* पाखंडी pakhandi
imposture *n.* पाखंड pakhand
impotence *n.* नपुंसकता napunsakta
impotent *a.* नपुंसक napunsak
impoverish *adv.* निर्धनता nirdhanta
impracticability *n.* अव्यावहारिकता avyavaharikta
impracticable *a.* अव्यवहार्य avyavaharya
impress *v.t.* प्रभावित करना prabhavit karna
impression *n.* विचार vichar
impressive *a.* प्रभावशाली prabhavshali
imprint *v.t.* छापना chhaapna
imprint *n.* प्रभाव prabhav
imprison *v.t.* बंदी बनाना bandi banana
improper *a.* असंगत asangat
impropriety *n.* ग़लती galti
improve *v.t.* सुधारना sudharna
improvement *n.* सुधार sudhar
imprudence *n.* अविवेक avivek
imprudent *a.* अविवेकी aviveki
impulse *n.* आवेग aaveg
impulsive *a.* आवेगशील aavegshil
impunity *n.* दंड मुक्ति dand mukti
impure *a.* मिलावटी milavati
impurity *n.* मिलावट milavat
impute *v.t.* लांछन लगाना laanchan lagana
in *prep.* में mein
inability *n.* असमर्थता asamarthta
inaccurate *a.* अशुद्ध ashudh
inaction *n.* आलस्य aalasya
inactive *a.* आलसी aalasi
inadmissible *a.* अमान्य amanya
inanimate *a.* अचेतन achetan
inapplicable *a.* अप्रयोज्य aprayojya

inattentive *a.* असावधान asavdhan
inaudible *a.* अश्राव्य ashravya
inaugural *a.* प्रारंभिक prarambhik
inauguration *n.* उद्घाटन udghatan
inauspicious *a.* अशुभ ashubh
inborn *a.* सहज sahaj
incapable *a.* असमर्थ asamarth
incapacity *n.* शक्तिहीनता asmarthata
incarnate *a.* मूर्तिमान murtimaan
incarnate *v.t.* साकार रखना saakar rakhna
incarnation *n.* अवतार avataar
incense *v.t.* सुगंधित करना sugandhit karna
incense *n.* सुगंध sugandh
incentive *n.* प्रोत्साहन protsaahan
inception *n.* आरंभ aarambh
inch *n.* इंच inch
incident *n.* घटना ghatna
incidental *a.* आकस्मिक aakasmik
incite *v.t.* उत्तेजित करना uttejit karna
inclination *n.* झुकाव jhukaav
incline *v.i.* झुकना jhukna
include *v.t.* सम्मिलित करना sammilit karna
inclusion *n.* समावेश samawesh
inclusive *a.* सम्मिलित sammalit
incoherent *a.* असंगत asangat
income *n.* आमदनी aamdani
incomparable *a.* अनुपम anupam
incompetent *a.* अयोग्य ayogya
incomplete *a.* अधूरा adhura
inconsiderate *a.* अविवेकी awiwaiki
inconvenient *a.* असुविधाजनक asuwidhajanak
incorporate *v.t.* निगमित करना nigmit karna
incorporate *vt.* सम्मिलित करना sammilit karna
incorporation *n.* संयोजन sanyojan
incorrect *a.* अशुद्ध asudh
incorrigible *a.* असंशोधनीय asansodhaniy

incorruptible a. ईमानदार imendar
increase n विस्तार vistar
increase v.t. बढाना badhna
incredible a. अविश्वसनीय awiswasniya
increment n. वृद्घि vriddhi
incriminate v.t. अभियोग लगाना aviyog lagana
incubation v.i. अंडे सेना ande sena
inculcate v.t. सिखा देना shiksha dena
incumbent n. अति आवश्यक atyavashyak
incumbent a आश्रित aashrit
incur v.t. झेलना jhelna
incurable a. असाध्य asadhya
indebted a. आभारी aabhari
indecency n. अशिष्टता ashishtatha
indecent a. अनुचित anuchit
indecision n. असमंजस asamanjas
indeed adv. वास्तव में vastav mein
indefensible a. असमर्थनीय asamarthniya
indefinite a. अनिश्चित anishchit
indecisive adj अनिश्चित anishchit
independence n. स्वतंत्रता swtantrata
independent a. स्वतंत्र swatantra
indescribable a. अवर्णनीय awarnaniya
index n. सूची suchi
Indian a. भारतीय bharatiya
indicate v.t. संकेत करना sanket karna
indication n. संकेत sanket
indicative a. परिचायक parichayak
indicator n. सूचक suchak
indict v.t. अभियोग लगाना abhiyog lagana
indictment n. अभियोग abhiyog
indifference n. उदासीनता udasinta
indifferent a. उदासीन udasin
indigenous a. देशज deshaj
indigestible a. अपचनीय apachniya
indigestion n. अपच apach
indignant a. क्रुद्घ krudh
indignation n. क्रोध krodh
indigo n. नील neel

indirect a. अप्रत्यक्ष apratyaksh
indiscipline n. अनुशासनहीनता anushasanhinta
indiscreet a. असावधानीपूर्ण asavdhanipurna
indiscretion n. ना-समझी na-samjhi
indiscrimination a. अन्तर antar
indispensable a. अपरिहार्य apariharya
indisposed a. अस्वस्थ aswastha
indisputable a. निर्विवाद niwirwad
indistinct a. अस्पष्ट aspashth
individual a. व्यक्तिगत vyaktigat
individualism n. व्यक्तिवाद vyaktivad
individuality n. वैयक्तिकता vyaiktikata
indivisible a. अविभाज्य avibhajya
indolent a. आलसी aalasi
indomitable a. दुर्दम durdam
indoor a. भीतरी bhitri
indoors adv. भवन के अंदर bhawan ke andar
induce v.t. प्रेरित करना prairit karna
inducement n. अभिप्रेरण abhipreran
induct v.t. अधिकारी बनाना adhikari banana
induction n. अधिष्ठापन adhishthapan
indulge v.t. मन रखना man rakhna
indulgence n. अनुग्रह anugrah
indulgent a. लिप्त lipt
industrial a. औद्योगिक audhoyogik
industrious a. मेहनती mehaniti
industry n. उद्योग udyg
ineffective a. अप्रभावी aprabhavi
inert a. निष्क्रिय nishkriya
inertia n. अचलता achalta
inevitable a. अपरिहार्य apariharya
inexact a. अशुद्घ ashudh
inexorable a. निष्ठुर nishthur
inexpensive a. मितव्ययी mitvyayi
inexperience n. अनुभवहीनता anubhavhinta

inexplicable a. अव्याख्येय avyakhyaya
infallible a. अचूक achuk
infamous a. बदनाम badnam
infamy n. अपकीर्ति apkriti
infantilism n. बचपन bachpan
infant n. बच्चा bachha
infanticide n. शिशुवध shishuvadh
infantile a. शिशु sisu
infantry n. पैदल सेना paidal saina
infatuate v.t. मूर्ख बनाना murkh banana
infatuation n. मुग्धता mugdhata
infect v.t. भ्रष्ट करना bharasht karna
infection n. संक्रमण sankraman
infectious a. संक्रमणक sankraamak
infer v.t. निष्कर्ष निकालना niskars nikalana
inference n. अनुमान anumaan
inferior a. घटिया ghatiya
inferiority n. घटियापन ghatiyapan
infernal a. नारकीय naarkiya
infinite a. अनंत aanth
infinitive n. सामान्य samanya
infirm a. कमज़ोर kamzor
infirmity n. कमज़ोरी kamzori
inflame v.t. उत्तेजित करना uttejit karna
inflammable a. ज्वलनशील jwalanshil
inflammation n. प्रज्वलन prajwalan
inflammatory a. प्रज्वलनकार prajwalankar
inflation n. मुद्रास्फीति mudrasfriti
inflexible a. धीरता drirhata
inflict v.t. थोपना thopna
influence n. प्रभाव prabhav
influence v.t. प्रभाव डालना prabhav dalna
influential a. प्रभावशाली prabhavshali
influenza n. श्लेष्मा ज्वर sheshtama jvar
influx n. अंत:प्रवाह anth:pravah
inform v.t. सूचना देना suchna dena
informal a. अनौपचारिक anopacharik
information n. खबर khabar

informative a. सूचनापूर्ण suchnapurna
informer n. मुखबिर mukhbir
infringe v.t. उल्लंघन करना ulanghan karna
infringement n. अतिक्रमण atikraman
infuriate v.t. क्रुद्ध करना krudh karna
infuse v.t. अनुप्राणित करना anupraanit karna
infusion n. सम्मिश्रण sammishran
ingrained a. पक्का pakka
ingratitude n. कृतघ्नता kritdhanta
ingredient n. अवय awayav
inhabit v.t. वास करना vaas karna
inhabitable a. आवास योग्य aawas yogya
inhabitant n. निवासी niwasi
inhale v.i. सांस लेना saans lena
inherent a. जन्मजात janamjaat
inherit v.t. उत्तराधिकार में पाना utradhikar mai pana
inheritance n. उत्तराधिकार utradhikaar
inhibit v.t. रोकना rokna
inhibition n. अवरोध aworodh
inhospitable a. असत्कारशील asathkarsil
inhuman a. अमानवीय amanwiya
inimical a. विरोधी virodhi
inimitable a. अनोखा anokha
initial a. प्रारंभिक prarmbhik
initial n. आद्याक्षर adhakchar
initial v.t आद्याक्षरित करना adhakcharit karna
initiate v.t. सूत्रपात करना sutrapaat karna
initiative n. पहल pahal
inject v.t. अंत:क्षिप्त करना ant-kshipt karna
injection n. सूई लगाना sui lagana
injudicious a. अविवेकी awiwaki
injunction n. निषेधाज्ञा nishedhagya
injure v.t. क्षति करना kshati karna
injurious a. हानि कारक haani-kaarak
injury n. क्षति kshati
injustice n. अन्याय anyaya

ink *n.* स्याही syahi	insert *v.t.* सन्निविष्ट करना sannivisht karna
inkling *n.* आभास abhaas	insertion *n.* सन्निवेश sannivesh
inland *adv.* अंदर-अंदर andar-andar	inside *prep.* अंदर andar
inland *a.* अंतर्देशीय antardeshiya	inside *a* अंदरूनी andaruni
in-laws *n.* ससुराल sasural	inside *adv.* अंदर andar
inmate *n.* संवासी sanwasi	inside *n.* भीतरी भाग bhitri bhag
inmost *a.* घनिष्ट ghanishth	insignificance *n.* महत्व-हीनता mahatva-hinta
inn *n.* सराय sarai	insignificant *a.* महत्वहीन mahatvahin
innate *a.* जन्मजात janamjat	insincere *a.* निष्ठहीन nisthahin
inner *a.* अंदरूनी andaruni	insincerity *n.* निष्ठाहीनता nisthahinta
innermost *a.* अंतरतम antartam	insinuate *v.t.* ईशारा करना ishara karna
innings *n.* पारी paari	insinuation *n.* कटाक्ष katash
innocence *n.* निरपराधता nirparadhata	insipid *a.* नीरस neeras
innocent *a.* निर्दोष nirdosh	insipidity *n.* स्वादहीनता swadhhinta
innovate *v.t.* नया बनाना naya banana	insist *v.t.* आग्रह करना agrah karna
innovation *n.* नवोन्मेष nawonmaish	insistence *n.* अनुरोध anurodh
innovator *n.* प्रवर्तक prawartak	insistent *a.* आग्रहपूर्ण aagrahpurna
innumerable *a.* असंख्य asankhya	insolence *n.* गुस्ताखी gustakhi
inoculate *v.t.* टीका लगाना tika lagana	insolent *a.* गुस्ताख gustakh
inoculation *n.* टीकाकरण tikakaran	insoluble *n.* असाध्य asaadhya
inoperative *a.* निष्क्रिय nishkriya	insolvency *n.* दिवालियापन diwaliyapan
inopportune *a.* असामयिक asamayik	insolvent *a.* दिवालिया diwaliya
inquest *n.* कानूनी जांच kanuni janch	inspect *v.t.* परीक्षण करना parikshan karna
inquire *v.t.* जांच करना janch karna	inspection *n.* निरीक्षण nirikshan
inquiry *n.* जांच janch	inspector *n.* निरीक्षक nirikshak
inquisition *n.* न्यायिक जांच nayayik janch	inspiration *n.* प्रेरणा prerna
inquisitive *a.* जिज्ञासु jigyasu	inspire *v.t.* प्रेरित करना prerit karna
insane *a.* पागल paagal	instability *n.* अस्थिरता asthirta
insanity *n.* पागल-पन pagal-pan	install *v.t.* नियुक्त करना niyukt karna
insatiable *a.* अतोषणीय atoshniya	installation *n.* अधिष्ठापन adishthapan
inscribe *v.t.* लिखना likhna	instalment *n.* किस्त kist
inscription *n.* अभिलेख abhilekh	instance *n.* दृष्टांत drishtant
insect *n.* कीट kit	instant *a.* आवश्यक aavashyak
insecticide *n.* कीटनाशी औषधि keet-nashi aushadhi	instantaneous *a.* तात्कालिक tatkalik
insecure *a.* अरक्षित archikth	instantly *adv.* तुरंत turant
insecurity *n.* असुरक्षा asuraksha	instigate *v.t.* उकसाना uksana
insensibility *n.* असंवेदन asamvedan	instigation *n.* भड़कावा bharhkava
insensible *a.* बेसुध baisudh	instill *v.t.* टपकाना tapkana
inseparable *a.* अवियोज्य avi-yojya	

instinct n. प्रवृत्ति pravriti
instinctive a. प्रवृत्तिमूलक pravritimulak
institute/institution n. संस्था sanstha
instruct v.t. हिदायत करना hidayat karna
instruction n. अनुदेश anudesh
instructor n. शिक्षक shikshak
instrument n. औज़ार aujaar
instrumental a. सहायक sahayak
instrumentalist n. वादक wadak
insubordinate a. अवज्ञाकारी awagyakari
insubordination n. अवज्ञा awagya
insufficient a. अपर्याप्त aprayapt
insular a. द्वीप dwip
insularity n. द्वीपीयता dwipiyata
insulate v.t. पृथक् करना prethak karna
insulation n. पृथक्करण prethakaran
insulator n. पृथक्कारी prithakari
insult n. अपमान apman
insult v.t. अनादर करना anadar karna
insupportable a. असहनीय asahaniya
insurance n. बीमा bima
insure v.t. सुनिश्चित करना sunishchit karna
insurgent n. विद्रोही व्यक्ति vidrohi vyakti
insurgent a. विद्रोही vidrohi
insurmountable a. कठिन kathin
insurrection n. विद्रोह vidroh
intact a. अक्षुण्ण ashuun
intangible a. अमूर्त amurt
integrity n. समग्रता samgrata
intellect n. प्रज्ञा pragya
intellectual a. बौद्धिक baudhik
intellectual n. बुद्धिजीवी buddhijivi
intelligence n. प्रज्ञा pragya
intelligent a. बुद्धिमान budhimaan
intelligentsia n. बुद्धिजीवी वर्ग budhijiwi varg
intelligible a. सुबोध subodh
intend v.t. इरादा करना irada karna
intense a. अत्यधिक atyadhik

intensify v.t. घनीभूत करना ghanivhut karna
intensity n. उत्कटता utkatata
intensive a. सघन saghan
intent n. अभिप्राय abhipray
interest adj ब्याज byaj
intention n. आशय aashay
intentional a. सोद्देश्य swadeshya
intercept v.t. मार्ग में रोकना marg me rokna
interception n. अवरोधन awrodhan
interchange v. परस्पर विनिमय paraspar vinimay
intercourse n. संभोग sambhog
interdependence n. परस्पर निर्भरता paraspar nirbharta
interdependent a. परस्पर निर्भर paraspar nirbhar
interest n. अधिकार adhikar
interested a. रुचि लेने वाला ruchi lene wala
interesting a. रुचिकर ruchikar
interfere v.i. हस्तक्षेप करना hastakshep karna
interference n. हस्तक्षेप hastakshep
interim n. अंतरिम antarim
interior a. आंतरिक antarik
interior n. आंतरिक भाग antarik bhag
interjection n. विस्मयादिबोधक vismyadibodhak
interlock v.t. गूंथना ghuthana
interlude n. अंतराल antaral
intermediary n. मध्यस्थ madhyasth
intermediate a. मध्यवर्ती madhyawarti
interminable a. अनंत anant
intermingle v.t. परस्पर मिश्रित करना paraspar misrith karna
intern v.t. नज़रबंद कर देना najarband kar dena
internal a. भीतरी bhitari
international a. अंतर्राष्ट्रीय antarastriya

interplay n. अन्योन्य क्रिया anyonya kriya
interpret v.t. व्याख्या करन vyakhya karna
interpreter n. दुभाषिया dubhashiya
interrogate v.t. प्रश्न करना prashan karna
interrogation n. पूछताछ puchtach
interrogative a. प्रश्नत्मक prashanatmak
interrogative n प्रश्नवाचक शब्द prashanvachak shabd
interrupt v.t. क्रमभंग करना krambhang karna
interruption n. बाधा baadha
intersect v.t. काटना kaatna
intersection n. प्रतिच्छेद pratichhed
interval n. मध्यांतर madhyantar
intervene v.i. हस्तक्षेप करना hastkshep karna
intervention n. हस्तक्षेप hastkshep
interview n. साक्षात्कार saakshatkar
interview v.t. साक्षात्कार करना saakshatakaar karna
intestinal a. आंत्र संबंधी aantra sambandhi
intestine n. आंत aant
intimacy n. घनिष्ठता ghanishtata
intimate a. घनिष्ठ ghanist
intimate v.t. सूचना देना suchana dena
intimation n. सूचना suchana
intimidate v.t. भयभीत करना bhaybhit karna
intimidation n. संत्रास santras
into prep. के अंदर ke andar
intolerable a. असह्य asahayam
intolerance n. असहिष्णुता asahishunta
intolerant a. असहिष्णु asahishnu
intoxicant n. मादक maadak
intoxicate v.t. मदोन्मत्त करना madonmat karna
intoxication n. मादकता maadakta
intransitive a. (verb) अकर्मक akarmak
intrepid a. बहादुर bahadur
intrepidity n. निर्भीकता nirbhakata

intricate a. पेचीदा pechida
intrigue v.t. षड्यंत्र करना shadyantra karna
intrigue n षड्यंत्र shadyantra
intrinsic a. भीतरी bhitri
introduce v.t. परिचित करना parichit karna
introduction n. परिचय parichay
introductory a. परिचयात्मक parichaytamak
introspect v.i. आत्मनिरीक्षण करना atmanirikshana karna
introspection n. अंतर्दर्शन antardarshan
intrude v.t. अनुचित रूप से घुस पड़ना anuchit rup se ghus padna
intrusion n. अतिक्रमण aatikraman
intuition n. अंतर्बोध antarbodh
invade v.t. आक्रमण करना aakraman karna
invalid a. अमान्य aamaniya
invalid n अपंग व्यक्ति apang vyakti
invalidate v.t. अमान्य करना amaniya karna
invaluable a. अमूल्य amulya
invasion n. हमला hamla
invective n. गाली गलौज gali galoj
invent v.t. आविष्कार करना aviskaar karna
invention n. आविष्कार aviskaar
inventive a. आविष्कारशील aviskaarshil
inventor n. आविष्कारक avishkaarak
invert v.t. औंधा करना aundha karna
invest v.t. पूंजी लगाना punji lagana
investigate v.t. अनुसंधान करना anusandhan karna
investigation n. अनुसंधान anusandhan
investment n. पूंजी निवेश punji nivesh
invigilate v.t. निरीक्षण करना nirikshan karna
invigilation n. निरीक्षण nirikshan
invigilator n. निरीक्षक nirekshak
invincible a. अपराजेय aparajeya
inviolable a. अनुलंघनीय anulanghaniya
invisible a. अंतर्धान antardhan

invitation v. आमंत्रण aamantran
invite v.t. आमंत्रित करना aamantrit karna
invocation n. वंदना vandana
invoice n. बीजक bijak
involve v.t. फंसाना fansana
inward a. आंतरिक aantrik
inwards adv. अंदर को andar ko
ire a. नाराज़ naraaz
ire n. क्रोध krodh
Irish a. आयरलैंड का aayerland ka
Irish n. आयरलैंड की भाषा aayerland ki bhasha
irksome a. बोझिल bhojhil
iron n. लोहा loha
iron v.t. इस्तरी करना istari karna
ironical a. वक्रोक्तिपूर्ण vakrotipurna
irony n. विडंबना vidambana
irradiate v.i. प्रकाशित करना prakasit karna
irrational a. तर्कशून्य tarkshunya
irreconcilable a. असंगत asangat
irrecoverable a. अपूरणीय apurniya
irrefutable a. अकाट्य akaatiya
irregular a. अनियमित aniyamit
irregularity n. अनियमितता aniyamitta
irrelevant a. विसंगत visangat
irrespective a. निरपेक्ष nirpeksh
irresponsible a. लापरवाह laparwah
irrigate v.t. सींचना sinchna
irrigation n. सिंचाई sinchai
irritable a. चिड़चिड़ा chhidchhida
irritant a. प्रकोपक prakopak
irritant n. उत्तेजक पदार्थ uttejak padarth
irritate v.t. उकसाना uksaana
irritation n. जलन jalan
irruption n. आक्रमण akraman
island n. टापू tapu
isle n. टापू tapu
isobar n. समदाब रेखा samdaab rekha
isolate v.t. पृथक् करना prithak karna
isolation n. अलगाव algaaw

issue v.i. परिणाम होना parinam hona
issue n. निकास nikas
it pron. यह yeh
Italian a. इटली का itali ka
Italian n. इटली की भाषा itali ki bhasha
italic a. तिरछा tircha
italics n. तिरछा मुद्रण tircha mudran
itch n. खुजली khujli
itch v.i. खुजली होना khujli hona
item n. विषय vishyai
ivory n. हाथी दांत haathi dant
ivy n सदाबहार लता sadabahar lata

J

jab v.t. चुभाना chubhana
jabber v.t. बड़बड़ करना badbad karna
jack n. मज़दूर mazdur
jack v.t. जैक द्वारा उठाना jaik duwara uthana
jackal n. सियार seyaar
jacket n. कोट coat
jade n. जीमती पथरी घोड़ा qimti patharl ghoda
jail n. बंदीगृह bandigreh
jailer n. कारापाल karapaal
jam n. अवरोध avrodh
jam n. मुरब्बा murabba
jar n. मर्तबान martbaan
jargon n. अनर्थक बोली anarthak boli
jasmine n. चमेली chameli
jaundice n. पीलिया piliya
javelin n. भाला bhaala
jaw n. जबड़ा jabrha
jay n. नीलकंठ nilkanth
jealous a. द्वेषी dveshi
jealousy n. ईर्ष्या irshya
jean n. मज़बूत सूती कपड़ा mazbut suti kapda

jeer *v.i.* मज़ाक उड़ाना mazak udana	**journal** *n.* पत्रिका patrika
jelly *n.* लाबाबदार मिष्ठान lababdar mishtann	**journalism** *n.* पत्रकारिता patrakarita
jeopardize *v.t.* खतरे में डालना khatrey mein dalna	**journalist** *n.* पत्रकार patrakar
jeopardy *n.* खतरा khatra	**journey** *n.* यात्रा yatra
jerk *n.* झटका jhataka	**journey** *v.i.* यात्रा करना yatra karna
jerkin *n.* मिरज़ई mirzai	**jovial** *a.* उल्लासपूर्ण ullaspurna
jerky *a.* झटकेदार jhatkedar	**joviality** *n.* जिंदादिली zindadili
jersey *n.* जर्सी jarsi	**joy** *n.* आनंद anand
jest *n.* हंसी hansi	**joyful, joyous** *n.* हर्षित harshit
jest *v.i.* व्यंग्य करना vayngya karna	**jubilant** *a.* उल्लसित ullasit
jet *n.* धार dhaar	**jubilation** *n.* आनंदोत्सव anandotsav
Jew *n.* यहूदी yahudi	**jubilee** *n.* वर्षगांठ varsh ganth
jewel *n.* मणि mani	**judge** *n.* निर्णायक nirnayak
jewel *v.t.* रत्नमंडित करना ratranmandith karna	**judge** *v.i.* निर्णय करना nirnaya karna
jeweller *n.* जौहरी jauhari	**judgement** *n.* निर्णय nirnaya
jewellery *n.* रत्नाभूषण ratnabhushan	**judicature** *n.* न्यायालय nyayalaya
jingle *n.* झनकार jhankar	**judicial** *a.* न्याय संबंधी nyay-sambandhi
jingle *v.i.* झनझनाना jhanjhanna	**judiciary** *n.* न्यायतंत्र nyay-tantra
job *n.* काम kaam	**judicious** *a.* विवेकशील vivekshil
jobber *n.* दलाल dalal	**jug** *n.* लोटा lota
jobbery *n.* भ्रष्टाचार bhrashtachaar	**juggle** *v.t.* जादूगरी करना jadugari karna
jog *v.t.* हिलाना hilaana	**juggler** *n.* बाज़ीगर bazigar
join *v.t.* जोड़ना jorhna	**juice** *n* रस rass
joiner *n.* योजक yojak	**juicy** *a.* रसदार rasdaar
joint *n.* जोड़ jorna	**jumble** *n.* घालमेल ghalmail
jointly *adv.* मिलजुलकर mil-jul kar	**jumble** *v.t.* गड़मड्ड करना gadmadd karna
joke *n.* परिहास parihaas	**jump** *n.* छलांग chalang
joke *v.i.* हंसी मज़ाक करना hansi majak karna	**jump** *v.i* कूदना kudna
joker *n.* मसखरा maskhara	**junction** *n.* संधि sandhi
jollity *n.* आमोद प्रमोद aamodh pramodh	**juncture** *n.* संगम sangam
jolly *a.* प्रफुल्ल prafull	**jungle** *n.* जंगल jungle
jolt *n.* झटका jhatka	**junior** *a.* कनिष्ठ kanist
jolt *v.t.* हिचकोले देना hichkole dena	**junior** *n.* अवर व्यक्ति avar vyakti
jostle *n.* धक्कमधक्का dhakamdhakka	**junk** *n.* कचरा kachra
jostle *v.t.* धक्का देना dhakka dena	**Jupiter** *n.* बृहस्पति ग्रह brehaspati grah
jot *n.* कण kann	**jurisdiction** *n.* अधिकार क्षेत्र adhikar kshetra
	jurisprudence *n.* न्यायशास्त्र nayayshastra
	jurist *n.* कानूनविद kanunvidh
	juror *n.* जूरी का सदस्य juri ka sadasya

jury *n.* न्यायपीठ naiypith
juryman *n.* जूरी का सदस्य juri ka sadasyai
just *a.* उचित ucchit
just *adv.* केवल kewal
justice *n.* अदालती निर्णय adalati nirnaya
justifiable *a.* तर्कसंगत tarksangat
justification *n.* औचित्य auchitiya
justify *v.t.* उचित प्रमाणित करना ucchit pramanit karna
justly *adv.* उचित रूप में ucchit rup mein
jute *n.* पटसन patsan
juvenile *a.* किशोर संबंधी kishore sambandhi

K

keen *a.* इच्छुक ichhuk
keen *a.* तेज़ tez
keenness *n.* उत्सुकता utsukta
keep *v.t.* पास रखना paas rakhna
keeper *n.* देखभाल करनेवाला dekhbhal karnewala
keepsake *n.* स्मृतिचिन्ह smriti chinha
kennel *n.* कुत्ताघर kuttaghar
kerchief *n.* रूमाल rumal
kernel *n.* सार saar
kerosene *n.* मिट्टी का तेल mitti ka tel
ketchup *n.* चटनी chatni
kettle *n.* पतीली patili
key *n.* कुंजी kunji
key *v.t* चाबी से बंद करना chabi se band karna
kick *n.* ठोकर thokar
kick *v.t.* ठोकर मारना thokare marna
kid *n.* छोटा बच्चा chhota baccha
kidnap *v.t.* अपहरण करना apharan karna
kidney *n.* गुर्दा gurda
kill *v.t.* मारना marna
killer *n.* मारने वाला maarne wala

kiln *n.* भट्ठा bhatta
kin *n.* परिजन parijan
kind *n.* प्रकार prakar
kind *a* कृपालु kripalu
kindergarten ; *n.* बाल विहार baal vihar
kindle *v.t.* चमकाना chamkana
kindly *adv.* कृपया kripiya
king *n.* राजा raja
kingdom *n.* साम्राज्य samrajya
kino *n.* संतरा santra
kiss *n.* चुंबन chumban
kit *n.* साज़ सामान saaj saman
kitchen *n.* रसोईघर rasoi ghar
kite *n.* पतंग patang
kith *n.* रिश्तेदार rishtedar
kitten *n.* बिल्ली का बच्चा billi ka baccha
knave *n.* दुष्ट dusht
knavery *n.* दुष्टता dushtata
knee *n.* घुटना ghutna
kneel *v.i.* घुटने टेकना ghutne tekna
knife *n.* चाकू chaku
knight *n.* योद्धा yodha
knit *v.t.* बुनना bunna
knock *v.t.* खटखटाना khat-khatana
knot *n.* गांठ gaanth
knot *v.t.* बांधना bandhna
know *v.t.* जानना jaanana
knowledge *n.* जानकारी jaankari

L

label *n.* नाम पत्र naam patra
label *v.t.* लेबिल लगाना lebal lagana
labial *a.* ओष्ठ संबंधी oshth sambandhi
laboratory *n.* प्रयोगशाला prayogsala
laborious *a.* कठिन kathin
labour *n.* प्रसव पीड़ा prasv peerha
laboured *a.* प्रभाव-हीन pravah-hin
labourer *n.* श्रमिक shramik

labyrinth *n.* उलझन uljhan	**lampoon** *v.t.* व्यंग्य करना vyangya karna
lac / lakh *n* एक लाख ek lakh	**lance** *n.* भाला bhala
lace *v.t.* फीतों से बांधना phiton se bandhana	**lance** *v.t.* चुभाना chubhana
lace *n.* किनारी kinari	**lancer** *n.* बल्लमधारी योद्धा ballamdhari yodha
lacerate *v.t.* यंत्रणादेना yantrana dena	**lancet** *a.* छुरिका chhurika
lachrymose *a.* रूदनकारी rudankari	**land** *n.* भूमि bhumi
lack *n.* कमी kami	**large** बड़ा bara
lack *v.t.* अभाव होना avhav hona	**landing** *vy* जहाज़ का उतरना jahaz ka utarna
lackey *n.* नौकर naukar	**landscape** *n.* प्राकृतिक दर्शय स्थल prakirtik drishya sthal
lacklustre *a.* निस्तेज nistej	**lane** *n.* गली gali
laconic *a.* संक्षिप्त sankshipt	**language** *n.* भाषा bhasha
lactate *v.i.* दुग्ध स्रावित करना dughad srawit karna	**languish** *v.i.* मुरझाना murjhana
lactometer *n.* दुग्धमापी dughadmapi	**lank** *a.* लंबा और पतला lamba aur patla
lactose *n.* दुग्धशर्करा dughasharkara	**lantern** *n.* लालटेन lal tain
lacuna *n.* कमी kami	**lap** *n.* गोदी godi
lacy *a.* लेसदार lesdaar	**lapse** *v.i.* भूल चूक buool chook
lad *n.* लड़का ladka	**lapse** *n* भूल bhool
ladder *n.* सीढ़ी sidhe	**lard** *n.* सुअर की चरबी suar ki charbi
lade *v.t.* लादना ladana	**large** *a.* उदार udaar
ladle *n.* करछुल karchhul	**largess** *n.* उपहार upahar
ladle *v.t.* करछुल से देना karchhul se dena	**lark** *n.* दिल-लगी dil-lagi
lady *n.* महिला mahila	**lascivious** *a.* कामुक kaamuk
lag *v.i.* धीरे धीरे चलना dhere dhere chalna	**lash** *a.* कोड़ा मारना korha marna
laggard *n.* शक्तिहीन व्यक्ति saktihin baykti	**lash** *n* कोड़ा korha
lair *n.* मांद maand	**lass** *n.* किशोरी kishori
lake *n.* झील jheel	**last** *v.i.* टिकना tikna
lama *n.* बौध-भिक्षु bouddh bhikshu	**last** *n* अंतिम वस्तु antim vastu
lamb *n.* मेमना memna	**last** *a.* अंतिम antim
lambaste *v.t.* मारना maarna	**lasting** *a.* टिकाऊ tikau
lambkin *n.* छोटा मेमना chota memna	**lastly** *adv.* अंतिम तौर से antim taur se
lame *a.* असंतोषजनक asantoshjanak	**latch** *n.* कुंडी kundi
lame *v.t.* पंगु बनाना pangu banana	**late** *a.* देर der
lament *n* विलाप wilaap	**late fee** *adv.* विलम्ब शुल्क vilamb shulk
lament *v.i.* शोक प्रकट करना soak prakat karna	**lately** हाल ही में haal he mein
lamentable *a.* खेद योग्य khed yogya	**latent** *a.* गुप्त gupt
lamentation *n.* विलाप vilap	**lath** *n.* पत्ता phatta
lamp *n.* दीपक deepak	**lathe** *n.* खराद kharaad

lathe *n.* खराद मशीन kharaad machine	laziness *n.* आलस्य aalasya
lather *n.* झाग jhaag	lazy *n.* आलसी aalasi
latitude *n.* छूट chhoot	lea *n.* खुला मैदान khula maidan
latrine *n.* शौचालय shauchalaya	leach *v.t.* घोलकर बहाना gholkar bahana
latter *a.* पिछला pichhla	lead *n.* सीसा sisa
lattice *n.* जाली jaali	lead *v.t.* मार्गदर्शन करना margdarsan karna
laud *v.t.* प्रशंसा करना prashansa karna	lead *n.* मार्गदर्शन margdarsan
laud *n* प्रशंसा prashansa	leaden *a.* बोझिल bhojhil
laudable *a.* प्रशंसनीय prashansniya	leader *n.* अगुआ aguwa
laugh *n.* हंसी hansi	leadership *n.* नेतृत्व naitritva
laugh *v.i* हंसना hansna	leaf *n.* पत्ता patta
laughable *a.* मनोरंजक manoranjak	leaflet *n.* पुस्तिका pustika
laughter *n.* हंसी hansi	leafy *a.* पत्तियों से भरा pattiyon se bhara
launch *n.* जलावतरण jalavatran	league *n.* संघ sangh
laundress *n.* धोबिन dhobin	leak *n.* दरार darar
laundry *n.* धुलाईघर dhulai ghar	leak *v.i.* रिसना risnaa
laureate *a.* अलंकृत alankrit	leakage *n.* रिसन risan
laurel *n.* क्रीति kirti	lean *n.* पतला patla
lava *n.* लावा lava	lean *v.i.* झुकना jhukna
lavatory *n.* शौचालय shauchalya	leap *v.i.* कूदना kudna
lavish *a.* प्रचुर prachur	leap *n* कूद kud
lavish *v.t.* दिल खोलकर खर्च करना dil kholkar kharch karna	learn *v.i.* सीखना seekhna
law *n.* कानून qanoon	learned *a.* विद्वान vidvaan
lawfulness *a.* कानून के अनुसार qanoon ke anusar	learner *n.* शिष्य shishya
lawless *a.* अवैध avaidh	learning *n.* शिक्षा shiksha
lawn *n.* घास का मैदान ghaas ka maidan	lease *n.* पट्टा patta
lawyer *n.* वकील vakil	lease *v.t.* पट्टे पर देना patte par dena
lax *a.* ढीला dhila	least *a.* अल्पतम alpatam
laxative *n.* रेचक औषधि rechak aushadhi	least *adv.* कम से कम मात्रा में kam se kam matra mein
leader नेता neta	leather *n.* चमड़ा chamrha
laxity *n.* रेचन rechan	leave behind *n.* पीछे छोड़ना peechhe chhorna
lay *n* लिटा देना litta dena	leave *v.t.* छोड़ना chorhna
lay *v.t.* रखना rakhna	lecture *n.* व्याकरण vyakhayan
lay clerk *a.* गिरजा का गायक girja ka gayak	lecture *v* भाषण देना bhashan dena
layer *n.* परत parat	lecturer *n.* प्रवक्ता pravakta
layman *n.* साधारण व्यक्ति sadharan vykati	ledger *n.* खाता बही khata bahi
laze *v.i.* सुस्त रहना sust rehna	lee *n.* आश्रय ashray
	leech *n.* जोंक jonk

leek *n.* प्याज़ जैसी सब्ज़ी pyaaz jaisi sabzi	**leonine** *a* सिंह जैसा sinha jaisa
left *a.* बायां bayan	**leopard** *n.* तेंदुआ tendua
left *adj* छोड़ा हुआ chhora hua	**leper** *n.* कुष्ठरोगी kushtrogi
leftist *n* प्रगतिवादी व्यक्ति pragatiwadi vyakti	**leprosy** *n.* कुष्ठ kusht
leg *n.* तंग taang	**less** *a.* कम kam
legacy *n.* वसीयत vasiyat	**less** *adv.* इतना नहीं itna nahi
legal *a.* क़ानूनी kaanuni	**less** *prep.* अल्प मात्रा alp matra
legality *n.* वैधता vaidhata	**lessee** *n.* पट्टेदार pattedar
legalize *v.t.* क़ानूनी बनाना kaanuni banana	**lessen** *v.t* कम होना kam hona
legend *n.* किंवदंती kinv-vadanti	**lesser** *a.* लघुतर laghu-tar
legendary *a.* प्रसिद्ध prasiddh	**lesson** *n.* सबक़ sabaq
legible *a.* सुपाठ्य supathya	**lest** *conj.* अन्यथा anyatha
legibly *adv.* सुपाठ्य रूप में supathya rup mein	**let** *v.t.* अनुमति देना anumati dena
legion *n.* विशाल संख्या vishal sankhya	**lethal** *a.* प्राणघातक pranghatak
legionary *n.* सेना का सदस्य saina ka sadasya	**lethargic** *a.* शक्तिहीन shaktihin
legislate *v.i.* क़ानून बनाना kanun banana	**lethargy** *n.* सुस्ती sust
legislation *n.* विधान vidhan	**letter** *n* चिट्ठी chithhi
legislative *a.* विधायी vidhayi	**level** *n.* दरजा darja
legislator *n.* क़ानून निर्माता kanun nirmata	**level** *a* समतल samtal
legislature *n.* विधानमंडल vidhanmandal	**level** *v.t.* समतल करना samtal karna
legitimacy *n.* वैधता vaidhata	**lever** *n.* उत्तोलक uttolak
legitimate *a.* वैध vaidh	**lever** *n* ढेकली dhekli
leisure *n.* अवकाश avkash	**leverage** *n.* उत्तोलक की शक्ति uttolok ki sakti
leisure *a* फ़ुर्सत phursat	**levity** *n.* छिछोरापन chichorapan
leisurely *a.* इत्मीनान से itminan se	**levy** *v.t.* वसूल करना vasul karna
leisurely *adv.* धीरे धीरे dheere dheere	**levy** *n.* आरोपित राशि aaropit rashi
lemon *n.* नींबू nimbu	**lewd** *a.* कामुक kamuk
lemonade *n.* शिकंजी shikanji	**lexicography** *n.* कोश रचना kosh rachna
lend *v.t.* उधार देना udhar dena	**lexicon** *n.* शब्दकोश shabadkosh
length *n.* लम्बाई lambai	**liability** *n.* दायित्व dayitva
lengthen *v.t.* लंबा करना lamba karna	**liable** *a.* ज़िम्मेदार zimmedaar
lengthy *a.* लंबा lamba	**liaison** *n.* सम्पर्क sampark
lenience, leniency *n.* उदारता udaarta	**liar** *n.* झूठा jhutha
lenient *a.* कोमल komal	**libel** *n.* अभियोग पत्र abhiyog patra
lens *n.* दूरबीन का शीशा durbin ka shisha	**liberal** *a.* उधार udaar
lentil *n.* डाल daal	**liberalism** *n.* उदारवाद udarvad
Leo *n.* सिंह राशि sinha rashi	**liberality** *n.* उदारता udarta
	liberate *v.t.* मुक्त करना mukt karna
	liberation *n.* मुक्ति mukti

liberator *n.* मुक्तिदाता muktidata
libertine *n.* व्यभिचारी vyabhichari
liberty *n.* स्वतंत्रता swatantrata
librarian *n.* पुस्तकालयाध्यक्ष pustakalayadhayaksh
library *n.* पुस्तकालय pustakalaya.
licence *n.* अनुज्ञा पत्र anugya patra
license *v.t.* अनुज्ञा देना anugya dena
licensee *n.* अनुज्ञापत्रधारी anugyapatradhari
licentious *a.* पतित patit
lick *v.t.* जीभ से चाटना jibh se chatna
lick *n* चाटने की क्रिया chatne ki kriya
lid *n.* पलक palak
lie *n* असत्य asatya
lie *v.i.* पड़ा रहना parha rahana
lie *v.i* झूठ बोलना jhut bolna
lien *n.* वैध अधिकार vaidh adhikaar
lieu *n.* बदले में badle mein
lieutenant *n.* सेना का अफ़सर saina ka afsar
life *n* जीवनकाल jivankaal
lifeless *a.* जीवन रहित jivanrahit
lifelong *a.* आजीवन aajiwan
lift *n.* विद्युत सीढ़ी vidyut seerhi
lift *v.t.* चुराना churna
light *n.* प्रकाश prakash
light *a* सरल saral
light *v.t.* प्रकाशित होना prakashit hona
lighten *v.i.* हलका होना halka hona
lightening *n.* आकाशीय विद्युत् aakashiya vidyut
light house *n.* प्रकाश स्तम्भ prakash stambh
lightly *adv.* हलके से halke se
lignite *n.* भूरा कोयला bhura koyala
like *v.t.* पसंद करना pasand karna
like *a.* अनुरूप anurup
like *n.* पसंद pasand
ligneous *prep* कष्ट-वात kashth-vat
likelihood *n.* संभव्यता sambhavyata
likely *a.* उपयुक्त upyukt

liken *v.t.* तुलना करना tulna karna
likeness *n.* अनुरूपता anurupta
likewise *adv.* उसी तरह usi tarah
liking *n.* पसंद pasand
lilac *n.* कसनी रंग का फूल kasni rang ka phool
lily *n.* कुमुदिनी kumudini
limb *n.* शाखा shakha
limber *v.t.* लचीला होना lachila hona
limber *n* गाड़ी का जुआ garhi ka juwa
lime *n.* चकोतरा chakotara
lime *n.* लासा lasa
lime *v.t* चूना लगाना chuna lagana
limelight *n.* तीव्र प्रकाश tivra prakash
limit *n.* सीमा seema
limit *v.t.* सीमित करना simit karna
limitation *n.* बाधा badha
limited *a.* संकुचित sankuchit
limitless *a.* असीम asim
line *n.* रेखा rekha
line *v.t.* अस्तर लगाना astar lagana
lineage *n.* वंशावली wanshavali
linen *n.* क्षोमवस्त्र kshomvastr
linger *v.i.* विलंब करना vilamb karna
lingo *n.* विदेशी भाषा videshi bhasha
lingua franca *n.* सामान्य भाषा samaniya bhasha
linguist *n.* भाषाविद् bhashavid
linguistic *a.* भाषा संबंधी bhasha sambandhi
linguistics *n.* भाषा विज्ञान bhasa vigyan
lining *n* अस्तर astar
link *n.* ज़ंजीर की कड़ी zanzir ki kadi
link *v.t* जोड़ना jodna
linseed *n.* अलसी alsi
lintel *n.* सरदल sardal
lion *n* शेर sher
lioness *n.* शेरनी sherni
lip *n.* अधर adhar
liquefy *v.t.* द्रव बनना drav banana
liquid *a.* तरल taral

liquid *n* पदार्थ padarth	load *v.t.* लादना ladna
liquidate *v.t.* मिटा देना mita dena	loadstar *n.* ध्रुवतारा dhruvatara
liquidation *n.* परिशोधन parishodhan	loadstone *n.* चुंबक पत्थर chumbak pathar
liquor *n.* मदिरा madira	loaf *n.* पावरोटी pawroti
lisp *v.t.* तुतलाना tutlana	loaf *v.i.* आवारागर्दी करना awaragardi karna
lisp *n* तुतलाहट tutlahat	loafer *n.* आवारा आदमी awara aadmi
list *n.* सूचीपत्र suchipatra	loan *n.* उधार uddhar
list *v.t.* सूचीबद्ध करना suchibadh karna	loan *v.t.* उधार देना uddhar dena
listen *v.i.* ध्यान देना dhyan dena	loath *a.* अनिच्छुक anichhuk
listener *n.* श्रोता shrota	loathe *v.t.* घृणा रखना grhena rakna
listless *a.* उदासीन udashin	loathsome *a.* घिनौना ghinauna
lists *n.* अखाड़ा akharha	lobby *n.* उपांतिका upantika
literacy *n.* साक्षरता saksharta	lobe *n.* पिंडक pindak
literal *a.* शाब्दिक shabdik	lobster *n.* महाचिंगट mahachingat
literary *a.* साहित्यिक sahitiyik	local *a.* स्थानीय sthaniya
literate *a.* साक्षर sakshar	locale *n.* घटना स्थल ghatna sthal
literature *n.* साहित्य sahitiya	locality *n.* स्थान sthan
litigant *n.* मुकदमेबाज़ muqadamebaaz	localize *v.t.* स्थानीय बनाना sthaniya banana
litigate *v.t.* मुकदमेबाज़ी करना muqadmebaazi karna	locate *v.t.* स्थान से जोड़ना sthan se jodna
litigation *n.* मुकदमा muqadma	location *n.* स्थान sthan
litre *n.* लीटर litre	lock *v.t* ताला लगाना tala lagana
litter *v.t.* जन्म देना janam dena	lock *n* बंदूक का घोड़ा banduk ka ghoda
litter *n.* पालकी paalki	locker *n.* तालेदार अलमारी taledaar almarhi
litterateur *n.* साहित्यिक व्यक्ति sahitiyik vyakti	locus *n.* रेखापथ rekhapath
little *n.* अल्प मात्रा alp matra	locust *n.* टिड्डी tiddi
little *a.* छोटा chhota	lodge *n.* तंबू tambu
little *adv.* थोड़ा सा thora se	lodge *v.t.* रखना rakhna
littoral *a.* तटवर्ती tatwarti	lodging *n.* अस्थायी आवास asthai aawas
live *v.i.* निवास करना niwas karna	loft *n.* अटारी atari
live *a.* जीवंत jiwant	lofty *a.* अभिमानी avimani
livelihood *n.* आजीविका aajiwika	log *n.* कुंदा kunda
lively *a.* सक्रिय sakriya	logarithm *n.* प्रमापक pramapak
liver *n.* जिगर jigar	loggerhead *n.* मूढ़ mudh
livery *n.* नौकरों की वर्दी naukaro kai vardi	logic *n.* तर्कशास्त्र tarkshastra
living *a.* जीवंत jivant	logical *a.* तर्कसम्मत tarksammat
living *n* जीविका jivika	logician *n.* तर्कशास्त्री tarksastri
lizard *n.* छिपकली chhipkali	loin *n.* नितंब nitamb
load *n.* शोक भार shoak bhar	loiter *v.i.* आवारागर्दी करना aawargardi karna

lollipop *n.* चूसने की मिठाई chusne ki mithai
lone *a.* अकेला akela
loneliness *n.* निर्जनता nirjanta
lonely *a.* निर्जन nirjan
lonesome *a.* निर्जन nirjan
long *adv* लंबे समय तक lambe samay tak
long *v.i* लालायित होना lalayit hona
long *a.* लंबा lamba
longevity *n.* दीर्घायुता dhirghayuta
longing *n.* तीव्र इच्छा tibra iccha
longitude *n.* देशांतर daishantar
look *v.i* अभिमुख होना abhimukh hona
look *a* रूप rup
loom *n* करघा kargha
loom *v.i.* धुंधला दिखाई देना dhundala dekhai dena
loop *n.* रेलवे शाखा railway shakha
loop-hole *n.* बचाव का रास्ता bachao ka rasta
loose *a.* बंधनमुक्त bandhanmukt
loose *v.t.* मुक्त करना mukt karna
loosen *v.t.* रिहा करना riha karna
loot *n.* लूटमार lutmar
loot *v.i.* लूटपाट करना lutpaat karna
lop *v.t.* छांटना chatna
lop *n.* काट छांट kaat chhant
lord *n.* प्रभु pravhu
lordly *a.* घमंडी ghamandi
lordship *n.* आधिपत्य adhipatya
lore *n.* विद्या vidha
lorry *n.* ठेला thela
lose *v.t.* खो देना kho dena
loss *n.* हानि haani
lot *n.* भाग्य bhagya
lot *n* बड़ी मात्रा badi matra
lotion *n.* लोशन loshan
lottery *n.* लॉटरी lotary
lotus *n.* कमल kamal
loud *a.* कोलाहलपूर्ण kolahalpurna

lounge *v.i.* मौज करना mauj karna
lounge *n.* बरामदा baramada
louse *n.* जूं joon
lovable *a.* प्रीतिकर pritikar
love *n* प्रणय pranaya
love *v.t.* प्रेम करना prem karna
lovely *a.* सुंदर sundar
lover *n.* प्रेमी premi
loving *a.* अनुरागशील anuragshil
low *adv.* निम्न स्थिति में nimn sthiti mein
low *a.* निचला nichla
low *v.i.* रंभाना rambhana
low *n.* रंभाहट rambhahat
lower *v.t.* झुकाना jhukana
lowliness *n.* दीनता dinta
lowly *a.* विनयशील vinayshil
loyal *a.* निष्ठावान nisthavan
loyalist *n.* राजभक्त rajbhakt
loyalty *n.* निष्ठा nistha
lubricant *n.* चिकनाई chiknai
lubricate *v.t.* चिकनाना chiknana
lubrication *n.* स्नेहन snehan
lucent *a.* चमकदार chamakdar
lucerne *n.* रिजका rijka
lucid *a.* चमकदार chamakdar
lucidity *n.* चमक chamak
luck *n.* भाग्य bhagya
luckily *adv.* सौभाग्य से saubhagya se
luckless *a.* अभागा abhaga
lucky *a.* भाग्यशाली vhagyasali
lucrative *a.* लाभप्रद labhprad
lucre *n.* धन dhan
luggage *n.* सामान saman
lukewarm *a.* गुनगुना gunguna
lull *n.* शांति काल shanti kaal
lullaby *n.* लोरी lori
luminary *n.* महान विद्वान् mahan vidwan
luminous *a.* प्रकाशमान prakashman
lump *n.* पिंड pind
lump *v.t.* ढेर लगाना dher lagana

lunacy *n.* पागलपन pagalpan
lunatic *n.* पागल व्यक्ति pagal vykti
lunatic *a.* पागल pagal
lunch *v.i.* भोजन करना bhojan karna
lunch *n.* दोपहर का भोजन dophar ka bhojan
lung *n* फेफड़ा fefra
lunge *n.* तलवार का वार talwar ka war
lunge *v.i* तलवार घोंपना talwar ghopna
lurch *v.i.* लड़खड़ाना ladkhadana
lure *n.* प्रलोभन pralobhan
lure *v.t.* प्रलोभित करना pralobhit karna
lurk *v.i.* दुबकना dubkana
luscious *a.* सुस्वाद suswad
lush *a.* रसीला rasila
lust *n.* काम वासना kaam vasna
lustful *a.* कामुक kamuk
lustre *n.* चमक chamak
lustrous *a.* चमकदार chamakdar
lusty *a.* हृष्ट पुष्ट harsht pusht
lute *n.* वीणा vina
luxuriance *n.* प्रचुरता prachurta
luxuriant *a.* प्रचुर prachur
luxurious *a.* विलासमय vilasmaya
luxury *n.* विलासिता vilasita
lyric *n.* गीतिकाव्य gitikawya
lyric *a.* गेय gay
lyricist *n.* प्रगीतकार pragatikaar

M

magical *a.* जादू संबंधी jadu sambandhi
magician *n.* जादूगर jadugar
magistracy *n.* दंडाधिकरण dandadhikaran
magistrate *n.* दंडाधिकारी dandadhikari
magnanimity *n.* उदारहृदयता udarhridayata
magnanimous *a.* विशाल हृदय vishal hridya

magnate *n.* महापुरुष mahapursh
magnet *n.* चुंबक chumbak
magnetism *n.* चुंबकत्व chumbaktwa
magnificent *a.* शानदार saandar
magnify *v.t.* प्रशंसा करना prasansa karna
magnitude *n.* महानता mahaanta
magpie *n.* मुटरी mutari
mahout *n.* महावत mahawat
maid *n.* कुमारी kumari
maiden *n.* कन्या kanya
maiden *a* प्रथम pratham
mail *n.* डाक daak
mail *v.t.* डाक में डालना daak mai dalna
mail *n* कवच kavach
main *a* प्रधान pradhan
main *n* मुख्य भाग mukhya bhag
mainly *adv.* मुख्य रूप से mukhya ruup se
mainstay *n.* मुख्य सहारा mukhya sahara
maintain *v.t.* बनाए रखना banaye rakhna
maize *n.* मक्का makka
majestic *a.* राजसी raajhse
majesty *n.* प्रभुसत्ता prabhusatta
major *a.* गंभीर gambhir
major *n* मेजर major
majority *n.* बहुमत bahumat
make *v.t.* निर्माण करना nirmaan karna
make *n* प्रकार prakaar
maker *n.* निर्माता nirmaata
mal adjustment *n.* कुसमायोजन kusmayojan
mal administration *n.* कुशासन kushasan
maladroit *a.* अनाड़ी anaadi
malady *n.* बीमारी bemari
malafide *a.* जाली jaali
malafide *adv* बेईमानी से baimaani se
malaise *n.* अनमनापन anmanaapan
malaria *n.* मलेरिया malaria
malcontent *a.* असंतुष्ट asantust
malcontent *n* असंतुष्ट व्यक्ति asantust baykti

male *a.* पुलिंग puling
male *n* नर nar
malediction *n.* अभिशाप avisaap
malefactor *n.* अपराधी apraadhi
maleficent *a.* अपकारी apkaari
malice *n.* द्वेष भावना dyesh bhawana
malicious *a.* विद्वेषी vidyashi
malign *v.t.* निंदा करना ninda karna
malign *a* हानिकर haanikaar
malignancy *n.* विद्वेष vidyesh
malignant *a.* अहितकर ahitkaar
malignity *n.* गहन gahan
malmsey *n.* मधुर मदिरा madhur madira
malnutrition *n.* कुपोषण kuposhan
malpractice *n.* दुराचार durachar
malt *n.* शराब बनाना saraab banana
mal-treatment *n.* दुर्व्यवहार duwrybhar
mamma *n.* माता mata
mammal *n.* स्तनपायी sthanpaye
mammary *a.* स्तन संबंधी sthansambandhi
mammon *n.* संपत्ति sampatti
mammoth *n.* विशालकाय हाथी vishaalkaaya haathi
mammoth *a* विशालकाय vishaalkaaya
man *n.* मानव manav
manage *v.t.* प्रबंध करना prabandh karna
manageable *a.* नियंत्रण योग्य niyantran yogya
management *n.* प्रबंधन prabandhan
manager *n.* प्रबंधक prabandhak
managerial *a.* प्रबंध से संबंधित prabandh se sambandhit
mandate *n.* आदेश aadesh
mandatory *a.* अनिवार्य aniwarya
mane *n.* अयाल ayaal
manes *n.* पितर pitar
manful *a.* पराक्रमी parakrami
manganese *n.* मैंगनीज़ manganese
manger *n.* नांद naand
mangle *v.t.* विकृत करना vikrit karna

mango *n* आम aam
manhandle *v.t.* मार पीट करना maar peet karna
manhole *n.* प्रवेश pravesh
manhood *n.* पुरुषत्व purustwa
maniac *n.* पागल व्यक्ति paagal vaykti
manicure *n.* नख प्रसाधन nakh prasadhan
manifest *a.* व्यक्त vaykt
manifest *v.t.* प्रकट करना prakat karna
manifesto *n.* घोषणापत्र ghoshanapatra
manifold *a.* विविध vividh
manipulation *n.* छल साधन chhal sadhan
mankind *n.* मानव जाति manav jaati
manlike *a.* पुरुषोचित purushochit
manliness *n* पौरुष paurush
manly *a.* पुरुषोचित purushochit
manna *n.* दिव्यान्न divyaan
mannequin *n.* पुतला putlaa
manner *n.* रीति रिवाज riti riwaaj
mannerism *n.* कृत्रिमता kritrimata
mannerly *a.* शिष्ट sista
manoeuvre *n.* चालाकी chalaki
manoeuvre *v.i.* चालाकी कराना chalaki karana
manor *n.* जागीर jaagir
manorial *a.* जागीर संबंधी jaagir sambandhi
mansion *n.* विशाल भवन vishal vhawan
mantel *n.* कारनस kaarnas
mantle *n* गैस लालटेन की बत्ती gas lalten ki batti
mantle *v.t* ढक लेना, छिपाना dhak lena, chhipana
manual *a.* हाथ का haath ka
manufacture *v.t.* निर्माण करना nirman karna
manufacturer *n* उत्पादक utpaadak
manumission *n.* छुटकारा chhutkara
manumit *v.t.* मुक्त करना mukt karna
manure *n.* खाद khaad

manure *v.t.* खाद देना khaad dena	**marriage** *n.* शादी shadi
manuscript *n.* पांडुलिपि pandulipi	**marriageable** *a.* विवाह योग्य vivah yogya
many *a.* अनेक aanek	**marry** *v.t.* शादी करना shadi karna
map *v.t.* मानचित्र बनाना manchitra banana	**Mars** *n* मंगल ग्रह mangal greh
map *n* मानचित्र manchitra	**marsh** *n.* दलदल daldal
mar *v.t.* क्षति पहुंचाना chhati pahuchna	**marshal** *n* सेनापति sainapati
marathon *n.* लंबी दौड़ lambi daud	**marshal** *v.t* क्रमबद्ध करना krambadh karna
maraud *v.i.* लूटमार करते फिरना lutmaar karte firna	**marshy** *a.* दलदली daldali
marauder *n.* लुटेरा lutera	**marsupial** *n.* शिशुधानी जीव shishudhani jeev
marble *n.* संगमरमर sangmarmar	**mart** *n.* बाज़ार bazar
march *n* सीमांत simaant	**martial** *a.* बहादुर bahadur
march *n.* मार्च का महीना march ka mahina	**martinet** *n.* कठोर अनुशासक kathor anushasak
mare *n.* घोड़ी ghodi	**martyr** *n.* शहीद shahid
margarine *n.* कृत्रिम मक्खन kritrim makkhan	**martyrdom** *n.* आत्मबलिदान aatmabalidaan
margin *n.* किनारा kinaara	**marvel** *n.* अद्भुत उदाहरण adhbhut udaharan
marginal *a.* मामूली सा mamuli sa	**marvel** *v.i* विस्मित हो जाना vismit ho jana
marigold *n.* गेंदा genda	**marvellous** *a.* अद्भुत adbhut
marine *a.* जलसेना संबंधी jalsena sambandhi	**mascot** *n.* शुभंकर ताबीज़ subhankar tabiz
mariner *n.* पोतवाहक potwahak	**masculine** *a.* पुंलिंग puling
marionette *n.* कठपुतली katputli	**mash** *v.t* मसलना masalna
marital *a.* पति विषयक pati vishyak	**mash** *n.* दलिया daliya
maritime *a.* समुद्री तटीय samudri tatiya	**mask** *n.* मुखौटा mukhauSta
mark *n.* निशाना nisaana	**mason** *n.* राजगीर rajgeer
mark *v.t* अंकित करन ankit karan	**masonry** *n.* राजगीरी rajgire
marker *n.* अंकगणक ankganak	**masquerade** *n.* धोखा dhokha
market *n* बाज़ार bazar	**mass** *n.* पिंड pind
market *v.t* क्रय विक्रय करना kraya vikraya karna	**mass** *v.i* जमा करना jama karna
marketable *a.* विक्रेय vikreya	**massacre** *n.* जनसंहार jansanhar
marksman *n.* निशानेबाज़ nishanebaaj	**massacre** *v.t.* जनसंहार करना jansanhar karna
marl *n.* चिकनी मिट्टी chikni mitti	**massage** *n.* मालिश maalish
marmalade *n.* फलपाग phallpaag	**massage** *v.t.* मालिश करना maalish karna
maroon *n.* भूरा लाल रंग bhura lal rang	**masseur** *n.* अंगमर्दक angmardak
maroon *a* भूरे लाल रंग का bhure lal rang ka	**massive** *a.* विशाल vishal
maroon *v.t* अलग थलग कर देना alag thalag kar dena	**massy** *a.* भारी bhari

mast *n.* मस्तूल mastol
master *n.* स्वामी swami
master *v.t.* वशीभूत करना vashibhut karna
masterly *a.* स्वामिजनोचित swamijnochit
masterpiece *n.* सर्वोत्कृष्ट कृति sarvotkrist kriti
mastery *n.* प्रभुत्व prabhutwa
masticate *v.t.* चबाना chabana
masturbate *v.i.* हस्तमैथुन करना hastmaithun karna
mat *n.* चटाई chattai
matador *n.* वृषहंता vrish hanta
match *v.i.* समान होना samaan hona
match *n* दियासलाई diyasalai
match *n.* जोड़ jood
matchless *a.* बेजोड़ baijorh
mate *n.* साथी sathi
mate *v.t.* जोड़ा खाना joda khana
mate *n* शहमात sahamaat
mate *v.t.* शहमात देना shahmaat dena
material *a.* भौतिक bhautik
material *n* पदार्थ padarth
materialism *n.* मायाजाल mayajaal
materialize *v.t.* मूर्तरूप देना murtroop dena
maternal *a.* मातृक matrak
maternity *n.* मातृत्व matritwa
mathematical *a.* गणितशास्त्रीय ganitshastriya
mathematician *n.* गणितशास्त्री ganitshastri
mathematics *n* गणित ganit
matriarch *n.* कुलमाता kulmaata
matricidal *a.* मातृघातक matrighatak
matricide *n.* मातृवध matrivadh
matrimonial *a.* वैवाहिक vaivahik
matrimony *n.* परिणय parinaya
matrix *n* गर्भाशय सांचा garbhashay sancha
matron *n.* कार्याधीक्षिका karyadhikshaka
matter *n.* पदार्थ padarath
matter *v.i.* महत्वपूर्ण होना mathatwapurna hona
mattock *n.* गैंती gainte
mattress *n.* गद्दा gaddha
mature *a.* परिपक्व paripakwa
mature *v.i* विकसित होना viksit hona
maturity *n.* परिपक्वता paripakwata
maudlin *a* मूर्खतापूर्ण murkhtapurna
maul *n.* मूसल musal
maul *v.t* चोट पहुंचाना chot pahuchana
maulstick *n.* हाथ टेकने की छड़ी haath tekne ke chhadi
mausoleum *n.* मकबरा makbara
mawkish *a.* रूखा rukha
maxilla *n.* जंभिका jamvika
maxim *n.* उक्ति uktti
maximum *n* अधिकतम मात्रा adhiktam matra
maximum *a.* अधिकतम adhiktam
May *n.* मई मास may maas
may *v* संभावना sambhavana
mayor *n.* नगरप्रमुख nagarpramukh
maze *n.* भूलभुलैया bholbhulaya
me *pron.* मुझको mujhako
mead *n.* शहद की मदिरा shahad ki madira
meadow *n.* चारागाह charagaha
meagre *a.* थोड़ा thoda
meal *n.* भोजन का समय bhojan ka samay
mealy *a.* कोमल komal
mean *n.* साधन saadhan
mean *v.t* अभिप्राय रखना abhipray rakhna
mean *a.* मझला majhla
meander *v.i.* चक्कर लगाना chakkar lagana
meaning *n.* अभिप्राय abhipraya
meaningful *a.* सार्थक sarthak
meaningless *a.* निरर्थक nirarthak
meanness *n.* नीचता neechta
means *n* साधन sadhan

meanwhile *adv.* इसी बीच में ese beech mein	meeting *n.* सभा sabha
measles *n* खसरा khasra	megalith *n.* महा पाषाण maha paashan
measurable *a.* परिमेय parimay	megalithic *a.* महापाषाणीय mahapaashniya
measure *v.t* नापना naapna	megaphone *n.* ध्वनिप्रवर्धी dyanipravardhi
measure *n.* योजना yojna	melancholia *n.* विषाद रोग vishaad rog
measureless *a.* असीमित aseemit	melancholic *a.* विषादग्रस्त vishaadgrast
measurement *n.* नाप naap	melancholy *n.* खिन्नता khinnta
meat *n.* मांस maans	melancholy *adj* निराश nirash
mechanic *n.* मिस्त्री mistri	melee *n.* हंगामा hungama
mechanic *a* यांत्रिक yaantrik	meliorate *v.t.* सुधारना sudharna
mechanical *a.* यांत्रिक yaantrik	mellow *a.* समझदार samajhdaar
mechanics *n.* यांत्रिकी yaantrika	melodious *a.* सुरीला sureela
mechanism *n.* तंत्र tantra	melodrama *n.* अतिनाटकीय व्यवहार atinatakiya vyavhar
medal *n.* पदक padak	melodramatic *a.* सनसनीखेज़ sansani khez
medallist *n.* पदक प्राप्त व्यक्ति padak prapt vaykti	melody *n.* राग raag
meddle *v.i.* बाधा डालना baadha daalna	melon *n.* तरबूज़ tarbooj
median *a.* मध्यगामी madhyagami	melt *v.i.* गलाना galaana
mediate *v.i.* मध्यस्थता करना madhyasthata karna	member *n.* अंग angh
mediation *n.* मध्यस्थता madhyasthata	membership *n.* सदस्यता sadasyata
mediation *n.* ध्यान dhyaan	membrane *n.* झिल्ली jhilli
mediator *n.* मध्यस्थ madhyayasth	memento *n.* स्मृतिचिह्न smritichinh
medical *a.* आयुर्वैज्ञानिक aayurvaigyanik	memoir *n.* आत्मचरित aatmacharit
medicament *n.* औषध तत्व aushadh tatya	memorable *a.* स्मरणीय smarniya
medicinal *a.* औषधीय aushadhiya	memorandum *n* स्मरण पत्र smaran patra
medicine *n.* औषधि aushadhi	memorial *n.* स्मारक smarak
medico *n.* चिकित्सक chikitsak	memorial *a* स्मरण विषयक smaran vishayak
medieval *a.* मध्ययुग का madhyug ka	memory *n.* यादगार yaadgaar
mediocre *a.* सामान्य saamanya	menace *n* धमकी dhamki
mediocrity *n.* सामान्य अवस्था saamanya avastha	menace *v.t* धमकी देना dhamki dena
meditate *v.t.* विचार करना vichar karna	mend *v.t.* ठीक करना theek karna
meditative *a.* मननशील manansheel	mendacious *a.* मिथ्यावादी mithyawadi
medium *n* संचार-साधन sanchar-saadhan	menial *a.* दासोचित dasochhit
medium *a* मंझला manjhala	menial *n* सेवक sewak
meek *a.* विनम्र vinamra	meningitis *n.* गर्दन तोड़ बुखार gardan torh bukhar
meet *n.* बैठक baithak	menopause *n.* रजोनिवृत्ति rajoniwirti
meet *v.t.* पूरा करना puraa karna	menses *n.* ऋतुस्त्राव ritustrav

menstrual *a.* ऋतुस्त्राव विषयक ritu-strav vishayak
menstruation *n.* ऋतुस्त्राव ritu-strav
mental *a.* मानसिक maansik
mentality *n.* मनोवृत्ति manovriti
mention *n.* उल्लेख ullekh
mention *v.t.* चर्चा करना charcha karna
mentor *n.* सलाहकार salaahkaar
menu *n.* भोज्य सूची bhojaya suchi
mercantile *a.* वाणिज्य-संबंधी wanijya-sambandhi
mercenary *a.* लालची laalchi
merchandise *n.* सौदा sauda
merchant *n.* व्यापारी vyapaari
merciful *a.* दयालु dayalu
merciless *adj.* निष्ठुर nisthur
mercurial *a.* चंचल chanchal
mercury *n.* पारद paarad
mercy *n.* दया daya
mere *a.* केवल keval
merge *v.t.* मिला लेना mila lena
merger *n.* विलयन williyan
meridian *a.* दोपहरी का dophari ka
merit *n.* सद्‌गुण sadgun
merit *v.t* योग्य होना yogya hona
meritorious *a.* योग्य yogya
mermaid *n.* जलपरी jalpari
merman *n.* जलपुरुष jalpurush
merriment *n.* आनंद anand
merry *a* सानंद sanand
mesh *n.* जाली jaali
mesmerism *n.* सम्मोहन sammohan
mesmerize *v.t.* मंत्रमुग्ध करना mantramugadh karna
mess *n.* भोजनालय bhojnaalya
mess *v.i* भोजन करना bhojan karna
message *n.* समाचार samachar
messenger *n.* संदेशवाहक sandeswahak
messiah *n.* ईसा मसीह isa masih
Messrs *n.* सर्वश्री sarawsri

metal *n.* रोड़ी rodi
metallic *a.* धातुवत्र dhatuwatra
metallurgy *n.* धातुकर्म विज्ञान dhatukarma vigyan
metamorphosis *n.* रूपांतरण rupantran
metaphor *n.* रूपक rupak
metaphysical *a.* गूढ़ gurh
metaphysics *n.* तत्वमीमांसा tatwamimansa
mete *v.t* बांटना baantana
meteor *n.* उल्का ulka
meteoric *a.* चमकीला chamkeela
meteorologist *n.* ऋतुविज्ञानी rituwigyani
meteorology *n.* मौसम विज्ञान mausam vigyan
meter *n.* मापक maapak
method *n.* विधि vidhi
methodical *a.* सुव्यवस्थित suwaywasthit
metre *n.* मीटर meter
metric *a.* मीटर संबंधी metersambandhi
metrical *a.* छंद संबंधी chhand sambandhi
metropolis *n.* महानगर mahanagar
metropolitan *n.* महानगर का mahanagar ka
mettle *n.* उत्साह utsah
mettlesome *a.* साहसी sahasi
mew *n.* म्याऊँ mewaun
mica *n.* अभ्रक abrak
microfilm *n.* अणुचित्र anuchitra
micrometer *n.* सूक्ष्ममापी suuksmmaape
microphone *n.* ध्वनिविस्तारक dyanivistarak
microscope *n.* सूक्ष्मदर्शी यंत्र sukshamdarshi yantra
microscopic *a.* अति सूक्ष्म ati suksham
microwave *n.* सूक्ष्म तरंग suksham tarang
mid *a.* मध्यवर्ती madhyavarti
midday *n.* मध्याह्न madhyaharn
middle *n* मध्य बिंदु madhya bindu
middle *a.* मध्यवर्ती madhyawarti
middleman *n.* बिचौलिया bechaouliya

middling *a.* साधारण saadharan	mimesis *n.* अनुकरण anukaran
midget *n.* बौना bona	mimic *a.* अनुकरणात्मक anukarnatmak
midland *n.* मध्यदेश madhyadesh	mimic *n* नकलची nakalchi
midnight *n.* अर्द्धरात्रि ardharatri	mimic *v.t* नकल उतारना nakal utarna
midriff *n.* मध्य-जिली madhya-jhilli	mimicry *n* नकल nakal
midst मध्य madhy	minaret *n.* मीनार minaar
midsummer *n.* मध्यग्रीष्म ऋतु madhygrisham ritu	mince *v.t.* पिसी हुई चीज़ pisi hui cheez
	mind *n.* बुद्धि, मन budhi, man
midwife *n.* दाई daayi	mind *v.t.* बुरा मानना bura manana
might *n.* पराक्रम parakram	mindful *a.* सावधान savdhan
mighty *adj.* बहादुर bahadur	mindless *a.* मूर्ख murkh
midwifery *n.* प्रसूती विद्या prasuti vidya	mine *pron.* मेरा mera
migrant *n.* प्रवासी pravaasi	mine *n* खान khan
migrate *v.i.* प्रव्रजन करना pravarjan karna	miner *n.* खनिक khanik
migration *n.* प्रव्रजन pravarjan	mineral *a* खनिज संबंधी khanij sambandhi
migrator *a.* व्यवहार yayawar	mineral *n.* खनिज khanij
mild *a.* नम्र namra	mineralogist *n.* खनिज विज्ञानी khanij vigyaani
mildew *n.* फफूंदी fafundi	
mile *n.* मील meel	mineralogy *n.* खनिज शास्त्र khanij shastra
mill *n.* कारखाना karkhaana	mingle *v.t.* मिलाना milaana
milestone *n.* मील का पत्थर meel ka patthar	miniature *a.* छोटा chota
mildness *n.* कोमलता komalta	miniature *n.* लघु प्रतिरूप laghhu pratirup
militant *a.* योद्धा yodha	minify *vt* छोटा करना chhota karna
militarization *n* युद्धकर्त्ता sainyikaran	minimal *a.* अल्पतम alpatam
militarily *a.* सैनिक ढंग से sainik dhang se	minimize *v.t.* कम करना kam karna
	minimum *a* अल्पतम alpatam
military *n* सेना sena	minimum *n.* न्यूनतम मात्रा nyunatam matra
militate *v.i.* युद्ध करना yudh karna	
militia *n.* नागरिक सेना naagrik saina	minion *n.* चापलूस chaploos
milk *v.t.* दूध देना dudh dena	minister *v.i.* सेवा करना sewa karna
milk *n.* दूध dudh	minister *n.* मंत्री mantri
milky *a.* दूधिया dudhiya	ministrant *a.* सेवक sewak
mill *v.t.* पीसना peesna	ministry *n.* मंत्रिमंडल mantrimandal
milkiness *n* दूधियापन dudhiapan	minor *n* अवयस्क व्यक्ति awayasak vyakti
millennium *n.* सहस्राब्दी sahsrabdi	minor *a.* छोटा chhota
miller *n.* आटा पीसने वाला aata pisne wala	minority *n.* अल्प संख्या alp sankhya
millet *n.* बाजरा baajra	mint *n.* पुदीना pudina
million *n.* दस लाख das lakh	mint *n* टकसाल taksaal
millionaire *n.* करोड़पति karorpati	mint *v.t.* ढालना dhaalna
mime *n.* प्रहसन prahasan	minus *a* नकारात्मक nakaratmak
mime *v.i* स्वांग भरना svang bharna	

minus *n* ऋण का चिह्न rean ka chihan
minus *prep.* के बिना ke bena
minuet *a.* नृत्य-संगीत nritya sangit
minute *n.* मिनट minute
minutely *adv.* बारीकी से bariki se
minx *n.* ढीठ लड़की dhit ladki
miracle *n.* चमत्कार chamatkaar
miraculous *a.* चमत्कारिक chamatkarik
mirage *n.* मरीचिका marichika
mire *v.t.* दलदल में फंसाना daldal mai fansana
mire *n.* कीचड़ kichhad
mirror *v.t.* प्रतिबिंबित करना pratibembit karna
mirror *n* दर्पण darpan
mirth *n.* आनंद anand
mirthful *a.* आनंदपूर्ण anandpurna
misadventure *n.* दुर्घटना durghatna
misalliance *n.* बेमेल संबंध be-mail sambandh
misanthrope *n.* मानवद्वेषी manavdyashi
misapplication *n.* अनुचित प्रयोग anuchhit prayog
misapprehend *v.t.* ग़लत समझना galat samjhana
misapprehension *n* मिथ्या बोध mithya bodh
misappropriate *v.t.* ग़बन करना gaban karna
misappropriation *n.* ग़बन gaban
misbehave *v.i.* बुरा व्यवहार करना bura vaywahar karna
misbehaviour *n.* बुरा व्यवहार bura vaywahar
misbelief *n.* भ्रांत धारणा bhrant dharna
miscalculate *v.t.* ग़लत गणना करना galat ganna karna
miscalculation *n.* अशुद्ध गणना asudh ganna
miscarriage *n.* गर्भ-पात garabh-paat

miscarry *v.i.* विफल होना vifal hona
miscellaneous *a.* विभिन्न vibhinn
miscellany *n.* विविधतापूर्ण संग्रह vividhtapurna sangrah
mischance *n.* दुर्भाग्य durbhagya
mischief *n* शरारत shararat
mischievous *a.* हानिप्रद hanipradh
misconceive *v.t.* ग़लत समझना galat samjhana
misconception *n.* ग़लत धारणा galat dharna
misconduct *n.* दुराचरण duracharan
misconstrue *v.t.* ग़लत समझना galat samjhana
miscreant *n.* बदमाश badmash
misdeed *n.* दुष्कर्म duskarm
misdemeanour *n.* दुराचरण duracharan
misdirect *v.t.* गुमराह करना gumraha karna
misdirection *n.* अपनिदेशन apnidesan
miser *n.* कंजूस kanjous
miserable *a.* निकम्मा nikamma
miserably *vt* दुख से dukh se
misery *n.* कंगाली kangaali
misfire *v.i.* चालू न होना chalu na hona
misfortune *n.* दुर्भाग्य durbhagya
misgiving *n.* संदेह sandheh
misguide *v.t.* गुमराह करना gumraha karna
mishap *n.* दुर्घटना durghatna
misjudge *v.t.* ग़लत निर्णय करना galat nirnaya karna
mislead *v.t.* बहकाना bahakana
mismanagement *n.* कुप्रबंध kuprabandh
misnomer *n.* मिथ्या नाम mithya naam
misprint *n.* अशुद्ध मुद्रण ashudh mudran
misprint *v.t.* ग़लत छापना galat chhapana
misrule *n.* कुशासन kushasan
miss *v.t.* खोना khona
miss *n.* कुमारी kumari
missile *n.* प्रक्षेपास्त्र prachepaastra
mission *n.* शिष्ट मंडल shisht mandal

missionary *n.* धर्म प्रचारक dharma pracharak
missive *n.* लिखित संदेश sandesh patra
missus *n..* सुश्री sushri
mist *n.* कुहरा kuhara
mistake *n.* भूल bhoul
mister *n.* श्रीमान srimaan
mistletoe *n.* आकाश बेल aakash bail
mistreat *d* दुर्व्यवहार करना durvyawahar karna
mistress *n.* रखैल rakhel
mistrust *v.t.* अविश्वास करना aviswas karna
mistrust *n.* अविश्वास aviswas
mistrial *a.* ग़लत जांच galat jaanch
misunderstand *v.t.* ग़लत समझना galat samjhana
misunderstanding *n.* ग़लतफ़हमी galatfahami
misuse *n.* दुरुपयोग durpayog
misuse *v.t.* दुरुपयोग करना durpayog karna
mite *n.* छोटी वस्तु chhoti vastu
mite *n* मकड़ी makri
mithridate *n.* ज़हर की दवा jahar ki dawa
mitigate *v.t.* कम करना kam karna
mitigation *n.* अल्पीकरण alpikaran
mitre *n.* लम्बी टोपी lambi topi
mix *v.i* मिलना milana
mixture *n.* मिश्रण misran
moan *v.i.* विलाप करना vilaap karna
moan *n.* विलाप vilaap
moat *n.* खंदक khandak
mob *n.* जनसाधारण jansaadharan
mobile *a.* गतिशील gatiseel
mobility *n.* गतिशीलता gatisheelta
mobilize *v.t.* संचालित करना sanchalit karna
mock *v.i.* हंसी उड़ाना hansi udaana
mock *adj* दिखावटी dekhavati
mockery *n.* मज़ाक majjak

modality *n.* रीति riti
mode *n.* विधि vidhi
model *v.t.* रूप देना rup dena
model *n.* नमूना adarsh
moderate *a.* मध्यम madhyam
moderate *v.t.* धीमा करना dhima karna
moderation *n.* संतुलन santulan
modern *a.* आधुनिक adhunik
modernity *n.* आधुनिकता aadhunikta
modernize *v.t.* आधुनिकीकरण करना aadhunikikaran karna
modest *a.* विनम vinamra
modesty *n* संकोच sankoch
modicum *n.* अल्प परिमाण alp pariman
modification *n.* परिवर्तन parivartan
modify *v.t.* बदलना badalna
modulate *v.t.* ठीक करना theek karna
moil *v.i.* कठोर परिश्रम करना kathor parisram karna
moist *a.* गीला geela
moisten *v.t.* नम करना nam karna
moisture *n.* नमी nami
molar *a* सामूहिक samuhik
molar *n.* दाढ़ daarh
molasses *n* शीरा sheera
mole *n.* छछूंदर chhachhuchhandar
molecularity *a.* अनविक्ता aanvikta
molecule *n.* अणु anu
molest *v.t.* तंग करना tang karna
molestation *n.* छेड़खानी chher-khani
moly *n* जंगली लहसुन jangli lahsun
moment *n.* क्षण chhan
momentary *a.* क्षणिक chhanik
momentous *a.* महत्वपूर्ण mahatvapurna
momentum *n.* गति मात्रा gati matara
monarch *n.* राजा raja
monarchy *n.* राज-तंत्र raj-tantra
monastery *n.* मठ math
monasticism *n* संन्यासभाव sanyaasbhav
Monday *n.* सोमवार somvaar

monetary *a.* आर्थिक aarthik
money *n.* मुद्रा mudra
monger *n.* व्यवसायी vyavasayi
mongoose *n.* नेवला naiwala
mongrel *a* संकर जाति sankar jatiya
monitor *n.* कक्षा नायक kaksha nayak
monitory *a.* प्रबोधक prabodhak
monk *n.* मठवासी mathvashi
monkey *n.* बंदर bandar
monocle *n* चश्मा, ऐनक chashma, ainak
monody *n.* शोकगीत shokgeet
monogamy *n.* एकविवाह प्रथा ekviwah pratha
monogram *n.* नाम चिह्न naam chinha
monograph *n.* प्रबंध prabandh
monolith *n.* एकाश्म akasham
monologue *n.* एकालाप akalap
monopolist *n.* एकाधिकारी akadhikari
monopolize *v.t.* एकाधिकार करना ekadhikaar karna
monopoly *n.* एकाधिकार akadhikar
monosyllabic *a.* एकाक्षरीय akakakshariya
monosyllable *n.* एकाक्षर akakshar
monotheism *n.* एकेश्वरवाद ekaksharvad
monotheist *n.* एकेश्वरवाद ekaksharvad
monotonous *a.* नीरस niras
monotony *n* नीरसता nirasta
monsoon *n.* मौसमी हवा mausami hava
monster *n.* राक्षस rakshas
monstrous *a.* असंगत asangat
monstrous *n.* विशालकाय vishal-kaaya
month *n.* महीना mahina
monthly *adv* प्रतिमाह pratimaah
monthly *n* मासिक maasik
montane *n* पहाड़ी pahari
monument *n.* स्मारक smaarak
monumental *a.* स्मारकीय smarkiya
moo *v.i* रंभाना rambhana
mood *n.* मनोदशा manodasha
moody *a.* उदास udaas

moon *n.* चंद्रमा chandrama
moor *n.* बंजर प्रदेश banjar pradesh
moor *v.t* बांधना bandhana
moor cock *n.* जंगली मुर्गा jangli murgha
moot *n.* बहस bahas
mop *v.t* झाड़पोंछ करना jhar-ponchh karna
mop *n.* झाड़ू jharhu
mope *v.i.* उदास होना udaas hona
moral *n.* सीख seekh
moral *a.* सदाचार पूर्ण sadachaar purna
morale *n.* मनोबल manobal
moralist *n.* नैतिकतावादी naitekthawadi
morality *n.* सदाचार sadachhar
moralize *v.t.* नीतिगत बात करना nitigat baat karna
morbid *a.* बीमार bimar
morbidity *n* रुग्णता ruganta
more *adv* अधिक adhik
morel *n* गुच्छी guchhi
moreover *adv.* इसके अतिरिक्त iske atirikt
morganatic marriage *a.* अनुलोम विवाह anulom vivah
morning prayer *n.* प्रातःकालीन प्रार्थना prataha kalin prarthana
moribund *a.* मरणासन्न marnasan
morning *n.* सुबह subah
moron *n.* मंदबुद्धि व्यक्ति mandabudhi vyakti
morose *a.* उदास udaas
morphology *n.* आकृति विज्ञान akriti vigyan
morrow *n.* आगामी दिन agami din
morsel *n.* निवाला niwaala
mortal *n* नश्वर nashwar
mortal *a.* नाशवान naashwan
mortality *n.* मरण स्थल maran-shilta
mortar *v.t.* गोलाबारी करना golabari karna
mortgage *v.t.* बंधक रखना bandhak rakhna
mortgage *n.* बंधक bandhak
mortgagee *n.* गिरवीदार girvidaar

mortgagor *n.* गिरवी रखने वाला girwi rakhne wala	**mount** *n.* पहाड़ी paharhi
mortify *v.t.* अपमानित करना apmanit karna	**mountain** *n.* पहाड़ pahar
mortuary *n.* मुर्दाघर murda ghar	**mountaineer** *n.* पहाड़ पर चढ़ने वाला pahar par chadhne wala
mosaic *n.* पच्चीकारी vibhin rang	**mountainous** *a.* पहाड़ी pahari
mosque *n.* मस्जिद masjid	**mourn** *v.i.* विलाप करना vilap karna
mosquito *n.* मच्छर machhar	**mourner** *n.* विलाप करनेवाला vilap karnewala
moss *n.* दलदल daldal	**mournful** *n.* शोकाकुल shokakul
most *a.* सबसे अधिक sabse adhik	**mourning** *n.* मातम maatam
most *adv.* सर्वाधिक मात्रा में sarvadhik matra mai	**mouse** *n.* चूहा chuha
mote *n.* धूलिकण dhulikan	**moustache** *n.* मूंछ moonch
moth *n.* पतंगा patanga	**mouth** *n.* मुंह munh
mother *v.t.* मां होना maa hona	**mouthful** *n.* निवाला niwaala
mother *n* माता maata	**movable** *a.* चलने योग्य chalaane yogya
mother like *a.* मातृसुलभ matrisulabh	**movables** *n.* चल संपत्ति chhal sampati
motherhood *n.* मातृत्व matritva	**move** *n.* चाल chhal
motherly *a.* मां जैसा maa jaisa	**move** *v.t.* हटाना hatana
motif *n.* मूल भाव mul bhav	**movement** *n.* आंदोलन aandolan
motion *v.i.* इशारा करना ishara karna	**mover** *n.* प्रस्तावक prastavak
motion *n.* प्रस्ताव prastav	**movies** *n.* चलचित्र chalchitra
motionless *a.* स्थिर esthir	**mow** *v.t.* काटना kaatna
motivate *v* प्रेरित करना prerit karna	**much** *adv* अधिक मात्रा में adhik matra mein
motivation *n.* प्रेरणा prerna	**much** *a* अधिक adhik
motive *n.* इरादा irada	**mucilage** *n.* चिपचिपा पदार्थ chipchipa padarth
motley *a.* बहुरंगी bahurangi	**muck** *n.* गोबर koora
motor *n* कार car	**mucus** *a.* कफ़ जैसा kaf jaisa
motor *vt* गाड़ी gaari	**mucro** *n.* नुकीला nukila
motorist *n.* मोटर चालक motar chalak	**mud** *n.* कीचड़ kichhad
mottle *vt* चित्रित करना chitrit karna	**muddle** *v.t.* भ्रम में डालना bhram mein dalna
motto *n.* आदर्श वाक्य adarsh vakya	**muddle** *n.* गड़बड़ी garhbarhi
mould *v.t.* आकार देना akaar dena	**muffle** *v.t.* ढकना dhakna
mould *n* फफूंदी phaphundi	**muffler** *n.* गुलूबंद guluband
moulder *vt* गल जाना gal jaana	**mug** *n.* जलपात्र jalpatra
mould *n.* सांचा sancha	**muggy** *a.* धुंधभरा dhundbhara
mouldy *a.* फफूंदीदार fafundidaar	**mulatto** *n.* सांवला saanwala
mound *n.* टीला teela	**mulberry** *n.* शहतूत shahatut
mount *v.t.* सवार होना sawaar hona	
mount *n* धारक dharak	

mule *n.* खच्चर khachhar
mulish *a.* खच्चर जैसा khacchar jaisa
mull *n.* घालमेल ghalmail
mull *v.t.* गड़बड़ करना garhbarh karna
mullah *n.* मुल्ला mulla
mullion *n* खिड़की khirki
multifarious *a.* विभिन्न प्रकार के vibhin prakar ka
multifarious *a.* बहुप्रसवा vividh
multiform *n.* बहुरूपी bahurupi
multilateral *a.* बहुदेशीय bahudaishiya
multiple *adj* बहु-भागीय bahu-bhagiya
multiple *a.* बहुखंडीय bahukhandiya
multiplex *a.* बहुविध bahuvidh
multiplicand *n.* गुण्य राशि gunya rashi
multiplication *n.* गुणन gunan
multiplicity *n.* बहुलता bahulata
multiply *v.t.* गुणा करना guna karna
multitude *n.* समूह samuh
mum *a.* चुप chhup
mum *n* चुप्पी chhupi
mumble *v.i.* बुदबुदाना budbudana
mummer *n.* मूक अभिनेता muk abhineta
mummy *n* रक्षित मृत शरीर rakshit mrit sharir
mummy *adj* माता maata
mumps *n.* कनपेड़ा kanpeda
munch *v.t.* चबाना chabana
mundane *a.* सांसारिक sansaarik
municipal *a.* नगरपालिका संबंधी nagarpalika sambandhi
municipality *n.* नगरपालिका nagarpalika
munificent *a.* दानशील daansheel
muniments *n.* अधिकार पत्र adhikar patra
munition *n.* युद्ध सामग्री yudh saamagri
mural *n.* भित्तिचित्र bhittichitra
mural *a.* भित्तीय bhittiya
murder *n.* हत्या hatya
murder *v.t.* हत्या करना hatya karna
murderer *n.* हत्यारा hatyara

murderous *a.* प्राणघातक pran ghatak
murmur *v.t.* बड़बड़ाना barhbarhana
murmur *n.* गुनगुनाहट gungunahat
muscle *n.* मांसपेशी manspeshi
muscovite *n.* श्वेत shwet
muscular *a.* शक्तिशाली shaktishali
muse *v.i.* ध्यान लगाना dhyan lagana
muse *n* सरस्वती saraswati(Hindu goddess)
museum *n.* अजायबघर ajayabghar
mush *n.* दलिया daliya
mushroom *n.* कुकुरमुत्ता kukurmutta
music *n.* संगीत sangit
musical *a.* सांगीतिक saangitik
musician *n.* संगीतकार sangitkaar
musk *n.* कस्तूरी kasturi
musket *n.* बंदूक banduk
musketeer *n.* बंदूकधारी सिपाही bandukdhari sipahi
muslin *n.* मलमल malmal
must *v.* अनिवार्य होना aniwarya hona
must *n.* अनिवार्यता aniwaryata
must *n* भुक्ति bhukri
mustang *n.* जंगली घोड़ा jangli ghoda
mustard *n.* सरसों sarson
muster *n* सैनिक नामावली sainik namavali
muster *v.t.* एकत्र होना ekatra hona
musty *a.* फफूंददार fafundar
mutation *n.* परिवर्तन parivartan
mutative *a.* परिवर्तनशील pariwartansil
mute *a.* गूंगा gunga
mute *vt* आवाज़ धीमी करना awaz dhimi karna
mutilate *v.t.* अंगभंग करना angbhang karna
mutilation *n.* अंगच्छेद angchhed
mutinous *a.* बागी baghi
mutiny *v. i* बग़ावत करना bagavat karna
mutiny *n.* ग़दर gadar
mutter *v.i.* बड़बड़ाना badbadana
mutton *n.* मांस maans

mutual *a.* आपसी aapsi
muzzle *v.t* छींका लगाना chinka lagana
muzzle *n.* मुहरा muhara
my *a.* मेरा mera
myalgia *n.* पुट्ठो में दर्द puttho mai dard
myopia *n.* अल्पदृष्टि alpdristi
myopic *a.* निकटदृष्टिक nikatdristi
myosis *vt* आंख की पूतली का सुकड़ना ankh putli ka sukarna
myriad *a* असंख्य asankhya
myriad *n.* विशाल संख्या vishal sankhya
myrrh *n.* गंधरस gandhras
myrtle *n.* हिना hina
myself *pron.* स्वयं swayam
mysterious *a.* रहस्यमय rahasmay
mystery *n.* रहस्य rahasya
mystic *n* रहस्यवादी rahasywadi
mysticism *n.* रहस्यवाद rahasywad
mystify *v.t.* भ्रमित करना bhramit karna
myth *n.* पौराणिक कथा pauranik katha
mythical *a.* पुराणकथा संबंधी purankatha sambandhi
mythological *a.* पौराणिक pauranik
mythology *n.* पुराण संग्रह purana sangrah
mythopoetry *n* पौराणिक कविता pauranik kavita

N

nab *v.t.* बंदी बनाना bandi banana
nabob *n.* नवाब nawab
nadir *n.* पादबिंदु padbindu
nag *v.t.* कष्ट देना kasht dena
nag *n.* टट्टू tattu
nail *v.t.* कीलों से जड़ना kilon se jadna
nail *n.* नाखून nakhun
naive *a.* भोला-भाला bhola-bhala
naivete *n.* भोला bhola
naivety *n.* भोला-पन bhola pan

naked *a.* नंगा nanga
name *n.* नाम naam
name *v.t.* नाम रखना naam rakhna
namesake *n.* नामराशि naamrashi
nap *v.i.* झपकी लेना jhapki lena
nap *n.* झपकी jhapki
nap *n* लोम-हेन्न lom-hiin
napery *n.* भोजन- मेज की चादर bhojan-mez ki chadar
napkin *n.* रूमाल rumal
narcissism *n.* आत्मरति atm-rati
narcissus *n* नरगिस nargis
narcosis *n.* उर्नीदापन unidrapan
narcotic *n.* नशीली औषधि nasile aushadhi
narrate *v.t.* बताना batana
narration *n.* कथन kathan
narrative *a.* कथात्मक kathatmak
narrative *n.* वर्णन varnan
narrator *n.* वाचक vachak
narrow *v.t.* संकरा करना sankara karna
narrow *a.* तंग tang
nasalize *vt* नाक से बोलना naak se bolna
nasal *n* नासिक्य naasikya
nascent *a.* नवजात nav-jaat
nasty *a.* गंदा ganda
nasal *a.* जन्म संमबन्धि janam sambandhi
natant *a* तैरने वाला tairane wala
nation *n.* राष्ट्र rashtra
national *a.* राष्ट्रीय rashtriya
nationalism *n.* राष्ट्रप्रेम rashtraprem
nationalist *n.* राष्ट्वादी rashtriyawadi
nationality *n.* राष्ट्रीयता rashtriyata
nationalization *n.* राष्ट्रीयकरण rashtriyakaran
nationalize *v.t.* राष्ट्रीय बनाना rashtriya banana
native *n* मूल निवासी mul nivasi
native *a.* जन्मजात janamjaat
nativity *n.* जन्म janam
natural *a.* प्राकृतिक prakritik

naturalist *n.* प्रकृतिविज्ञानी prakritivigyani
naturalism *a* प्रकृति-वाद prakriti-vad
naturally *adv.* प्रकृति रूप से prakritik rup se
nature *n.* प्रकृति prakriti
naughty *a.* नट-खट nat-khat
nausea *n.* मतली matali
nautical *a.* समुद्रिक samudrik
naval *a.* जहाज़ी jahazi
nave *n.* चक्रनाभि chakranabhi
navigable *a.* नौगम्य naugamya
navigate *v.i.* नौचालन करना nauchhalan karna
navigation *n.* नौचालन nauchalan
navigator *n.* नौ-चालक nau-chalak
navy *n.* नौ-सेना nau-sena
nay *adv.* नहीं nahi
neap *a.* नीचा nicha
near *prep.* के पास ke paas
near *adv.* निकट nikat
near *v.i.* पास आना paas aana
near *a.* घनिष्ट ghanishth
nearly *adv.* निकट से nikat se
neat *a.* निर्मल nirmal
nebula *n.* आंख की फूली aankah kai phuli
necessary *a* अनिवार्य anivarya
necessary *n.* आवश्यक वस्तु avyashak vastu
necessitate *v.t.* आवश्यक बनाना avyaskhak banana
necessity *n.* आवश्यकता avashyakta
neck *n.* गर्दन gardan
necklace *n.* कंठहार kanth-haar
necklet *n.* कंठाभूषण kanthabhushan
necromancer *n.* ओझा ojha
necropolis *n.* कब्रिस्तान kabristan
nectar *n.* अमृत amrit
need *v.t.* आकांक्षा करना akansha karna
need *n.* आवश्यकता avashyakta
needful *a.* आवश्यक avyashak
necromancy जादुई क्रिया jadui kriya

needless *a.* अनावश्यक anavyshak
needments *adv.* आवश्यक सामान avashyak saman
needy *a.* निर्धन nirdhan
nefarious *a.* दुष्टतापूर्ण dushtatapurna
negation *n.* विरोध virodh
negative *n.* नकारात्मक nakaratmak
negativvity *adv.* निषेदामित्का nishedhatimikta
negative *a.* प्रतिरूप pratirup
neglect *v.t.* उपेक्षा करना upekchha karna
neglect *n* उपेक्षा upeksha
negligence *n.* उपेक्षा upeksha
negligent *a.* लापरवाह la parvah
negligible *a.* महत्त्वहीन mahatvahin
negotiable *a.* वार्ता योग्य varta yogya
negotiate *v.t.* सौदा करना sauda karna
negotiation *n.* वार्ता varta
negotiator *n.* वार्ताकार vartakaar
negress *n.* निग्रो महिला negro mahila
negro *n.* हबशी habshi
neigh *n.* हिनहिनाहट hinhinahat
neigh *v.i.* हिनहिनाना hinhinana
neighbour *n.* पड़ोसी padosi
neighbourhood *n.* पड़ोस pados
neighbourly *a.* पड़ोसी के नाते parosi ke naate
neither *conj.* कोई भी नहीं koi vi nahi
nemesis *n.* प्रतिरोध देवी pratirodh devi
neolithic *a.* उत्तर पाषाणकालीन uttar pashankalin
neonsign *n.* विद्युत संकेत vidyut sanket
nephew *n.* भतीजा या भांजा bhatija ya bhanja
nepotism *n.* भाई-भतीजावाद bhai-bhatijavad
nephritis *n.* गुर्दा-शोध gurda-shoth
nerve *n* नस nass
nerveless *a.* शक्तिहीन shaktihin
nervous *a.* डरपोक darpok

nest *n.* निवास nivas
nestor *v.t.* अनुभवी anubhavi
nestle *v.i.* चैन से बैठना chain se baithna
nestorian *n.* सिद्धांत वादी sidhant vadi
nestling *n* पक्षी का नवजात बच्चा pakshi ka navjaat baccha
nest *n* ठिकाना thikaana
net *n.* जाल jaal
nether *a.* निचला nichla
nettle *n.* बिच्छू बूटी bichhu buti
nettle *v.t.* डंक मारना dank marna
network *n.* तंत्र tantra
neurologist *n.* तंत्रिका विज्ञानी tantrika vigyani
neurology *n.* तंत्रिका विज्ञान tantrika vigyan
neurosis *n.* स्नायु रोग snayu rog
neuter *a.* नपुंसक napunsak
neuter *n* निराला nirala
neutral *a.* निष्प्रकाश nishpaksh
neutralize *v.t.* तटस्थ बनाना tathasth banana
neutron *n.* विद्युत कण vidyut kan
never *adv.* कभी नहीं kabhi nahin
nevertheless *conj.* तिस पर भी tis par bhi
new *a.* ताज़ा taza
news *n.* खबर khabar
next *adv.* इसके उपरांत iss ke uprant
next *a.* अगला agla
nib *n.* निब nib
nibble *n* कुतरने की क्रिया kutarne ki kriya
nibble *v.t.* नुकता चीनी करना nukta chini karna
nice *a.* सु-सुभाव su-svabhav
nicety *n.* शिष्टाचार shishtachar
niche *n.* झरोखा jharokha
nick *vt* दंते-दार बनाना dante-daar banana
nickel *n.* गिलट gilat
nickname *v.t.* उपनाम देना upnam dena
nickname *n.* उपनाम upnaam

nicotine *n.* निकोटीन nikotin
niece *n.* भांजी bhanji
niggard *n.* कंजूस kanjus
niggardly *a.* कम-खर्च kam-kharch
nigger *n.* काले रंग की तितली kale rang ki titli
niggerdom *n* हब्शियों का परदेश habshiyon ka prades
night long *prep.* रात भर raat bhar
night *n.* रात्रि ratri
nightingale *n.* बुलबुल bhulbhul
nightly *adv.* रात का raat ka
nihilism *n.* नाशवाद nash-vad
nil *n.* कुछ नहीं kuchh nahi
nimble *a.* चपल chapal
nimbus *n.* प्रभा मंडल prabha mandal
nine *n.* नौ nau
nineteen *n.* उन्नीस unnis
nineteenth *a.* उन्नीसवां unnisvan
ninetieth *a.* नब्बेवां nabbevan
ninety *n.* नब्बे nabbe
ninth *a.* नवां nava
nip *v.t* नोचना nochna
nipple *n.* स्तनाग्र stanagra
nitrogen *n.* गंधहीन gandh-hin
nitwit मंद बुद्धि mand budhi
no *adv.* नहीं nahin
no *n* इंकार inkar
nobility *n.* कुलीन वर्ग kulin warg
noble *a.* उत्तम uttam
noble *n.* कुलीन व्यक्ति kulin baykti
nobleman *n.* कुलीनपुरुष kulin prush
nobody *pron.* कोई नहीं koi nahi
nocturnal *a.* रात का raat ka
nod *v.i.* सिर हिलाना seer hilana
node *n.* ग्रंथि granthi
noise *n.* शोर soar
noisy *a.* कोलाहलकारी kolahalkari
nomad *n.* खानाबदोश khanabdosh
nomadic *a.* भ्रमणशील vhramansil

nomenclature n. नामावली namawali
nominal a. बहुत थोड़ा bahut thorha
nominate v.t. नामांकित करना naamankit karna
nomination n. नामांकन namankan
nominee n नामांकित व्यक्ति namamkit vyakti
non-alignment n. गुटनिरपेक्षता gutnirpekshhta
nonchalance n. उदासीनता udasinta
nonchalant a. अविचलित avichalit
nonconformist adv. धर्म विरोधी dharm virodhi
none pron. कोई नहीं koi nahi
nonentity n. अस्तित्वहीन वस्तु astitvahin vastu
nonetheless adv. फिर भी phir bhi
nonparalell n. अद्वितीय advitiya
nonpareil a. अद्वितीय advitiya
nonsense n. बकवास bakvas
nonsensical a. बेहूदा behuda
nook n. निर्जन स्थान nirjan sthan
noon n. दोपहर dopahar
noose n. फंदा phanda
nor conj और न aur na
norm n. मानक manak
norm n. नियम niyam
normal a. नियमित niyamit
normalcy n. सामान्यता samanayata
north a उत्तरी uttari
northwards adv. उत्तर की ओर uttar ki or
north n. उत्तर uttar
northerly adv. उत्तर की ओर uttar ki ore ka
northerly a. उत्तरी uttari
northern a. उत्तरी uttari
nose n. नाक naak
nosegay n. गुलदस्ता guldasta
nosey a. कुतूहली kutuhali
nostalgia n. घर की याद ghar ki yaad
nostril n. नथुना nathuna

nostrum n. रामबाण ram baan
not adv. नहीं nahi
notability n. प्रसिद्धि prasiddhi
notable a. उल्लेखनीय ullekhniya
notary n. लेख्य प्रमाणक lekhya pramanak
notation n. अंकन ankan
notch n. दांता danta
notionalist adj कल्पना वादी kalpna vadi
note n. सूचना suchna
noteworthy a. उल्लेखनीय ullekhniya
nothing adv. बिल्कुल नहीं bilkul nahin
nothing n. कुछ नहीं kuch nahin
notice v.t. देख लेना dekh lena
notice a. सूचना suchna
notification n. अधि-सूचना adhi-suchana
notify v.t. सूचना देना suchna dena
notion n. विचार vichar
notional a. मनोगत manogat
notoriety n. कुख्याति kukhyati
notorious a. कुख्यात kukhyat
notoriety adj कुख्याती kukhyati
noumenon adv. बोधी तत्व budhi tatva
notwithstanding conj. यद्यपि yathapi
nought n. कुछ नहीं kuch nahin
noun n. संज्ञा sangya
nourish v.t. पोषण करना poshan karna
nourishment n. पोषण poshan
novel a. नया naya
novel n उपन्यास upnyas
novelette n. लघु उपन्यास laghu upnyas
novelist n. उपन्यासकार upnayaskar
novelty n. नवीनता navinta
november n. नवंबर november
novitiate n. नौसिखुआ nausikhuva
now conj. अब ab
no near adv. कहीं भी नहीं kahin bhi nahin
now-a-days adv आजकल aajkal
nowhere adv. कहीं नहीं kahi nahi
noxious a. अहितकर ahitkar
nozzle n. टोंटी tonti

nubile *a.* मोहक mohak
nuclear *a.* नाभिकीय nabhikiya
nucleus *n.* केंद्र kendra
nude *a.* नग्न nagan
nudge *v.t.* कोहनी से चूना kohni se chhuna
nudity *n.* नग्नता naganta
nugget *n.* स्वर्णपिंड svarnapind
nuisance *n.* उत्पाद utpaat
null *a.* अमान्य amaanya
nullification *n.* निष्प्रभावीकरण nishprabhavikaran
nullify *v.t.* रद्द करना raddh karna
numb *a.* सुन्न sunn
number *v.t.* अंक डालना ank dalna
number *n.* संख्या sankhya
numberless *a.* अगणित anganit
numeral *a.* अंक बोधक ank bodhak
numerator *n.* अंश ansh
numerical *a.* संख्यात्मक sankhyatmak
numerous *a.* बहुत bahut
nun *n.* भिक्षुणी bhikshuni
nunnery *n.* भिक्षुणियों का मठ bhishuni ka math
nuptial *a.* वैवाहिक vaivahik
nuptials *n.* विवाह संबंधी vivah sambandhi
nurse *n.* परिचारिका paricharika
nursery *n.* शिशु-सदन shishu-sadan
nurture *v.t.* पालन-पोषण करना palan-poshan karna
nurture *n.* भोजन bhojan
nut *n* गिरीदार मेवा giridaar meva
nutrition *n.* पोषण poshan
nutritious *a.* पोषक poshak
nutritive *a.* पोषण-संबंधी poshan sambandhi
nuzzle *v.* सुंघाना sunghana
nylon *n.* नाईलॉन nylon
nymph *n.* अप्सरा apsara
nympholept संन्धि shaidayi

O

oak *n.* शाहबलूत shah-balut
oar *n.* पतवार patwaar
oarsman *n.* नाविक naavik
oasis *n.* नखलिस्तान nakhlistaan
oat *n.* जई jae
oath *n.* शपथ sapath
obduracy *n.* ज़िद jid
obdurate *a.* हठी hathi
obedience *n.* आज्ञाकारिता aagyakarita
obedient *a.* आज्ञाकारी aagyakari
obeisance *n.* श्रद्धापूर्ण नमन shradhapurna naman
obesity *n.* मोटापा motapa
obey *v.t.* आज्ञा मानना agya manana
obey *v.t.* आज्ञाकारी होना aagyakari hona
obituary *a.* निधन सूचना nidhan suchna
object *n.* वस्तु vastu
object *v.t.* विरोध करना virodh karna
objection *n.* आपत्ति apatti
objectionable *a.* आपत्तिजनक aapattijanak
objective *n.* वास्तविक vastavik
objective *a.* कर्मवाची karmawachi
oblation *n.* बलि bali
obligation *n.* बंधन bandhan
obligatory *a.* अनिवार्य aniwarya
oblige *v.t.* अनुग्रह करना anugrah karna
oblique *a.* तिरछा tircha
obliterate *v.t.* विनष्ट करना vinast karna
obliteration *n.* विनाश vinash
oblivion *n.* विस्मरण vismaran
oblivious *a.* स्मृतिहीन smirtihin
oblong *a.* आयताकार aayatkaar
oblong *n.* आयत aayat
obnoxious *a.* अप्रिय apriya
obscene *a.* अश्लील asrilal

obscenity n. अश्लीलता asrilalta
obscure v.t. छिपाना chhipaana
obscure ADJ धुंधला dhundhala
obscurity n. अंधेरा andhera
observance n. अनुपालन anupalan
observant a. सावधान sawdhan
observation n. टिप्पणी tippni
observatory n. वैधशाला vaidhsalla
observe v.t. पालन करना palan karna
obsess v.t. परेशान करना paresaan karna
obsession n. परेशानी parisani
obsolete a. अप्रचलित aprachalit
obstacle n. बाधा badha
obstinacy n. ज़िद jidh
obstinate a. हठी hatthi
obstruct v.t. अवरूद्ध करना awarudh karna
obstruction n. बाधा badha
obstructive a. बाधक badhak
obtain v.t. प्राप्त करना prapt karna
obtainable a. प्राप्य prapaya
obtuse a. मूर्ख murkh
obvious a. स्पष्ट spasht
occasion v.t कारण बनना karan banna
occasion n. अवसर awsar
occasionally adv. यदा कदा yada kada
occidental a. पाश्चात्य pashchatya
occult a. गुप्त gupt
occupancy n. आधिपत्य aadhipatya
occupant n. कब्ज़ा धारी qabza dhari
occupation n. कब्ज़ा kabza
occupier n. अंधविश्वासी adhivaasi
occupy v.t. कब्ज़ा करना qabza karna
occur v.i. घटित होना ghatit hona
occurrence n. घटना ghatna
ocean n. सागर saagar
oceanic a. सागरीय sagariya
octagon n. अष्टकोण aastkon
octangular a. अष्टकोणी aastkoni
octave n. अष्टपदी aastpadi
October n. अक्टूबर october

oceanographic n सुमद्री विज्ञान संबन्धी samudri vigyan sambandhi
octroi n. चुंगी chungi
oculist n. नेत्ररोग विशेषज्ञ netrarog visaisahgya
odd a. विषम visham
oddity n. अनोखापन anokhapan
oddish n. विचित्र vichitra
ode n. गीत geet
odious a. घृणास्पद grehnaspad
odium n. घृणाभाव grehnabhav
odorous a. सुगंधि sugandhi
odour n. गंध gandh
offence n. अपराध apradh
offend v.t. नाराज़ करना naraj karna
offender n. अपराधी apradhi
offensive n आक्रमिक akramik
offensiveness a. नागवारी naagwari
offer n पेश-कश pesh-kash
offer v.t. प्रस्तुत करना prastut karna
offering n. उपहार uphar
office n. कार्यालय karyalaya
officer n. अधिकारी adhikari
official n राजकीय rajkiya
official a. आधिकारिक adhikaarik
officially adv. अधिकृत adhikrit
offing n. दृश्य क्षितिज drishya kshitij
offset n ऑफ़सैट छपाई offset chhapai
offset v.t. हरजाना harjana
offshoot n. उप शाखा up-shakha
offspring n. संतति santati
oft adv. प्राय praya
often adv. अनेक बार anek baar
ogle v.t. ताकना taakna
ogle n कामुक दृष्टि kamuk drishti
oil n. तेल tel
oil v.t तेल लगाना tel lagana
oily a. चिकना chikna
ointment n. मरहम marham
old a. पुराना purana

oligarchy *n.* अल्पतंत्र alp-tantra
olive *n.* जैतून zaitoon
omega *n.* चरमोत्कर्ष charmotkarsh
omelette *n.* आमलेट omlet
omen *n.* अप-शगुन ap-shakun
ominous *a.* अमंगलकार amangalkaar
omission *n.* भूल bhool
omit *v.t.* छोड़ देना chhod dena
omnipotence *n.* सर्वशक्तिमत्ता sarvashaktimata
omnipotent *a.* सर्वशक्तिमान sarvashaktiman
omnipresence *n.* सर्वव्यापकता sarva-vyapakta
omnipresent *a.* सर्वव्यापी sarvaypi
omniscience *n.* सर्वज्ञता sarvagyata
omniscient *a.* सर्वज्ञ sarvagy
on *prep.* पर par
omanism *n* हस्त-मैथून hast-maithun
once *adv.* एक बार ek baar
one *pron.* अकेला akela
one *a.* एक ek
oneness *n.* एकता ekta
onerous *a.* भारी bhari
onion *n.* प्याज़ payaj
on-looker *n.* दर्शक darshak
only *adv.* मात्र matra
only *conj.* परंतु parantu
only *a.* एक-मात्र ek-matra
onomatopoeia *n.* ध्वनि dhwani
onrush *n.* प्रवाह prawah
onset *n.* हमला hamla
onslaught *n.* भीषण आक्रमण vhisan aakraman
onus *n.* दायित्व dayitva
onward *a.* आगे aage
onwards *adv.* आगे की ओर aage ki aur
ooze *v.i.* बाहर फेंकना bahar fekhna
ooze *n.* कीचड़ kichhad
opacity *n.* अपारदर्शिता apaardarsita

opal *n.* पोलकी polki
opaque *a.* अपारदर्शी apardarsi
open *v.t.* खोलना kholna
open *a.* खुला khula
opening *n.* आरंभ aarambh
openly *adv.* खुले रूप में khulai roop mein
opera *n.* संगीत नाटक sangit natak
operate *v.t.* चालू करना chalu karna
operation *n.* शल्य चिकित्सा shalya chikitsa
operative *a.* प्रभाव पूर्ण prabhav puran
operator *n.* प्रचालक prachalak
opine *v.t.* मत-रखना mat-rakhna
opinion *n.* मत mat
opium *n.* अफ़ीम afeem
opponent *n.* विरोधी virodhi
opportune *a.* उचित uchit
opportunism *n.* अवसरवादिता awsar-vadita
opportunity *n.* सुअवसर suawsar
oppose *v.t.* विरोध करना virodh karna
opposite *a.* विरोधी virodhi
opposition *n.* विरोधी दल virodhi dal
oppress *v.t.* तंग करना tang karna
oppression *n.* दमन daman
oppressive *a.* दमनकारी damankari
oppressor *n.* दमनकर्त्ता damankarta
opt *v.i.* चयन करना chayan karna
optic *a.* दृष्टि संबंधी dristi sambandhi
optician *n.* चश्मे का निर्माता chashme ke nirmatta
optimism *n.* आशावाद ashawad
optimist *n.* आशावादी ashawadi
optimistic *a.* आशावादी ashawadi
optimum *a* अनुकूलतम anukooltam
optimum *n.* अनुकूलतम परिस्थिति anukooltam paristhiti
option *n.* चयनाधिकार chyandhikar
optional *a.* वैकल्पिक vaikalpik
opulence *n.* प्रचुरता prachurta

opulent *a.* भरपूर bharpoor
oracle *n.* तीर्थ मंदिर tirth mandir
oracular *a.* देव वाक्य dev vakya
oral *a.* मौखिक maukhik
orally *adv.* मौखिक रूप से maukhik rup se
orange *a* नारंगी narangi
orange *n.* संतरा santara
oration *n.* भाषण bhashan
orator *n.* कुशल वक्ता khusal vakta
oratorical *a.* भाषण संबंधी bhashan sambandhi
oratory *n.* भाषणकला bhasan kala
orb *n.* पृथ्वी मंडल prithivi mandal
orbit *n.* परिक्रमापथ parikramapath
orchard *n.* फलोद्यान phalodhyan
orchestra *n.* वादकवृंद vadakvrind
orchestral *a.* वाद्यवृंदीय vadyavrindiya
ordeal *n.* अग्नि परीक्षा agni pariksha
order *v.t* आदेश देना aadesh dena
order *n.* आदेश aadesh
orderly *n.* सर्वश्रेष्ठ suvyavstha
orderly *a.* नियमित niyamit
ordinance *n.* अध्यादेश adyadesh
ordinarily *adv.* साधारणत sadharanta
ordnance *n.* तोपखाना top khana
ore *n.* कच्ची धातु khanij dhatu
organ *n.* स्वर swar
organdie *n* अर्गांधी argandi
organic *a.* संगठित sangathit
organizable *n* प्रबंधनियां prabandhniya
organism *n.* शरीर रचना sharir rachna
organization *n.* संघटन sanghatan
organize *v.t.* संघटित करना sanghatit karna
orient *n.* पूर्व purva
oriental *n* पूर्ववासी purvawasi
oriental *a.* प्राच्य prachya
origin *n.* मूल mool
original *n* मूल रूप mool roop
original *a.* मौलिक maulik
originality *n.* मौलिकता maulikta

originate *v.t.* निर्मित करना nirmit karna
originator *n.* जन्मदाता janamdata
ornament *n.* अलंकरण alangkaran
ornament *v.t.* अलंकृत करना alankrit karna
ornamental *a.* शोभाकारी sobhakaari
ornamentation *n.* सजावट sajawat
orphan *v.t* अनाथ बनाना anath banana
orphan *n.* अनाथ बालक anath balak
orphanage *n.* अनाथालय anathlaya
orthodox *a.* रूढ़िवादी rudhivadi
orthodoxy *n.* रूढ़िवादिता rudhivaditha
oscillate *v.i.* डोलना dolna
oscillation *n.* दोलन dolan
ossify *v.t.* कठोर बनाना kathore banana
ostracize *v.t.* निर्वासित करना nirvasit karna
ostrich *n.* शुतुरमुर्ग shuturmurg
other *a.* दूसरा dusra
other *pron.* अन्य व्यक्ति या वस्तु anya vyakti ya vastu
otherwise *conj.* नहीं तो anyatha
otherwise *adv.* भिन्न प्रकार से bhinn prakar se
otter *n.* ऊदबिलाव udhbilaav
ottoman *n.* गद्देदार चौकी gaddedar chauki
ounce *n.* औंस ounce
our *pron.* हमारा hamara
oust *v.t.* निकाल देना nikaal dena
out *adv.* बाहर baahar
outbreak *n.* प्रकोप prakop
outburst *n.* प्रस्फोटन prasphotan
outcast *a* बहिष्कृत bahishkrit
outcast *n.* जातिच्युत jatichyut
outcome *n.* परिणाम parinaam
outcry *a.* चीख chikh
outdated *a.* पुराना purana
outdo *v.t.* पछाड़ना pachadana
outdoor *a.* बाहरी bahari
outer *a.* बाहरी bahari
outfit *n.* सजा sajja

outfit v.t सज्जित करना sajjit karna
outgrow v.t. अधिक बढ़ जाना adhik barh jana
outhouse n. उपभवन upbhawan
outing n. सैर सपाटा sair sapaata
outlandish a. परदेशी pardesi
outlaw v.t प्रतिबंध लगाना pratibandh lagana
outlaw n. अपराधी apradhi
outline v.t. चित्रित करना chitrit karna
outline n. रूपरेखा rooprekha
outlook n. भावी संभावना bhavi sambhavana
outmoded a. पुराना purana
outpatient n. बहिरोगी bahirogi
outpost n. दूरवर्ती चौकी durvarti chowki
output n. उत्पादन utpadan
outrage n. नृशंसता nrishansata
outrage v.t. भंग करना bhang karna
outright a पूर्ण रूप से puran rup se
outright adv. स्पष्ट रूप से spast roop se
outrun v.t. तेज़ दौड़ना tej daurhna
outset n. प्रांरभ prarambh
outshine v.t. मात कर देना maat kar dena
outside n बाहरी सतह bahari satah
outside adv बाहर की ओर bahar kai aur
outside prep बाहर bahar
outside a. बाह्य bahya
outsider n. बाहरी व्यक्ति bahari baykti
outsize a. सामान्य से बड़ा samaniya se bada
outspeed adh तेज़ रफ़्तार tez raftar
outspoken a. स्पष्टवादी spastwadi
outstanding a. बकाया bakaaya
outward adv बाहर की ओर bahar kai aur
outward a. ऊपरी uppari
outwardly adv. बाहर से bahar se
outwards adv बाहर की ओर bahar ke aur
oval n अंडाकार वस्तु andakaar vastu
oval a. अंडाकार andakaar

ovary n. अंडाशय andashay
ovation n. जय-जयकार jay-jaykaar
oven n. चूल्हा chulha
over adv ऊपर की ओर uppar ke aur
overdose vt अधिक दवा देना adhik dawa dena
over prep. ऊपर upar
overact v.t. अत्याभिनय करना atyabhinay karna
overall a कुल kul
overall n. लबादा labada
overarch v.t. मेहराब बनाना mehrab banana
overburden v.t. अधिक बोझ डालना adhik bhoj dalna
overcare a. आहक देखभाल करना ahik dekhbhaal dena
overcharge v.t. अधिक मूल्य वसूलना adhik mulya vasulna
overcharge n अधिमूल्य adhik mulya
overcoat n. लंबा कोट lamba kot
overcome v.t. अभिभूत कर देना abhibhut kar dena
overdo v.t. अति करना ati karna
overdose n. ओषधि की अतिमात्रा aushadhi ki atimatra
overdraw v.t. अतिशयोक्ति करना atishyokti karna
overdue a. विलंबित vilambit
overhaul n. पूरी मरम्मत pure marammat
overhaul v.t. पुरानी मरम्मत करना puri murammat karna
overhear v.t. चुपके से सुनना chupke se sunna
overjoyed a अति प्रसन्न aati prasann
overlap n ढकने वाला भाग dhakne wala bhag
overlap v.t. ढक लेना dhak lena
overleaf adv. पन्ने की दूसरी ओर panne ki dusre aur

overload *n* क अधिक भार adhik bhaar
overload *v.t.* अधिक भार लादना adhik bhaar laadna
overlook *v.t.* ऊपर से देखना uppar se dekhna
overnight *a* रात्रि भर ratri bhar
overnight *adv.* रात के समय raat kai samai
overpower *v.t.* पराजित करना parajit karna
overrule *v.t.* रद्द करना radd karna
overrun *v.t* रौंद डालना raund dalna
oversee *v.t.* पर्यवेक्षक payavekshak
overseer *n.* पर्यवेक्षक paryavekshak
overshadow *v.t.* छाया डाना dhup se bachaana
oversight *n.* चूक chook
overstrain *a.* अधिक थकान adhik thakaan
overtake *v.t.* आगे निकल जाना aage nikal jana
overthrow *n* विनाश vinash
overthrow *v.t.* तख्ता उलट देना takhta ulat jana
overtime *n* अधिसमय adhisamay
overture *n.* संधि प्रस्ताव sandhi prastav
overture *vt* गिरा देना gira dena
overwhelm *v.t.* पराजित करना parajit karna
overwork *v.i.* अतिश्रम करना aatisram karna
overwork *n.* अतिश्रम atishram
owe *v.t* कर्ज़दार होना karzdaar hona
owl *n.* उल्लू ullu
own *v.t.* अपनाना apnaana
own *a.* अपना apna
owner *n.* स्वामी swami
ownership *n.* स्वामित्व swamitwa
ox *n.* बैल bail
oxygen *n.* ऑक्सीजन oxygen
oyster *n.* घोंघा ghongha
oxymel *n* शहद और सिरका का शरबत shahd aur sirka ka sharbat

P

pace *v.i.* चलना chalna
pace *n* चाल chaal
pacific *a.* शांत shant
pacify *v.t.* शांत करना shant karna
pack *n.* गठरी gathri
pack *v.t.* बाँधना baandhana
package *n.* पुलिंदा pulinda
packet *n.* छोटा पार्सल chhota parcel
packing maaterial *n.* बांधने की सामग्री bandhne ki saamagri
pact *n.* संधि sandhi
pad *n* नरम गद्दा naram gadda
pad *n.* दस्ता dasta
padding *n.* गद्दी gaddi
paddle *n* छोटा चापू chhota chappu
paddle *v.i.* पानी में पैर pani mein pair
paddy *n.* धान dhan
page *n.* प्रसिद्ध prishth
pageant *n.* शानदार झांकियां shaandar jhankian
pageantry *n.* आडंबर andbar
pagoda *n.* मेरु मंदिर meru mandir
pail *n.* बाल्टी baalti
pain *v.t.* पीड़ा होना pira hona
pain *n.* पीड़ा pida
painful *a.* दुःखदायी dukhyi
painstaking *a.* उद्यमी uddhami
painless पीड़ा रहित pira rahit
paint *n.* रंग rang
painter *n.* चित्रकार chitrakaar
painting *n.* चित्रकला chitrakala
pair *n.* जोड़ा jorha
pyjama *n* पेजामा pajaama
pal *n.* मित्र mitr
palace *n.* महल mahal
palanquin *n.* पालकी paalki

palatable *a.* स्वादिष्ट swadisht	par *n.* बराबरी barabari
palatal *a.* तालु संबंधी taalu sambandhi	parable *n.* नीतिकथा nitikatha
palate *n.* तालु taalu	parachute *n.* हवाई छतरी havai chhatri
palatial *a.* भवन जैसा bhawan jaisa	parade *v.t.* परेड करना pared karna
pale *a* पीला peela	parade *n.* झालून jaloos
pale *v.i.* पीला होना peela hona	paradox *n.* असत्याभास asatyabhas
palaver *n.* मनाना manana	paradoxical *a.* विरोधाभासात्मक virodhabhasaatmak
palm *n.* हथेली hatheli	paragon *n.* अत्युत्तम पदार्थ atyuttam padarth
palm *v.t.* हथेली में छिपाना hatheli mein chhipana	paragraph *n.* प्रकरण prakaran
palm *vt* घूस देना ghoos dena	parallel *v.t.* समानांतर करना samaanatar karna
palmistry *adj* हस्त रेखा विज्ञान hast rekha vigyan	parallel *a.* समानांतर samaantar
palpable *a.* स्पर्शनीय sparshaniya	parallelism *n.* समानता samanta
palpitate *v.i.* धड़कना dharkana	parallelogram *n.* समानांतर चतुर्भुज samaantar chaturvurj
palpitation *n.* धड़कन dharhkan	paralyse *v.t.* लकवा मारना lakva marna
palsy *n.* पक्षाघात pakshaghat	paralysis *n.* लकवा रोग lakva rog
paltry *a.* नीच neech	paralytic *a.* लकवा मारा हुआ lakva mara hua
pamper *v.t.* संतुष्ट करना santusht karna	paramount *n.* सर्वोत्तम sarvottam
pamphlet *n.* विज्ञापन पत्र vigyapna patra	paramour *n.* प्रेमिका premika
pamphleteer *n.* पर्चा लिखने वाला parcha likhne wala	paraphernalia *n. pl* साज़ सामान saaz saaman
panacea *n.* आचूक दवा achuk dawa	paraphrase *n.* भावानुवाद bhaavaanuvaad
pandemonium *n.* पिशाच निवास pishach nivas	parcel *v.t.* बांटना bantana
pane *n.* कांच kanch	parcel *n.* बंडल bandal
pang *n.* पीरा peera	parch *v.t.* झुलसाना jhulsana
panel *n.* दीवर का ताकत diwar ka takhta	pardon *n.* क्षमा kshama
pang *n.* वेदना vedna	pardon *v.t.* क्षमा करना kshama karna
panic *n.* आतंक atank	pardonable *a.* क्षमा के योग्य kshama ke yogay
panorama *n.* चित्रमाला chitramala	parent *n.* माता या पिता mata ya pita
panopticon *n* गोल क़ैद खाना gol qaid khana	parentage *n.* पितृत्व pitritva
pant *v.i.* हांफना haafna	parental *a.* पैतृक paitrik
pantaloon *n.* पतलून patlun	parenthesis *n.* वाक्यांश vakyaansh
panther *n.* चीता chita	parish *n.* पादरी का प्रदेश padari ka pradesh
pantomime *n.* मूक अभिनेता muk abhineta	parity *n.* समानता samanta
pantry *n.* भंडारघर bhandarghar	parietal *n* भीतिया bhitiya
popal *a.* पोप संबंधी pop sambandhi	
paper *n.* सचारपत्र kaaghaz	

park *n* उद्यान udyaan	passenger *n.* यात्री yatri
parlance *n.* बोल-चाल bol-chaal	passion *n.* आवेश aavesh
parley *v.i* सभा करना sabha karna	passionate *a.* क्रोधी krodhi
parley *n.* विवादग्रस्त सम्मेलन vivaadgrast sammelan	passive *a.* निष्क्रिय nishkriya
parliament *n.* संसद sansad	passport *n.* पार-पत्र paar-patra
parliamentarian *n.* संसद सदस्य sansad sadasya	past *n.* भूतपूर्व काल bhutpurva kaal
parliamentary *a.* संसदीय sansadiya	past *prep.* गुज़रा हुआ guzra hua
parlour *n.* बैठक baithak	past *a.* पहले का pahle ka
parody *v.t.* वियोग-कविता लिखना vyang-kavita likhna	paste *v.t.* लेई से चिपकाना lei se chipkana
parody *n.* हास्यानुकृति hasyanukriti	paste *n.* साना हुआ आटा saana huwa aata
parole *n* प्रतीती सामोचान pratiti samochan	pastel *n.* रंगीन खड़िया rangin khadiya
parrot *n.* तोता tota	pastime *n.* क्रीड़ा krida
parry *n.* छेकान taal-matol	pasture *v.t.* चरना charna
parry *v.t.* तल देना taal dena	pasture *n.* चारा chara
parson *n.* पादरी padari	pat *n* थपकी thapki
part *v.t.* अलग होना alag hona	pat *adv* उचित uchit
part *n.* अंश aansh	pat *v.t.* थपथपाना thapthapna
partake *v.i.* भाग लेना bhag lena	patch *n* पैबंद paiband
partial *a.* आंशिक aanshik	patch *v.t.* मरम्मत करना marammat karna
partiality *n.* प्रकाश-पथ paksh-paat	patent *n* एकस्व ekasva
participant *n.* भाग लेने वाला bhag lene wala	paternity *adg* पितृत्व pitratava
participate *v.i.* हिस्सा लेना hissa lena	patent *a.* स्पष्ट spasht
participation *n.* हिस्सेदारी hissedari	paternal *a.* पैतृक paitrik
particle *a.* कण kan	path *n.* मार्ग marg
particular *n.* विस्तृत वर्णन vistrit varnan	pathetic *a.* कारुणिक karunik
particular *a.* सावधान savdhan	pathos *n.* करुणा karuna
partisan *a.* पक्षपातपूर्ण pakchhpathpurna	patience *n.* सहनशीलता sahanshilta
partisan *n.* पक्षधर pakshaghar	patient *n* रोगी rogi
partition *v.t.* बांटना bantana	patio *n* आंगन aangan
partition *n.* बंटवारा bantwara	patricide *n.* पितृहत्या pritrihatya
partner *n.* साथी sathi	patrimony *n.* विरासत virasat
partnership *n.* साझा sajha	patriot *n.* देशभक्त deshbhakt
party *n.* दल dal	patriotic *a.* देशभक्तिपूर्ण deshbhaktipurna
pass *n* रास्ता rasta	patriotism *n.* देशभक्ति deshbhakti
pass *v.t.* पार करना paar karna	pathological *n* रोगात्मक rogatmak
passage *n.* अवतरण avaataran	patrol *v.i.* पहरा देना pahara dena
	patron *n.* पोषक poshak
	patronage *n.* संस्करण sanrakshan
	patronize *v.t.* सहायता देना sahayata dena
	pattern *n.* प्रतिरूप pratiroop

paucity *n.* कमी kami	peel *n.* छिल्का chhilka
pauper *n.* दरिद्र daridra	peep *n* झांकी jhanki
pause *v.i.* ठहरना thaharna	peep *v.i.* चोरी से देखना chori se dekhna
pause *n.* विराम viram	peer *n.* अभिजात abhijaat
pave *v.t.* मार्ग बनाना marg banana	peerless *a.* अनुपम anupam
pavement *n.* सड़क की पटरी sarhak ki patri	peg *v.t.* स्थिर करना sthir karna
pavilion *n.* मंडप mandap	peg *n.* खोंटी khunti
paw *v.t.* पंजे से खुरचना panje se khurachna	pelf *n.* धन दौलत dhan daulat
paw *n.* पंजा panja	pell-mell *adv.* गॅड-मड्ड gadd-madd
pay *n* वेतन vaitan	pen *v.t.* लिखना lekhna
pay *v.t.* भुगतान देना bhugtan dena	pen *n.* लेखनी lekhni
payable *a.* भुगतान योग bhugtan yogya	penal *a.* दंडविषयक dandvishayak
payee *n.* राशि पानेवाला rashi panewala	penalize *v.t.* दंड देना dand dena
payment *n.* भुगतान bhugtan	penalty *n.* दंड dand
pea *n.* मटर matar	pencil *n.* पेंसिल pencil
peace *n.* शांति shanti	pendragon *adj* अधिराज adhiraaj
peaceable *a.* शांतिप्रिय shantpriya	pending *a* विचाराधीन vicharadhin
peaceful *a.* शांत shant	pendulate *vt* झूलना jhulna
peach *n.* आड़ू aarhu	penetrate *v.t.* चुभाना chubhana
peacock *n.* मोर mor	penetration *n.* बेधन baidhan
peahen *n.* मयूरी mayuri	penis *n.* लिंग ling
peak *n.* शिखर sikhar	penniless *a.* निर्धन nirdhan
pear *n.* नाशपाती naaspati	pension *v.t.* पेंशन देना pension dena
pearl *n.* मोती moti	pension *n.* निवृत्ति वेतन nivriti-vetan
peasant *n.* किसान kisan	pensive *a.* चिंताग्रस्त chintagrast
peasantry *n.* किसान वर्ग kisan varg	pentagon *n.* पंचकोण panchkon
pebble *n.* कंकड़ kankar	peon *n.* चपरासी chaprasi
peck *v.i.* चोंच मारना chonch marna	people *v.t.* बसाना basana
pectoral *n* कवच kavach	people *n.* जनता janta
peculiar *a.* असाधारण asadharan	pepper *n.* मिर्च mirch
peculiarity *n.* विशेषता vishesta	pepper *v.t.* मिर्च मिलाना mirch milana
pecuniary *a.* धन संबंधी dhan sambandhi	per *prep.* प्रति prati
pedagogue *n.* अध्यापक adhyapak	per cent *adv.* प्रति सैकड़ा prati sainkrha
pedagogy *n.* शिक्षणशास्त्र shikshan shastra	perambulator *n.* बच्चागाड़ी bachhagarhi
pedal *n.* फेरी का pair ka	perceive *v.t.* समझना samajhna
peddle *v* फेरी लगना pheri lagana	percentage *n.* प्रतिशत pratishat
pedant *n.* विद्यांडबरी vidyadambari	perception *n.* बोध bodh
pedantry *n.* विद्यांडबर vidyadambar	perceptive *a.* प्रत्यक्ष ज्ञानशील pratyaksh gyanshil
pedestal *n.* पीठिका pithika	perch *n* धंधा dhandha
pedigree *n.* वंशावली vansavali	

perch n. मीठे जल की मछली mitthe jal ki machhli
perennis n. बारहमासी baarah-maasi
perennial a. वर्ष-भर रहने वाली varsh-bhar rahne wali
perfect a. श्रेष्ठ shreshtha
perfect v.t. निर्दोष बनाना nirdosh banana
perfection n. निर्दोषता nirdoshta
perfidy n. विश्वासघात vishvasghat
perforate v.t. छेद करना chhed karna
perforce adv. हठ से hatth se
perform v.t. करना karna
performance n. प्रदर्शन pradarshan
performer n. प्रदर्शन करने वाला pradarshan karne wala
perfume n. सुगंध sugandh
perfume v.t. सुगंधित करना sugandith karna
perhaps adv. कदाचित्र kadachitra
peril v.t. विपत्ति में डालना vipatti mein daalna
peril n. संकट पूरण sankat puran
perilous a. संकटमय sankatmai
period n. समय samay
periodical a. नियतकालिक niyatkalik
periodical n. पत्रिका patrika
periphery n. परिधि paridhi
perish v.i. सड़ना sadna
perishable a. नाश होने योग्य nash hone yogya
perjure v.i. झूठी गवाही देना jhuti gavahi dena
perjury n. झूठी शपथ jhuti shapath
permanence n. स्थिरता sthirta
permanent a. टिकाऊ tikau
permissible a. आज्ञा पाने योग्य agya pane yogya
permission n. अनुमति anumati
permit v.t. आज्ञा देना aagya dena
permit n. अनुमति पत्र anumati patra

permutation n. क्रमवय kramavaya
pernicious a. नाशक naashak
perpetration n अप्रदान-कर्म apradh-karm
perpendicular n. समकोणिक रेखा samkonik rekha
perpetual a. लगातार lagatar
perpetuate v.t. जारी रखना jari rakhna
perplex v.t. व्याकुल करना vyakul karna
perplexity n. झंझट jhanjhat
persecute v.t. कष्ट देना kasht dena
persecution n. उत्पीड़न utpeeran
perseverance n. दृढ़ता drirhta
persist v.i. दृढ़ रहना drirh rahna
persian n. फारसी भाषा Farsi bhasha
persistent a. आग्रही aagrahi
person n. व्यक्ति vyakti
personage n. संभ्रांत जन sambhrant jan
personal a. निजी niji
personality n. व्यक्तित्व vyakatitva
personification n. मूर्तीकरण murtikaran
personify v.t. मानवीकरण करना manavikaran karna
personnel n. कर्मचारी दल karmachari dal
perspective n. दृष्टिकोण drishtikona
perspiration n. पसीना pasina
perspire v.i. पसीना निकलना pasina nikalna
persuade v.t. उकसाना uksana
persuasion n. प्रयत्न-करना prataya-karan
pertain v.i. से सम्बधित se sambandhit
pertinence a. उचित uchit
perturb v.t. व्याकुल करना vyakul karna
perusal n. वाचन vachan
peruse v.t. अनुशीलन anushilan
pervade v.t. व्याप्त होना vyapt hona
perverse a. विकृत vikrit
perversion n. विकृति vikriti
perversity n. दुःशीलता dushilta
pervert v.t. दूषित करना dusit karna
pessimism n. निराशावाद nirashavad

pessimist *n.* निराशावादी nirasavadi
pessimistic *a.* निराश niraash
pest *n.* नाशक जीव naashak jeev
pesticide *n.* कीटनाशक kitnashak
pestilence *n.* महामारी mahamari
pet *v.t.* प्यार करना pyar karna
pet *n.* पालतू जानवर paaltu janawar
petal *n.* फूल की पंखुरी phool ki pankhuri
petition *n.* याचिका yachika
petitioner *n.* निवेदक nivedak
petrol *n.* पेट्रोल petrol
petroleum *n.* खनिज तैल khanij tel
petticoat *n.* पेटीकोट paitikot
petty *a.* छोटा chhota
petulance *n.* दु:शीलता duhshilta
petulant *a.* चिड़चिड़ा chirhchira
phantom *n.* प्रेत pret
pharmacy *n.* दवाखाना davakhana
phase *n.* चरण charan
phenomenal *a.* अद्भुत adbhut
philatelist *adj* टिकट संग्रहरी ticket sangrahi
phial *n.* छोटी बोतल chhoti bottle
philanthropic *a.* उदार udaar
philanthropist *n.* समाजसेवी samajsevi
philanthropy *n.* लोकोपकार lokopakaar
philological *a.* भाषाशास्त्रीय bhashashastriya
philologist *n.* भाषाविद् bhashavid
philology *n.* भाषाविज्ञान bhashavigyan
philosopher *n.* दार्शनिक darshanik
philosophical *a.* दार्शनिक darshanik
philosophy *n.* दर्शनशास्त्र darshanshastra
phone *n.* टेलिफ़ोन telephone
phonetic *a.* ध्वनि संबंधी dhavni sambandhi
phonetics *n.* स्वर शास्त्र swar shastra
phosphate *n.* भास्वीय लवण bhasviya lavan
photochemistry *n.* प्रकाश-रसायन prakash-rasayan

photo *n* फ़ोटो photo
photograph *n* छाया चित्र chhaya chitra
photograph *v.t.* फ़ोटो उतारना photo utarna
photographer *n.* फ़ोटो उतारने वाला photo utarnay wala
photographic *a.* फ़ोटो संबंधी photo sambandhi
photography *n.* फ़ोटो खींचने की कला photo khinchne ki kala
phrase *n.* मुहावरा muhawara
phraseology *n.* वाक्य-शैली vakya-shaili
physic *v.t.* इलाज करना ilaj karna
phrenology *n.* कपाल विज्ञान kapaal vigyan
physical *a.* शारीरिक shaaririk
physician *n.* डॉक्टर docter
physicist *n.* भौतिकशास्त्री bhautikshastri
physics *n.* भौतिक विज्ञान bhautik vigyan
physiognomy *n.* आकृति विज्ञान akriti vigyan
physique *n.* शरीर रचना sharir rachna
pianist *n.* पियानोवादक piyanovadak
piano *n.* पियानो peyano
pick *n.* चुनाव chunav
pick *v.t.* उठाना uthaana
picket *n.* खूंटा khoonta
pickle *n.* अचार achaar
picnic *n.* वन-विहार मनोरंजन van-vihar manoranjan
pictorial *a.* सचित्र sachitra
picture *n.* चित्र chitra
piece *n.* खंड khand
pie *n* कचौरी kachauri
pierce *v.t.* छेदना chhedna
piety *n.* भक्ति bhakti
pigeon *n.* कबूतर kabutar
pigmy *n.* बौना bauna
pile *n* ढेर dher
pile *n.* चिता chita
piles *n.* बवासीर bavaseer
pilgrim *n.* तीर्थयात्री tirthyatri

pilgrimage *n.* तीर्थ tirth sthal
pill *n.* गुटिका gutika
pillar *n.* खम्बा khamba
pillow *v.t.* तकिया लगाना takiya lagana
pillow *n* तकिया takiya
pilot *v.t.* मार्ग दिखलाना marg dekhlana
pilot *n.* विमान चालक viman chalak
pimple *n.* मुंहासा muhaasa
pin *v.t.* नत्थी करना nathi karna
pincer *n.* चिमटा chimta
pinch *v.* चिकोट chikot
pinch *v.t.* चिकोटी काटना chikoti katna
pine *v.i.* लालायित होना lalayit hona
pine *n.* देवदार devdaar
pineapple *n.* अनन्नास ananas
pink *a* हल्के गुलाबी रंग का halke gulabi rang ka
pinchpenny *adj* कंजूस kanjoos
pinkish *a.* हल्का गुलाबी halka gulabi
pinnacle *n.* शिखर shikhar
pioneer *v.t.* मार्ग दिखलाना marg dekhlana
pioneer *n.* मार्ग दर्शक marg darshak
pious *a.* पवित्र pavitra
pipe *n.* बांसुरी bansuri
piquant *a.* तीखा teekha
piracy *n.* समुद्री डकैती samudri daketi
pirate *n.* समुद्री डाकू samudri daku
pistol *n.* पिस्तौल pistol
piston *n.* मुषली mushli
pitch *n.* तारकोल taarkoal
pitch *v.t.* फेंकना phenkana
pitcher *n.* घड़ा gharha
piteous *a.* दीन deen
pitfall *n.* चोर गड्ढा chor gaddha
pitiable *a.* दया का पात्र daya ka patra
pitiful *a.* दयापूर्ण daya purna
pitiless *a.* कठोर kathor
pittance *n.* क्षुद्र वेतन kshudra vetan
pity *v.t.* तरस खाना taras khana
pity *n.* करुणा karuna

pivot *n.* केंद्र-बिंदु kendra-bindu
pivot *v.t.* चूल पर घुमाना chool par ghumana
placard *n.* विज्ञापन पत्र vigyapan patra
place *v.t.* नियुक्त करना niyukt karna
place *n.* स्थल sthal
placid *a.* शांत shant
placet *n* स्वीकृति swikriti
plague *a.* महामारी mahamaari
plain *a.* सीधा sidha
plain *n.* मैदान maidan
plaintiff *n.* वादी vaadi
plan *v.t.* योजना बनाना yojana banana
plan *n.* योजना yojana
plane *v.t.* सम-तल sam-tal
plane *a.* चौरस chauras
plane *n* वायुयान vayuyan
plane *vt* चौरस बनाना chauras banana
planet *n.* ग्रह greh
planetary *a.* ग्रह संबंधी greh sambandhi
plank *v.t.* तख्ते लगाना takhte lagana
plank *n.* लकड़ी का तख्ता lakrhi ka takhta
plant *n.* पौधा paudha
plant *v.t.* वनस्पति जगत vanaspati jagat
plantain *n.* केले का वृक्ष kele ka vriksh
plantation *n.* खेत khet
plaster *v.t.* लेप लगाना lep lagana
plaster *n.* औषधि का लेप aushadhi ka lep
plate *n.* प्लेट plate
plate *v.t.* मुलम्मा करना mulumma karna
plateau *n.* पत्थर patthar
platform *n.* मंच manch
platonic *a.* अफलातूनी aflatooni
platoon *n.* पलटन paltan
play *v.i.* नाटक करना natak karna
play *n.* खेल khel
player *n.* खिलाड़ी khilarhi
plea *n.* बहाना bahana
plead *v.i.* वकालत करना vakalat karna
pleader *n.* वकील vakil

pleasant *a.* मनोहर manohar	poetics *n.* काव्यशास्त्र kavyashastra
pleasantry *n.* आनंद anand	pock *n.* फुंसी phunsi
please *v.t.* प्रसन्न करना prasann karna	poignancy *n.* तीखापन tikhapan
pleasure *n.* आनंद anand	poignant *a.* तीखा tikha
plebiscite *n.* जनमत संग्रह janmat sangrah	point *n.* बिंदु bindu
pledge *v.t.* बंधक रखना bandhak rakhna	point *v.t.* नोकदार बनाना nokdar banana
pledge *n.* बंधक bandhak	poise *n* संतुलन santulan
plenty *n.* प्रचुरता prachurta	poise *v.t.* संभालना sambhalna
plight *n.* दुर्दशा durdasha	poison *v.t.* ज़हर देना zahar dena
plenary *adj* परिपूर्ण pari-puran	poison *n.* विष vish
pleirs *n* जंबूरा jambura	poisonous *a.* विषैला vishaila
plot *n.* भू-खण्ड bhu-khand	poke *n.* धक्का dhakka
plough *v.i* हल से जुताई करना hal se jutai karna	poke *v.t.* कोचना konchna
plough *n.* हल hal	polar *n.* ध्रुवीय dhruwiya
ploughman *n.* हलवाहा halwaha	pole *n.* लंबा डंडा lamba danda
pluck *n* झटका jhatka	police *n.* पुलिस police
pluck *v.t.* तोड़ना torhna	policeman *n.* पुलिस का सिपाही police ka sipahi
plug *n.* गुल्ली gulli	policy *n.* नीति युक्ति niti yukti
plum *n.* आलूबुखारा aalubukhara	polish *n* चमक chamak
plumber *n.* नलकार nalkaar	polish *v.t.* चमकाना chamkana
plunder *n* लूट का माल lut ka maal	polite *a.* विनीत vinit
plunder *v.t.* लूटना lutna	politeness *n.* विनय vinay
plunge *n* डुबकी dubki	politic *a.* नीति चतुर niti chatur
plunge *v.t.* ग़ोता लगाना gota lagana	political *a.* राजनीतिक rajnitik
plural *a.* बहुवचन bahuvachan	politician *n.* राजनीतिज्ञ rajnitigya
plurality *n.* अनेकता anekta	politics *n.* राजनीतिशास्त्र rajnitishastra
plus *a.* अधिक adhik	polity *n.* राजतंत्र rajtantra
plush *n* मखमल makhmal	political science *n* राजनीति शास्त्र rajniti shastra
ply *n* परत parat	poll *n.* मस्तक mastak
ply *v.t.* काम में लाना kaam mein lana	poll *n* मत-दान mat-daan
pneumonia न्यूमोनिया neumonia	pollen *n.* पराग parag
pocket *n.* जेब jeb	pollute *v.t.* दूषित करना dushit karna
pod *n.* फली phali	pollution *n.* प्रदूषण pradushan
poem *n.* कविता kavita	poltergeist *n.* भूत bhoot
poetry *n.* काव्य रचना kavya rachna	polygamy *n.* बहुविवाह प्रथा bahuvivah pratha
poet *n.* कवि kavi	polyglot *n.* बहुभाषी bahubhashi
poetaster *n.* तुक्कड़ tukkarh	polyglot *a.* बहुभाषाविद् bahubhashavidh
poetess *n.* कवयित्री kavyitri	
poetic *a.* कविता संबंधी kavita sambandhi	

polypod *n.* बहुपाद कीड़ा bahupad kidha
polytechnic *a.* बहु-शिल्प bahu-shilp
polytechnic *n.* विविधकला विद्यालय vividhkala vidhaylaya
polytheism *n.* बहुदेववाद bahudev vad
polytheist *n.* बहुदेवपूजक bahudevpujak
polytheistic *a.* बहुदेववादी bahudev vadi
pomp *n.* आडंबर adambar
pompous *a.* आडंबरी aadambari
pond *n.* छोटा तालाब chhota talab
ponder *v.t.* विचार करना vichar karna
pony *n.* छोटा घोड़ा chhota ghoda
poor *a.* निर्धन nirdhan
pop *v.i.* पटकना patkna
popinjay *n* दंभी व्यक्ति dambhi vyakti
pope *n.* रोम का बड़ा पादरी rome ka bada paadari
poplar *n.* चिनार वृक्ष chinar vriksh
poplin *n.* पॉपलीन कपड़ा paplin kapda
populace *n.* साधारण लोग sadharan log
popular *a.* लोकप्रिय lokpriya
popularity *n.* प्रसिद्धि prasiddhi
popularize *v.t.* प्रसिद्ध बनाना prasiddh banana
populate *v.t.* बसाना basana
population *n.* आबादी abadi
populous *a.* बहुसंख्यक bahusankhyak
porcelain *n.* चीनी के मिट्टी बर्तन chini mitti ke bartan
porch *n.* द्वार-मंडप dwar-mandap
pore *n.* रोमकूप romkup
pork *n.* सुअर का मांस suar ka mans
porridge *n.* दलिया dalia
port *n.* बंदरगाह bandargaha
portable *a.* ले जाने योग्य le jane yogya
portage *n.* परिवहन parivahan
portal *n.* सदर दरवाज़ा sadar darwaza
portend *v.t.* पूर्वसूचना देना purv-suchna dena
porter *n.* कुली kuli

portico *n.* बरामदा baramada
portion *n* भाग bhaag
portion *v.t.* बांटना bantana
portrait *n.* छविचित्र chhavichitra
portraiture *n.* चित्रकला chitra-kala
portray *v.t.* वर्णन करना varnan karna
portrayal *n.* चित्रण chitran
pose *v.i.* प्रस्तुतिकरण prastutikaran
pose *n.* मुद्रा mudra
position *n.* स्थान sthan
position *n* अवस्थिति avasthiti
positive *a.* साकारत्माक sakaratmak
possess *v.t.* अधिकार में रखना adhikar mein rakhna
possession *n.* अधिकार adhikar
possibility *n.* संभावना sambhavana
possible *a.* संभव sambhavana
post *n.* खंभा khambha
post *v.t.* खंभे पर लगाना khamve par lagana
post *n* अधिकार adhikaar
post *v.t.* नियुक्त करना niyukt karna
postage *n.* डाक महसूल daak mahusul
postal *a.* डाक संबंधी daak sambandhi
post-date *v.t.* उत्तरदिनांकित करना utterdinankit karna
poster *n.* इश्तिहार ishtihaar
posterity *n.* वंश vansh
posthumous *a.* मरणोत्तर maronotar
postman *n.* डाकिया dakiya
postmaster *n.* पत्रपाल patrapaal
posticoos *a.* बहिर्मुख bahirmukh
post-mortem *n.* शव परीक्षा shav pariksha
post-office *n.* डाकघर daakghar
postpone *v.t.* टालना talna
postponener *n.* स्थगन sthagan
postscript *n.* अनुलेख anulekh
posture *n.* मुद्रा mudra
pot *n.* बरतन bartan
potash *n.* पोटाश potash

potassium *n.* पोटैशियम युक्त potassium yukt	**precedence** *n.* पूर्व आगमन purva agman
potato *n.* आलू aalu	**precedent** *n.* नज़ीर najir
potency *n.* शक्ति shakti	**precept** *n.* उपदेश updesh
potent *a.* प्रबल prabal	**preceptor** *n.* गुरू guru
potential *a.* शक्य shakya	**precious** *a.* महंगा mahanga
potentiality *n.* संभावना sambhawana	**precis** *n.* संक्षेप sankshep
potter *n.* कुम्हार kumhar	**precise** *n.* यथार्थ yatharth
pottery *n.* मिट्टी के पात्र mitte ki patra	**precision** *n.* यथार्थता yatharthta
pouch *n.* थैली thaile	**precursor** *n.* अग्रदूत agradut
poultry *n.* घरेलू मुर्गी gharelu murgi	**predecessor** *n.* पूर्वाधिकारी purvadhikari
pounce *n* झपट्टा jhapatta	**predestination** *n.* पूर्वनियति purvaniyati
pounce *v.i.* झपटना jhapatna	**predicament** *n.* कठिन परिस्थिति kathin paristhiti
pound *v.t.* कूटना kutna	**predicate** *n.* विधेय vidhaya
pour *v.i.* बहना bahana	**predict** *v.t.* भविष्यवाणी करना bhavishvani karna
poverty *n.* कमी kami	**prediction** *n.* भविष्यवाणी bhavishvani
powder *v.t.* बुकनी करना bookni karna	**predominance** *n.* प्रबलता prabalta
powder *n.* पाउडर powder	**predominant** *a.* प्रबल prabal
power *n.* शक्ति shakti	**predominate** *v.i.* प्रमुख होना pramukh hona
powerful *a.* शक्तिशाली shaktishali	**pre-eminence** *n.* उत्कृष्टता uthkrishta
practicability *n.* साध्यता sadhyata	**pre-eminent** *a.* उत्कृष्ट uthkrisht
practicable *a.* करने योग्य karne yogya	**preface** *n.* प्रस्तावना prastavana
practical *a.* उपयोगी upyogi	**preface** *v.t.* भूमिका लिखना bhumika lekhna
practice *n.* क्रिया kriya	**preference** *n.* पसंद pasand
practise *v.t.* अभ्यास करना abhyas karna	**preferential** *a.* तरजीही jarjihi
practitioner *n.* व्यवसायी vyavasayee	**prefix** *n.* उपसर्ग upsarga
pragmatic *a.* व्यवहारमूलक vyavaharmulak	**prefix** *v.t.* उपसर्ग लगाना upsarga lagana
praise *n.* प्रशंसा prashansa	**pregnancy** *n.* गर्भावस्था garbhavastha
praise *v.t.* प्रशंसा करना prashansa karna	**pregnant** *a.* गर्भवती garbhavarti
praiseworthy *a.* सराहने योग्य sarhane yogya	**prehistoric** *a.* प्रागैतिहासिक pragetihasik
prank *n.* क्रीड़ा krirha	**prejudice** *n.* पूर्वधारणा purvadharna
prattle *n.* बचकानी बात bachkani baat	**prelate** *n.* धर्माधिकारी dharmadhikari
pray *v.i.* प्रार्थना करना prathana karna	**preliminary** *a.* प्राथमिक prathamik
prayer *n.* प्रार्थना prathana	**preliminary** *n* प्रारंभिक कार्यवाही prarmbhik karyavahi
preacher *n.* धर्मोपदेशक dharmopadeshak	**prelude** *n.* मंगलाचरण manglacharan
preamble *n.* भूमिका bhumika	**prelude** *v.t.* परिचित कराना parichit karna
precaution *n.* चौकसी chaukasi	
precede *v.* आगे होना aage hona	

premarital *a.* विवाह से पूर्व का vivah se purva ka
premature *a.* कालपूर्व kaal purva
premeditate *v.t.* पूर्वयोजन करना purvayojan karna
premeditation *n.* पूर्वचिंतन purvachintan
premier *a.* प्रमुख pramukh
premier *n* प्रधानमंत्री pradhanmantri
premiere *n.* प्रथम प्रदर्शन pratham pradarshan
premium *n.* बीमा शुल्क bima shulk
premonition *n.* पूर्वबोध purvavbodh
preoccupation *n.* मानसिक व्यस्तता mansik vyastata
preoccupy *v.t.* तल्लीन करना tallin karna

preparatory *a.* प्रारंभिक prarambhik
prepare *v.t.* तैयार करना taiyyar karna
preponderance *n.* प्रमुखता pramukhta
preponderate *v.i.* प्रबल prabal
preposition *n.* पूर्वसर्ग purvasarg
prerequisite *a.* पूर्वापेक्षित purvapekshit
prerequisite *n* पूर्वापेक्षा purvapeksha
prerogative *n.* परमाधिकार parmadhikaar
prescience *n.* पूर्वबोध purvabodh
prescribe *v.t.* निर्धारित करना nirdharit karna
prescription *n.* निर्धारण nirdharan
presence *n.* उपस्थिति upasthiti
present *a.* विद्यमान vidyaman
present *n.* वर्तमान vartaman
present *v.t.* प्रस्तुत करना prastut karna
presentation *n.* उपहार प्रदान करना uphar pradan karna
presently *adv.* शीघ्र shighrah
preservation *n.* परिरक्षण parirakshan
preservative *n.* परिरक्षक parirakshak
preservative *a.* परिरक्षी parirakshi
preserve *v.t.* बनाए रखना banay rakhna
preserve *n.* परिरक्षित वस्तु parirakshit vastu

preside *v.i.* सभापति होना sabhapati hona
press *v.t.* जल्दी करना jaldi karna
press *n* छपाई की मशीन chhapai ki machine
pressure *n.* कष्ट kashth
pressurize *v.t.* दबाव डालना dabav dalna
prestige *n.* प्रतिष्ठा pratishtha
prestigious *a.* प्रतिष्ठा संबंधी pratishtha sambandhi
presume *v.t.* साहस करना sahas karna
presumption *n.* अनुमान anuman
presuppose *v.t.* मान लेना maan lena
presupposition *n.* पूर्वधारणा purvadharna
pretence *n.* बहाना bahana
pretend *v.t.* बहाना करना bahana karna
pretension *n.* दावा dava
pretentious *a.* मिथ्या दावेदार mithya daavaidaar
pretext *n* बहाना bahana
prettiness *n.* सुंदरता sundarta
pretty *a* सुंदर sundar
pretty *adv.* बहुत कुछ bahut kuch
prevail *v.i.* सफल होना safal hona
prevalence *n.* प्रचलन prachalan
prevalent *a.* प्रबल prabal
prevent *v.t.* बाधा डालना badha dalna
prevention *n.* निवारण nivaran
preventive *a.* निवारक nivarak
previous *a.* पहला pahla
prey *n.* शिकार shikaar
prey *v.i.* शिकार करना shikaar karna
price *n.* महत्व mahatva
prick *v.t.* प्रेरित करना prairet karna
prick *n.* कांटा kanta
pride *n.* अभिमान abhiman
pride *v.t.* अभिमान करना abhiman karna
priest *n.* पुरोहित purohit
priestess *n.* पुजारिन pujarin
priesthood *n.* पुरोहित वर्ग purohit varg

prima facie *adv.* प्रथम द्रष्टया pratham dristiya
primarily *adv.* मूलत: mulat:
primary *a.* प्रधान pradhan
prime *a.* आधारभूत adharbhut
prime *n.* यौवन yuvan
primer *n.* प्रवेशिका praveshika
primeval *a.* आदि युगीन adi yugin
primitive *a.* पुरातन puratan
prince *n.* राजकुमार rajkumar
princely *a.* शानदार shandar
princess *n.* राजकुमारी rajkumari
principal *n.* प्रधान व्यक्ति pradhan vyakti
principal *a* प्रथम pratham
principle *n.* ईमानदारी imandari
print *n* निशान nishan
printer *n.* मुद्रक mudrak
prior *a.* पूर्ववर्ती purvavarti
prior *n* मठाध्यक्ष mathadhyaksh
prioress *n.* मठाध्यक्षा mathadhyaksha
priority *n.* प्रथमता prathamta
prison *n.* कारागार karagaar
prisoner *n.* बंदी bandi
privacy *n.* एकांत ekant
private *a.* गैर सरकारी ghair sarkari
privation *n.* असुविधा asuvidha
privilege *n.* विशेषाधिकार vishaishadhikar
prize *n.* पुरस्कार puraskar
prize *v.t.* कद्र करना kadra karna
probability *n.* संभावना sambhavana
probable *a.* संभावित sambhavit
probably *adv.* संभवतया sambhavayata
probation *n.* परिवीक्षा काल pariviksha kaal
probationer *n.* परिवीक्षार्थी parivishharthi
probe *n* जांच पड़ताल janch padtal
problem *n.* समस्या samasya
problematic *a.* समस्यात्मक samasyatmak
procedure *n.* कार्यपद्घति karyapaddhati
proceed *v.i.* कार्य जारी रखना karya jari rakhna
proceeding *n.* कानूनी कार्यवाही kanuni karyavahi
process *n.* प्रगति pragati
procession *n.* जुलूस julus
proclaim *v.t.* घोषणा करना ghoshna karna
proclamation *n.* घोषणा ghoshna
proclivity *n.* झुकाव jhukao
procrastinate *v.i.* टालमटोल करना taalmatol karna
procrastination *n.* टालमटोल taalmatol
proctor *n.* अनुशासन अधिकार anushasan adhikaari
procure *v.t.* प्राप्त करना prapt karna
procurement *n.* प्राप्ति prapti
prodigal *a.* अपव्यय apvyaya
prodigality *n.* उदारता udarta
produce *v.t.* पूर्ति करना purti karna
produce *n.* कृषि उत्पादन krishi utpaadan
product *n.* परिणाम parinaam
production *n.* उत्पादन utpadan
productive *a.* उत्पादक uthpadak
productivity *n.* उत्पादकता uthpadakta
profane *v.t.* अपवित्र करना apvitra karna
profane *a.* अश्लील ashlil
profession *n.* घोषणा ghoshna
professional *a.* व्यवसाय संबंधी vyavasay sambandhi
professor *n.* प्राध्यापक pradhyapak
proficiency *n.* निपुणता nipunnta
proficient *a.* प्रवीण pravin
profile *n.* रेखाचित्र rekhachitra
profit *n.* लाभ labh
profit *v.t.* लाभ पहुंचाना labh pahuchana
profitable *a.* लाभकारी labhkari
profiteer *n.* मुनाफ़ाख़ोर munafakhor
profiteer *v.i.* मुनाफ़ाख़ोरी करन munafakhori karna
profligacy *n.* अनैतिकता anaitekta
profligate *a.* लापरवाह laparvah
profound *a.* गहन gahan

profundity *n.* गहराई geharai	**propagandist** *n.* प्रचारक pracharak
profuse *a.* प्रचुर prachur	**propagate** *v.t.* फैलाना failana
profusion *n.* प्रचुरता prachurta	**propagation** *n.* प्रसारण prasaran
progeny *n.* संतान santan	**propel** *v.t.* ठेलना thelna
programme *n.* योजना yojana	**proper** *a.* उचित ucchit
programme *v.t.* कार्यक्रम बनाना karyakarm banana	**property** *n.* गुणधर्म gundharm
progress *n.* प्रगति pragati	**prophecy** *n.* भविष्यकथन bhavishyakathan
progress *v.i.* प्रगति करना pragati karna	**prophesy** *v.t.* पहले से बता देना pahle se bata dena
progressive *a.* प्रगतिशील pragatishil	**prophet** *n.* पैग़ंबर paighambar
prohibit *v.t.* मना करना mana karna	**prophetic** *a.* पैग़ंबरी paighambari
prohibition *n.* निषेध nishedh	**proportion** *n.* अनुपात anupat
prohibitory *a.* निषेधात्मक nishedhatmak	**proportion** *v.t.* समानुपातन करना samanupatan karna
project *n.* योजना yojana	**proportional** *a.* समानुपातिक samanupatik
projectile *n.* प्रक्षेपणास्त्र prakshepanastra	**proportionate** *a.* समानुपाती samanupati
projectile *a* प्रक्षेप्य prakshepya	**proposal** *n.* सुझाव sujhao
projector *n.* प्रक्षेपित्र prakshepitr	**propose** *v.t.* प्रस्तावित करना prastavit karna
proliferation *n.* तीव्र बृद्धि tivra vridhi	**proposition** *n.* कथन kathan
prolific *a.* फलदायक faldayak	**propound** *v.t.* प्रस्तावित करना prastavit karna
prologue *n.* भूमिका bhumika	**proprietary** *a.* मालिकाना malikana
prolong *v.t.* लंबा करना lamba karna	**proprietor** *n.* स्वामी swami
prolongation *n.* दीर्घीकरण dirghikaran	**propriety** *n.* उपयुक्तता upyuktata
prominence *n.* विशिष्टता vishishitata	**prorogue** *v.t.* अवसान करना avasan karna
prominent *a.* विशिष्ट vishishit	**prosaic** *a.* नीरस niras
promise *v.t* वचन देना vachan dena	**prose** *n.* गद्य gadhya
promise *n* वादा vada	**prosecute** *v.t.* मुकदमा चलाना muqaddma chalana
promising *a.* होनहार honehaar	**prosecution** *n.* अभियोजन abhiyojan
promissory *a.* प्रतिज्ञात्मक pratigyatmak	**prosecutor** *n.* अभियोक्ता abhiyokta
promote *v.t.* बढ़ावा देना badhava dena	**prosody** *n.* छंदशास्त्र chhandshastra
promotion *n.* विकास vikas	**prospect** *n.* आशा asha
prompt *a.* तत्पर tatpar	**prospective** *a.* भावी bhavi
prompt *v.t.* प्रेरित करना prairet karna	**prospectus** *n.* विवरण पुस्तिका vivran pustika
prompter *n.* अनुबोधक anubodhak	**prosper** *v.i.* सफल होन safal hona
prone *a.* इच्छुक icchuk	**prosperity** *n.* सफलता safalta
pronoun *n.* सर्वनाम sarvanaam	**prosperous** *a.* सफल safal
pronunciation *n.* उच्चारण uccharan	
proof *n.* प्रमाण pramaan	
prop *n.* थूनी thuni	
prop *v.t.* सहारा देना sahara dena	
propaganda *n.* प्रचार prachar	

prostitute *n.* वेश्या veshya
prostitute *v.t.* दुरूपयोग करना durupyog karna
prostitution *n.* दुरूपयोग durpayog
prostrate *a.* पराजित parajit
prostrate *v.t.* गिरा देना gira dena
prostration *n.* दंडवत् अवस्था dandvat karna
protagonist *n.* नायक nayak
protection *n.* बचाव bachav
protective *a.* संरक्षी sanrakshi
protector *n.* रक्षक rakshak
protein *n.* प्रोटीन protein
protest *n.* विरोध virodh
protest *v.i.* प्रतिवाद करना prativad
protestation *n.* विरोध virodh
prototype *n.* आदिरूप adirup
proud *a.* घमंडी ghamandi
prove *v.t.* प्रमाणित करना pramanit karna
proverb *n.* कहावत kahavat
proverbial *a.* सर्वविदित sarvavadit
provide *v.i.* तैयारी करना taiyari karna
providence *n.* दूरदृष्टि durdrishti
provident *a.* दूरदर्शी durdarshi
providential *a.* शुभ shubh
province *n.* प्रांत prant
provincial *a.* प्रान्तीय prantiya
provincialism *n.* संकीर्णता sankirnata
provision *n.* भंडार bhandar
provisional *a.* अस्थायी asthayi
proviso *n.* शर्त shart
provocation *n.* चिढ़ने का कारण chirdhne ka karan
provocative *a.* उत्तेजक uttejak
provoke *v.t.* चिढ़ाना chhedna
prowess *n.* वीरता virta
proximate *a.* निकट संबंधी nikat sambandhi
proximity *n.* निकटता nikatta

proxy *n.* अधिकृत कार्यकर्ता adhikrit karyakarta
prudence *n.* सावधानी savdhani
prudent *a.* विवेक vivek
prudential *a.* विवेकपूर्ण vivekpurna
prune *v.t.* छंटाई करना chhantai karna
pry *v.i.* ताक झांक करना taak jhaank karna
psalm *n.* धार्मिक भजन dharmik bhajan
pseudonym *n.* छद्नाम chhadram
psyche *n.* मानसिकता mansikta
psychiatrist *n.* मनश्चिकित्सक manashchikitsak
psychiatry *n.* मनश्चिकित्सा manashchikitsa
psychic *a.* मनोवैज्ञानिक manovaigyanik
psychological *a.* मनोवैज्ञानिक manovaigyanik
psychologist *n.* मनोविज्ञानी manovigyani
psychology *n.* मनोविज्ञान manovigyan
psychopath *n.* मनोरोगी manorogi
psychosis *n.* मनोविकृति manovikriti
psychotherapy *n.* मनश्चिकित्सा manashchikitsa
puberty *n.* तारूण्य tarunya
public *a.* सार्वजनिक sarvajanik
public *n.* जनता janta
publication *n.* प्रकाशन prakashan
publicity *n.* प्रचार prachar
publicize *v.t.* प्रचारित करना pracharit karna
publish *v.t.* प्रकाशित करना prakashit karna
publisher *n.* प्रकाशक rakashak
pudding *n.* पुडिंग pudding
puddle *n.* पोखर pokhar
puddle *v.t.* गंदला करना gandala karna
puerile *a.* बचकाना bachkana
puff *n.* झोंका jhonka
pull *v.t.* उखाड़ना ukhadana
pull *n.* प्रभाव prabhav
pulley *n.* घिरनी ghirni

pullover *n.* जरसी jarsi
pulp *n.* गूदा gooda
pulp *v.t.* लुग़दी बनाना lugdi banana
pulpit *a.* प्रवचन मंच pravachan manch
pulpy *a.* गूदेदार goodedar
pulsate *v.i.* धड़कना dhadkana
pulsation *n.* धड़कन dhadkan
pulse *n.* नब्ज़ nabz
pulse *v.i.* स्पंदित होना sampadit hona
pulse *n* दाल dal
pump *n.* पंप pump
pump *v.t.* पंप से उठाना pump se uthana
pumpkin *n.* कद्दू kaddu
pun *n.* यमक yamak
punch *n.* मुक्का mukka
punch *v.t.* मुक्का मारना mukka marna
punctual *a.* समय का पाबंद samay ka paband
punctuality *n.* समय की पाबंदी samay ki pabandi
punctuation *n.* विराम चिह्न विधान viram chihn vidhan
puncture *n.* छेदन chhedan
puncture *v.t.* नोक से छेद करना nok se chhed karna
pungency *n.* तीखापन tikhapan
pungent *a.* तीव्र tivra
punish *v.t.* दंड देना dand dena
punishment *n.* दंड dand
punitive *a.* दंडात्मक dandatmak
puny *a.* छोटा व दुर्बल chhota va durlabh
pupil *n.* पुतली putli
puppet *n.* अधीन व्यक्ति adhin vyakti
puppy *n.* पिल्ला pilla
purblind *n.* चुंधा chhundha
purchase *v.t.* ख़रीदना kharidana
purchase *n.* ख़रीद kharid
pure *a* पवित्र pavitra
purgation *n.* विरेचन virechen
purgative *n.* विरेचक पदार्थ virechek padarth
purgative *a* शोधक shodhak
purgatory *n.* शुद्धि का स्थान shudhi ka sthan
purge *v.t.* पवित्र करना pavitra karna
purification *n.* शुद्धिकरण shudhikaran
purify *v.t.* पवित्र करना pavitra karna
purist *n.* शुद्धिवादी shudhivadi
puritan *n.* नियमनिष्ठ व्यक्ति niyamnishth vyakti
puritanical *a.* नैतिकतावादी naitikatavadi
purity *n.* शुचिता shuchita
purple *adj./n.* बैंगनी baingani
purport *v.t.* दावा करना dawa karna
purpose *n.* प्रयोजन paryojan
purpose *v.t.* उद्देश्य रखना uddeshya rakhna
purposely *adv.* जानबूझकर jaanbhujkar
purr *v.i.* म्याऊँ करना miaun karna
purse *n.* बटुआ batua
pursuance *n.* पालन palan
pursue *v.t.* पीछा करना peecha karna
pursuit *n.* धंधा dhanda
purview *n.* परिधि paridhi
pus *n.* मवाद mavad
push *v.t.* ज़ोर देना zor dena
push *n.* धक्का dhakka
put *v.t.* रखना rakhna
puzzle *n.* उलझन uljhan
pygmy *n.* बौना bauna
pyorrhoea *n.* पायरिया payaria
pyramid *n.* पिरामिड piramid
pyre *n.* चिता chita
python *n.* अजगर ajgar

Q

quack *n* बतख का शब्द batakh ka shabd
quackery *n.* नीमहकीमी neemhakimi

quadrangle *n.* चौकोर आंगन chaukor angan
quadrangular *a.* चतुष्कोणीय chatushkoniya
quadrilateral *a. & n.* चार भुजा की chaar bhuja ki
quadruped *n.* चौपाया chaupaya
quadruple *a.* चौगुना chauguna
quadruple *v.t.* चौगुना करना chauguna karna
quail *n.* बटेर batair
quaint *a.* विचित्र vichitra
quake *n* कंपकंपी kapkampi
quake *v.i.* कांपना kampna
qualification *n.* मर्यादा maryada
qualify *v.i.* सीमित करना seemit karna
qualitative *a.* जाति jaati
quality *n.* पद pad
quandary *n.* दुविधा duvidha
quantitative *a.* परिणाम संबंधी parinam sambandhi
quantity *n.* विस्तार vistaar
quarrel *v.i.* झगड़ना jhagarhna
quarrel *n.* झगड़ा jhagrha
quarrelsome *a.* लड़ाका larhaka
quarry *n.* खदान khadaan
quarter *v.t.* चार भाग करना char bhag karna
quarter *n.* स्थान sthan
queen *n.* महारानी maharani
queer *a.* अनूठा anutha
quell *v.t.* वश में करना vash mein karna
quench *v.t.* शांत करना shant karna
query *n* प्रश्न prashan
query *v.t* प्रश्न करना prashan karna
query *n.* पूछताछ puchtach
quest *n.* अनुसंधान anusandhan
quest *v.t.* खोज करना khoj karna
question *v.t.* संदेह करना sandeh karna
question *n.* जांच janch

questionable *a.* संदेहयुक्त sandehyukt
questionnaire *n.* प्रश्नमाला prashanmaala
queue *n.* पंक्ति pankti
quibble *v.i.* वाक्छल करना vakrchal karna
quibble *n.* वाक्छल vakrchal
quick *a.* फुर्तीला furteela
quicksilver *n.* पारद paarad
quiet *a.* चुपचाप chupchaap
quiet *n.* शांति shaanti
quiet *v.t.* स्थिर करना sthir karna
quilt *n.* तोषक की खोली tooshak ki kholi
quinine *n.* कुनैन kunain
quintessence *n.* मुख्य लक्षण mukhya lakshan
quit *v.t.* छोड़ना chodna
quite *adv.* बिलकुल bilkul
quiver *v.i.* कांपना kampana
quiver *n.* तरकस tarkas
quixotic *a.* वीरतापूर्ण virtapurna
quiz *v.t.* प्रश्न पूछना prashan puchna
quorum *n.* कोरम koram
quota *n.* कोटा kota
quotation *n.* प्रचलित मूल्य prachlit mulya
quote *v.t.* मूल्य बतलाना mulya batana
quotient *n.* भागफल bhagphal

R

rabbit *n.* खरगोश khargosh
rabies *n.* जलातंक jalatank
race *v.i* तेज़ दौड़ना tez daurhana
race *n.* वंश vansh
rack *n.* शिकंजा shikanja
rack *v.t.* मरोड़ना marorhna
racket *n.* टेनिस का बल्ला tenis ka balla
radiance *n.* चमक chamak
radiant *a.* चमकीला chamakeea
radiate *v.t.* प्रसारित करना prasarit karna
radiation *n.* प्रसारण prasaran

radical *a.* मौलिक maulik
radio *n.* बिना तार का यंत्र bina taar ka yantr
radish *n.* मूली mauli
radium *n.* रेडियम धातु radium dhatu
radius *n.* त्रिज्या trijya
rag *v.t.* कष्ट देना kasht dena
rag *n.* वस्त्रखंड vastrkhand
rage *v.i.* क्रोध करना krodh karna
rage *n.* क्रोध krodh
raid *v.t.* धावा बोलना dhava bolna
raid *n.* छापा chapa
rail *v.t.* गाली देना gaali dena
rail *n.* रेलमार्ग railmarg
railing *n.* घेरा ghera
raillery *n.* मज़ाक mazaak
railway *n.* रेलपथ railpath
rain *n* वर्षा varsha
rain *v.i.* वर्षा होना varsha hona
rainy *a.* वर्षावाला varshwala
raise *v.t.* निर्माण करना nirman karna
raisin *n.* किशमिश kishmish
rally *n* लंबी भिड़ंत lambi bhindant
rally *v.t.* शक्ति जुटाना shakti jutaana
ram *v.t.* टक्कर मारना takkar maarna
ram *n.* भेड़ा bhera
ramble *n* पर्यटन paryatan
ramble *v.t.* घूमना ghumana
rampant *a.* अनियंत्रित aniyantrit
rampart *n.* किले की दीवार kile ki diwar
rancour *n.* गहरी शत्रुता gahari shatruta
random *a.* एकाएक किया हुआ eka- ek kiya hua
range *n.* चांदमारी chandmari
range *v.t.* क्रम से रखना kram se rakhna
ranger *n.* वनपाल vanpal
rank *v.t.* स्थान रखना sthan rakhna
rank *a* अशिष्ट ashisht
rank *n.* पंक्ति pankti
ransack *v.t.* खोजना khojna
ransom *n.* रिहाई rihayee

rape *v.t.* बलात्कार करना balatkar karna
rape *n.* बलात्कार balaatkar
rapid *a.* तीव्र tivra
rapidity *n.* तीव्रता tivrata
rapier *n.* हल्की तलवार halki
rapport *n.* मेल mail
rapt *a.* तन्मय tanmaya
rapture *n.* हर्षातिरेक harshatirek
rare *a.* विरल viral
rarefaction *n* सुखाने का कार्य sukhane ka karya
rascal *n.* धूर्त व्यक्ति dhurt vyakti
rash *a.* जल्दबाज़ jaldbaaz
rat *n.* चूहा chuha
rate *n.* अनुपात anupaat
rate *v.t.* मूल्यांकन करना mulyankan karna
rather *adv.* कुछ-कुछ kuch kuch
ratify *v.t.* पुष्टि करना pushti karna
ratio *n.* अनुपात anupaat
ration *n.* रसद rasad
rational *a.* विवेकशील viveksheel
rationality *n.* तर्कशक्ति tarkshakti
rattle *v. t* खड़खड़ाना kharhkharhana
rattle *n* खड़खड़ kharhkharh
ravage *v.t.* तहस नहस करना tahas nahas karna
ravage *n.* विध्वंस vidhwans
rave *v.i.* बड़बड़ाना badbadana
raven *n.* काला कौआ kala kawa
ravine *n.* कंदरा kandra
raw *a.* अनिर्मित anirmit
ray *n.* किरण kiran
raze *v.t.* भूमिसात करना bhumisat karna
razor *n.* उस्तरा ustara
reach *v.t.* प्राप्त करना prapt karna
react *v.i.* प्रतिकार करना pratikar karna
reaction *n.* विरुद्ध क्रिया virudh kriya
read *v.t.* बोलना bolna
reader *n.* रीडर reader
readily *adv.* सुख से sukh se

readiness *n.* इच्छा ichcha	recent *a.* ताज़ा taaza
ready *a.* तैयार taiyar	recently *adv.* हाल ही में haal hi mein
real *a.* असली asali	reception *n.* स्वागत swagat
realism *n.* यथार्थ yatharth	receptive *a.* शीघ्र ग्रहणकारी shighra grahankari
realist *n.* यथार्थवादी yatharthavadi	recess *n.* गुप्त स्थान gupt sthan
realistic *a.* यथार्थवादी yatharthavadi	recession *n.* वापसी vapasi
reality *n.* वास्तविकता vastvikta	recipe *n.* पाक विधि paak vidhi
realization *n.* वसूली vasuli	recipient *n.* प्रापक prapak
realize *v.t.* वसूल करना vasool karna	reciprocal *a.* पारस्परिक parasparik
really *adv.* वास्तव में vastav mein	reciprocate *v.t.* अदल बदल करना adal badal karna
realm *a.* राज्य rajya	recital *n.* गायन प्रस्तुति gayan prastuti
reaper *n.* फ़सल-कट मशीन fasal kat machine	recitation *n.* पाठ path
rear *v.t.* पालन पोषण करना palan poshan karna	recite *v.t.* सुनाना sunana
rear *n.* पिछला भाग pichla bhag	reckless *a.* जल्दबाज़ jaldbaazi
reason *v.i.* तर्क करना tark karna	reckon *v.t.* अनुमान लगाना anuman lagana
reason *n.* कारण karan	reclaim *v.t.* सुधारना sudharana
reasonable *a.* तर्कशील tarkasheel	reclamation *n* सुधार sudhar
reassure *v.t.* पुन: विश्वास दिलाना puna vishwas dilana	recluse *n.* एकांतवासी ekantvasi
rebate *n.* छूट chut	recognition *n.* पहचान pehchan
rebel *v.i.* विद्रोह करना vidroh karna	recognize *v.t.* पहचान लेना pehchan lena
rebel *n.* विद्रोही vidroohi	recoil *v.i.* वापस निकल जाना vapas nikal jana
rebellion *n.* बग़ावत bagawat	recoil *adv.* वापसी vapasi
rebellious *a.* बाग़ी baagi	recollect *v.t.* स्मरण करना smaran karna
rebirth *n.* पुनर्जन्म punarjanm	recollection *n.* स्मरण smaran
rebound *v.i.* प्रतिक्षिप्त होना pratikshipt hona	recommend *v.t.* प्रशंसा करना prashansa karna
rebound *n.* उच्छलन uchalana	recommendation *n.* संस्तुति sanstuti
rebuff *v.t.* रोकना rokana	recompense *n.* पुरस्कार puruskar
rebuff *n.* पराजय parajay	recompense *v.t.* प्रतिफल देना pratifal dena
rebuke *n.* फटकार phatkaar	reconcile *v.t.* मेलमिलाप कराना mailmilap karna
rebuke *v.t.* फटकारना phatkarna	reconciliation *n.* मित्रता का नवीनीकरण mitrata ka navinikaran
recall *n.* वापस बुलाना vapas bulaana	record *v.t.* अंकित करना ankit karna
recede *v.i.* पीछे या दूर जाना piche ya dur jana	record *n.* कीर्तिमान kirtiman
receipt *n.* पावती pavati	recorder *n.* लेखक lekhak
receive *v.t.* स्वीकार करना swikaar karna	recount *v.t.* ब्यौरा देना byora dena
receiver *n.* पानेवाला panewaala	

recoup *v.t.* क्षतिपूर्ति करना kshatipurti karna	reflect *v.t.* परावर्तित करना paravartit karna
recourse *n.* आश्रय ashrya	reflection *n.* परावर्तन paravartan
recover *v.t.* वापिस पाना vapis pana	reflective *a.* परावर्तक paravartak
recovery *n.* वसूली vasuli	reflector *n.* प्रतिक्षेपक pratikshepak
recreation *n.* मनोरंजन manoranjan	reflex *a* परावर्तित paravartit
recruit *v.t.* भर्ती करना barti karna	reflex *n.* अनैच्छिक क्रिया anaichik kriya
recruit *n.* रंगरूट rangroot	reflexive *a* कर्त्ता संबंधी karta sambandhi
rectangle *n.* आयत aayat	reform *n.* सुधार sudhaar
rectangular *a.* आयताकार aytaakaar	reform *v.t.* सुधारना sudharna
rectification *n.* समाधान samaadhaan	reformation *n.* सुधार sudhaar
rectify *v.i.* सही करना sahi karna	reformatory *n.* सुधार गृह sudhar greha
rectum *n.* गुदा, मलद्वार gudda, maldwar	reformatory *a* सुधारात्मक sudharatmak
recur *v.i.* पुनरावृत्ति होना punravrati hona	reformer *n.* सुधारक sudharak
recurrence *n.* पुनरागमन punragaman	refrain *v.i.* अलग रहना alag rehna
recurrent *a.* आवर्तक avartak	refresh *v.t.* नया करना naya karna
red *n.* लाल रंग laal rang	refreshment *n.* जलपान jalpaan
red *a.* लाल रंग का laal rang ka	refrigerate *v.t.* शीतल करना sheetal karna
redden *v.t.* लाल होना laal hona	refrigeration *n.* प्रशीतन prashitan
reddish *a.* ललछौंहां lalchauhan	refrigerator *n.* प्रशीतित्र prashititr
redeem *v.t.* मुक्त करना mukt karna	refuge *n.* शरण sharan
redemption *n.* छुटकारा chutkara	refugee *n.* शरणार्थी sharanarthi
redouble *v.t.* बढ़ाना badhana	refulgence *n.* चमक chamak
redress *n* सुधार sudhaar	refulgent *a.* देदीप्यमान dedipyaman
redress *v.t.* उपाय करना upaya karna	refund *v.t.* लौटाना lautana
reduce *v.t.* कम करना kam karna	refund *n.* धन की वापसी dhan ki wapasi
reduction *n.* कमी kami	refusal *n.* प्रतिषेध pratishedh
redundancy *n.* फ़ालतूपन phaltupan	refuse *v.t.* मना करना mana karna
redundant *a.* अनावश्यक anavashyak	refuse *n.* मल mal
reel *n.* रील reel	refutation *n.* खंडन khandan
reel *v.i.* लड़खड़ाना ladkhadana	refute *v.t.* खंडन करना khandan karna
refer *v.t.* भेजना bhejana	regal *a.* राजकीय rajkiya
referee *n.* निर्णयकर्त्ता nirnayakarta	regard *n.* ध्यान dhyan
reference *n.* निर्देशन nirdeshan	regard *v.t.* आदर करना aadar karna
referendum *n.* जनमत संग्रह janmat sangreh	regenerate *v.t.* सुधारना sudharna
	regeneration *n.* सुधार sudhar
refine *v.t.* शुद्ध करना shudh karna	regicide *n.* राजहंता rajhanta
refinement *n.* शुद्धता shudhata	regime *n.* प्रशासन prashasan
refinery *n.* परिशोधनशाला parishodhan shala	regiment *n.* सैन्यदल sainyadal
	regiment *v.t.* संगठित करना sangathit karna

region n. भूभाग bhubhaag	relate v.t. बताना bataana
regional a. क्षेत्रीय kshetriya	relation n. संबंध sambandh
register n. लेखा lekha	relative n. रिश्तेदार rishtedar
register v.t. दर्ज करना darj karna	relative a. सापेक्ष sapeksh
registrar n. पंजीयक panjiyak	relax v.t. शिथिल करना shithil karna
registration n. पंजीयन panjiyan	relaxation n. शिथिलता shithilta
registry n. पंजीयन panjiyan	relay n. नई टोली nayee toli
regret n खेद khed	relay v.t. प्रसारित करना prasarit karana
regret v.i. दुःखी होना dukhi hona	release n प्रकाशन prakashan
regular a. औपचारिक aupacharik	release v.t. मुक्त करना mukt karana
regularity n. नियमितता niyamitata	relent v.i. नरम पड़ना naram padana
regulate v.t. नियमित करना niyamit karna	relentless a. दयाहीन dayaheen
regulation n. व्यवस्थापन vyvasthapan	relevance n. प्रासंगिकता prasangikta
regulator n. प्रबंधकर्त्ता prabandhakarta	relevant a. प्रासंगिक prasangik
rehabilitate v.t. पूर्व अवस्था में लाना purva awastha	reliable a. विश्वसनीय vishvasaniya
	reliance n. भरोसा bharosa
rehabilitation n. पुनर्निवेशन punarnirveshan	relic n. निशानी nishani
	relief n. आराम aaram
rehearsal n. पूर्व प्रयोग purv prayog	relieve v.t. कम करना kam karana
rehearse v.t. दुहराना duharana	religion n. धर्म dharm
reign v.i. राज्य करना rajya karna	religious a. धार्मिक dharmik
reign n राज्यकाल rajyakal	relinquish v.t. त्याग देना tyag dena
reimburse v.t. लौटाना lautana	relish n स्वाद swad
rein v.t. रोकना rokana	relish v.t. स्वाद लेना swad lena
rein n. लगाम lagam	reluctance n. अनिच्छा anichcha
reinforce v.t. सुदृढ़ बनाना sudridh banana	reluctant a. अनिच्छुक anichchuk
reinforcement n. सुदृढ़ीकरण sudhridhikaran	rely v.i. निर्भर होना nirbhar hona
	remain v.i. रहना rehna
reinstate v.t. बहाल करना behal karna	remainder n. शेष shesh
reinstatement n. बहाली bahaali	remains n. अवशेष avshesh
reiterate v.t. बार बार दुहराना baar baar duhrana	remand n जेल वापसी jail wapasi
	remand v.t. पुनः जेल भेजना punh jail bhejna
reiteration n. पुनरावृत्ति punravrati	remark n. टिप्पणी tippani
reject v.t. अस्वीकार करना aswikar kárana	remarkable a. असाधारण asadharan
rejection n. अस्वीकार aswikar	remedial a. उपचारी upchaari
rejoice v.i. प्रसन्न होना prasanna hona	remedy n. उपाय upaya
rejoin v.t. प्रत्युत्तर देना pratyuttar dena	remedy v.t ठीक करना thik karana
rejoinder n. प्रत्युत्तर pratyuttar	remember v.t. स्मरण रखना smaran karna
rejuvenation n. नई जवानी nayee jawani	remembrance n. स्मारक smarak
relapse n. पतन patan	

remind *v.t.* याद दिलाना yaad dilaana
reminder *n.* स्मरणपत्र smaran patar
reminiscence *n.* स्मरण smaran
remission *n.* कमी kami
remit *v.t.* शिथिल करना shithil karna
remittance *n.* प्रेषण preshan
remorse *n.* पश्चाताप pashchatap
remote *a.* दूरस्थ durasth
removable *a.* हटाने योग्य hatane yogya
removal *n.* हटाने का कार्य hatane ka karya
remove *v.t.* हटाना hatana
remunerate *v.t.* मज़दूरी देना mazdoori dena
remuneration *n.* पुरस्कार puraskar
remunerative *a.* लाभकारी labhkari
renaissance *n.* पुनर्जन्म punarjanam
render *v.t.* लौटाना lautana
rendezvous *n.* मिलन स्थल milan sthal
renew *v.t.* नया करना naya karna
renewal *n.* नवीकरण navikaran
renounce *v.t.* छोड़ना chodna
renovate *v.t.* नया करना naya karna
renovation *n.* नवीकरण navikaran
renown *n.* यश yash
renowned *a.* प्रसिद्ध prasidh
rent *v.t.* किराये पर लेना kiraye par lena
rent *n.* मालगुजारी malgujari
renunciation *n.* आत्मत्याग atmatyag
repair *n.* मरम्मत marramat
repair *v.t.* मरम्मत करना marammat karana
reparable *a.* क्षतिपूर्ति योग्य kshatipurti yogya
repartee *n.* व्यंग्य उक्ति vyangya ukti
repatriate *v.t.* स्वदेश भेजना swadesh bhejna
repatriate *n* प्रत्यावर्तित व्यक्ति pratyavartit vykati
repatriation *n.* देश प्रत्यावर्तन desh pratyavartan

repay *v.t.* वापस करना vapas karna
repayment *n.* वापसी vapasi
repeal *n* निरसन nirsan
repeal *v.t.* निरस्त करना nirast karna
repel *v.t.* पीछे को हटाना peeche ko hatana
repellent *n* विकर्षक वस्तु vikarshak vastu
repellent *a.* विकर्षक vikarshak
repent *v.i.* पश्चात्ताप करना pashchatap karna
repentance *n.* पश्चात्ताप pashchatap
repentant *a.* पछतावा करनेवाला pachtava karnewala
repercussion *n.* प्रतिध्वनि pratidhvani
repetition *n.* आवृत्ति aavrati
replace *v.t.* पुन: स्थापित करना puna sthapit karna
replacement *n.* प्रतिस्थापन pratisthapan
replenish *v.t.* फिर से भरना phir se bharna
replete *a.* भरपूर bharpur
replica *n.* प्रतिकृति pratikrati
reply *v.i.* उत्तर देना uttar dena
reply *n* उत्तर uttar
report *n.* विवरण vivran
report *v.t.* बयान करना bayan karna
reporter *n.* संवाददाता samvaddata
repose *v.i.* आराम करना aaram karna
repose *n.* शांति shanti
repository *n.* भंडार गृह bhandar greh
represent *v.t.* वर्णन करना varnan karna
representation *n.* विरोध पत्र virodh patr
representative *a.* प्रदर्शक pradarshak
representative *n.* प्रतिनिधि pratinidhi
repress *v.t.* रोकना rokna
repression *n.* निदबाव nidbav
reprimand *v.t.* निंदा करना ninda karna
reprimand *n.* घुड़की ghudki
reprint *v.t.* पुन: मुद्रित करना puna mudrit karna
reprint *n.* पुनर्मुद्रण punar mudran
reproach *n.* धिक्कार dhikkar

reproach v.t. धिक्कारना dhikkarana
reproduction n प्रजनन prajnan
reproductive a. पुनरुत्पादक punrutpadan
reproof n. निंदा ninda
reptile n. रेंगनेवाला जंतु rengne wala jantu
republic n. प्रजातंत्र राज्य prajatantra rajya
republican n लोकतंत्रवादी loktantravaadi
republican a. लोकतंत्र संबंधी loktantra sambandhi
repudiate v.t. अस्वीकार करना aswikar karna
repudiation n. तिरस्कार tiraskaar
repugnance n. घृणा ghrina
repugnant a. अरुचिकर aruchikar
repulse n. खदेड़ने की क्रिया khaderne ki kriya
repulse v.t. खदेड़ना khaderna
repulsion n. घृणा ghrina
repulsive a. प्रतिकारक pratikarak
reputation n. यश yash
repute n. कीर्ति kirti
repute v.t. गणना करना ganana karna
request n प्रार्थना pratharna
request v.t. प्रार्थना करना pratharna karna
require v.t. मांगना maangna
requirement n. मांग maang
requisite n आवश्यक वस्तु awashyak vastu
requisite a. आवश्यक awashyak
requisition n. मांग mang
requisition v.t. मांगना mangna
requite v.t. लौटाना lautana
rescue v.t. मुक्त करना mukt karna
rescue n निस्तार nistaar
research v.i. अनुसंधान करना anusandhan karna
research n अनुसंधान anusabdhan
resemblance n. साहश्य होना sadrishya hona
resemble v.t. के सदृश होना ke sadrashya hona

resent v.t. बुरा मानना bura manana
resentment n. अपमान apmaan
reservation n. छिपाव chhipaav
reserve v.t. बचा रखना bacha rakhna
reservoir n. कोश kosh
reside v.i. निवास करना nivas karna
residence n. निवासस्थान nivas sthan
resident a. निवासी nivasi
resident n रहने वाला rehne wala
residual a. शेष (भाग) shesh bhag
residue n. अवशेष avshesh
resign v.t. छोड़ना chodna
resignation n. परित्याग parityag
resist v.t. रोकना rokna
resistance n. विरोध virodh
resistant a. बाधक badhak
resolute a. कृतसंकल्प kritsankalp
resolution n. समाधान samadhan
resolve v.t. विश्लेषण करना vishleshan karna
resonance n. गूंज goonj
resonant a. गुंजायमान gunjayamaan
resort v.i. सहारा लेना sahara lena
resort n गमन gaman
resound v.i. गूंजना goonjana
resource n. साधन sadhan
resourceful a. उपाय कुशल upaya kushal
respect v.t. आदर करना aadar karna
respect n. आदर aadar
respectful a. श्रद्धालु shradhalu
respective a. निजी neji
respiration n. श्वसन shwasan
respire v.i. सांस लेना saans lena
resplendent a. देदीप्यमान dedipyman
respond v.i. उत्तर देना uttar dena
respondent n. प्रतिवादी prativadi
response n. उत्तर uttar
responsibility n. उत्तरदायित्व uttardayitva
responsible a. उत्तरदायी uttardayi
rest v.i. स्थिर होना sthir hona

rest *n* अवशेष awshesh
restaurant *n.* भोजनालय bhojanalaya
restive *a.* अड़ियल adiyal
restoration *n.* वापसी yaapasi
restore *v.t.* मरम्मत करना marammat karna
restrain *v.t.* नियंत्रित करना niyantrit karna
restrict *v.t.* दबाना dabana
restriction *n.* सीमा seema
restrictive *a.* प्रतिबंधक pratibandhak
result *n.* परिणाम parinam
resume *n.* सार, संक्षेप saar, sanksep
resumption *n.* पुनर्ग्रहण punargrahan
resurgence *n.* पुरुत्थान purruthan
resurgent *a.* पुनरुत्थानशील punruthanshil
retail *v.t.* फुटकर बिक्री phutkar bikri
retail *adv.* खुदरा द्वारा khudra dwara
retail *a* खुदरा khudra
retailer *n.* फुटकर विक्रेता phutkar vikreta
retain *v.t.* रोक रखना rok rakhna
retaliate *v.i.* प्रतिकार करना pratikar karna
retaliation *n.* प्रतिकार pratikar
retard *v.t.* धीमा करना dheema karna
retardation *n.* गतिरोध gatirodh
retention *n.* अवधारणा avdharna
retentive *a.* धारणा शक्ति dharana shakti
reticence *n.* अल्पभाषिता alpbhashita
reticent *a.* अल्पभाषी alpbhashi
retinue *n.* नौकर चाकर naukar chakar
retirement *n.* कार्यमुक्ति karyamukti
retort *v.t.* जैसे को तैसा लौटाना jaisai ko taisa lautana
retort *n.* मुंह तोड़ जवाब munh tor jawab
retouch *v.t.* परिष्कृत करना parishkrit karna
retrace *v.t.* पर वापस जाना par vapas jana
retread *n.* रबर चढ़ा टायर rubber chadha tyre
retreat *v.i.* पीछे हटना peeche hatna
retrench *v.t.* व्यय vyaya

retrenchment *n.* व्यय में कमी vyaya mein kami
retrieve *v.t.* पुनः प्राप्त करना punh prapt karna
retrospect *n.* पश्चात् दृष्टि pashchat drishiti
retrospection *n.* सिंहावलोकन sinhavalokan
retrospective *a.* पूर्वप्रभावी purvprabhavi
return *v.i.* लौटना lautana
return *n.* वापसी vapasi
revel *v.i.* आनंद लेना anand lena
revel *n.* आमोद प्रमोद aamod pramod
revelation *n.* प्रकटन prakatan
reveller *n.* मौज उड़ाने वाला mauj udane wala
revelry *n.* रंगरलियां rangraliayan
revenge *v.t.* बदला लेना badla lena
revenge *n.* प्रतिकार pratikar
revengeful *a.* प्रतिशोधी pratishodhi
revenue *n.* आय aay
revere *v.t.* सम्मान करना sammaan karna
reverence *n.* आदर aadar
reverend *a.* माननीय mananiya
reverent *a.* श्रद्घालु shradhalu
reverential *a.* श्रद्घापूर्ण shraddhapurna
reverie *n.* दिवास्वप्न divaswapan
reversal *n.* उलटाव ultaav
reverse *a.* विपरीत viprit
reverse *n* विपर्यय viparyaya
reverse *v.t.* अधोमुख करना adhomukh karna
reversible *a.* पलटने योग्य palatane yogya
revert *v.i.* लौट आना lautana
review *n* पुनर्परीक्षण punarparikshan
review *v.t.* पुनर्विचार करना punarvichar karna
revise *v.t.* दुबारा विचार करना dubara vichar karna
revision *n.* संशोधन sashodhan

revival n. पुरुत्थान purruthan	ridicule v.t. उपहास करना uphas karna
revive v.i. पुनर्जीवित होना punarjivit hona	ridicule n. उपहास uphaas
revocation n. निरसन nirasan	ridiculous a. बेहूदा behudaa
revoke v.t. रद्द करना radd karana	rifle v.t. खोजकर लूटना khojkar lutana
revolt v.i. राजद्रोह करना rajdroh karna	rifle n राइफ़ल rifal
revolt n. बलवा balwa	rift n. फटन phatan
revolution n. चक्कर chakkar	right a. सही sahi
revolutionary a. क्रांतिकारी krantikari	right adv दाहिनी ओर का dahini aur ka
revolve v.i. चक्कर खाना chakkar khana	right n न्याय nyaya
revolver n. रिवाल्वर revolver	righteous a. न्याय परायण nyaya parayan
reward n. पारितोषिक paritoshik	rigid a. कड़ा karha
reward v.t. इनाम देना inaam dena	rigorous a. दृढ़ dridh
rhetoric n. वाक्पटुता vaakpatuta	rigour n. कठिनता kathinata
rhetorical a. शब्दांडबरपूर्ण shabdandpurna	rim n. किनारा kinara
rheumatic a. गठिया संबंधी gathiya sambandhi	ring n. अंगूठी anguthi
rheumatism n. गठिया gathiya	ring v.t. घंटी ghanti
rhinoceros n. गैंडा gainda	ringlet n. बालों का लच्छा balon ka lachcha
rhyme n. तुक tuk	ringworm n. दाद daad
rhyme v.i. पद्य लिखना padya likhna	rinse v.t. धो डालना dho dalna
rhymester n. पद्यकार padyakar	riot n. दंगा danga
rhythm b. ताल taal	riot v.t. बलवा करना balwa karna
rhythmic a. तालबद्ध taalbadh	rip v.t. फाड़ना pharhana
rib n. पसली pasli	ripe a पका हुआ paka hua
ribbon n. रेशम का पतला फ़ीता resham ka patla feeta	ripen v.i. पकना, पकाना pakana
rice n. धान dhan	ripple n. लहर lehar
rich a. धनी dhani	ripple v.t. लहराना lehrana
riches n. धन dhan	rise v. उठना uthana
richness a. धनाढ्यता dhanadhayata	rise n. उदय uday
rickets n. सूखा रोग sukha rog	risk v.t. खतरे में डालना khatre mein dalna
rickety a. सूखा रोगी sukha rogi	risk n. खतरा khatra
rickshaw n. रिक्शा riksha	risky a. खतरनाक khatarnak
rid v.t. मुक्त करना mukt karna	rite n. धार्मिक उत्सव dharmik utsav
riddle n. पहेली paheli	ritual n. धार्मिक संस्कार dharmik sanskar
riddle v.i. पहेली कहना paheli karna	rival n. प्रतिस्पर्धी pratispardhi
ride n गाड़ी से यात्रा gadi se yatra	rival v.t. प्रतिद्वंद्वी होना pratidwandi hona
ride v.t. सवारी करना sawari karna	rivalry n. प्रतिस्पर्धा pratispardha
rider n. सवार sawaar	river n. नदी nadi
ridge n. चोटी choti	rivet n. कीलक kilak
	rivet v.t. केंद्रित करना kendrit karna
	rivulet n. नाला naala

road *n.* सड़क sadak
roam *v.i.* घूमना फिरना ghumna phirna
roar *n.* गर्जन garjan
roar *v.i.* गर्जन करना garjan karna
roast *v.t.* भूनना bhunana
roast *a* भुना हुआ bhuna hua
roast *n* भुना हुआ मांस bhuna hua maans
rob *v.t.* लूटना lutana
robber *n.* लुटेरा lutera,
robbery *n.* लूटपाट, डकैती lutpat, dakaiti
robe *n.* लबादा labada
robe *v.t.* कपड़े पहनाना kapade pehanana
robot *n.* यंत्र मानव yantr manav
robust *a.* हृष्ट-पुष्ट hrisht-pusht
rock *v.t.* झुलाना jhulana
rock *n.* चट्टान chattan
rocket *n.* राकेट rocket
rod *n.* छड़ chhar
rodent *n.* कृतंक kritank
roe *n.* छोटा हिरन chota hiran
rogue *n.* दुष्ट dusht
roguery *n.* दुष्टता dushtata
roguish *a.* दुष्टतापूर्ण dushtatapurna
role *n.* भूमिका bhumika
roll *n.* बेलनाकार belnakar
roll *v.i.* चक्कर खाना chakkar khana
roll-call *n.* हाज़िरी haaziri
roller *n.* रोलर roler
romance *n.* प्रेम लीला prem leela
romantic *a.* प्रेम प्रसंगयुक्त prem prasangyukt
romp *n.* उछल कूद uchal kud
roof *n.* छत chat
roof *v.t.* छत से पाटना chat se patna
rook *n.* धोखेबाज़ dhokhebaz
rook *v.t.* ठगना thagana
room *n.* कमरा, अवसर kamara, awasar
roomy *a.* विशाल vishal
roost *n.* बसेरा basera
roost *v.i.* बैठना baithna

root *n.* जड़ jarh
root *v.i.* जड़ जमना jarh jamana
rope *n.* रस्सी rassi
rosary *n.* सुमिरनी sumirani
rosary *n.* माला maala
rose *n.* गुलाब gulab
roseate *a.* गुलाबी gulabi
rostrum *n.* मंच manch
rosy *a.* गुलाबी gulabi
rot *n.* दुर्गंध durgandh
rot *v.i.* सड़ना sarhana
rotary *a.* घूमनेवाला ghumnewala
rotate *v.i.* चक्कर खाना chakkar khana
rotation *n.* नियमित आवर्तन niyamit avartan
rote *n.* दुहराव duhrav
rouble *n.* रूस की मुद्रा, रूबल roos ki mudra, rubal
rough *a.* ऊबड़खाबड़ ubarh khabarh
rough *a.* रूखा rukha
rough *a.* कठोर kathor
round *a.* बेलनाकार belanakar
round *adv.* चारों ओर charon or
rouse *v.i.* उत्तेजित करना uttejit karna
rout *v.t.* भगदड़ करना bhagdarh karna
rout *n* हुड़दंगी भीड़ hurdangi bhirh
rout *n* घोर पराजय ghor parajaya
route *n.* मार्ग marg
routine *n.* नियमित niyamit
rove *v.i.* घूमना ghumana
rover *n.* घुमंतू ghumantu
row *n.* पंक्ति pankti
row *v.t.* नाव खेना nava khena
row *n.* झगड़ा jhagra
rowdy *a.* कोलाहलपूर्ण kolahalpurna
royal *a.* राजसी rajasi
royalist *n.* राजभक्त raj bhakt
rub *v.t.* रगड़ना ragarna, ghisna
rubber *n.* रबड़ rubber
rubbish *n.* कूड़ा करकट kuda karkat
rubble *n.* मलबा malba

ruby n. माणिक, गहरा लाल रंग manik
rude a. असभ्य asabhya
rudiment n. मूल तत्व mul tatva
rudimentary a. प्रारंभिक मूल prarambhik muul
rue v.t. दुःखी होना dukhi hona
rueful a. दुःखी dukhi
ruffian n. गुंडा gunda
ruffle v.t. चिढ़ाना chidhana
rug n. ग़लीचा galicha
rugged a. खुरदरा khurdara
ruin n. खंडहर khandhar
ruin v.t. बिगाड़ना bigarana
rule n. नियम niyam
rule v.t. शासन करना shasan karna
ruler n. शासक shasak
ruling n. व्यवस्था vyvastha
rum n. शराब sharab
rum a विलक्षण vilakshan
rumble n. गड़गड़ाहट garhgarhahat
ruminant a. जुगाली करने वाला jugali karne wala
ruminant n. जुगाली वाला पशु jugali wala pashu
ruminate v.i. जुगाली करना jugali karna
rumination n. चिंतन chintan
rummage n छान बीन chan been
rummy n. ताश का रमी खेल tash ka rami khel
rumour n. अफ़वाह aphwah
rumour v.t. अफ़वाह फैलाना aphwah phailana
run v.i. दौड़ना daudana,
run n. दौड़ daud
run n. क्रिकेट का एक 'रन' cricket ka run,
rung n. सीढ़ी का डंडा sidhi ka danda
runner n. धावक dhavak
rupee n. रुपया rupiya
rupture v.t. तोड़ना todna,
rupture n. संबंध विच्छेद sambandh viched

rural a. देहाती dehati
ruse n. चाल chaal
rush n. व्यस्तता का समय vyastata ka samay
rush v.t. तेज़ी से ले जाना tezi se le jana
rush n जलबेंत jal baint
rust n. जंग jang
rust v.i जंग लगाना jang lagana
rustic a. ग्राम्य gramya
rustic n गँवार ganwar
rusticate v.t. निष्कासित करना dandaswarup nishkasit karna
rustication n. निष्कासन nishkasan
rusticity n. गँवारूपन ganwarupan
rusty a. ज़ंग खाया हुआ jang khaya hua
rut n. लीक, पक्की आदत lik, pakki aadat
ruthless a. निर्दय nirdya
rye n. राई raye

S

sabotage n. तोड़फोड़ tor phor
sabotage v.t. सतोड़ फोड़ करना tor phor karna
sabre n. तलवार talwar
saccharin n. सैकरिन sakarin
sack n. बोरी bori
sacrament n. धार्मिक उत्सव dharmik utsav
sacred a. पवित्र pavitra
sacrifice n. अर्पण arpan
sacrifice v.t. बलिदान करना balidan karna
sacrificial a. बलिदान संबंधी balidan sambandhi
sacrilege n. अपवित्रीकरण apivtrikaran
sacrilegious a. देवत्व का अपहारी devatwa ka apahari
sacrosanct a. पवित्र pavitra
sad a. दुःखी dukhi
sadden v.t. दुःखी करना dukhi karna

saddle *n.* काठी kaathi	salvage *v.t.* क्षति से बचाना kshati se bachana
sadism *n.* परपीड़न रति parpiran rati	salvation *n.* पापों से मुक्ति paapon se mukti
sadist *n.* परपीड़न कामुक parpirhan kamuk	same *a.* वही vahi
safe *a.* सुरक्षित surakshit	sample *n.* नमूना namuna
safe *n.* तिजोरी tijori	sample *v.t.* चुनना chunana
safeguard *vt.* रक्षा करना raksha karna	sanatorium *n.* आरोग्याआश्रम arogyashram
safety *n.* सुरक्षा suraksha	sanctification *n.* पवित्रीकरण pavitrikaran
saffron *n.* केसर kesar	sanction *n.* अनुमोदन anumodan
saffron *a* केसरिया kesariya	sanction *v.t.* आज्ञा देना agya
sagacious *a.* समझदार samajhdar	sanctity *n.* पवित्रता pavitrata
sagacity *n.* चतुराई chaturayee	sanctuary *n.* मंदिर mandir
sage *n.* ऋषि rishi	sand *n.* रेत ret
sage *a.* बुद्धिमान budhiman	sandal *n.* चप्पल chappal
sail *v.i.* जलयात्रा करना jal yatra karna	sandalwood *n.* चंदन chandan
sail *n.* खेवन khevan	sandwich *n.* सैंडविच sandwich
sailor *n.* नाविक navik	sandy *a.* रेतीला retila
saint *n.* संत sant	sane *a.* स्वस्थ चित्त का swasth chit ka
saintly *a.* पुण्यात्मा punyaatma	sanguine *a.* रक्त वर्ण का rakt varna ka
sake *n.* कारण kaaran	sanity *n.* मानसिक स्वास्थ्य mansik swasthya
salad *n.* सलाद salad	sap *n.* शक्ति shakti
salary *n.* वेतन vetan	sap *v.t.* शक्तिहीन करना shaktiheen karna
sale *n.* बिक्री bikri	sapling *n.* छोटा पौधा chota paudha
saleable *a.* विक्रय vikray	sapphire *n.* गहरा नीला रंग gehra neela rang
salesman *n.* विक्रेता vikreta	sarcasm *n.* व्यंग्य कथन vyangya kathan
salient *a.* मुख्य mukhya	sarcastic *a.* व्यंग्यपूर्ण vyangyapurna
saline *a.* नमकीन namkeen	sardonic *a.* निंदापूर्ण nindapurna
salinity *n.* खारापन kharapan	satan *n.* शैतान shaitan
saliva *n.* लार laar	satchel *n.* झोला thaila
sally *n.* छलांग chalang	satellite *n.* उपग्रह upgreha
sally *n.* विहार vihar	satiable *a.* तृप्त tript
sally *v.i.* झपट्टा मारना jhapatta maarna	satiate *v.t.* तृप्त कर देना tript kar dena
saloon *n.* स्वागत कक्ष svagat kaksh	satiety *n.* तृप्ति अघाव tripti aghav
salt *n.* नमक namak	satire *n.* व्यंग्य vyangya
salt *v.t* नमक छिड़कना namak chirhakana	satirical *a.* व्यंग्यपूर्ण vyangyapurna
salty *a.* नमकीन namkeen	satirist *n.* व्यंग्य लेखक vyangya lekhak
salutary *a.* लाभकारी labhkari	satirize *v.t.* व्यंग्य करना vyangya karna
salutation *n.* अभिवादन abhivadan	satisfaction *n.* संतोष santosh
salute *v.t.* नमस्कार करना namaskar karna	
salute *n* अभिवादन abhivadan	
salvage *n.* नाशरक्षण naashrakshan	

satisfactory *a.* संतोषजनक santoshjanak	scarcely *adv.* मुश्किल से ही mushkil se hi
satisfy *v.t.* संतुष्ट करना santusht karna	scarcity *n.* अल्पता alpata
saturate *v.t.* परिपूर्ण करना paripurna karna	scare *n.* अकारण भय akaaran bhaya
saturation *n.* संतुष्टि santushtii	scare *v.t.* डराना daraana
Saturday *n.* शनिवार shaniwar	scarf *n.* दुपट्टा dupatta
sauce *n.* चटनी chatni	scatter *v.t.* फैलाना phailana
saucer *n.* तश्तरी tashtari	scavenger *n.* सफ़ाई कर्मचारी safai karamchari
saunter *v.t.* बेकार घूमना bekar ghumna	scene *n.* नाटक का दृश्य natak ka drishya
savage *a.* जंगली jangali	scenery *n.* दृश्यभूमि drishyabhumi
savage *n* हबशी habashi	scenic *a.* चित्रात्मक chitratmak
savagery *n.* क्रूरता krurta	scent *n.* सुगंध sugandh
save *v.t.* सुरक्षित रखना surakshit rakhna	sceptic *n.* संदेहवादी sandehwadi
save *prep* सिवाय siwaya	sceptical *a.* संशयात्मक sanshayatmak
saviour *n.* रक्षक rakshak	scepticism *n.* संशयात्मकता sanshayatmakta
savour *n.* स्वाद swad	sceptre *n.* राजदंड rajdand
savour *v.t.* स्वादिष्ट होना swadisht hona	schedule *n.* कार्यक्रम karyakram
saw *n.* आरा ara	schedule *v.t.* अनुसूची बनाना anusuchi banana
saw *v.t.* आरे से काटना arey se katana	scheme *n.* पद्धति padhati
say *v.t.* बोलना bolna	scheme *v.i.* योजना बनाना yojana banana
say *n.* व्याख्यान vyakhyan	scholar *n.* विद्वान् vidyan
scabbard *n.* म्यान myan	scholarly *a.* विद्वत्तापूर्ण vidvatapurna
scabies *n.* खुजली की बीमारी khujli ki bimari	scholarship *n.* छात्रवृत्ति chatravrati
scaffold *n.* फांसी का तख्ता phansi ka takhta	scholastic *a.* विद्वान् संबंधी vidyan sambandhi
scale *v.t.* तराजू में तोलना tarazoo mein tolana	school *n.* विद्यालय vidyalaya
scamper *v.i* इधर उधर दौड़ना idhar udhar daurhna	science *n.* विज्ञान vigyan
scamper *n* तेज़ दौड़ tez daurh	scientific *a.* वैज्ञानिक vaigyanik
scan *v.t.* सूक्ष्म परीक्षण करना sukshm parikshan karna	scientist *n.* वैज्ञानिक vaigyanik
scandal *n* बदनामी badnami	scintillate *v.i.* चमकना chamakna
scandalize *v.t.* बदनाम करना badnam karna	scintillation *n.* चमक chamak
scant *a.* अपर्याप्त aparyapt	scissors *n.* कैंची kainchi
scanty *a.* कम kam	scoff *n.* ताना tana
scapegoat *n.* बलि का बकरा bali ka bakra	scoff *v.i.* उपहास करना upahas karna
scar *n* घाव का निशान ghav ka nishan	scold *v.t.* दोष निकालना dosh nikalana
scar *v.t.* धब्बा लगाना dhabba lagna	scooter *n.* स्कूटर scooter
scarce *a.* अल्प alp	scope *n.* गुंजाइश kshetra
	scorch *v.t.* झुलसाना jhulsana

score *n.* गणना ganana	scythe *v.t.* दरांती से काटना daranti se katana
score *v.t.* अंक बनाना ank banana	scythe *n.* दांती danti
scorn *n.* तिरस्कार tiraskar	sea *n.* सागर sagar
scorn *v.t.* घृणा करना ghrina karna	seal *n.* मुहर muhar
scorpion *n.* बिच्छू bichchu	seam *v.t.* सिलाई से जोड़ना silayee se jodna
Scot. *n.* स्कॉटलैंड का निवासी scotland ka niwasi	seam *n.* परत parat
scotch *n.* स्कॉटलैंड निवासी scotland niwasi	seamy *a.* सीवनदार sivandar
scotch *n.* एक प्रकार की शराब ek prakar ki sharab	search *v.t.* खोजना khojana
scot-free *a.* सुरक्षित surakshit	search *n.* खोज khoj
scoundrel *n.* दुष्ट dusht	season *n.* ऋतु ritu
scourge *n.* विपत्ति vipatti	seasonal *a.* मौसमी mausami
scourge *v.t.* कड़ा दंड देना karha dand dena	seat *v.t.* बैठाना baithana
scout *n* गुप्तचर guptchar	seat *n.* बैठने का आसन baithane ka aasan
scout *v.i* गुप्तचर्या करना guptcharya karna	secede *v.i.* पृथक् हो जाना prithak ho jana
scowl *v.i.* त्योरी चढ़ाना tyori chadhna	secession *n.* अपगमन apgaman
scowl *n.* भूभंग bhrubhang	secessionist *n.* अलगाववादी algavwadi
scramble *v.i.* ऊपर चढ़ना upar chadhna	secluded *a.* एकांत ekant
scrap *n.* रद्दी raddi	seclusion *n.* एकांतता ekantata
scratch *n.* खरोंच kharonch	second *a.* दूसरा dusra
scratch *v.t.* खुरचना khurachna	second *v.t.* अनुमोदित करना anumodit karna
scrawl *n* घसीट ghasit	secondary *a.* अनुपूरक anupurak
scrawl *v.t.* घसीटना ghasitana	secrecy *n.* गुप्तता guptata
scream *n* चीख cheekh	secret *n.* गुप्त gupt
scream *v.i.* चीखना cheekhna	secret *a.* छिपा हुआ chipa huw
screen *v.t.* बचाना bachana	secretariat (e) *n.* सचिवालय sachivalaya
screen *n.* चित्रपट chitrpat	secretary *n.* सचिव sachiv
screw *v.t.* पेच से कसना pech se kasna	secrete *v.t.* छिपाना chipana
screw *n.* पेच pech	secrete *v.t.* स्त्रावित करना stravit karna
scribble *n.* घसीट ghasit	secretion *n.* स्त्राव strav
script *n.* लिखावट likhawat	secretive *a.* गोपनशील gopansheel
scripture *n.* धर्मग्रंथ dharamgranth	sect *n.* पंथ panth
scroll *n.* कागज़ का खर्रा kagaz ka kharra	section *n.* अनुभाग anubhag
scrutiny *n.* सूक्ष्म जांच sukshm janch	sector *n.* व्यावसायिक क्षेत्र vyavasayik kshetra
scuffle *v.i.* हाथापाई करना hathapayee karna	secure *a.* सुरक्षित surakshit
scuffle *n.* हाथापाई hathapayee	secure *v.t.* सुरक्षित करना surakshit karna
sculpture *n.* मूर्तिकला murtikala	security *n.* सुरक्षा suraksha
	sedan *n.* पालकी palaki

sedate a.	गंभीर, शांत	gambhir
sedative n	शामक औषध	shamak aushadh
sedative a.	शामक	shamak
sedentary a.	आसीन	aasin
sediment n.	तलछट	talchat
sedition n.	विद्रोह	vidroha
seditious a.	विप्लवकारी	viplavkari
seduce n.	बहकाना	behakana
seduction n.	सतीत्व हरण	satitva haran
seductive a	लुभावना	lubhawana
see v.t.	देखना	dekhana
seed n.	बीज	beej
seed v.t.	बोना	bona
seek v.t.	मांगना	mangaana
seem v.i.	जान पड़ना	jaan parhna
seemly a.	उपयुक्त	upyukt
seep v.i.	रिसना	risna
seer n.	सिद्धपुरुष	sidhpurush
seethe v.i.	उबलना	ubalna
segment v.t.	विभाजित करना	vibhajit karna
segment n.	भाग	bhag
segregate v.t.	पृथक् करना	prithak karna
segregation n.	अलगाव	algav
seismic a.	भूकंप संबंधी	bhukamp sambandhi
seize v.t.	छीनना	chheenana
seizure n.	पकड़	pakarh
seldom adv.	यदा कदा	yada kada
select a	चुनिंदा, उत्कृष्ट	chuninda
select v.t.	चुनना	chunana
selection n.	चयन	chayan
selective a.	चयन योग्य	chayan yogya
selfish a.	स्वार्थी	swarthi
selfless a.	स्वार्थरहित	swarth-rahit
sell v.t.	बेचना	bechna
seller n.	विक्रेता	vikreta
semblance n.	सादृश्य	dikhava
semen n.	वीर्य	virya
semester n.	अर्द्धवार्षिक सत्र	ardhwarshik satr
seminal a.	वीर्य संबंधी	virya sambandhi
seminar n.	गोष्ठी	goshthi
senate n.	प्रबंधकारिणी समिति	prabandhkarini samiti
senator n.	समिति सदस्य	samiti sadasya
send v.t.	भेजना	bhejana
senile a.	वृद्धावस्था संबंधी	vridhavastha sambandhi
senility n.	बुढ़ापे की दुर्बलता	budhape ki durbalata
senior n.	वयोवृद्ध व्यक्ति	vyovridh vyakati
senior a.	वयोवृद्ध	vayovridh
seniority n.	वरीयता	variyata
sensation n.	अनुभूति	anubhuti
sensational a.	संवेदनात्मक	samvedanatamak
sense v.t.	अनुभव करना	anubhav karana
sense n.	इंद्रिय	indriya
senseless a.	बेहोश	behosh
sensibility n.	संवेदनशीलता	samvedansheelta
sensible a.	समझदार	samajhdar
sensitive a.	संवेदनशील	samvedansheel
sensual a.	कामुक	kaamuk
sensualist n.	भोगवादी	bhogwadi
sensuality n.	कामुकता	kamukta
sentence v.t.	दंड देना	dand dena
sentence n.	वाक्य	wakya
sentience n.	चेतना	chetana
sentient a.	संवेदनशील	sanvedansheel
sentiment n.	भावुकता	bhaavukta
sentimental a.	भावुक	bhaavuk
sentinel n.	संतरी	santari
sentry n.	संतरी	santari
separable a.	वियोज्य	viyojya
separate v.t.	अलग करना	alag karna
separate a.	विभक्त	vibhakt
separation n.	पृथक्करण	prithakaran
sepsis n.	पूर्ति, पूतिता	purti,

September n.	सितंबर	setambar
septic a.	विषाक्त	vishakt
sepulchre n.	समाधि	samadhi
sepulchre n.	दफ़न	dafan
sequel n.	परिणाम	parinaam
sequence n.	अनुक्रम	anukram
sequester v.t.	अलग करना	alag karna
serene a.	शांत	shant
serenity n.	शांति	shanti
serf n.	कृषि मज़दूर	krishi mazdoor
sergeant n.	सारजेंट	sarjent
serial n.	धारावाहिक	dharawahik
serial a.	क्रमिक	kramik
series n.	क्रम	kram
serious a	गंभीर	gambhir
sermon n.	नीतिवचन	nitivachan
serpent n.	सर्प	sarp
serpentine n.	चालाक	chalaak
servant n.	सेवक	sewak
serve n.	सर्विस	service
serve v.t.	नौकरी करना	naukari karna
service n.	नौकरी	naukari
serviceable a.	चालू हालत में	chalu halat mein
servile a.	दासतापूर्ण	dastapurna
servility n.	दासता	dasta
session n.	बैठक	baithak
set a	निर्धारित	nirdharit
settle v.i.	बसना	basna
settlement n.	समझौता	samjhauta
settler n.	उपनिवेशी	upniveshi
seven a	सात	saat
seven n.	सात की संख्या	saat ki sankhya
seventeen n., a	सत्रह	satrah
seventeenth a.	सत्रहवां	satrehwan
seventh a.	सातवां	satwan
seventieth a.	सत्तरवां	sattarwan
seventy n., a	सत्तर	sattar
sever v.t.	काट देना	kaat dena
several a	कई	kayee
severance n.	विच्छेद	vichhed
severe a.	सख्त	sakht
severity n.	कठिनता	kathinta
sew v.t.	सिलना	silna
sewage n.	मलजल	maljal
sewer n	नाला	naalaa
sewerage n.	मलव्यवस्था	mal-vyawastha
sex n.	लिंग	ling
sex n.	यौन क्रिया	yaun kriya
sexual a.	लैंगिक	laingik
sexuality n.	काम वासना	kaam vasna
sexy n.	कामुक	kamuk
shabby a.	फटेहाल	phatehal
shackle v.t.	बेड़ी डालना	berhi dalna
shackle n.	बेड़ी	berhi
shade v.t.	छायित करना	chayit karana
shade n.	छाया	chaya
shadow n.	परछाईं	parchayee
shadowy a.	छायादार	chayadaar
shaft n.	दस्ता	dasta
shake n	झटका	jhatka
shake v.i.	हिलना	hilna
shaky a.	अस्थिर	asthir
shallow a.	उथला	uthla
sham n	दिखावा	dikhawa
sham a	दिखावटी	dikhawati
sham v.i.	बहाना करना	bahana karna
shame v.t.	लज्जित करना	lajjit karna
shame n.	शरम	sharam
shameful a.	लज्जाजनक	lajjajanak
shameless a.	निर्लज्ज	nirlajj
shampoo n.	केशमार्जक	keshmarjak
shanty a.	कुटी	kuti
shape v.t	आकार देना	akaar dena
shape n.	आकार	akaar
shapely a.	सुघड़	sugharh
share v.t.	सहभागी होना	sahabhagi hona
share n.	भाग	bhag
shark n.	हांगर	hangar
sharp adv.	ठीक समय से	theek samay se

sharp *a.* नुकीला nukila	shire *n.* प्रांत prant
sharpen *v.t.* तेज़ करना tez karana	shirk *v.t.* जी चुराना ji churana
sharper *n.* ठग thag	shirker *n.* कामचोर kamchor
shatter *v.t.* नष्ट करना nasht karna	shirt *n.* कमीज़ kamiz
shave *n* हजामत hajamat	shiver *v.i.* कांपना kampana
shave *v.t.* हजामत बनाना hajamat banana	shoal *n.* मछलियों का झुंड machliyon ka jhund
shawl *n.* शॉल shaul	shock *n.* झटका jhatka
she *pron.* वह (स्त्री) veh (stri)	shoe *v.t.* नाल लगाना naal lagana
sheaf *n.* पूला pulaa	shoe *n.* जूता joota
shear *v.t.* भेड़ मूंडना bherh mundana	shoot *n* टहनी tahani
shears *n. pl.* कैंची kaincha	shoot *n* शिकार shikaar
shed *n* छप्पर chappar	shoot *v.t.* अंकुरना ankurna
shed *v.t.* गिरा देना gira dena	shop *v.i.* खरीददारी करना khariddari karna
sheep *n.* भेड़ bherh	shop *n.* दुकान dukaan
sheepish *a.* संकोची sankochi	shore *n.* समुद्रतट samudra tat
sheer *a.* निरा nira	short *adv.* अचानक achanak
sheet *v.t.* चादर डालना chadar dalna	short *a.* छोटा chota
sheet *n.* चादर vistar	shortage *n.* अभाव abhav
shelf *n.* टांड taand	shortcoming *n.* दोष dosh
shell *v.t.* गोले बरसाना goley barsana	shorten *v.t.* छोटा होना chota hona
shell *n.* छिलका chhilka	shortly *adv.* शीघ्र ही shighra hi
shelter *v.t.* पनाह देना panah dena	shorts *n. pl.* निकर nikkar
shelter *n.* शरणस्थल sharansthal	shot *n.* निशाना nishana
shelve *v.t.* ताक पर रखना taak par rakhana	shot *n.* फ़ोटो photo
shepherd *n.* गड़ेरिया gadeheriya	shoulder *v.t.* दायित्व लेना dayitva lena
shield *v.t.* बचाना bachana	shoulder *n.* कंधा kandha
shield *n.* ढाल dhaal	shout *v.i.* चिल्लाना chilana
shift *n* परिवर्तन parivartan	shout *n.* चीख cheekh
shift *v.t.* स्थानांतरित करना sthanantarit karana	shove *n.* ठेला, धक्का thela
shifty *a.* धोखेबाज़ dhokhebaaz	shove *v.t.* धकेलना dhakelana
shilling *n.* ब्रिटिश मुद्रा british mudra	shovel *v.t.* बेलचे से हटाना belche se hataana
shilly-shally *v.i.* हिचकिचाना hichkichana	shovel *n.* बेलचा belcha
shilly-shally *n.* अनिर्णय anirnaya	show *n.* प्रदर्शन pradarshan
shine *n* चमक chamak	show *v.t.* दिखाना dikhana
shine *v.i.* चमकना chamakna	shower *v.t.* बरसाना barasna
shiny *a.* चमकदार chamakdar	shower *n.* बौछार bauochar
ship *n.* जहाज़ jahaz	shrew *n.* कर्कशा karkasha
shipment *n.* जहाज़ पर लदान jahaz par ladan	shrewd *a.* चालाक chaalaak

shriek *v.i.* चीखना cheekhna
shriek *n.* चीख cheekh
shrill *a.* तीक्ष्ण आवाज़ tikshna awaz
shrine *n.* पवित्र स्थान pavitra sthan
shrink *v.i* सिकुड़ना sikurhna
shrinkage *n.* सिकुड़न sikurhan
shroud *v.t.* ढकना, छिपाना dhakana, chipana
shroud *n.* परदा pardaa
shrub *n.* झाड़ी jhaarhi
shrug *v.t.* कंधे उचकाना kandhe uchkana
shudder *n* कंपकंपी kampkampi
shudder *v.i.* कांप उठना kamp uthna
shuffle *n.* घसीटन ghasitan
shuffle *v.i.* पैर घसीटना pair ghasitna
shun *v.t.* दूर रहना dur rehna
shunt *v.t.* मोड़ना morhna
shut *v.t.* बंद होना band hona
shuttle *v.t.* आगे पीछे aage peeche
shuttle *n.* ढरकी dharki
shuttlecock *n.* चिड़िया chirhiya
shy *v.i.* बिदकना bidakna
shy *n.* संकोची sankochi
sick *a.* मिचलीग्रस्त, michligrast
sickle *n.* हंसिया hansiya
sickly *a.* अस्वस्थ, रुग्ण asvastha
sickness *n.* बीमारी bimari
side *v.i.* पक्ष लेना paksh lena
side *n.* सतह satah
siege *n.* घेराबंदी gherabandi
siesta *n.* दोपहर की झपकी dopahar ki jhapaki
sieve *v.t.* छानना chanana
sieve *n.* छलनी chalni
sift *v.t.* बारीकी से जांच करना bariki se janch karna
sigh *v.i.* आह भरना aha bharna
sigh *n.* आह aha
sight *v.t.* देखना dekhna
sight *n.* दृष्टि drishti

sightly *a.* रमणीय ramaniya
sign *v.t.* हस्ताक्षर करना hastakshar karna
sign *n.* संकेत sanket
signal *a.* उल्लेखनीय ulekhaniya
signal *v.t.* संकेत करना sanket karna
signal *n.* संकेत sanket
signatory *n.* हस्ताक्षरकर्त्ता hastakshar karna
signature *n.* हस्ताक्षर hastakshar
significance *n.* महत्व mahtya
significant *a.* अर्थपूर्ण arthapurna
signification *n.* अर्थ arth
signify *v.t.* अर्थ रखना arth rakhna
silence *v.t.* चुप करना chup karna
silence *n.* शांति shanti
silencer *n.* साइलेंसर silencer
silent *a.* शांत shant
silhouette *n.* पार्श्व छायाचित्र parshva chayachitra
silk *n.* रेशम resham
silken *a.* रेशमी reshami
silky *a.* रेशम जैसा resham jaisa
silly *a.* मूर्ख murkh
silt *n.* गाद gaad
silver *n.* चांदी chandi
silver *v.t.* चांदी चढ़ाना chandi chadhana
similar *a.* सदृश sadrishya
similarity *n.* समानता samanta
simile *n.* उपमा upmaa
similitude *n.* समानता samanta
simmer *v.i.* उबलना ubalna
simple *a.* सादा saada
simpleton *n.* बुद्धू budhu
simplicity *n.* सादगी saadagi
simplification *n.* सरलीकरण sarlikaran
simplify *v.t.* सरल बनाना saral banana
simultaneous *a.* समकालिक samkalik
sin *v.i.* पाप करना paap karna
sin *n.* पाप कर्म paap karm
since *conj.* के बाद से ke baad se

since *adv.* तब से अब तक tab se ab tak
sincere *a.* ईमानदार imandar
sincerity *n.* सच्चाई sachayee
sinful *a.* पापी paapi
sing *v.i.* गाना gaana
singe *n* झुलसन jhulsan
singe *v.t.* झुलसाना jhulsana
singer *n.* गायक gayak
single *n.* एकतरफा टिकट ektarpha ticket
single *v.t.* चुनना chunana
single *a.* केवल एक kewal ek
singular *a.* एकवचन ekvachan
singularity *n.* अनोखापन anokhapan
singularly *adv.* अनोखे ढंग से anokhe dhang se
sinister *a.* अशुभ ashubh
sink *n* चहबच्चा chahbachcha
sink *v.i.* डूबना daubna
sinner *n.* पापी paapi
sinuous *a.* टेढ़ा मेढ़ा tedha medha
sip *n.* चुस्की chuski
sip *v.t.* चुस्की लगाकर पीना chuski lagakar
sir *n.* श्रीमान shriman
siren *n.* भोंपू bhaupun
sister *n.* बहन behan
sisterhood *n.* बहनापा behenapa
sisterly *a.* भगिनीवत् bhaginivat
sit *v.i.* बैठना baithna
site *n.* स्थान sthan
situation *n.* परिस्थिति paristhiti
six *n., a.* छः cheh
sixteen *n., a.* सोलह solaha
sixteenth *a.* सोलहवां solahawan
sixth *a.* छठा chata
sixtieth *a.* साठवां saathwan
sixty *n., a.* साठ saatth
sizable *a.* विशाल vishal
size *n.* आकार aakaar
skate *n.* स्केट skait

skate *v.t.* स्केटों पर फिसलना skaiton par phisalna
skein *n.* लच्छी lachchi
skeleton *n.* कंकाल kankal
sketch *v.t.* नक्शा बनाना naksha banana
sketch *n.* संक्षिप्त वर्णन sankshipt
sketchy *a.* संक्षिप्त, अधूरा sankshipt
skid *v.i.* फिसलना phisalna
skilful *a.* निपुण nipun
skill *n.* निपुणता nipunata
skin *v.t* खाल khal
skin *n.* त्वचा tvacha
skip *n* उछाल uchaal
skip *v.i.* फुदकना phudakna
skipper *n.* कप्तान kaptan
skirmish *n.* झड़प jharhap
skirt *n.* घाघरा ghaghra
skit *n.* प्रहसन prahasan
skull *n.* खोपड़ी khoprhi
sky *n.* आकाश aakash
slab *n.* पटिया patiya
slack *a.* ढीला dheela
slacken *v.t.* ढीला करना dheela karnaa
slacks *n.* ढीला पाजामा dheela pajama
slake *v.t.* प्यास बुझाना pyas bujhana
slam *v.t.* ज़ोर से बंद करना zor se band karna
slander *n.* झूठी निंदा jhoothi ninda
slander *v.t.* झूठी निंदा करना jhoothi ninda karna
slanderous *a.* निंदात्मक nindatmak
slang *n.* बोलचाल की भाषा bolchal ki bhasha
slant *n* झुकाव jhukav
slant *v.t.* तिरछा करना tircha karna
slap *v.t.* तमाचा मारना tamacha maarana
slap *n.* चांटा chaanta
slash *n* चीरा cheera
slash *v.t.* चीर देना cheer dena
slate *n.* स्लेट slate

slattern *n.* फूहड़ स्त्री phuhar istri	slough *n.* दलदल daldal
slatternly *a.* फूहड़ phuhar	slough *n.* केंचुली kenchuli
slaughter *v.t.* वध करना vadh karna	slovenly *a.* मैला कुचैला maila kuchaila
slaughter *n.* पशुवध pashu vadh	slow *v.i.* धीमा होना dheema hona
slave *v.i.* दास daas	slow *a* धीमा dheema
slavery *n.* दास प्रथा daas pratha	slowly *adv.* धीमी गति से dheemi gati se
slavish *a.* दासतापूरन daastapuran	slowness *n.* धीमापन dheemapan
slay *v.t.* वध करना vadh karna	sluggard *n.* सुस्त sust
sleek *a.* चिकना chikna	sluice *n.* जलद्वार jaldwar
sleep *n.* नींद neend	slum *n.* गंदी बस्ती gandi basti
sleep *v.i.* सोना sona	slumber *n.* नींद neend
sleeper *n.* शायनिका shayanika	slumber *v.i.* सोना sona
sleepy *a.* उनींदा uninda	slump *v.i.* गिर पड़ना gir padhna
sleeve *n.* आस्तीन aastin	slump *n.* मंदी mandi
sleight *n.* कौशल kaushal	slur *n.* कलंक kalank
slender *n.* पतला patla	slush *n.* कीचड़ kicharh
slice *n.* फांक phank	slushy *a.* कीचड़दार kicharhdaar
slick *a* चिकना chikna	slut *n.* बदनाम स्त्री badnam stri
slide *n* चिकनी chikni steh	sly *a.* धोखेबाज़ dhokhebaz
slide *v.i.* सरकाना sarakna	smack *n* मत्स्य नौका matsya nauka
slide *v.i.* खिसकाना khisakana	smack *v.t.* चांटा मारना chaanta marna
slight *n.* अपमान apmaan	smack *n.* स्वाद swaad
slight *a.* थोड़ा thorha	small *n* कमर का पतला भाग kamar ka patla bhag
slim *v.i.* वज़न कम करना vazan kam karna	small *a.* छोटा chota
slim *a.* पतला patla	smallness *adv.* छोटापन chotapan
slime *n.* कीचड़ keechar	smallpox *n.* चेचक chechak
slimy *a.* पंकयुक्त pank-yukt	smart *v.i* टीस लगना tees lagna
sling *n.* गोफन gophan	smart *n* टीस tees
slip *n.* परची parchi	smart *a.* फुर्तीला phurtila
slip *v.i.* फिसलना phisalna	smash *n* भारी प्रहार bhari prahar
slippery *a.* फिसलन वाला phislan wala	smash *v.t.* झटके से तोड़ना jhatke se torhna
slipshod *a.* फूहड़िया phuhariya	smear *n.* दाग़ daag
slit *v.t.* दरार करना darar karna	smell *v.t.* सूंघना soonghna
slit *n.* दरार darar	smell *n.* गंध gandh
slogan *n.* नारा nara	smelt *v.t.* पिघलाना pighalna
slope *v.i.* ढालू होना dhalu hona	smile *v.i.* मुस्काना muskana
slope *n.* ढाल dhaal	smile *n.* मुस्कान muskan
sloth *n.* आलस्य alasya	smith *n.* धातु कर्मी dhatu karmi
slothful *n.* आलसी alasi	smock *n.* लबादा labada
slough *v.t.* केंचुली गिराना kenchuli girana	

smog *n.* धूम कोहरा dhoom kohra
smoke *v.i.* धूम्रपान करना dhumra-paan karna
smoke *n.* धुआं dhuan
smoky *a.* धुआंयुक्त dhuanyukt
smooth *v.t.* चिकना करना chikna karna
smooth *a.* चिकना chikna
smother *v.t.* दम घोंटना dam ghontana
smoulder *v.i.* सुलगना sulagna
smug *a.* आत्मसंतुष्ट atm-santusht
smuggle *v.t.* तस्करी करना taskari karna
smuggler *n.* तस्कर taskar
snack *n.* हल्का भोजन halka bhojan
snag *n.* कठिनाई kathinayee
snail *n.* घोंघा ghongha
snake *v.i.* रेंगना rengna
snake *n.* सर्प sarp
snap *n* तड़क tarhak
snap *a* आकस्मिक akasmik
snap *v.t.* फ़ोटो लेना photo lena
snare *v.t.* फंसाना fasana
snare *n.* जाल jaal
snarl *v.i.* गुर्राना gurrana
snarl *n.* गुर्राहट gurrahat
snatch *n.* बलपूर्वक ग्रहण bal-purvak grahan
snatch *v.t.* छीनना chheenana
sneak *n* उचक्का uchakka
sneer *n* तिरस्कार tiraskar
sneer *v.i* अवहेलना दिखाना avhelana dikhana
sneeze *n.* छींक cheenk
sneeze *v.i.* छींकना cheenkana
sniff *n* सुड़क surhak
snob *n.* वर्गदंभी varg dambhi
snobbery *n.* वर्गदंभ varg dambh
snobbish *v* दंभपूर्ण dambh puran
snore *n* खर्राटा kharrata
snore *v.i.* खर्राटे लेना kharrate lena
snort *n.* फुफकार fufkar
snort *v.i.* फुंकारना, फुफकारना phunkarna

snout *n.* थूथन thuthan
snow *n.* बर्फ़ barph
snowy *a.* बर्फ़ सफ़ेद barph jaisa safed
snub *n.* अपमान apmaan
snub *v.t.* झिड़कना jhirakna
snuff *n.* सूंघनी sunghani
snug *n.* गर्म garam
so *adv.* इतना itna
so *conj.* अत: atah
soak *n.* शुष्कन shushkan
soak *v.t.* भिगोना bhigona
soap *v.t.* साबुन लगाना sabun lagana
soap *n.* साबुन sabun
soapy *a.* साबुन जैसा sabun jaisa
soar *v.i.* ऊंची उड़ान भरना unchi urhan bharna
sob *n* सुबकी subki
sob *v.i.* सुबकना subakna
sober *a.* सादा sada
sobriety *n.* गांभीर्य gambhirya
sociability *n.* मिलनसारी milansari
sociable *a.* मिलनसार milansar
social *n.* सामाजिक samajik
socialism *n* समाजवाद samajvad
socialist *n,a* समाजवादी samajvadi
society *n.* समाज samaj
sociology *n.* समाजशास्त्र samaj shastra
sock *n.* मौज़ा mauza
socket *n.* गर्तिका gartika
sod *n.* तृणभूमि trin-bhumi
sodomite *n.* लौंडेबाज़ laundebaz
sodomy *n.* लौंडेबाज़ी laundebazi
sofa *n.* सोफ़ा sofa
soft *n.* कोमल komal
soften *v.t.* कोमल बनाना komal banana
soil *n.* मिट्टी mitti
sojourn *n* ठहराव thahrav
sojourn *v.i.* ठहरना thahrana
solace *v.t.* सांत्वना देना santvana dena
solace *n.* सांत्वना santvana

solar a. सौर saur
solder v.t टांके से जोड़ना tanke se jodna
solder n. टांका tanka
soldier n. सैनिक sainik
sole v.t तल्ला लगाना talla lagana
sole a अकेला akela
sole n. तल्ला talla
solemn a. गंभीर gambhir
solemnity n. गंभीरता gambhirta
solemnize v.t. समारोह मनाना samaroh manana
solicit v.t. विनती करना vinti karna
solicitation n. विनती vinti
solicitor n. न्यायाभिकर्त्ता nyayabhikarta
solicitous a. चिंतित chintit
solicitude n. चिंता chinta
solid n ठोस पदार्थ thos padarth
solid a. ठोस thos
solidarity n. एकजुटता ek jutata
soliloquy n. स्वगत swagat
solitary a. अकेला akela
solitude n. अकेलापन akelapan
solo a. एकल ekal
solo adv. अकेले akele
solo n एकल संगीत ekal sangeet
soloist n. एकल गायक ekal gayak
solubility n. घुलनशीलता ghulan shilta
soluble a. समाधेय samadhey
solution n. समाधान samadhan
solve v.t. हल करना hal karna
solvency n. ऋणशोध क्षमता rinshodh kshamta
solvent n विलायक द्रव vilayak drav
solvent a. ऋणशोधक्षम् rinshodhksham
sombre a. कालिमामय kalimamaya
some pron. कुछ kuch
some a. कोई, कुछ koi kuch
somebody n. विशिष्ट व्यक्ति vishisht vyakti
somebody pron. कोई व्यक्ति koi vyakti

somehow adv. जैसे तैसे jaise taise
someone pron. कोई व्यक्ति koi vyakti
somersault v.i. कलाबाज़ी खाना kalabazi khana
somersault n. कलाबाज़ी kalabazi
something adv. कुछ सीमा तक kuch seema tak
something pron. कुछ kuch
sometime adv. कभी कभी kabhi kabhi
sometimes adv. कभी कभी kabhi kabhi
somewhat adv. कुछ कुछ kuch kuch
somewhere adv. कहीं, किसी जगह kahin
somnambulism n. निद्राभ्रमण nidra bhraman
somnambulist n. निद्राचारी nidrachari
somnolence n. निद्रालुता nidraluta
somnolent n. निद्राजनक nidra janak
son n. पुत्र putr
song n. गायन gayan
singer n. गायक gayak
sonic a. ध्वनि संबंधी dhwani sambandhi
sonnet n. चतुर्दश-पदी chaturdash-padi
sonority n. निनादिता ninadita
soon adv. शीघ्र jaldi
soot v.t. काजल लगाना kajal lagana
soot n. कालिख kalikh
soothe v.t. शांत करना shant karna
sophism n. कुतर्क kutark
sophist n. कुतर्की kutarki
sophisticate v.t. कृत्रिम बनाना kritrim banana
sophisticated a. जटिल jatil
sophistication n. कृत्रिमता kritrimata
sorcerer n. जादूगर jadugar
sorcery n. जादू jadu
sordid a. नीच eeich
sore n फोड़ा phora
sore a. पीड़ादायक pirhadayak
sorrow v.i. दुःखी होना dukh hona
sorrow n. दुःख, पीड़ा dukh, peerha

sorry a. दु:खी, खेदपूर्ण dukhi, khedpurna
sort n. प्रकार prakar
soul n. आत्मा aatma
sound v.i. ध्वनि करना dhwani karna
sound n ध्वनि dhwani
sound a. अच्छा achcha
soup n. शोरबा shorba
sour v.t. खट्टा करना khatta karna
sour a. खट्टा khatta
source n. उद्गम udgam
south n. दक्षिण dakshin
south adv दक्षिण की ओर dakshin ki aur
southerly a. दक्षिणी dakshini
southern a. दक्षिणी dakshini
souvenir n. यादगार yadgar
sovereign a सर्वश्रेष्ठ sarva-shreshth
sovereignty n. प्रभुसत्ता prabhusatta
sow v.t. बोना bauna
space n. अंतरिक्ष antriksh
spacious a. विस्तृत vistrit
spade v.t. फावड़े से खोदना phavrhe se khodna
spade n. फावड़ा phaawra
span v.t. ऊपर फैला होना upar faila hona
span n. सीमा seema
Spaniard n. स्पेन का निवासी spain ka nivasi
spaniel n. कुत्ते की एक नस्ल kutte ki ek nasal
Spanish n. स्पेन की भाषा spain ki bhasha
Spanish a. स्पेन का spain ka
spanner n. रिंच rinch
spare a अतिरिक्त atirikt
spare n. फ़ालतू पुर्ज़ा faltu purja
spare v.t. बख़श देना bakhsh dena
spark v.i. चमकना chamakna
spark n. छैला chaila
spark n. चिंगारी chingari
sparkle n. चमक chamak
sparkle v.i. चमकना chamakna

sparrow n. गौरैया gaurayiya
sparse a. अपर्याप्त aparyapt
spasm n. जकड़न jakran
spate n. प्रचुरता prachurta
spatial a. स्थान विषयक sthan vishayak
spawn v.i. अंडे देना ande dena
spawn n. जलजीवों के अंडे jaljivon ke ande
speak v.i. बोलना bolna
speaker n. वक्ता wakta
spear v.t. भाले से बींधना bhaale se bindhane
spear n. भाला bhaala
spearhead v.t. नेतृत्व करना netritva karna
spearhead n. भाले की नोक bhale ki nok
special a. असाधारण asadharan
specialist n. विशेषज्ञ visheshagya
speciality n. विशेषता visheshta
specialization n. विशिष्टीकरण vishishtikaran
specialize v.i. विशेषज्ञ बनना visheshagya banana
species n. जाति jaati
specific a. निश्चित nishchit
specification n. विशिष्ट निर्देशन vishisht nirdeshan
specimen n. नमूना namuna
speck n. धब्बा dhabba
spectacle n. चश्मा chashma
spectacular a. भव्य bhavya
spectator n. दर्शक darshak
spectre n. काली छाया kali chaya
speculate v.i. अटकल लगाना atkal lagana
speculation n. अटकलबाज़ी atkalbazi
speech n. वाणी vani
speed v.i. तेज़ी से चलना tezi se chalna
speed n. तेज़ी tezi
speedy a. तीव्र tivra
spell v.t. संकेत करना sanket karna
spell n अवधि avadhi
spend v.t. व्यय करना vyaya karna

spendthrift *n.* अपव्ययी व्यक्ति apvyayai vyakti	splinter *n.* किरच kirch
sperm *n.* शुक्राणु shukranu	split *n* विभाजन vibhajan
sphere *n.* गोला gola	split *v.i.* चीरना cheerna
spherical *a.* गोलाकार golakar	spoil *v.t.* बिगड़ जाना bigarh jana
spice *v.t.* मसालों से छौंकना masalon se chonkna	spoke *n.* आरा aara
	spokesman *n.* प्रवक्ता pravakta
spice *n.* मसाला masala	sponge *n.* स्पंज spanj
spicy *a.* रुचिकर ruchikar	sponsor *v.t.* प्रयोजित करना prayojit karna
spider *n.* मकड़ी makarhi	sponsor *n.* प्रायोजक prayojak
spike *v.t.* कील से बींधना keel se bindhna	spontaneity *n.* स्वाभाविकता svabhavikta
spike *n.* नोक nauk	spontaneous *a.* स्वैच्छिक svaichik
spill *n* गिराव girav	spoon *n.* चम्मच chammach
spill *v.i.* छलकना chalakna	spoonful *n.* चम्मच भर chammach bhar
spin *n.* चक्रण chakran	sporadic *a.* छुट पुट chut put
spin *v.i.* घूमना ghumna	sport *v.i.* खिलवाड़ करना khilvarh karna
spinach *n.* पालक palak	sport *n.* मनोरंजन manoranjan
spinal *a.* मेरुदंडीय merudandiya	sportive *a.* क्रीड़ाशील krirhasheel
spindle *n.* तकला takla	sportsman *n.* खिलाड़ी khiladi
spine *n.* रीढ़ ridh	spot *v.t.* धब्बे डालना dhabbe dalna
spinner *n.* कातनेवाला katnewala	spot *n.* निशान nishan
spinster *n.* अविवाहिता स्त्री avivahita stri	spotless *a.* दोषरहित doshrahit
spiral *a.* घुमावदार ghumavdar	spousal *n.* विवाह vivah
spiral *n.* सर्पिल आकार sarpil aakar	spouse *n.* पति अथवा पत्नी pati athwa patni
spirit *n.* आत्मा atma	spout *v.i.* तेज़ी से बाहर निकलना tezi se bahar nikalna
spirited *a.* उत्साही utsahi	
spiritual *a.* आध्यात्मिक adhyatmik	spout *n.* पनाला panala
spiritualism *n.* अध्यात्मवाद adhyatmavad	sprain *n.* मोच moch
spiritualist *n.* अध्यात्मवादी adhytmavadi	sprain *v.t.* मुड़काना murhkana
spirituality *n.* आध्यात्मिकता adhyatmikta	spray *v.t.* छिड़कना chidakana
spit *n* थूक thuk	spray *n.* फुहार phuhar
spit *v.i.* थूकना thukna	spread *n.* विस्तार vistar
spite *n.* द्वेष dvesh	spread *v.i.* फैलना phailna
spittle *n* थूक thuk	spree *n.* मौज मस्ती mauj masti
spittoon *n.* पीकदान peekdaan	sprig *n.* टहनी tahani
splash *n* छिड़काव chirhkava	sprightly *a.* उत्साहपूर्ण utsahpurna
splash *v.i.* छिड़का जाना chidka jana	spring *n* उछाल uchal
spleen *n.* तिल्ली tilli	spring *v.i.* उछलना uchhalna
splendid *a.* शानदार shandar	sprinkle *v.t.* छिड़कना chhirakana
splendour *n.* भव्यता bhavyata	sprint *v.i.* तेज़ी से दौड़ना tezi se daurana
	sprout *n* अंकुर ankur

sprout *v.i.* अंकुरित होना ankurit hona
spur *v.t.* एड़ लगाना add lagana
spur *n.* महमेज़ mehmez
spurious *a.* नकली nakali
spurn *v.t.* ठुकरा देना thukara dena
spurt *n* झपट्टा jhapatta
spurt *v.i.* फूट निकलना, phut nikalna
sputnik *n.* कृत्रिम उपग्रह kritrim upgreh
sputum *n.* थूक thuk
spy *v.i.* जासूसी करना jasusi karna
spy *n.* गुप्तचर guptchar
squad *n.* दस्ता dasta,
squadron *n.* स्क्वाड्रन squadran
squalid *a.* गंदा ganda
squalor *n.* गंदगी gandagi
squander *v.t.* उड़ा देना udha dena
square *v.t.* वर्गाकार बनाना vargakar banana
square *n.* वर्ग varg
squash *n* फलरस पेय phalras pay
squash *v.t.* भुर्ता बना देना bhurta bana dena
squat *v.i.* पालथी मारना palthi marna
squeak *v.i.* चूं चूं करना choon choon karana
squeeze *v.t.* दबाना dabana
squint *n* भेंगापन bhengapan
squint *v.i.* भेंगा होना bhenga hona
squire *n.* ज़मींदार zamindar
squirrel *n.* गिलहरी gilahari
stab *n.* हथियार से प्रहार hathiyar se prahar
stab *v.t.* छुरा घोपना churra ghopna
stability *n.* स्थायित्व sthayitva
stabilization *n.* स्थिरीकरण sthirikaran
stabilize *v.t.* स्थिर बनाना sthir banana
stable *n* अस्तबल astabal
stable *a.* स्थिर sthir
stadium *n.* क्रीड़ा स्थल krida sthal
staff *n.* कर्मचारीगण karamchari-gan
stag *n.* हिरण hiran
stage *v.t.* मंचन करना manchan karna
stage *n.* मंच manch

stagger *n.* लड़खड़ाहट larhkharhahat
stagger *v.i.* लड़खड़ाकर चलना larhkhara kar chalna
stagnant *a.* स्थिर sthir
stagnate *v.i.* गतिहीन होना gatihin hona
stagnation *n.* गतिहीनता gatihinta
staid *a.* गंभीर gambhir
stain *n.* धब्बा dhabba
stainless *a.* बेदाग़ bedag
stair *n.* पैड़ी, pairhi
stake *v.t.* जोखिम लेना jokhim lena,
stake *n* खूंटा khoonta
stale *v.t.* बासी करना basi karna
stale *a.* बासी basi
stalemate *n.* शतरंज में ज़िच shatranj mein zich
stalk *v.i.* अकड़कर चलना akarkar chalna
stalk *n* गर्वीली चाल garvili chal
stalk *n.* डंठल danthal
stall *v.t.* थान पर रखना than par rakhna
stall *n.* छोटी दुकान choti dukan
stalwart *a.* मज़बूत mazboot
stamina *n.* दम-खम dam-kham
stammer *v.i.* हकलाना haklana
stammer *n* हकलाहट haklahat
stamp *v.i.* मुद्रांकित करना mudrankit karna
stamp *n.* पैर की थाप pair ki thaap
stampede *v.i* भगदड़ मचना bhagdarh machna
stampede *n.* भगदड़ bhagdarh
stand *n.* ठहराव thahrav
stand *v.i.* खड़ा होना khara hona
standard *a* सामान्य samanya
standard *n.* मानक manak
standardization *n.* मानकीकरण mankikaran
standardize *v.t.* मानकीकरण करना manakikaran karna
standpoint *n.* दृष्टिकोण drishtikon
standstill *n.* विराम viraam

150

stanza n. बंद band	steady v.t. दृढ़ बनना dridh banana
staple n. मुख्य उपज mukhya upaj	steady a. नियमित niyamit
star n. तारा tara	steal v.i. चोरी करना chori karna
starch v.t. कलफ़ लगाना kalaf lagana	stealthily adv. चोरी छुपे chori chupe
starch n. श्वेत सार shwet saar	steam n भाप bhaap
stare n. टकटकी taktaki	steam v.i. भाप छोड़ना bhaap chhorna
stare v.i. घूरना ghoorna	steed n. घोड़ा ghoda
stark adv. सरासर sarasar	steel n. इस्पात ispat
stark n. फीका fheeka	steep v.t. तर करना tar karna
starry a. तारामय taramaya	steep a. तीव्र ढलान वाला tivra dhalan wala
start n प्रारंभ prarambh	steeple n. मीनार minar
start v.t. प्रारंभ करना prarambh karna	steer v.t. मार्गदर्शन करना margdarshan karna
startle v.t. चौंकाना chaunkana	stellar a. नक्षत्रीय nakshatriya
starvation n. भूखमरी bhukhmari	stem v.i. पैदा होना paida hona
starve v.i. भूखों मरना bhukhon marna	stem n. जलयान का अग्र भाग jalyan ka agra bhag
state v.t कहना kehna	stench n. दुर्गंध durgandh
state n. अवस्था avastha	stenographer n. आशुलिपिक ashu lipik
stateliness n. शान shan	stenography n. आशुलिपि aashulipi
stately a. भव्य bhavya	step v.i. चलना chalna
statement n. कथन kathan	step n. कदम kadam
statesman n. राजनेता rajneta	steppe n. घास का मैदान ghas ka maidan
static n. स्थिर sthir	stereotype v.t. घिसा पिटा रूप देना ghisa pita rup dena
statics n. स्थैतिकी sthaitiki	stereotyped a. परंपरागत paramparagat
station n. स्टेशन station	sterile a. बांझ banjh
station v.t. तैनात करना tainaat karna	sterility n. बांझपन banjhpan
stationary a. स्थिर sthir	sterilization n. जीवाणु नाशन jivanu nashan
stationery n. लेखन सामग्री lekhan samagri	sterilize v.t. जीवाणुरहित बनाना jivanu-rahit banana
statistical a. सांख्यिकीय sankhyikiya	sterling n. ब्रिटिश मुद्रा british mudra
statistician n. सांख्यिकीविद् sankhyikivid	sterling a. खरा khara
statistics n. सांख्यिकी sankhyiki	stern a. कठोर kathor
statue n. मूर्ति murti	stethoscope n. स्टैथौस्कोप stethoscope
stature n. महानता mahanata	stew n. उत्तेजना uttejana
status n. पद pad	steward n. प्रबंधक prabandhak
statute n. कानून kanoon	stick v.t. चुभोना chobhona
statutory a. वैधानिक vaidhanik	stick n. लाठी lathi
staunch a. विश्वसनीय vishvasniya	
stay n ठहराव thahrav	
stay v.i. रहना rehna	
steadfast a. दृढ़, अटल dridh, atal	
steadiness n. दृढ़ता dridhta	

sticker *n.* चिप्पी chippi	stoop *v.i.* झुकना jhukna
stickler *n.* आग्रही agrahi	stop *n* विराम viram
sticky *n.* चिपचिपा chipchipa	stop *v.t.* रोकना rokna
stiff *n.* जटिल jatil	stoppage *n* रूकावट rukawat
stiffen *v.t.* कठोर बनाना kathor banana	storage *n.* भंडारण bhandaran
stifle *v.t.* दबाना dabana	store *v.t.* बचा रखना bacha rakhna
stigma *n.* लांछन anchan	store *n.* गोदाम godam
still *adv.* अब तक ab tak	storey *n.* मंज़िल manzil
still *n* शांत shaant	stork *n.* सारस saras
still *n.* अचल चित्र achal chitr	storm *n.* तूफान toofan
still *a.* स्थिर sthir	stormy *a.* तूफ़ानी toofani
stillness *n.* स्थिरता sthirta	story *n.* कहानी kahani
stilt *n.* पैरबांसा pairbansa	stout *a.* स्थूलकाय sthulkaya
stimulant *n.* प्रेरक पदार्थ prerak padarth	stove *n.* स्टोव stove
stimulate *v.t.* उभारना ubharana	stow *v.t.* बांधकर रख देना bandhakar rakh dena
stimulus *n.* प्रेरणा prerna	straggle *v.i.* भटक जाना bhatak jana
sting *v.t.* डंक मारना dank maarana	straggler *n.* भटकैया bhatkaiya
stingy *a.* कंजूस kanjus	straight *a.* सीधा, sidha
stink *n* दुर्गंध durgandh	straighten *v.t.* सीधा करना seedha karna
stink *v.i.* बदबूदार होना badbudar hona	straightforward *a.* सीधा सादा sidha sada
stipend *n.* वज़ीफ़ा vazifa	straightway *adv.* तुरंत turant
stipulate *v.t.* शर्त लगाना shart lagana	straiten *v.t.* संकीर्ण बनाना sakirna banana
stipulation *n.* व्यवस्था vyvasthata	strand *n* समुद्र तट samudra tat
stir *v.i.* हिलना hilna	strand *v.i.* परेशानी में छोड़ना pareshani mein chorna
stirrup *n.* रकाब rakab	strange *a.* अनोखा anokha
stitch *v.t.* सिलना silna	stranger *n.* अजनबी ajnabi
stitch *n.* सीवन siwan	strangulation *n.* श्वास अवरोधन shvas avrodhan
stock *v.t.* भंडारण bhandaran	strap *n.* पट्टा patta
stock *n.* माल maal	stratagem *n.* चाल chaal
stocking *n.* मौज़ा mauza	strategic *a.* युद्धनीति विषयक yudhniti vishayak
stoic *n.* वैरागी vairagi	strategist *n.* युद्धनीतिज्ञ yudhnitigya
stoke *v.t.* ईंधन झोंकना indhan jhonkana	strategy *n.* समूची योजना samuchi yojana
stoker *n.* ईंधन झोंकने वाला indhan jhonkane wala	stratum *n.* स्तर estar
stomach *n.* पेट pet	straw *n.* भूसा bhusa
stone *v.t.* पत्थर फेंकना pathar phenkna	strawberry *n.* झरबेर jharber
stone *n.* पत्थर pathar	stray *a* कोई-कोई koi-koi
stony *a.* पथरीला patharila	
stool *n.* स्टूल stool	
stoop *n* झुकाव jhukav	

stray *v.i.* घूमना ghumna	strut *n* गर्वीली चाल garvili chaal
stream *v.i.* बहना behna	strut *v.i.* इठलाना ithlana
stream *n.* नदी nadi	stub *n.* पेंसिल का टुकड़ा pencil ka tukrha
streamer *n.* पताका pataka	stubble *n.* खूंटी khunti
streamlet *n.* नदिया nadiya	stubble *n.* दाढ़ी के छोटे बाल daarhi ke chhote baal
street *n.* गली gali, sadak	stubborn *a.* जिद्दी jiddi
strength *n.* शक्ति shakti	stud *v.t.* जड़ना jarhna
strengthen *v.t.* मज़बूत बनाना mazbut banana	stud *n.* दुहरा बटन duhra batan
strenuous *a.* ज़ोरदार zordaar	student *n.* विद्यार्थी vidyarthi
stress *v.t* बल देना bal dena	studio *n.* प्रसारण कक्ष prasaran kaksh
stress *n.* बल bal	studious *a.* अध्ययनशील adhyayansheel
stretch *n* खिंचाव kinchav	study *n.* अध्ययनकक्ष adhyayankaksh
stretch *v.t.* फैलाना phailana	study *v.i.* अध्ययन करना adhyayan karna
strew *v.t.* बिखेरना bikherna	stuff 2 *v.t.* ठूंसकर भरना thunskar bharna
strict *a.* कठोर kathor	stuff *n.* कोई पदार्थ koi padarth
strict *a.* अपवादरहित apvadrahit	stuffy *a.* घुटन भरा ghutan bhara
stricture *n.* कटु आलोचना katu alochana	stumble *n.* ठोकर thokar
stride *n* लंबा डग lamba dag	stumble *v.i.* ठोकर खाना thokar khana
strident *a.* कर्णभेदी karnabhedi	stump *v.t* आउट करना out karna
strife *n.* झगड़ा jhagarha	stump *n.* टुकड़ा tukrha
strike *v.t.* आक्रमण करना akraman karna	stun *v.t.* आश्चर्यचकित करना ashcharyachakit karna
strike *n* हड़ताल harhtaal	stunt *n* करतब kartab
striker *n.* हड़तालकर्त्ता harhtalkarta	stunt *v.t.* विकास रोकना vikas rokna
string *n.* रस्सी rassi	stupefy *v.t.* मूर्ख बनाना murkh banana
stringency *n.* सख्ती sakhti	stupendous *a.* विशाल vishal
stringent *a.* कठोर kathor	stupid *a* मंदबुद्धि mandbudhi
strip *v.t.* नंगा करना nanga karna	stupidity *n.* मूर्खता murkhta
strip *n.* पट्टी patti	sturdy *a.* मज़बूत mazboot
stripe *n.* धारी dhaari	style *n.* ढंग dhang
strive *v.i.* संघर्ष करना sangharsh karna	subdue *v.t.* वश में करना vash mein karna
stroke *n.* प्रहार prahar	subject *a* संभाव्य sambhavya
stroll *v.i.* टहलना tahalna	subject *n.* विषयवस्तु vishayvastu
strong *a.* शक्तिशाली shaktishali	subject *n.* प्रजा praja
stronghold *n.* केंद्र kendra	subjection *n.* आधिपत्य adhipatya
structural *a.* संरचनात्मक saranchanatamak	subjective *a.* आत्मपरक atmaparak
structure *n.* संरचना saranchana	sub-judice *a.* विधि विचाराधीन vidhi vicharadhin
struggle *n* संघर्ष sangharsh	
strumpet *n.* वेश्या veshya	subjugate *v.t.* अधीन करना adhin karna

subjugation *n.* आधिपत्य adhipatya
sublimate *v.t.* उदात्तीकरण करना udattikaran karna
sublime *a.* उदात्त udaatt
sublimity *n.* उदात्तता udattata
submarine *a* अंत:सागरी antah sagari
submarine *n.* पनडुब्बी pandubbi
submerge *v.i.* डूबना dubna
submerge *v.i.* गोता लगाना gota lagana
submission *n.* समर्पण samarpan
submissive *a.* आज्ञाकारी agyakaari
submit *v.t.* प्रस्तुत करना prastut karna
subordinate *a.* कम महत्व का kam mahtva ka
subordinate *n* अधीनस्थ कर्मचारी adhinasth karamchari
subordination *n.* अधीनीकरण adhinikaran
subscription *n.* चंदा chanda
subsequent *a.* आगामी aagami
subservience *n.* उपयोगिता upyogita
subservient *a.* सहायक sahayak
subside *v.i.* कम होना kam hona
subsidiary *a.* सहायक sahayak
subsidize *v.t.* आर्थिक सहायता देना arthik sahayata dena
subsidy *n.* आर्थिक सहायता arthik sahayata
subsist *v.i.* जीवित रहना jeevit rehna
subsistence *n.* जीविका jeevika
substance *n.* पदार्थ padarth
substantial *a.* ठोस thos
substantially *adv.* पर्याप्त मात्रा में paryapt matra mein
substantiate *v.t.* प्रमाणित करना pramanit karna
substantiation *n.* प्रमाणीकरण pramanikaran
substitute *n.* स्थानापन्न sthanapann
substitution *n.* प्रतिस्थापन pratisthapan
subterranean *a.* भूमिगत bhumigat
subtle *n.* बारीक baarik
subtlety *n.* बारीकी baariiki

subtract *v.t.* घटाना ghatnaa
subtraction *n.* घटाव ghatav
suburb *n.* उपनगरीय क्षेत्र upnagariya kshetra
suburban *a.* उपनगरीय upnagariya
suburban *a.* संकीर्णतापूर्ण sankirnatapurna
subversion *n.* समाप्ति samaapati
subversive *a.* विनाशकारी vinashkaari
subvert *v.t.* उलट देना ulat dena
succeed *v.i.* सफल होना saphal hona
success *n.* सफलता saphalta
successful *a* सफल saphal
succession *n.* अनुक्रमण anukraman
successive *a.* क्रमिक kramik
successor *n.* उत्तराधिकारी uttradhikari
succumb *v.i.* हार मानना haar manana
succumb *v.i.* मर जाना mar jana
such *pron.* ऐसे व्यक्ति aise vyakti
such *a.* ऐसा aisa
suck *n.* चूषण chushan
suck *v.t.* चूसना chusana
suckle *v.t.* स्तनपान कराना stanpan karana
sudden *n.* आकस्मिक akasmik
suddenly *adv.* अचानक achanak
sue *v.t.* मुकदमा चलाना mukadama chalana
suffer *v.t.* भुगतना bhugatna
suffice *v.i.* पर्याप्त होना paryapt hona
sufficiency *n.* पर्याप्त मात्रा paryapt matra
sufficient *a.* पर्याप्त paryapt
suffix *v.t.* जोड़ना jorhna
suffix *n.* प्रत्यय pratyaya
suffocate *v.t* दम घुटकर मरना dam ghutkar marna
suffocation *n.* घुटन ghutan
suffrage *n.* मताधिकार matadhikaar
sugar *v.t.* मीठा करना meetha karna
sugar *n.* चीनी, शक्कर cheeni
suggest *v.t.* प्रस्तावित करना prastavit karna
suggestion *n.* प्रस्ताव prastav
suggestive *a.* विचारोत्तेजक vicharotejak

suicidal a. आत्मघाती atmaghati
suicide n. आत्महत्या atmahatya
suit v.t. उपयुक्त बनाना upyukt banana
suit n. मुकदमा mukadama
suitability n. उपयुक्तता upyuktata
suitable a. उचित uchit
suitor n. प्रार्थी prarthi
sullen a. रूठा हुआ rootha hua
sulphur n. गंधक gandhak
sulphuric a. गंधक युक्त gandhak yukt
sultry a. उमसदार umasdar
sum v.t. जोड़ना jorhna
sum n. धनराशि dhanrashi
summarily adv. तुरंत turant
summarize v.t. संक्षिप्त करना sankshipt karna
summary a संक्षिप्त sankshipt
summary n. संक्षिप्त विवरण sankshipt vivran
summer n. ग्रीष्म ऋतु grishma ritu
summit n. चोटी choti
summon v.t. बुला भेजना bula bhejna
summon n. अदालत का बुलावा adalat ka bulava
sumptuous a. शानदार shandaar
sun v.t. धूप dhoop
sun n. सूर्य surya
sunday n. रविवार raviwar
sunder v.t. अलग करना alag karna
sundry a. विभिन्न vibhinn
sunny a. गर्म garam
super tax n. अधिकर adhikar
superabundance n. आधिक्य aadhikya
superabundant a. भरपूर bharpoor
superb a. उत्तम uttam
superficial a. अगंभीर agambhir
superficiality n. छिछलापन chichalapan
superfine a. अति उत्तम ati uttam
superfluity n. आधिक्य aadhikya
superfluous a. फ़ालतू, अति अधिक faltu, ati adhik
superhuman a. अतिमानवीय atimanviya
superintend v.t. संचालन करना sanchalan karna
superintendence n. संचालन sanchalan
superintendent n. प्रबंधक prabandhak
superior a. उच्च uccha
superiority n. श्रेष्ठता shreshthata
superlative n. मावस्था mavastha
superlative a. श्रेष्ठतासूचक shreshthatasuchak
superman n. अतिमानव atimanav
supernatural a. अलौकिक alaukik
supersede v.t. स्थान लेना sthan lena
supersonic a. पराध्वनिक paradhvanik
superstition n. अंधविश्वास andhvishvas
superstitious a. अंधविश्वासी andhvishvasi
supervise v.t. निर्देशित करना nirdeshit karna
supervision n. देख रेख dekh rekh
supervisor n. निरीक्षक nirikshak
supper n. रात्रि का भोजन ratri ka bhojan
supple a. सुनम्य sunamya
supplement n. परिशिष्ट parishisht
supplement v.t. पूरा करना pura karna
supplementary a. पूरक purak
supplier n. प्रदायक pradayak
supply n भंडार bhandaar
supply v.t. प्रदान करना pradaan karna
support n. सहारा sahara
support v.t. सहारा sahara
suppose v.t. कल्पना करना kalpana karna
supposition n. कल्पना kalpana
suppress v.t. कुचलना kuchalna
suppression n. दमन daman
supremacy n. उच्चता uchchata
supreme a. सर्वोच्च sarvoch
surcharge v.t. अधिभार लगाना adhibhar lagana

surcharge *n.* अधिशुल्क adhishulk
sure *a.* निश्चित nishchit
surely *adv.* निश्चित रूप से nishchit rup se
surety *n.* ज़मानत jamanat
surf *n.* तटीय लहरें tatiya leharain
surface *n.* सतह satah
surface *v.i* ऊपर आना uppar aana
surfeit *n.* आधिक्य aadhikya
surge *v.i.* हिलोर मारना hilor maarna
surge *n.* आवेश avesh
surgeon *n.* शल्य चिकित्सक shalya chikitsak
surgery *n.* शल्य चिकित्सा shalya chikitsa
surmise *v.t.* अंदाज़ा लगाना andaza labgana
surmise *n.* अनुमान anumaan
surmount *v.t.* विजय पाना vijay pana
surname *n.* कुलनाम kulnaam
surpass *v.t.* अधिक होना adhik hona
surplus *n.* अधिशेष adhishesh
surprise *v.t.* आश्चर्यचकित करना ashcharyachakit karna
surrender *n* आत्मसमर्पण atmasamarpan
surrender *v.t.* हार मानना haar manana
surround *v.t.* घेरना gherna
surroundings *n.* प्रतिवेश prativesh
surtax *n.* अधिकर adhikar
surveillance *n.* निगरानी nigrani
survey *n.* सर्वेक्षण sarvekshan
survey *v.t.* निरीक्षण करना nirikshan karna
survival *n.* उत्तरजीविता uttarjeevita
survive *v.i.* जीवित बचना jeevit bachna
suspect *n* संदिग्ध व्यक्ति sandigdh vyakti
suspect *v.t.* संदेह करना sandeh karna
suspect *a.* संदिग्ध sandighdh
suspend *v.t.* निलंबित करना nilambit karna
suspense *n.* अनिश्चय की स्थिति anishchya ka sthiti
suspension *n.* निलंबन nilamban
suspicion *n.* संदेह sandeh
suspicious *a.* शक्की shakki

sustain *v.t.* जीवित रखना jeevit rakhna
sustenance *n.* जीवनाधार jeevanadhar
swagger *n* इठलाती चाल ithlaati chaal
swagger *v.i.* इठलाना ithlana
swallow *n.* निगरण nigaran
swallow *n.* अबाबील ababeel
swallow *v.t.* निगलना nigalna
swamp *n.* दलदल daldal
swan *n.* हंस hans
swarm *v.i.* भीड़ लगाना bheerh lagana
swarm *n.* दल dal
swarthy *a.* सांवला sanvala
sway *n* प्रभाव prabhav
sway *v.i.* हिलना डुलना hilna dulna
swear *v.t.* कसम खिलाना kasam khilana
sweat *v.i.* पसीना आना paseena aana
sweat *n.* पसीना paseena
sweater *n.* स्वेटर sweater
sweep *n.* साफ सफ़ाई saaf safai
sweep *v.i.* झाड़ू लगाना jhaadu lagana
sweeper *n.* झाड़ू लगानेवाला jharhu laganewala
sweet *a.* मीठा meetha
sweeten *v.t.* मीठा करना meetha karna
sweetmeat *n.* मिष्ठान, मिठाई mithai, methae
sweetness *n.* मिठास mithas
swell *n* फुलाव fulav
swell *v.i.* बढ़ना badna
swift *a.* तीव्र, तत्पर tivra, tatper
swim *n* तैराकी tairaki
swim *v.i.* तैरना tairana
swimmer *n.* तैराक tairak
swindle *n.* ठगी, झांसा thagi
swindle *v.t.* ठगना thagna
swindler *n.* झांसिया, ठग thag
swine *n.* सूअर suar
swine *n.* घृणित व्यक्ति ghrinit vyakti
swing *n* झूला jhula
swing *v.i.* झूलना jhulna

Swiss *n.* स्विटज़रलैंड का निवासी switzerland ka nivasi
switch *v.t.* बदलना badalna
switch *n.* स्विच switch
swoon *v.i* मूर्च्छित होना murchit hona
swoon *n.* मूर्च्छा murcha
swoop *v.i.* झपट्टा मारना jhapatta marna
swoop *n* झपट्टा jhapatta
sword *n.* तलवार talwar
sycamore *n.* गूलर gular
sycophancy *n.* चाटुकारिता, चापलूसी chaplusi
sycophant *n.* चापलूस chaplus
syllable *n.* उच्चारण इकाई ucharan ikayee
syllabus *n.* पाठ्यक्रम pathyakram
sylph *n.* परी pari
sylvan *a.* वृक्षीय vrikshiya
symbol *n.* चिह्न, प्रतीक chinh, prateek
symbolic *a.* प्रतीकात्मक pratikatmak
symbolism *n.* प्रतीकवाद pratikvad
symbolize *v.t.* प्रतीक होना pratik hona
symmetrical *a.* सममित sammit
symmetry *n.* संतुलन santulan
sympathetic *a.* सहानुभूतिपूर्ण sahanubhuti-purna
sympathize *v.i.* सहानुभूति रखना sahanubhuti rakhna
sympathy *n.* सहानुभूति sahanubhuti
symphony *n.* वाद्यवृंद रचना vadyavrind rachna
symphony *n.* सुरीलापन surilapan
symposium *n.* विचार गोष्ठी vichar goshthi
symptom *n.* लक्षण lakshan
symptomatic *a.* लक्षणसूचक lakshansuchak
synonym *n.* पर्याय paryaya
synonymous *a.* पर्यायवाची, paryayavachi
synopsis *n.* रूपरेखा ruperekha
syntax *n.* वाक्य रचना vakya rachna
synthesis *n.* संश्लेषण sankshaleshan

synthetic *n* कृत्रिम उत्पादन kritrim utpadan
synthetic *a.* संश्लेषणात्मक sankshaleshanatmak
syringe *n.* पिचकारी pichkari
syrup *n.* शरबत sharbat
system *n.* योजना yojna
systematic *a.* पद्घतिबद्घ padhatibadh
systematize *v.t.* सुव्यवस्थित करना suvyavasthit karna

T

table *n.* मेज़ mez
table *v.t.* प्रस्तुत करना prastut karna
tablet *n.* गोली goli
taboo *a* निषिद्घ nishidh
taboo *v.t.* निषिद्घ करना nishidh karna
taboo *n.* निषेध nishedh
tabular *a.* तालिकाबद्घ talika badh
tabulate *v.t.* तालिकाबद्घ करना talikabadh karna
tabulation *n.* सारणीयन sarniyan
tabulator *n.* सारणीयक sarniyak
tacit *a.* अनकहा ankaha
tacit *a.* मौन maun, ankaha
taciturn *a.* अल्पभाषी alpbhashi
tackle *v.t.* भिड़ना bhirhna
tackle *n.* विरोधी पर काबू virodhi par kabu
tact *n.* व्यवहार कौशल vyvahar kaushal
tactician *n.* रणनीतिज्ञ rannitigya
tactics *n.* रणनीति ranniti
tactile *a.* स्पर्श योग्य sparsh yogya
tag *n.* घिसा पिटा कथन ghisa pita kathan
tag *v.t.* संलग्न करना sanlagna karna
tail *n.* पूंछ poonch
tailor *n.* दर्ज़ी darzi
taint *v.t.* दूषित करना dushit karna
taint *n.* दोष dosh
take *v.t.* लेना lena

take *v.t* पकड़ना pakarhna	**tasteful** *a.* रुचिकर ruchikar
tale *n.* कहानी kahani	**tasty** *a.* स्वादिष्ट svadisht
talent *n.* प्रतिभा pratibha	**tatter** *v.t* चिथड़े करना chithrhe karna
talisman *n.* तावीज़ taveez	**tatter** *n.* चिथड़ा chithrha
talk *v.i.* बोलना bolna	**tattoo** *v.i.* लीला गोदना leela godna
talkative *a.* बातूनी batuni	**tattoo** *n.* गोदने का चिह्न godne ka chinh
tall *a.* लंबा lamba	**tattoo** *n.* बिगुल का नाद bigul ka nad
tallow *n.* चरबी charbi	**tattoo** *n.* सेना का प्रदर्शन sena ka pradarshan
tally *v.t.* अनुरूप होना anurup hona	**taunt** *n* ताना tana
tally *n.* हिसाब hisab	**taunt** *v.t.* ताना मारना tana maarna
tamarind *n.* इमली का वृक्ष imli ka vriksh	**tavern** *n.* मधुशाला madhushala
tame *v.t.* पालना palna	**tax** *v.t.* कर लगाना kar lagana
tame *a.* पालतू paltu	**tax** *n.* कर kar
tamper *v.i.* हस्तक्षेप hastakshep	**taxable** *a.* कर योग्य kar yogya
tan *v.i.* भूरा होना bhoora hona	**taxation** *n.* करारोपण kararopan
tangent *n.* स्पर्शज्या sparshjya	**taxi** *v.i.* टैक्सी में जाना taxi mein jaana
tangible *a.* स्पर्शनीय sparshniya	**taxi** *n.* टैक्सी taxi
tangle *v.t.* उलझाना uljhana	**tea** *n* चाय chai
tangle *n.* उलझन uljhan	**teach** *v.t.* शिक्षा देना shiksha dena
tank *n.* टंकी tanki	**teacher** *n.* शिक्षक shikshak
tanker *n.* तेल पोत tel pot	**team** *n.* टोली toli
tanner *n.* चर्म शोधक sharm shodhak	**tear** *n.* चीरा cheera
tannery *n.* चर्म शोधनशाला sharm shodhanshala	**tear** *v.t.* फाड़ना pharhna
tantalize *v.t.* तरसाना tarsana	**tear** *n.* आंसू aansu
tantamount *a.* समान saman	**tearful** *a.* अश्रुपूर्ण ashrupurna
tap *n.* टोंटी tonti	**tease** *v.t.* चिढ़ाना chidhana
tap *v.t.* द्रव निकालना dravya nikalna	**teat** *n.* स्तनाग्र stanagra
tape *v.t* अभिलेखन करना abhilekhan karna	**technical** *n.* तकनीकी takniki
tape *n.* पट्टी patti	**technicality** *n.* प्राविधिकता pravidhikta
taper *n* पतलापन patlapan	**technician** *n.* तकनीक जाननेवाला takneek jananevala
tapestry *n.* दीवार दरी deewar dari	**technique** *n.* प्रविधि pravidhi
tar *v.t.* तारकोल पोतना tarkol potna	**technological** *a.* प्रौद्योगिकीय praudyogikiya
tar *n.* तारकोल tarkol	**technologist** *n.* प्रौद्योगिकीविद् praudyogikivad
target *n.* निशाना nishana	**technology** *n.* प्रौद्योगिकी praudyogiki
tariff *n.* सीमा शुल्क seema shulk	**tedious** *a.* उबाऊ या उकताने वाला ubane ya thakane wala
tarnish *v.t.* बदरंग करना badrang karna	
task *n.* कार्य karya	
task *v.t.* कार्य सौंपना karya saunpana	
taste *n.* स्वाद svad	

tedious *a.* नीरस neeras
tedium *n.* नीरसता neerasta
teem *v.i.* प्रचुरता में होना prachurata mein hona
teem *v.i.* उमड़ना umarhna
teenager *n.* किशोर, किशोरी kishor, kishori
teens *n. pl.* किशोरावस्था kishoravastha
teethe *v.i.* दूध के दांत निकलना dudh ke dant nikalna
teetotal *a.* मद्यत्यागी madyatyagi
teetotaller *n.* मद्यत्यागी madyatyagi
telecommunications *n.* दूरसंचार doosanchar
telegram *n.* तार संदेश taar sandesh
telegraph *v.t.* तार द्वारा भेजना taar dwara bhejana
telegraph *n.* तार यंत्र taar yantra
telegraphic *a.* तार द्वारा प्रेषित taar dwara preshit
telegraphist *n.* तार यांत्रिक taar yantrik
telegraphy *n.* तारसंचार taarsanchar
telepathic *a.* दूर संवेदी door sanvadi
telepathist *n.* दूरसंवेदनविद् doorsanvedanvid
telepathy *n.* दूरसंवेदन dursanvedan
telephone *n.* दूरभाष doorbhash
telescope *n.* दूरबीन doorbin
telescopic *a.* दूरबीनी doorbini
television *n.* दूरदर्शन doordashan
tell *v.t.* बताना batana
teller *n.* कथक kathak
temper *v.t.* मंद करना mand karna
temper *n.* मानसिकता maansikta
temperament *n.* प्रकृति prakriti
temperamental *a.* स्वाभाविक svabhavik
temperance *n.* मद्यत्याग madyatyag
temperate *a.* शीतोष्ण sheetoshna
temperature *n.* तापमान taapman
tempest *n.* तूफ़ान toofan
tempestuous *a.* तूफ़ानी toofani

temple *n.* कनपटी kanpati
temple *n.* मंदिर mandir
temporal *a.* कालिक kalik
temporary *a.* अस्थायी asthai
tempt *v.t.* लुभाना lubhana
temptation *n.* प्रलोभन pralobhan
tempter *n.* लुभानेवाला lubhanewala
ten *n., a* दस dus
tenable *a.* समर्थनीय samarthniya
tenacity *n.* तीव्रता tivrata
tenancy *n.* किरायेदारी kirayadari
tenant *n.* किरायेदार kirayadar
tend *v.i.* प्रवृत्त होना pravrat hona
tendency *n.* झुकाव jhukao
tender *v.t.* प्रस्तुत करना prastut karna
tender *n* सेवक sevak
tender *a* मुलायम mulayam
tender *n* निविदा nivida
tenet *n.* सिद्घांत siddhant
tennis *n.* टैनिस tennis
tense *a.* कसा हुआ kasa hua
tense *n.* काल kaal
tension *n.* कसाव kasav
tent *n.* तंबू tambu
tentative *a.* आज़माइशी azmaishi
tenure *n.* धारण dharan
term *n.* अवधि avadhi
term *n.* शब्द shabdh
term *v.t.* पुकारना pukarna
term *n.pl.* सम्बन्ध sambandh
terminable *a.* समाप्य samapya
terminal *n* सिरा sira
terminal *a.* अंतिम antim
terminate *v.t.* समाप्त होना samapt hona
termination *n.* समाप्ति samapati
terminology *n.* पारिभाषिक शब्दावली paribhashik shabdawali
terminus *n.* अंतिम स्टेशन antim station
terrace *n.* चबूतरा chabutara
terrible *a.* गंभीर gambhir

terrier *n.* कुत्ते की एक नस्ल kutte ki ek nasal
terrific *a.* अति अधिक ati adhik
terrify *v.t.* आतंकित करना atankit karna
territorial *a.* प्रादेशिक kshetriya
territory *n.* क्षेत्र kshetra
terror *n.* आतंक aatank
terrorism *n.* आतंकवाद aatankvad
terrorist *n.* आतंकवादी aatankvadi
terrorize *v.t.* आतंकित करना aatankit karna
terse *a.* संक्षिप्त sankshipt
test *n* परीक्षण parikshan
test *v.t.* जांचना janchna
testament *n.* वसीयत vasiyat
testicle *n.* अंडग्रंथि andgranthi
testify *v.i.* प्रमाण देना praman dena
testimonial *n.* प्रमाणपत्र pramanpatra
testimony *n.* साक्ष्य sakshya
tete-a-tete *n.* व्यक्तिगत वार्तालाप vyaktigat vartalap
tether *v.t.* पगहे से बांधना pageh se bandhna
tether *n.* रस्सी rassi
text *n.* मूल पाठ mool path
textile *n* वस्त्र vastra
texture *n.* गठन gathan
thank *v.t.* धन्यवाद देना dhanyavad dena
thankful *a.* कृतज्ञ, kritagya
thankless *a.* कृतघ्न kritagna
thanks *n.* आभार aabhaar
that *dem. pron.* उसने usne
that *rel. pron.* जो jo
that *adv.* ताकि taki
that *conj.* कि ki
that *a.* वह vah
thatch *v.t.* छप्पर डालना chappar dalna
thatch *n.* छप्पर chappar
thaw *v.i* पिघलना pighalna
thaw *n* पिघलन pighalna

theatre *n.* नाट्यशाला natyashala
theatrical *a.* नाट्यशाला विषयक natyashala vishayak
theft *n.* चोरी chori
their *a.* उनका unka
theirs *pron.* उनका unka
theism *n.* आस्तिकता aastikta
theist *n.* आस्तिक aastik
them *pron.* उनको unko
thematic *a.* विषयगत vishaygat
theme *n.* विषय vishay
then *a* तत्कालीन tatkaleen
then *adv.* उस समय us samay
thence *adv.* वहां से vahan se
theocracy *n.* धर्मतंत्र, dharamtantra
theologian *n.* धर्मविज्ञानी dharam vigyani
theological *a.* धर्मविज्ञान विषयक dharmavigyan vishayak
theology *n.* ईश्वरमीमांसा ishwarmimansa
theorem *n.* प्रमेय pramay
theoretical *a.* सैद्घांतिक saidhantik
theorist *n.* सिद्घांतशास्त्री siddhantshastri
theorize *v.i.* सिद्घांत स्थापित करना siddhant sthapit karna
theory *n.* सैद्घांतिक ज्ञान saidhantik gyan
therapy *n.* चिकित्सा chikitsa
there *adv.* वहां vahan
thereabouts *adv.* लगभग उतना lagbhag utarna
thereafter *adv.* तदनंतर tadantar
thereby *adv.* उसके द्वारा uske dwara
therefore *adv.* अतः atah
thermal *a.* ऊष्मीय ushmiya
thermometer *n.* तापमापी taapmapi
thermos (flask) *n.* थर्मस tharmas
thesis *n.* शोध ग्रंथ shodh granth
thick *a.* घना ghana
thick *adv.* प्रचुर मात्रा में prachur matra mein
thicken *v.i.* मोटा होना mota hona

thicket *n.* झुरमुट jhurmut
thief *n.* चोर chori
thigh *n.* जंघा jangha
thimble *n.* अंगुश्ताना angushtana
thin *v.t.* पतला करना patla karna
thin *a.* पतला patla
thing *n.* वस्तु vastu
think *v.t.* मानना manana
thinker *n.* विचारक vicharak
third *n.* तिहाई भाग tihayee bhag
third *a.* तीसरा teesra
thirdly *adv.* तीसरे स्थान पर teesre sthan par
thirst *v.i.* प्यासा होना pyasa hona
thirst *n.* प्यास pyas
thirsty *a.* प्यासा pyasa
thirteen *n.* तेरह की संख्या terah ki sankhya
thirteen *a.* तेरह terah
thirteenth *a.* तेरहवां terahawan
thirtieth *n* तीसवां भाग teesvan bhag
thirtieth *a.* तीसवां teesvan
thirty *a* तीस tees
thirty *n.* तीस की संख्या tees ki sankhya
thistle *n.* ऊंटकटारा untkataara
thither *adv.* उस ओर, वहां को us aur, vahan ko
thorn *n.* कांटा kanta
thorny *a.* कंटकमय, कष्टप्रद kantakmay
thorough *a* पूर्ण purna
thoroughfare *n.* आम रास्ता aam rasta
though *adv.* तथापि tathapi
though *conj.* यद्यपि yadyapi
thought *n* सोच विचार soch-vichar
thoughtful *a.* लिहाज़ करनेवाला lihaz karnewala
thousand *a* हज़ार hazar
thousand *n.* हज़ार की संख्या hazar ki sankhya
thraldom *n.* दासता dasta
thrall *n.* दास daas
thrash *v.t.* पीटना pitna
thread *v.t* धागा डालना dhaa dalna
thread *n.* धागा dhaga
threadbare *a.* जीर्ण jirna
threat *n.* धमकी dhamki
threaten *v.t.* धमकी देना dhamki dena
three *a* तीन teen
three *n.* तीन की संख्या teen ki sankhya
thresher *n.* मड़ाई की मशीन madhai ki machine
threshold *n.* दहलीज़ dahleez
thrice *adv.* तीन बार teen baar
thrift *n.* मितव्ययिता mitvyayata
thrifty *a.* मितव्ययी mitvyayi
thrill *v.t.* पुलकित करना pulkit karna
thrill *n.* पुलक pulak
thrive *v.i.* फलना फूलना phalna phulna
throat *n.* गला gala
throaty *a.* बैठी हुई आवाज़ baithee hui awaz
throb *n.* स्पंदन sampadan
throb *v.i.* धड़कना dharhakna
throe *n.* तीव्र पीड़ा tivra peerha
throne *v.t.* राजगद्दी पर बिठाना rajgaddi par bithana
throne *n.* राजगद्दी rajgaddi
throng *n.* भीड़ bheerh
throng *v.t.* ठसाठस भर देना thasathas bhar dena
throttle *v.t.* गला घोंटना gala ghontana
throttle *n.* उपरोधक uprodhak
through *adv.* आद्योपांत adyopant
through *a* बिना रुके जानेवाला bina ruke janewala
through *prep.* के आर पार ke aar paar
throughout *prep.* के प्रत्येक भाग में ke pratyek bhag mein
throughout *adv.* सर्वत्र sarvatra
throw *n.* फेंक phenk
throw *v.t.* फेंकना phenkna
thrust *n* ज़ोरदार धक्का zordaar dhakka

thrust v.t. धक्का देना dhakka dena
thud v.i. धम की आवाज़ करना dham ki awaz
thud n. धम dham
thug n. गुंडा gunda
thumb n. अंगूठा angutha
thump v.t. मुक्का मारना mukka maarna
thump n. मुक्का mukka
thunder v.i. गरजना garjana
thunder n. गरज़ garaz
thunderous a. गर्जनशील garjanshil
Thursday n. गुरूवार guruvar
thus adv. इस प्रकार is prakar
thwart v.t. रोकना rokna
tiara n. मुकुट mukut
tick v.i. टिक टिक करना tik tik karna
tick n. टिक टिक की ध्वनि tik tik ki dhwani
ticket n. टिकट ticket
tickle v.t. हंसाना hansana
ticklish a. गुदगुदी gudgudi
tidal a. ज्वारीय jvariya
tide n. ज्वार jvaar
tidiness n. स्वच्छता, सुव्यवस्था svachata
tidings n. pl. समाचार samachar
tidy v.t. सुव्यवस्थित करना suvyavasthit karna
tidy a. सुव्यवस्थित suvyavasthit
tie v.t. बांधना bandhana
tie n गांठ ganth
tie n टाई tie
tiger n. बाघ bagh
tight a. कसा हुआ kasa hua
tighten v.t. कसना, kasna
tigress n. बाघिन baghin
tile v.t. खपरों से पाटना khapron se patna
tile n. खपरा khapra
till n. conj. जब तक कि jab tak ki
till v.t. जोतना jotna, जुताई करना jutai karna
till prep. के समय तक ke samay tak
tilt v.i. झुकना jhukna

tilt n. झुकाव jhukao
timber n. इमारती लकड़ी imarati lakri
time v.t. का समय नापना ka samay naapna
time n. समय samay
timely a. समयोचित samyochit
timid a. डरपोक darphok
timidity n. भीरुता bheeruta
timorous a. भीरु bheeru
tin v.t. डिब्बों में रखना dibbon mein rakhna
tin n. टिन tin
tin n. टिन का डिब्बा tin ka dabba
tincture v.t. हल्का रंग चढ़ाना halka rang chadhana
tincture n. झलक jhalak
tinge v.t. की पुट देना ki put dena
tinge n. आभा aabha
tinker n. ठठेरारा thathera
tinsel n. पन्नी panni
tint v.t. रंगना rangna
tint n. रंग rang
tiny a. बहुत छोटा bahut chhota
tip v.t. नोकदार बनाना nokdaar banana
tip n. संकेत sanket
tip v.t. बख़्शीश देना bakhshish dena
tip v.t. हल्का सा छूना halka sa choona
tip n. नोक nok
tipsy a. हल्के नशे में halke nashe mein
tirade n. फटकार भरा भाषण phatkar bhara bhashan
tire v.t. थक जाना thaka jana
tiresome a. थकाऊ thakau
tissue n. मुलायम काग़ज़ mulayam kagaz
titanic a. विशाल vishal
tithe n. दशमांश कर dashmansh kar
title n. पुस्तक का नाम pustak ka naam
titular a. औपाधिक upadhik
toad n. भेक bhek
tobacco n. तंबाकू tambaku
today n. यह दिन yeh din
today adv. आज, आजकल aaj

toe *v.t.* पैर से छूना pair se choona
toe *n.* पैर की उंगली pair ki ungli
toffee *n.* टॉफी toffee
toga *n.* चोग़ा choga
together *adv.* साथ साथ saath saath
toil *v.i.* कठिन परिश्रम करना kathin parishram karna
toil *n.* कठिन परिश्रम kathin parishram
toilet *n.* शौचघर shauchghar
toils *n. pl.* जाल jaal
token *n.* प्रतीक pratik
tolerable *a.* सहनीय sahaniya
tolerance *n.* सहनशीलता sahanshilta
tolerant *a.* सहिष्णु sahishnu
tolerate *v.t.* होने देना hone dena
toleration *n.* धार्मिक सहिष्णुता dharmik sahishunta
toll *n* घंटा नाद ghanta naad
toll *v.t.* घंटा बजाना ghanta bajana
toll *n.* पथकर pathkar
tomato *n.* टमाटर tamatar
tomb *n.* कब्र kabra
tomboy *n.* मरदानी लड़की mardani larhki
tomcat *n.* बिलाव bilav
tome *n.* विशाल ग्रंथ vishal granth
tomorrow *adv.* कल को kal ko
tomorrow *n.* आने वाला कल aane wala kal
ton *n.* टन tan
tone *n.* स्वर svar
tone *v.t.* तानबद्ध करना taanbadh karna
tongs *n. pl.* चिमटा chimta
tongue *n.* जीभ jeebh
tonic *n.* स्वास्थ्यवर्धक औषधि svasthavardhak aushadhi
tonic *n.* मूलस्वर moolsvar
tonic *a.* तान विषयक taan vishayak
tonight *adv.* आज रात को aaj rat ko
to-night *n.* आज की रात aaj ki raat
tonne *n.* मीटरी टन meetri tan
tonsil *n.* टॉन्सिल tonsil

tonsure *n.* मुंडन mundan
too *adv.* बहुत अधिक bahut adhik
tool *n.* औज़ार auzaar
tooth *n.* दांत dant
toothache *n.* दांत दर्द dant dard
toothsome *a.* स्वादिष्ट svadisht
top *v.t.* चोटी पर पहुंचना choti par pahunchna
top *n.* लट्टू lattu
top *n.* चोटी choti
topaz *n.* पुखराज pukhraj
topic *n.* विषय vishay
topical *a.* सामयिक samayik
topographer *n.* स्थलाकृति विशेषज्ञ sthalakriti visheshagya
topographical *a.* स्थलाकृतिक sthalakritik
topography *n.* स्थलाकृति sthalakriti
topple *v.i.* उलट जाना ulat jaana
topsy turvy *a.* औंधा aundha
topsy turvy *adv* उलट पुलट स्थिति में ulat pulat sthiti mein
torch *n.* मशाल mashal
torment *n.* यातना yatna
torment *v.t.* यातना देना yatna dena
tornado *n.* तूफ़ान toofan
torpedo *n.* पनडुब्बी pandubbi
torrent *n.* प्रचंड धारा prachand dhara
torrential *a.* प्रचंड धारा जैसा prachand dhara jaisa
torrid *a.* अति उष्ण ati ushna
tortoise *n.* कछुआ kachhua
tortuous *a.* टेढ़ा मेढ़ा tedha medha
torture *v.t.* यातना देना yatna dena
torture *n.* यातना yatna
toss *n* उछाल uchchal
toss *v.t.* झटका देना jhatka dena
total *n.* पूर्ण मात्रा purna matra
total *v.t.* जोड़ना jorhna
total *a.* संपूर्ण, समूचा sampurna
totality *n.* संपूर्णता sampurnata

touch n स्पर्श sparsh
touch v.t. स्पर्श करना sparsh karna
touch v.t. संपर्क में आना sampark mein ana
touchy a. नाराज़ naraz
tough a. मज़बूत mazboot
toughen v.t. कड़ा बनाना karha banana
tour v.i. भ्रमण करना bhraman karna
tour n. भ्रमण, यात्रा bhraman, yatra
tourism n. पर्यटन paryatan
tourist n. पर्यटक paryatak
tournament n. खेलकूद प्रतियोगिता khelkud pratiyogita
towards prep. की ओर ki aur
towel v.t. तौलिये से पोंछना tauliye se paunchna
towel n. तौलिया tauliya
tower v.i. ऊंचा उठना uncha uthna
tower n. मीनार minar
town n. कसबा kasba
township a. कसबा kasba
toy v.i. खिलवाड़ करना khilvarh karna
toy n. खिलौना khilauna
trace v.t. सुराग़ पा लेना surag pa lena
trace n. निशान nishan
traceable a. खोजने योग्य khojne yogya
track v.t. ढूंढ लेना dhoondh lena
track n. मार्ग marg
tract n पुस्तिका pustika
tract n. विस्तृत भूभाग vistrit bhubhag
traction n. खिंचाव khinchav
tractor n. ट्रैक्टर tractor
trade v.i व्यापार करना vyapar karna
trade n. व्यापार vyapar
trader n. व्यापारी vyapari
tradesman n. दुकानदार dukandar
tradition n. परंपरा parampara
traditional a. परंपरागत paramparagat
traffic n. यातायात yatayaat
tragedian n. त्रासदीकार trasadikar
tragedy n. दु:खद घटना dukhad ghatna

tragic a. दु:खांत dukhant
trail v.t. घसीटना ghasitna
trail n. मार्ग marg
trailer n फिल्म की झलकियां film ki jhalkiyan
train v.t. प्रशिक्षण देना prashikshan dena
train n. रेलगाड़ी railgarhi
trainee n. प्रशिक्षणार्थी prashikshanarthi
training n. प्रशिक्षण prashikshan
trait n. विशेषता visheshta
traitor n. विश्वासघाती vishvasghati
tram n. ट्रामगाड़ी tramgarhi
trample v.t. कुचलना, रौंदना kuchalna
trance n. बेहोशी behoshi
tranquil a. शांत shant
tranquillity n. शांति shanti
tranquillize v.t. शांत करना shant karna
transact v.t. संपादित करना sampadit karna
transaction n. संपादन sampadan
transcend v.t. मानव के अनुभव manav ke anubhav
transcendent a. अनुभवातीत anubhavatit
transcription n. प्रतिलिपि लेखन pratilipi lekhan
transfer v.t. स्थानांतरित करना sthanantarit karna
transfer n. स्थानांतरण sthananataran
transferable a. स्थानांतरणीय sthanantaraniya
transfiguration n. रूपांतरण rupantaran
transfigure v.t. रूपांतरित करना rupantarit karna
transform v. रूप बदल देना rup badal dena
transformation n. रूपांतरण rupantaran
transgress v.t. अतिक्रमण करना atikraman karna
transgression n. अतिक्रमण atikraman
transit n. परिवहन parivahan
transition n. परिवर्तन parivartan
transitive n. सकर्मक क्रिया sakarmak

transitory *n.* अस्थायी asthayee
translate *v.t.* अनुवाद करना anuvad karna
translation *n.* अनुवाद anuvad
transmigration *n.* देहांतरण dehantaran
transmission *n.* संचारण sancharan karna
transmit *v.t.* प्रेषित करना preshit karna
transmitter *n.* प्रेषक preshak
transparent *a.* पारदर्शी pardarshi
transplant *v.t.* प्रतिरोपित करना pratiropit karna
transport *n.* परिवहन साधन parivahan sadhan
transport *v.t.* ले जाना le jana
transportation *n.* परिवहन parivahan
trap *v.t.* धोखा देकर पकड़ना dhokha dekar pakarhna
trap *n.* ढका हुआ गड्ढा dhaka hua gaddha
trash *n.* कूड़ा करकट koorha karkat
travel *v.i.* यात्रा करना yatra karna
travel *n* यात्रा yatra
traveller *n.* यात्री yatri
tray *n.* ट्रे tray
treacherous *a.* विश्वासघाती dhokhebaz, vishvaghati
treachery *n.* धोखा dhokha
tread *n* पदचाप padchap
tread *v.t.* कुचलना kuchalna
treason *n.* विश्वासघात vishvasghat
treasure *v.t.* संचित करना sanchit karna
treasure *n.* भंडार bhandar
treasurer *n.* कोषाध्यक्ष koshadhyaksha
treasury *n.* खज़ाना khazana
treat *n* दावत dawat
treat *v.t.* बरताव करना bartav karna
treat *v.t.* इलाज करना ilaj karna
treatise *n.* प्रबंध prabandh
treatment *n.* व्यवहार vyavahar
treaty *n.* संधि sandhi
tree *n.* पेड़ ped

trek *n.* लंबी, कठोर पैदल यात्रा lambi, kathor paidal yatra
trek *v.i.* पैदल चलना paidal chalna
tremble *v.i.* कांपना kampana
tremendous *a.* विशाल vishal
tremor *n.* कंपन kampan
trench *v.t.* (में) खांचा बनाना (mein) khancha banana
trench *n.* खाई, खंदक khandak
trend *n.* प्रवृत्ति pravrati
trespass *n.* अतिक्रमण atikraman
trespass *v.i.* अतिक्रमण करना atikraman karna
trial *n.* जांच janch
triangle *n.* त्रिभुज tribhuj
triangular *a.* त्रिभुजाकार tribhujakar
tribal *a.* जनजातीय janjatiya
tribe *n.* जन जाति jan jati
tribulation *n.* मुसीबत musibat
tribunal *n.* न्यायालय, न्यायाधिकरण nyayalaya
tributary *n.* सहायक नदी saayak nadi
tributary *a.* सहायक sahayak
trick *v.t.* धोखा देना dhokha dena
trick *n* धोखा dhokha
trickery *n.* धोखा dhokha
trickle *v.i.* टपकना, tapakna
trickster *n.* कपटी kapati
tricky *a.* चालाक chalak
tricolour *a.* तिरंगा tiranga
tricycle *n.* तिपहिया साइकिल tipahiya cycle
trifle *v.i* खिलवाड़ करना khilvarh karna
trifle *n.* नगण्य वस्तु, अल्पमात्रा naganya vastu
trigger *n.* लिबलिबी liblibi
trim *n* सज्जा sajja
trim *v.t.* छांटना chantana
trim *a.* साफ़ सुथरा saf suthra
trinity *n.* त्रिक trik

trio *n.* त्रिक trik
trip *n.* सैर sair
trip *v.t.* गिरा देना gira dena
tripartite *a.* त्रिपक्षीय tripakshiya
triple *a.* तिगुना tiguna
triple *adj* तिगुना करना tiguna karna
triplicate *v.t.* तिगुना करना tiguna karna
triplicate *a.* तिगुना tiguna
triplication *n.* त्रिगुणन trigunan
tripod *n.* तिपाई tipayee
triumph *v.i.* विजय प्राप्त करना vijay prapt karna
triumph *n.* विजय vijay
triumphal *a.* विजय संबंधी vijay sambandhi
triumphant *a.* विजयी vijayayi
trivial *a.* हल्का halka
troop *v.i* टोली में चलना toli mein chalna
troop *n.* टोली toli
trooper *n.* घुड़सवार सैनिक ghurhsawar sainik
trophy *n.* पुरस्कार puraskar
tropic *n.* कर्क अथवा मकर रेखा kark athva makar rekha
tropical *a.* अति उष्ण ati ushna
trot *n* दुलकी dulki
trot *v.i.* दुलकी चलना dulki chalna
trouble *v.t.* चिंतित करना chintit karna
trouble *n.* व्यवधान vyavdhan
troublesome *a.* कष्टप्रद kashtprad
troupe *n.* मंडली mandali
trousers *n. pl* पतलून patlun
trowel *n.* करनी karni
truce *n.* युद्धविराम yudhviram
truck *n.* ट्रक truck
true *a.* तथ्यात्मक tathyatmak
trump *v.t.* (पर) तुरुप मारना (par) turup marna
trump *n.* तुरुप turup
trumpet *v.i.* तुरही बजाना turahi banana

trumpet *n.* तुरही turahi
trunk *n.* पेड़ का तना perh ka tana
trust *v.t* (पर) भरोसा करना (par) bharosa karna
trust *n.* विश्वास vishvas
trustee *n.* न्यासी nyasi
trustful *a.* विश्वासी vishvasi
trustworthy *a.* भरोसे का bharose ka
trusty *n.* निष्ठावान nishthavan
truth *n.* वास्तविकता vastvikta
truthful *a.* सत्यवादी satyavadi
try *n* प्रयत्न prayatna
try *v.i.* प्रयत्न करना pryatna karna
tryst *n.* पूर्व निश्चित भेंट purva nishchit bhent
tub *n.* टब tub
tube *n.* नली nali
tuberculosis *n.* क्षेय रोग ksheya rog
tubular *a.* नलिकाकार nalikakar
tug *v.t.* ज़ोर से खींचना zor se khinchna
tuition *n.* अनुशिक्षण anushikshan
tumble *n.* गिराव girav
tumble *v.i.* गिर जाना gir jana
tumbler *n.* गिलास gilas
tumour *n.* अर्बुद aburdh
tumult *n.* तीव्र कोलाहल tivra kolahal
tumultuous *a.* कोलाहलपूर्ण kolahalpurna
tune *v.t.* समस्वरित करना samsvarit karna
tune *n.* धुन dhun
tunnel *v.i.* सुरंग बनाना surang banana
tunnel *n.* सुरंग surang
turban *n.* पगड़ी pagrhi
turbine *n.* टरबाइन turbine
turbulence *n.* उग्रता ugrata
turbulent *a.* अशांत ashant
turf *n.* तृणभूमि trinbhumi
turkey *n.* पीरू peeru
turmeric *n.* हल्दी haldi
turmoil *n.* घबराहट ghabrahat
turn *n* घुमाव ghumav

turn *v.i.* घूमना ghumna	typhus *n.* तंद्रिक ज्वर tandrik jvar
turner *n.* खरादी kharadi	typical *a.* प्रारूपिक विशिष्ट prarupik vishisht
turnip *n.* शलजम shaljam	typify *v.t.* प्रारूप होना prarup hona
turpentine *n.* तारपीन taarpin	typist *n.* टंकक tankak
turtle *n.* समुद्री कच्छप samudari kachchap	tyranny *n.* तानाशाही tanashahi
tusk *n.* गजदंत gajdant	tyrant *n.* तानाशाह tanashah
tussle *v.i.* संघर्ष करना sangharsh karna	tyre *n.* टायर tyre
tussle *n.* संघर्ष sangharsh	
tutor *n.* निजी शिक्षक niji shikshak	

U

tutorial *n.* निजी शिक्षक के शिक्षण का समय niji shikshak ke shikshan ka samay	udder *n.* अयन ayan
tutorial *a.* शिक्षकीय shikshakiya	uglify *v.t.* कुरूप बनाना, बिगाड़ना kurup banana, bigaadna
twelfth *n.* बारहवां भाग barhavan bhag	ugliness *n.* कुरूपता kurupta
twelfth *a.* बारहवां barhavan	ugly *a.* कुरूप kurup
twelve *n* बारह barah	ulcer *n.* फोड़ा, व्रण fhora, vran
twelve *n.* बारह की संख्या barah ki sankhya	ulcerous *a.* व्रणीय, व्रणयुक्त vraniya, vranyukt
twentieth *n* बीसवां भाग beesvan bhag	ulterior *a.* गुप्त, gupt
twentieth *a.* बीसवां beesvan	ultimate *a.* अंतिम, सर्वोच्च महत्व का antim, sarvoch mahatwa ka
twenty *n* बीस की संख्या bees ki sankhya	ultimately *adv.* अंतत: antatah
twenty *a.* बीस bees	ultimatum *n.* अंतिम शर्त antim shart
twice *adv.* दो बार do baar	umbrella *n.* छाता chata
twig *n.* टहनी tahani	umpire *n.* निर्णायक nirnayak
twilight *n* धुंधला प्रकाश dhundhala prakash	umpire *adj* निर्णायक होना nirnayak hona
twin *a* जुड़वां jurhva	unable *a.* असमर्थ asamarth
twin *n.* जुड़वां जोड़े में से एक jurhva jorhe mein se ek	unanimity *n.* सर्वसम्मति sarvasammati
twinkle *n.* झिलमिलाहट jhilmilahat	unanimous *a.* सर्वसम्मत sarvasammat
twinkle *v.i.* झिलमिलाना, चमकना chamakna	unaware *a.* अनजान anjaan
twist *n.* ऐंठन ainthan	unawares *adv.* अनजाने में anjane mein
twist *v.t.* गूथना guthna	unburden *v.t.* बोझ उतारना bojh utarna
twitter *v.i.* चहकना chahakna	uncanny *a.* रहस्यमय rahasyamaya
twitter *n.* चहक chahak	uncertain *a.* अपरिवर्तनशील aparivartan sheel
two *a.* दो do	
two *n.* दो की संख्या do ki sankhya	uncle *n.* चाचा chacha
twofold *a.* दोगुना doguna	uncouth *a.* भद्दा, bhadda
type *v.t.* टंकित करना tankit karna	under *prep.* नीचे neeche
type *n.* श्रेणी shreni	
typhoid *n.* आंत्रज्वर antrajvar	
typhoon *n.* प्रचंड तूफान prachand tufan	

under *adv* नीचे neeche
undercurrent *n.* अंतर्धारा antardhara
underdog *n* दलित व्यक्ति dalit vyakti
undergo *v.t.* गुज़रना guzarna
undergraduate *n.* पूर्वस्नातक purvasnatak
underhand *a.* गुप्त gupt
underline *v.t.* रेखांकित करना rekhankit karna
undermine *v.t.* सुरंग बनाना surang banana
underneath *adv.* नीचे neeche
understand *v.t.* समझना samajhana
undertake *v.t.* वचन देना vachan dena
undertone *n.* मंद स्वर mand swar
underwear *n.* अंतरीय antariya
underworld *n.* अधोलोक adholok
undo *v.t.* नष्ट करना nasht karna
undue *a.* अनुचित anuchit
undulate *v.i.* लहराना lehrana
unearth *v.t.* खोजना khojana
uneasy *a.* चिंतित chintit
unfair *a* अनुचित anuchit
unfold *v.t.* खोलना kholna
unfortunate *a.* खेदजनक khedjanak
ungainly *a.* भद्दा bhadda
unhappy *a.* दु:खपूर्ण dukhapurna
unification *n.* एकीकरण ekikaran
union *n.* एकता ekta
unionist *n.* संघवादी sanghwadi
unique *a.* अद्वितीय advitiya
unison *n.* सामंजस्य samanjasya
unit *n.* मात्रक matrak
unite *v.t.* एक करना ek karna
unity *n.* एकता ekta
universal *a.* विश्वव्यापी viswvyapi
universality *n.* विश्वव्योपकता vishwayopakata
universe *n.* विश्व vishwa
university *n.* विश्वविद्यालय vishv vidyalaya
unjust *a.* अन्यायी anyayi

unless *conj.* यदि नहीं yadi nahin
unlike *a* असमान asamaan
unlike *prep* भिन्न bhinn
unlikely *a.* असंभाव्य asambhavya
unmannerly *a* अशिष्ट ashisht
unprincipled *a.* सिद्धांतहीन sidhantheen
unreliable *a.* अविश्वसनीय avishvasniya
unrest *n* अशांति ashanti
unruly *a.* उपद्रवी updravi
unsettle *v.t.* अशांत करना ashant karna
unsheathe *v.t.* म्यान से निकालना miyaan se nikalna
until *prep.* तक tak
until *conj* जब तक कि jab tak ki
untoward *a.* असुविधाजनक asuvidhajanak
unwell *a.* अस्वस्थ asvastha
unwittingly *adv.* अनजाने में anjane mein
up *adv.* ऊपर की ओर upar ki aur
upbraid *v.t* फटकारना phatkarna
upheaval *n.* उथल पुथल uthal puthal
uphold *v.t* संभालना sambhalna
upkeep *n* मरम्मत marammat
uplift *v.t.* ऊपर उठाना uppar uthna
uplift *n* सुधार sudhar
upon *prep* पर par
upper *a.* ऊपर वाला upar wala
upright *a.* सीधा seedha
uprising *n.* उपद्रव updrava
uproar *n.* कोलाहल kolahal
uproarious *a.* कोलाहलपूर्ण kolahalpurna
uproot *v.t.* उखाड़ना ukharhna
upset *v.t.* उलटना ulatna
upshot *n.* परिणाम parinaam
up-to-date *a.* आधुनिकतम adhuniktam
upward *a.* ऊर्ध्वगामी urdhvarvagaami
upwards *adv.* ऊपर की ओर upar ki aur
urban *a.* नगरीय nagriya
urbane *a.* सुसभ्य susabhya
urbanity *n.* सौम्यता saumyata
urchin *n.* नटखट लड़का natkhat larhka

urge v.t समझाना samjhana
urge n तीव्र इच्छा tivra ichcha
urgency n. अत्यावश्यकता atyavashyakta
urgent a. अति आवश्यक ati avashyak
urinal n. मूत्रालय mutralaya
urinary a. मूत्रीय mutriya
urinate v.i. लघुशंका करना laghushanka karna
urination n. मूत्र त्याग mutra tyag
urine n. मूत्र mutra
urn n कलश kalash
usage n. प्रयोग prayog
use n. लाभ labh
use v.t. काम में लाना kaam mein laana
useful a. उपयोगी upyogi
usher n. प्रवेशक praveshak
usher v.t. अंदर ले जाना andar le jana
usual a. सामान्य samanya
usually adv. नियमत niyamit
usurer n. सूदखोर soodkhor
usurp v.t. हथियाना hathiyana
usurpation n. अनाधिकार ग्रहण anadhikar grahan
usury n. सूदखोरी soodkhori
utensil n. बरतन bartan
uterus n. गर्भाशय garbhashay
utilitarian a. उपयोगी upyogi
utility n. लाभ labh
utilization n. उपयोग upyog
utilize v.t. प्रयोग करना prayog karna
utmost a. अधिकतम adhiktam
utmost n अधिकतम मात्रा adhiktam matra
utopia n . आदर्श राज्य adarsh rajya
utopian a. आदर्श adarsh
utter v.t. कहना kehna
utter a पूर्ण purna
utterance n. बोली boli
utterly adv. पूर्णतया purnataya

V

vacancy n. रिक्त पद rikt pad
vacancy n. खालीपन khalipan
vacant a. खाली khali
vacate v.t. खाली करना khali karna
vacation n. अवकाश avkaash
vaccinate v.t. टीका लगाना teeka lagana
vaccination n. टीकाकरण teekakaran
vaccinator n. टीका लगाने वाला teeka lagane wala
vaccine n. टीका द्रव्य teeka dravya
vacillate v.i. डावांडोल होना danvadol hona
vacuum n. शून्य, निर्वात shunya,nirvat
vagabond a घुमंतू ghumantu
vagabond n. आवारा awaara
vagary n. सनक sanak
vagina n. योनि yoni
vague a. अस्पष्ट aspasht
vagueness n. अस्पष्टता aspashtata
vain a. व्यर्थ vyartha
vainglorious a. दंभी dambhi
vainglory n. दंभ dambh
vainly adv. व्यर्थ vyartha
vale n. घाटी ghati
valiant a. दिलेर diler
valid a. उचित, वैध uchit,vaidh
validate v.t. मान्य बनाना manya banana
validity n. वैधता vaidhata
valley n. घाटी ghati
valour n. शौर्य shaurya
valuable a. उपयोगी upyogi
valuation n. मूल्यांकन mulyankan
value n. उपयोगिता upyogita
valve n. वाल्व valve
van n. बंद गाड़ी band gaahi
vanish v.i. लुप्त हो जाना lupt ho jaana
vanity n. मिथ्याभीमान mithyabhiman

vanity *n.* सारहीनता saarhinta
vanquish *v.t.* पराजित करना parajit karna
vaporize *v.t.* वाष्प में बदल जाना vashp mein badal jaana
vaporous *a.* वाष्प जैसा vashp jaisa
vapour *n.* वाष्प vashp
variable *a.* परिवर्तनीय parivartaniya
variance *n.* अनबन anban
variation *n.* परिवर्तन parivartan
varied *a.* विभिन्न vibhinn
variety *n.* विविधता vividhata
various *a.* विविध, विभिन्न vividh, vibhinn
various *a.* vibhinn
varnish *v.t.* रोग़न करना rogan karna
varnish *n.* रोग़न rogan
vary *v.t.* बदल जाना badal jaana
vasectomy *n.* नसबंदी nasbandi
vaseline *n.* वैसलीन vaseline
vast *a.* विशाल vishal
vault *n.* मेहराबी छत mehrabi chhat
vault *v.i.* कूदना koodna
vault *n.* तहखाना tahakhana
vegetable *n.* साग sabzi
vegetarian *n.* शाकाहारी shakahari
vegetarian *a* निरामिष niramish
vegetation *n.* पेड़ पौधे perh paudhe
vehemence *n.* तीव्रता tivrata
vehement *a.* प्रचंड prachand
vehicle *n.* वाहन vahan
vehicular *a.* यानयुक्त yanyukt
veil *v.t.* ढकना dhakna
veil *n.* ओढ़नी odhni
vein *n.* शिरा shira
velocity *n.* गति gati
velvet *n.* मखमल makhmal
velvety *a.* मखमली makhmali
venal *a.* भ्रष्ट bhrasht
venality *n.* भ्रष्टता bhrashtata
vendor *n.* विक्रेता vikreta
venerable *a.* आदरणीय adarniya
venerate *v.t.* आदर करना adar karna
veneration *n.* श्रद्धा shraddha
vengeance *n.* प्रतिशोध pratishodh
venial क्शमया kshamya
venial *a.* लघु laghu
venom *n.* विष vish
venomous *a.* विषैला vishaila
vent *n.* छेद ched
ventilate *v.t.* हवादार बनाना havadar banana
ventilation *n.* वातापूर्ति हवादारी vatapurti
ventilator *n.* हवाकश havakash
venture *v.t.* साहस करना sahas karna
venture *n.* जोखिम jokhim
venturesome *a.* जोखिम भरा jokhim bhara
venturous *a.* साहसी sahasi
venue *n.* सभा स्थल sabha sthal
veracity *n.* सच्चाई sachchayee
veranda *n.* बरामदा baramada
verb क्रिया kriya
verbal *a.* मौखिक maukhik
verbally *adv.* मौखिक रूप में maukhik rup mein
verbatim *adv.* शब्दश: shabdashah
verbatim *a.* शाब्दिक shaabdik
verbose *a.* शब्दबहुल shabdabahul
verbosity *n.* शब्दबहुलता shabdabahulata
verdant *a.* हरा भरा hara bhara
verdict *n.* अभिनिर्णय abhinirnaya
verge *n.* किनारा kinara
verification *n.* प्रमाणन satyapan
verify *v.t.* जांच करना janch karna
verisimilitude *n.* सत्याभास satyabhas
veritable *a.* वास्तविक सच्चा vastvik sach
vermillion *a.* गहरा लाल gehra lal
vermillion *n.* गहरा लाल रंग gehra lal rang
vernacular *a.* देशी deshi
vernacular *n.* सामान्य भाषा samanya bhasha
vernal *a.* वासंतिक vasantik

versatile *a.* बहुमुखी bahumukhi
versatility *n.* संपन्नता pratibha sampannata
verse *n.* काव्य kavya
versed *a.* प्रवीण pravin
versification *n.* पद्यरचना padyarachna
versify *v.t.* पद्यबद्ध करना padya-baddh karna
version *n.* कथन kathan
versus *prep.* बनाम banaam
vertical *a.* ऊपर kharha
verve *n.* उत्साह utsah
very *a.* यही yahi
very *a.* वही vahi
very *a.* बिल्कुल bilkul
vessel *n.* बरतन bartan
vest *n.* फ़ातूही fatuhi
vest *v.t.* (से) समपन्न करना (se) sampann karna
vest *v.t.* कपड़ा पहनाना kapda pehanana
vestige *n.* निशानी nishani
vestment *n.* परिधान paridhan
veteran *a.* अनुभवी anubhavi
veteran *n.* अनुभवी व्यक्ति anubhavi vyakti
veterinary *a.* पशुचिकित्सा संबंधी pashuchikitsa
veto *v.t.* निषिद्ध करना nishidh karna
veto *n.* निषेधाधिकार nishedhadhikar
vex *v.t.* तंग करना tang karna
vexation *n* परेशानी pareshani
via *prep.* के मार्ग से ke marg se
viable *a.* व्यवहार्य vyavaharya
vial *n.* शीशी sheeshi
vibrate *v.i.* आवाज़ का कांपना awaaz ka kampana
vibration *n.* कंपन kampan
vicar *n.* पुरोहित purohit
vicarious *a.* स्थानापन्न sthanapann
vice *n.* व्यसन vyasan
vice-versa *adv.* विलोमत: vilomatah

vicinity *n.* पड़ोस pados
vicious *a.* ख़तरनाक khatarnak
vicissitude *n.* भाग्य का फेर bhagya ka pher
victim *n.* शिकार shikar
victimize *v.t.* को शिकार बनाना ko shikar banana
victor *n.* विजेता vijeta
victorious *a.* विजयी vijayi
victory *n.* विजय vijay
victuals *n. pl* खाद्य khadya
vie *v.i.* मुकाबला करना mukabala karna
view *n.* दृश्य drishya
view *v.t.* देखना dekhna
vigil *n.* रखवाली rakhwali
vigilance *n.* निगरानी nigrani
vigilant *a.* सतर्क satark
vigorous *a.* शक्तिशाली shaktishali
vile *a.* घृणित ghrinit
vilify *v.t.* निंदा करना ninda karna
villa *n.* देहाती बंगला dehati bangla
village *n.* देहात dehat
villager *n.* देहाती dehati
villain *n.* दुष्ट dusht
vindicate *v.t.* सच सिद्ध करना sach sidh karna
vindication *n.* दोष मुक्ति dosh mukti
vine *n.* अंगूर की बेल angur ki bel
vinegar *n.* सिरका sirka
vintage *n.* अंगूरी शराब anguri sharab
violate *v.t.* भंग करना bhang karna
violation *n.* उल्लंघन ulanghan
violence *n.* हिंसा hinsa
violent *a.* हिंसात्मक hinsatmak
violent *a.* तीव्र tivra
violet *n.* बैंगनी रंग baingani rang
violin *n.* वायलिन violin
violinist *n.* वायलिन वादक violin vadak
virgin *n* पवित्र pavitra
virgin *a.* कुंआरी kunwari
virginity *n.* शुचिता shuchita

virile *a.* शक्तिशाली shaktishali
virility *n.* पौरुष paurush
virtual *a* वास्तविक vastvik
virtue *n.* नैतिकता naitikta
virtuous *a.* पावन pavan
virulence *n.* द्वेषभाव dveshbhav
virulent *a.* विषाक्त vishakt
virus *n.* विषाक्त तत्व vishakt tatva
visage *n.* चेहरा chehra
visibility *n.* दृष्टिसीमा drishyasima
visible *a.* दृश्यमान drishyaman
vision *n.* दृष्टि drishti
visionary *n.* स्वप्न दृष्टा svapan drishta
visionary *a.* काल्पनिक kalpanik
visit *v.* घूमने आना ghoomne ana
visit *n.* ठहराव thaharav
visit *v.t.* (से) मिलने जाना (se) milne jana
visitor *n.* मेहमान mehman
vista *n.* दृश्य drishya
visual *a.* दृष्टि विषयक drishti vishayak
visualize *v.t.* कल्पना करना kalpana karna
vital *a.* प्राणाधार pranadhar
vitality *n.* जीवन शक्ति jeevan shakti
vitalize *v.t.* जीवन प्रदान करना jeevan pradan karna
vitamin *n.* विटामिन vitamin
vitiate *v.t.* बिगाड़ना bigarhna
vivacious *a.* फुर्तीला furtila
vivacity *n.* आनंदमयता anandmayata
viva-voce *a* मौखिक maukhik
viva-voce *n* मौखिक परीक्षा maukhik pariksha
viva-voce *adv.* मौखिक रूप में maukhik rup mein
vivid *a.* सजीव sajiv
vivid *a.* चमकदार chamakdar
vixen *n.* कर्कशा karkasha
vocabulary *n.* शब्द सूची shabd soochi
vocal *a.* कथित kathit
vocalist *n.* गायक gayak

vocation *n.* व्यवसाय vyvasaya
vogue *n.* प्रचलन prachlan
voice *n.* आवाज़ awaaz
voice *v.t.* अभिव्यक्त करना abhivyakt karna
void *v.t.* रद्द करना radd karna
void *n.* शून्य shunya
void *a.* रिक्त rikt
volcanic *a.* ज्वालामुखीय jwalamukhiya
volcano *n.* ज्वालामुखी jwalamukhi
volition *n.* संकल्प शक्ति sankalp shakti
volley *v.t.* उड़ती गेंद पर मार urhati gend par maar
volt *n.* वोल्ट volt
voltage *n.* वोल्टता voltata
volume *n.* परिमाण pariman
volume *n.* ढेर dher
voluminous *a.* विशाल vishal
voluntarily *adv.* स्वेच्छा से svaicha se
voluntary *a.* स्वैच्छिक svaichik
volunteer *v.t.* स्वेच्छा से देना svecha se dena
volunteer *n.* स्वयंसेवक svayamsevak
voluptuary *n.* विषयासक्त vishyasakt
voluptuous *a.* भोगपूर्ण bhogpurna
vomit *n* वमन क्रिया vaman kriya
vomit *v.t.* मुंह से उलट देना muhn se ulat dena
voracious *a.* अति भूखा ati bhukha
votary *n.* अनुयायी anuyayi
vote *v.i.* मत देना mat dena
vote *n.* मतदान matdan
voter *n.* मतदाता matdata
vouch *v.i.* आश्वासन देना ashvasan dena
voucher *n.* व्यय की रसीद vyaya ki rasid
vow *v.t.* व्रत लेना vrat lena
vow *n.* व्रत vrat
vowel *n.* स्वर svar
voyage *n.* समुद्र यात्रा samudra yatra

voyage *v.i.* समुद्र यात्रा करना samudra yatra karna
voyager *n.* समुद्र यात्री samudra yatri
vulgar *a.* अश्लील ashalil
vulgar *a.* भद्दा bhadda
vulgarity *n.* अश्लीलता ashalilta
vulnerable *a.* जिस पर वार किया जा सके jis par var kiya ja sake
vulture *n.* गिद्ध giddh

W

waddle *v.i.* डगमगाकर चलना dagmagakar chalna
waft *n.* महक mehak
wag *n.* हिलने की क्रिया hilane ki kriya
wag *v.i.* हिलना hilna
wage *n.* मज़दूरी mazdoori
wager *v.i.* बाज़ी लगाना bazi lagana
wager *n.* शर्त shart
wagon *n.* मालडिब्बा maldibba
wail *n.* विलाप vilap
wail *v.i.* विलाप करना vilap karna
wain *n.* बैलगाड़ी bailgarhi
waist *n.* कमर kamar
waistband *n.* कमरबंद kamarband
waistcoat *n.* वास्कट vaskat
wait *n.* प्रतीक्षा pratiksha
wait *v.i.* प्रतीक्षा करना pratiksha karna
waiter *n.* बैरा baira
waitress *n.* परिचारिका paricharika
waive *v.t.* छोड़ देना chhod dena
wake *n.* जागरण jagran
wake *n.* अनुजल anujal
wake *v.t.* जगाना jagana
wakeful *a.* निद्रा रहित nidra rahit
walk *n.* भ्रमण bhraman
walk *v.i.* चलना chalna
wall *n.* दीवार diwar

wall *v.t.* दीवार से घेरना diwar se gherna
wallet *n.* थैली thaili
wallop *v.t.* आघात करना aghaat karna
wallow *v.i.* लोट पोट करना lot pot karna
walnut *n.* अखरोट akhrot
walrus *n.* समुद्री घोड़ा samudari ghoda
wan *a.* पीला peela
wand *n.* छड़ी charhi
wander *v.i.* घूमना ghumana
wane *n* ह्रास hwas
wane *v.i.* घटना ghatana
want *n* आवश्यकता avashyakata
want *v.t.* इच्छा रखना ichha rakhna
wanton *a.* उद्देश्यहीन udeshyahin
war *v.i.* लड़ना larhna
war *n.* युद्ध yuddh
warble *n* कूजन kujan
warble *v.i.* कूजना kujana
warbler *n.* गायक पक्षी gayak pakshi
ward *v.t.* रक्षा करना raksha karna
ward *n.* आश्रित ashrit
warden *n.* वार्डन warden
warder *n.* जेलर jailer
wardrobe *n.* वस्त्र vastra
wardship *n.* अभिरक्षा abhiraksha
ware *n.* वस्तुएं vastuen
warehouse *v.t* गोदाम godaam
warfare *n.* संग्राम sangraam
warlike *a.* युद्धप्रिय yudhpriya
warm *a.* गुनगुना gunguna
warm *v.t.* गरम करना garam karna
warmth *n.* गरमी garami
warn *v.t.* सचेत करना sachet karna
warning *n.* पूर्वसूचना purvasuchna
warrant *v.t.* ज़िम्मा लेना zimma lena
warrant *n.* आज्ञापत्र agyapatr
warrantor *n.* आश्वासनदाता ashwasandaata
warranty *n.* अधिकार, adhikar

warren *n.* खरगोशों का बाड़ा khargoshon ka barha	**wayward** *a.* हठी hathi
warrior *n.* योद्धा yodha	**weak** *a.* कमज़ोर kamzor
wart *n.* मस्सा massa	**weaken** *v.t. & i* कमज़ोर बनाना kamzor banana
wary *a.* सतर्क satark	**weakling** *n.* कमज़ोर प्राणी kamzor prani
wash *n* धुलाई dhulayee	**weakness** *n.* कमज़ोरी kamzori
wash *v.t.* धोना dhona	**weal** *n.* कल्याण kalyan
washable *a.* धुलाई योग्य dhulayee yogya	**wealth** *n.* धन दौलत dhan daulat
washer *n.* वाशर washer	**wealthy** *a.* धनी dhani
wasp *n.* ततैया tatiya	**weapon** *n.* हथियार hathiyar
waspish *a.* चिड़चिड़ा chirhchirha	**wear** *v.t.* प्रदर्शित करना pradarshit karna
wassail *n.* उत्सवगान utsav gaan	**weary** *v.t. & i* थकना thakana
wastage *n.* छीजन, हानि hani	**weary** *a.* नीरस niras
waste *n.* निर्थक nirarthak	**weary** *v.t.* थकाना thakaana
waste *v.t.* नष्ट करना nasht karna	**weary** *a.* थका मांदा thaka manda
waste *a.* व्यर्थ vyartha	**weather** *n* मौसम mausam
wasteful *a.* विनाशकारी vinashkari	**weather** *v.t.* झेलना jhelna
watch *n.* चौकसी chaukasi	**weave** *v.t.* बुनना bunana
watch *v.t.* अवलोकन करना avlokan karna	**weaver** *n.* बुनकर bunkar
watchful *a.* सतर्क satark	**web** *n.* मकड़ी का जाला makrhi ka jaala
watchword *n.* नारा naara	**webby** *a.* झिल्लीदार jhillidar
water *n.* पानी pani	**wed** *v.t.* विवाह करना vivah karna
waterfall *n.* जल प्रपात jal prapat	**wedding** *n.* विवाहोत्सव vivahutsav
water-melon *n.* तरबूज़ tarbooz	**wedge** *n.* पच्चर pachchar
waterproof *n* जलसह वस्त्र jalsah vastra	**wedlock** *n.* विवाह vivah
waterproof *v.t.* जलसह बनाना jalsah banana	**Wednesday** *n.* बुधवार budhvar
waterproof *a.* जलसह jalsah	**weed** *v.t.* निराना nirana
watertight *a.* जलरोधी jalrodhi	**weed** *n.* अपतृण apitrin
watery *a.* अश्रुमय ashrumya	**week** *n.* सप्ताह saptah
watt *n.* वाट watt	**weekly** *adv.* प्रत्येक सप्ताह pratyek saptah
wave *v.t.* हिलाना hilana	**weekly** *n.* साप्ताहिक saptahik
wave *n.* लहर lehar	**weekly** *a.* साप्ताहिक saptahik
waver *v.i.* अस्थिर होना asthir hona	**weep** *v.i.* रोना rona
wax *v.t.* मोम लगाना mom lagana	**weevil** *n.* घुन ghun
wax *n.* मोम mom	**weigh** *v.t.* तोलन tolan
way *n.* मार्ग marg	**weight** *n.* वज़न vazan
way *n.* ढंग dhang	**weightage** *n.* बढ़त badhat
wayfarer *n.* राही rahi	**weighty** *a.* भारी bhari
waylay *v.t.* घात में बैठना ghat mein baithna	**weir** *n.* सेतु setu
	weird *a.* अनोखा anokha

welcome *n* अभिनंदन abhinandan	whelp *n.* पिल्ला pilla
welcome *v.t* स्वागत करना svagat karna	when *conj.* जिस समय jis samay
welcome *a.* सुखद sukhad	when *adv.* कब kab
weld *n* जोड़ jorh	whence *adv.* जहां से jahan se
weld *v.t.* मिलाना milana	whenever *adv. conj* जब कभी jab kabhi
welfare *n.* कल्याण kalyan	where *conj.* जहां jahan
well *adv.* भली भांति bhali bhanti	where *adv.* कहां kahan
well *n.* कुआं kuan	whereabouts *adv.* कहां kahan
well *v.i.* बहना behna	whereas *conj.* जबकि jabki
well *a.* स्वस्थ swastha	whereat *conj.* जिस पर, जहां jis par, jahan
wellington boot *n.* लंबा जूता lamba juta	wherein *adv.* किस दृष्टि से kis drishti se
well-known *a.* सुपरिचित suparichit	whereupon *conj.* जिसके बाद jis ke baad
well-read *a.* विद्वान vidvan	wherever *adv.* जहां कहीं jahan kahin
well-timed *a.* समयानुकूल samayanukul	whet *v.t.* तेज़ करना tez karana
well-to-do *a.* संपन्न sampann	whether *conj.* यदि yadi
welt *n.* चाबुक chabuk	which *pron.* जो jo
welter *n.* आंदोलन andolan	which *a* कौनसा kaun sa
wen *n.* गिल्टी gilti	whichever *pron* जो कोई jo koi
wench *n.* लड़की larki	whiff *n.* झोंका jhonka
west *a.* पश्चिमी, पछुवां pashchimi	while *conj.* जब तक jab tak
west *adv.* पश्चिम की ओर pashchim ki or	while *v.t.* समय गंवाना samay gawana
west *n.* पश्चिम pashchim	while *n.* समय samay
westerly *a.* पश्चिमी pashchimi	whim *n.* सनक sanak
western *a.* पश्चिमी pashchimi	whimper *v.i.* रिरियाना ririyana
wet *v.t.* गीला करना geela karna	whimsical *a.* अनोखा anokha
wet *a.* गीला geela	whine *n* चिल्लाहट chilahat
wetness *n.* गीलापन geelapan	whine *v.i.* रोना चिल्लाना rona chilana
whack *v.t.* प्रहार करना prahar karna	whip *n.* कोड़ा korha
whale *n.* वेल whale	whip *v.t.* फेंटना phentana
wharfage *n.* घाट शुल्क ghat shulk	whipcord *n.* चाबुक की डोरी chabuk ki dori
what *a.* कौनसा kaun sa	whir *n.* भिनभिनाहट bhinbhinahat
what *pron.* जो वस्तु jo vastu	whirl *n* घुमाव ghumao
what *interj.* क्या ! kya!	whirl *n.i.* घूमना ghumna
whatever *pron.* जो कुछ भी, कुछ भी kuch bhi	whirligig *n.* लट्टू, चक्रदोला lattu
wheat *n.* गेहूं का पौधा gehun ka paudha	whirlpool *n.* भंवर bhanwar
wheedle *v.t.* फुसलाना phuslana	whirlwind *n.* चक्रवात, बगूला chakravat, bagula
wheel *v.t.* घुमाना ghumana	whisk *n* फेंटनी phentani
wheel *a.* पहिया pahiya	whisker *n.* पशु की मूंछ pashu ki moonch
whelm *v.t.* अभिभूत करना abhibhut karna	whisky *n.* शराब sharab

whisper *n* फुसफुस phus-phus	wield *v.t.* प्रयोग में लाना prayog mein laana
whisper *v.t.* फुसफुसा कर कहना phuphusa kar kehna	wife *n.* पत्नी patni
whistle *n* सीटी की आवाज़ seeti ki awaaz	wig *n.* विग vig
whistle *v.i.* सीटी बजाना seeti bajana	wight *n.* प्राणी prani
white *n* सफ़ेद रंग saphed rang	wigwam *n.* कुटिया kutiya
white *a.* सफ़ेद saphed	wild *a.* जंगली jangli
whiten *v.t.* सफ़ेद करना saphed karna	wilderness *n.* बीहड़, biharh
whitewash *v.t.* सफ़ेदी करना saphedi karna	wile *n.* चाल chaal
whitewash *n.* सफ़ेदी saphedi	will *v.t.* इच्छा रखना ichcha rakhna
whither *adv.* कहां kahan	will *n.* संकल्पशक्ति sankalpshakti
whitish *a.* सफ़ेद सा saphed sa	willing *a.* तत्पर tatpar
whittle *v.t.* छीलना chheenanaa	willingness *n.* तत्परता tatparta
whiz *v.i.* सनसनाना sansanana	willow *n.* भिंसा, bhinsa,
who *pron.* कौन kaun	wily *a.* धूर्त, चालाक chalak
whole *n* संपूर्ण sampurna	wimble *n.* बरमा, बरमी burma, burmi
whole *a.* संपूर्ण sampurna	wimple *n.* शिरोवस्त्र shirovastra
whole-hearted *a.* हार्दिक hardik	win *n* विजय vijay
wholesale *a* थोक संबंधी thok sambandhi	win *v.t.* प्राप्त करना prapt karna
wholesale *adv.* थोक में thok mein	wince *v.i.* सिकुड़ जाना sikurh jana
wholesale *n.* थोक बिक्री thok bikri	wind *n.* अफारा aphaara
wholesaler *n.* थोक व्यापारी thok vyapari	wind *v.t.* लपेटना lapetna
wholesome *a.* हितकारी hitkari	windbag *n.* गप्पी व्यक्ति gappi vyakti
wholly *adv.* पूर्णतया purntaya	winder *n.* चाबी भरने का यंत्र chabi bharne ka yantr
whom *pron.* किसे kise	windlass *v.t.* बेलन चरखा belan charkha
whore *n.* वेश्या vaishya	windmill *n.* पवनचक्की pawanchakki
whose *pron.* किसका kiska	window *n.* खिड़की khirhki
why *adv.* क्यों kyon	windy *a.* तूफ़ानी tufani
wick *n.* दीपक की बत्ती deepak ki batti	wine *n.* अंगूरी शराब anguri sharab
wicked *a.* पापी paapi	wing *n.* पंख pankh
wicker *n.* खपची khapchi	wink *v.i.* पलक झपकना palak jhapakna
wicket *n.* छोटा फाटक chhota phatak	wink *n* झपक jhapak
wide *adv.* पूर्णरूप से purna rup se	winner *n.* विजेता vijeta
wide *a.* चौड़ा chaurha	winnow *v.t.* ओसाना, बरसाना osana, barsana
widen *v.t.* चौड़ा करना chaura karna	winsome *a.* आकर्षक akarshak
widespread *a.* व्यापक vyapak	winter *v.i* जाड़ा बिताना jarha bitana
widow *v.t.* विधवा बनाना vidhva banana	winter *n.* शीत ऋतु sheet ritu
widow *n.* विधवा vidhva	wintry *a.* ठंडा thanda
widower *n.* विधुर vidhur	wipe *n.* पोंछन ponchan
width *n.* चौड़ाई chaurhayi	

wipe v.t. पोंछना ponchna	womanhood n. नारीत्व naritva
wire n. तार taar	womanise v.t. वेश्यागमन करना veshyagaman karna,
wireless n रेडियो radio	womanish n. ज़नाना janana
wireless a. बेतार का betaar ka	womb n. गर्भाशय barbhashya
wiring n. बिजली के तार bijli ka taar	wonder v.i. आश्चर्य करना ashcarya karna
wisdom n. समझदारी samajhdari	wonder n आश्चर्य ashcharya
wisdom-tooth n. अक्ल दाढ़ akal dadh	wonderful a. आश्चर्यजनक ashcharyajanak
wise a. समझदार budhiman	wondrous a. आश्चर्यजनक, अद्भुत, अत्युत्कृष्ट ashcharyajanak
wish v.t. चाहना chahana	
wish n. इच्छा ichcha	
wishful a. आकांक्षी akanshi	wont n रिवाज, आदत riwaaz,adat
wisp n. घास का गट्ठर ghas ka gaththar	wont a. आदी aadi
wistful a. उत्कंठित utkanthit	wonted a. अभ्यस्त, सामान्य abhyast,samanya
wit n. बुद्धि की प्रखरता buddhi ki prakharta	
witch n. जादूगरनी jadugarni	woo v.t. प्रणय करना pranaya karna
witchcraft n. जादू टोना jadu tona	wood n. लकड़ी lakri
witchery n. जादू टोना jadu tona	wooden a. लकड़ी का lakri ka
with prep. साथ saath	woodland n. वनस्थली vansthali
withdraw v.t. पीछे हटाना peeche hatana	woods n. जंगल jangal
withdrawal n. वापसी vapasi	woof n. बाना bana
withe n. लचीली टहनी lachili tahani	wool n. ऊन oon
wither v.i. मुरझाना murjhana	woollen n ऊनी कपड़ा ooni kaparha
withhold v.t. रोक रखना rok rakhna	woollen a. ऊनी ooni
within adv. घर में, अंदर ghar mein,andar	word n. शब्द shabd
within n. भीतरी भाग bhitri bhag	wordy a. शब्दाडंबरपूर्ण shabdadambarpurna
within prep. अंदर andar	
without prep. रहित rahit	work v.t. काम करना kaam karna
withstand v.t. (सामना करना samana karna	work n. व्यवसाय vyvasaya
witless a. बुद्धिहीन buddhihin	workable a. व्यवहार्य vyavaharya
witness v.i. गवाही देना gavahi dena	workaday a. सादा sada
witness n. प्रत्यक्ष दर्शक pratyaksh darshak	worker n. मज़दूर mazdoor
witticism n. चुटीला कथन chutila katan	workman n. मज़दूर mazdoor
witty a. वाग्विदग्ध vagvidagdh	workmanship n. शिल्प shilp
wizard n. जादूगर jadugar	workshop n. कारखाना karkhana
wobble v.i हिलना hilna	world n. विश्व vishv
woe n. विषाद shok	worldling n. सांसारिक आनंद sansarik anand
woebegone a. उदास udas	
woeful n. शोकपूर्ण shokpurna	worldly a. पार्थिव parthiv
wolf n. भेड़िया bherhiya	worm n. कीड़ा kirha
woman n. नारी nari	wormwood n. नागदौन naagdaun

worn *a.* घिसा हुआ ghisa hua
worry *v.i.* चिंतित होना chintit hona
worry *n.* चिंता chinta
worsen *v.t.* बिगाड़ना bigarhana
worship *v.t.* पूजा करना, puja karna
worship *n.* पूजा puja
worshipper *n.* पुजारी, उपासक pujari, upasak
worst *n.* सबसे बुरी बात sabse buri baat
worst *a* सब से बुरा sab se bura
worst *v.t.* पराजित करना parajit karna
worsted *n.* ऊनी धागा ooni dhaga
worth *a* निश्चित मूल्य का nishchit mulya ka
worth *n.* उपयोगिता upyogita
worthless *a.* व्यर्थ vyarth
worthy *a.* योग्य, सम्मान्य yogya
would-be *a.* होने वाला hone wala
wound *v.t.* घायल करना ghayal karna
wound *n.* घाव ghav
wrack *n.* समुद्री शैवाल samudri shaiwal
wraith *n.* प्रेत pret
wrangle *v.t* कलह करना kalah karna
wrangle *n.* लड़ाई ladai
wrangle *v.i.* लड़ना ladna
wrap *n* आवरण avaran
wrap *v.t.* लपेटना lapetana
wrapper *n.* कागज़ की लपेटन kagaz ka lapetan
wrath *n.* क्रोध krodh
wreath *n.* माला mala
wreathe *v.t.* गूथना guthna
wreck *v.t.* नष्ट करना nasht karna
wreck *n.* पोतभंग potbhang
wreckage *n.* पोतावशेष potavashesh
wrecker *n.* ध्वंसकर्त्ता dhvanskarta
wren *n.* पिटपिटी pitpiti
wrench *v.t.* मरोड़ना marorhana
wrench *n.* मरोड़ marorh
wrest *v.t.* छीनना, मरोड़ना marorhana

wrestle *v.i.* कुश्ती लड़ना, संघर्ष करना kushti larhna
wrestler *n.* कुश्ती लड़ने वाला kushti larhne wala
wretch *n.* अभागा व्यक्ति abhaga vyakti
wretched *a.* दुःखी dukhi
wrick *n* मोच moch
wriggle *n* रेंगने की क्रिया rengne ki kriya
wriggle *v.i.* रेंगना rengna
wring *v.t* ऐंठना ainthana
wrinkle *v.t.* सिलवट डालना silwat dalna
wrinkle *n.* झुर्री jhurri
wrist *n.* कलाई kalai
writ *n.* हुक्मनामा hukmnama
write *v.t.* लिखना, likhna
writer *n.* लिखनेवाला likhnewala
writhe *v.i.* छटपटाना chatpatana
wrong *adv.* ग़लत ढंग से galat dhang se
wrong *a.* ग़लत galat
wrongful *a.* अन्यायपूर्ण anyayapurna
wry *a.* टेढ़ा tedha

X

xerox *n.* छायाप्रति chayaprati
Xmas *n.* बड़ा दिन bada din
x-ray *n.* एक्स किरण aiks kiran
x-ray *v.t.* एक्सकिरण फ़ोटो लेना aikskikaran photo lena
xylophilous *a.* काष्ठ प्रेमी kashth premi
xylophone *n.* काष्ठ तरंग kashth tarang

Y

yacht *n.* हलकी नौका halki nauka
yacht *v.i* नौका विहार करना nauka vihar karna
yak *n.* सुरागाय, चमर suragaya, chamar

yap *n* भौं भौं bhaun bhaun
yap *v.i.* भौं भौं करना bhaun bhaun karna
yard *n.* गज़ gaz
yarn *n.* सूत sut
yawn *v.i.* जम्हाई लेना jamahi lena
yawn *n.* जम्हाई jamahi
year *n.* वर्ष varsh
yearly *a.* वार्षिक varshik
yearly *adv.* प्रतिवर्ष prativarsh
yearn *v.i.* लालायित होना lalayit hona
yearning *n.* लालसा lalasa
yeast *n.* खमीर khamir
yell *v.i.* चिल्लाना chilana
yell *n* पुकार pukar
yellow *a.* पीला peela
yellow *n* पीला रंग peela rang
yellow *v.t.* पीला करना peela karna
yellowish *a.* पीला-सा peela sa
Yen *n.* जापानी मुद्रा japani mudra
yeoman *n.* छोटा ज़मींदार chota zamindar
yes *adv.* सचमुच sachmuch
yesterday *n.* बीता हुआ दिन beeta hua din
yesterday *adv.* कल kal
yet *adv.* अब तक ab tak
yet *conj.* तथापि tathapi
yield *v.t.* पैदा करना paida karna
yield *n* उपज upaj
yoke *n.* बंधन bandhan
yoke *v.t.* युग्मित करना yugmit karna
yolk *n.* अंडे की ज़रदी ande ki zardi
yonder *a.* वहाँ का vahan ka
yonder *adv.* वहाँ wahan
young *a.* छोटा chota
young *n* बच्चे bachche
youngster *n.* लौंडा launda
youth *n.* यौवन yauvan
youthful *a.* युवा yuva

Z

zany *a.* हास्यपूर्ण hasyapurna
zeal *n.* उत्साह utsa
zealot *n.* कट्टर समर्थक kattar samarthak
zealous *a.* उत्साही utsahi
zebra *n.* ज़ेबरा zebra
zenith *n.* चरम बिंदु charam bindu
zephyr *n.* मंद समीर mand samir
zero *n.* शून्य shunya
zest *n.* उत्साह utsah
zigzag *a.* टेढ़ा मेढ़ा tedha medha
zinc *n.* जस्ता jasta
zip *n.* ज़िप zip
zodiac *n* राशिचक्र rashichakra
zonal *a.* मंडलीय mandaliya
zone *n.* क्षेत्र kshetra
zoo *n.* जंतुशाला jantushala
zoological *a.* प्राणि विज्ञान विषयक prani vigyan vishayak
zoologist *n.* प्राणि विज्ञानी prani vigyani
zoology *n.* प्राणि विज्ञान prani vigyan
zoom *n.* तेज़ ऊर्ध्व उड़ान tez udharv udan

Hindi-English

A

aab tak *adv.* अब तक already
aabha *n.* आभा tinge
aabhaar *n.* आभार thanks
aabhari *a.* आभारी grateful
aabhari *a.* आभारी indebted
aabnus *n* आबनूस ebony
aachaar *v.t.* अचार condite
aachar vyavahar *n* आचार व्यवहार conduct
aacharan *n* आचरण bearing
aacharan *n* आचरण behaviour
aacharan karna *v. i.* आचरण करना behave
aadambar *n.* आडंबर hypocrisy
aadambari *a.* आडंबरी pompous
aadar *n* आदर esteem
aadar *n.* आदर honour
aadar *n.* आदर respect
aadar *n.* आदर reverence
aadar karna *v. t* आदर करना esteem
aadar karna *v.t.* आदर करना regard
aadar karna *v.t.* आदर करना respect
aadarsh *a.* आदर्श ideal
aadarsh waad *n.* आदर्शवाद idealism
aadarshatmak *a.* आदर्शात्मक idealistic
aadarshwadi *n.* आदर्शवादी idealist
aadat *n.* आदत habit
aadesh *n* आदेश command
aadesh *n* आदेश dictation
aadesh *n.* आदेश mandate
aadesh *n.* आदेश order
aadesh dena *v. t* आदेश देना command
aadesh dena *v. t* आदेश देना dictate
aadesh dena *v.t* आदेश देना order
aadesh vakya *n* आदेश वाक्य dictum
aadha *a* आधा half
aadha bhag *n.* आधा भाग half
aadhar *n.* आधार backbone
aadhar *n.* आधार base
aadhar *n* आधार crutch
aadhar *n.* आधार foundation
aadharit karna *v.t.* आधारित करना base
aadhikya *n.* आधिक्य superabundance
aadhikya *n.* आधिक्य superfluity
aadhikya *n.* आधिक्य surfeit
aadhipatya *n.* आधिपत्य occupancy
aadhunikikaran karna *v.t.* आधुनिकीकरण करना modernize
aadhunikta *n.* आधुनिकता modernity
aadi *a.* आदी accustomed
aadi *a.* आदी wont
aadi banana *v.t.* आदी बनाना accustom
aadi banana *v. t.* आदी बनाना habituate
aadi hona *v.t.* आदी होना addict
aadra *a* आर्द्र damp
aadrak *n.* अदरक ginger
aag *n* आग fire
aag ki lapat *n* आग की लपट flame
aag par *adv.* आग पर aflame
aagami *a.* आगामी after
aagami *a.* आगामी forthcoming
aagami *a.* आगामी subsequent
aage *prep. & adv.* आगे afore
aage *a.* आगे onward
aage *adv.* आगे ahead
aage badhana *v.t* आगे बढ़ाना further
aage badhna *v.t* आगे बढ़ना head
aage hona *v.* आगे होना precede
aage ki aur *adv* आगे की ओर forward
aage ki aur *adv.* आगे की ओर onwards
aage nikal jana *v.t.* आगे निकल जाना overtake
aage peeche *v.t.* आगे पीछे shuttle
aage-peeche karna *v.t.* आगे-पीछे करना alternate
aagman *n.* आगमन advent
aagman *n.* आगमन approach
aagman *n.* आगमन arrival
aagrahi *a.* आग्रही persistent

aagrahpurna *a.* आग्रहपूर्ण insistent
aagya dena *v.t.* आज्ञा देना permit
aagyakari *a.* आज्ञाकारी obedient
aagyakari hona *v.t.* आज्ञाकारी होना obey
aagyakarita *n.* आज्ञाकारिता compliance
aagyakarita *n.* आज्ञाकारिता obedience
aagzani *n* आगज़नी arson
aahankar *n* अहंकार ego
aaj *adv.* आज, आजकल today
aaj ki raat *n.* आज की रात to-night
aaj rat ko *adv.* आज रात को tonight
aajiwan *a.* आजीवन lifelong
aajiwika *n.* आजीविका livelihood
aajkal *adv* आजकल now-a-days
aakaar *n.* आकार size
aakar *n* आकार bulk
aakar *n.* आकार extent
aakar *n* आकार figure
aakarashit karna *v. t.* आकर्षित करना captivate
aakarik *a* आकारिक formal
aakarshan *n.* आकर्षक वस्तु attraction
aakarshan *n.* आकर्षण charm
aakarshan *n.* आकर्षण fascination
aakarshit hona *v.i.* आकर्षित होना gravitate
aakarshit karna *v.t.* आकर्षित करना allure
aakarshit karna *v.t.* आकर्षित करना attract
aakash *n.* आकाश sky
aakash bail *n.* आकाश बेल mistletoe
aakash mein *adv.* आकाश में aloft
aakashiya vidyut *n.* आकाशीय विद्युत् lightening
aakasmik *a* आकस्मिक abrupt
aakasmik *a* आकस्मिक accidental
aakasmik *a.* आकस्मिक casual
aakasmik *a.* आकस्मिक incidental
aakasmik ghatna *n.* आकस्मिक घटना contingency
aakhet *n* आखेट hunt
aakhetak *n.* आखेटक huntsman

aakraman karna *v.t.* आक्रमण करना assault
aakraman karna *v.t.* आक्रमण करना invade
aakrashak *a.* आकर्षक attractive
aakriti *n.* आकृति aspect
aalankarik *a* आलंकारिक figurative
aalasi *a.* आलसी inactive
aalasi *a.* आलसी indolent
aalasi *n.* आलसी lazy
aalasi vyakti *n.* आलसी व्यक्ति idler
aalasya *n.* आलस्य idleness
aalasya *n.* आलस्य inaction
aalasya *n.* आलस्य laziness
aalekhi *a.* आलेखी graphic
aalingan *n* आलिंगन embrace
aalingan karna *v. t.* आलिंगन करना embrace
aalochna *n* आलोचना criticism
aalu *n.* आलू potato
aalubukhara *n.* आलूबुखारा plum
aam *n* आम mango
aam rasta *n.* आम रास्ता thoroughfare
aamaniya *a.* अमान्य invalid
aamantran *v.* आमंत्रण invitation
aamantrit karna *v.t.* आमंत्रित करना invite
aamdani *n.* आमदनी income
aamne samne hona *v.t* आमने सामने होना face
aamod pramod *n.* आमोद प्रमोद fun
aamod pramod *n.* आमोद प्रमोद revel
aamod vihar *n.* आमोद विहार excursion
aamodh pramodh *n.* आमोद प्रमोद jollity
aana *v. i.* आना come
aandolan *n* आंदोलन agitation
aandolan *n.* आंदोलन movement
aane wala kal *n.* आने वाला कल tomorrow
aanek *a.* अनेक many
aangan *n* आंगन patio
aankah kai phuli *n.* आंख की फूली nebula
aankh *n* आंख eye

aankh ki jhilli *n* आँख की झिल्ली choroid
aankh ki jhilli *n.* आंख की झिल्ली conjunctive
aankh mein dhool jhonkana *v.t.* आंख में धूल झोंकना hoodwink
aankhon ki putli *n* आंखों की पुतली cornea
aansh *n.* अंश part
aanshik *a.* आंशिक partial
aansu *n.* आंसू tear
aant *n.* अंत close
aant *n* अंत finish
aant *n.* आंत intestine
aante *n.* आंतें bowel
aanth *a.* अनंत infinite
aantra sambandhi *a.* आंत्र संबंधी intestinal
aantral *n* अंतराल gap
aantrik *a.* आंतरिक inward
aantrik gun *n.* आंतरिक गुण attribute
aanu-vanshikta *n.* आनुवंशिकता heredity
aanvikta *a.* अनविक्ता molecularity
aapada *n* आपदा disaster
aaparadhik *a* आपराधिक culpable
aapatti *n* आपत्ति demur
aapattijanak *a.* आपत्तिजनक objectionable
aapradh *n* अपराध crime
aapradh *n.* अपराध default
aapradhi *n* अपराधी culprit
aapsi *a.* आपसी mutual
aar paar *prep.* आर पार athwart
aara *n.* आरा spoke
aaram *n.* आराम comfort
aaram *n* आराम ease
aaram *n.* आराम relief
aaram karna *v.i.* आराम करना repose
aarambh *n* आरम्भ alpha
aarambh *n.* आरंभ inception
aarambh *n.* आरंभ opening
aaramdayak *a* आरामदायक comfortable
aaramdayak *a.* आरामदायक cosy
aararot *n.* अरारोट arrowroot

aarekh *n* आरेख diagram
aarhu *n.* आड़ू peach
aarogya *n.* आरोग्य health
aarogya sadhya *a* आरोग्य साध्य curable
aarop *n* आरोप accusation
aaropan *n.* आरोपण allegation
aaropan *n.* आरोपण imposition
aaropit karna *v.t.* आरोपित करना allege
aaropit karna *v.t.* आरोपित करना attribute
aaropit rashi *n.* आरोपित राशि levy
aar-paar *adv.* आर-पार across
aarthik *a* आर्थिक economic
aarthik *a.* आर्थिक monetary
aasan kar dena *v.t* आसान कर देना facilitate
aasha karna *v. t* आशा करना expect
aasha karna *n.* आशा expectation
aashay *n.* आशय intention
aashcharyachakit *a.* आश्चर्यचकित aghast
aashrit *a* आश्रित incumbent
aashulipi *n.* आशुलिपि stenography
aasin *a.* आसीन sedentary
aaspass *adv* आसपास around
aaspass *adv.* आसपास hereabouts
aastik *n.* आस्तिक deist
aastik *n.* आस्तिक theist
aastikta *n.* आस्तिकता theism
aastin *n* आस्तीन sleeve
aastkon *n.* अष्टकोण octagon
aastkoni *a.* अष्टकोणी octangular
aastpadi *n.* अष्टपदी octave
aata *n* आटा flour
aata pisne wala *n.* आटा पीसने वाला miller
aatank *n.* आतंक terror
aatankit karna *v.t.* आतंकित करना terrorize
aatankmaya *a* आतंकमय dread
aatankvad *n.* आतंकवाद terrorism
aatankvadi *n.* आतंकवादी terrorist
aath *n* आठ eight
aathitya *n.* आतिथ्य hospitality

aati prasann *a* अति प्रसन्न overjoyed
aatikraman *n.* अतिक्रमण intrusion
aatisram karna *v.i.* अतिश्रम करना overwork
aatma *n.* आत्मा soul
aatmabalidaan *n.* आत्मबलिदान martyrdom
aatmacharit *n.* आत्मचरित memoir
aatmakatha *n.* आत्मकथा autobiography
aatyant kathin *a.* अत्यंत कठिन herculean
aavantan *n.* आवंटन allocation
aavaran *n.* आवरण cover
aavashayk *a.* आवश्यक instant
aaveg *n.* आवेग impulse
aavegshil *a.* आवेगशील impulsive
aavesh *n.* आवेश passion
aavrati *n.* आवृत्ति repetition
aawaas *n* आवास domicile
aawara *n.* आवारा hooligan
aawaran *n* आवरण curtain
aawargardi karna *v.i.* आवारागर्दी करना loiter
aawas yogya *a.* आवास योग्य inhabitable
aay *n.* आय revenue
aayam *n* आयाम dimension
aayat *n.* आयात import
aayat *n.* आयत oblong
aayat *n.* आयत rectangle
aayat karna *v.t.* आयात करना import
aayatkaar *a.* आयताकार oblong
aayerland ka *a.* आयरलैंड का Irish
aayerland ki bhasha *n.* आयरलैंड की भाषा Irish
aayog *n.* आयोग commission
aayojit karna *v. t* आयोजित करना convene
aayu mein barha vyakti *n* आयु में बड़ा व्यक्ति elder
aayudhagar *n.* आयुधागार arsenal
aayukt *n.* आयुक्त commissioner
aayurvaigyanik *a.* आयुर्वैज्ञानिक medical

ab *conj.* अब now
ab se aage *adv.* अब से आगे henceforth
ab se aage *adv.* अब से आगे henceforward
ab tak *adv.* अब तक hitherto
ab tak *adv.* अब तक still
ab tak *adv.* अब तक yet
ababeel *n.* अबाबील swallow
abadi *n.* आबादी population
abhaas *n.* आभास inkling
abhadra *a.* अभद्र impolite
abhaga *a.* अभागा accursed
abhaga *a* अभागा forlorn
abhaga *a.* अभागा luckless
abhaga vyakti *n.* अभागा व्यक्ति wretch
abhav *n.* अभाव shortage
abhedya *a.* अभेद्य impenetrable
abhibhavak *n.* अभिभावक guardian
abhibhut kar dena *v.t.* अभिभूत कर देना overcome
abhibhut karna *v.t.* अभिभूत करना whelm
abhigrahan *n.* अभिग्रहण acquisition
abhijaat *n.* अभिजात peer
abhikarta *n* अभिकर्त्ता factor
abhilasha *n.* अभिलाषा appetence
abhilasha *n.* अभिलाषा aspiration
abhilasha *n* अभिलाषा desire
abhilekh *n.* अभिलेख inscription
abhilekhagar *n.pl.* अभिलेखागार archives
abhilekhan karna *v.t* अभिलेखन करना tape
abhiman *n.* अभिमान pride
abhiman karna *v.t.* अभिमान करना pride
abhimantrit karna *v.t.* अभिमंत्रित करना auspicate
abhimukh hona *v.i* अभिमुख होना look
abhinandan *n* अभिनंदन welcome
abhinay *n.* अभिनय acting
abhinay karna *v.i.* अभिनय करना act
abhinaya karna *v.t.* अभिनय करना impersonate
abhineta *n.* अभिनेता actor

abhinetri *n.* अभिनेत्री actress
abhinirnaya *n.* अभिनिर्णय verdict
abhipray *n.* अभिप्राय intent
abhipray rakhna *v.t* अभिप्राय रखना mean
abhipraya *n.* अभिप्राय meaning
abhipreran *n.* अभिप्रेरण inducement
abhiraksha *n.* अभिरक्षा wardship
abhishaap *n* अभिशाप curse
abhishaap dena *v. t* अभिशाप देना curse
abhivadan *n* अभिवादन salute
abhivadan *n.* अभिवादन salutation
abhivadan karna *v.t.* अभिवादन करना greet
abhivyakt karna *v.t.* अभिव्यक्त करना voice
abhi-vyakti *n.* अभिव्यक्ति expression
abhiwadan karna *v.t* अभिवादन करना hail
abhiyanta *n* अभियंता engineer
abhiyog *n.* अभियोग indictment
abhiyog *n.* अभियोग impeachment
abhiyog lagana *v.t.* अभियोग लगाना impeach
abhiyog lagana *v.t.* अभियोग लगाना indict
abhiyog patra *n.* अभियोग पत्र libel
abhiyojan *n.* अभियोजन prosecution
abhiyokta *n.* अभियोक्ता prosecutor
abhyas karna *v.t.* अभ्यास करना practise
abhyast,samanya *a.* अभ्यस्त, सामान्य wonted
abrak *n.* अभ्रक mica
aburdh *n.* अर्बुद tumour
achaar *n.* अचार pickle
achal *a.* अचल immovable
achal chitr *n.* अचल चित्र still
achalta *n.* अचलता inertia
achanak *adv.* अचानक short
achanak *adv.* अचानक suddenly
achanak avrodh *n* अचानक अवरोध breakdown
achcha *a.* अच्छा sound
achetan *a.* अचेतन inanimate

achetan avastha *n.* अचेतन अवस्था coma
achha naseeb *n.* अच्छा नसीब fortune
achraj *n* अचरज coo
achuk *a.* अचूक infallible
achuk dawa *n.* अचूक दवा panacea
acre *n.* एकड़ acre
adaan-pradaan *n* आदान-प्रदान exchange
adal badal karna *v. t* अदल बदल करना commute
adal badal karna *v.t.* अदल बदल करना reciprocate
adalat *n* अदालत bench
adalat ka bulava *n.* अदालत का बुलावा summon
adalat mein talab karna *v. t* अदालत में तलब करना cite
adalati nirnaya *n.* अदालती निर्णय justice
adambar *n.* आडंबर pomp
adar karna *v.t.* आदर करना venerate
adarniya *a.* आदरणीय venerable
adarsh *n.* नमूना model
adarsh *a.* आदर्श utopian
adarsh banana *v.t.* आदर्श बनाना idealize
adarsh rajya *n .* आदर्श राज्य utopia
adarsh vakya *n.* आदर्श वाक्य motto
adbhut *a* अद्भुत curious
adbhut *a.* अद्‌भुत marvellous
adbhut *a.* अद्‌भुत phenomenal
adchan *n.* अड़चन hitch
add lagana *v.t.* एड़ लगाना spur
adda *n* अड्डा haunt
adesh dena *v.t* आदेश देना bid
adha -adha bantna *v.t.* आधा-आधा बांटना halve
adhakchar *n.* आद्याक्षर initial
adhakcharit karna *v.t* आद्याक्षरित करना initial
adhakhula *adv.* अधखुला ajar
adham *a.* अधम abject
adhar *n.* अधर lip

adhar sambandhi *adj.* आधार सम्बन्धी basal
adharbhut *a.* आधारभूत fundamental
adharbhut *a.* आधारभूत prime
adhbhut udaaharan *n.* अद्भुत उदाहरण marvel
adhibhar lagana *v.t.* अधिभार लगाना surcharge
adhik *adv* अधिक more
adhik *a* अधिक much
adhik *a.* अधिक plus
adhik barh jana *v.t.* अधिक बढ़ जाना outgrow
adhik bhaar *n* क अधिक भार overload
adhik bhaar laadna *v.t.* अधिक भार लादना overload
adhik bhoj dalna *v.t.* अधिक बोझ डालना overburden
adhik dawa dena *vt* अधिक दवा देना overdose
adhik hona *v.t* अधिक होना exceed
adhik hona *v.t.* अधिक होना surpass
adhik madira peena *v.i* अधिक मदिरा पीना booze
adhik matra mein *adv* अधिक मात्रा में much
adhik mulya *n* अधिमूल्य overcharge
adhik mulya vasulna *v.t.* अधिक मूल्य वसूलना overcharge
adhik thakaan *a.* अधिक थकान overstrain
adhikaar *n* अधिकार post
adhikaar dena *v.t* अधिकार देना empower
adhikaarik *a.* आधिकारिक official
adhikar *n.* अधिकार interest
adhikar *n.* अधिकार possession
adhikar *n.* अधिकर super tax
adhikar *n.* अधिकर surtax
adhikar *n.* अधिकार, warranty
adhikar karna *v.t.* अधिकार करना annex
adhikar kshetra *n.* अधिकार क्षेत्र jurisdiction

adhikar mein rakhna *v.t.* अधिकार में रखना possess
adhikar patra *n.* अधिकार पत्र muniments
adhikar virodh *n.* अधिकार विरोध antinomy
adhikari *n.* अधिकारी officer
adhikari banana *v.t.* अधिकारी बनाना induct
adhikarik *a.* आधिकारिक authoritative
adhikrit *adv.* अधिकृत officially
adhikrit karyakarta *n.* अधिकृत कार्यकर्ता proxy
adhiktam *n* अधिकतम extreme
adhiktam *a.* अधिकतम maximum
adhiktam *a.* अधिकतम utmost
adhiktam matra *n* अधिकतम मात्रा maximum
adhiktam matra *n* अधिकतम मात्रा utmost
adhin karna *v.t.* अधीन करना subjugate
adhin vyakti *n.* अधीन व्यक्ति puppet
adhinasth karamchari *n* अधीनस्थ कर्मचारी subordinate
adhinikaran *n.* अधीनीकरण subordination
adhipatya *n.* आधिपत्य lordship
adhipatya *n.* आधिपत्य subjection
adhipatya *n.* आधिपत्य subjugation
adhir *a.* अधीर impatient
adhiraaj *adj* अधिराज pendragon
adhirta *n.* अधीरता impatience
adhisamay *n* अधिसमय overtime
adhishesh *n.* अधिशेष surplus
adhishthapan *n.* अधिष्ठापन induction
adhishulk *n.* अधिशुल्क surcharge
adhi-suchana *n.* अधि-सूचना notification
adhivaasi *n.* अधिवासी occupier
adhiyapika *n.* अध्यापिका governess
adholok *n.* अधोलोक underworld
adhomukh karna *v.t.* अधोमुख करना reverse
adhunik *a.* आधुनिक modern
adhuniktam *a.* आधुनिकतम up-to-date

adhura *a*. अधूरा incomplete
adhyapak *n*. अध्यापक pedagogue
adhyatmavad *n*. अध्यात्मवाद spiritualism
adhyatmik *a*. आध्यात्मिक spiritual
adhyatmikta *n*. आध्यात्मिकता spirituality
adhyaya *n*. अध्याय chapter
adhyayan karna *v.i*. अध्ययन करना study
adhyayankaksh *n*. अध्ययनकक्ष study
adhyayansheel *a*. अध्ययनशील studious
adhytmavadi *n*. अध्यात्मवादी spiritualist
adi yugin *a*. आदि युगीन primeval
adirup *n*. आदिरूप prototype
adishthapan *n*. अधिष्ठापन installation
adiyal *a*. अड़ियल restive
adla-badli karna *v.t*. अदला-बदली करना barter
adlatiya *ns*. अदलतिया barrator
adrishya hona *v. i* अदृश्य होना disappear
adrishyata *n* अदृश्यता disappearance
advitiya *a*. अद्वितीय nonpareil
advitiya *a*. अद्वितीय unique
advitiya *n*. अद्वितीय nonparalell
adyadesh *n*. अध्यादेश ordinance
adyopant *adv*. आद्योपांत through
afeem *n*. अफ़ीम opium
aflatooni *a*. अफ़लातूनी platonic
afwaha *n*. अफ़वाह hearsay
agambhir *a*. अगंभीर superficial
agami din *n*. आगामी दिन morrow
agay badhana *v.t*. आगे बढ़ाना advance
aghaat karna *v.t*. आघात करना wallop
agla *a*. अगला next
agla hona *v.t*. अगला होना adjoin
agle tang *n* अगली टांग foreleg
agni pariksha *n*. अग्नि परीक्षा ordeal
agnikund *n*. अग्निकुंड furnace
agra-baahu *n* अग्र बाहु forearm
agradut *n* अग्रदूत forerunner
agradut *n*. अग्रदूत precursor
agraganya hona *v.i* अग्रगण्य होना excel
agrah karna *v.t*. आग्रह करना insist

agrahi *n*. आग्रही stickler
agrim *a*. अग्रिम forward
agua *n* अगुआ foreman
aguwa *n*. अगुआ leader
agya *v.t*. आज्ञा देना sanction
agya manana *v.t*. आज्ञा मानना obey
agya pane yogya *a*. आज्ञा पाने योग्य permissible
agyakaari *a*. आज्ञाकारी submissive
agyan *n*. अज्ञान ignorance
agyapatr *n*. आज्ञापत्र warrant
agyat hone ki awastha *n*. अज्ञात होने की अवस्था anonymity
aha *n*. आह sigh
aha bharna *v.i*. आह भरना sigh
ahaata *n* अहाता compound
ahambhag *n* अहंभाव egotism
ahik dekhbhaal dena *a*. आहक देखभाल करना overcare
ahik khaney wala *n*. खाऊ glutton
ahitkaar *a*. अहितकर malignant
ahitkar *a*. अहितकर noxious
aiks kiran *n*. एक्स किरण x-ray
aikskikaran photo lena *v.t*. एक्सकिरण फ़ोटो लेना x-ray
aintha tedha *adj*. ऐंठा टेढ़ा crump
ainthan *n*. ऐंठन twist
ainthana *v.t* ऐंठना wring
aisa *a*. ऐसा such
aise vyakti *pron*. ऐसे व्यक्ति such
ajayabghar *n*. अजायबघर museum
ajgar *n* अजगर dragon
ajgar *n*. अजगर python
ajib karya athawa bahawayar *n* अजीब कार्य अथवा व्यवहार antic
ajnabi *a*. अजनबी alien
ajnabi *n*. अजनबी stranger
akaal *n* अकाल famine
akaar *n*. आकार shape
akaar dena *v.t*. आकार देना mould
akaar dena *v.t* आकार देना shape

akaaran bhaya *n.* अकारण भय scare
akaatiya *a.* अकाट्य irrefutable
akadami *n* अकादमी academy
akadhikar *n.* एकाधिकार monopoly
akadhikari *n.* एकाधिकारी monopolist
akakakshariya *a.* एकाक्षरीय monosyllabic
akakshar *n.* एकाक्षर monosyllable
akal dadh *n.* अक्ल दाढ़ wisdom-tooth
akalap *n.* एकालाप monologue
akansha karna *v.t.* आकांक्षा करना need
akanshi *a.* आकांक्षी wishful
akarkar chalna *v.i.* अकड़कर चलना stalk
akarmak *a. (verb)* अकर्मक intransitive
akarshak *a.* आकर्षक winsome
akash ganga *n.* आकाश गंगा galaxy
akasham *n.* एकाश्म monolith
akash-neel *a* आकाश-नील blue
akasmik *a* आकस्मिक snap
akasmik *n.* आकस्मिक sudden
akela *a.* अकेला alone
akela *a.* अकेला lone
akela *pron.* अकेला one
akela *a* अकेला sole
akela *a.* अकेला solitary
akelapan *n.* अकेलापन solitude
akele *adv.* अकेले solo
akharh *a.* अक्खड़ arrogant
akharha *n* अखाड़ा arena
akharha *n.* अखाड़ा lists
akhrot *n.* अखरोट walnut
akramak *n.* आक्रामक aggressor
akraman *n* आक्रमण aggression
akraman *n.* आक्रमण irruption
akraman karna *v.* आक्रमण करना assail
akraman karna *v. t* आक्रमण करना besiege
akraman karna *v.t.* आक्रमण करना strike
akramik *n* आक्रमिक offensive
akrisht *n* आकर्षित gallant
akriti vigyan *n.* आकृति विज्ञान morphology
akriti vigyan *n.* आकृति विज्ञान physiognomy
akshar yojak अक्षर योजक compositor
aksharekha *n.* अक्षरेखा axis
akshya *a.* अक्षय imperishable
alag *adv.* अलग aloof
alag *adv.* अलग aside
alag *adv.* अलग away
alag *a* अलग distinct
alag hona *v.t.* अलग होना part
alag karna *v.t* अलग करना abstract
alag karna *v. t* अलग करना detach
alag karna *v.t.* अलग करना separate
alag karna *v.t.* अलग करना sequester
alag karna *v.t.* अलग करना sunder
alag karnai ki kriya *n* अलग करने की क्रिया detachment
alag rehna *v.i.* अलग रहना refrain
alag se *adv.* अलग से apart
alag thalag kar dena *v.t* अलग थलग कर देना maroon
alag-alag *adv.* अलग-अलग asunder
alanghya *a.* अलंघ्य impassable
alangkaran *n.* अलंकरण ornament
alangkrit *a* अलंकृत flowery
alankrit *a.* अलंकृत laureate
alankrit karna *v.t.* अलंकृत करना ornament
alasi *n.* आलसी slothful
alasya *n.* आलस्य sloth
alaukik *a.* अलौकिक supernatural
algaaw *n.* अलगाव isolation
algav *n.* अलगाव avulsion
algav *n.* अलगाव segregation
algavwadi *n.* अलगाववादी secessionist
alingan *n* आलिंगन clasp
almaari *n.* अलमारी cupboard
alochana karna *v.t.* आलोचना करना attack
alp *a.* अल्प scarce
alp matra *prep.* अल्प मात्रा less
alp matra *n.* अल्प मात्रा little

alp pariman *n.* अल्प परिमाण modicum
alp sankhya *n.* अल्प संख्या minority
alpata *n.* अल्पता scarcity
alpatam *a.* अल्पतम least
alpatam *a.* अल्पतम minimal
alpatam *a* अल्पतम minimum
alpawiram chinah *n* अल्पविराम चिह्न comma
alpbhashi *a.* अल्पभाषी reticent
alpbhashi *a.* अल्पभाषी taciturn
alpbhashita *n.* अल्पभाषिता reticence
alpdristi *n.* अल्पदृष्टि myopia
alpikaran *n.* अल्पीकरण mitigation
alp-tantra *n.* अल्पतंत्र oligarchy
alsi *n.* अलसी linseed
aluminium *n.* अल्युमीनियम aluminium
aluminium *n* एल्यूमिनियम argil
alvida *interj.* अलविदा adieu
alvida *interj.* अलविदा bye-bye
alvida *interj.* अलविदा farewell
alvida *interj.* अलविदा good-bye
amaanya *a.* अमान्य null
amal *a* अम्ल acid
amal mein laana *v. t* अमल में लाना effect
amangalkaar *a.* अमंगलकार ominous
amaniya karna *v.t.* अमान्य करना invalidate
amanwiya *a.* अमानवीय inhuman
amanya *a.* अमान्य inadmissible
amar *a.* अमर immortal
amar banana *v.t.* अमर बनाना immortalize
amit *a.* अमित immeasurable
amlata *n.* अम्लता acidity
amlatv *adj.* अम्लत्व antacid
amrit *n.* अमृत nectar
amrud *n.* अमरूद guava
amulya *a.* अमूल्य invaluable
amurt *a* अमूर्त abstract
amurt *a.* अमूर्त intangible
anaadi *a.* अनाड़ी maladroit

anaaj *n* अनाज corn
anaaj *n.* अनाज grain
anaam *a.* अनाम anonymous
anadar *n* अनादर dishonour
anadar *n* अनादर disrespect
anadar karna *v. t* अनादर करना dishonour
anadar karna *v.t.* अनादर करना insult
anadhikar grahan *n.* अनाधिकार ग्रहण usurpation
anaichik kriya *n.* अनैच्छिक क्रिया reflex
anaitekta *n.* अनैतिकता profligacy
anaitik *a.* अनैतिक immoral
anaitikta *n.* अनैतिकता immorality
anakani *n.* आनाकानी connivance
anamata *n.* अनामता anonymity
ananas *n.* अनन्नास pineapple
anand *n* आनंद delight
anand *n* आनंद enjoyment
anand *n.* आनंद happiness
anand *interj.* आनंद hurrah
anand *n.* आनंद joy
anand *n.* आनंद merriment
anand *n.* आनंद mirth
anand *n.* आनंद pleasantry
anand *n.* आनंद pleasure
anand dena *v. t.* आनंद देना charm
anand dena *v. t.* आनंद देना delight
anand ka geet *n* आनन्द का गीत carol
anand ki savari *n* आनन्द की सवारी chaise
anand lena *v.i.* आनंद लेना bask
anand lena *v. t* आनंद लेना enjoy
anand lena *v.i.* आनंद लेना revel
anand utsav *n* आनन्द उत्सव carnival
anandkari *a.* आनंदकारी glad
anandmangal *n* आनंदमंगल festivity
anandmayata *n.* आनंदमयता vivacity
anandotsav *n.* आनंदोत्सव jubilation
anandprad *a* आनंदप्रद comic
anandpurna *a.* आनंदपूर्ण mirthful
anant *a.* अनंत interminable
anant kaal *n* अनंत काल eternity

anari *a* अनाड़ी clumsy
anarthak boli *n.* अनर्थक बोली jargon
anath balak *n.* अनाथ बालक orphan
anath banana *v.t* अनाथ बनाना orphan
anathlaya *n.* अनाथालय orphanage
anavashyak *a.* अनावश्यक redundant
anavyshak *a.* अनावश्यक needless
anayatha *adv.* अन्यथा alias
anban *n.* अनबन variance
an-ban *n* अनबन discord
anchan *n.* लांछन stigma
anda *n* अंडा egg
andakaar *a.* अंडाकार oval
andakaar vastu *n* अंडाकार वस्तु oval
andar *prep.* अंदर inside
andar *prep.* अंदर within
andar *adv.* अंदर inside
andar ko *adv.* अंदर को inwards
andar le jana *v.t.* अंदर ले जाना usher
andar-andar *adv.* अंदर-अंदर inland
andaruni *a.* अंदरूनी inner
andaruni *a* अंदरूनी inside
andashay *n.* अंडाशय ovary
andaza labgana *v.t.* अंदाज़ा लगाना surmise
andbar *n.* आडंबर pageantry
ande dena *v.i.* अंडे देना spawn
ande ki saphedi *n* अंडे की सफेदी albumen
ande ki zardi *n.* अंडे की ज़र्दी yolk
ande sena *v.i.* अंडे सेना incubation
andgranthi *n.* अंडग्रंथि testicle
andha *a* अंधा blind
andhakar *n* अंधकार dark
andhapan *n* अंधापन blindness
andha-pan *n* अन्धापन ablepsy
andhera *n.* अंधेरा obscurity
andhkarmaya *a* अंधकारमय dark
andhvishvas *n.* अंधविश्वास superstition
andhvishvasi *a.* अंधविश्वासी superstitious
andolan *n.* आंदोलन campaign
andolan *n.* आंदोलन welter

anek baar *adv.* अनेक बार often
anekarthi *a.* अनेकार्थी ambiguous
anekta *n.* अनेकता plurality
anganit *a.* अगणित numberless
angbhang karna *v.t.* अंगभंग करना mutilate
angchhed *n.* अंगच्छेद mutilation
angh *n.* अंग member
angikar karna *v.t.* अंगीकार करना concede
angikaran *n* अंगीकरण adoption
an-ginat *a.* अनगिनत countless
angmardak *n.* अंगमर्दक masseur
angrag *n.* अंगराग cosmetic
angrakshak *n.* अंगरक्षक bodyguard
angrez *adj* अंग्रेज़ British
angrez log *n* अंग्रेज़ लोग english
angur *n.* अंगूर grape
angur ki bel *n.* अंगूर की बेल vine
anguri sharab *n.* अंगूरी शराब vintage
anguri sharab *n.* अंगूरी शराब wine
angushtana *n.* अंगुश्ताना thimble
angutha *n.* अंगूठा thumb
anguthi *n.* अंगूठी ring
anichcha *n.* अनिच्छा reluctance
anichchuk *a.* अनिच्छुक reluctant
anichhuk *a.* अनिच्छुक loath
anirmit *a.* अनिर्मित raw
anirnaya *n.* अनिर्णय shilly-shally
anishchit *a.* अनिश्चित indefinite
anishchit *adj* अनिश्चित indecisive
anishchya ka sthiti *n.* अनिश्चय की स्थिति suspense
anivarya *a* अनिवार्य binding
anivarya *a* अनिवार्य compulsory
anivarya *a* अनिवार्य necessary
aniwarya *a.* अनिवार्य mandatory
aniwarya *a.* अनिवार्य obligatory
aniwarya hona *v.* अनिवार्य होना must
aniwaryata *n.* अनिवार्यता must
aniyamit *a* अनियमित anomalous
aniyamit *a.* अनियमित irregular

aniyamitta *n.* अनियमितता irregularity
aniyantrit *a.* अनियंत्रित rampant
anjaan *a.* अनजान ignorant
anjaan *a.* अनजान unaware
anjane mein *adv.* अनजाने में unawares
anjane mein *adv.* अनजाने में unwittingly
anjeer *n* अंजीर fig
ank *n.* अंक digit
ank banana *v.t.* अंक बनाना score
ank bodhak *a.* अंक बोधक numeral
ank dalna *v.t.* अंक डालना number
ankaha *a.* अनकहा tacit
ankan *n.* अंकन notation
ankekshak *n.* अंकेक्षक auditor
ankekshan *n.* अंकेक्षण audit
ankekshan karna *v.t.* अंकेक्षण करना audit
ankganak *n.* अंकगणक marker
ankganit *n.* अंकगणित arithmetic
ankganit-sambandhi *a.* अंकगणित-संबंधी arithmetical
ankh putli ka sukarna *vt* आंख की पूतली का सुकड़ना myosis
ankit karan *v.t* अंकित करन mark
ankit karna *v.t* अंकित करना draw
ankit karna *v.t.* अंकित करना record
ankur *n* अंकुर sprout
ankuran *n.* अंकुरण germination
ankurit hona *v.i.* अंकुरित होना germinate
ankurit hona *v.i.* अंकुरित होना sprout
ankurna *v.t.* अंकुरना shoot
ankush *n.* अंकुश goad
ankush *n.* अंकुश hook
anmanaapan *n.* अनमनापन malaise
ann *n.* अन्न cereal
annabhandar *n.* अन्नभंडार granary
annmaya *a* अन्नमय cereal
anokha *a.* अनोखा inimitable
anokha *a.* अनोखा strange
anokha *a.* अनोखा weird
anokha *a.* अनोखा whimsical
anokhapan *n.* अनोखापन oddity
anokhapan *n.* अनोखापन singularity
anokhe dhang se *adv.* अनोखे ढंग से singularly
anopacharik *a.* अनौपचारिक informal
ansh *n.* अंश fraction
ansh *n.* अंश numerator
antah sagari *a* अंत:सागरी submarine
antar *n* अंतर distinction
antar *a.* अन्तर indiscrimination
antar samjhana *v. i* अंतर समझना distinguish
antaral *n.* अंतराल interlude
antarastriya *a.* अंतर्राष्ट्रीय international
antarbodh *n.* अंतर्बोध intuition
antardarshan *n.* अंतर्दर्शन introspection
antardeshiya *a.* अंतर्देशीय inland
antardhan *a.* अंतर्धान invisible
antardhara *n.* अंतर्धारा undercurrent
antarhiyan *n.* अंतड़ियां entrails
antarik *a.* आंतरिक interior
antarik bhag *n.* आंतरिक भाग interior
antarim *n.* अंतरिम interim
antariya *n.* अंतरीय underwear
antarnihit hona *v.t.* अंतर्निहित होना imply
antartam *a.* अंतरतम innermost
antatah *adv.* अंतत: eventually
antatah *adv.* अंतत: ultimately
antenna *n.* एंटिना aerial
antenna *n.* एंटिना antennae
anth:pravah *n.* अंत:प्रवाह influx
antim *a* अंतिम final
antim *a.* अंतिम last
antim *a.* अंतिम terminal
antim shart *n.* अंतिम शर्त ultimatum
antim station *n.* अंतिम स्टेशन terminus
antim taur se *adv.* अंतिम तौर से lastly
antim vastu *n* अंतिम वस्तु last
antim, sarvoch mahatwa ka *a.* अंतिम, सर्वोच्च महत्व का ultimate
ant-kshipt karna *v.t.* अंत:क्षिप्त करना inject

antrajvar *n.* आंत्रज्वर typhoid
antreep *n.* अंतरीप cape
antrik jwar *a.* अंतरिक ज्वर gastric
antriksh *n.* अंतरिक्ष space
antriksh-yatri *n.* अंतरिक्ष-यात्री astronaut
anu *n.* अणु molecule
anubandh *n* अनुबंध bond
anubandh *v. t* अनुबंध contract
anubhag *n.* अनुभाग section
anubhav *n* अनुभव experience
anubhav karana *v.t.* अनुभव करना sense
anubhavatit *a.* अनुभवातीत transcendent
anubhavhin *adj* अनुभवहीन callow
anubhavhinta *n.* अनुभवहीनता inexperience
anubhavi *v.t.* अनुभवी nestor
anubhavi *a.* अनुभवी veteran
anubhavi vyakti *n.* अनुभवी व्यक्ति veteran
anubhuti *n.* अनुभूति sensation
anubodhak *n.* अनुबोधक prompter
anuchar *n* अनुचर follower
anuchhit prayog *n.* अनुचित प्रयोग misapplication
anuchit *a.* अनुचित indecent
anuchit *a.* अनुचित undue
anuchit *a* अनुचित unfair
anuchit labh uthana *v. t* अनुचित लाभ उठाना exploit
anuchit rup se *adv.* अनुचित रूप में amiss
anuchit rup se ghus padna *v.t.* अनुचित रूप से घुस पड़ना intrude
anuchitra *n.* अणुचित्र microfilm
anudaan *n* अनुदान grant
anudesh *n.* अनुदेश instruction
anugami *a* अनुगामी consequent
anugrah *n.* अनुग्रह indulgence
anugrah karna *v.t.* अनुग्रह करना oblige
anugya dena *v.t.* अनुज्ञा देना license
anugya patra *n.* अनुज्ञा पत्र licence

anugyapatradhari *n.* अनुज्ञापत्रधारी licensee
anujal *n* अनुजल wake
anukaran *n.* अनुकरण mimesis
anukaran karna *v.t.* अनुकरण करना ape
anukaran karna *v. t* अनुकरण करना copy
anukaran karna *v. t* अनुकरण करना emulate
anukaran karna *v.t.* अनुकरण करना imitate
anukaran karne wala *n.* अनुकरण करनेवाला imitator
anukarnatmak *a.* अनुकरणात्मक mimic
anukooltam *a* अनुकूलतम optimum
anukooltam paristhiti *n.* अनुकूलतम परिस्थिति optimum
anukram *n.* अनुक्रम sequence
anukraman *n.* अनुक्रमण succession
anukul *a* अनुकूल congenial
anukul *a* अनुकूल favourable
anukul banana *v.t* अनुकूल बनाना accommodate
anukul banana *v.t.* अनुकूल बनाना adapt
anukulan *n.* अनुकूलन adaptation
anukulan *n.* अनुकूलन adjustment
anukulit karna *v.t.* अनुकूलित करना adjust
anukulta *n.* अनुकूलता conformity
anukulta *n.* अनुकूलता consensus
anulanghaniya *a.* अनुलंघनीय inviolable
anulekh *n.* अनुलेख postscript
anulom vivah *a.* अनुलोम विवाह morganatic marriage
anumaan *n* अनुमान conjecture
anumaan *n.* अनुमान guess
anumaan *n.* अनुमान inference
anumaan *n.* अनुमान surmise
anumaan lagana *v.i* अनुमान लगाना guess
anuman *n.* अनुमान estimate
anuman *n.* अनुमान presumption
anuman lagana *v.t.* अनुमान लगाना assess

anuman lagana *v. t* अनुमान लगाना estimate
anuman lagana *v.t.* अनुमान लगाना reckon
anumati *n.* अनुमति allowance
anumati *n.* अनुमति assent
anumati *n.* अनुमति permission
anumati dena *v.t.* अनुमति देना allow
anumati dena *v.t.* अनुमति देना let
anumati patra *n.* अनुमति पत्र permit
anumodan *n.* अनुमोदन approbation
anumodan *n.* अनुमोदन approval
anumodan *n* अनुमोदन favour
anumodan *n.* अनुमोदन sanction
anumodan karna *v.t* अनुमोदन करना approbate
anumodan karna *v.t.* अनुमोदन करना approve
anumodit karna *v.t.* अनुमोदित करना second
anunay karna *v. t.* अनुनय करना entreat
anupaat *n.* अनुपात rate
anupaat *n.* अनुपात ratio
anupajau *a.* अनउपजाऊ barren
anupalan *n.* अनुपालन observance
anupam *a.* अनुपम incomparable
anupam *a.* अनुपम peerless
anupasthit *a* अनुपस्थित absent
anupasthit rakhna *v.t* अनुपस्थित रखना absent
anupasthiti *n* अनुपस्थिति absence
anupat *n.* अनुपात proportion
anupraanit karna *v.t.* अनुप्राणित करना infuse
anupras *n.* अनुप्रास alliteration
anuprayog *n.* अनुप्रयोग application
anupurak *a* अनुपूरक complementary
anupurak *a.* अनुपूरक secondary
anuragshil *a.* अनुरागशील loving
anurakshi *n* अनुरक्षी escort

anurakt karna *v. t* अनुरक्त करना enamour
anurodh *n.* अनुरोध insistence
anurodh karna *v.t.* अनुरोध करना conjure
anurup *a.* अनुरूप analogous
anurup *a.* अनुरूप like
anurup hona *v.t.* अनुरूप होना tally
anurupta *n.* अनुरूपता analogy
anurupta *n.* अनुरूपता likeness
anusaaran karna *v.t* अनुसरण करना follow
anusabdhan *n* अनुसंधान research
anu-sambandhi *a.* अणु-संबंधी atomic
anusandhan *n.* अनुसंधान investigation
anusandhan *n.* अनुसंधान quest
anusandhan karna *v.t.* अनुसंधान करना investigate
anusandhan karna *v.i.* अनुसंधान करना research
anushasan *n* अनुशासन discipline
anushasan adhikaari *n.* अनुशासन अधिकार proctor
anushasanhinta *n.* अनुशासनहीनता indiscipline
anushikshan *n.* अनुशिक्षण tuition
anushilan *v.t.* अनुशीलन peruse
anusuchi banana *v.t.* अनुसूची बनाना schedule
anutha *a.* अनूठा queer
anuvad *n.* अनुवाद translation
anuvad karna *v.t.* अनुवाद करना translate
anuyayee *n* अनुयायी disciple
anuyayi *n.* अनुयायी votary
anya *a* अन्य another
anya vyakti ya vastu *pron.* अन्य व्यक्ति या वस्तु other
anyatha *adv* अन्यथा else
anyatha *conj.* अन्यथा lest
anyatha *conj.* नहींतो otherwise
anyatra upasthit *n.* अन्यत्र उपस्थिति alibi
anyaya *n.* अन्याय injustice

anyayapurna *a.* अन्यायपूर्ण wrongful
anyayi *a.* अन्यायी unjust
anyokti *n.* अन्योक्ति allegory
anyokti-sambandhi *a.* अन्योक्ति-संबंधी allegorical
anyonya kriya *n.* अन्योन्य क्रिया interplay
apaardarsita *n.* अपारदर्शिता opacity
apaatkal *n* आपातकाल emergency
apach *n.* अपच indigestion
apachniya *a.* अपचनीय indigestible
apaharan *n* अपहरण abduction
apaharan karna *v.t.* अपहरण करना abduct
apang vyakti *n* अपंग व्यक्ति invalid
aparajeya *a.* अपराजेय invincible
apardarsi *a.* अपारदर्शी opaque
apariharya *a.* अपरिहार्य indispensable
apariharya *a.* अपरिहार्य inevitable
aparipakwata *n.* अपरिपक्वता immaturity
aparivartan sheel *a.* अपरिवर्तनशील uncertain
aparyapt *a.* अपर्याप्त scant
aparyapt *a.* अपर्याप्त sparse
apathaniya *a.* अपठनीय illegible
apatti *n.* आपत्ति objection
apatti karna *v. t* आपत्ति करना demur
apeel *n.* अपील appeal
apeelkarta *n.* अपीलकर्त्ता appellant
apgaman *n.* अपगमन secession
aphaara *n.* अफारा wind
apharan karna *v.t.* अपहरण करना kidnap
aphwah *n.* अफ़वाह rumour
aphwah phailana *v.t.* अफ़वाह फैलाना rumour
apitrin *n.* अपतृण weed
apivtrikaran *n.* अपवित्रीकरण sacrilege
apkaari *a.* अपकारी maleficent
apkriti *n.* अपकीर्ति infamy
apmaan *n* अपमान contempt
apmaan *n* अपमान disregard
apmaan *n.* अपमान resentment
apmaan *n.* अपमान slight
apmaan *n.* अपमान snub
apmaanit karna *v.t.* अपमानित करना attaint
apman *n* अपमान abasement
apman *n* अपमान affront
apman *n.* अपमान humiliation
apman *n.* अपमान insult
apmanit karna *v.t.* अपमानित करना abase
apmanit karna *v.t.* अपमानित करना affront
apmanit karna *v.t.* अपमानित करना humiliate
apmanit karna *v.t.* अपमानित करना mortify
apmanjanak *a* अपमानजनक abusive
apna *a.* अपना own
apnaana *v.t.* अपनाना own
apnana *v.t.* अपनाना adopt
apnidesan *n.* अपनिदेशन misdirection
apraadhi *n.* अपराधी malefactor
aprabhavi *a.* अप्रभावी ineffective
aprachalit *a.* अप्रचलित antique
aprachalit *a.* अप्रचलित archaic
aprachalit *a.* अप्रचलित obsolete
apradh *n.* अपराध guilt
apradh *n.* अपराध offence
apradh ka saathi *n* अपराध का साथी accomplice
apradhi *n.* अपराधी accused
apradhi *n* अपराधी convict
apradhi *a* अपराधी criminal
apradhi *a.* अपराधी guilty
apradhi *n.* अपराधी offender
apradhi *n.* अपराधी outlaw
apradhi ghoshit karna *v. t.* अपराधी घोषित करना convict
apradhi thaharana *v.t.* अपराधी ठहराना accuse
apradhi vyakti *n* अपराधी व्यक्ति criminal
apradh-karm *n* अप्रदान-कर्म perpetration
apratyaksh *a.* अप्रत्यक्ष indirect

aprawaasi *n.* आप्रवासी immigrant
aprawasan *n.* आप्रवासन immigration
aprawasan karna *v.i.* आप्रवासन करना immigrate
aprayapt *a.* अपर्याप्त insufficient
aprayojya *a.* अप्रयोज्य inapplicable
apriya *a.* अप्रिय obnoxious
apsara *n.* अप्सरा nymph
apshabd *n* अपशब्द abuse
ap-shakun *n.* अप-शगुन omen
apurna *a.* अपूर्ण imperfect
apurna viram *n* अपूर्ण विराम colon
apurnata *n.* अपूर्णता imperfection
apurniya *a.* अपूरणीय irrecoverable
apvaad *n* अपवाद exception
apvadrahit *a.* अपवादरहित strict
apvitra karna *v.t.* अपवित्र करना profane
apvyaya *a.* अपव्यय prodigal
apvyayai vyakti *n.* अपव्ययी व्यक्ति spendthrift
ara *n.* आरा saw
aradhana *n.* आराधना adoration
aradhya *a.* आराध्य adorable
arajakata *n* अराजकता anarchy
arajkatavaad *n.* अराजकतावाद anarchism
arajkatavaadi *n* अराजकतावादी anarchist
archikth *a.* अरक्षित insecure
ardh saptahik *adj* अर्ध साप्ताहिक bi-weekly
ardharatri *n.* अर्द्धरात्रि midnight
ardhwarshik satr *n.* अर्द्धवार्षिक सत्र semester
arey se katana *v.t.* आरे से काटना saw
argandi *n* अर्गांधी organdie
ark nikalana *v. t* अर्क निकालना extract
arogyashram *n.* आरोग्याश्रम sanatorium
aropit karna *v.t.* आरोपित करना ascribe
arpan *n.* अर्पण sacrifice
arpit karna *v. t* अर्पित करना devote
arth *n* अर्थ finance
arth *n.* अर्थ signification

arth rakhna *v. i* अर्थ रखना denote
arth rakhna *v.t.* अर्थ रखना signify
arth wayawasta karna *v.t* अर्थ व्यवस्था करना finance
arthalipsa *n* अर्थलिप्सा cupidity
arthapurna *a.* अर्थपूर्ण significant
arthashastra *n.* अर्थशास्त्र economics
arthi *n* अरथी bier
arthik *a* आर्थिक financial
arthik *a* आर्थिक fiscal
arthik sahayata *n.* आर्थिक सहायता subsidy
arthik sahayata dena *v.t.* आर्थिक सहायता देना subsidize
arthvyavastha *n* अर्थव्यवस्था economy
aruchi *n* अरुचि dislike
aruchikar *a.* अरुचिकर disagreeable
aruchikar *a.* अरुचिकर repugnant
arunodaya *n* अरुणोदय aurora
asaadhya *n.* असाध्य insoluble
asabhya *a.* असभ्य barbarous
asabhya *a.* असभ्य rude
asabhya vyakti *n.* असभ्य व्यक्ति barbarian
asabhyata *n.* असभ्यता barbarism
asadharan *a.* असाधारण extraordinary
asadharan *a.* असाधारण peculiar
asadharan *a.* असाधारण remarkable
asadharan *a.* असाधारण special
asadhya *a.* असाध्य incurable
asafalta *n* असफलता failure
asahamat hona *v. i* असहमत होना disagree
asahamati *n.* असहमति disagreement
asahaniya *a.* असहनीय insupportable
asahaya *a.* असहाय helpless
asahayam *a.* असह्य intolerable
asahishnu *a.* असहिष्णु intolerant
asahishunta *n.* असहिष्णुता intolerance
asainik *a* असैनिक civil
asainik vyakti *n* असैनिक व्यक्ति civilian

asali *a.* असली real
asamaan *a* असमान dissimilar
asamaan *a* असमान unlike
asamanjas *n.* असमंजस indecision
asamanta *n* असमानता difference
asamanta *n* असमानता disparity
asamanya *a* असामान्य abnormal
asamanya rup se *adv* असामान्य रूप से extra
asamarth *a.* असमर्थ incapable
asamarth *a.* असमर्थ unable
asamarthniya *a.* असमर्थनीय indefensible
asamarthta *n.* असमर्थता inability
asamayik *a.* असामयिक inopportune
asambhav *a.* असंभव impossible
asambhavta *n.* असंभवता impossibility
asambhavya *a.* असंभाव्य unlikely
asamvedan *n.* असंवेदन insensibility
asangat *a.* असंगत improper
asangat *a.* असंगत incoherent
asangat *a.* असंगत irreconcilable
asangat *a.* असंगत monstrous
asankhya *a.* असंख्य innumerable
asankhya *a* असंख्य myriad
asansodhaniy *a.* असंशोधनीय incorrigible
asantosh *n* असंतोष discontent
asantosh *n* असंतोष dissatisfaction
asantosh *n.* असंतोष grunt
asantosh prakat karna *v.i.* असंतोष प्रकट करना grumble
asantoshjanak *a.* असंतोषजनक lame
asantust *a.* असंतुष्ट malcontent
asantust baykti *n* असंतुष्ट व्यक्ति malcontent
asanyami *a* असंयमी extravagant
asathkarsil *a.* असत्कारशील inhospitable
asatya *n* असत्य lie
asatya sidh karna *v. t* असत्य सिद्ध करना disprove
asatyabhas *n.* असत्याभास paradox
asavdhan *a.* असावधान careless
asavdhan *a.* असावधान inattentive
asavdhanipurna. *a.* असावधानीपूर्ण indiscreet
aseemit *a.* असीमित measureless
asha *n* आशा hope
asha *n.* आशा prospect
asha karna *v.t.* आशा करना await
asha karna *v.t.* आशा करना bank
asha rakhna *v.t.* आशा रखना hope
ashaant *n* अशांत disquiet
ashalil *a.* अश्लील vulgar
ashalilta *n.* अश्लीलता vulgarity
ashanka *n.* आशंका apprehension
ashankit *a.* आशंकित apprehensive
ashant *a.* अशांत turbulent
ashant karna *v.t.* अशांत करना unsettle
ashanti *n* अशांति unrest
ashavan *a.* आशावान hopeful
ashawad *n.* आशावाद optimism
ashawadi *n.* आशावादी optimist
ashawadi *a.* आशावादी optimistic
ashcarya karna *v.i.* आश्चर्य करना wonder
ashcharya *n* आश्चर्य wonder
ashcharyachakit karna *v.t.* आश्चर्यचकित करना stun
ashcharyachakit karna *v.t.* आश्चर्यचकित करना surprise
ashcharyajanak *a.* आश्चर्यजनक wonderful
ashcharyajanak *a.* आश्चर्यजनक, अद्भुत, अत्युत्कृष्ट wondrous
ashisht *a* अशिष्ट rank
ashisht *a* अशिष्ट unmannerly
ashishtatapurna *a.* अशिष्टतापूर्ण curt
ashishtatha *n.* अशिष्टता indecency
ashlil *a.* अश्लील profane
ashodhit *a* अशोधित crude
ashravya *a.* अश्राव्य inaudible
ashray *n.* आश्रय lee
ashrit *n.* आश्रित ward
ashrumya *a.* अश्रुमय watery

ashrupurna *a.* अश्रुपूर्ण tearful
ashrya *n.* आश्रय recourse
ashu lipik *n.* आशुलिपिक stenographer
ashubh *n* अशुभ evil
ashubh *a.* अशुभ inauspicious
ashubh *a.* अशुभ sinister
ashudh *a.* अशुद्ध inaccurate
ashudh *a.* अशुद्ध inexact
ashudh mudran *n.* अशुद्ध मुद्रण misprint
ashuun *a.* अक्षुण्ण intact
ashvasan dena *v.i.* आश्वासन देना vouch
ashvast *a.* आश्वस्त confident
ashwasan-daata *n.* आश्वासनदाता warrantor
asim *a.* असीम limitless
asli *a.* असली genuine
asmarthata *n.* शक्तिहीनता incapacity
aspasht *a.* अस्पष्ट vague
aspashtata *n.* अस्पष्टता vagueness
aspashth *a.* अस्पष्ट indistinct
asrilal *a.* अश्लील obscene
asrilalta *n.* अश्लीलता obscenity
assi *n* अस्सी eighty
astabal *n* अस्तबल stable
astar *n* अस्तर lining
astar lagana *v.t.* अस्तर लगाना line
astha *n.* आस्था belief
asthai *a.* अस्थायी temporary
asthai aawas *n.* अस्थायी आवास lodging
asthayee *n.* अस्थायी transitory
asthayi *a.* अस्थायी provisional
asthibhang *n.* अस्थिभंग fracture
asthir *adj.* अस्थिर astatic
asthir *a* अस्थिर fitful
asthir *a.* अस्थिर shaky
asthir hona *v.i.* अस्थिर होना waver
asthirta *n.* अस्थिरता instability
astitva *n* अस्तित्व existence
astitvahin vastu *n.* अस्तित्वहीन वस्तु nonentity
astra-shastra *n.* अस्त्र-शस्त्र ammunition

asudh *a.* अशुद्ध incorrect
asudh ganna *n.* अशुद्ध गणना miscalculation
asuraksha *n.* असुरक्षा insecurity
asuvidha *n* असुविधा discomfort
asuvidha *n.* असुविधा privation
asuvidhajanak *a.* असुविधाजनक untoward
asuwidhajanak *a.* असुविधाजनक inconvenient
asvastha *a.* अस्वस्थ, रुग्ण sickly
asvastha *a.* अस्वस्थ unwell
asvikar karana *v. t* अस्वीकार करना disapprove
asvikriti *n* अस्वकृति disapproval
aswastha *a.* अस्वस्थ indisposed
aswikar *n.* अस्वीकार rejection
aswikar karana *v.t.* अस्वीकार करना reject
aswikar karna *v.t.* अस्वीकार करना repudiate
atah *conj.* अतः so
atah *adv.* अतः therefore
atank *n.* आतंक panic
atankit karna *v.t.* आतंकित करना terrify
atari *n.* अटारी loft
atharah *a* अठारह eighteen
ati adhik *a.* अति अधिक terrific
ati avashyak *a.* अति आवश्यक urgent
ati bhukha *a.* अति भूखा voracious
ati karna *v.t.* अति करना overdo
ati mahan *a.* अति महान awful
ati prachin *a.* अति प्राचीन immemorial
ati suksham *a.* अति सूक्ष्म microscopic
ati ushna *a.* अति उष्ण torrid
ati ushna *a.* अति उष्ण tropical
ati utsuk *adj.* अति उत्सुक appetent
ati uttam *a.* अति उत्तम superfine
atikraman *n.* अतिक्रमण infringement
atikraman *n.* अतिक्रमण transgression
atikraman *n.* अतिक्रमण trespass
atikraman karna *v. i* अतिक्रमण करना encroach

atikraman karna *v.t.* अतिक्रमण करना transgress
atikraman karna *v.i.* अतिक्रमण करना trespass
atimanav *n.* अतिमानव superman
atimanviya *a.* अतिमानवीय superhuman
ati-natakiya vyavhar *n.* अतिनाटकीय व्यवहार melodrama
atiranjana karna *v. t.* अतिरंजना करना exaggerate
atirikt *a.* अतिरिक्त additional
atirikt *a* अतिरिक्त else
atirikt *prep* अतिरिक्त except
atirikt *a* अतिरिक्त excess
atirikt *a* अतिरिक्त extra
atirikt *a* अतिरिक्त spare
atirikth *a* अतिरिक्त further
atisaar *n* अतिसार diarrhoea
atishram *n.* अतिश्रम overwork
atishyokti *n.* अतिशयोक्ति exaggeration
atishyokti *n.* अतिशयोक्ति hyperbole
ati-shyokti karna *v.t.* अतिशयोक्ति करना overdraw
atithi *n.* अतिथि guest
atiwadi *n* अतिवादी extremist
atkal lagana *v.i.* अटकल लगाना speculate
atkalbazi *n.* अटकलबाज़ी speculation
atma *n.* आत्मा spirit
atmaghati *a.* आत्मघाती suicidal
atmahatya *n.* आत्महत्या suicide
atmanirikshana karna *v.i.* आत्मनिरीक्षण करना introspect
atmaparak *a.* आत्मपरक subjective
atmasamarpan *n* आत्मसमर्पण surrender
atmatyag *n.* आत्मत्याग renunciation
atm-rati *n.* आत्मरति narcissism
atm-santusht *a.* आत्मसंतुष्ट smug
atoshniya *a.* अतोषणीय insatiable
atyabhinay karna *v.t.* अत्याभिनय करना overact
atyadhik *a.* अत्यधिक intense
atyant mahatva purna *adj.* अत्यंत महत्वपूर्ण crucial
atyavashyak *a.* अत्यावश्यक imperative
atyavashyak *n.* अति आवश्यक incumbent
atyavashyakta *n.* अत्यावश्यकता urgency
atyuttam padarth *n.* अत्युत्तम पदार्थ paragon
auchitiya *n.* औचित्य justification
auchitya *n.* औचित्य aptitude
audhoyogik *a.* औद्योगिक industrial
August *n.* अगस्त August
aujaar *n.* औज़ार instrument
aula *n.* ओला hail
aula girna *v.i* ओला गिरना hail
aundha *a.* औंधा topsy turvy
aundha karna *v.t.* औंधा करना invert
aupacharik *a.* औपचारिक regular
aupcharik *a.* औपचारिक ceremonious
aur *conj.* और and
aur aache dhang se *adv.* और अच्छे ढंग से better
aur na *conj* और न nor
ausat *n.* औसत average
ausat darjay ka *a.* औसत दर्जे का average
aushadh *n* औषध cure
aushadh tatya *n.* औषध तत्व medicament
aushadh vikreta *n.* औषध-विक्रेता chemist
aushadh vikreta *n* औषध विक्रेता druggist
aushadhi *n* औषधि drug
aushadhi *n.* औषधि medicine
aushadhi banane wala *n.* औषधि बनाने वाला compounder
aushadhi ka lep *n.* औषधि का लेप plaster
aushadhi ki atimatra *n.* ओषधि की अतिमात्रा overdose
aushadhiya *a.* औषधीय medicinal
auzaar *n.* औज़ार tool
avaataran *n.* अवतरण passage
avadhi *n* अवधि spell
avadhi *n.* अवधि term
avagya karna *v. t* अवज्ञा करना disobey

avaidh *a.* अवैध illegal
avaidh *a.* अवैध illegitimate
avaidh *a.* अवैध lawless
avaidhita *n.* अवैधता ilegality
avamulyan *n.* अवमूल्यन deflation
avar vyakti *n.* अवर व्यक्ति junior
avaran *n* आवरण wrap
avarodh *n* अवरोध check
avartak *a.* आवर्तक recurrent
avasan karna *v.t.* अवसान करना prorogue
avashyak *a* आवश्यक essential
avashyak saman *adv.* आवश्यक सामान needments
avashyakata *n* आवश्यकता want
avashyakta *n.* आवश्यकता necessity
avashyakta *n.* आवश्यकता need
avastha *n.* अवस्था state
avasthiti *n* अवस्थिति position
avataar *n.* अवतार incarnation
avayvasthit *adv.* अव्यवस्थित chaotic
avayvastith *a.* अव्यवस्थित haphazard
avdharan *n* अवधारण conception
avdharna *n.* अवधारणा retention
avesh *n.* आवेश surge
avgat *a.* अवगत aware
avhav hona *v.t.* अभाव होना lack
avhelana dikhana *v.i* अवहेलना दिखाना sneer
avibhajya *a.* अविभाज्य indivisible
avichalit *a.* अविचलित nonchalant
avikasit *a.* अविकसित immature
avimani *a.* अभिमानी lofty
avinashita *n.* अविनिष्टता immortality
avineet *a.* अविनीत immodest
avinit *a* अविनीत discourteous
avirodh *n.* अविरोध consonance
avisaap *n.* अभिशाप malediction
avishkaarak *n.* आविष्कारक inventor
avishvas *n* अविश्वास distrust
avishvasniya *a.* अविश्वसनीय unreliable
aviskaar *n.* आविष्कार invention

aviskaar karna *v.t.* आविष्कार करना invent
aviskaarshil *a.* आविष्कारशील inventive
aviswas *n.* अविश्वास mistrust
aviswas karna *v.t.* अविश्वास करना mistrust
avivahit jeevan *n.* अविवाहित जीवन celibacy
avivahit vyakti *n.* अविवाहित व्यक्ति bachelor
avivahita stri *n.* अविवाहिता स्त्री spinster
avivechit *a.* अविवेचित automatic
avivek *n.* अविवेक imprudence
aviveki *a.* अविवेकी imprudent
aviyog lagana *v.t.* अभियोग लगाना incriminate
avi-yojya *a.* अवियोज्य inseparable
avkaash *n.* अवकाश vacation
avkash *n.* अवकाश leisure
avlokan *n* अवलोकन contemplation
avlokan karna *v.t.* अवलोकन करना watch
avnati *n.* अवनति ebb
avrodh *n.* अवरोध barrier
avrodh *n.* अवरोध jam
avrudh karna *v.t* अवरुद्ध करना block
avshesh *n.* अवशेष ash
avshesh *n.* अवशेष remains
avshesh *n.* अवशेष residue
avyakhyaya *a.* अव्याख्येय inexplicable
avyashak *a.* आवश्यक needful
avyashak vastu *n.* आवश्यक वस्तु necessary
avyaskhak banana *v.t.* आवश्यक बनाना necessitate
avyavaharikta *n.* अव्यावहारिकता impracticability
avyavaharya *a.* अव्यवहार्य impracticable
avyavastha *n.* अव्यवस्था chaos
avyavastha *n* अव्यवस्था confusion
avyavastha *n* अव्यवस्था disorder

avyavasthit karna *v. t* अव्यवस्थित करना confuse
avyavyasayee *n.* अव्यवसायी amateur
awaara *n.* आवारा vagabond
awaaz *n.* आवाज़ voice
awaaz ka kampana *v.i.* आवाज़ का कांपना vibrate
awagya *n.* अवज्ञा insubordination
awagyakari *a.* अवज्ञाकारी insubordinate
awaidh *a* अवैध bastard
awaidh santan *n.* अवैध संतान bastard
awaiyaktik *a.* अवैयक्तिक impersonal
awara aadmi *n.* आवारा आदमी loafer
awaragardi karna *v.i.* आवारागर्दी करना loaf
awarnaniya *a.* अवर्णनीय indescribable
awarodhak dori *n.* अवरोधक डोरी gasket
awarudh karna *v.t.* अवरूद्ध करना obstruct
awasaan *n* अवसान expiry
awashyak *a.* आवश्यक requisite
awashyak vastu *n* आवश्यक वस्तु requisite
awayasak vyakti *n* अवयस्क व्यक्ति minor
awayav *n.* अवयव ingredient
awaz dhimi karna *vt* आवाज धीमी करना mute
awirodhi *a* अविरोधी consistent
awiswasniya *a.* अविश्वसनीय incredible
awiwaiki *a.* अविवेकी inconsiderate
awiwaki *a.* अविवेकी injudicious
awkash ka din *n.* अवकाश का दिन holiday
aworodh *n.* अवरोध inhibition
awrodh *n.* अवरोध hindrance
awrodhan *n.* अवरोधन interception
awsar *n.* अवसर occasion
awsar-vadita *n.* अवसरवादिता opportunism
awshesh *n* अवशेष rest
ayaal *n.* अयाल mane
ayan *n.* अयन udder
ayogya *a.* अयोग्य incompetent

ayogya thaharana *v. t.* अयोग्य ठहराना disqualify
ayogyata *n* अयोग्यता disqualification
aytaakaar *a.* आयताकार rectangular
ayu *n.* आयु age
azmaishi *a.* आज़माइशी tentative

B

baad mein *adv.* बाद में afterwards
baadal *n.* बादल cloud
baadha *n.* बाधा bar
baadha *n* बाधा difficulty
baadha *n.* बाधा hurdle
baadha *n.* बाध impediment
baadha *n.* बाधा interruption
baadha daalna *v.i.* बाधा डालना meddle
baadha khari karna *v.t* बाधा खड़ी करना hurdle
baagi *a.* बाग़ी rebellious
baahar *adv.* बाहर out
baahar phenkna *v. t.* बाहर फेंकना eject
baahri *a* बाहरी external
baaj *n* बाज़ falcon
baaj *n* बाज़ hawk
baajra *n.* बाजरा millet
baal *n* बाल bristle
baal *n* बाल hair
baal vihar *n.* बाल विहार kindergarten ;
baalti *n.* बाल्टी pail
baandh *n* बाँध causeway
baandhana *v.t* बांधना bind
baandhana *v.t.* बाँधना pack
baansuri *n* बांसुरी flute
baansuri bajana *v.i* बांसुरी बजाना flute
baantana *v. t* बांटना distribute
baantana *v.t* बांटना mete
baar baar *n.* बार बार frequent
baar baar duhrana *v.t.* बार बार दुहराना reiterate

baarah-maasi *n.* बारहमासी perennis
baarch *n* बार्च flood
baarh lagana *v.t* बाड़ लगाना hedge
baarha *n* बाड़ा fold
baariiki *n.* बारीकी subtlety
baarik *n.* बारीक subtle
baat-chit karna *v. t* बातचीत करना commune
bacha rakhna *v.t.* बचा रखना reserve
bacha rakhna *v.t.* बचा रखना store
bachaav *n* बचाव defence
bachana *v.i.* बचाना guard
bachana *v.t.* बचाना screen
bachana *v.t.* बचाना shield
bachao *n.* बचाव immunity
bachao ka rasta *n.* बचाव का रास्ता loophole
bachav *n.* बचाव avoidance
bachav *n.* बचाव protection
bachcha *n* बच्चा child
bachche *n* बच्चे young
bachha *n.* बच्चा babe
bachha *n.* बच्चा bantling
bachha *n.* बच्चा infant
bachhagarhi *n.* बच्चागाड़ी perambulator
bachhra *n.* बछड़ा calf
bachkana *a.* बचकाना childish
bachkana *a.* बचकाना puerile
bachkani baat *n.* बचकानी बात prattle
bachna *v.i.* बचना abstain
bachpan *n.* बचपन infantilism
bada din *n.* बड़ा दिन Xmas
bada kamara *n.* बड़ा कमरा hall
badal dena *v. t.* बदल देना change
badal jaana *v.t.* बदल जाना vary
badalna *v.t.* बदलना modify
badalna *v.t.* बदलना switch
badbad karna *v.t.* बड़बड़ करना jabber
badbadana *v.i.* बड़बड़ाना mutter
badbadana *v.i.* बड़बड़ाना rave
badbudar hona *v.i.* बदबूदार होना stink

badha *n.* बाधा barricade
badha *n* बाधा drag
badha *n* बाधा handicap
badha *n.* बाधा limitation
badha *n.* बाधा obstacle
badha *n.* बाधा obstruction
badha dalana *v.t.* बाधा डालना handicap
badha dalna *v. t* बाधा डालना disturb
badha dalna *v. t.* बाधा डालना encumber
badha dalna *v.t.* बाधा डालना impede
badha dalna *v.t.* बाधा डालना prevent
badha pahuchana *v.t.* बाधा पहुंचाना hinder
badhai *n* बधाई congratulation
badhai dena *v. t* बधाई देना congratulate
badhai ka auzaar *n* बढ़ाई का औज़ार brace
badhai karna *v.t* बधाई देना felicitate
badhak *a.* बाधक obstructive
badhak *a.* बाधक resistant
badhana *v.t.* बढ़ाना amplify
badhana *v.t.* बढ़ाना augment
badhana *v.t.* बढ़ाना redouble
badhat *n.* बढ़त weightage
badhava dena *v. t* बढ़ावा देना boost
badhava dena *v.t.* बढ़ावा देना promote
badhir *a* बधिर deaf
badhiya kanch *n* बढ़िया कांच crystal
badhiya karna *v.t.* बढ़िया करना geld
badhna *v.t.* बढ़ना accumulate
badhna *v.t.* बढ़ाना increase
badhya karna *v. t.* बाध्य करना enforce
badhya karna *v.t* बाध्य करना force
badhyakaran *n* बाध्यकरण compulsion
badi matra *n* बड़ी मात्रा lot
badla lena *v.t.* बदला लेना revenge
badle mein *n.* बदले में lieu
badmash *n.* बदमाश miscreant
badminton *n.* बैडमिंटन badminton
badna *v.i.* बढ़ना swell
badnam *a.* बदनाम infamous
badnam karna *v. t.* बदनाम करना defame

badnam karna *v.t.* बदनाम करना scandalize
badnam stri *n.* बदनाम स्त्री slut
badnami *n* बदनामी disrepute
badnami *n* बदनामी scandal
badrang karna *v.t.* बदरंग करना tarnish
bagavat karna *v. i* बग़ावत करना mutiny
bagawat *n.* बग़ावत rebellion
bagbaani *n.* बाग़बानी horticulture
bagh *n.* बाघ tiger
baghi *a.* बाग़ी mutinous
baghin *n.* बाघिन tigress
bahaali *n.* बहाली reinstatement
bahadur *a* बहादुर brave
bahadur *a.* बहादुर intrepid
bahadur *a.* बहादुर martial
bahadur *adj.* बहादुर mighty
bahaduri *n* बहादुरी bravery
bahaduri *n.* बहादुरी gallantry
bahakana *v.t.* बहकाना mislead
bahana *n* बहाना excuse
bahana *n* बहाना eyewash
bahana *n.* बहाना plea
bahana *v.i.* बहना pour
bahana *n.* बहाना pretence
bahana *n* बहाना pretext
bahana karna *v.t.* बहाना करना pretend
bahana karna *v.t* बहाना करना feign
bahana karna *v.i.* बहाना करना sham
bahar *adv.* बाहर forth
bahar *prep* बाहर outside
bahar bhejna *v. t* बाहर भेजना emit
bahar kai aur *adv* बाहर की ओर outside
bahar kai aur *adv* बाहर की ओर outward
bahar ke aur *adv* बाहर की ओर outwards
bahar se *adv.* बाहर से outwardly
bahari *a.* बाहरी outdoor
bahari *a.* बाहरी outer
bahari baykti *n.* बाहरी व्यक्ति outsider
bahari satah *n* बाहरी सतह outside
bahas *n.* बहस moot

bahas karna *v. t.* बहस करना debate
bahata hua *adv.* बहता हुआ afloat
bahirmukh *a.* बहिर्मुख posticoos
bahirogi *n.* बहिरोगी outpatient
bahishkar *n* बहिष्कार boycott
bahishkrit *a* बहिष्कृत outcast
bahishkrit karna *v. t.* बहिष्कृत करना excommunicate
bahiskar karna *v. t.* बहिष्कार करना boycott
bahta hua *adj.* बहता हुआ confluent
bahu-bhagiya *adj* बहु-भागीय multiple
bahubhashavidh *a.* बहुभाषाविद् polyglot
bahubhashi *n.* बहुभाषी polyglot
bahudaishiya *a.* बहुदेशीय multilateral
bahudev vad *n.* बहुदेववाद polytheism
bahudev vadi *a.* बहुदेववादी polytheistic
bahudevpujak *n.* बहुदेवपूजक polytheist
bahukhandiya *a.* बहुखंडीय multiple
bahulata *n.* बहुलता multiplicity
bahulya *n* बाहुल्य excess
bahumat *n.* बहुमत majority
bahumukhi *a.* बहुमुखी versatile
bahupad kidha *n.* बहुपाद कीड़ा polypod
bahurangi *a.* बहुरंगी motley
bahurupi *n.* बहुरूपी multiform
bahusankhyak *a.* बहुसंख्यक populous
bahu-shilp *a.* बहु-शिल्प polytechnic
bahut *a.* बहुत numerous
bahut adhik *adv.* बहुत अधिक too
bahut chhota *a.* बहुत छोटा tiny
bahut kuch *adv.* बहुत कुछ pretty
bahut samay pahley *adv.* बहुत समय पहले ago
bahut tez *n* बहुत तेज़ breakneck
bahut thorha *a.* बहुत थोड़ा nominal
bahuvachan *a.* बहुवचन plural
bahuvidh *a.* बहुविध multiplex
bahuvivah pratha *n.* बहुविवाह प्रथा polygamy
bahya *a.* बाह्य outside

baidakhal karna *v. t* बेदख़ल करना evict	balaatkar *n.* बलात्कार rape
baidakhali *n* बेदख़ली eviction	balak *n* बालक boy
baidhan *n.* बेधन penetration	balatkar karna *v.t.* बलात्कार करना rape
baijorh *a.* बेजोड़ matchless	bali *n.* बलि oblation
bail *n.* बैल ox	bali ka bakra *n.* बलि का बकरा scapegoat
bailgarhi *n.* बैलगाड़ी wain	balidan karna *v.t.* बलिदान करना sacrifice
baimaan *a.* बेईमान foul	balidan sambandhi *a.* बलिदान संबंधी sacrificial
baimaani se *adv* बेईमानी से malafide	balivedi *n.* बलिवेदी altar
baiman *a* बेईमान dishonest	balla *n* बल्ला bat
baimani *n.* बेईमानी dishonesty	ballamdhari yodha *n.* बल्लमधारी योद्घा lancer
baingan *n* बैंगन brinjal	ballebaj *n.* बल्लेबाज batsman
baingani *adj./n.* बैंगनी purple	balon ka lachcha *n.* बालों का लच्छा ringlet
baingani rang *n.* बैंगनी रंग violet	bal-purvak grahan *n.* बलपूर्वक ग्रहण snatch
bair *n* बैर antagonism	balshali *a* बलशाली forceful
baira *n.* बैरा waiter	balti *n* बाल्टी bucket
baisudh *a.* बेसुध insensible	balut ka phal *n.* बलूत का फल acorn
baisura *a.* बेसुरा hoarse	balwa *n.* बलवा revolt
baithak *n.* बैठक session	balwa karna *v.t.* बलवा करना riot
baithak *n* बैठक drawing-room	balwan *a.* बलवान athletic
baithak *n.* बैठक meet	bam *n* बम bomb
baithak *n.* बैठक parlour	bam girana *v. t* बम गिराना bomb
baithana *v.t.* बैठाना seat	bambari karna *v. t* बमबारी करना bombard
baithane ka aasan *n.* बैठने का आसन seat	bambbari *n* बमबारी bombardment
baithee hui awaz *a.* बैठी हुई आवाज़ throaty	bambvarshak *n* बमवर्षक bomber
baithna *v.i.* बैठना roost	bana *n.* बाना woof
baithna *v.i.* बैठना sit	banaam *prep.* बनाम versus
bajana *v.i.* बजाना blow	banana *v.t.* बनाना frame
bakaaya *a.* बकाया outstanding	banaspati wigyan *n* वनस्पति विज्ञान botany
bakaya *n.pl.* बकाया arrears	banawati roop *n.* बनावटी रूप guise
bakery *n* बेकरी bakery	banay rakhna *v.t.* बनाए रखना preserve
bakhsh dena *v.t.* बख़्श देना spare	banaye rakhna *v.t.* बनाए रखना maintain
bakhshish dena *v.t.* बख़्शिश देना tip	band *n.* बंद stanza
bakri *n.* बकरी goat	band gaahi *n.* बंद गाड़ी van
baksua *n* बकसुआ buckle	band hona *v.t.* बंद होना shut
bakvas *n.* बकवास nonsense	band karna *v. i.* बंद करना cease
bakvas karna *v. t.* बकवास करना chatter	band karna *v. t* बंद करना close
bakwas *n.* बकवास babble	
bakwas karna *v.i.* बकवास करना babble	
bal *n.* बल stress	
bal dena *v.t* बल देना stress	

band karna *v. t* बंद करना discontinue
bandal *n.* बंडल parcel
bandanwar, toran *n* बंदनवार, तोरण festoon
bandar *n.* बंदर monkey
bandargaha *n.* बंदरगाह harbour
bandargaha *n.* बंदरगाह haven
bandargaha *n.* बंदरगाह port
bandgobhi *n.* बन्दगोभी cabbage
bandh *n* बांध dam
bandhak *n.* बंधक hostage
bandhak *n.* बंधक mortgage
bandhak *n.* बंधक pledge
bandhak rakhna *v.t.* बंधक रखना mortgage
bandhak rakhna *v.t.* बंधक रखना pledge
bandhakar rakh dena *v.t.* बांधकर रख देना stow
bandhan *n.* बंधन obligation
bandhan *n.* बंधन yoke
bandhan lagana *v.t* बंधन लगाना fetter
bandhana *v.t* बांधना fasten
bandhana *v.t* बांधना moor
bandhana *v.t.* बांधना tie
bandhanmukt *a.* बंधनमुक्त loose
bandhna *v.t.* बांधना knot
bandhne ki saamagri *n.* बांधने की सामग्री packing maaterial
bandi *n.* बंदी captive
bandi *n.* बंदी prisoner
bandi bana hua *a.* बंदी बना हुआ captive
bandi banana *v. t.* बंदी बनाना capture
bandi banana *v.t.* बंदी बनाना imprison
bandi banana *v.t.* बंदी बनाना nab
bandi dasha *n.* बंदी दशा captivity
bandi pratyakshikaran *n.* बंदी प्रत्यक्षीकरण habeas corpus
bandigreh *n.* बंदीगृह jail
bandikaran *n.* बंदीकरण capture
banduk *n.* बंदूक gun
banduk *n.* बंदूक musket

banduk ka ghoda *n* बंदूक का घोड़ा lock
banduk ke naal *n.* बंदूक की नाल barrel
bandukdhari sipahi *n.* बंदूकधारी सिपाही musketeer
bangla *n* बंगला bungalow
banjar *n* बञ्जर fallow
banjar pradesh *n.* बंजर प्रदेश moor
banjh *n* बांझ barren
banjh *a.* बांझ sterile
banjh *adj.* बाँझ acarpous
banjhpan *n.* बांझपन sterility
bank *n.* बैंक bank
bank-karmi *n.* बैंक-कर्मी banker
bans *n.* बांस bamboo
bansuri *n.* बांसुरी pipe
bantana *v.t.* बांटना apportion
bantana *v.t.* बांटना parcel
bantana *v.t.* बांटना partition
bantana *v.t.* बांटना portion
bantna *v. t* बांटना divide
bantwara *n.* बंटवारा partition
bara बड़ा large
bara padri *n.* बड़ा पादरी cardinal
barabar hona *v.* बराबर होना amount
barabar karna *v. t.* बराबर करना equalize
barabar mein *adv* बराबर में abreast
barabari *n.* बराबरी par
barah *n* बारह twelve
barah darjan *n.* बारह दर्जन gross
barah ki sankhya *n.* बारह की संख्या twelve
baramada *n.* बरामदा lounge
baramada *n.* बरामदा portico
baramada *n.* बरामदा veranda
barasna *v.t.* बरसाना shower
barbadi *n* बर्बादी downfall
barbarta *n* बर्बरता barbarity
barbhashya *n.* गर्भाशय womb
barchi *n.* बर्छी dart
barf *n.* बर्फ़ ice
barfila *a.* बर्फीला icy

bargad *n.* बरगद banyan
barha bandar *n.* बड़ा बन्दर baboon
barhaana *v. t* बढ़ाना extend
barhavan *a.* बारहवां twelfth
barhavan bhag *n.* बारहवां भाग twelfth
barhayee *n.* बढ़ई carpenter
barhayeegiri *n.* बढ़ईगीरी carpentry
barhbarh karna *v. i* बड़बड़ करना blether
barhbarhana *v.t.* बड़बड़ाना murmur
barhi antarhi *n* बड़ी अंतड़ी colon
barhi lal mirch *n* बड़ी लाल मिर्च capsicum
bariki se *adv.* बारीकी से minutely
bariki se janch karna *v.t.* बारीकी से जांच करना sift
barkhastgi *n* बरखास्तगी dismissal
barma *n.* बरमा auger
barma *n* बरमा drill
baroni *n.* बरौनी eyelash
barph *n.* बर्फ़ snow
barph jaisa safed *a.* बर्फ़ सफ़ेद snowy
bartan *n.* बरतन pot
bartan *n.* बरतन utensil
bartan *n.* बरतन vessel
bartav karna *v.t.* बरताव करना treat
barti karna *v.t.* भर्ती करना recruit
barud *n* बारूद dynamite
basana *v.t.* बसाना people
basana *v.t.* बसाना populate
basera *n.* बसेरा roost
basi *a.* बासी stale
basi karna *v.t.* बासी करना stale
basna *v.i.* बसना settle
bataana *v.t.* बताना relate
batair *n.* बटेर quail
batakh *n.* बतख duck
batakh *n.* बत्तख goose
batakh ka shabd *n* बतख का शब्द quack
batan *n* बटन button
batan lagana *v. t.* बटन लगाना button
batana *v.t.* बताना narrate
batana *v.t.* बताना tell

bataya jana *v.t.* बताया जाना hear
batchit karna *v. i.* बातचीत करना chat
batua *n.* बटुआ purse
batuni *a.* बातूनी talkative
baudhik *a.* बौद्धिक intellectual
baukhalana *v.t.* बौखलाना frustrate
bauna *n* बौना dwarf
bauna *n.* बौना pigmy
bauna *n.* बौना pygmy
bauna *v.t.* बोना sow
bauochar *n.* बौछार shower
bavaseer *n.* बवासीर piles
bawal *n* बवाल babel
bayan *a.* बायां left
bayan karna *v.t.* बयान करना report
bayeen aur jhuka hua lekh *n.* बाईं ओर झुका हुआ लेख backhand
bazar *n* बाज़ार market
bazar *n.* बाज़ार mart
bazi lagana *v.i.* बाज़ी लगाना wager
bazigar *n.* बाज़ीगर juggler
bechaouliya *n.* बिचौलिया middleman
bechna *v.t.* बेचना sell
bedag *a.* बेदाग़ stainless
bedhi *n* बेड़ी chain
beech mein *prep.* बीच में among
beech mein *prep.* बीच में amongst
beej *n.* बीज seed
beejganit *n.* बीजगणित algebra
beekar *n* बीकर beaker
beemar hona *v.i.* बीमार होना ail
beemari *n.* बीमारी ailment
bees *a.* बीस twenty
bees ki sankhya *n* बीस की संख्या twenty
beesvan *a.* बीसवां twentieth
beesvan bhag *n* बीसवां भाग twentieth
beeta hua din *n.* बीता हुआ दिन yesterday
begam *n.* बेगम countess
behakana *n.* बहकाना seduce
behakna *v. t.* बहकाना entrap
behal karna *v.t.* बहाल करना reinstate

behalana *v. t* बहलाना coax
behan *n.* बहन sister
behenapa *n.* बहनापा sisterhood
behna *v.i.* बहना stream
behna *v.i.* बहना well
behosh *a.* बेहोश senseless
behoshi *n* बेहोशी anaesthesia
behoshi *n.* बेहोशी trance
behuda *a.* बेहूदा nonsensical
behudaa *a.* बेहूदा ridiculous
bekar *a.* बेकार idle
bekar ghumna *v.t.* बेकार घूमना saunter
belan *n* बेलन cylinder
belan charkha *v.t.* बेलन चरखा windlass
belanakar *a.* बेलनाकार round
belcha *n.* बेलचा shovel
belche se hataana *v.t.* बेलचे से हटाना shovel
bell *n* बैल bullock
belle nritya *sn.* बैले नृत्य ballet
belnakar *n.* बेलनाकार roll
be-mail sambandh *n.* बेमेल संबंध misalliance
bemari *n.* बीमारी malady
bent *n.* बेंत cane
bent se marna *v. t.* बेंत से मारना cane
berhi *n.* बेड़ी shackle
berhi dalna *v.t.* बेड़ी डालना shackle
betaar ka *a.* बेतार का wireless
bhaag *n* भाग portion
bhaala *n.* भाला javelin
bhaala *n.* भाला spear
bhaale se bindhane *v.t.* भाले से बींधना spear
bhaap *n* भाप steam
bhaap chhorna *v.i.* भाप छोड़ना steam
bhaavaanuvaad *n.* भावानुवाद paraphrase
bhaavuk *a.* भावुक sentimental
bhaavukta *n.* भावुकता sentiment
bhada *n.* भाड़ा freight
bhada *n.* भाड़ा hire

bhadda *a.* भद्दा, uncouth
bhadda *a.* भद्दा ungainly
bhadda *a.* भद्दा vulgar
bhadra *a.* भद्र gentle
bhadrapurush *n.* भद्रपुरुष gentleman
bhag *n.* भाग segment
bhag *n.* भाग share
bhag lena *v.i.* भाग लेना partake
bhag lene wala *n.* भाग लेने वाला participant
bhagdarh *n.* भगदड़ stampede
bhagdarh karna *v.t.* भगदड़ करना rout
bhagdarh machna *v.i* भगदड़ मचना stampede
bhaginivat *a.* भगिनीवत् sisterly
bhagorha *n.* भगोड़ा fugitive
bhagphal *n.* भागफल quotient
bhagwan *n.* भगवान god
bhagya *n* भाग्य fate
bhagya *n.* भाग्य lot
bhagya *n.* भाग्य luck
bhagya ka pher *n.* भाग्य का फेर vicissitude
bhagyasali *a.* भाग्यशाली fortunate
bhahar fekhna *v.i.* बाहर फेंकना ooze
bhai *n* भाई brother
bhai *n.* भय fright
bhai ka *a.* भाई का fraternal
bhai/bahin ki hatya *n.* भाई/बहिन की हत्या fratricide
bhai-bhatijavad *n.* भाई-भतीजावाद nepotism
bhaichara *n.* भाईचारा confraternity
bhainsa *n.* भैंसा buffalo
bhajan *n* भजन anthem
bhajan *n* भजन chant
bhakosana *n.* भकोसना gobble
bhakti *n.* भक्ति piety
bhala *n.* भाला lance
bhala changa *a.* भला चंगा hale
bhale ki nok *n.* भाले की नोक spearhead

bhali bhanti *adv.* भली भांति well
bhalmansi *n.* भलमन्सी complaisance
bhalu *n* भालू bear
bhandaar *n* भंडार supply
bhandar *n.* भण्डार ambry
bhandar *n.* भंडार provision
bhandar *n.* भंडार treasure
bhandar greh *n.* भंडार गृह repository
bhandaran *v.t.* भंडारण stock
bhandaran *n.* भंडारण storage
bhandarghar *n.* भंडारघर pantry
bhang karna *v. t* भंग करना disrupt
bhang karna *v.t.* भंग करना outrage
bhang karna *v.t.* भंग करना violate
bhangh *n.* भांग hemp
bhangur *a.* भंगुर fragile
bhanjan *n* भंजन break
bhanji *n.* भांजी niece
bhanwar *n.* भंवर whirlpool
bhap banana *v. i* भाप बनाना evaporate
bhara hua *a.* भरा हुआ fraught
bharasht karna *v.t.* भ्रष्ट करना infect
bharatiya *a.* भारतीय Indian
bharha *n* भाड़ा fare
bharhak *n* भड़क flare
bharhak *v.t* चमकाना flash
bharhkava *n.* भड़कावा instigation
bhari *a* भारी bulky
bhari *a.* भारी deep
bhari *a.* भारी hefty
bhari *a.* भारी massy
bhari *a.* भारी onerous
bhari *a.* भारी weighty
bhari bhul *n* भारी भूल blunder
bhari bhul karna *v.i* भारी भूल करना blunder
bhari golabari *n.* भारी गोलाबारी barrage
bhari prahar *n* भारी प्रहार smash
bhari varsha *n* भारी वर्षा downpour
bharmar hona *v.t.* भरमार होना glut
bharosa *n.* भरोसा reliance

bharosa karna *v. i.* भरोसा करना depend
bharosa rakhna *v. t* भरोसा रखना believe
bharose ka *a.* भरोसे का trustworthy
bharpoor *a.* भरपूर opulent
bharpoor *a.* भरपूर superabundant
bharpur *a.* भरपूर full
bharpur *a.* भरपूर replete
bhartasana *n.* भर्त्सना denunciation
bharti karna *v. t* भरती करना enrol
bharti karne wala *n* भरती करने वाला crimp
bhasa vigyan *n.* भाषा विज्ञान linguistics
bhasan kala *n.* भाषणकला oratory
bhasha *n.* भाषा language
bhasha sambandhi *a.* भाषा संबंधी linguistic
bhashan *n.* भाषण oration
bhashan dena *v* भाषण देना lecture
bhashan sambandhi *a.* भाषण संबंधी oratorical
bhashan shailee *n* भाषण शैली delivery
bhashanpatu *a* भाषणपटु eloquent
bhashashastriya *a.* भाषाशास्त्रीय philological
bhashavid *n.* भाषाविद् linguist
bhashavid *n.* भाषाविद् philologist
bhashavigyan *n.* भाषाविज्ञान philology
bhashyakar *n* भाष्यकार commentator
bhasviya lavan *n.* भास्वीय लवण phosphate
bhata *n* भाटा ebb
bhatak jana *v.i.* भटक जाना straggle
bhatija ya bhanja *n.* भतीजा या भांजा nephew
bhatkaiya *n.* भटकैया straggler
bhatkana *v. i* भटकना deviate
bhatta *n.* भट्टा kiln
bhatti *n* भट्टी distillery
bhauchakka *adv.* भौचक्का aback
bhaugolik *a.* भौगोलिक geographical
bhauhain charhana *v.i* भौहें चढ़ाना frown

bhaun bhaun *n* भौं भौं yap
bhaun bhaun karna *v.i.* भौं भौं करना yap
bhaunh *n* भौंह brow
bhaunkna *v.t.* भौंकना bark
bhaupun *n.* भोंपू siren
bhautik *a.* भौतिक material
bhautik vigyan *n.* भौतिक विज्ञान physics
bhautikshastri *n.* भौतिकशास्त्री physicist
bhavan *n* भवन edifice
bhavan khand *n* भवन खंड flat
bhavan samuh *n* भवन समूह complex
bhavavesh *n* भावावेश emotion
bhavi *a.* भावी future
bhavi *a.* भावी prospective
bhavi sambhavana *n.* भावी संभावना outlook
bhavishvani *n.* भविष्यवाणी prediction
bhavishvani karna *v.t.* भविष्यवाणी करना predict
bhavishya *n* भविष्य future
bhavishyakathan *n.* भविष्यकथन prophecy
bhavishyavani karna *v.t* भविष्यवाणी करना foretell
bhavuk *a* भावुक emotional
bhavya *n* भव्य august
bhavya *a.* भव्य spectacular
bhavya *a.* भव्य stately
bhavyata *n.* भव्यता splendour
bhawan jaisa *a.* भवन जैसा palatial
bhawan ke andar *adv.* भवन के अंदर indoors
bhay *n.* भय horror
bhay se peela parh jana *v. t. & i* भय से पीला पड़ जाना blanch
bhayabhit karna *v. t* भयभीत करना daunt
bhayabhit karna *v.t.* भयभीत करना frighten
bhayabhit karna *v.t.* भयभीत करना horrify
bhayanak *a* भयानक dire

bhayanak *a.* भयानक fearful
bhayanak *a.* भयानक ghastly
bhayankar *a.* भयंकर atrocious
bhayankar *a* भयंकर deadly
bhayankar *a.* भयंकर hideous
bhayavah *n* बहावाय dread
bhaybhit karna *v. t.* भयभीत करना bully
bhaybhit karna *v.t.* भयभीत करना intimidate
bhaybhith *a.* भयभीत afraid
bhaye *n* भय fear
bhed karna *v. t.* भेद करना discriminate
bhed khol dena *v. t. & i* भेद खोल देना blab
bheekh mangte phirna *v. i* भीख माँगते फिरना cadge
bheerh *n.* भीड़ throng
bheerh lagana *v.i.* भीड़ लगाना swarm
bheerh se dar lagna *n.* भीड़ से डर लगना agoraphobia
bheeru *a.* भीरु timorous
bheeruta *n.* भीरुता timidity
bheeshan *a.* भीषण horrible
bhejana *v.t.* भेजना refer
bhejana *v.t.* भेजना send
bhejna *v.t.* भेजना consign
bhek *n.* भेक toad
bhenga hona *v.i.* भेंगा होना squint
bhengapan *n* भेंगापन squint
bhera *n.* भेड़ा ram
bherh *n* भेड़ ewe
bherh *n.* भेड़ sheep
bherh mundana *v.t.* भेड़ मूंड़ना shear
bherhiya *n.* भेड़िया wolf
bhidhna *v.i.* भिड़ना grapple
bhigona *v.t.* भिगोना soak
bhikhari *n* भिखारी beggar
bhiksha *n.* भिक्षा alms
bhikshuni *n.* भिक्षुणी nun
bhimkaya *a.* भीमकाय gigantic
bhinbhinahat *n.* भिनभिनाहट buzz

bhinbhinahat n. भिनभिनाहट whir
bhinn prep भिन्न unlike
bhinn a भिन्न different
bhinn prakar se adv. भिन्न प्रकार से otherwise
bhinsa, n. भिंसा, willow
bhirh n. भीड़ horde
bhirh n. भिड़ hornet
bhirhant n भिंड़त collision
bhirhant n. भिंड़त encounter
bhirhna v. i. भिड़ना collide
bhirhna v.t. भिड़ना tackle
bhishuni ka math n. भिक्षुणियों का मठ nunnery
bhitari a. भीतरी internal
bhitari chat n. भीतरी छत ceiling
bhitiya n भीतिया parietal
bhitri a. भीतरी indoor
bhitri a. भीतरी intrinsic
bhitri bhag n. भीतरी भाग inside
bhitri bhag n. भीतरी भाग within
bhitri hissa n. भीतरी हिस्सा core
bhitri tvacha n. भीतरी त्वचा cutis
bhittichitra n. भित्तिचित्र mural
bhittiya a. भित्तीय mural
bhogpurna a. भोगपूर्ण voluptuous
bhogwadi n. भोगवादी sensualist
bhojan n भोजन boarding
bhojan n भोजन diet
bhojan n भोजन dinner
bhojan n भोजन feed
bhojan n भोजन food
bhojan n. भोजन nurture
bhojan dena v.t भोजन देना feed
bhojan ka samay n. भोजन का समय meal
bhojan karna v. t. भोजन करना dine
bhojan karna v.i. भोजन करना lunch
bhojan karna v.i भोजन करना mess
bhojanalaya n. भोजनालय restaurant
bhojan-mez ki chadar n. भोजन-मेज की चादर napery

bhojaya suchi n. भोज्य सूची menu
bhojha n बोझा burden
bhojhil a. बोझिल irksome
bhojhil a. बोझिल leaden
bhojnaalya n. भोजनालय mess
bhojpatra n. भोजपत्र birch
bhojya a भोज्य edible
bhola n. भोला naivete
bhola pan n. भोला-पन naivety
bhola-bhala a. भोला-भाला naive
bholbhulaya n. भूलभुलैया maze
bhonda a. भोंडा grotesque
bhool n भूल lapse
bhool n. भूल omission
bhoora a भूरा brown
bhoora hona v.i. भूरा होना tan
bhoora rang n भूरा रंग brown
bhoot n. भूत ghost
bhoot n. भूत poltergeist
bhootkal ki aur adv. भूतकाल की ओर backward
bhoul n. भूल mistake
bhram mein dalna v.t. भ्रम में डालना muddle
bhramaatmak a भ्रमात्मक equivocal
bhraman n भ्रमण walk
bhraman karna v.i. भ्रमण करना tour
bhraman, yatra n. भ्रमण, यात्रा tour
bhramit karna v.t. भ्रमित करना mystify
bhrant dharna n. भ्रांत धारणा misbelief
bhranti n भ्रांति fallacy
bhrasht a. भ्रष्ट venal
bhrasht karna v. t. भ्रष्ट करना debauch
bhrashtachaar n. भ्रष्टाचार jobbery
bhrashtata n. भ्रष्टता venality
bhrasthtachar n. भ्रष्टाचार corruption
bhratrisangh n. भ्रातृसंघ fraternity
bhratritva n भ्रातृत्व brotherhood
bhring n भृंग beetle
bhroon n भ्रूण embryo
bhrubhang n. भ्रूभंग scowl

bhu sampati *n* भूसंपत्ति estate
bhubhaag *n.* भूभाग region
bhu-bhag *n.* भू-भाग area
bhugatna *v.t.* भुगतना suffer
bhugol *n.* भूगोल geography
bhugolveta *n.* भूगोलवेत्ता geographer
bhugtan *n.* भुगतान payment
bhugtan dena *v.t.* भुगतान देना pay
bhugtan yogya *a.* भुगतान योग payable
bhuja *n.* भुजा arm
bhukamp *n* भूकंप earthquake
bhukamp sambandhi *a.* भूकंप संबंधी seismic
bhukarh aadmi *n.* भुक्खड़ आदमी cormorant
bhukh *n.* भूख appetite
bhukh *n* भूख hunger
bhukha *a.* भूखा hungry
bhu-khand *n.* भू-खण्ड plot
bhukhmari *n.* भूखमरी starvation
bhukhon marna *v.i.* भूखों मरना starve
bhukri *n* भुक्रि must
bhul *n* भूल error
bhul jana *v.t* भूल जाना forget
bhul karna *v. i* भूल करना err
bhulakaarh *a* भुलक्कड़ forgetful
bhulbhul *n.* बुलबुल nightingale
bhumi *n.* भूमि land
bhumigat *a.* भूमिगत subterranean
bhumika *n* भूमिका foreword
bhumika *n.* भूमिका preamble
bhumika *n.* भूमिका prologue
bhumika *n.* भूमिका role
bhumika lekhna *v.t.* भूमिका लिखना preface
bhumi-sambandhi *a.* भूमि-संबंधी agrarian
bhumisat karna *v.t.* भूमिसात करना raze
bhuna hua *a* भुना हुआ roast
bhuna hua maans *n* भुना हुआ मांस roast
bhunana *v.t.* भूनना roast
bhura *a.* भूरा grey

bhura koyala *n.* भूरा कोयला lignite
bhura lal rang *n.* भूरा लाल रंग maroon
bhure lal rang ka *a* भूरे लाल रंग का maroon
bhurta bana dena *v.t.* भुर्ता बना देना squash
bhusa *n.* भूसा straw
bhusi *n.* भूसी husk
bhutpurva kaal *n.* भूतपूर्व काल past
bhuvigyan *n.* भूविज्ञान geology
bhuvigyan vetta *n.* भूविज्ञान वेत्ता geologist
bhuvigyaniya *a.* भूविज्ञानीय geological
bhvya *a.* भव्य gorgeous
bhyabhit hona *v.t* भयभीत होना dread
bichchu *n.* बिच्छू scorpion
bichhu buti *n.* बिच्छू बूटी nettle
bicycle *n.* बाइसिकिल bicycle
bidakna *v.i.* बिदकना shy
bigarana *v.t.* बिगाड़ना ruin
bigarh jana *v.t* बिगड़ जाना spoil
bigarhana *v.t.* बिगाड़ना aggravate
bigarhana *v. t* बिगाड़ना bungle
bigarhana *v.t.* बिगाड़ना worsen
bigarhna *v.t.* बिगाड़ना vitiate
bigul *n* बिगुल bugle
bigul ka nad *n.* बिगुल का नाद tattoo
biharh *n.* बीहड़, wilderness
bijak *n.* बीजक invoice
bijju *n.* बिज्जू badger
bijkosh sambandhi *adj* बीजकोष सम्बन्धी capsular
bijli ka taar *n.* बिजली के तार wiring
bikherna *v.t.* बिखेरना strew
bikri *n.* बिक्री sale
bilav *n.* बिलाव tomcat
bilkul *adv.* बिल्कुल quite
bilkul *a.* बिल्कुल very
bilkul nahin *adv.* बिल्कुल नहीं nothing
bill *n* बिल burrow
bill, prapayak *n* बिल, प्रपायक bill

billa *n.* बिल्ला badge
billi *n.* बिल्ली cat
billi ka baccha *n.* बिल्ली का बच्चा kitten
bilona *v. t. & i.* बिलोना churn
bima *n.* बीमा insurance
bima karna *v.t.* बीमा करना assure
bima shulk *n.* बीमा शुल्क premium
bimar *a.* बीमार ill
bimar *a.* बीमार morbid
bimari *n* बीमारी disease
bimari *n.* बीमारी sickness
bimari ka daura *n* बीमारी का दौरा bout
bimb vidhan *n.* बिंब विधान imagery
bina dhuain ka barud *n.* बिना धुऐं का बारूद amberite
bina rang ka *adj* बिना रंग का achromatic
bina ruke janewala *a* बिना रुके जानेवाला through
bina sir ka *adj.* बिना सिर का acephalous
bina taar ka yantr *n.* बिना तार का यंत्र radio
bindu *n* बिंदु dot
bindu *n.* बिंदु point
bindu lagana *v. t* बिंदु लगाना dot
biscuit *n* बिस्कुट biscuit
bishap *n* बिशप bishop
bistar par *adv.* बिस्तर पर abed
bitth prabandhak *n* वित्त प्रबंधक financier
blouse *n* ब्लाउज़ blouse
bodh *n.* बोध perception
bojh utarna *v.t.* बोझ उतारना unburden
bol-chaal *n.* बोल-चाल parlance
bolchal ki bhasha *n.* बोलचाल की भाषा slang
boli *n.* बोली utterance
bolna *v.t.* बोलना converse
bolna *v.t.* बोलना read
bolna *v.t.* बोलना say
bolna *v.i.* बोलना speak
bolna *v.i.* बोलना talk

bona *n.* बौना midget
bona *v.t.* बोना seed
bonnet *n* बोनिट bonnet
bonus *n* बोनस bonus
bookni karna *v.t.* बुकनी करना powder
boond *n* बूंद drop
bori *n.* बोरी sack
botal *n* बोतल bottle
bouddh bhikshu *n.* बौध-भिक्षु lama
brandi *n* ब्रांडी brandy
break *n* ब्रेक brake
break lagana *v. t* ब्रेक लगाना brake
brehaspati grah *n.* बृहस्पति ग्रह Jupiter
brigadier *n* ब्रिगेडियर brigadier
british mudra *n.* ब्रिटिश मुद्रा shilling
british mudra *n.* ब्रिटिश मुद्रा sterling
budbudana *v.i.* बुदबुदाना mumble
buddhi ki prakharta *n.* बुद्धि की प्रखरता wit
buddhihin *a.* बुद्धिहीन witless
buddhijivi *n.* बुद्धिजीवी intellectual
budhape ki durbalata *n.* बुढ़ापे की दुर्बलता senility
budhi tatva *adv.* बोधी तत्व noumenon
budhi, man *n.* बुद्धि, मन mind
budhihin karna *v. t* बुद्धिहीन करना bemuse
budhijiwi varg *n.* बुद्धिजीवी वर्ग intelligentsia
budhimaan *a.* बुद्धिमान्‌ intelligent
budhiman *a.* बुद्धिमान sage
budhiman *a.* समझदार wise
budhu *n.* बुद्धू simpleton
budhvar *n.* बुधवार Wednesday
bujha hua *a* बुझा हुआ extinct
bukhar *n* बुखार ague
bula bhejna *v.t.* बुला भेजना summon
bulana *v.* बुलाना calling
bulbula *n* बुलबुला bubble
bunana *v.t.* बुनना weave

buniyaad rakhna *v.t.* बुनियाद रखना found
buniyadi *a.* बुनियादी basic
bunkar *n.* बुनकर weaver
bunna *v.t.* बुनना knit
buool chook *v.i.* भूल चूक lapse
bura *a.* बुरा bad
bura manana *v.t.* बुरा मानना mind
bura manana *v.t.* बुरा मानना resent
bura vaywahar *n.* बुरा व्यवहार misbehaviour
bura vaywahar karna *v.i.* बुरा व्यवहार करना misbehave
bure prakar se *adv.* बुरे प्रकार से badly
burma,burmi *n.* बरमा, बरमी wimble
bus *n* बस bus
byaj *adj* ब्याज interest
byora dena *v.t.* ब्यौरा देना recount

C

cafighar *n.* काफीघर cafe
cake *n.* केक cake
camera *n.* कैमरा camera
cancer *n.* कैंसर cancer
car *n* कार motor
carbon *n.* कार्बन carbon
cartoon *n.* कार्टून cartoon
cartoos *n.* कारतूस cartridge
cassette *n.* कैसिट cassette
cement *n.* सीमेंट cement
chaal *n* चाल pace
chaal *n.* चाल ruse
chaal *n.* चाल stratagem
chaal *n.* चाल wile
chaal rachna *n* छल रचना fabrication
chaala *n* छाला blain
chaalaak *a.* चालाक shrewd
chaalak *n* चालक driver
chaal-dhaal *n.* चाल gait

chaanta *n.* चांटा slap
chaanta marna *v.t.* चांटा मारना smack
chaaplusi karna *v.t* चापलूसी करना flatter
chaar *n.* चार four
chaar bhuja ki *a. & n.* चार भुजा की quadrilateral
chaaron aur *prep.* चारों ओर around
chaati *n* छाती bosom
chabana *v. t* चबाना chew
chabana *v.t.* चबाना masticate
chabana *v.t.* चबाना munch
chabi bharne ka yantr *n.* चाबी भरने का यंत्र winder
chabi se band karna *v.t* चाबी से बंद करना key
chabuk *n.* चाबुक welt
chabuk ki dori *n.* चाबुक की डोरी whipcord
chabutara *n.* चबूतरा terrace
chacha *n.* चाचा uncle
chachi *n.* चाची aunt
chadai karna *v.i* चड़ाई करना climb
chadar dalna *v.t.* चादर डालना sheet
chadhayee *n.* चढ़ाई ascent
chadhayee *n.* चढ़ाई climb
chadi *n* छड़ी baton
chadramavesh *n* छद्रमवेश disguise
chahak *n.* चहक twitter
chahakna *v.i.* चहकना twitter
chahana *v.t.* चाहना wish
chahbachcha *n* चहबच्चा sink
chahe jaise *adv.* चाहे जैसे however
chahnewala *a* चाहनेवाला fond
chai *n* चाय tea
chaihara *n* चेहरा face
chaila *n* छैला dandy
chaila *n.* छैला spark
chain se baithna *v.i.* चैन से बैठना nestle
chaine *n* छेनी chisel
chaine se katna *v. t.* छेनी से काटना chisel
chaitavani *n.* चेतावनी caution
chaitavani dena *v. t.* चेतावनी देना caution

chajja n. छज्जा balcony
chakachaundh n चकाचौंध dazzle
chakachaundh karna v. t. चकाचौंध करना dazzle
chakati n. चकती disc
chakbandi n चकबंदी consolidation
chakit karna v.t चकित करना astound
chakkar n. चक्कर revolution
chakkar khana v.i. चक्कर खाना revolve
chakkar khana v.i. चक्कर खाना roll
chakkar khana v.i. चक्कर खाना rotate
chakkar lagana v.i. चक्कर लगाना meander
chakma n चकमा dodge
chakma n. चकमा hoax
chakma dena v. t चकमा देना dodge
chakma dena v.t चकमा देना hoax
chakotara n. चकोतरा lime
chakralekhitra n चक्रलेखित्र cyclostyle
chakralipit karna v. t चक्रलिपित करना cyclostyle
chakran n. चक्रण spin
chakranabhi n. चक्रनाभि nave
chakrane wala a. चकराने वाला giddy
chakravat, bagula n. चक्रवात, बगूला whirlwind
chakrawat n. चक्रवात cyclone
chakrha n. छकड़ा cart
chakriya a चक्रीय cyclic
chaku n. चाकू knife
chalaak a चालाक elusive
chalaak n. चालाक serpentine
chalaane yogya a. चलने योग्य movable
chalak a. चालाक artful
chalak a चालाक crafty
chalak a चालाक cunning
chalak a. चालाक tricky
chalak a. धूर्त, चालाक wily
chalaki n चालाकी craft
chalaki n चालाकी cunning
chalaki n. चालाकी manoeuvre

chalaki karana v.i. चालाकी कराना manoeuvre
chalakna v.i. छलकना spill
chalang n. छलांग jump
chalang n. छलांग sally
chalchitra n चलचित्र film
chalchitra n. चलचित्र movies
chalis n. चालीस forty
chalna v.i. चलना pace
chalna v.i. चलना step
chalna v.i. चलना walk
chalni n. छलनी sieve
chalu halat mein a. चालू हालत में serviceable
chalu karna v.t. चालू करना operate
chalu na hona v.i. चालू न होना misfire
chamak n चमक blaze
chamak n चमक brilliance
chamak n. चमक glare
chamak n चमक glaze
chamak n चमक glitter
chamak n. चमक lucidity
chamak n. चमक lustre
chamak n चमक polish
chamak n. चमक radiance
chamak n. चमक refulgence
chamak n. चमक scintillation
chamak n चमक shine
chamak n. चमक sparkle
chamakana v. i चमकना beam
chamakdaar a चमकदार bright
chamakdar a. चमकदार glossy
chamakdar a. चमकदार lucent
chamakdar a. चमकदार lucid
chamakdar a. चमकदार lustrous
chamakdar a. चमकदार shiny
chamakdar a. चमकदार vivid
chamakeea a. चमकीला radiant
chamakna v.i. चमकना scintillate
chamakna v.i. चमकना shine
chamakna v.i. चमकना spark

chamakna *v.i.* चमकना sparkle
chamakna *v.i.* झिलमिलाना, चमकना twinkle
chamakta hua *adv.* चमकता हुआ aglow
chamatkaar *n.* चमत्कार miracle
chamatkarik *a.* चमत्कारिक miraculous
chamchamana *v.i.* चमचमाना glitter
chamda *n.* चमड़ा hide
chameli *n.* चमेली jasmine
chamgaadharh *n* चमगादड़ bat
chamkana *v.t.* चमकाना polish
chamkana *v. t* चमकाना brighten
chamkana *v.t.* चमकाना gild
chamkana *v.i* चमकना glare
chamkana *v.i.* चमकना glow
chamkana *v.t.* चमकाना kindle
chamkeela *a.* चमकीला meteoric
chammach *n.* चम्मच spoon
chammach bhar *n.* चम्मच भर spoonful
chamrha *n.* चमड़ा leather
chan been *n* छान बीन rummage
chana *n* छन्ना filter
chanana *v.t.* छानना sieve
chanchal *a* चंचल fickle
chanchal *a.* चंचल mercurial
chanda *n.* चंदा subscription
chandan *n.* चंदन sandalwood
chandi *n.* चांदी silver
chandi chadhana *v.t.* चांदी चढ़ाना silver
chandmari *n.* चांदमारी range
chandrama *n.* चंद्रमा moon
changul *n* चंगुल clutch
channa *v.t* छनना filter
chantana *v.t.* छांटना trim
chap *n.* चाप arc
chapa *n.* छापा raid
chapal *a.* चपल active
chapal *adj* चपल brisk
chapal *a.* चपल nimble
chapalta *n.* चपलता activity
chapalta *n.* चपलता agility

chaploos *n.* चापलूस minion
chaplus *n.* चापलूस sycophant
chaplusi *n* चापलूसी adulation
chaplusi *n* चापलूसी flattery
chaplusi *n.* चाटुकारिता, चापलूसी sycophancy
chaplusi karna *v. i.* चापलूसी करना cringe
chappal *n.* चप्पल sandal
chappar *n* छप्पर shed
chappar *n.* छप्पर thatch
chappar dalna *v.t.* छप्पर डालना thatch
chaprasi *n.* चपरासी peon
char bhag karna *v.t.* चार भाग करना quarter
chara *n* चारा fodder
chara *n.* चारा pasture
charagaha *n.* चारागाह meadow
charam bindu *n.* चरम बिंदु zenith
charan *n.* चरण phase
charbi *n* चर्बी fat
charbi *n.* चरबी tallow
charcha karna *v.t.* चर्चा करना mention
charhi *n.* छड़ी wand
charitra *n.* चरित्र character
charmarahat *n* चरमराहट creak
charmarana *v. i* चरमराना creak
charmotkarsh *n.* चरमोत्कर्ष omega
charna *v.i.* चरना graze
charna *v.t.* चरना pasture
charni *n.* चरनी crib
charon aur rahne wala *adj.* चारों ओर रहने वाला ambient
charon or *adv.* चारों ओर round
charpai *n* चारपाई bed
charwaha *n.* चरवाहा herdsman
chashma *n.* चश्मा spectacle
chashma, ainak *n* चश्मा, ऐनक monocle
chashme ke nirmatta *n.* चश्मे का निर्माता optician
chat *n.* छत roof
chat se patna *v.t.* छत से पाटना roof

chata *a.* छठा sixth
chata *n.* छाता umbrella
chatna *v.t.* छांटना lop
chatne ki kriya *n* चाटने की क्रिया lick
chatni *n.* चटनी ketchup
chatni *n.* चटनी sauce
chatpatana *v.i.* छटपटाना writhe
chatravrati *n.* छात्रवृत्ति scholarship
chatrawas *n.* छात्रावास hostel
chattai *n.* चटाई mat
chattan *n.* चट्टान rock
chatukari karna *v. t* चाटुकारी करना beslaver
chatur *a.* चतुर clever
chaturayee *n.* चतुराई sagacity
chaturdash-padi *n.* चतुर्दश-पदी sonnet
chatushkoniya *a.* चतुष्कोणीय quadrangular
chaudah *n.* चौदह fourteen
chauguna *a.* चौगुना quadruple
chauguna karna *v.t.* चौगुना करना quadruple
chaukas rehna *v.i.* चौकस रहना beware
chaukasi *n.* चौकसी precaution
chaukasi *n.* चौकसी watch
chaukor angan *n.* चौकोर आंगन quadrangle
chaunkana *v.t.* चौंकाना startle
chaupaya *n.* चौपाया quadruped
chaura karna *v.t.* चौड़ा करना widen
chauraha *n.* चौराहा crossing
chauras *a.* चौरस plane
chauras banana *vt* चौरस बनाना plane
chaurha *a* चौड़ा broad
chaurha *a.* चौड़ा wide
chaurha karna ya hona *v. t. & i* चौड़ा करना या होना broaden
chaurhayee *n* चौड़ाई breadth
chaurhayi *n.* चौड़ाई width
chaya *n.* छाया shade
chayadaar *a.* छायादार shadowy

chayan *n.* चयन selection
chayan karna *v.i.* चयन करना opt
chayan yogya *a.* चयन योग्य selective
chayanika *n.* चयनिका anthology
chayaprati *n.* छायाप्रति xerox
chayit karana *v.t.* छायित करना shade
chechak *n.* चेचक smallpox
ched *n* छेद bore
ched *n* छेद hole
ched *n.* छेद hollow
ched *n.* छेद vent
ched karna *v. t.* छेद करना drill
ched mein dalna *v.t* छेद में डालना hole
chedna *v. t* छेदना bore
cheekh *n* चीख howl
cheekh *n* चीख scream
cheekh *n.* चीख shout
cheekh *n.* चीख shriek
cheekhna *v.i.* चीखना scream
cheekhna *v.i.* चीखना shriek
cheeni *n.* चीनी, शक्कर sugar
cheenk *n* छींक sneeze
cheenkana *v.i.* छींकना sneeze
cheer dena *v.t.* चीर देना slash
cheera *n* चीरा slash
cheera *n.* चीरा tear
cheerna *v.i.* चीरना split
cheh *n., a* छः six
chehra *n.* चेहरा visage
cheque *n.* चेक cheque
chetana *v.t.* चेताना admonish
chetana *n.* चेतना sentience
chetavani *n.* चेतावनी admonition
chetavani *n* चेतावनी alarm
chhaal *n.* छाल bark
chhaapna *v.t.* छापना imprint
chhaati *n* छाती breast
chhachhuchhandar *n.* छछूंदर mole
chhadram *n.* छद्मनाम pseudonym
chhal *n.* छाल crust
chhal *n* छल elusion

chhal *n.* चाल move
chhal kapat *n.* छल कपट guile
chhal sadhan *n.* छल साधन manipulation
chhal sampati *n.* चल संपत्ति movables
chhan *n.* क्षण moment
chhand sambandhi *a.* छंद संबंधी metrical
chhandshastra *n.* छंदशास्त्र prosody
chhanik *a.* क्षणिक momentary
chhantai karna *v.t.* छंटाई करना prune
chhapai ki machine *n* छपाई की मशीन press
chhapa-maar sainik *n.* छापामार सैनिक guerrilla
chhar *n.* छड़ rod
chhati *n* छाती chest
chhati pahuchna *v.t.* क्षति पहुंचाना mar
chhatri *n.* छतरी canopy
chhavani *n.* छावनी cantonment
chhavichitra *n.* छविचित्र portrait
chhaya chitra *n* छाया चित्र photograph
chhed karna *v.t.* छेद करना perforate
chhedan *n.* छेदन puncture
chhedna *v.t.* छेदना pierce
chhedna *v.t.* चिढ़ाना provoke
chheenana *v.t.* छीनना seize
chheenana *v.t.* छीनना snatch
chheenanaa *v.t.* छीलना whittle
chher-khani *n.* छेड़खानी molestation
chhichhora *a.* छिछोरा frivolous
chhidchhida *a.* चिड़चिड़ा irritable
chhidra *n.* छिद्र aperture
chhilka *n.* छिलका peel
chhilka *n.* छिलका shell
chhilke daar *a.* छिलकेदार husky
chhinti *n* चींटी ant
chhipa hua *adj.* छिपा हुआ clandestine
chhipaana *v.t.* छिपाना obscure
chhipaav *n.* छिपाव reservation
chhipana *v.t* छिपाना hide
chhipkali *n.* छिपकली lizard
chhirakana *v.t.* छिड़कना sprinkle

chhitarana *v.t* छितराना disperse
chhod dena *v.t.* छोड़ देना omit
chhod dena *v.t.* छोड़ देना waive
chhoot *n* छूट concession
chhoot *n* छूट discount
chhoot *n.* छूट latitude
chhora hua *adj* छोड़ा हुआ left
chhota *a.* छोटा little
chhota *a.* छोटा minor
chhota *a.* छोटा petty
chhota baccha *n.* छोटा बच्चा kid
chhota chappu *n* छोटा चापू paddle
chhota ghoda *n.* छोटा घोड़ा pony
chhota karna *vt* छोटा करना minify
chhota parcel *n.* छोटा पार्सल packet
chhota phatak *n.* छोटा फाटक wicket
chhota taaj *n.* छोटा ताज coronet
chhota talab *n.* छोटा तालाब pond
chhota va durlabh *a.* छोटा व दुर्बल puny
chhota viman *n.* छोटा विमान glider
chhoti bottle *n.* छोटी बोतल phial
chhoti pustak *n* छोटी पुस्तक brochure
chhoti vastu *n.* छोटी वस्तु mite
chhundha *n.* चुंधा purblind
chhunkana *v.t.* छुंकना fry
chhup *a.* चुप mum
chhupi *n* चुप्पी mum
chhurika *a.* छुरिका lancet
chhutkara *n.* छुटकारा manumission
chichalapan *n.* छिछलापन superficiality
chichorapan *n* छिछोरापन flippancy
chichorapan *n.* छिछोरापन levity
chidakana *v.t.* छिड़कना spray
chidchidapan *n.* चिड़चिड़ापन fret
chiddh, gussa *n.* चिढ़, गुस्सा annoyance
chiddhana *v.t.* चिढ़ाना annoy
chidh *n.* चिढ़ allergy
chidhana *v.t.* चिढ़ाना ruffle
chidhana *v.t.* चिढ़ाना tease
chidka jana *v.i.* छिड़का जाना splash
chikh *a.* चीख outcry

chikitsa *n.* चिकित्सा therapy	**chinka lagana** *v.t* छींका लगाना muzzle
chikitsak *n* चिकित्सक doctor	**chinna** *v.t.* छीनना grab
chikitsak *n.* चिकित्सक medico	**chinta** *a* चिंता anxiety
chikitsalaya *n.* चिकित्सालय clinic	**chinta** *n.* चिंता care
chikitsalaya *n.* चिकित्सालय hospital	**chinta** *n* चिंता concern
chikna *a.* चिकना greasy	**chinta** *n.* चिंता solicitude
chikna *a.* चिकना oily	**chinta** *n.* चिंता worry
chikna *a.* चिकना sleek	**chintagrast** *a.* चिंताग्रस्त pensive
chikna *a* चिकना slick	**chintajanak** *a.* चिंताजनक anxious
chikna *a.* चिकना smooth	**chintan** *n.* चिंतन rumination
chikna karna *v.t* चिकना करना grease	**chintana** *v. t* छींटना bestrew
chikna karna *v.t.* चिकना करना smooth	**chintit** *a.* चिंतित solicitous
chiknai *n* चिकनायी grease	**chintit** *a.* चिंतित uneasy
chiknai *n.* चिकनाई lubricant	**chintit hona** *v.i.* चिंतित होना worry
chiknana *v.t.* चिकनाना lubricate	**chintit karna** *v. t* चिंतित करना concern
chikni mitti *n.* चिकनी मिट्टी marl	**chintit karna** *v.t.* चिंतित करना trouble
chikni steh *n* चिकनी slide	**chintitkarna** *v.t.* चिंतित करना fret
chikot *v.* चिकोट pinch	**chipa huw** *a.* छिपा हुआ secret
chikoti katna *v.t.* चिकोटी काटना pinch	**chipakane wala** *a.* चिपकनेवाला adhesive
chiktsak *n.* चिकित्सक homoeopath	**chipakna** *v.i.* चिपकना adhere
chilahat *n* चिल्लाहट whine	**chipana** *v. t.* छिपाना conceal
chilakar bolna *n.i.* चिल्लाकर बोलना bawl	**chipana** *v.t.* छिपाना secrete
chilakar bolna *v. t* चिल्लाकर बोलना blare	**chipchipa** *n.* चिपचिपा sticky
chilamachi *n.* चिलमची basin	**chipchipa padarth** *n.* चिपचिपा पदार्थ mucilage
chilana *v.i.* चिल्लाना shout	**chipe rehna** *v.i.* छिपे रहना darkle
chilana *v.i.* चिल्लाना yell	**chipkana** *v.t.* चिपकाना affix
chilla kar kahana *v.t.* चिल्लाकर कहना howl	**chipkane wala padarth** *n.* चिपकाने वाला पदार्थ adhesive
chillakar dhaudna *v. t* चिल्लाकर दौड़ना clutter	**chipkav** *n.* चिपकाव adhesion
chillanaa *v.i* चिल्लाना exclaim	**chippi** *n.* चिप्पी sticker
chimni *n.* चिमनी chimney	**chiptana** *v. i.* चिपटना cling
chimta *n.* चिमटा pincer	**chirdhne ka karan** *n.* चिढ़ने का कारण provocation
chimta *n. pl.* चिमटा tongs	**chirhchira** *a.* चिड़चिड़ा petulant
chinar vriksh *n.* चिनार वृक्ष poplar	**chirhchirha** *a.* चिड़चिड़ा waspish
chinchin *n* चींचीं chirp	**chirhiya** *n.* चिड़िया shuttlecock
chinchin karna *v.i.* चींचीं करना chirp	**chirhiyakhana** *n.* चिड़ियाखाना aviary
chingari *n.* चिंगारी spark	**chirhkava** *n* छिड़काव splash
chinh, prateek *n.* चिह्न, प्रतीक symbol	**chirimaar** *n.* चिड़ीमार fowler
chini mitti ke bartan *n.* चीनी के मिट्टी बर्तन porcelain	**chiriya** *n.* चिड़िया fowl

chirsthayee *a.* चिरस्थायी everlasting
chita *n.* चीता panther
chita *n.* चिता pile
chita *n.* चिता pyre
chithhi *n* चिट्ठी letter
chithrha *n.* चिथड़ा tatter
chithrhe karna *v.t* चिथड़े करना tatter
chitra *n.* चित्र picture
chitradhar *n.* चित्राधार album
chitrakaar *n.* चित्रकार painter
chitrakala *n.* चित्रकला painting
chitra-kala *n.* चित्रकला portraiture
chitrakari ke liye kapda *n.* चित्रकारी के लिए कपड़ा canvas
chitramala *n.* चित्रमाला panorama
chitran *n.* चित्ररण portrayal
chitrankan *n* चित्रांकन drawing
chitrasala *n.* चित्रशाला gallery
chitratmak *a.* चित्रात्मक scenic
chitrit karna *vt* चित्रित करना mottle
chitrit karna *v.t.* चित्रित करना outline
chitrpat *n.* चित्रपट screen
chobhona *v.t.* चुभोना stick
chochlebaz vyakti *n* चोचलेबाज़ व्यक्ति flirt
chocolate *n* चोकोलेट chocolate
chodna *v.t.* छोड़ना quit
chodna *v.t.* छोड़ना renounce
chodna *v.t.* छोड़ना resign
choga *n.* चोग़ा cloak
choga *n.* चोग़ा toga
chokrhi *n.* चौकड़ी gallop
choli *n* चोली bodice
choli *n.* चोली frock
chonch *n.* चोंच beak
chonch marna *v.i.* चोंच मारना peck
chook *n.* चूक oversight
chool par ghumana *v.t.* चूल पर घुमाना pivot
choon choon karana *v.i.* चूं चूं करना squeak

chor *n* चोर burglar
chor gaddha *n.* चोर गड्ढा pitfall
chorh dena *v. t* छोड़ देना except
chorhna *v.t.* छोड़ना leave
chori *n* चोरी burglary
chori *n.* चोरी theft
chori *n.* चोर thief
chori chupe *adv.* चोरी छुपे stealthily
chori karna *v.i.* चोरी करना steal
chori se dekhna *v.i.* चोरी से देखना peep
chot *n* चोट bruise
chot *n.* चोट harm
chot *n* चोट hurt
chot pahuchana *v.t.* चोट पहुंचाना hurt
chot pahuchana *v.t* चोट पहुंचाना maul
chot pahunchana *v.t* चोट पहुंचाना harm
chota *a.* छोटा miniature
chota *a.* छोटा short
chota *a.* छोटा small
chota *a.* छोटा young
chota hiran *n.* छोटा हिरन roe
chota hona *v.t.* छोटा होना shorten
chota memna *n.* छोटा मेमना lambkin
chota padari *n.* छोटा पादरी deacon
chota paudha *n.* छोटा पौधा sapling
chota sing *n.* छोटा सींग cornicle
chota zamindar *n.* छोटा ज़मींदार yeoman
chotapan *adv.* छोटापन smallness
choti *n.* चोटी ridge
choti *n.* चोटी summit
choti *n.* चोटी top
choti anguthi *n* छोटी अँगूठी annulet
choti daurh *n* छोटी दौड़ dash
choti dukan *n.* छोटी दुकान stall
choti kharhi *n.* छोटी खाड़ी bight
choti nadi *n.* छोटी नदी brook
choti par pahunchna *v.t.* चोटी पर पहुंचना top
chowk *n.* चौक courtyard
chubhana *v.t.* चुभाना jab
chubhana *v.t.* चुभाना lance

chubhana *v.t.* चुभाना penetrate
chudi *n.* चूड़ी bangle
chugli khana *v.t.* चुगली खाना backbite
chuha *n.* चूहा mouse
chuha *n.* चूहा rat
chuja *n.* चूजा chicken
chukandar *n.* चुकन्दर artichoke
chukandar *n* चुकंदर beet
chulha *n.* चूल्हा hearth
chulha *n.* चूल्हा oven
chumbak *n.* चुंबक magnet
chumbak pathar *n.* चुंबक पत्थर loadstone
chumbaktwa *n.* चुंबकत्व magnetism
chumban *n.* चुंबन kiss
chuna lagana *v.t* चूना लगाना lime
chunana *v. t.* चुनना choose
chunana *v. t* चुनना elect
chunana *v.t.* चुनना sample
chunana *v.t.* चुनना select
chunana *v.t.* चुनना single
chunauti *n.* चुनौती challenge
chunauti *n* चुनौती defiance
chunauti dena *v. t.* चुनौती देना challenge
chunav *n. t.* चुनाव pick
chune ka tatva *n* चूने का तत्त्व calcium
chungi *n.* चुंगी octroi
chuninda *a* चुनिंदा, उत्कृष्ट select
chup chup bhag jana *v. i* चुप चुप भाग जाना decamp
chup karna *v.t.* चुप करना silence
chupchaap *a.* चुपचाप quiet
chupke se sunna *v.t.* चुपके से सुनना overhear
churna *v.t.* चुराना lift
churra ghopna *v.t.* छुरा घोंपना stab
chusana *v.t.* चूसना suck
chushan *n.* चूषण suck
chuski *n.* चुस्की sip
chuski lagakar *v.t.* चुस्की लगाकर पीना sip
chusne ki mithai *n.* चूसने की मिठाई lollipop

chut *n.* छूट rebate
chut put *a.* छुट पुट sporadic
chutila katan *n.* चुटीला कथन witticism
chutkara *n.* छुटकारा redemption
chyandhikar *n.* चयनाधिकार option
cigrate *n.* सिगरेट cigarette
cinemaghar *n.* सिनेमाघर cinema
coat *n* कोट bulwark
coat *n* कोट coat
coat *n.* कोट jacket
coffee ke beej *n* कॉफ़ी के बीज़ coffee
college ka adhyaksh *n.* कालेज का अध्यक्ष dean
cooker *n* कुकर cooker
cooler *n* कूलर cooler
counter *n.* काउंटर counter
coupan *n.* कूपन coupon
crane *n* क्रेन crane
cricket *n* क्रिकेट cricket
cricket ka run, *n.* क्रिकेट का एक 'रन' run
cycle *n* साइकिल cycle
cycle sawar *n* साइकिल सवार cyclist

D

daad *n.* दाद ringworm
daag *n.* दाग़ blot
daag *n.* दाग़ smear
daak *n.* डाक mail
daak mahusul *n.* डाक महसूल postage
daak mai dalna *v.t.* डाक में डालना mail
daak sambandhi *a.* डाक संबंधी postal
daakghar *n.* डाकघर post-office
daal *n.* डाल lentil
daalchini *n* दालचीनी cinnamon
daam kam hona *v.t.i.* दाम कम होना depreciate
daan *n.* दान donation
daan dena *v. t* दान देना donate
daansheel *a.* दानशील munificent

daanshil *a.* दानशील charitable
daarana *v. t.* डराना cow
daarh *n.* दाढ़ molar
daarhi ke chhote baal *n.* दाढ़ी के छोटे बाल stubble
daas *n.* दास adscript
daas *v.i.* दास slave
daas *n.* दास thrall
daas pratha *n.* दास प्रथा slavery
daasta *n* दासता bondage
daastapuran *a.* दासतापूर्ण slavish
daata *n* दाता donor
daayi *n.* दाई midwife
dabaana *v.t.* दबाना constrict
dabana *v. t.* दबाना compress
dabana *v.t.* दबाना restrict
dabana *v.t.* दबाना squeeze
dabana *v.t.* दबाना stifle
dabav dalana *v. t* दबाव डालना compel
dabav dalna *v.t.* दबाव डालना pressurize
dabi hansi hansna *v. i* दबी हँसी हँसना chuckle
dabkana *v.i.* दबकना cower
dadhi *n* दाढ़ी beard
dafan *n* दफ़न burial
dafan *n.* दफ़न sepulchre
dafnana *v. t.* दफ़नाना bury
dagmagakar chalna *v.i.* डगमगाकर चलना waddle
dahakana *v.i* दहकना blaze
dahakana *v.i* दहकना flame
dahasanskar *n* दाहसंस्कार cremation
dahasanskar karna *v. t* दाहसंस्कार करना cremate
dahej *n* दहेज dowry
dahi *n* दही curd
dahini aur ka *adv* दाहिनी ओर का right
dahleez *n.* दहलीज़ threshold
daihik *a* दैहिक corporal
dainik *a* दैनिक daily

dainik samachar patra *n.* दैनिक समाचार पत्र daily
Dainik vivrun *n* दैनिक विवरण diary
daishantar *n.* देशांतर longitude
daitya *n.* दैत्य giant
daivee *a* दैवी divine
dakaar *n* डकार belch
dakaar lena *v. t* डकार लेना belch
dakaiti *n.* डकैती dacoity
dakiya *n.* डाकिया postman
dakshin *n.* दक्षिण south
dakshin dhruviya *a.* दक्षिणध्रुवीय Antarctic
dakshin ki aur *adv* दक्षिण की ओर south
dakshini *a.* दक्षिणी southerly
dakshini *a.* दक्षिणी southern
daku *n.* डाकू bandit
daku *n.* डाकू dacoit
dal *n.* दल party
dal *n* दाल pulse
dal *n.* दल swarm
dalal *n* दलाल broker
dalal *n.* दलाल jobber
dalbandi *n* दलबन्दी collusion
dalbandi *n* दलबंदी faction
daldal *n* दलदल bog
daldal *n.* दलदल marsh
daldal *n.* दलदल moss
daldal *n.* दलदल slough
daldal *n.* दलदल swamp
daldal mai fansana *v.t.* दलदल में फंसाना mire
daldali *a.* दलदली marshy
dalia *n.* दलिया porridge
dalit vyakti *n* दलित व्यक्ति underdog
daliya *n.* दलिया mash
daliya *n.* दलिया mush
dam ghontana *v.t.* दम घोंटना smother
dam ghutkar marna *v.t* दम घुटकर मरना suffocate
dama *n.* दमा asthma

damak *n* दमक flash
damaktna *v.i* दमकाना flare
daman *n.* दमन oppression
daman *n.* दमन suppression
damankari *a.* दमनकारी oppressive
damankarta *n.* दमनकर्त्ता oppressor
dambh *n.* दंभ vainglory
dambh puran *v* दंभपूर्ण snobbish
dambhi *a.* दंभी haughty
dambhi *a.* दंभी vainglorious
dambhi vyakti *n* दंभी व्यक्ति popinjay
dam-kham *n.* दम-खम stamina
dand *n.* दंड penalty
dand *n.* दंड punishment
dand dena *v. t.* दंड देना castigate
dand dena *v.t.* दंड देना penalize
dand dena *v.t.* दंड देना punish
dand dena *v.t.* दंड देना sentence
dand mukti *n.* दंड मुक्ति impunity
dandadhikaran *n.* दंडाधिकरण magistracy
dandadhikari *n.* दंडाधिकारी magistrate
dandaswarup nishkasit karna *v.t.* निष्कासित करना rusticate
dandatmak *a.* दंडात्मक punitive
dandvat karna *n.* दंडवत् अवस्था prostration
dandvishayak *a.* दंडविषयक penal
danga *n.* दंगा riot
dani sanstha *n.* दानी संस्था charity
dank maarana *v.t.* डंक मारना sting
dank marna *v.t.* डंक मारना nettle
dant *n.* दांत tooth
dant chikitsak *n* दंत चिकित्सक dentist
dant dard *n.* दांत दर्द toothache
danta *n.* दांता notch
dante-daar banana *vt* दंते-दार बनाना nick
danthal *n.* डंठल stalk
danti *n.* दांती scythe
dantna *v. t.* डाँटना chide
danvadol hona *v.i.* डावांडोल होना vacillate

dara kar vasul karna *n, v.t.* डरा कर वसूल करना blackmail
daraana *v.t.* डराना scare
daraar *n* दरार crack
daraar *n* दरार fissure
daraj *n* दराज drawer
daranti se katana *v.t.* दरांती से काटना scythe
darar *n* दरार cleft
darar *n.* दरार leak
darar *n.* दरार slit
darar karna *v.t.* दरार करना slit
darbari *n.* दरबारी courtier
daridra *n.* दरिद्र pauper
darj karna *v.t.* दर्ज करना register
darja *n.* दरजा level
darja ghatana *v. t* दरजा घटाना degrade
darjan *n* दर्जन dozen
darna *v.t.* डरना apprehend
darna *v.i* डरना fear
darpan *n* दर्पण mirror
darphok *a.* डरपोक timid
darpok *a.* डरपोक nervous
darshak *n.* दर्शक on-looker
darshak *n.* दर्शक spectator
darshanik *n.* दार्शनिक philosopher
darshanik *a.* दार्शनिक philosophical
darshanshastra *n.* दर्शनशास्त्र philosophy
darzi *n.* दर्जी tailor
das banana *v.t.* दास बनाना enslave
das lakh *n.* दस लाख million
dashabadi *n* दशाब्दी decade
dashamlav *a* दशमलव decimal
dashmansh kar *n.* दशमांश कर tithe
dasochhit *a.* दासोचित menial
dasta *n.* दस्ता pad
dasta *n.* दासता servility
dasta *n.* दस्ता shaft
dasta *n.* दासता thraldom
dasta, *n.* दस्ता squad
dastana *n.* दस्ताना glove

dastapurna *a.* दासतापूर्ण servile
dastavej *n* दस्तावेज़ document
dastavez *n* दस्तावेज़ deed
dastavez lekhak *a* दस्तावेज़ लेखक draftsman
dastkari *n.* दस्तकारी handiwork
daubna *v.i.* डूबना sink
daud *n.* दौड़ run
daudana, *v.i.* दौड़ना run
daura *n* दौरा fit
dauran *prep.* दौरान amid
dauran *prep* दौरान by
dav ya bazi lagane wala *n* दाँव या बाजी लगाने वाला bidder
dava *n* दावा claim
dava *n.* दावा pretension
dava karna *v.t.* दावा करना assert
dava karna *v. t* दावा करना claim
davakhana *n* दवाखाना dispensary
davakhana *n.* दवाखाना pharmacy
davat dena *v.i* दावत देना feast
davay se kahana *v.t.* दावे से कहना affirm
davedar *n* दावेदार claimant
davedar banana *v. t.* दावेदार बनाना entitle
dawa karna *v.t.* दावा करना purport
dawat *n.* दावत banquet
dawat *n* दावत treat
dawat dena *v.t.* दावत देना banquet
daya *n.* दया mercy
daya ka patra *a.* दया का पात्र pitiable
daya karna *v. t* दया करना commiserate
daya purna *a.* दयापूर्ण pitiful
dayaalu *a.* दयालु humane
dayaheen *a.* दयाहीन relentless
dayahinta *n* दयाहीनता cruelty
dayalu *adj* दयालु benign
dayalu *a.* दयालु gracious
dayalu *a.* दयालु merciful
dayaluta se *adv* दयालुता से benignly
dayan *n.* डायन hag
dayitva *n.* दायित्व liability

dayitva *n.* दायित्व onus
dayitva lena *v.t* दायित्व लेना guarantee
dayitva lena *v.t.* दायित्व लेना shoulder
dedipyaman *a.* देदीप्यमान refulgent
dedipyman *a.* देदीप्यमान resplendent
deen *a.* दीन piteous
deepak *n.* दीपक lamp
deepak ki batti *n.* दीपक की बत्ती wick
deevaliya *n.* दिवालिया bankrupt
deevaliyapan *n.* दिवालियापन bankruptcy
deewar dari *n.* दीवार दरी tapestry
deg *n* देग ****boiler
dehantaran *n.* देहांतरण transmigration
dehat *n.* देहात village
dehati *a.* देहाती rural
dehati *n.* देहाती villager
dehati bangla *n.* देहाती बंगला villa
dekh lena *v.t.* देख लेना notice
dekh rekh *n.* देख रेख supervision
dekhana *v. t* दिखाना exhibit
dekhana *v.t.* देखना see
dekhavati *adj* दिखावटी mock
dekhawati prem karna *v.i* दिखावटी प्रेम करना flirt
dekhbhal *n* देखभाल heed
dekhbhal karnewala *n.* देखभाल करनेवाला keeper
dekhna *v.t.* देखना sight
dekhna *v.t.* देखना view
dekh-rekh *n.* देख-रेख care
dekhte rah jana *v.i.* देखते रह जाना gape
demaag *n* दिमाग़ brain
den *v.t.* दीन impart
dena *v. t* देना deliver
dena *v.t.* देना give
der *a.* देर late
der se aane wala *adj.* देर से आने वाला belated
des nishkasan *n.* देश निष्कासन exile
des se nikalna *v. t* देश से निकालना exile
desh *n.* देश country

desh bahar nikalna *v.t.* देश बाहर निकालना deport
desh pratyavartan *n.* देश प्रत्यावर्तन repatriation
deshaj *a.* देशज indigenous
deshbhakt *n.* देशभक्त patriot
deshbhakti *n.* देशभक्ति patriotism
deshbhaktipurna *a.* देशभक्तिपूर्ण patriotic
deshi *a.* देशी vernacular
dev vakya *a.* देव वाक्य oracular
devatav *n.* देवत्व godship
devatwa ka apahari *a.* देवत्व का अपहारी sacrilegious
devdaar *n.* देवदार pine
devdar ka vriksh *n.* देवदार का वृक्ष cedar
devdaru *n* देवदारू fir
devdoot *n* देवदूत angel
devi *n.* देवी goddess
devta *n* देवता divinity
devta *n.* देवता deity
devta tulya nirman *n.* देवता तुल्य निर्माण apotheosis
dhaa dalna *v.t* धागा डालना thread
dhaaga *n.* धागा fibre
dhaal *n.* ढाल shield
dhaal *n.* ढाल slope
dhaalna *v.t.* ढालना mint
dhaan *n* घान batch
dhaar *n.* धार jet
dhaari *n.* धारी stripe
dhaarna *n* धारणा feeling
dhabba *n.* धब्बा speck
dhabba *n.* धब्बा stain
dhabba lagana *v.t* धब्बा लगाना blot
dhabba lagna *v.t.* धब्बा लगाना scar
dhabbe dalna *v.t.* धब्बे डालना spot
dhadkan *n.* धड़कन pulsation
dhadkana *v.i.* धड़कना pulsate
dhaga *n.* धागा thread
dhairya *n.* धैर्य fortitude

dhak lena *v.t.* ढक लेना overlap
dhak lena, chhipana *v.t* ढक लेना, छिपाना mantle
dhaka hua gaddha *n.* ढका हुआ गड्ढा trap
dhakamdhakka *n.* धक्कमधक्का jostle
dhakana, chipana *v.t.* ढकना, छिपाना shroud
dhakelana *v.t.* धकेलना shove
dhakka *n.* धक्का poke
dhakka *n.* धक्का push
dhakka dena *v.t.* धक्का देना jostle
dhakka dena *v.t.* धक्का देना thrust
dhakna *n.* ढकना casing
dhakna *v. t.* ढकना cover
dhakna *v. t* ढकना envelop
dhakna *v.t.* ढकना muffle
dhakna *v.t.* ढकना veil
dhakne wala bhag *n* ढकने वाला भाग overlap
dhalana *v. t.* ढालना cast
dhalu hona *v.i.* ढालू होना slope
dhalye ki kala *n.* ढलाई की कला foundry
dham *n.* धम thud
dham ki awaz *v.i.* धम की आवाज़ करना thud
dham se band karna *v.t.* धम से बंद करना bang
dhamaka *n* धमाका blast
dhamaka *n* धमाका crash
dhamakay ke sath gherna *v. i* धमाके के साथ गिरना crash
dhamki *n* धमकी menace
dhamki *n.* धमकी threat
dhamki dena *v.t* धमकी देना menace
dhamki dena *v.t.* धमकी देना threaten
dhamni *n.* धमनी artery
dhan *n.* धन lucre
dhan *n.* धान paddy
dhan *n.* धान rice
dhan *n.* धन riches
dhan daulat *n.* धन दौलत pelf

dhan daulat n. धन दौलत wealth
dhan ki wapasi n. धन की वापसी refund
dhan sambandhi a. धन संबंधी pecuniary
dhanadhayata a. धनाढ्यता richness
dhanakar adj. घनाकार cubiform
dhancha n. ढांचा cast
dhancha n. ढाँचा crate
dhancha n ढांचा frame
dhanda n. धंधा pursuit
dhandha n धंधा perch
dhang n. ढंग style
dhang n. ढंग way
dhani n. धनी croesus
dhani a. धनी rich
dhani a. धनी wealthy
dhaniy a घनीय cubical
dhaniya n. धनियां coriander
dhankshetra n घनक्षेत्र cube
dhanrashi n. धनराशि sum
dhanrudhar n धनुर्धर archer
dhanush n धनुष bow
dhanvan a. धनवान affluent
dhanyavad dena v. धन्यवाद देना acknowledge
dhanyavad dena v.t. धन्यवाद देना thank
dhar n धार edge
dhara n धारा clause
dhara n धारा current
dharak n धारक mount
dharam vigyani n. धर्मविज्ञानी theologian
dharamgranth n. धर्मग्रंथ scripture
dharampracharak n. धर्मप्रचारक apostle
dharamtantra n. धर्मतंत्र, theocracy
dharan n. धारण tenure
dharana n धारणा comprehension
dharana shakti a. धारणा शक्ति retentive
dharawahik n. धारावाहिक serial
dharhakna v.i. धड़कना throb
dharhkan n. धड़कन palpitation
dharkan n धड़कन beat
dharkana v.i. धड़कना palpitate

dharki n. ढरकी shuttle
dharm n. धर्म creed
dharm n. धर्म religion
dharm virodhi adv. धर्म विरोधी nonconformist
dharma pracharak n. धर्म प्रचारक missionary
dharmadhikari n. धर्माधिकारी prelate
dharmakriya n. धर्मक्रिया ceremony
dharmandh vyakti n धर्मांध व्यक्ति bigot
dharmandh vyakti n धर्मांध व्यक्ति fanatic
dharmavigyan vishayak a. धर्मविज्ञान विषयक theological
dharmayudh n धर्मयुद्ध crusade
dharmik a. धार्मिक godly
dharmik a. धार्मिक religious
dharmik bhajan n. धार्मिक भजन psalm
dharmik sahishunta n. धार्मिक सहिष्णुता toleration
dharmik sanskar n. धार्मिक संस्कार ritual
dharmik utsav n. धार्मिक उत्सक rite
dharmik utsav n. धार्मिक उत्सव sacrament
dharmmat n धर्ममत dogma
dharmmat sambandhi a धर्ममत संबंधी dogmatic
dharmopadeshak n. धर्मोपदेशक preacher
dharna n धारणा belief
dharna n धारणा conviction
dhatu karmi n. धातु कर्मी smith
dhatu ko galakar dhalayee n धातु को गलाकर ढलाई casting
dhatukarma vigyan n. धातुकर्म विज्ञान metallurgy
dhatuwatra a. धातुवत्र metallic
dhaunkani n. धौंकनी bellows
dhaunsiya n धौंसिया bully
dhava n. धावा assault
dhava n. धावा charge
dhava bolna v.t. धावा बोलना raid
dhavak n. धावक runner

dhavni sambandhi *a.* ध्वनि संबंधी phonetic
dheela *a.* ढीला slack
dheela karnaa *v.t.* ढीला करना slacken
dheela pajama *n.* ढीला पाजामा slacks
dheema *a* धीमा slow
dheema hona *v.i.* धीमा होना slow
dheema karna *v.t.* धीमा करना retard
dheemapan *n.* धीमापन slowness
dheemi gati se *adv.* धीमी गति से slowly
dheere dheere *adv.* धीरे धीरे leisurely
dheere dheere nikalana *v. t* धीरे धीरे निकालना drain
dhekli *n* ढेकली lever
dher *n.* ढेर volume
dher *n* ढेर pile
dher lagana *v.t.* ढेर लगाना lump
dhere dhere chalna *v.i.* धीरे धीरे चलना lag
dhikkar *interj* धिक्कार fie
dhikkar *n.* धिक्कार reproach
dhikkarana *v.t.* धिक्कारना reproach
dhila *a.* ढीला lax
dhima karna *v.t.* धीमा करना moderate
dhirghayuta *n.* दीर्घायुता longevity
dhit ladki *n.* ढीठ लड़की minx
dhmaka *n.* धमाका explosion
dho dalna *v.t.* धो डालना rinse
dhobin *n.* धोबिन laundress
dhoka dena *v.t.* धोखा देना bam
dhokha *n* धोखा bluff
dhokha *n.* धोखा catch
dhokha *n* धोखा deceit
dhokha *n* धोखा deception
dhokha *n.* धोखा fraud
dhokha *n.* धोखा masquerade
dhokha *n.* धोखा treachery
dhokha *n* धोखा trick
dhokha *n.* धोखा trickery
dhokha dekar pakarhna *v.t.* धोखा देकर पकड़ना trap
dhokha dena *v. t* धोखा देना bilk

dhokha dena *v. t* धोखा देना bluff
dhokha dena *v. t* धोखा देना deceive
dhokha dena *v* धोखा देना ditch
dhokha dena *v.t.* धोखा देना trick
dhokhebaaz *a.* धोखेबाज़ shifty
dhokhebaz *n.* धोखेबाज़ rook
dhokhebaz *a.* धोखेबाज़ sly
dhokhebaz,vishvaghati *a.* विश्वासघाती treacherous
dhol bajana *v.i.* ढोल बजाना drum
dhona *v.t.* धोना wash
dhool *n* धूल dust
dhoom kohra *n.* धूम कोहरा smog
dhoondh lena *v.t.* ढूँढ लेना track
dhoop *v.t.* धूप sun
dhruvatara *n.* ध्रुवतारा loadstar
dhruwiya *n.* ध्रुवीय polar
dhuan *n.* धुआं smoke
dhuanyukt *a.* धुआंयुक्त smoky
dhul *n* धूल dirt
dhul jharhna *v.t.* धूल झाड़ना dust
dhulai ghar *n.* धुलाईघर laundry
dhulayee *n* धुलाई wash
dhulayee ka kam *n.* ढुलाई का काम cartage
dhulayee yogya *a.* धुलाई योग्य washable
dhulikan *n.* धूलिकण mote
dhumra-paan karna *v.i.* धूम्रपान करना smoke
dhun *n.* धुन tune
dhundala dekhai dena *v.i.* धुंधला दिखाई देना loom
dhundbhara *a.* धुंधभरा muggy
dhundhala *a* धुंधला cloudy
dhundhala *a* धुंधला dim
dhundhala *a.* धुंधला hazy
dhundhala *ADJ* धुंधला obscure
dhundhala karna *v. t* धुंधला करना dim
dhundhala prakash *n* धुंधला प्रकाश twilight
dhup dena *v. t* धूप देना cense
dhup ka chasma *n.* धूप का चश्मा goggles

dhup se bachaana *v.t.* छाया डाना overshadow
dhuri *n.* धुरी axle
dhurlabhta *n* दुर्लभता dearth
dhurt vyakti *n.* धूर्त व्यक्ति rascal
dhvani sambandhi *a* ध्वनि-संबंधी acoustic
dhvani shastra *n.* ध्वनिशास्त्र acoustics
dhvanivistarak *n* ध्वनिविस्तारक amplifier
dhvansh *n* ध्वंस annihilation
dhvanskarta *n.* ध्वंसकर्त्ता wrecker
dhwani *n.* ध्वनि onomatopoeia
dhwani *n* ध्वनि sound
dhwani karna *v.i.* ध्वनि करना sound
dhwani sambandhi *a.* ध्वनि संबंधी sonic
dhyaan *n.* ध्यान mediation
dhyan *n.* ध्यान regard
dhyan dena *v.i.* ध्यान देना listen
dhyan lagana *v.i.* ध्यान लगाना muse
dhyan mein rakhna *v.t.* ध्यान में रखना heed
dhyan rakhne wala *a.* ध्यान रखने वाला considerate
dhyan se dhekna *v. t* ध्यान से देखना behold
dibba *n.* डिब्बा can
dibbai mein band karna *v. t.* डिब्बे में बंद करना can
dibbe mein band karna *v. t* डिब्बे में बंद करना encase
dibbon mein rakhna *v.t.* डिब्बों में रखना tin
dig mandal *n.* दिग मंडल horizon
dikhana *v.t.* दिखाना show
dikhau *a.* दिखाऊ gaudy
dikhava *n.* सादृश्य semblance
dikhava *n* दिखावा affectation
dikhawa *n* दिखावा sham
dikhawati *a* दिखावटी sham
diksha snan *n.* दीक्षा-स्नान baptism

diksha snan karna +*v.t.* दीक्षा-स्नान कराना baptize
dil *n.* दिल heart
dil kholkar kharch karna *v.t.* दिल खोलकर खर्च करना lavish
diler *a.* दिलेर valiant
dil-lagi *n.* दिल-लगी lark
din ka samay *n* दिन का समय day
ding *n* डींग boast
ding *n* डींग brag
ding marna *v.i* डींग मारना boast
ding marna *v. i* डींग मारना brag
ding marna *v. i* डींग मारना crow
dinta *n.* दीनता lowliness
dipti *n* दीप्ति glow
dirghikaran *n.* दीर्घीकरण prolongation
divaswapan *n.* दिवास्वप्न reverie
divya *adj.* दिव्य celestial
divya *a.* दिव्य heavenly
divyaan *n.* दिव्यान्न manna
diwaliya *a.* दिवालिया insolvent
diwaliyapan *n.* दिवालियापन insolvency
diwar *n.* दीवार wall
diwar ka takhta *n.* दीवार का ताकत panel
diwar se gherna *v.t.* दीवार से घेरना wall
diyasalai *n* दियासलाई match
do *a.* दो two
do baar *adv.* दो बार twice
do dhura wala *adj* दो धुरा वाला biaxial
do ki sankhya *n.* दो की संख्या two
do kon ka *adj.* दो कोण का biangular
do mein se koi *a.*, दो में से कोई either
do saal mein hone wala *adj* दो साल में होने वाला biennial
docter *n.* डॉक्टर physician
doctor ki upadhi *n* डॉक्टर की उपाधि doctorate
doguna *a* दोगुना double
doguna *a.* दोगुना twofold
doha *n.* दोहा couplet
dohara *pref* दोहरा bi

dohara *a* दोहरा dual
dohara jorha *adj* दोहरा जोड़ा binary
dohara karna *v. t.* दोहरा करना double
dolan *n.* दोलन oscillation
dollar *n* डॉलर dollar
dolna *v.i.* डोलना oscillate
dono *a* दोनों both
dono log *pron* दोनों लोग both
door *adv.* दूर far
door sanvadi *a.* दूर संवेदी telepathic
doorbhash *n.* दूरभाष telephone
doorbin *n.* दूरबीन telescope
doorbini *a.* दूरबीनी telescopic
doordashan *n.* दूरदर्शन television
doori *n* दूरी far
doorsanvedanvid *n.* दूरसंवेदनविद् telepathist
doosanchar *n.* दूरसंचार telecommunications
doot *n* दूत emissary
dopahar *n.* दोपहर noon
dopahar ki jhapaki *n.* दोपहर की झपकी siesta
dophar ka bhojan *n.* दोपहर का भोजन lunch
dophari ka *a.* दोपहरी का meridian
dori *n* डोरी cord
dosh *n* दोष blame
dosh *n* दोष blemish
dosh *n* दोष defect
dosh *n* दोष demerit
dosh *n* दोष flaw
dosh *n.* दोष shortcoming
dosh *n.* दोष taint
dosh dena *v. t.* दोष देना charge
dosh lagana *v.* दोष लगाना arraign
dosh lagana *v. t* दोष लगाना blame
dosh mukti *n.* दोष मुक्ति vindication
dosh nekalne wala *adj* दोष निकालने वाला censorious
dosh nikalana *v.t.* दोष निकालना scold

dosh nikalna *v. t* दोष निकालना cavil
dosh rahit prasadhan *a* दोष रहित correct
doshmukt karna *v.t* दोषमुक्त करना absolve
doshmukt karna *v.t* दोषमुक्त करना excuse
doshmukti ya rihai *n.* दोषमुक्ति या रिहाई acquittal
doshpurna *n* दोषपूर्ण fault
doshpurna *a* दोषपूर्ण faulty
doshrahit *a.* दोषरहित spotless
drav banana *v.t.* द्रव बनना liquefy
dravya *n* द्रव्य fluid
dravya nikalna *v.t.* द्रव निकालना tap
dridh *a.* दृढ़ rigorous
dridh banana *v.t.* दृढ़ बनना steady
dridh sankalp *n.* दृढ़ संकल्प determination
dridh, atal *a.* दृढ़, अटल steadfast
dridhta *n.* दृढ़ता steadiness
drirh rahna *v.i.* दृढ़ रहना persist
drirhata *a.* धीरता inflexible
drirhta *n.* दृढ़ता perseverance
drishtant *n.* दृष्टांत instance
drishti *n.* दृष्टि sight
drishti *n.* दृष्टि vision
drishti vishayak *a.* दृष्टि विषयक visual
drishtikon *n.* दृष्टिकोण standpoint
drishtikona *n.* दृष्टिकोण perspective
drishya *n.* दृश्य view
drishya *n.* दृश्य vista
drishya kshitij *n.* दृश्य क्षितिज offing
drishyabhumi *n.* दृश्यभूमि scenery
drishyaman *a.* दृश्यमान visible
drishyasima *n.* दृष्टिसीमा visibility
dristi sambandhi *a.* दृष्टि संबंधी optic
droh *n* द्रोह grudge
drutgami railgadi *n* द्रुतगामी रेलगाड़ी express
duba dena *v.i* डुबा देना drown
dubana *v.t.* डुबाना immerse

dubara namakaran *n* दुबारा नामकरण anabaptism
dubara vichar karna *v.t.* दुबारा विचार करना revise
dubhashiya *n.* दुभाषिया interpreter
dubkana *v.i.* दुबकना lurk
dubki *n* डुबकी plunge
dubki lagana *v.i.* डुबकी लगाना duck
dubna *v.i.* डूबना submerge
dudh *n.* दूध milk
dudh dena *v.t.* दूध देना milk
dudh ka matka *n.* दूध का मटका churn
dudh ke dant nikalna *v.i.* दूध के दांत निकलना teethe
dudh ki lapsi *n* दूध की लपसी custard
dudh pilana *v. t* दूध पिलाना ablactate
dudhiapan *n* दुधियापन milkiness
dudhiya *a.* दूधिया milky
dugdhshala *n* दुग्धशाला dairy
dughad srawit karna *v.i.* दुग्ध स्रावित करना lactate
dughadmapi *n.* दुग्धमापी lactometer
dughasharkara *n.* दुग्धशर्करा lactose
duharana *v.t.* दुहराना rehearse
duhra batan *n.* दुहरा बटन stud
duhrav *n.* दुहराव rote
duhshilta *n.* दुःशीलता petulance
dukaan *n.* दुकान shop
dukandar *n.* दुकानदार tradesman
dukh hona *v.i.* दुःखी होना sorrow
dukh se *vt* दुख से miserably
dukh, peerha *n.* दुःख, पीड़ा sorrow
dukhad ghatna *n.* दुःखद घटना tragedy
dukhant *a.* दुःखांत tragic
dukhapurna *a.* दुःखपूर्ण unhappy
dukhi *a.* दुःखी rueful
dukhi *a.* दुःखी sad
dukhi *a.* दुःखी wretched
dukhi hona *v.i.* दुःखी होना regret
dukhi hona *v.t.* दुःखी होना rue
dukhi karna *v.t.* दुःखी करना sadden

dukhi, khedpurna *a.* दुःखी, खेदपूर्ण sorry
dukhyi *a.* दुःखदायी painful
dulaar karna *v. t* दुलार करना cocker
dulha *n.* दूल्हा bridegroom
dulha *n.* दूल्हा groom
dulhan *n* दुल्हन bride
dulki *n* दुलकी trot
dulki chalna *v.i.* दुलकी चलना trot
dupatta *n.* दुपट्टा scarf
dur ka *a* दूर का distant
dur rehna *v.t.* दूर रहना shun
durachar *n.* दुराचार malpractice
duracharan *n.* दुराचरण misconduct
duracharan *n.* दुराचरण misdemeanour
durasth *a* दूरस्थ far
durasth *a.* दूरस्थ remote
durbal *a* दुर्बल flabby
durbal karna *v. t.* दुर्बल करना enfeeble
durbalta *n* दुर्बलता debility
durbhagya *n.* दुर्भाग्य adversity
durbhagya *n.* दुर्भाग्य mischance
durbhagya *n.* दुर्भाग्य misfortune
durbin *n.* दूरबीन binocular
durbin ka shisha *n.* दूरबीन का शीशा lens
durdam *a.* दुर्दम indomitable
durdarshi *a.* दूरदर्शी provident
durdarshita *n* दूरदर्शिता foresight
durdasha *n.* दुर्दशा plight
durdrishti *n.* दूरदृष्टि providence
durg *n.* दुर्ग castle
durg *n.* दुर्ग citadel
durgandh *n* दुर्गंध stink
durgandh *n.* दुर्गंध rot
durgandh *n.* दुर्गंध stench
durghatna *n* दुर्घटना accident
durghatna *n.* दुर्घटना casualty
durghatna *n.* दुर्घटना misadventure
durghatna *n.* दुर्घटना mishap
duri *n* दूरी distance
duri par *adv.* दूरी पर afar
duri par *adv.* दूरी पर beyond

durpayog *n.* दुरुपयोग misuse
durpayog *n.* दुरुपयोग prostitution
durpayog karna *v.t.* दुरुपयोग करना misuse
dursanvedan *n.* दूरसंवेदन telepathy
durupyog karna *v.t.* दुरूपयोग करना prostitute
durvarti chowki *n.* दूरवर्ती चौकी outpost
durvyawahar karna *d* दुर्व्यवहार करना mistreat
dus *n., a* दस ten
dus varsh ka kaal *n.* दस वर्ष का काल decennary
dushilta *n.* दु:शीलता perversity
dushit *a.* दूषित corrupt
dushit karna *v.t.* दूषित करना contaminate
dushit karna *v. t.* दूषित करना corrupt
dushit karna *v.t.* दूषित करना pollute
dushit karna *v.t.* दूषित करना taint
dushman *n.* दुश्मन adversary
dusht *a* दुष्ट evil
dusht *n.* दुष्ट knave
dusht *n.* दुष्ट rogue
dusht *n.* दुष्ट scoundrel
dusht *n.* दुष्ट villain
dushtata *n.* दुष्टता knavery
dushtata *n.* दुष्टता roguery
dushtatapurna *a.* दुष्टतापूर्ण nefarious
dushtatapurna *a.* दुष्टतापूर्ण roguish
dusit karna *v.t.* दूषित करना pervert
duskarm *n.* दुष्कर्म misdeed
dusra *a.* दूसरा other
dusra *a.* दूसरा second
dutavas ka adhikari *n.* दूतावास का अधिकारी attache
dutawas *n* दूतावास embassy
duvidha *n* दुविधा dilemma
duvidha *n.* दुविधा quandary
duwrybhar *n.* दुर्व्यवहार mal-treatment
dvesh *n.* द्वेष spite
dveshbhav *n.* द्वेषभाव virulence

dveshi *a.* द्वेषी jealous
dvibhashi *a* द्विभाषी bilingual
dvilingiya *adj.* द्विलिंगीय bisexual
dvipad *n* द्विपाद biped
dvishir peshi *n* द्विशिर पेशी biceps
dvivavah-pratha *n* द्विविवाह-प्रथा bigamy
dvivibhajit karna *v. t* द्विविभाजित करना bisect
dwar-mandap *n.* द्वार-मंडप porch
dwesh *n* द्वेष animus
dwip *a.* द्वीप insular
dwipiyata *n.* द्वीपीयता insularity
dyanipravardhi *n.* ध्वनिपवर्धी megaphone
dyanivistarak *n.* ध्वनिविस्तारक microphone
dyesh bhawana *n.* द्वेष भावना malice
dyotak *a.* दयोतक expressive

E

eeich *a.* नीच sordid
eent *n* ईंट brick
ek *art* एक an
ek *a.* एक one
ek arab *n* एक अरब billion
ek baar *adv.* एक बार once
ek chota tara *adj.* एक छोटा तारा asteroid
ek ek karke batana *v. t.* एक एक करके बताना enumerate
ek jutata *n.* एकजुटता solidarity
ek karna *v.t.* एक करना unite
ek lakh *n* एक लाख lac / lakh
ek prakar ka baja *n.* एक प्रकार का बाजा banjo
ek prakar ka kutta *n* एक प्रकार का कुत्ता bulldog
ek prakar ki sharab *n.* एक प्रकार की शराब scotch
ek pushp *n* एक पुष्प daisy
ek saman *a* एक समान flat

eka ek girna v. i एकाएक गिरना collapse
eka- ek kiya hua a. एकाएक किया हुआ random
ekadhikaar karna v.t. एकाधिकार करना monopolize
eka-ek tutna n एकाएक टूटना abruption
ekagrata n. एकाग्रता concentration
ekaksharvad n. एकेश्वरवाद monotheism
ekaksharvad n. एकेश्वरवाद monotheist
ekal a. एकल solo
ekal gayak n. एकल गायक soloist
ekal sangeet n एकल संगीत solo
ekant n. एकांत privacy
ekant a. एकांत secluded
ekantata n. एकांतता seclusion
ekantvasi n. एकांतवासी recluse
ekarhon mein nap n. एकड़ों में नाप acreage
ekasva n एकस्व patent
ekatra hona v.t. एकत्र होना muster
ekatra karna v.t. एकत्र करना amass
ekatra karna v.t. एकत्र करना assemble
ekatra karna v.t. एकत्र करना gather
ekikaran n. एकीकरण unification
ek-maatra a एकमात्र exclusive
ek-matra a. एक-मात्र only
ekpakchiya a एकपक्षीय ex-parte
ekta n. एकता oneness
ekta n. एकता union
ekta n. एकता unity
ektak dekhna v.t. एकटक देखना gaze
ektantra n एकतंत्र autocracy
ektarpha ticket n. एकतरफ़ा टिकट single
ektra hona v.i एकत्र होना flock
ekvachan a. एकवचन singular
ekviwah pratha n. एकविवाह प्रथा monogamy
es isthan par adv. इस स्थान पर hither
esa ka updesh n. ईसा का उपदेश gospel
ese beech mein adv. इसी बीच में meanwhile

eshara karna v.i इशारा करना hint
estar n. स्तर stratum
esthir a. स्थिर motionless

F

faal n फाल coulter
faatak n. फाटक gate
fafundar a. फफूंददार musty
fafundh n. फफूंद fungus
fafundi n. फफूंदी mildew
fafundidaar a. फफूंदीदार mouldy
failaana v.t. फैलाना expand
failana v.t. फैलाना propagate
faldayak a फलदायक fertile
faldayak a. फलदायक prolific
faltu purja n. फ़ालतू पुर्ज़ा spare
faltu, ati adhik a. फ़ालतू, अति अधिक superfluous
fande mai fasana v. t फंदे में फंसाना entangle
fansana v.t. फंसाना implicate
fansana v.t. फंसाना involve
fansi dena v.t. फांसी देना hang
fansi dene wala n. फांसी देने वाला executioner
fansi ka dand n फांसी का दंड execution
farar hona v.i फ़रार होना abscond
farlang n. फर्लांग furlong
farsh banana v.t फ़र्श बनाना floor
Farsi bhasha n. फ़ारसी भाषा persian
farwari n फ़रवरी February
fasal kat machine n. फ़सल-कट मशीन reaper
fasal katne wala n. फ़सल काटने वाला harvester
fasal ki katai n. फ़सल की कटाई harvest
fasana v.t. फंसाना snare
fashion n फ़ैशन fashion
fashionparast a फ़ैशनपरस्त fashionable

fatuhi *n.* फ़ातूही vest
favara *n.* फ़व्वारा fountain
fax *n* फैक्स facsimile
fefra *n* फेफड़ा lung
fheeka *n.* फीका stark
fhora, vran *n.* फोड़ा, व्रण ulcer
fijulkharchi *n* फ़िज़ूलखर्ची extravagance
file mai rakhna *v.t* फ़ाइल में रखना file
film ki jhalkiyan *n* फिल्म की झलकियां trailer
foda *v. t* फोड़ा botch
foolgobhi *n.* फूलगोभी cauliflower
francici bhasha *a.* फ्रांसीसी भाषा French
fudakana *v. i* फुदकना hop
fufkar *n.* फुफकार snort
fufkarna *v.i* फुफकारना hiss
fuharh dhang se hasna *v.i.* फूहड़ढंग से हंसना giggle
fuje taar *n* फ्यूज़ तार fuse
fulav *n* फुलाव swell
furteela *a.* फुर्तीला quick
furtila *a.* फुर्तीला vivacious

G

gaad *n.* गाद silt
gaadha karna *v. t* गाढ़ा करना condense
gaal *n* गाल cheek
gaali dena *v.t.* गाली देना abuse
gaali dena *v.t.* गाली देना rail
gaana *v.i.* गाना sing
gaanth *n.* गांठ bale
gaanth *n.* गांठ knot
gaanth banana *v.t.* गांठ बनाना bale
gaari *vt* गाड़ी motor
gaari chalana *v. t* गाड़ी चलाना drive
gaarivaan *n* गाड़ीवान coachman
gaay *n.* गाय cow
gaban *n.* ग़बन misappropriation

gaban karna *v.t.* ग़बन करना misappropriate
gada *n* गदा cudgel
gadar *n.* ग़दर mutiny
gaddedar chauki *n.* गद्देदार चौकी ottoman
gaddha *n.* गद्दा mattress
gaddi *n.* गद्दी padding
gaddi se utarna *v. t* गद्दी से उतारना dethrone
gadd-madd *adv.* गॅड-मड्ड pell-mell
gaddo se sajana *v. t* गद्दों से सजाना cushion
gadeheriya *n.* गड़ेरिया shepherd
gadha *n.* गधा ass
gadha *n.* गधा donkey
gadhe ki renk *n* गधे की रेंक bray
gadhya *n.* गद्य prose
gadi se yatra *n* गाड़ी से यात्रा ride
gadmadd karna *v.t.* गड़मड्ड करना jumble
gadwadi karna *v.i* गड़बड़ी करना fuss
gahan *n.* गहन malignity
gahan *a.* गहन profound
gahari shatruta *n.* गहरी शत्रुता rancour
gainda *n.* गैंडा rhinoceros
gainte *n.* गैंती mattock
gajar *n.* गाजर carrot
gajdant *n.* गजदंत tusk
gal jaana *vt* गल जाना moulder
gala *n.* गला throat
gala ghontana *v.t.* गला घोंटना throttle
gala ghontna *v. t.* गला घोंटना choke
gala hua *adj* गला हुआ carious
galaana *v.i.* गलाना melt
galat *a* ग़लत erroneous
galat *a* ग़लत false
galat *a.* ग़लत wrong
galat chhpana *v.t.* ग़लत छापना misprint
galat dhang se *adv.* ग़लत ढंग से ill
galat dhang se *adv.* ग़लत ढंग से wrong
galat dharna *n.* ग़लत धारणा misconception

galat ganna karna *v.t.* ग़लत गणना करना miscalculate	**ganda** *a* गंदा filthy
galat jaanch *a.* ग़लत जांच mistrial	**ganda** *a.* गंदा nasty
galat nirnaya karna *v.t.* ग़लत निर्णय करना misjudge	**ganda** *a.* गंदा squalid
galat samjhana *v.t.* ग़लत समझना misapprehend	**gandagi** *n.* गंदगी squalor
	gandala karna *v.t.* गंदला करना puddle
	gandh *n.* गंध odour
galat samjhana *v.t.* ग़लत समझना misconceive	**gandh** *n.* गंध smell
galat samjhana *v.t.* ग़लत समझना misconstrue	**gandhak** *n.* गंधक sulphur
	gandhak yukt *a.* गंधक युक्त sulphuric
galat samjhana *v.t.* ग़लत समझना misunderstand	**gandh-hin** *n.* गंधहीन nitrogen
	gandhras *n.* गंधरस myrrh
galatfahami *n.* ग़लतफ़हमी misunderstanding	**gandi basti** *n.* गंदी बस्ती slum
	gandi naali *n* गंदी नाली drain
galen *n.* गैलन gallon	**gandmala** *n* गण्डमाला angina
gali *n.* गली alley	**ganit** *n* गणित mathematics
gali *n.* गली lane	**ganitshastri** *n.* गणितशास्त्री mathematician
gali galoj *n.* गाली गलौज invective	
gali, sadak *n.* गली street	**ganitshastriya** *a.* गणितशास्त्रीय mathematical
galicha *n.* ग़लीचा rug	
galiyara *n.* गलियारा corridor	**ganja** *a.* गंजा bald
galti *n.* ग़लती impropriety	**gantavya** *n* गंतव्य destination
gaman *n* गमन resort	**ganth** *n* गाँठ tie
gambhir *a.* गंभीर bad	**ganvar** *n* गँवार churl
gambhir *a.* गंभीर grave	**ganwar** *n* गँवार rustic
gambhir *a.* गंभीर major	**ganwarupan** *n.* गँवारूपन rusticity
gambhir *a.* गंभीर, शांत sedate	**gappi vyakti** *n.* गप्पी व्यक्ति windbag
gambhir *a* गंभीर serious	**gapshap** *n.* गपशप chat
gambhir *a.* गंभीर solemn	**garabh-paat** *n.* गर्भ-पात miscarriage
gambhir *a.* गंभीर staid	**garam** *n.* गर्म snug
gambhir *a.* गंभीर terrible	**garam** *a.* गर्म sunny
gambhirta *n.* गंभीरता gravity	**garam karna** *v.t.* गरम करना warm
gambhirta *n.* गंभीरता solemnity	**garami** *n.* गरमी warmth
gambhirya *n.* गांभीर्य sobriety	**garare karna** *v.i.* ग़रारे करना gargle
ganana *n.* गणना score	**garari** *n.* गरारी gear
ganana *n.* गणना calculation	**garaz** *n.* ग़रज़ thunder
ganana karn ka yantra *n* गणना करने का यन्त्र calculator	**garbh nirodh** *n.* गर्भ निरोध contraception
	garbhashay *n.* गर्भाशय uterus
ganana karna *v. t.* गणना करना calculate	**garbhashay sancha** *n* गर्भाशय सांचा matrix
ganana karna *v.t.* गणना करना repute	**garbhavarti** *a.* गर्भवती pregnant
	garbhavastha *n.* गर्भावस्था pregnancy

garbhpaat *n* गर्भपात abortion
garbhpaat hona *v.i* गर्भपात होना abort
gardan *n.* गर्दन neck
gardan torh bukhar *n.* गर्दन तोड़ बुखार meningitis
garhbarh kar dena *v.i.* गड़बड़ कर देना fumble
garhbarh karna *v.t.* गड़बड़ करना mull
garhbarhi *n.* गड़बड़ी fuss
garhbarhi *n.* गड़बड़ी muddle
garhgarhahat *n.* गड़गड़ाहट rumble
garhi *n.* गाड़ी car
garhi *n.* गाड़ी carriage
garhi ka juwa *n* गाड़ी का जुआ limber
garjan *n.* गर्जन roar
garjan karna *v.i.* गर्जन करना roar
garjana *v. i* गरजना bellow
garjana *v.i.* गरजना thunder
garjanshil *a.* गर्जनशील thunderous
garm *a.* गर्म hot
garm karna *v.t* गर्म करना heat
garmi *n.* गर्मी heat
garmi se jhulsa hua *adj.* गरमी से झुलसा हुआ arid
gartika *n.* गर्तिका socket
garud *n* गरुड़ eagle
garvili chaal *n* गर्वीली चाल strut
garvili chal *n* गर्वीली चाल stalk
gas *n.* गैस gas
gas lalten ki batti *n* गैस लालटेन की बत्ती mantle
gas yukt *a.* गैस युक्त gassy
gatha-geet *n.* गाथा-गीत ballad
gathan *n.* गठन texture
gathiya *n.* गठिया gout
gathiya *n.* गठिया rheumatism
gathiya sambandhi *a.* गठिया संबंधी rheumatic
gathna *n.* घटना happening
gathri *n.* गठरी pack
gati *n.* गति velocity
gati barhana *v.t* गति बढ़ाना accelerate
gati hin *a* गतिहीन dead
gati matara *n.* गति मात्रा momentum
gatihin hona *v.i.* गतिहीन होना stagnate
gatihinta *n.* गतिहीनता stagnation
gatimaan *adj.* गतिमान agog
gatirodh *n* गतिरोध deadlock
gatirodh *n.* गतिरोध impasse
gatirodh *n.* गतिरोध retardation
gatiseel *a.* गतिशील mobile
gatisheelta *n.* गतिशीलता mobility
gatishil *adv.* गतिशील astir
gati-shil *a* गति-शील dynamic
gativigyan *n.* गतिविज्ञान dynamics
gativridhi *n* गतिवृद्धि acceleration
gatkaal mein *adv* गतकाल में formerly
gatta *n.* गत्ता cardboard
gaun baat *n* गौण बात detail
gauravpurna *n* गौरवपूर्ण dignity
gaurayiya *n.* गौरैया sparrow
gaushala *n* गोशाला byre
gavaha *n.* गवाह deponent
gavahi dena *v. t* गवाही देना depose
gavahi dena *v.i.* गवाही देना witness
gay *a.* गेय lyric
gayak *n.* गायक singer
gayak *n.* गायक singer
gayak *n.* गायक vocalist
gayak pakshi *n.* गायक पक्षी warbler
gayak-dal *n.* गायक-दल chorus
gayak-mandali *n* गायक-मंडली choir
gayan *n.* गायन song
gayan prastuti *n.* गायन प्रस्तुति recital
gaz *n.* गज़ yard
geela *adj.* गीला dank
geela *a.* गीला humid
geela *a.* गीला moist
geela *a.* गीला wet
geela karna *v. t.* गीला करना damp
geela karna *v.t.* गीला करना wet
geelapan *n.* गीलापन wetness

geet *n.* गीत glee
geet *n.* गीत ode
gehaarai *n* गहराई depth
geharai *n.* गहराई profundity
gehra lal *n* गहरा लाल crimson
gehra lal *a.* गहरा लाल vermillion
gehra lal rang *n.* गहरा लाल रंग vermillion
gehra neela rang *n.* गहरा नीला रंग sapphire
gehun ka paudha *n.* गेहूं का पौधा wheat
gend *n.* गेंद ball
gend phenkna *v.i* गेंद फेंकना bowl
genda *n.* गेंदा marigold
ghaas ka maidan *n.* घास का मैदान lawn
ghaata *n* घाटा deficit
ghaati *n* घाटी dale
ghabrahat *n.* घबराहट turmoil
ghaghra *n.* घाघरा skirt
ghair sarkari *a.* गैर सरकारी private
ghalmail *n.* घालमेल jumble
ghalmail *n.* घालमेल mull
ghal-mel *n.* घालमेल hotchpotch
ghamand *n.* घमंड arrogance
ghamand *n* घमण्ड conceit
ghamandi *adj.* घमंडी arrogant
ghamandi *a.* घमंडी lordly
ghamandi *a.* घमंडी proud
ghana *a.* घना thick
ghanisht *a.* घनिष्ट close
ghanishtata *n.* घनिष्ठता association
ghanishtata *n.* घनिष्ठता intimacy
ghanishth *a.* घनिष्ट inmost
ghanishth *a.* घनिष्ट near
ghanist *a.* घनिष्ठ intimate
ghanivhut karna *v.t.* घनीभूत करना intensify
ghanta *n* घंटा bell
ghanta *n.* घंटा hour
ghanta bajana *v.t.* घंटा बजाना toll
ghanta naad *n* घंटा नाद toll
ghanti *v.t.* घंटी ring

ghapla *n* घपला bungle
ghar *n* घर abode
ghar *n* घर dwelling
ghar ki yaad *n.* घर की याद nostalgia
ghar mein,andar *adv.* घर में, अंदर within
gharelu *a* घरेलू domestic
gharelu murgi *n.* घरेलू मुर्गी poultry
gharha *n.* घड़ा pitcher
gharhi *n.* घड़ी clock
gharhiyal *n* घड़ियाल crocodile
ghas *n* घास grass
ghas ka gaththar *n.* घास का गट्ठर wisp
ghas ka maidan *n.* घास का मैदान steppe
ghaseetna *v. t* घसीटना drag
ghasit *n* घसीट scrawl
ghasit *n.* घसीट scribble
ghasitan *n.* घसीटन shuffle
ghasitana *v.t.* घसीटना scrawl
ghasitna *v.t.* घसीटना trail
ghat *n.* घात ambush
ghat mein baithna *v.t.* घात में बैठना waylay
ghat shulk *n.* घाट शुल्क wharfage
ghatak *a* घातक fatal
ghatana *v. t* घटाना curtail
ghatana *v.i.* घटना wane
ghatav *n* घटाव decline
ghatav *n.* घटाव subtraction
ghati *n.* घाटी vale
ghati *n.* घाटी valley
ghatit hona *v. t* घटित होना befall
ghatit hona *v.t.* घटित होना happen
ghatit hona *v.i.* घटित होना occur
ghatiya *a* घटिया coarse
ghatiya *n.* खटिया cot
ghatiya *a.* घटिया inferior
ghatiyapan *n.* घटियापन inferiority
ghatna *n* घटना circumstance
ghatna *n.* घटना conjuncture
ghatna *n* घटना episode
ghatna *n* घटना event

ghatna *n.* घटना incident	**ghoshanapatra** *n.* घोषणापत्र manifesto
ghatna *n.* घटना occurrence	**ghoshit karna** *v.t.* घोषित करना advertise
ghatna sthal *n.* घटना स्थल locale	**ghoshna** *n.* घोषणा proclamation
ghatnaa *v.t.* घटाना subtract	**ghoshna** *n.* घोषणा profession
ghav *n.* घाव wound	**ghoshna** *n.* घोषणा announcement
ghav ka nishan *n* घाव का निशान scar	**ghoshna karna** *v.t.* घोषणा करना announce
ghayal karna *v.t.* घायल करना wound	**ghoshna karna** *v.t.* घोषणा करना proclaim
ghera *n.* घेरा circle	**ghosit karna** *v.t* घोषित करना herald
ghera *n.* घेरा enclosure	**ghrenit** *a* घृणित despicable
ghera *n* घेरा fence	**ghrenit** *a.* घृणित heinous
ghera *n.* घेरा railing	**ghrina** *n.* घृणा abhorrence
gherabandi *n* घेराबंदी blockade	**ghrina** *n.* घृणा aversion
gherabandi *n.* घेराबंदी siege	**ghrina** *n* घृणा disdain
gherna *v.t.* घेरना begird	**ghrina** *n.* घृणा hate
gherna *v. t.* घेरना encircle	**ghrina** *n.* घृणा repugnance
gherna *v. t* घेरना encompass	**ghrina** *n.* घृणा repulsion
gherna *v.t* घेरना fence	**ghrina karna** *v.t.* घृणा करना abhor
gherna *v.t.* घेरना surround	**ghrina karna** *v. t* घृणा करना despise
ghinauna *a* घिनौना abominable	**ghrina karna** *v. t.* घृणा करना disdain
ghinauna *a.* घिनौना loathsome	**ghrina karna** *v.t.* घृणा करना hate
ghirni *n.* घिरनी pulley	**ghrina karna** *v.t.* घृणा करना scorn
ghisa hua *a.* घिसा हुआ worn	**ghrinit** *a.* घृणित vile
ghisa pita kathan *n.* घिसा पिटा कथन tag	**ghrinit vyakti** *n.* घृणित व्यक्ति swine
ghisa pita rup dena *v.t.* घिसा पिटा रूप देना stereotype	**ghudki** *n.* घुड़की reprimand
ghisatna *v. t* घिसटना crawl	**ghulan shilta** *n.* घुलनशीलता solubility
ghisna *v.t* घिसना grate	**ghumana** *v.t.* घुमाना crankle
ghoda *n.* घोड़ा steed	**ghumana** *v.t.* घूमना ramble
ghodha *n.* घोड़ा horse	**ghumana** *v.i.* घूमना rove
ghodi *n.* घोड़ी mare	**ghumana** *v.i.* घूमना wander
gholkar bahana *v.t.* घोलकर बहाना leach	**ghumana** *v.t.* घुमाना wheel
ghongha *n.* घोंघा oyster	**ghumantu** *n.* घुमंतू rover
ghongha *n.* घोंघा snail	**ghumantu** *a* घुमंतू vagabond
ghoomne ana *v.* घूमने आना visit	**ghumao** *n* घुमाव whirl
ghoonsa *n* घूँसा buff	**ghumav** *n* घुमाव turn
ghoorna *v.i.* घूरना stare	**ghumavdar** *a.* घुमावदार spiral
ghoos *n* घूस bribe	**ghumna** *v.i.* घूमना spin
ghoos dena *vt* घूस देना palm	**ghumna** *v.i.* घूमना stray
ghor parajaya *n* घोर पराजय rout	**ghumna** *v.i.* घूमना turn
ghosana *n* घोषणा declaration	**ghumna** *n.i.* घूमना whirl
ghoshana karna *v.t.* घोषणा करना avow	**ghumna phirna** *v.i.* घूमना फिरना roam

ghumnewala *a.* घूमनेवाला rotary
ghun *n.* घुन weevil
ghunghrala baal *n.* घुंघराला बाल curl
ghunsa *n* घूंसा fist
ghurghurna *v.i.* घुरघुरना grunt
ghurhsawar sainik *n.* घुड़सवार सैनिक trooper
ghutan *n.* घुटन suffocation
ghutan bhara *a.* घुटन भरा stuffy
ghuthana *v.t.* गूंथना interlock
ghutna *n.* घुटना knee
ghutne tekna *v.i.* घुटने टेकना kneel
giddh *n.* गिद्ध vulture
gilahari *n.* गिलहरी squirrel
gilas *n.* गिलास tumbler
gilat *n.* गिलट nickel
gilti *n.* गिल्टी wen
ginana *v. t.* गिनना count
ginti *n.* गिनती computation
gir jana *v.i.* गिर जाना tumble
gir padhna *v.i.* गिर पड़ना slump
gira dena *v. t* गिरा देना down
gira dena *vt* गिरा देना overture
gira dena *v.t.* गिरा देना prostrate
gira dena *v.t.* गिरा देना shed
gira dena *v.t.* गिरा देना trip
giraphtari *n.* गिरफ़्तारी arrest
girav *n* गिराव spill
girav *n.* गिराव tumble
giridaar meva *n* गिरीदार मेवा nut
girja ka gayak *a.* गिरजा का गायक lay clerk
girja ka padadhikari *n.* गिरजे का पदाधिकारी beadle
girjaghar *n.* गिरजाघर church
girna *vt* गिरना fall
girna *v.t* गिराना fell
giroh *n.* गिरोह gang
girrafe *n.* जिराफ़ giraffe
girvidaar *n.* गिरवीदार mortgagee

girwi rakhne wala *n.* गिरवी रखने वाला mortgagor
gitikawya *n.* गीतिकाव्य lyric
glucose *n.* ग्लूकोज़ glucose
glycerin *n.* ग्लिसरीन glycerine
gobar *n* गोबर dung
godaam *v.t* गोदाम warehouse
godam *n.* गोदाम godown
godam *n.* गोदाम store
godi *n.* गोदी dock
godi *n.* गोदी lap
godne ka chinh *n.* गोदने का चिह्न tattoo
gol *a* गोल circular
gol qaid khana *n* गोल क़ैद खाना panopticon
gola *n.* गोला sphere
golabari karna *v.t.* गोलाबारी करना mortar
golakar *a.* गोलाकार spherical
golardh *n.* गोलार्ध hemisphere
goley barsana *v.t.* गोले बरसाना shell
golf *n.* गॉल्फ़ golf
goli *n* गोली bullet
goli *n.* गोली tablet
gomans *n* गोमांस beef
gooda *n.* गूदा pulp
goodedar *a.* गूदेदार pulpy
goonj *n.* गूंज resonance
goonjana *v.i.* गूंजना resound
gopansheel *a.* गोपनशील secretive
gophan *n.* गोफन sling
goshthi *n.* गोष्ठी seminar
gota *n.* गोता dip
gota *n* गोता dive
gota lagana *v. t* गोता लगाना dip
gota lagana *v.t.* ग़ोता लगाना plunge
gota lagana *v.i.* गोता लगाना submerge
grahak *n..* ग्राहक client
grahak *n* ग्राहक customer
gramin vyavastha *n.* ग्रामीण व्यवस्था agronomy
gramophone *n.* ग्रामोफ़ोन gramophone

gramya *a.* ग्राम्य rustic
granth ka aakar *n* ग्रंथ का आकार format
granthi *n.* ग्रंथि gland
granthi *n.* ग्रंथि node
granth-suchi +*n* ग्रंथ-सूची bibliography
greh *n.* ग्रह planet
greh sambandhi *a.* ग्रह संबंधी planetary
grehen *n* ग्रहण eclipse
grehini *n.* गृहिणी dame
grehna suchak shor karna *v.i* घृणा सूचक शोर करना hoot
grehnabhav *n.* घृणाभाव odium
grehnaspad *a.* घृणास्पद odious
grhena rakna *v.t.* घृणा रखना loathe
grishma ritu *n.* ग्रीष्म ऋतु summer
grishma ritu sambandhi *adj* ग्रीष्म ऋतु सम्बन्धी aestival
gubbara *n.* गुब्बारा balloon
guchha *n* गुच्छा bunch
guchha *n* गुच्छा cluster
guchhi *n* गुछी morel
guda *n.* गुदा anus
gudda, maldwar *n.* गुदा, मलद्वार rectum
gudgudi *a.* गुदगुदी ticklish
gudiya *n* गुड़िया doll
gufa *n.* गुफा cave
gufa *n.* गुफा cavern
guha *n.* गुहा cavity
guha *n* गुहा den
guitar *n.* गिटार guitar
gulab *n.* गुलाब rose
gulabi *a.* गुलाबी roseate
gulabi *a.* गुलाबी rosy
gular *n.* गूलर sycamore
guldasta *n* गुलदस्ता bouquet
guldasta *n.* गुलदस्ता nosegay
gulli *n.* गुल्ली plug
gulmehndi *n.* गुलमेंहदी balsam
guluband *n.* गुलूबंद muffler
gumbad *n* गुंबद dome

gumraha karna *v.t.* गुमराह करना misdirect
gumraha karna *v.t.* गुमराह करना misguide
guna karna *v.t.* गुणा करना multiply
gunak *n.* गुणक coefficient
gunan *n.* गुणन multiplication
gunda *n.* गुंडा ruffian
gunda *n.* गुंडा thug
gundharm *n.* गुणधर्म property
gunga *a* गूंगा dumb
gunga *a.* गूंगा mute
gungaan karna *v.t.* गुणगान करना glorify
gunguna *a.* गुनगुना lukewarm
gunguna *a.* गुनगुना warm
gungunahat *n.* गुनगुनाहट murmur
gunjan *n* गुंजन hum
gunjan karna *v. i* गुंजन करना buzz
gunjan karna *v. i* गुंजन करना hum
gunjana *v. t* गूंजना echo
gunjayamaan *a.* गुंजायमान resonant
guntha hua aata *n* गुँथा हुआ आटा dough
gunya rashi *n.* गुण्य राशि multiplicand
gupshup *n.* गपशप gossip
gupt *a.* गुप्त confidential
gupt *a.* गुप्त latent
gupt *a.* गुप्त occult
gupt *n.* गुप्त secret
gupt *a.* गुप्त, ulterior
gupt *a.* गुप्त underhand
gupt bhandar *n* गुप्त भंडार cache
gupt lekhan ki vidya *n.* गुप्त लिखन की विद्या cryptography
gupt matdaan *n* गुप्त मतदान ballot
gupt rup se batana *v. i* गुप्त रूप से बताना confide
gupt sthan *n.* गुप्त स्थान recess
guptata *n.* गुप्तता secrecy
guptchar *n* गुप्तचर scout
guptchar *n.* गुप्तचर spy

guptcharya karna *v.i* गुप्तचर्या करना scout
gurahat *n* गुर्राहट growl
gurda *n.* गुर्दा kidney
gurda-shoth *n.* गुर्दा-शोध nephritis
gurh *a.* गूढ़ metaphysical
gurraana *v.i.* गुर्राना growl
gurrahat *n.* गुर्राहट snarl
gurrana *v.i.* गुर्राना snarl
guru *n.* गुरू preceptor
gurutvakarshan *n.* गुरुत्वाकर्षण gravitation
guruvar *n.* गुरूवार Thursday
gussa *n.* गुस्सा fury
gustakh *a.* गुस्ताख impertinent
gustakh *a.* गुस्ताख insolent
gustakhi *n.* गुस्ताखी impertinence
gustakhi *n.* गुस्ताखी insolence
gut *n* गुट bloc
guthna *v.t.* गूथना twist
guthna *v.t.* गूथना wreathe
gutika *n.* गुटिका pill
gutnirpekshhta *n.* गुटनिरपेक्षता non-alignment
guzarna *v. t* गुज़रना elapse
guzarna *v.t.* गुज़रना undergo
guzra hua *prep.* गुज़रा हुआ past
gyarah *n* ग्यारह eleven

H

haafna *v.i.* हांफना pant
haal he mein हाल ही में lately
haal hi mein *adv.* हाल ही में recently
haanfa *n.* हाँफा gasp
haanfna *v.i* हांफना gasp
haani *n.* हानि damage
haani *n.* हानि loss
haanikaar *a* हानिकर malign
haani-kaarak *a.* हानि कारक injurious

haar maanna *v. t* हार मानना bend
haar manana *v.i.* हार मानना succumb
haar manana *v.t.* हार मानना surrender
haas hona *v. i* हास होना decay
haath *n* हाथ hand
haath ka *a.* हाथ का manual
haath tekne ke chhadi *n.* हाथ टेकने की छड़ी maulstick
haathi dant *n.* हाथी दांत ivory
haaziri *n.* हाज़िरी roll-call
habashi *n* हबशी savage
habshi *n.* हबशी negro
habshiyon ka prades *n* हबशियों का परदेश niggerdom
haddi *n.* हड्डी bone
haija *n.* हैज़ा cholera
hajamat *n* हजामत shave
hajamat banana *v.t.* हजामत बनाना shave
hajjam *n.* हज्जाम barber
haklaana *v.i* हकलाना falter
haklahat *n* हकलाहट stammer
haklana *v.i.* हकलाना stammer
hal *n.* हल plough
hal karna *v.t.* हल करना solve
hal se jutai karna *v.i* हल से जुताई करना plough
halanki *conj.* हालांकि albeit
halchal *n.* हलचल ado
haldi *n.* हल्दी curcuma
haldi *n.* हल्दी turmeric
halka *a.* हल्का trivial
halka bhojan *n.* हल्का भोजन snack
halka gulabi *a.* हल्का गुलाबी pinkish
halka hona *v.i.* हल्का होना lighten
halka rang chadhana *v.t.* हल्का रंग चढ़ाना tincture
halka sa choona *v.t.* हल्का सा छूना tip
halkapan *n* हल्कापन buoyancy
halke gulabi rang ka *a* हल्के गुलाबी रंग का pink
halke nashe mein *a.* हल्के नशे में tipsy

halke se *adv.* हलके से lightly
halki *n.* हल्की तलवार rapier
halki nauka *n.* हलकी नौका yacht
halwaha *n.* हलवाहा ploughman
halwai *n* हलवाई confectioner
hamara *pron.* हमारा our
hamla *n.* हमला attack
hamla *n.* हमला invasion
hamla *n.* हमला onset
hangama *n* हंगामा ferment
hangar *n.* हांगर shark
hani *n.* छीजन, हानि wastage
hanikarak *a* हानिकारक adverse
hanikarak *a.* हानिकारक baleful
hanipradh *a.* हानिप्रद mischievous
hans *n.* हंस gander
hans *n.* हंस swan
hansana *v.t.* हंसाना tickle
hansi *n.* हंसी jest
hansi *n.* हंसी laugh
hansi *n.* हंसी laughter
hansi majak karna *v.i.* हंसी मज़ाक करना joke
hansi udaana *v.i.* हंसी उड़ाना mock
hansi urana *v.t.* हंसी उड़ाना gird
hansiya *n.* हंसिया sickle
hansna *v.i* हंसना laugh
hara bhara *a.* हरा भरा verdant
hara rang *n* हरा रंग green
harayee ka maap *n* हराई का माप fathom
hardik *a* हार्दिक cordial
hardik *a.* हार्दिक whole-hearted
harhap lena *v.t.* हड़प लेना appropriate
harhbarhahat ke sath *a.* हड़बड़ाहट के साथ hasty
harhtaal *n* हड़ताल strike
harhtalkarta *n.* हड़तालकर्त्ता striker
harin *n* हरिण deer
harit *a.* हरित green
hariyali *n.* हरियाली greenery
harjana *v.t.* हरजाना offset

harmoniyam *n.* हारमोनियम harmonium
harniya *n.* हर्निया hernia
harshatirek *n.* हर्षातिरेक rapture
harshit *n.* हर्षित joyful, joyous
harsht pusht *a.* हृष्ट पुष्ट lusty
hasil karna *v.t.* हासिल करना achieve
hasil karna *v.t.* हासिल करना attain
hast rekha vigyan *adj* हस्त रेखा विज्ञान palmistry
hastakshar *n.* हस्ताक्षर autograph
hastakshar *n.* हस्ताक्षर signature
hastakshar karna *v.t.* हस्ताक्षर करना sign
hastakshar karna *n.* हस्ताक्षरकर्त्ता signatory
hastakshep *n.* हस्तक्षेप interference
hastakshep *v.i.* हस्तक्षेप tamper
hastakshep karna *v.i.* हस्तक्षेप करना interfere
hastkshep *n.* हस्तक्षेप intervention
hastkshep karna *v.i.* हस्तक्षेप करना intervene
hast-maithun *n* हस्त-मैथुन omanism
hastmaithun karna *v.i.* हस्तमैथुन करना masturbate
hastsilp *n.* हस्तशिल्प handicraft
hasttran *n.* हस्तत्राण gauntlet
hasya abhineta *n.* हास्य अभिनेता comedian
hasyanukriti *n.* हास्यानुकृति parody
hasyapurna *a.* हास्यपूर्ण zany
hasyaras ki patrika *n* हास्यरस की पत्रिका comic
hat jana *v. t.* हट जाना desert
hatana *v. t* हटाना eliminate
hatana *v.t.* हटाना move
hatana *v.t.* हटाना remove
hatane ka karya *n.* हटाने का कार्य removal
hatane yogya *a.* हटाने योग्य removable
hatash karna *v. t.* हताश करना disappoint
hatav *n* हटाव elimination
hathapayee *n.* हाथापाई scuffle

hathapayee karna *v.i.* हाथापाई करना scuffle
hathaura *n.* हथोड़ा hammer
hatheli *n.* हथेली palm
hatheli mein chhipana *v.t.* हथेली में छिपाना palm
hathgola *n.* हथगोला grenade
hathi *n.* हाथी elephant
hathi *a.* हठी obdurate
hathi *a.* हठी wayward
hathiyaar *n.* हथियार arm
hathiyana *v.t.* हथियाना usurp
hathiyar *n.* हथियार weapon
hathiyar se prahar *n.* हथियार से प्रहार stab
hathkadi *n.* हथकड़ी handcuff
hathkari lagana *v.t* हथकड़ी लगाना handcuff
hatotsah karna *v.t.* हतोत्साह करना discourage
hatotsah karna *v.t* हतोत्साह करना dishearten
hatotsaha karna *v.t* हतोत्साह करना deject
hatth se *adv.* हठ से perforce
hattha *n.* हत्था handle
hatthi *a.* हठी adamant
hatthi *a.* हठी obstinate
hatya *n* हत्या assassination
hatya *n.* हत्या murder
hatya karna *v.t.* हत्या करना assassinate
hatya karna *v.t* हत्या करना butcher
hatya karna *v.t.* हत्या करना murder
hatyara *n.* हत्यारा assassin
hatyara *n* हत्यारा cain
hatyara *n.* हत्यारा murderer
haudi *n.* हौदी cesspool
havadar *n.* हवादार airy
havadar banana *v.t.* हवादार बनाना ventilate
havai chhatri *n.* हवाई छतरी parachute
havakash *n.* हवाकश ventilator

havayee *a.* हवाई aerial
havayee adda *n* हवाई अड्डा aerodrome
havayee jahaz *n.* हवाई जहाज़ aeroplane
hazar *a* हज़ार thousand
hazar ki sankhya *n.* हज़ार की संख्या thousand
heen *adj.* हीन deficient
hichki *n.* हिचकी hiccup
hichkichana *v.i.* हिचकिचाना shilly-shally
hichkole dena *v.t.* हिचकोले देना jolt
hidayat karna *v.t.* हिदायत करना instruct
hijrha *n* हिजड़ा eunuch
hilaana *v.t.* हिलाना jog
hilana *v.t.* हिलाना agitate
hilana *v.t.* हिलाना wave
hilane ki kriya *n* हिलने की क्रिया wag
hilna *v.t.* हिलना budge
hilna *v.i.* हिलना shake
hilna *v.i.* हिलना stir
hilna *v.i.* हिलना wag
hilna *v.i* हिलना wobble
hilna dulna *v.i.* हिलना डुलना sway
hilor maarna *v.i.* हिलोर मारना surge
hilsa machhli *n.* हिलसा herring
himmat rakhna *v. i.* हिम्मत रखना dare
himmat wala *a* हिम्मत वाला daring
himnaad *n.* हिमनद glacier
himshail *n.* हिमशैल iceberg
hina *n.* हिना myrtle
hing *n.* हींग asafoetida
hinhinahat *n.* हिनहिनाहट neigh
hinhinana *v.i.* हिनहिनाना neigh
hinsa *n.* हिंसा violence
hinsatmak *a.* हिंसात्मक violent
hira *n* हीरा diamond
hiran *n.* हिरण stag
hirasat *v* हिरासत custody
hisab *n.* हिसाब tally
hisab karne wala *n* हिसाब करने वाला book-keeper
hissa *n.* हिस्सा allotment

hissa lena v.i. हिस्सा लेना participate
hissedari n. हिस्सेदारी participation
hitkari a. हितकारी wholesome
ho jana v. i हो जाना become
hockey ka khel n. हॉकी का खेल hockey
hona v.t. होना be
hona v. i होना belong
hone dena v.t. होने देना tolerate
hone wala a. होने वाला would-be
honehaar a. होनहार promising
hotel n. होटल hotel
hras n ह्वास decrease
hriday sambandhi adjs हृदय सम्बन्धी cardiac
hridya ke akar ka adj. हृदय के आकार का cordate
hridya se adv. हृदय से heartily
hrisht-pusht a. हृष्ट-पुष्ट robust
hukmnama n. हुक्मनामा writ
hun हूं am
hungama n हंगामा affray
hungama n. हंगामा melee
hurdangi bhirh n हुड़दंगी भीड़ rout
hwas n ह्नास wane

I

icchuk a इच्छुक desirous
icchuk a. इच्छुक prone
ichcha n. इच्छा readiness
ichcha n. इच्छा wish
ichcha rakhna v.t. इच्छा रखना will
ichha rakhna v.t. इच्छा रखना want
ichhuk a. इक्चुक keen
idhar udhar daurhna v.i इधर उधर दौड़ना scamper
idhar udhar ghumna v.t इधर उधर घूमना ambulate
ilaj karna v.t. इलाज करना physic
ilaj karna v.t. इलाज करना treat

ilaychi n. इलायची cardamom
imaandaar a. ईमानदार honest
imaandaari n. ईमानदारी honesty
imandar a. ईमानदार sincere
imandari n. ईमानदारी principle
imarat n इमारत building
imarati lakri n. इमारती लकड़ी timber
imendar a. ईमानदार incorruptible
imli ka vriksh n. इमली का वृक्ष tamarind
inaam dena v.t. इनाम देना reward
inch n. इंच inch
indhan n. ईंधन fuel
indhan jhonkana v.t. ईंधन झोंकना stoke
indhan jhonkane wala n. ईंधन झोंकने वाला stoker
indriya n. इंद्रिय sense
ingit karna v.i. इंगित करना allude
inkar n इंकार no
irada n. इरादा motive
irada karna v.t. इरादा करना intend
irshya n. ईर्ष्या jealousy
irshya rakhna v. t ईर्ष्या रखना envy
irshya yogya a ईर्ष्या योग्य enviable
irshyalu a ईर्ष्यालु envious
is prakar adv. इस प्रकार thus
is se pehle ki conj इससे पहले कि before
is seema tak adv. इस सीमा तक as
isa masih n. ईसा मसीह messiah
isaai dharm ka a. ईसाई धर्म का catholic
isai n ईसाई Christian
isai dharma n. ईसाई धर्म Christianity
isai dharma-sambandhi a. ईसाई धर्म-संबंधी Christian
isai jagat n. ईसाई जगत Christendom
isai math n. ईसाई मठ abbey
isaiyon ki dharm pustak n ईसाइयों की धर्म पुस्तक bible
isa-janmotasav n ईसा-जन्मोत्सव Christmas
ishara karna v. t इशारा करना beckon
ishara karna v.t. ईशारा करना insinuate

ishara karna *v.i.* इशारा करना motion
ishtehaar *n.* इश्तहार handbill
ishtihaar *n.* इश्तिहार poster
ishwarmimansa *n.* ईश्वरमीमांसा theology
iske atirikt *adv.* इसके अतिरिक्त moreover
ispat *n.* इस्पात steel
iss ke aage *adv.* इस के आगे further
iss ke baad *adv.* इसके बाद hereafter
iss ke uprant *adv.* इसके उपरांत next
istari karna *v.t.* इस्त्री करना iron
itali ka *a.* इटली का Italian
itali ki bhasha *n.* इटली की भाषा Italian
ithlaati chaal *n* इठलाती चाल swagger
ithlana *v.i.* इठलाना strut
ithlana *v.i.* इठलाना swagger
itihaas *n.* इतिहास history
itihaascar *n.* इतिहासकार annalist
itihas *n.* इतिहास chronicle
itihas prasidh *a.* इतिहास प्रसिद्घ historic
itihasik *a.* ऐतिहासिक historical
itihaskaar *n.* इतिहासकार historian
itminan se *a.* इत्मिनान से leisurely
itna *adv.* इतना so
itna nahi *adv.* इतना नहीं less

J

jaagir *n.* जागीर manor
jaagir sambandhi *a.* जागीर संबंधी manorial
jaal *n.* जाल net
jaal *n.* जाल snare
jaal *n. pl.* जाल toils
jaali *n.* जाली grate
jaali *n.* जाली lattice
jaali *a.* जाली malafide
jaali *n.* जाली mesh
jaalsaaz *n.* जालसाज counterfeiter
jaalsajhe *n* जालसाज़ी forgery
jaan parhna *v.i.* जान पड़ना seem

jaanana *v.t.* जानना know
jaanbhuj kar kiya hua *a* जानबूझ कर किया हुआ deliberate
jaanbhujkar *adv.* जानबूझकर purposely
jaanch parhtaal *n.* जांच पड़ताल examination
jaankar *a* जानकार familiar
jaankari *n.* जानकारी knowledge
jaati *a.* जाति qualitative
jaati *n.* जाति species
jab kabhi *adv. conj* जब कभी whenever
jab tak *conj.* जब तक while
jab tak ki *n. conj.* जब तक कि till
jab tak ki *conj* जब तक कि until
jabki *conj.* जबकि whereas
jabrha *n.* जबड़ा jaw
jabt karna *v. t* ज़ब्त करना confiscate
jabti *n* ज़ब्ती forfeiture
jadi buti *n.* जड़ी बूटी herb
jadu *n.* जादू sorcery
jadu karna *v.i.* जादू करना conjure
jadu sambandhi *a.* जादू संबंधी magical
jadu tona *n.* जादू टोना witchcraft
jadu tona *n.* जादू टोना witchery
jadugar *n.* जादूगर magician
jadugar *n.* जादूगर sorcerer
jadugar *n.* जादूगर wizard
jadugari karna *v.t.* जादूगरी करना juggle
jadugarni *n.* जादूगरनी witch
jadui kriya जादुई क्रिया necromancy
jae *n.* जई oat
jagana *v.t.* जगाना wake
jagat sambandhi *adj.* जगत संबंधी cosmic
jagmaga dena *v.t.* जगमगा देना illuminate
jagran *n* जागरण wake
jahan *conj.* जहां where
jahan kahin *adv.* जहां कहीं wherever
jahan se *adv.* जहां से whence
jahar ki dawa *n.* ज़हर की दवा mithridate
jahaz *n.* जहाज़ ship
jahaz ka farsh *n* जहाज़ का फ़र्श deck

jahaz ka utarna *vy* जहाज़ का उतरना landing
jahaz par ladan *n.* जहाज़ पर लदान shipment
jahazi *a.* जहाज़ी naval
jahazi berha *n* जहाज़ी बेड़ा fleet
jaik duwara uthana *v.t.* जैक द्वारा उठाना jack
jail wapasi *n* जेल वापसी remand
jailer *n.* जेलर warder
jaisai ko taisa lautana *v.t.* जैसे को तैसा लौटाना retort
jaise taise *adv.* जैसे तैसे somehow
jakdan *n* जकड़न grip
jakran *n.* जकड़न spasm
jal baint *n* जलबेंत rush
jal prapat *n.* जल प्रपात waterfall
jal yatra karna *v.i.* जलयात्रा करना sail
jalan *n.* जलन irritation
jalana *v. t* जलाना burn
jalana *v.t* जलाना fire
jalatank *n.* जलातंक rabies
jalavatran *n.* जलावतरण launch
jaldbaaz *a.* जल्दबाज़ impetuous
jaldbaaz *a.* जल्दबाज़ rash
jaldbaazi *a.* जल्दबाज़ reckless
jaldi *adv.* शीघ्र soon
jaldi karna *v. t.* जल्दी करना expedite
jaldi karna *v.i.* जल्दी कराना hasten
jaldi karna *v.t.* जल्दी करना hurry
jaldi karna *v.t.* जल्दी करना press
jaldi se kam karna *v. t* जल्दी से काम करना bustle
jaldwar *n.* जलद्वार sluice
jali nakal karna *v.t* जाली नकल करना forge
jalidaar *adj* जालीदार cellular
jaljivon ke ande *n.* जलजीवों के अंडे spawn
jalmagan karna *v.t* जलमग्न करना flood
jalmurgi *n.* जलमुर्गी gull
jalne ki chot *n* जलने की चोट burn

jalnikas *n* जलनिकास drainage
jaloos *n.* झालोन parade
jalpaan *n.* जलपान refreshment
jalpan-greh *n.* जलपान- गृह canteen
jalpari *n.* जलपरी mermaid
jalpatra *n.* जलपात्र mug
jalpratap *n.* जलप्रताप cascade
jalpurush *n.* जलपुरुष merman
jalrodhi *a.* जलरोधी watertight
jalsah *a.* जलसह waterproof
jalsah banana *v.t.* जलसह बनाना waterproof
jalsah vastra *n* जलसह वस्त्र waterproof
jalsena sambandhi *a.* जलसेना संबंधी marine
jalta hua *adv.* जलता हुआ ablaze
jalwayu *n.* जलवायु climate
jalyan ka agra bhag *n.* जलयान का अग्र भाग stem
jam jana *v.i.* जम जाना freeze
jama *n.* जमा deposit
jama karna *v.i* जमा करना mass
jamahi *n.* जम्हाई yawn
jamahi lena *v.i.* जम्हाई लेना yawn
jamanat *n.* ज़मानत surety
jambura *n* जंबूरा pleirs
jamvika *n.* जंभिका maxilla
jan jati *n.* जन जाति tribe
jana *v.i.* जाना go
janam *n.* जन्म nativity
janam dena *v.t.* जन्म देना litter
janam ka dhani *adj.* जन्म का धनी born rich
janam sambandhi *a.* जन्म संमबन्धि nasal
janamdata *n.* जन्मदाता originator
janamjaat *a.* जन्मजात inherent
janamjaat *a.* जन्मजात native
janamjat *a.* जन्मजात innate
janana *n.* ज़नाना womanish
janch *n.* जांच inquiry
janch *n.* जांच question

janch n. जांच trial
janch karna v.t. जांच करना inquire
janch karna v.t. जांच करना verify
janch padtaal n जांच पड़ताल exploration
janch padtal n जांच पड़ताल probe
janchana v. t. जांचना check
janchna v.t. जांचना test
jang n. जंग rust
jang khaya hua a. जंग खाया हुआ rusty
jang lagana v.i जंग लगाना rust
jangal n. जंगल woods
jangali a. जंगली barbarian
jangali a. जंगली savage
jangali sand n जंगली सांड bison
janganana n. जनगणना census
jangha n. जंघा thigh
jangli a. जंगली wild
jangli ghoda n. जंगली घोड़ा mustang
jangli lahsun n जंगली लहसुन moly
jangli murgha n. जंगली मुर्गा moor cock
janjatiya a. जनजातीय tribal
janjir n ज़ंजीर fetter
jankaari n जानकारी cognizance
janm n. जन्म birth
janm dena v. t जन्म देना beget
janmat sangrah n. जनमत संग्रह plebiscite
janmat sangreh n. जनमत संग्रह referendum
janpad n जनपद district
jansaadharan n. जनसाधारण mob
jansamuh n जनसमूह crowd
jansanhar n. जनसंहार massacre
jansanhar karna v.t. जनसंहार करना massacre
janta n. जनता people
janta n. जनता public
jantushala n. जंतुशाला zoo
japani mudra n. जापानी मुद्रा Yen
jarh n. जड़ root
jarh jamana v.i. जड़ जमाना root
jarha bitana v.i जाड़ा बिताना winter

jarhna v.t. जड़ना stud
jari rakhna v. i. जारी रखना continue
jari rakhna v.t. जारी रखना perpetuate
jarjihi a. तरजीही preferential
jarsi n. जर्सी jersey
jarsi n. जरसी pullover
jasta n. जस्ता zinc
jasus n. जासूस detective
jasusi karna v.i. जासूसी करना spy
jati n जाति breed
jati n जाति caste
jatichyut n. जातिच्युत outcast
jatil a जटिल complex
jatil a जटिल difficult
jatil a. जटिल sophisticated
jatil n. जटिल stiff
jau n. जौ barley
jauhari n. जौहरी jeweller
jawaharat ka baksa n जवाहरात का बक्सा casket
jay jaykar karna v.t जय जयकार करना acclaim
jayanti n. जयंती anniversary
jay-jaykaar n. जय-जयकार ovation
jayjaykaar karna v. t. जयजयकार करना cheer
jaykar n जयकार acclaim
jeb n. जेब pocket
jeebh n. जीभ tongue
jeetna v. t जीतना conquer
jeev jantu n जीव जंतु fauna
jeev vigyan n जीव विज्ञान biology
jeev vigyani n जीव विज्ञानी biologist
jeevan pradan karna v.t. जीवन प्रदान करना vitalize
jeevan shakti n. जीवन शक्ति vitality
jeevanadhar n. जीवनाधार sustenance
jeevani n जीवनी biography
jeevani-lekhak n जीवनी-लेखक biographer
jeevika n. जीविका subsistence
jeevit a. जीवित animate

jeevit rakhna *v.t.* जीवित रखना sustain
jeevit bachna *v.i.* जीवित बचना survive
jeevit rehna *v.i.* जीवित रहना subsist
jewaanu *n.* जीवाणु bacteria
jhaadu lagana *v.i.* झाड़ू लगाना sweep
jhaag *n* झाग foam
jhaag *n.* झाग lather
jhaarhi *n* झाड़ी bush
jhaarhi *n.* झाड़ी shrub
jhabba lagana *v.t* झब्बा लगाना fringe
jhabbedar kinara *n.* झब्बेदार किनारा fringe
jhag paida karna *v.t* झाग पैदा करना foam
jhagarha *n.* झगड़ा strife
jhagarhna *v.i.* झगड़ना quarrel
jhagda *n* झगड़ा fight
jhagra *n.* झगड़ा row
jhagralu *a* झगड़ालू factious
jhagrha *n.* झगड़ा altercation
jhagrha *n.* झगड़ा quarrel
jhak *n.* झक crotchet
jhalak *n.* झलक glimpse
jhalak *n.* झलक tincture
jhalar *n.* झालर frill
jhanakna *v.i.* झांकना glance
jhanda *n* झंडा flag
jhangiya *n.* जांघिया breeches
jhanjhanna *v.i.* झनझनाना jingle
jhanjhat *n* झंझट botheration
jhanjhat *n.* झंझट perplexity
jhanjhawat *n.* झंझावात hurricane
jhankar *n.* झनकार jingle
jhanki *n.* झांकी glance
jhanki *n* झांकी peep
jhapak *n* झपक wink
jhapatna *v.i.* झपटना pounce
jhapatta *n* झपट्टा pounce
jhapatta *n* झपट्टा spurt
jhapatta *n* झपट्टा swoop
jhapatta maarna *v.i.* झपट्टा मारना sally
jhapatta marna *v.i.* झपट्टा मारना swoop

jhapki *n.* झपकी doze
jhapki *n.* झपकी nap
jhapki lena *v.i.* झपकी लेना nap
jharber *n.* झरबेर strawberry
jharhan *n* झाड़न duster
jharhap *n.* झड़प skirmish
jharhi ki baarh *n.* झाड़ी की बाड़ hedge
jharhu *n* झाड़ू broom
jharhu *n.* झाड़ू mop
jharhu laganewala *n.* झाड़ू लगानेवाला sweeper
jharokha *n.* झरोखा niche
jhar-ponchh karna *v.t.* झाड़पोंछ करना mop
jhataka *n.* झटका jerk
jhatka *n* झटका blow
jhatka *n.* झटका jolt
jhatka *n* झटका pluck
jhatka *n* झटका shake
jhatka *n.* झटका shock
jhatka dena *v.t.* झटका देना toss
jhatke se torhna *v.t.* झटके से तोड़ना smash
jhatkedar *a.* झटकेदार jerky
jheel *n.* झील lake
jhelna *v.t.* झेलना incur
jhelna *v.t.* झेलना weather
jhenp *n* झेंप blush
jhenpana *v.i* झेंपना blush
jhilli *n.* झिल्ली membrane
jhillidar *a.* झिल्लीदार webby
jhilmilahat *n.* झिलमिलाहट twinkle
jhirakna *v.t.* झिड़कना snub
jhomparhi *n.* झोंपड़ी cote
jhomparhi *n* झोंपड़ी cottage
jhonka *n.* झोंका whiff
jhonka *n.* झोंका gust
jhonka *n.* झोंका puff
jhoothi ninda *n.* झूठी निंदा slander
jhoothi ninda karna *v.t.* झूठी निंदा करना slander

jhukaav n. झुकाव inclination
jhukana v. t झुकना bow
jhukana v.t. झुकाना lower
jhukao n. झुकाव proclivity
jhukao n. झुकाव tendency
jhukao n. झुकाव tilt
jhukav n झुकाव slant
jhukav n झुकाव stoop
jhukna v.i. झुकना incline
jhukna v.i. झुकना lean
jhukna v.i. झुकना stoop
jhukna v.i. झुकना tilt
jhula n झूला swing
jhulana v. t झुलाना dangle
jhulana v.t. झुलाना rock
jhulna vt झूलना pendulate
jhulna v.i. झूलना swing
jhulsan n झुलसन singe
jhulsana v.t. झुलसाना parch
jhulsana v.t. झुलसाना scorch
jhulsana v.t. झुलसाना singe
jhund n झुंड flock
jhurmut n. झुरमुट thicket
jhurri n. झुर्री wrinkle
jhut bolna v.i झूठ बोलना lie
jhuta sidh karna v.t. झूठा सिद्ध करना confute
jhutha n झूठा bouncer
jhutha n. झूठा liar
jhuti shapath n. झूठी शपथ perjury
jhuti gavahi dena v.i. झूठी गवाही देना perjure
jhuti khabhar n झूठी खबर bruit
ji churana v.t. जी चुराना shirk
jibh se chatna v.t. जीभ से चाटना lick
jid n. ज़िद obduracy
jiddi a. जिद्दी stubborn
jidh n. ज़िद obstinacy
jigar n. जिगर liver
jigyasu a. जिज्ञासु inquisitive
jirna a. जीर्ण threadbare

jis ke baad conj. जिसके बाद whereupon
jis par var kiya ja sake a. जिस पर वार किया जा सके vulnerable
jis par, jahan conj. जिस पर, जहां whereat
jis samay conj. जिस समय when
jiski zamanat ho sake a. जिसकी ज़मानत हो सके bailable
jisko pron. जिसको as
jivan yukt karna v.t. जीवन युक्त करना animate
jivankaal n जीवनकाल life
jivanrahit a. जीवन रहित lifeless
jivant a. जीवंत living
jivanu nashan n. जीवाणु नाशन sterilization
jivanu-rahit banana v.t. जीवाणुरहित बनाना sterilize
jivika n जीविका living
jiwant a. जीवंत live
jiwanu n. जीवाणु germ
jo rel. pron. जो that
jo pron. जो which
jo koi pron जो कोई whichever
jo vastu pron. जो वस्तु what
joda khana v.t. जोड़ा खाना mate
jodna v.t जोड़ना link
jodne wala adj. जोड़ने वाला annectant
jokhim n. जोखिम venture
jokhim bhara a. जोखिम भरा venturesome
jokhim lena, v.t. जोखिम लेना stake
jokhim se bhara a. जोखिम से भरा adventurous
jonk n. जोंक leech
jood n. जोड़ match
joon n. जूं louse
joota n जूता boot
joota n. जूता shoe
jordar dastakh n. ज़ोरदार दस्तक bang
jorh n जोड़ weld
jorha n. जोड़ा couple
jorha n. जोड़ा pair

jorhna v.t. जोड़ना ally
jorhna v. t. जोड़ना cement
jorhna v. t जोड़ना couple
jorhna v.t. जोड़ना join
jorhna v.t. जोड़ना suffix
jorhna v.t. जोड़ना sum
jorhna v.t. जोड़ना total
jorhne ki kriya n. जोड़ने की क्रिया addition
jorhon ki sujan n जोड़ों की सूजन arthritis
jorna v.t. जोड़ना add
jorna v.t. जोड़ना attach
jorna v. t. जोड़ना connect
jorna n. जोड़ joint
joru ka gulam a. जोरू का गुलाम henpecked
josh n. जोश ardour
josh n जोश fervour
joshila a जोशीला earnest
joshila a जोशीला fiery
jotana v. t जोतना cultivate
jotna, jutai karna v.t. जोतना till
jua n जुआ gamble
jua khelna v.i. जुआ खेलना gamble
juari n. जुआरी gambler
jugali karna v.i. जुगाली करना ruminate
jugali karne wala a. जुगाली करने वाला ruminant
jugali wala pashu n. जुगाली वाला पशु ruminant
julus n. जुलूस procession
jungle n. जंगल coppice
jungle n जंगल forest
jungle n. जंगल jungle
jurhva a जुड़वां twin
jurhva jorhe mein se ek n. जुड़वां जोड़े में से एक twin
juri ka sadasya n. जूरी का सदस्य juror
juri ka sadasyai n. जूरी का सदस्य juryman
jurmana n जुर्माना fine
jurmana karna v.t जुर्माना करना fine

jutana v.t. जुटाना afford
jutay ka pichla bhag n. जूते का पिछला भाग heel
jutayee-yogya bhumi adj जुताई-योग्य भूमि arable
jvaar n. ज्वार tide
jvariya a. ज्वारीय tidal
jwalamukhi n. ज्वालामुखी volcano
jwalamukhiya a. ज्वालामुखीय volcanic
jwalanshil a. ज्वलनशील inflammable
jwar n. ज्वर fever
jyeshth a ज्येष्ठ elder
jyotish n. ज्योतिष astrology
jyotishi n. ज्योतिषी astrologer

K

ka samay naapna v.t. का समय नापना time
kaaghaz n. सचारपत्र paper
kaal n काल era
kaal n. काल tense
kaal purva a. कालपूर्व premature
kaalam n कॉलम column
kaalkram n. कालक्रम chronology
kaalpanik a काल्पनिक fictitious
kaalpanik a. काल्पनिक hypothetical
kaam n. काम job
kaam karna v.i काम करना function
kaam karna v.t. काम करना work
kaam karne wala n. कर्म करने वाला functionary
kaam mein laana v.t. काम में लाना use
kaam mein lana v.t. काम में लाना ply
kaam par lagana v. t काम पर लगाना engage
kaam vasna n. काम वासना lust
kaam vasna n. काम वासना sexuality
kaamuk a कामुक erotic
kaamuk a. कामुक lascivious

kaamuk *a.* कामुक sensual
kaan *n* कान ear
kaan ka khunt *n* कान का खूँट cerumen
kaan ka parda *n* कान का परदा drum
kaan khodni *n.* कानखोदनी auricle
kaan ki aakriti ka *adj.* कान की आकृति का auricular
kaanch *n.* कांच glass
kaanuni *a.* कानूनी legal
kaanuni banana *v.t.* कानूनी बनाना legalize
kaaran *n.* कारण cause
kaaran *n.* कारण sake
kaaran banana *v.t* कारण बनना cause
kaaran batlanay wala *adj.* कारण बतलाने वाला causal
kaarinda *n.* कारिंदा bailiff
kaarnas *n.* कार्नस mantel
kaat chhant *n.* काट छांट lop
kaat dena *v. t* काट देना delete
kaat dena *v.t.* काट देना sever
kaathi *n.* काठी saddle
kaatna *v.t.* काटना hack
kaatna *v. t.* काटना bite
kaatna *v.t.* काटना intersect
kaatna *v.t.* काटना mow
kab *adv.* कब when
kabhi kabhi *adv.* कभी कभी sometime
kabhi kabhi *adv.* कभी कभी sometimes
kabhi nahin *adv.* कभी नहीं never
kabla *n* काबला bolt
kabr *n.* क़ब्र grave
kabra *n.* क़ब्र tomb
kabristan *n.* कब्रिस्तान cemetery
kabristan *n.* कब्रिस्तान churchyard
kabristan *n.* कब्रिस्तान necropolis
kabutar *n* dove
kabutar *n.* कबूतर pigeon
kabz *n.* क़ब्ज़ constipation
kabza *n.* क़ब्ज़ा occupation
kachahri *n.* कचहरी court

kachara *n* कचरा filth
kachauri *n* कचौरी pie
kachhua *n.* कछुआ tortoise
kachra *n.* कचरा junk
kadachitra *adv.* कदाचित्र perhaps
kadam *n.* कदम step
kadam chal *n* कदम चाल canter
kaddu *n.* कद्दू pumpkin
kadra karna *v.t.* कद्र करना prize
kaf jaisa *a.* कफ जैसा mucus
kagar *n.* कगार brink
kagaz ka kharra *n.* काग़ज़ का खर्रा scroll
kagaz ka lapetan *n.* काग़ज़ की लपेटन wrapper
kahan *adv.* कहां where
kahan *adv.* कहां whereabouts
kahan *adv.* कहां whither
kahani *n.* कहानी story
kahani *n.* कहानी tale
kahavat *n.* कहावत adage
kahavat *n.* कहावत proverb
kahi nahi *adv.* कहीं नहीं nowhere
kahin *adv.* कहीं, किसी जगह somewhere
kahin bhi nahin *adv.* कहीं भी नहीं no near
kaid karna *v. t* कैद करना confine
kaincha *n. pl.* कैंचा shears
kainchi *n.* कैंची scissors
kaise *adv.* कैसे how
kajal lagana *v.t.* काजल लगाना soot
kaksh *n.* कक्ष apartment
kaksha *n* कक्षा class
kaksha nayak *n.* कक्षा नायक monitor
kal *adv.* कल yesterday
kal ko *adv.* कल को tomorrow
kala *adj.* काला black
kala karna *v. t.* काला करना blacken
kala kaushal ki ashlilta *n.* कला कौशल की अश्लीलता coprology
kala kawa *n.* काला कौआ raven
kalabaz *n.* कलाबाज़ acrobat
kalabazi *n.* कलाबाज़ी somersault

kalabazi khana *v.i.* कलाबाज़ी खाना somersault
kalaf lagana *v.t.* कलफ़ लगाना starch
kalah karna *v. t* कलह करना wrangle
kalai *n.* कलाई wrist
kalai sambandhi *adj* कलाई संबंधी carpal
kalakar *n.* कलाकार artist
kalank *n* कलंक blur
kalank *n.* कलंक slur
kalash *n* कलश urn
kalatamak *a.* कलात्मक artistic
kalavadhi *n* कालावधि duration
kale rang ki titli *n.* काले रंग की तितली nigger
kalgi *n* कलग़ी crest
kali *n* कली bud
kali chaya *n.* काली छाया spectre
kalik *a.* कालिक temporal
kalikh *n.* कालिख soot
kalimamaya *a.* कालिममय sombre
kalin *n.* कालीन carpet
kalpana *n* कल्पना fancy
kalpana *n.* कल्पना hypothesis
kalpana *n.* कल्पना supposition
kalpana karna *v.t.* कल्पना करना visualize
kalpana karna *v.t.* कल्पना करना assume
kalpana karna *v.t.* कल्पना करना imagine
kalpana karna *v.t.* कल्पना करना suppose
kalpanashakti *n.* कल्पनाशक्ति imagination
kalpanashil *a.* कल्पनाशील imaginative
kalpanik *a.* काल्पनिक imaginary
kalpanik *a.* काल्पनिक visionary
kalpanik wastu *n* काल्पनिक वस्तु figment
kalpit katha *n* कल्पित कथा canard
kalpna vadi *adj* कल्पना वादी notionalist
kalyan *n.* कल्याण weal
kalyan *n.* कल्याण welfare
kam *a.* कम less
kam *a.* कम scanty
kam hona *v.t* कम होना lessen

kam hona *v.i.* कम होना subside
kam karana *v.t.* कम करना relieve
kam karna *v.t.* कम करना abate
kam karna *v.t.* कम करना alleviate
kam karna *v. t* कम करना cut
kam karna *v. t* कम करना decrease
kam karna *v.t.* कम करना deduct
kam karna *v. t* कम करना diminish
kam karna *v.t.* कम करना minimize
kam karna *v.t.* कम करना mitigate
kam karna *v.t.* कम करना reduce
kam mahtva ka *a.* कम महत्व का subordinate
kam se kam matra mein *adv.* कम से कम मात्रा में least
kamal *n.* कमल lotus
kaman *a* कमान crook
kamar *n.* कमर waist
kamar ka patla bhag *n* कमर का पतला भाग small
kamara, awasar *n.* कमरा, अवसर room
kamarband *n.* कमरबंद waistband
kambal *n* कंबल blanket
kamchor *n.* कामचोर shirker
kamdev *n* कामदेव Cupid
kami *n.* कमी abatement
kami *n.* कमी alleviation
kami *n.* कमी decrement
kami *n* कमी drawback
kami *n.* कमी lack
kami *n.* कमी lacuna
kami *n.* कमी paucity
kami *n.* कमी poverty
kami *n.* कमी reduction
kami *n.* कमी remission
kamiz *n.* कमीज़ shirt
kamjor *a* कमज़ोर faint
kamjor *a* कमज़ोर feeble
kam-kharch *a.* कम-खर्च niggardly
kamna karna *v.t* कामना करना desire
kamp uthna *v.i.* कांप उठना shudder

kampan *n.* कंपन tremor
kampan *n.* कंपन vibration
kampana *v.i.* कांपना quiver
kampana *v.i.* कांपना shiver
kampana *v.i.* कांपना tremble
kampkampi *n* कंपकंपी shudder
kampna *v.i.* कांपना quake
kamuk *a.* कामुक lewd
kamuk *a.* कामुक lustful
kamuk *n.* कामुक sexy
kamuk drishti *n* कामुक दृष्टि ogle
kamukta *n.* कामुकता sensuality
kamzor *a.* कमज़ोर frail
kamzor *a.* कमज़ोर infirm
kamzor *a.* कमज़ोर weak
kamzor banana *v.t. & i* कमज़ोर बनाना weaken
kamzor hona *v. t.* कमज़ोर होना decline
kamzor prani *n.* कमज़ोर प्राणी weakling
kamzori *n.* कमज़ोरी infirmity
kamzori *n.* कमज़ोरी weakness
kan *a.* कण particle
kanastar *n.* कनस्तर canister
kanch *n.* कांच pane
kanch ka kam karne wala *n.* कांच का काम करने वाला glazier
kandha *n.* कंधा shoulder
kandhe uchkana *v.t.* कंधे उचकाना shrug
kandra *n.* कंदरा ravine
kangaali *n.* कंगाली misery
kangan *n* कंगन bracelet
kangha *n* कंघा comb
kanist *a.* कनिष्ठ junior
kanjoos *adj* कंजूस pinchpenny
kanjous *n.* कंजूस miser
kanjus *n.* कंजूस niggard
kanjus *a.* कंजूस stingy
kankal *n.* कंकाल skeleton
kankar *n.* कंकड़ pebble
kankhajura *n.* कनखजूरा centipede
kann *n.* कण jot

kanoon *n.* कानून statute
kanpati *n* कनपटी temple
kanpeda *n.* कनपेड़ा mumps
kanta *n.* कांटा prick
kanta *n.* कांटा thorn
kantakmay *a.* कंटकमय, कष्टप्रद thorny
kantedar *a.* कांटेदार barbed
kanth sambandhi *a.* कंठ संबंधी guttural
kanthabhushan *n.* कंठाभूषण necklet
kanth-haar *n.* कंठहार necklace
kanti loha *n* कान्ती लोहा cast-iron
kanun banana *v.i.* कानून बनाना legislate
kanun ka rup dena *v. t* कानून का रूप देना enact
kanun nirmata *n.* कानून निर्माता legislator
kanuni janch *n.* कानूनी जांच inquest
kanuni karyavahi *n.* कानूनी कार्यवाही proceeding
kanunvidh *n.* कानूनविद jurist
kanw-kanw *n.* काँव-काँव caw
kanw-kanw karna *v. i.* काँव-काँव करना caw
kanya *n.* कन्या maiden
kapaal vigyan *n.* कपाल विज्ञान phrenology
kapada *n* कपड़ा fabric
kapade pehanana *v.t.* कपड़े पहनाना robe
kaparhe ki sajawat patti *n* कपड़े की सजावटी पट्टी bunting
kapas *n.* कपास cotton
kapat *n* कपट duplicity
kapati *n.* कपटी trickster
kapda pehanana *v.t.* कपड़ा पहनाना vest
kapde par likha sandesh *n.* कपड़े पर लिखा संदेश banner
kaphila *n.* काफिला caravan
kapi *n* कपि ape
kapkampi *n* कंपकंपी quake
kaprha *n* कपड़ा cloth
kaprhe pahnana *v. t* कपड़े पहनाना clothe
kaptan *n.* कप्तान captain

kaptan *n.* कप्तान skipper
kaptani *n.* कप्तानी captaincy
kapti *a.* कपटी fraudulent
kapur *n.* कपूर camphor
kar *n.* कर tax
kar lagana *v.t.* कर लगाना tax
kar yogya *a.* कर योग्य taxable
karagaar *n.* कारागार prison
karahana *v.i.* कराहना groan
karahna *n* कराहना groan
karamchari *n* कर्मचारी employee
karamchari-gan *n.* कर्मचारीगण staff
karan *n.* कारण reason
karan banna *v.t* कारण बनना occasion
karanatva *n* कारणत्व causality
karapaal *n.* कारापाल jailer
kararopan *n.* करारोपण taxation
karavas *n.* कारावास confinement
kar-chalak *n.* कार-चालक chauffeur
karchhul *n.* करछुल ladle
karchhul se dena *v.t.* करछुल से देना ladle
kargha *n* करघा loom
karha *a.* कड़ा hard
karha *a.* कड़ा rigid
karha banana *v.t.* कड़ा बनाना toughen
karha dand dena *v.t.* कड़ा दंड देना scourge
karhak *n* कड़क clap
karhake ka shabd karna *v.t.* कड़ाके का शब्द करना crackle
karhva banana *v.t* कड़वा बनाना embitter
karib-karib *adv.* करीब-करीब almost
karjadar *n* कर्जदार debtor
kark athva makar rekha *n.* कर्क अथवा मकर रेखा tropic
karkash shabd *n. & v. i* कर्कश शब्द clack
karkasha *n.* कर्कशा shrew
karkasha *n.* कर्कशा vixen
karkhaana *n.* कारखाना mill
karkhana *n* कारखाना factory
karkhana *n.* कारखाना workshop
karmachari dal *n.* कर्मचारी दल personnel

karmawachi *a.* कर्मवाची objective
karmidal *n.* कर्मीदल crew
karmsthapan *n.* क्रमस्थापन arrangement
karna *v. t* करना do
karna *v.t.* करना perform
karnabhedi *a.* कर्णभेदी strident
karnal *adj.* कर्नल colonel
karne yogya *a.* करने योग्य practicable
karni *n.* करनी trowel
kar-nirdharan *n.* कर-निर्धारण assessment
karonda *n.* करोंदा gooseberry
karorpati *n.* करोड़पति millionaire
karta sambandhi *a* कर्त्ता संबंधी reflexive
kartab *n* करतब stunt
kartavya *n* कर्तव्य duty
kartavyanishta *a* कर्त्तव्यनिष्ठ dutiful
karuna *n.* करुणा pathos
karuna *n.* करुणा pity
karunik *a.* कारुणिक pathetic
karya *n.* कार्य act
karya *n.* कार्य action
karya *n.* कार्य task
karya jari rakhna *v.i.* कार्य जारी रखना proceed
karya karna *v. i* कार्य करना deal
karya kshetra *n* कार्य क्षेत्र field
karya saunpana *v.t.* कार्य सौंपना task
karya suchi *n.* कार्यसूची agenda
karyadhikshaka *n.* कार्याधीक्षिका matron
karyakarm banana *v.t.* कार्यक्रम बनाना programme
karyakram *n.* कार्यक्रम schedule
karyalaya *n.* कार्यालय office
karyamukti *n.* कार्यमुक्ति retirement
karyaniwit karna *v.t.* कार्यान्वित करना implement
karyapaddhati *n.* कार्यपद्धति procedure
karyapranali *n.* कार्यप्रणाली course
karzdaar hona *v.t* कर्जदार होना owe
kasa hua *a.* कसा हुआ tense
kasa hua *a.* कसा हुआ tight

kasam khilana v.t. कसम खिलाना swear
kasav n. कसाव tension
kasayee n कसाई butcher
kasba n. कसबा town
kasba a. कसबा township
kasha n. & adj काँसा bronze
kasht dena v.t. कष्ट देना agonize
kasht dena v.t. कष्ट देना nag
kasht dena v.t. कष्ट देना persecute
kasht dena v.t. कष्ट देना rag
kashtakari a कष्टकारी burdensome
kashth n. कष्ट pressure
kashth premi a. काष्ठ प्रेमी xylophilous
kashth tarang n. काष्ठ तरंग xylophone
kashth-vat prep खस्त-वात ligneous
kashtprad a. कष्टप्रद troublesome
kasidakari n कसीदाकारी embroidery
kaskar pakarna v.t. कसकर पकड़ना grasp
kasna v.t. कसना, tighten
kasni rang ka phool n. कसनी रंग का फूल lilac
kastkari n. काश्तकारी husbandry
kasturi n. कस्तूरी musk
katash n. कटाक्ष insinuation
katav n कटाव erosion
katha sahitya n कथा साहित्य fiction
kathak n. कथक teller
kathan n. कथन narration
kathan n. कथन proposition
kathan n. कथन statement
kathan n. कथन version
kathatmak a. कथात्मक narrative
kath-ghora n. कठघोड़ा hobby-horse
kathin a. कठिन arduous
kathin a कठिन formidable
kathin a. कठिन insurmountable
kathin a. कठिन laborious
kathin parishram n. कठिन परिश्रम toil
kathin parishram karna v.i. कठिन परिश्रम करना toil
kathin paristhiti n. कठिन परिस्थिति predicament
kathinata n. कठिनता rigour
kathinayee n. कठिनाई snag
kathinta n. कठिनता severity
kathinta se chadhna v. i कठिनता से चढ़ना clamber
kathit a. कथित vocal
kathor a. कठोर callous
kathor a. कठोर harsh
kathor a. कठोर pitiless
kathor a. कठोर stern
kathor a. कठोर strict
kathor a. कठोर stringent
kathor a कठोर drastic
kathor a. कठोर rough
kathor anushasak n. कठोर अनुशासक martinet
kathor banana v.t. कठोर बनाना stiffen
kathor parisram karna v.i. कठोर परिश्रम करना moil
kathore a कठोर firm
kathore n. कटोरी grim
kathore banana v.t. कठोर बनाना harden
kathore banana v.t. कठोर बनाना ossify
katna v. t काटना chop
katne ka ghav n काटने का घाव bite
katnewala n. कातनेवाला spinner
katora n कटोरा bowl
katputli n. कठपुतली marionette
kattar samarthak n. कट्टर समर्थक zealot
kattarta n कट्टरता bigotry
katu alochana n. कटु आलोचना stricture
kaular n कॉलर collar
kaun pron. कौन who
kaun sa a. कौनसा what
kaun sa a कौनसा which
kaushal n. कौशल attainment
kaushal n. कौशल sleight
kauwa n कौआ crow
kavach n. कवच armour

kavach *n* कवच mail
kavach *n* कवच pectoral
kavi *n.* कवि bard
kavi *n.* कवि poet
kavita *n.* कविता poem
kavita sambandhi *a.* कविता संबंधी poetic
kavya *n.* काव्य verse
kavya rachna *n.* काव्य रचना poetry
kavyashastra *n.* काव्यशास्त्र poetics
kavyitri *n.* कवयित्री poetess
kaya *n* काया body
kayar *n.* कायर coward
kayar *a* कायर effeminate
kayarta *n.* कायरता cowardice
kayee *a* कई several
ke aar paar *prep.* के आर पार through
ke andar *prep.* के अंदर into
ke atirikt *prep* के अतिरिक्त besides
ke baad mein *prep.* के बाद में after
ke baad se *conj.* के बाद से since
ke bena *prep.* के बिना minus
ke hetu *prep* के हेतु for
ke marg se *prep.* के मार्ग से via
ke neeche *prep* के नीचे beneath
ke paas *prep.* के पास at
ke paas *prep.* के पास near
ke paas mein *prep.* के पास में beside
ke pratyek bhag mein *prep.* के प्रत्येक भाग में throughout
ke saamney *prep* के सामने before
ke sadrashya hona *v.t.* के सदृश होना resemble
ke samay tak *prep.* के समय तक till
keechar *n.* कीचड़ slime
keel *n.* कील clink
keel se bindhna *v.t.* कील से बींधना spike
keet vigyan *n.* कीटविज्ञान entomology
keet-nashi aushadhi *n.* कीटनाशी औषधि insecticide
kehna *v.t* कहना state
kehna *v.t.* कहना utter

kekrha *n* केकड़ा crab
kela *n.* केला banana
kele ka vriksh *n.* केले का वृक्ष plantain
kenchuli *n.* केंचुली slough
kenchuli girana *v.t.* केंचुली गिराना slough
kendra *n* केंद्र centre
kendra *n.* केंद्र nucleus
kendra *n.* केंद्र stronghold
kendra se hat janai wala *adj.* केन्द्र से हट जाने वाली centrifugal
kendra-bindu *n.* केंद्र-बिंदु pivot
kendrit karna *v.t* केंद्रित करना concentrate
kendrit karna *v.t* केंद्रित करना focus
kendrit karna *v.t.* केंद्रित करना rivet
kendriya *a.* केंद्रीय central
kesar *n.* केसर saffron
kesariya *a* केसरिया saffron
keshmarjak *n.* केशमार्जक shampoo
keval *a.* केवल mere
kewal *adv.* केवल just
kewal ek *a.* केवल एक single
kha jana *v.t* खा जाना erode
khaad *n* खाद fertilizer
khaad *n.* खाद manure
khaad dena *v.t.* खाद देना manure
khaari *n.* खाड़ी creek
khabar *n.* खबर information
khabar *n.* खबर news
khacchar jaisa *a.* खच्चर जैसा mulish
khachhar *n.* खच्चर mule
khadaan *n.* खदान quarry
khaderna *v.t.* खदेड़ना repulse
khaderne ki kriya *n.* खदेड़ने की क्रिया repulse
khadi *n.* खाड़ी gulf
khadya *n. pl* खाद्य victuals
khadya padarth *n.* खाद्य पदार्थ eatable
khagolshastra *n.* खगोलशास्त्र astronomy
khagolshastri *n.* खगोलशास्त्री astronomer
khajana *n.* खज़ाना fund

khajanchi *n.* खज़ांची cashier
khal *v.t* खाल skin
khali *a.* खाली bare
khali *a* खाली empty
khali *a.* खाली vacant
khali karna *v* खाली करना empty
khali karna *v. t* खाली करना evacuate
khali karna *v.t.* खाली करना vacate
khalipan *n.* खालीपन vacancy
khamba *n.* खम्बा pillar
khambha *n.* खंभा post
khamir *n.* खमीर yeast
khamir uthana *v.t* खमीर उठाना ferment
khamve par lagana *v.t.* खंभे पर लगाना post
khan *n* खान mine
khana *v. t* खाना eat
khanabdosh *n.* खानाबदोश nomad
khand *n.* खंड piece
khandak *n.* खंदक moat
khandak *n.* खाई, खंदक trench
khandan *n.* खंडन refutation
khandan karna *v. t.* खंडन करना deny
khandan karna *v.t.* खंडन करना refute
khandhar *n.* खंडहर ruin
khandit ansh *n.* खंडित अंश fragment
khane yoygya *a* खाने योग्य eatable
khanij *n.* खनिज fossil
khanij *n.* खनिज mineral
khanij dhatu *n.* कच्ची धातु ore
khanij sambandhi *a* खनिज संबंधी mineral
khanij shastra *n.* खनिज शास्त्र mineralogy
khanij tel *n.* खनिज तैल petroleum
khanij vigyaani *n.* खनिज विज्ञानी mineralogist
khanik *n.* खनिक miner
khanjar *n.* खंजर dagger
khansi *n.* खांसी cough
khansna *v. i.* खांसना cough
khapchi *n.* खपची wicker

khapra *n.* खपरा tile
khapron se patna *v.t.* खपरों से पाटना tile
khara *a.* खरा sterling
khara hona *v.i.* खड़ा होना stand
khara pani *n* खारा पानी brine
kharaad *n.* खराद lathe
kharaad machine *n.* खराद मशीन lathe
kharadi *n.* खरादी turner
kharapan *n.* खारापन salinity
kharch *n.* खर्च expense
kharch karna *v. t* खर्च करना expend
kharchaa *n* खर्चा expenditure
khargosh *n.* खरगोश hare
khargosh *n.* खरगोश rabbit
khargoshon ka barha *n.* खरगोशों का बाड़ा warren
kharha *a.* ऊपर vertical
kharhi *n* खाड़ी bay
kharhi chattan *n.* खाड़ी चट्टान cliff
kharkharh *n* खड़खड़ rattle
kharkharhana *v. t* खड़खड़ाना rattle
kharid *n.* खरीद purchase
kharidana *v. t.* खरीदना buy
kharidana *v.t.* खरीदना purchase
khariddari karna *v.i.* खरीददारी करना shop
kharij karna *v. t.* खारिज करना dismiss
kharonch *n* खरोंच graze
kharonch *n.* खरोंच scratch
kharrata *n* खर्राटा snore
kharrate lena *v.i.* खर्राटे लेना snore
khasra *n* खसरा measles
khata *n.* खाता account
khata bahi *n.* खाता बही ledger
khatarnak *a* खतरनाक dangerous
khatarnak *a.* खतरनाक risky
khatarnak *a.* खतरनाक vicious
khat-khat ki awaz *n.* खटखट की आवाज़ click
khat-khatana *v.t.* खटखटाना knock
khatmal *n.* खटमल bug

khatra *n.* खतरा jeopardy
khatra *n.* खतरा risk
khatre ki suchana *v.t* खतरे की सूचना alarm
khatre mein dalna *v.t.* खतरे में डालना risk
khatrey mein dalna *v.t.* खतरे में डालना jeopardize
khatta *adj.* खट्टा citric
khatta *a.* खट्टा sour
khatta karna *v.t.* खट्टा करना sour
khazana *n.* ख़ज़ाना treasury
khed *n* खेद regret
khed prakat karna *v.i.* खेद प्रकट करना apologize
khed yogya *a.* खेद योग्य lamentable
khedjanak *a* खेदजनक deplorable
khedjanak *a.* खेदजनक unfortunate
khel *n.* खेल game
khel *n.* खेल play
khel ka maidaan *n* खेल का मैदान field
khelkud *n.* खेलकूद athletics
khelkud pratiyogita *n.* खेलकूद प्रतियोगिता tournament
khet *n.* खेत plantation
khet mein *adv.* खेत में afield
khevan *n.* खेवन sail
khiladi *n.* खिलाड़ी sportsman
khilarhi *n.* खिलाड़ी player
khilauna *n.* खिलौना toy
khilna *v.i* खिलना blossom
khilvarh karna *v.i.* खिलवाड़ करना sport
khilvarh karna *v.i.* खिलवाड़ करना toy
khilvarh karna *v.i* खिलवाड़ करना trifle
khinchav *n.* खिंचाव traction
khinnta *n.* खिन्नता melancholy
khira *n* खीरा cucumber
khirhki *n.* खिड़की window
khirki *n* खिड़की mullion
khisakana *v.i.* खिसकाना slide
kho dena *v.t.* खो देना lose
khodna *v.t.* खोदना dig

khoj *n.* खोज discovery
khoj *n.* खोज search
khoj karna *v.t.* खोज करना quest
khoj yatra *n* खोजयात्रा expedition
khojana *v. t* खोजना detect
khojana *v.t.* खोजना search
khojana *v.t.* खोजना unearth
khojkar lutana *v.t.* खोजकर लूटना rifle
khojna *v.t* खोजना explore
khojna *v.t.* खोजना ransack
khojne yogya *a.* खोजने योग्य traceable
khokhla *a.* खोखला hollow
khokhla karna *v.t* खोखला करना hollow
khokla karna *v. t.* खोखला करना excavate
kholna *v.t.* खोलना open
kholna *v.t.* खोलना unfold
khona *v.t.* खोना miss
khoon behna *v. i* खून बहना bleed
khoon ki kami *n* खून की कमी anaemia
khoonta *n.* खूंटा picket
khoonta *n* खूंटा stake
khoprhi *n.* खोपड़ी skull
khot *n.* खोट alloy
khota *a* खोटा bogus
khota *a.* खोटा counterfeit
khrda *n.* खेड़ा hamlet
khubani *n.* खूबानी apricot
khudayee *n* खुदाई dig
khudra *a* खुदरा retail
khudra dwara *adv.* खुदरा द्वारा retail
khujli *n.* खुजली itch
khujli hona *v.i.* खुजली होना itch
khujli ki bimari *n.* खुजली की बीमारी scabies
khula *a.* खुला open
khula maidan *n.* खुला मैदान lea
khulai roop mein *adv.* खुले रूप में openly
khulhadi se katna *v.t.* कुल्हाड़ी से काटना hew
khun *n* खून blood
khunkhar *a* खूंखार ferocious

khunti *n.* खोंटी peg
khunti *n.* खूंटी stubble
khur *n.* खुर hoof
khurachna *v.t.* खुरचना scratch
khurak *n* खुराक dose
khurdara *a.* खुरदरा rugged
khusal vakta *n.* कुशल वक्ता orator
ki *conj.* कि that
ki aur *prep.* की ओर towards
ki put dena *v.t.* की पुट देना tinge
kicharh *n.* कीचड़ slush
kicharh se ganda karna *v. t* कीचड़ से गन्दा करना bemire
kicharhdaar *a.* कीचड़दार slushy
kichhad *n.* कीचड़ mire
kichhad *n.* कीचड़ mud
kichhad *n.* कीचड़ ooze
kilak *n.* कीलक rivet
kile ki diwar *n.* किले की दीवार rampart
kilon se jadna *v.t.* कीलों से जड़ना nail
kimiyagiri *n.* कीमियागीरी alchemy
kinaara *n.* किनारा margin
kinara *n.* किनारा rim
kinara *n.* किनारा verge
kinare par *adv.* किनारे पर ashore
kinari *n.* किनारी lace
kinari lagana *v.t* किनारी लगाना border
kinchav *n* खिंचाव stretch
kintu *conj.* किंतु but
kinv-vadanti *n.* किंवदंती legend
kiraay par dena *v.t* किराए पर देना hire
kiran *n* किरण beam
kiran *n.* किरण ray
kiran kendra *n* किरण केंद्र focus
kirana *n.* किराना grocery
kirayadar *n.* किरायेदार tenant
kirayadari *n.* किरायेदारी tenancy
kiraye par lena *v.t.* किराये पर लेना rent
kirch *n.* किरच splinter
kirha *n.* कीड़ा caterpillar
kirha *n.* कीड़ा worm

kirti *n* कीर्ति fame
kirti *n.* क्रीति laurel
kirti *n.* कीर्ति repute
kirtimaan hona *v. t.* कीर्तिमान होना commemorate
kirtiman *n.* कीर्तिमान record
kis drishti se *adv.* किस दृष्टि से wherein
kisaan *n.* किसान agriculturist
kisan *n* किसान boor
kisan *n* किसान farmer
kisan *n.* किसान peasant
kisan varg *n.* किसान वर्ग peasantry
kise *pron.* किसे whom
kishmish *n.* किशमिश raisin
kishor *a.* किशोर adolescent
kishor, kishori *n.* किशोर, किशोरी teenager
kishoravastha *n.* किशोरावस्था adolescence
kishoravastha *n. pl.* किशोरावस्था teens
kishore sambandhi *a.* किशोर संबंधी juvenile
kishori *n.* किशोरी lass
kisi bhi samay *adv* किसी भी समय ever
kisi ke virudh larhna *v.t* किसी के विरुद्ध लड़ना fight
kisi na kisi tarike se *adv.* किसी न किसी तरीके से anyhow
kisi seema tak *adv.* किसी सीमा तक any
kiska *pron.* किसका whose
kist *n.* किस्त instalment
kit *n.* कीट insect
kitnashak *n.* कीटनाशक pesticide
ko shikar banana *v.t.* को शिकार बनाना victimize
kohani *n* कोहनी elbow
kohara *n* कोहरा damp
kohara *n* कोहरा fog
kohni *n* कोहनी ancon
kohni se chhuna *v.t.* कोहनी से चूना nudge
kohra *n.* कुहरा haze
koi *a.* कोई any

koi kuch *a.* कोई, कुछ some
koi nahi *pron.* कोई नहीं nobody
koi nahi *pron.* कोई नहीं none
koi padarth *n.* कोई पदार्थ stuff
koi vi nahi *conj.* कोई भी नहीं neither
koi vyakti *pron.* कोई व्यक्ति somebody
koi vyakti *pron.* कोई व्यक्ति someone
koi wastu *n.* कोई वस्तु aught
koi-koi *a* कोई-कोई stray
kokeen *n* कोकीन cocaine
kolahaal *n.* कोलाहल hubbub
kolahal *n* कोलाहल clamour
kolahal *n* कोलाहल din
kolahal *n.* कोलाहल uproar
kolahal karna *v. i.* कोलाहल करना clamour
kolahalkari *a.* कोलाहलकारी noisy
kolahalpurna *a.* कोलाहलपूर्ण loud
kolahalpurna *a.* कोलाहलपूर्ण tumultuous
kolahalpurna *a.* कोलाहलपूर्ण uproarious
kolahalpurna *a.* कोलाहलपूर्ण rowdy
komal *a.* कोमल lenient
komal *a.* कोमल mealy
komal *n.* कोमल soft
komal banana *v.t.* कोमल बनाना soften
komalta *n.* कोमलता mildness
kona *n* कोन angle
kona *n* कोना corner
konchna *v.t.* कोचना poke
kon-sambandhi *a.* कोण-संबंधी angular
koodna *v.i.* कूदना vault
koora *n.* गोबर muck
koorha karkat *n.* कूड़ा करकट trash
kora *a* कोरा blank
koram *n.* कोरम quorum
korha *n* कोड़ा lash
korha *n.* कोड़ा whip
korha marna *a.* कोड़ा मारना lash
kosh *n* कोष budget
kosh *n.* कोश reservoir
kosh rachna *n.* कोश रचना lexicography

koshadhyaksha *n.* कोषाध्यक्ष treasurer
kota *n.* कोटा quota
kothar *n.* कोठार barn
kothari *n.* कोठरी cell
kothari *n.* कोठरी closet
kothri *n.* कोठरी cabin
koyal *n* कोयल cuckoo
koyla *n* कोयला coal
kram *n.* क्रम array
kram *n.* क्रम series
kram mein rakhna *v.t.* क्रम में रखना arrange
kram se *adv* क्रम से consecutively
kram se rakhna *v.t.* क्रम से रखना range
krama se hone wala *a.* क्रम से होने वाला alternate
kramavaya *n.* क्रमवय permutation
krambadh karna *v.t* क्रमबद्ध करना marshal
krambhang karna *v.t.* क्रमभंग करना interrupt
kramik *a.* क्रमिक gradual
kramik *a.* क्रमिक serial
kramik *a.* क्रमिक successive
kramik vridhi *n* क्रमिक वृद्धि accretion
krantikari *a.* क्रांतिकारी revolutionary
kraya vikraya karna *v.t* क्रय विक्रय करना market
kreta *n.* क्रेता buyer
krida *n.* क्रीड़ा pastime
krida sthal *n.* क्रीड़ा स्थल stadium
kripa *n* कृपा benevolence
kripalu *a* कृपालु benevolent
kripalu *a* कृपालु kind
kripiya *adv.* कृपया kindly
krirha *n.* क्रीड़ा prank
krirha pratiyogi *n.* क्रीड़ा-प्रतियोगी athlete
krirhasheel *a.* क्रीड़ाशील sportive
krishi *n* कृषि agriculture
krishi bhumi *n* कृषि भूमि farm
krishi bhumi *n* कृषि भूमि field

krishi mazdoor *n.* कृषि मज़दूर serf
krishi utpaadan *n.* कृषि उत्पादन produce
krishi-sambandhi *a* कृषि-संबंधी agricultural
kritagayta *n.* कृतज्ञता gratitude
kritagna *a.* कृतघ्न thankless
kritagya *a.* कृतज्ञ, thankful
kritank *n.* कृतंक rodent
kritdhanta *n.* कृतघ्नता ingratitude
kritrim banana *v.t.* कृत्रिम बनाना sophisticate
kritrim makkhan *n.* कृत्रिम मक्खन margarine
kritrim upgreh *n.* कृत्रिम उपग्रह sputnik
kritrim utpadan *n* कृत्रिम उत्पादन synthetic
kritrimata *n.* कृत्रिमता mannerism
kritrimata *n.* कृत्रिमता sophistication
kritsankalp *a.* कृतसंकल्प resolute
kriya *n.* क्रिया practice
kriya क्रिया verb
kriyashil banana *v.t.* क्रियाशील बनाना arouse
kriya-visheshan *n.* क्रिया-विशेषण adverb
kriyawachak sangya *n.* क्रियावाचक संज्ञा gerund
krodh *n.* क्रोध anger
krodh *n* क्रोध displeasure
krodh *n.* क्रोध indignation
krodh *n.* क्रोध ire
krodh *n.* क्रोध rage
krodh *n.* क्रोध wrath
krodh karna *v.t* क्रुद्ध करना enrage
krodh karna *v.i.* क्रोध करना rage
krodhi *a.* क्रोधी aggressive
krodhi *n* क्रोधी tempered
krodhi *a.* क्रोधी passionate
krodhit *a.* क्रोधित angry
krudh *a.* क्रुद्ध indignant
krudh karna *v.t.* क्रुद्ध करना infuriate
krurta *n.* क्रूरता savagery

krurtapurna *a* क्रूरतापूर्ण beastly
kshama *n.* क्षमा pardon
kshama karna *v.t* क्षमा करना forgive
kshama karna *v.t.* क्षमा करना pardon
kshama ke yogay *a.* क्षमा के योग्य pardonable
kshama pradan *n.* क्षमा प्रदान condone
kshamta *n.* क्षमता capacity
kshamya क्षम्या venial
kshati *n.* क्षति injury
kshati karna *v.t.* क्षति करना injure
kshati se bachana *v.t.* क्षति से बचाना salvage
kshatipurti *n.pl.* क्षतिपूर्ति amends
kshatipurti *n* क्षतिपूर्ति compensation
kshatipurti karna *v.t* क्षतिपूर्ति करना compensate
kshatipurti karna *v.t.* क्षतिपूर्ति करना recoup
kshatipurti yogya *a.* क्षतिपूर्ति योग्य reparable
kshay rog *n* क्षयरोग consumption
kshetra *n.* गुंजाइश scope
kshetra *n.* क्षेत्र territory
kshetra *n.* क्षेत्र zone
kshetraphal *n* क्षेत्रफल area
kshetriya *a.* क्षेत्रीय regional
kshetriya *a.* प्रादेशिक territorial
ksheya rog *n.* क्षेय रोग tuberculosis
kshin hona *v. t* क्षीण होना dwindle
kshomvastr *n.* क्षोमवस्त्र linen
kshti pahuchana *v. t.* क्षति पहुंचाना damage
kshudhavardhak vastu *n* क्षुधावर्धक वस्तु appetizer
kshudra vetan *n.* क्षुद्र वेतन pittance
kuan *n.* कुआं well
kubad *n.* कूबड़ hunch
kuch *pron.* कुछ some
kuch *pron.* कुछ something

kuch bhi *pron.* जो कुछ भी, कुछ भी whatever
kuch kuch *adv.* कुछ-कुछ rather
kuch kuch *adv.* कुछ कुछ somewhat
kuch nahin *n.* कुछ नहीं nothing
kuch nahin *n.* कुछ नहीं nought
kuch seema tak *adv.* कुछ सीमा तक something
kuchalna *v.t.* कुचलना contuse
kuchalna *v.t.* कुचलना suppress
kuchalna *v.t.* कुचलना, रौंदना trample
kuchalna *v.t.* कुचलना tread
kuchh der ke liye *adv.* कुछ देर के लिए awhile
kuchh nahi *n.* कुछ नहीं nil
kud *n* कूद leap
kuda kachra *n.* कूड़ा कचरा garbage
kuda karkat *n.* कूड़ा करकट rubbish
kudna *v.i.* कूदना dap
kudna *v.i.* कूदना jump
kudna *v.i.* कूदना leap
kuhara *n.* कुहरा mist
kujan *n* कूजन warble
kujana *v.i.* कूजना warble
kukhyat *n.* कुख्यात arrant
kukhyat *a.* कुख्यात notorious
kukhyati *n.* कुख्याति notoriety
kukhyati *adj* कुख्याती notoriety
kukna *v. i* कूकना cackle
kukurmutta *n.* कुकुरमुत्ता mushroom
kul *a* कुल overall
kuladhipati *n.* कुलाधिपति chancellor
kulharhi *n.* कुल्हाड़ी axe
kulharhi *n.* कुल्हाड़ी hatchet
kuli *n* कुली coolie
kuli *n.* कुली porter
kulin baykti *n.* कुलीन व्यक्ति noble
kulin prush *n.* कुलीनपुरुष nobleman
kulin vyakti *n.* कुलीन व्यक्ति aristocrat
kulin warg *n.* कुलीन वर्ग nobility
kulinlog *n.* कुलीनलोग gentry

kulintantra *n.* कुलीनतंत्र aristocracy
kulmaata *n.* कुलमाता matriarch
kulnaam *n.* कुलनाम surname
kumari *n.* कुमारी maid
kumari *n.* कुमारी miss
kumari kaniya *n.* कुमारी कन्या damsel
kumbh rashi *n.* कुम्भ राशि Aquarius
kumhar *n.* कुम्हार potter
kumudini *n.* कुमुदिनी lily
kunain *n.* कुनैन quinine
kund *a* कुंद blunt
kund *n.* कूंड़ furrow
kunda *n* कुंदा block
kunda *n.* कुंदा log
kundi *n.* कुंडी latch
kunj *n* कुंज bower
kunji *n.* कुंजी key
kunwari *n.* कुंआरी virgin
kuposhan *n.* कुपोषण malnutrition
kuprabandh *n.* कुप्रबंध mismanagement
kursi *n.* कुर्सी chair
kurup *a.* कुरूप ugly
kurup banana, bigaadna *v.t.* कुरूप बनाना, बिगाड़ना uglify
kurupta *n.* कुरूपता ugliness
kushagrata *n.* कुशाग्रता acumen
kushal *adj.* कुशल deft
kushal *a* कुशल efficient
kushal vyakti *n* कुशल व्यक्ति expert
kushalta *n.* कुशलता art
kushasan *n.* कुशासन mal administration
kushasan *n.* कुशासन misrule
kusht *n.* कुष्ठ leprosy
kushti larhna *v.i.* कुश्ती लड़ना, संघर्ष करना wrestle
kushti larhne wala *n.* कुश्ती लड़ने वाला wrestler
kushtrogi *n.* कुष्ठरोगी leper
kusmayojan *n.* कुसमायोजन mal adjustment
kutark *n.* कुतर्क sophism

kutarki *n.* कुतर्की sophist
kutarne ki kriya *n* कुतरने की क्रिया nibble
kuti *a.* कुटी shanty
kutir *n.* कुटीर hut
kutiya *n* कुतिया bitch
kutiya *n.* कुटिया wigwam
kutna *v.t.* कूटना pound
kutniti *n* कूटनीति diplomacy
kut-nitik *a* कूट नीतिक diplomatic
kutta *n* कुत्ता dog
kuttaghar *n.* कुत्ताघर kennel
kutte ki ek nasal *n.* कुत्ते की एक नस्ल spaniel
kutte ki ek nasal *n.* कुत्ते की एक नस्ल terrier
kuttiya *n.* कुटी hermitage
kutuhal *n* कुतूहल curiosity
kutuhali *a.* कुतूहली nosey
kuud *n* कूद hop
kuulha *n* कूल्हा hip
kya! *interj.* क्या ! what
kyon *adv.* क्यों why
kyonki *conj.* क्योंकि because
kyonki *conj.* क्योंकि for

L

la parvah *a.* लापरवाह negligent
laad karna *v.t.* लाड करना dandle
laadna *v. t* लादना burden
laagat *n.* लागत cost
laal hona *v.t.* लाल होना redden
laal rang *n.* लाल रंग red
laal rang ka *a.* लाल रंग का red
laalchi *a.* लालची mercenary
laanchan lagana *v.t.* लांछन लगाना impute
laar *n.* लार saliva
lababdar mishtann *n.* लाबाबदार मिष्ठान jelly
labada *n.* लबादा gown
labada *n.* लबादा overall
labada *n.* लबादा robe
labada *n.* लबादा smock
labh *n.* लाभ advantage
labh *n* लाभ benefit
labh *n.* लाभ profit
labh *n.* लाभ use
labh *n.* लाभ utility
labh pahuchana *v. t.* लाभ पहुँचाना benefit
labh pahuchana *v.t.* लाभ पहुंचाना profit
labh pahunchana *v.t.* लाभ पहुंचाना advantage
labhdayak *a.* लाभदायक advantageous
labhkari *a* लाभकारी beneficial
labhkari *a.* लाभकारी fruitful
labhkari *n* लाभ gain
labhkari *a.* लाभकारी profitable
labhkari *a.* लाभकारी remunerative
labhkari *a.* लाभकारी salutary
labhprad *a.* लाभप्रद lucrative
lachchi *n.* लच्छी skein
lachila *a* लचीला elastic
lachila *a* लचीला flexible
lachila hona *v.t.* लचीला होना limber
lachili tahani *n.* लचीली टहनी withe
ladai *n.* लड़ाई wrangle
ladana *v.t.* लादना lade
ladka *n.* लड़का lad
ladkhadana *v.i.* लड़खड़ाना lurch
ladkhadana *v.i.* लड़खड़ाना reel
ladki *n.* लड़की girl
ladna *v.t.* लादना load
ladna *v.i.* लड़ना wrangle
lagam *n* लगाम bridle
lagam *n.* लगाम rein
lagana *v.t.* लगाना impose
laga-taar *adj.* लगातार consecutive
lagatar *a.* लगातार perpetual
lagav *n* लगाव appurtenance
lagav *n.* लगाव attachment
lagbhag *adv* लगभग about

lagbhag utarna *adv.* लगभग उतना thereabouts
laghhu pratirup *n.* लघु प्रतिरूप miniature
laghu *a.* लघु venial
laghu upnayas *n.* लघु उपन्यास novelette
laghushanka karna *v.i.* लघुशंका करना urinate
laghu-tar *a.* लघुतर lesser
lagu karna *v.t.* लागू करना apply
lahasun *n.* लहसुन garlic
laingik *a.* लैंगिक sexual
lajja se lal ho jana *v.i* लज्जा से लाल हो जाना flush
lajjajanak *a.* लज्जाजनक shameful
lajjit *a.* लज्जित ashamed
lajjit karna *v.t.* लज्जित करना abash
lajjit karna *adv* लज्जित ablush
lajjit karna *v.t.* लज्जित करना shame
lakarbaggha *n.* लकड़बग्घा hyena, hyena
lakrhi ka takhta *n.* लकड़ी का तख्ता plank
lakri *n.* लकड़ी wood
lakri ka *a.* लकड़ी का wooden
lakshan *n* लक्षण feature
lakshan *n.* लक्षण symptom
lakshansuchak *a.* लक्षणसूचक symptomatic
lakshya *n.* लक्ष्य aim
lakshya *n.* लक्ष्य goal
lakshya sadhna *v.i.* लक्ष्य साधना aim
lakva mara hua *a.* लकवा मारा हुआ paralytic
lakva marna *v.t.* लकवा मारना paralyse
lakva rog *n.* लकवा रोग paralysis
lal mirch *n.* लाल मिर्च chilli
lal tain *n.* लालटेन lantern
lalasa *n.* लालसा yearning
lalayit hona *v.i.* लालायित होना hanker
lalayit hona *v.i* लालायित होना long
lalayit hona *v.i.* लालायित होना pine
lalayit hona *v.i.* लालायित होना yearn
lalchauhan *a.* ललछौहां reddish

lalchi *a.* लालची greedy
lalsa *n.* लालसा avarice
lamba *a.* लंबा lengthy
lamba *a.* लंबा long
lamba *a.* लंबा tall
lamba aur patla *a.* लंबा और पतला lank
lamba dag *n* लंबा डग stride
lamba danda *n.* लंबा डंडा pole
lamba juta *n.* लंबा जूता wellington boot
lamba karna *v.t.* लंबा करना lengthen
lamba karna *v.t.* लंबा करना prolong
lamba kot *n.* लंबा कोट overcoat
lambai *n.* लम्बाई length
lambe samay tak *adv* लंबे समय तक long
lambi bhindant *n* लंबी भिड़ंत rally
lambi daud *n.* लंबी दौड़ marathon
lambi topi *n.* लम्बी टोपी mitre
lambi, kathor paidal yatra *n.* लंबी, कठोर पैदल यात्रा trek
lampatata *n* लंपटता debauch
lana *v. t* लाना bring
lana *v.t* लाना fetch
langar *n.* लंगर anchor
langar shulk *n* लंगरशुल्क anchorage
langur *n.* लंगूर gibbon
laparvah *a.* लापरवाह profligate
laparwah *a.* लापरवाह irresponsible
lapetana *v.t.* लपेटना wrap
lapetna *v.t.* लपेटना convolve
lapetna *v.t.* लपेटना wind
larhaka *a.* लड़ाका quarrelsome
larhakpan *n* लड़कपन boyhood
larhaku *a* लड़ाकू bellicose
larhayee *n* लड़ाई fray
larhkhara kar chalna *v.i.* लड़खड़ाकर चलना stagger
larhkharhahat *n.* लड़खड़ाहट stagger
larhna *v.i.* लड़ना war
larki *n.* लड़की wench
larkion ki tarah *a.* लड़कियों की तरह girlish

lasa n. लासा lime
lata n लता creeper
lathi n. लाठी stick
lattu n. लड्डू top
lattu n. लट्टू, चक्रदोला whirligig
lauki n. लौकी gourd
launda n. लौंडा youngster
laundebaz n. लौंडेबाज़ sodomite
laundebazi n. लौंडेबाज़ी sodomy
lautana v.t. लौटाना refund
lautana v.t. लौटाना reimburse
lautana v.t. लौटाना render
lautana v.t. लौटाना requite
lautana v.i. लौटना return
lautana v.i. लौट आना revert
lava n. लावा lava
lavang n लवंग clove
laya hua adj. लाया हुआ borne
le jana v.t ले जाना bear
le jana v.t ले जाना transport
le jane yogya a. ले जाने योग्य portable
lebal lagana v.t. लेबिल लगाना label
leela godna v.i. लीला गोदना tattoo
lehar n लहर billow
lehar n. लहर ripple
lehar n. लहर wave
lehrana v.i लहराना billow
lehrana v.t. लहराना ripple
lehrana v.i. लहराना undulate
lei se chipkana v.t. लेई से चिपकाना paste
lekh n लेख article
lekha n. लेखा register
lekha karna v.t. लेखा करना compute
lekhak n. लेखक author
lekhak n. लेखक recorder
lekhan samagri n. लेखन सामग्री stationery
lekhna v.t. लिखना pen
lekhni n. लेखनी pen
lekhya pramanak n. लेख्य प्रमाणक notary
lena v.t. लेना take
len-den n लेन-देन deal

lep lagana v.t. लेप लगाना plaster
lesdaar a. लेसदार lacy
liblibi n. लिबलिबी trigger
lifafaa n लिफ़ाफ़ा envelope
lihaz karnewala a. लिहाज़ करनेवाला thoughtful
lik, pakki aadat n. लीक, पक्की आदत rut
likhavat n लिखावट calligraphy
likhawat n. लिखावट script
likhna v.t. लिखना inscribe
likhna v.t. लिखना, write
likhnewala n. लिखनेवाला writer
ling n. लिंग gender
ling n. लिंग penis
ling n. लिंग sex
lipik n लिपिक clerk
lipt a. लिप्त indulgent
litre n. लीटर litre
litta dena n लिटा देना lay
lobh karna v.t. लोभ करना covet
loha n. लोहा iron
lohar n लोहार blacksmith
lohar ki dokaan n लोहार की दुकान forge
lokokti n लोकोक्ति byword
lokopakaar n. लोकोपकार philanthropy
lokpriya a. लोकप्रिय popular
loktantra sambandhi a. लोकतंत्र संबंधी republican
loktantravaadi n लोकतंत्रवादी republican
lolupata n. लोलुपता greed
lomcharm n लोमचर्म beaver
lomdi n. लोमड़ी fox
lom-hiin n लोम-हीन nap
lori n. लोरी lullaby
loshan n. लोशन lotion
lot pot karna v.i. लोट पोट करना wallow
lota n. लोटा jug
lotary n. लॉटरी lottery
lubhana v. t. लुभाना entice
lubhana v.t. लुभाना tempt
lubhanewala n. लुभानेवाला tempter

lubhawana *a* लुभावना seductive
lugdi banana *v.t.* लुगदी बनाना pulp
lupt ho jaana *v.i.* लुप्त हो जाना vanish
lupt hona *v.t* लुप्त होना dissolve
lut ka maal *n* लूट का माल booty
lut ka maal *n* लूट का माल plunder
lutana *v.t.* लूटना rob
lutera *n.* लुटेरा marauder
lutera, *n.* लुटेरा robber
lutmaar karte firna *v.i.* लूटमार करते फिरना maraud
lutmar *n.* लूटमार loot
lutna *v.t* लूटना fleece
lutna *v.t.* लूटना plunder
lutpaat karna *v.i.* लूटपाट करना loot
lutpat,dakaiti *n.* लूटपाट, डकैती robbery

M

maa hona *v.t.* मां होना mother
maa jaisa *a.* मां जैसा motherly
maada *n* मादा female
maadak *n.* मादक intoxicant
maadakta *n.* मादकता intoxication
maal *n.* माल commodity
maal *n.* माल stock
maala *n.* माला rosary
maali *n.* माली gardener
maalish *n.* मालिश massage
maalish karna *v.t.* मालिश करना massage
maan hani *n* मान हानि defamation
maan lena *v.t.* मान लेना accede
maan lena *v.t.* मान लेना presuppose
maand *n.* मांद lair
maandaiya *n.* मानदेय honorarium
maang *n* मांग demand
maang *n.* मांग requirement
maangna *v.t.* मांगना require
maanniya *a.* माननीय honourable
maans *n* मांस flesh

maans *n.* मांस meat
maans *n.* मांस mutton
maansik *a.* मानसिक mental
maansikta *n.* मानसिकता temper
maanviya *a.* मानवीय human
maapak *n.* मापक meter
maapdand *n* मापदंड criterion
maar peet karna *v.t.* मार पीट करना manhandle
maarna *v.t.* मारना lambaste
maarne wala *n.* मारने वाला killer
maasik *n* मासिक monthly
maasum *a.* मासूम candid
maat kar dena *v.t.* मात कर देना outshine
maata *n* माता mother
maata *adj* माता mummy
maatam *n.* मातम mourning
maatha *n.* माथा forehead
maathe par ki alak *n* माथे पर की अलक forelock
machhar *n.* मच्छर mosquito
machli *n* मछली fish
machliyon ka jhund *n.* मछलियों का झुंड shoal
machuaara *n* मछुआरा fisherman
madhai ki machine *n.* मड़ाई की मशीन thresher
madhukosh *n.* मधुकोश honeycomb
madhumakhi *n.* मधुमक्खी bee
madhumakhi ka ghar *n.* मधुमक्खी का घर beehive
madhumakhi ka chhata *n.* मधुमक्खी का छत्ता hive
madhumakhi-paalan *n.* मधुमक्खी-पालन apiculture
madhumakhipaalan-sthan *n.* मधुमक्खीपालन-स्थान apiary
madhumeh *n* मधुमेह diabetes
madhur madira *n.* मधुर मदिरा malmsey
madhushala *n.* मधुशाला tavern
madhy मध्य midst

madhya *prep* मध्य between
madhya bindu *n* मध्य बिंदु middle
madhya nikalna *v.t.* माध्य निकालना average
madhyadesh *n.* मध्यदेश midland
madhyagami *a.* मध्यगामी median
madhyaharn *n.* मध्याह्न midday
madhya-jhilli *n.* मध्य-जिली midriff
madhyam *a.* मध्यम moderate
madhyantar *n.* मध्यांतर interval
madhyasth *n.* मध्यस्थ arbitrator
madhyasth *n.* मध्यस्थ intermediary
madhyastha *n.* मध्यस्थ arbiter
madhyasthata *n.* मध्यस्थता mediation
madhyasthata karna *v.t.* मध्यस्थता करना arbitrate
madhyasthata karna *v.i.* मध्यस्थता करना mediate
madhyavarti *a.* मध्यवर्ती mid
madhyawarti *a.* मध्यवर्ती intermediate
madhyawarti *a.* मध्यवर्ती middle
madhyayasth *n.* मध्यस्थ mediator
madhygrisham ritu *n.* मध्यग्रीष्म ऋतु midsummer
madhyug ka *a.* मध्ययुग का medieval
madira *n.* मदिरा liquor
madonmat karna *v.t.* मदोन्मत्त करना intoxicate
madyasar *n* मद्यसार alcohol
madyatyag *n.* मद्यत्याग temperance
madyatyagi *a.* मद्यत्यागी teetotal
madyatyagi *n.* मद्यत्यागी teetotaller
maha paashan *n.* महा पाषाण megalith
maha vidyalaya *n* महाविद्यालय college
mahaanta *n.* महानता magnitude
mahachingat *n.* महाचिंगट lobster
mahadvip *n* महाद्वीप continent
mahadvipiya *a* महाद्वीपीय continental
mahakavya *n* महाकाव्य epic
mahakna *v.i.* महकना bloom
mahal *n.* महल palace
mahamaari *a.* महामारी plague
mahamari *n* महामारी epidemic
mahamari *n.* महामारी pestilence
mahan *a* महान big
mahan *a.* महान grand
mahan vidwan *n.* महान विद्वान् luminary
mahanagar *n.* महानगर metropolis
mahanagar ka *n.* महानगर का metropolitan
mahanata *n.* महानता stature
mahanga *a* महंगा dear
mahanga *a* महंगा expensive
mahanga *a.* महंगा precious
mahapaashniya *a.* महापाषाणीय megalithic
mahapursh *n.* महापुरुष magnate
maharaj *n.* महाराज Highness
maharani *n* महारानी empress
maharani *n.* महारानी queen
mahatva *n.* महत्व importance
mahatva *n.* महत्व price
mahatva dena *v. t* महत्व देना emphasize
mahatva-heen *a.* महत्वहीन immaterial
mahatvahin *a.* महत्वहीन insignificant
mahatvahin *a.* महत्त्वहीन negligible
mahatva-hinta *n.* महत्व-हीनता insignificance
mahatvakanksha *v.t.* महत्वाकांक्षा aspire
mahatvapurna *a.* महत्वपूर्ण important
mahatvapurna *a.* महत्वपूर्ण momentous
mahavir *n* महावीर chevalier
mahawat *n.* महावत mahout
maheene mein do bar *adj.* महीने में दो बार bimonthly
mahila *n.* महिला lady
mahin *a* महीन fine
mahina *n.* महीना month
mahsus karna *v.t* महसूस करना feel
mahtvakansha *n.* महत्वाकांक्षा ambition
mahtvakanshi *a.* महत्वाकांक्षी ambitious
mahtya *n.* महत्व significance

maidan *n.* मैदान plain
mail *n* मेल coalition
mail *n.* मेल rapport
maila kuchaila *a.* मैला कुचैला slovenly
mailmilap karna *v.t.* मेलमिलाप कराना reconcile
main *pron.* मैं I
maithun karna *v.i.* मैथुन करना copulate
majakiya *a* मज़ाकिया comical
majakiya *n.* मज़ाकिया funny
majbuth karna *v.t.* मज़बूत करना fortify
majhla *a.* मझला mean
majjak *n.* मज़ाक mockery
major *n* मेजर major
makaan *n* मकान house
makar rashi *n* मकर राशि Capricorn
makarhi *n.* मकड़ी spider
makbara *n.* मकबरा mausoleum
makhan *n* मक्खन butter
makhan lagana *v. t* मक्खन लगाना butter
makhi *n* मक्खी fly
makhmal *n* मखमल plush
makhmal *n.* मखमल velvet
makhmali *a.* मखमली velvety
makka *n.* मक्का maize
makrhi ka jaala *n.* मकड़ी का जाला web
makrhi ka jala *n* मकड़ी का जाला cobweb
makri *n* मकड़ी mite
mal *n.* मल refuse
mala *n* माला anadem
mala *n.* माला garland
mala *n.* माला wreath
mala pahnana *v.t.* माला पहनाना garland
malai *n* मलाई cream
malaria *n.* मलेरिया malaria
malba *n* मलबा debris
malba *n.* मलबा rubble
maldibba *n.* मालडिब्बा wagon
malgujari *n.* मालगुज़ारी rent
malik *n* मालिक boss
malikana *a.* मालिकाना proprietary

malin *a* मलिन dirty
maljal *n.* मलजल sewage
malmal *n.* मलमल muslin
mal-vyawastha *n.* मलव्यवस्था sewerage
mamera bhai *n.* ममेरा भाई cousin
mamla *n.* मामला affair
mamla niptana *v. t* मामला निपटाना dispose
mamuli sa *a.* मामूली सा marginal
man rakhna *v.t.* मन रखना indulge
mana karna *v.t.* मना करना prohibit
mana karna *v.t.* मना करना refuse
manak *n.* मानक norm
manak *n.* मानक standard
manakikaran karna *v.t.* मानकीकरण करना standardize
manana *n.* मनाना palaver
manana *v.t.* मानना think
mananiya *a.* माननीय reverend
manansheel *a.* मननशील meditative
manashchikitsa *n.* मनश्चिकित्सा psychiatry
manashchikitsa *n.* मनश्चिकित्सा psychotherapy
manashchikitsak *n.* मनश्चिकित्सक psychiatrist
manav *n.* मानव man
manav hatya *n.* मानव हत्या homicide
manav jaati *n.* मानव जाति mankind
manav ke anubhav *v.t.* मानव के अनुभव transcend
manavdyashi *n.* मानवद्वेषी misanthrope
manavi *a* मानवीय humanitarian
manavikaran karna *v.t.* मानवीकरण करना personify
manaviya banana *v.t.* मानवीय बनाना humanize
manaviyata *n.* मानवीयता humanity
manch *n.* मंच dais
manch *n.* मंच forum
manch *n.* मंच platform

manch *n.* मंच rostrum
manch *n.* मंच stage
manchan karna *v.t.* मंचन करना stage
manchitra *n* मानचित्र map
manchitra banana *v.t.* मानचित्र बनाना map
manchitrawali *n.* मानचित्रावली atlas
mand banana *v. t.* मंद बनाना dull
mand budhi मंद बुद्धि nitwit
mand karna *v. t* मन्द करना blear
mand karna *v.t.* मंद करना temper
mand samir *n.* मंद समीर zephyr
mand swar *n.* मंद स्वर undertone
mandabudhi vyakti *n.* मंदबुद्घि व्यक्ति moron
mandali *n.* मंडली assembly
mandali *n* मंडली club
mandali *n.* मंडली troupe
mandaliya *a.* मंडलीय zonal
mandap *n* मंडप booth
mandap *n.* मंडप pavilion
mandarna *v.i* मंडराना float
mandbudhi *a* मंदबुद्घि stupid
mandgati *n* मंदगति crawl
mandi *n.* मंदी slump
mandir *n.* मंदिर sanctuary
mandir *n.* मंदिर temple
mang *n.* मांग requisition
mang karna *v. t* मांग करना demand
mangaana *v.t.* मांगना seek
mangal greh *n* मंगल ग्रह Mars
mangana *v.t.* माँगना ask
manganese *n.* मैंगनीज़ manganese
mangharant kahani *n.* मनगढ़ंत कहानी concoction
manglacharan *n.* मंगलाचरण prelude
mangna *v.t.* मांगना requisition
mani *n.* मणि jewel
manik *n.* माणिक, गहरा लाल रंग ruby
manjari *n* मंजरी blossom
manjhala *a* मंझला medium

manka *n* मनका bead
mankikaran *n.* मानकीकरण standardization
manmauji *a.* मनमौजी capricious
manmutav *n.* मनमुटाव friction
manobal *n.* मनोबल morale
manodasha *n.* मनोदशा mood
manogat *a.* मनोगत notional
manohar *a.* मनोहर pleasant
manoranjak *a.* मनोरंजक laughable
manoranjan *n* मनोरंजन amusement
manoranjan *n.* मनोरंजन entertainment
manoranjan *n.* मनोरंजन recreation
manoranjan *n.* मनोरंजन sport
manoranjan karna *v.t.* मनोरंजन करना amuse
manoranjan karna *v. t* मनोरंजन करना entertain
manorogi *n.* मनोरोगी psychopath
manovaigyanik *a.* मनोवैज्ञानिक psychic
manovaigyanik *a.* मनोवैज्ञानिक psychological
manovigyan *n.* मनोविज्ञान psychology
manovigyani *n.* मनोविज्ञानी psychologist
manovikriti *n.* मनोविकृति psychosis
manovriti *n.* मनोवृत्ति mentality
manovyath *n.* मनोव्यथ compunction
mansik swasthya *n.* मानसिक स्वास्थ्य sanity
mansik vyastata *n.* मानसिक व्यस्तता preoccupation
mansikta *n.* मानसिकता psyche
manspeshi *n.* मांसपेशी muscle
mantramugadh karna *v.t.* मंत्रमुग्ध करना mesmerize
mantrana *n.* मंत्रणा counsel
mantri *n.* मंत्री minister
mantrimandal *n.* मंत्रिमंडल ministry
mantri-mandal *n.* मंत्रि-मंडल cabinet
manya banana *v.t.* मान्य बनाना validate
manyata *n.* मान्यता assumption

manyawar *n* मान्यवर excellency
manzil *n* मंज़िल floor
manzil *n.* मंज़िल storey
mar jana *v. i* मर जाना decease
mar jana *v.i.* मर जाना succumb
maraham lagana *v.t.* मरहम लगाना anoint
marammat *n* मरम्मत upkeep
marammat karana *v.t.* मरम्मत करना repair
marammat karna *v.t.* मरम्मत करना patch
marammat karna *v.t.* मरम्मत करना restore
maran-shilta *n.* मरण स्थल mortality
march ka mahina *n.* मार्च का महीना march
mardani larhki *n.* मरदानी लड़की tomboy
marg *n.* मार्ग avenue
marg *n.* मार्ग path
marg *n.* मार्ग route
marg *n.* मार्ग track
marg *n.* मार्ग trail
marg *n.* मार्ग way
marg banana *v.t.* मार्ग बनाना pave
marg darshak *n.* मार्ग दर्शक pioneer
marg dekhlana *v.t.* मार्ग दिखलाना pilot
marg dekhlana *v.t.* मार्ग दिखलाना pioneer
marg me rokna *v.t.* मार्ग में रोकना intercept
margdarsan *n.* मार्गदर्शन lead
margdarsan karna *v.t.* मार्गदर्शन करना lead
margdarshan karna *v.t.* मार्गदर्शन करना steer
marham *n.* मरहम balm
marham *n.* मरहम ointment
marichika *n.* मरीचिका illusion
marichika *n.* मरीचिका mirage
marna *v. t* मारना destroy
marna *v. i* मरना die
marna *v.i.* मरना expire

marna *v.t.* मारना kill
marnasan *a.* मरणासन्न moribund
maronotar *a.* मरणोत्तर posthumous
marorh *n.* मरोड़ wrench
marorhana *v.t.* मरोड़ना wrench
marorhana *v.t.* छीनना, मरोड़ना wrest
marorhna *v.t.* मरोड़ना rack
marramat *n.* मरम्मत repair
martbaan *n.* मर्तबान jar
maryada *n.* मर्यादा qualification
masak baja *n.* मसक बाजा bagpipe
masala *n.* मसाला spice
masalna *v.t* मसलना mash
masalon se chonkna *v.t.* मसालों से छौंकना spice
mashal *n.* मशाल torch
masiha *n.* मसीहा Christ
masjid *n.* मस्जिद mosque
maskhara *n* मसखरा buffoon
maskhara *n.* मसखरा joker
masnad *n* मसनद cushion
massa *n.* मस्सा wart
mastak *n.* मस्तक poll
mastol *n.* मस्तूल mast
masurha *n.* मसूढ़ा gum
mat *n.* मत opinion
mat dena *v.i.* मत देना vote
mat patra *n.* मत पत्र ballot
mata *n.* माता mamma
mata ya pita *n.* माता या पिता parent
mataandh *a* मतांध fanatic
matadhikaar *n.* मताधिकार franchise
matadhikaar *n.* मताधिकार suffrage
matadhikaar dena *v.t.* मताधिकार देना enfranchise
matali *n.* मतली nausea
matar *n.* मटर pea
mat-bhed hona *v. i* मत-भेद होना differ
mat-daan *n* मत-दान poll
matdan *n.* मतदान vote
matdata *n.* मतदाता constituent

matdata *n.* मतदाता voter
matdata kshetra *n* मतदाता क्षेत्र constituency
math *n.* मठ cloister
math *n* मठ convent
math *n.* मठ monastery
matha *n* मट्ठा buttermilk
mathadhyaksh *n* मठाध्यक्ष prior
mathadhyaksha *n.* मठाध्यक्षा prioress
mathatwapurna hona *v.i.* महत्वपूर्ण होना matter
mathvashi *n.* मठवासी monk
matihinta *n.* मतिहीनता abstraction
matra *n* मात्रा degree
matra *adv.* मात्र only
matrak *a.* मातृक maternal
matrak *n.* मात्रक unit
mat-rakhna *v.t.* मत-रखना opine
matrighatak *a.* मातृघातक matricidal
matrisulabh *a.* मातृसुलभ mother like
matritva *n.* मातृत्व motherhood
matritwa *n.* मातृत्व maternity
matrivadh *n.* मातृवध matricide
matsya nauka *n* मत्स्य नौका smack
mauj karna *v.i.* मौज करना lounge
mauj masti *n.* मौज मस्ती spree
mauj udane wala *n.* मौज उड़ाने वाला reveller
maujud hona *v.i* मौजूद होना exist
maukhik *a.* मौखिक oral
maukhik *a.* मौखिक verbal
maukhik *a* मौखिक viva-voce
maukhik pariksha *n* मौखिक परीक्षा viva-voce
maukhik rup mein *adv.* मौखिक रूप में verbally
maukhik rup mein *adv.* मौखिक रूप में viva-voce
maukhik rup se *adv.* मौखिक रूप से orally
mauli *n.* मूली radish
maulik *a.* मौलिक original
maulik *a.* मौलिक radical
maulikta *n.* मौलिकता originality
maun,ankaha *a.* मौन tacit
mausam *n* मौसम weather
mausam vigyan *n.* मौसम विज्ञान meteorology
mausami *a.* मौसमी seasonal
mausami hava *n.* मौसमी हवा monsoon
mauza *n.* मौज़ा sock
mauza *n.* मौज़ा stocking
mauzabandh *n.* मोज़ाबंध garter
mavad *n.* मवाद pus
mavastha *n.* मावस्था superlative
maveshi *n.* मवेशी cattle
may maas *n.* मई मास May
maya *n.* माया delusion
mayajaal *n.* मायाजाल materialism
mayuri *n.* मयूरी peahen
mazaak *n.* मज़ाक raillery
mazak *n.* मज़ाक banter
mazak udana *v.i.* मज़ाक उड़ाना jeer
mazak urhana *v.t.* मज़ाक उड़ाना banter
mazboot *a.* मज़बूत stalwart
mazboot *a.* मज़बूत sturdy
mazboot *a.* मज़बूत tough
mazbut banana *v.t.* मज़बूत बनाना strengthen
mazbut suti kapda *n.* मज़बूत सूती कपड़ा jean
mazdoor *n.* मज़दूर worker
mazdoor *n.* मज़दूर workman
mazdoori *n.* मज़दूरी wage
mazdoori dena *v.t.* मज़दूरी देना remunerate
mazdur *n.* मज़दूर jack
meel *n.* मील mile
meel ka patthar *n.* मील का पत्थर milestone
meen-paksh *n* मीनपक्ष fin
meetha *a.* मीठा sweet
meetha karna *v.t.* मीठा करना sugar

meetha karna *v.t.* मीठा करना sweeten
meetri tan *n.* मीटरी टन tonne
mehak *n* महक waft
mehaniti *a.* मेहनती industrious
mehman *n.* मेहमान visitor
mehmez *n.* महमेज़ spur
mehrab banana *v.t.* मेहराब बनाना overarch
mehrabadaar banana *v.t.* मेहराबदार बनाना arch
mehrabi chhat *n.* मेहराबी छत vault
meijbaan *n.* मेज़बान host
mein *prep.* में in
mela *n.* मेला fair
memna *n* मेमना agnus
memna *n.* मेमना lamb
mendhak *n.* मेंढक frog
mera *pron.* मेरा mine
mera *a.* मेरा my
meru mandir *n.* मेरु मंदिर pagoda
merudandiya *a.* मेरुदंडीय spinal
mesh rashi *n* मेष राशि Aries
meter *n.* मीटर metre
metersambandhi *a.* मीटर संबंधी metric
mewaun *n.* म्याऊँ mew
mez *n* मेज़ desk
mez *n.* मॅज table
miaun karna *v.i.* म्याऊँ करना purr
michligrast *a.* मिचलीग्रस्त, sick
mil jana *v.t.* मिल जाना amalgamate
mil jana *v. t* मिल जाना combine
mil jana *v. i.* मिल जाना conspire
mila lena *v.t.* मिला लेना merge
milaana *v. i* मिलाना compound
milaana *v.t.* मिलाना mingle
milan *n* मिलान comparison
milan sthal *n* मिलन स्थल abuttal
milan sthal *n.* मिलन स्थल rendezvous
milana *v.i* मिलना mix
milana *v.t.* मिलाना weld
milansaar *a.* मिलनसार affable

milansar *a.* मिलनसार sociable
milansari *n.* मिलनसारी sociability
milavat *n.* मिलावट adulteration
milavat *n.* मिलावट impurity
milavat karna *v.t.* मिलावट करना adulterate
milavati *a.* मिलावटी impure
mil-jul kar *adv.* मिलजुलकर jointly
milna *v* मिलना abut
milna *v. t* मिलना blend
milta julta *a* मिलता जुलता duplicate
milta julta *a.* मिलता जुलता identical
mimiyahat *n* मिमियाहट bleat
mimiyana *v. i* मिमियाना bleat
minaar *n.* मीनार minaret
minar *n.* मीनार steeple
minar *n.* मीनार tower
minute *n.* मिनट minute
mirch *n.* मिर्च pepper
mirch milana *v.t.* मिर्च मिलाना pepper
mirgi *n* मिरगी epilepsy
mirzai *n.* मिर्ज़ई jerkin
mishran *n* मिश्रण amalgam
mishran *n* मिश्रण amalgamation
mishran *n* मिश्रण blend
mishrit khad *n* मिश्रित खाद compost
mishthan greha *n* मिष्ठान गृह confectionery
misran *n.* मिश्रण mixture
misri *n.* मिसरी candy
mistari *n* मिस्तरी fitter
mistri *n.* मिस्त्री mechanic
mita dena *v. t* मिटा देना efface
mita dena *v.t.* मिटा देना liquidate
mitana *v. t* मिटाना erase
mithai, methae *n.* मिष्ठान, मिठाई sweetmeat
mithas *n.* मिठास sweetness
mithya bodh *n* मिथ्या बोध misapprehension

mithya daavaidaar *a.* मिथ्या दावेदार pretentious
mithya naam *n.* मिथ्या नाम misnomer
mithyabhiman *n.* मिथ्याभिमान vanity
mithyawadi *a.* मिथ्यावादी mendacious
mitr *n.* मित्र ally
mitr *n.* मित्र friend
mitr *n.* मित्र pal
mitr banana *v. t.* मित्र बनाना befriend
mitrabhav ka *adj.* मित्रभाव का amicable
mitrata *n.* मित्रता amity
mitrata ka navinikaran *n.* मित्रता का नवीनीकरण reconciliation
mitte ki patra *n.* मिट्टी के पात्र pottery
mitthai *n.* मिठाई comfit
mitthe jal ki machhli *n.* मीठे जल की मछली perch
mitti *n* मिट्टी clay
mitti *n.* मिट्टी soil
mitti ka tel *n.* मिट्टी का तेल kerosene
mitti ke bartan *n.* मिट्टी के बरतन crockery
mitti ke patra *n* मिट्टी के पात्र ceramics
mitvyayata *n.* मितव्ययिता thrift
mitvyayi *a* मितव्ययी economical
mitvyayi *a.* मितव्ययी inexpensive
mitvyayi *a.* मितव्ययी thrifty
miyaan se nikalna *v.t.* म्यान से निकालना unsheathe
moch *n* मोच wrick
moch *n.* मोच sprain
mochi *n* मोची cobbler
mohak *a.* मोहक nubile
mohakata *n.* मोहकता glamour
mohar *n* मोहर cachet
mohit karna *v. t* मोहित करना beguile
mohit karna *v.t* मोहित करना bewitch
mohit karna *n.t.* मोहित करना delude
mohit karna *v.t* मोहित करना fascinate
mom *n.* मोम wax
mom lagana *v.t.* मोम लगाना wax

mom se dhaka huya *adj.* मोम से ढँका हुआ cerated
mombatti *n.* मोमबत्ती candle
mool *n.* मूल origin
mool path *n.* मूल पाठ text
mool roop *n* मूल रूप original
moolsvar *n.* मूलस्वर tonic
moonch *n.* मूँछ moustache
mor *n.* मोर peacock
morcha *n.* मोरचा front
morh *n* मोड़ bend
morhna *v.t.* मोड़ना crimple
morhna *v. t* मोड़ना curve
morhna *v. t* मोड़ना divert
morhna *v.t.* मोड़ना shunt
morna *v.t* मोड़ना fold
morna *v.t.* मोड़ना furl
mota *a* मोटा fat
mota hona *v.i.* मोटा होना thicken
motapa *n.* मोटापा obesity
motar chalak *n.* मोटर चालक motorist
moti *n.* मोती pearl
motia band *n.* मोतिया बिंद glaucoma
motiyabind *n.* मोतियाबिंद cataract
motorcar *n.* मोटरकार automobile
mridu karna *v.t.* मृदु करना assuage
mrig *n* मृग doe
mrinamaya *a* मरीआम्या earthen
mrityu *n* मृत्यु death
mrityu *n* मृत्यु decease
mudh *n.* मूढ़ loggerhead
mudra *n.* मुद्रा attitude
mudra *n* मुद्रा currency
mudra *n.* मुद्रा money
mudra *n.* मुद्रा pose
mudra *n.* मुद्रा posture
mudrak *n.* मुद्रक printer
mudrankit karna *v.i.* मुद्रांकित करना stamp
mudrasfriti *n.* मुद्रास्फीति inflation
mugdhata *n.* मुग्धता infatuation

muhaasa *n.* मुंहासा pimple
muhakama *n.* मुहकमा bureau
muhansa *n* मुँहासा acne
muhar *n.* मुहर seal
muhara *n.* मुहरा muzzle
muhavare-daar *a.* मुहावरेदार idiomatic
muhawara *n.* मुहावरा idiom
muhawara *n.* मुहावरा phrase
muhn se ulat dena *v.t.* मुंह से उलट देना vomit
mujhako *pron.* मुझको me
muk abhineta *n.* मूक अभिनेता mummer
muk abhineta *n.* मूक अभिनेता pantomime
mukabala karna *v.i.* मुकाबला करना vie
mukadama *n.* मुकदमा suit
mukadama chalana *v.t.* मुकदमा चलाना sue
mukh *n* मुख brim
mukh sambandhi *a* मुख संबंधी facial
mukhauSta *n.* मुखौटा mask
mukhauta *n* मुखौटा facade
mukhbir *n.* मुखबिर informer
mukhiya *n.* मुखिया chieftain
mukhya *a.* मुख्य chief
mukhya *a.* मुख्य salient
mukhya bhag *n* मुख्य भाग main
mukhya lakshan *n.* मुख्य लक्षण quintessence
mukhya ruup se *adv.* मुख्य रूप से mainly
mukhya sahara *n.* मुख्य सहारा mainstay
mukhya upaj *n.* मुख्य उपज staple
mukka *n.* मुक्का punch
mukka *n.* मुक्का thump
mukka maarna *v.t.* मुक्का मारना thump
mukka marna *v.t.* मुक्का मारना punch
mukkebazee *n* मुक्केबाज़ी boxing
mukt hona *v.i* मुक्त होना escape
mukt karana *v.t.* मुक्त करना release
mukt karna *v. t* मुक्त करना discharge
mukt karna *v. t.* मुक्त करना exempt
mukt karna *v.t* मुक्त करना free

mukt karna *v.t.* मुक्त करना liberate
mukt karna *v.t.* मुक्त करना loose
mukt karna *v.t.* मुक्त करना manumit
mukt karna *v.t.* मुक्त करना redeem
mukt karna *v.t.* मुक्त करना rescue
mukt karna *v.t.* मुक्त करना rid
mukti *n.* मुक्ति discharge
mukti *n.* मुक्ति emancipation
mukti *n.* मुक्ति liberation
muktidata *n.* मुक्तिदाता liberator
mukut *n.* मुकुट tiara
mukut pahanana *v. t* मुकुट पहनाना crown
mul *a* मूल aboriginal
mul bhav *n.* मूल भाव motif
mul nivasi *n. pl* मूल निवासी aborigines
mul nivasi *n* मूल निवासी native
mul tatva *n.* मूल तत्व rudiment
muladhar *n.* मूलाधार basis
mulat: *adv.* मूलत: primarily
mulayam *a* मुलायम tender
mulayam kagaz *n.* मुलायम काग़ज़ tissue
mulla *n.* मुल्ला mullah
mulumma karna *v.t.* मुलम्मा करना plate
mulvastu *n* मूलवस्तु element
mulya *v.t.* मूल्य cost
mulya batana *v.t.* मूल्य बतलाना quote
mulyankan *n* मूल्यांकन estimation
mulyankan *n.* मूल्यांकन valuation
mulyankan karna *v.t.* मूल्यांकन करना appraise
mulyankan karna *v.t.* मूल्यांकन करना appreciate
mulyankan karna *v. t* मूल्यांकन करना evaluate
mulyankan karna *v.t.* मूल्यांकन करना rate
mulyawan *a.* मूल्यवान costly
munafakhor *n.* मुनाफ़ाखोर profiteer
munafakhori karna *v.i.* मुनाफ़ाखोरी करन profiteer
mundan *n.* मुंडन tonsure

munga *n* मूंगा coral
munh *n.* मुंह mouth
munh kholay hue *adv.*, मुंह खोले हुए agape
munh tor jawab *n.* मुंह तोड़ जवाब retort
munim *n.* मुनीम accountant
munimi *n.* मुनीमी accountancy
muqadamebaaz *n.* मुकदमेबाज़ litigant
muqaddma chalana *v.t.* मुकदमा चलाना prosecute
muqadma *n.* मुकदमा litigation
muqadme-baazi karna *v.t.* मुकदमेबाज़ी करना litigate
murabba *n.* मुरब्बा jam
murcha *n.* मूर्च्छा swoon
murchit hona *v.i* मूर्च्छित होना faint
murchit hona *v.i* मूर्च्छित होना swoon
murda ghar *n.* मुर्दाघर mortuary
murga *n* मुर्गा cock
murgi *n.* मुर्गी hen
murhkana *v.t.* मुड़काना sprain
murjhana *v.i.* मुरझाना languish
murjhana *v.i.* मुरझाना wither
murkahta *n* मूर्खता folly
murkh *adj.* मूर्ख asinine
murkh *n.* मूर्ख clod
murkh *adj.* मूर्ख crass
murkh *a* मूर्ख foolish
murkh *n* मूर्ख gull
murkh *a.* मूर्ख mindless
murkh *a.* मूर्ख obtuse
murkh *a.* मूर्ख silly
murkh aadmi *n* मूर्ख आदमी dunce
murkh banana *v.t.* मूर्ख बनाना infatuate
murkh banana *v.t.* मूर्ख बनाना stupefy
murkh vyakti *n.* मूर्ख व्यक्ति ass
murkh vyakti *n* मूर्ख व्यक्ति blockhead
murkh vyakti *n* मूर्ख व्यक्ति fool
murkha vyakti *n.* मूर्ख व्यक्ति idiot
murkhata *n* मूर्खता absurdity
murkhatapurn *a* मूर्खतापूर्ण absurd

murkhta *n.* मूर्खता idiocy
murkhta *n.* मूर्खता stupidity
murkhtapurna *a.* मूर्खतापूर्ण idiotic
murkhtapurna *a* मूर्खतापूर्ण maudlin
murti *n.* मूर्ति idol
murti *n.* मूर्ति image
murti *n.* मूर्ति statue
murti ka rup dena *v. t.* मूर्ति का रूप देना carve
murtikala *n.* मूर्तिकला sculpture
murtikaran *n.* मूर्तीकरण personification
murtimaan *a.* मूर्तिमान incarnate
murtipujak *n.* मूर्तिपूजक idolater
murtroop dena *v.t.* मूर्तरूप देना materialize
murtrup *n* मूर्तरूप embodiment
murtrup dena *v. t.* मूर्तरूप देना embody
musal *n.* मूसल maul
mushkil mein dalna *v. t* मुश्किल में डालना embarrass
mushkil se *adv.* मुश्किल से barely
mushkil se *adv.* मुश्किल से hardly
mushkil se hi *adv.* मुश्किल से ही scarcely
mushli *n.* मुषली piston
musibat *n.* मुसीबत hardship
musibat *n.* मुसीबत tribulation
muskan *n.* मुस्कान smile
muskana *v.i.* मुस्काना smile
mutari *n.* मुटरी magpie
muthibhar *n.* मुट्ठीभर handful
mutra *n.* मूत्र urine
mutra tyag *n.* मूत्र त्याग urination
mutralaya *n.* मूत्रालय urinal
mutrashaya *n* मूत्राशय bladder
mutriya *a.* मूत्रीय urinary
myan *n.* म्यान scabbard

N

naabhi *n.* नाभि hub
naabhiya *a* नाभीय focal

naach *n.* नाच cabaret
naagdaun *n.* नागदौन wormwood
naagrik saina *n.* नागरिक सेना militia
naagrikshastra *n* नागरिकशास्त्र civics
naagrikta *n* नागरिकता citizenship
naagwari *a.* नागवारी offensiveness
naajuk *a.* नाजुक awkward
naak *n.* नाक nose
naak se bolna *vt* नाक से बोलना nasalize
naal lagana *v.t.* नाल लगाना shoe
naala *n.* नाला rivulet
naalaa *n* नाला sewer
naali *n.* नाली groove
naam *n.* नाम name
naam chinha *n.* नाम चिह्न monogram
naam khata *n* नामखाता debit
naam likhna *v. t* नाम लिखना enlist
naam patra *n.* नाम पत्र label
naam rakhna *v.t.* नाम रखना name
naamankit karna *v.t.* नामांकित करना nominate
naamrashi *n.* नामराशि namesake
naanbaai *n.* नानबाई baker
naand *n.* नांद manger
naap *n.* नाप measurement
naapna *v.t* नापना measure
naara *n.* नारा watchword
naarkiya *a.* नारकीय infernal
naashak *a.* नाशक pernicious
naashak jeev *n.* नाशक जीव pest
naashrakshan *n.* नाशरक्षण salvage
naashwan *a.* नाशवान mortal
naasikya *n* नासिक्य nasal
naaspati *n.* नाशपाती pear
naasur *n* नासूर fistula
naavik *n.* नाविक oarsman
nabbe *n.* नब्बे ninety
nabbevan *a.* नब्बेवां ninetieth
nabhikiya *a.* नाभिकीय nuclear
nabz *n.* नब्ज़ pulse
nachana *v. t.* नाचना dance

nadi *n.* नदी river
nadi *n.* नदी stream
nadi mukh bhumi *n* नदी मुख भूमि delta
nadiya *n.* नदिया streamlet
nagad dhan *n.* नकद धन cash
nagadi mein badalna *v. t.* नगदी में बदलना cash
nagan *a.* नग्न nude
naganta *n.* नग्नता nudity
naganya vastu *n.* नगण्य वस्तु, अल्पमात्रा trifle
nagar *n* नगर city
nagar ka *a* नगर का civic
nagar-nivasi *n* नगर-निवासी citizen
nagarpalika *n.* नगरपालिका municipality
nagarpalika sambandhi *a.* नगरपालिका संबंधी municipal
nagarpramukh *n.* नगरप्रमुख mayor
nagphani *n.* नागफनी cactus
nagriya *a.* नगरीय urban
nahar *n* नहर aqueduct
nahar *n.* नहर canal
nahi *adv.* नहीं nay
nahi *adv.* नहीं not
nahin *adv.* नहीं no
naitekthawadi *n.* नैतिकतावादी moralist
naitik *a* नैतिक ethical
naitik patan karna *v. t.* नैतिक पतन करना demoralize
naitikavadi *a.* नैतिकतावादी puritanical
naitikta *n.* नैतिकता virtue
naitikta-nirpeksha *a.* नैतिकता-निरपेक्ष amoral
naitra golak *n* नेत्र गोलक eyeball
naitritva *n.* नेतृत्व leadership
naiwala *n.* नेवला mongoose
naiypith *n.* न्यायपीठ jury
najarband kar dena *v.t.* नज़रबंद कर देना intern
najir *n.* नज़ीर precedent
najuk *a.* नाजुक dainty

nakaar *n* नकार denial
nakal *n.* नकल imitation
nakal *n* नकल mimicry
nakal utarna *v.t* नकल उतारना mimic
nakalchi *n* नकलची mimic
nakali *a.* नकली artificial
nakali *a.* नकली spurious
nakaratmak *a* नकारात्मक minus
nakaratmak *n.* नकारात्मक negative
nakh prasadhan *n.* नख प्रसाधन manicure
nakhlistaan *n.* नखलिस्तान oasis
nakhun *n.* नाख़ून nail
naksha *n.* नक्शा chart
naksha banana *v.t.* नक्शा बनाना sketch
nakshatriya *a.* नक्षत्रीय stellar
nakshatron ka samuh *n.* नक्षत्रों का समूह constellation
nala *n* नाला channel
nali *n.* नाली gutter
nali *n.* नली tube
nalidaar banana *v.t* नालीदार बनाना groove
nalikakar *a.* नलिकाकार tubular
nalkaar *n.* नलकार plumber
nam karna *v.t.* नम करना moisten
namak *n.* नमक salt
namak chirhakana *v.t* नमक छिड़कना salt
namamkit vyakti *n* नामांकित व्यक्ति nominee
naman *n* नमन bow
namankan *n.* नामांकन nomination
namaskar karna *v.t.* नमस्कार करना salute
namawali *n.* नामावली nomenclature
nami *n.* नमी humidity
nami *n.* नमी moisture
namkeen *a.* नमकीन saline
namkeen *a.* नमकीन salty
namra *a.* नम्र mild
namuna *n.* नमूना sample
namuna *n.* नमूना specimen

nanga *a.* नंगा naked
nanga karna *v.t.* नंगा करना bare
nanga karna *v.t.* नंगा करना denude
nanga karna *v.t.* नंगा करना strip
napasand karna *v.* *t* नापसंद करना dislike
napunsak *a.* नपुंसक impotent
napunsak *a.* नपुंसक neuter
napunsakta *n.* नपुंसकता impotence
nar *n* नर male
nara *n.* नारा slogan
naraaz *a.* नाराज़ ire
naraaz karna *v.* *t* नाराज़ करना displease
naraj karna *v.t.* नाराज़ करना offend
narak *a.* नरक hell
narak yatana *n.* नरक यातना damnation
naram gadda *n* नरम गद्दा pad
naram padana *v.i.* नरम पड़ना relent
narangi *a* नारंगी orange
naraz *a.* नाराज़ touchy
naraz karna *v.* *t.* नाराज़ करना dissatisfy
nargis *n* नरगिस narcissus
nari *n.* नारी woman
naritva *n.* नारीत्व womanhood
nariyal *n* नारियल coconut
nariyal ki jata *n* नारियल की जटा coir
na-samjhi *n.* ना-समझी indiscretion
nasbandi *n.* नसबंदी vasectomy
nash hone yogya *a.* नाश होने योग्य perishable
nasht karna *v.t.* नष्ट करना decimate
nasht karna *v.t.* नष्ट करना annihilate
nasht karna *v.i* नष्ट करना blast
nasht karna *v.* *t* नष्ट करना break
nasht karna *v.t* नष्ट करना extinguish
nasht karna *v.t.* नष्ट करना shatter
nasht karna *v.t.* नष्ट करना undo
nasht karna *v.t.* नष्ट करना waste
nasht karna *v.t.* नष्ट करना wreck
nashta *n* नाश्ता breakfast
nash-vad *n.* नाशवाद nihilism
nashwar *n* नश्वर mortal

nasile aushadhi *n.* नशीली औषधि narcotic
nass *n* नस nerve
nastik *n* नास्तिक antitheist
nastik *n* नास्तिक atheist
nastikta *n* नास्तिकता atheism
nata purush *n.* नाटा पुरुष bantam
natak *n* नाटक drama
natak ka drishya *n.* नाटक का दृश्य scene
natak karna *v.i.* नाटक करना play
natak sambandhi *a* नाटक संबंधी dramatic
natakkar *n* नाटककार dramatist
nathi karna *v.t.* नत्थी करना pin
nathuna *n.* नथुना nostril
nat-khat *a.* नट-खट naughty
natkhat larhka *n.* नटखट लड़का urchin
natodar *adj.* नतोदर concave
natyashala *n.* नाट्यशाला theatre
natyashala vishayak *a.* नाट्यशाला विषयक theatrical
nau *n.* नौ nine
nau-chalak *n.* नौ-चालक navigator
nauchalan *n.* नौचालन navigation
nauchhalan karna *v.i.* नौचालन करना navigate
naugamya *a.* नौगम्य navigable
nauk *n.* नोक spike
nauka par *adv* नौका पर aboard
nauka vihar karna *v.i* नौका विहार करना yacht
naukar *n.* नौकर lackey
naukar chakar *n.* नौकर चाकर retinue
naukari *n.* नौकरी appointment
naukari *n* नौकरी employment
naukari *n.* नौकरी service
naukari karna *v.t.* नौकरी करना serve
naukaro kai vardi *n.* नौकरों की वर्दी livery
naukarshahi *n.* नौकरशाही bureaucracy
naukri dena *v. t* नौकरी देना employ
nau-sena *n.* नौ-सेना navy
nausena adhyaksha *n.* नौसेनाध्यक्ष admiral

nausikhuva *n.* नौसिखुआ novitiate
nav *n.* नाव barge
nav *n* नाव boat
nav *n* नाव ferry
nav khena *v.i* नाव खेना boat
nav se upar utarna *v.t* नाव से पार उतारना ferry
nava *a.* नवां ninth
nava khena *v.t.* नाव खेना row
navik *n.* नाविक sailor
navikaran *n.* नवीकरण renewal
navikaran *n.* नवीकरण renovation
navinta *n.* नवीनता novelty
nav-jaat *a.* नवजात nascent
nawab *n.* नवाब nabob
nawonmaish *n.* नवोन्मेष innovation
naya *a.* नया novel
naya banana *v.t.* नया बनाना innovate
naya karna *v.t.* नया करना refresh
naya karna *v.t.* नया करना renew
naya karna *v.t.* नया करना renovate
nayain sire se *adv.* नए सिरे से afresh
nayak *n* नायक commander
nayak *n.* नायक hero
nayak *n.* नायक protagonist
nayak sambandhi *a.* नायक संबंधी heroic
nayayik janch *n.* न्यायिक जांच inquisition
nayayshastra *n.* न्यायशास्त्र jurisprudence
nayee jawani *n.* नई जवानी rejuvenation
nayee pattiyan *n* नई पत्तियाँ browse
nayee toli *n.* नई टोली relay
nayika *n.* नायिका heroine
nazuk *a* नाजुक delicate
nechai ki aur *adv* नीचे की ओर downward
neech *a.* नीच paltry
neechay *adv* नीचे below
neechay aana *v.i.* नीचे आना alight
neeche *prep.* नीचे under
neeche *adv* नीचे beneath
neeche *adv* नीचे under
neeche *adv.* नीचे underneath

neeche aana *v. i.* नीचे आना descend
neeche ki aur *prep* नीचे की ओर down
neeche ko jhuka hua *adj.* नीचे को झुका हुआ declivitous
neechta *n.* नीचता meanness
neel *n.* नील indigo
neelaam karna *v.t.* नीलाम करना auction
neelaami *n* नीलामी auction
neelvarna *n* नीलवर्ण blue
neemhakimi *n.* नीमहकीमी quackery
neend *n.* नींद sleep
neend *n.* नींद slumber
neeras *a.* नीरस insipid
neeras *a.* नीरस tedious
neerasta *n.* नीरसता tedium
negro mahila *n.* निग्रो महिला negress
neji *a.* निजी respective
nerankush *a* निरंकुश autocratic
nerankush shasak *n* निरंकुश शासक autocrat
neta नेता leader
netrarog visaisahgya *n.* नेत्ररोग विशेषज्ञ oculist
netritva karna *v. t* नेतृत्व करना conduct
netritva karna *v.t.* नेतृत्व करना spearhead
neumonia न्यूमोनिया pneumonia
ni:shastrikaran *n.* निः शस्त्रीकरण disarmament
nib *n.* निब nib
nibandh *n.* निबंध essay
nibhandkaar *n* निबंधकार essayist
nicha *a.* नीचा neap
nichla *a.* निचला low
nichla *a.* निचला nether
nidaan karna *v. t* निदान करना diagnose
nidan *n* निदान diagnosis
nidar *a.* निडर bold
nidbav *n.* निदबाव repression
nidhan suchna *a.* निधन सूचना obituary
nidra bhraman *n.* निद्राभ्रमण somnambulism

nidra janak *n.* निद्राजनक somnolent
nidra rahit *a.* निद्रा रहित wakeful
nidrachari *n.* निद्राचारी somnambulist
nidraluta *n.* निद्रालुता somnolence
nigal jana *v. t* निगल जाना devour
nigalna *v.t* निगलना engulf
nigalna *vt* निगलना gulp
nigalna *v.t.* निगलना swallow
nigam *n* निगम corporation
nigaran *n.* निगरण swallow
nigmit karna *v.t.* निगमित करना incorporate
nigrani *n.* निगरानी surveillance
nigrani *n.* निगरानी vigilance
nihaye *n.* निहाई anvil
nihit hona *v. i* निहित होना consist
niji *a.* निजी personal
niji shikshak *n.* निजी शिक्षक tutor
niji shikshak ke shikshan ka samay *n.* निजी शिक्षक के शिक्षण का समय tutorial
nikaal dena *v. t.* निकाल देना expel
nikaal dena *v.t.* निकाल देना oust
nikaalna *v. t* निकालना exclude
nikaas *n* निकास evacuation
nikaasi *n* निकासी clearance
nikamma *a.* निकम्मा miserable
nikas *n* निकास escape
nikas *n.* निकास issue
nikat *adv.* निकट near
nikat sambandhi *a.* निकट संबंधी proximate
nikat se *adv.* निकट से nearly
nikatasth *a.* निकटस्थ imminent
nikatdristi *a.* निकटदृष्टिक myopic
nikatta *n.* निकटता proximity
nikkar *n. pl.* निकर shorts
nikotin *n.* निकोटीन nicotine
nilamban *n.* निलंबन suspension
nilambit karna *v.t.* निलंबित करना suspend
nilkanth *n.* नीलकंठ jay

nimajjan *n.* निमज्जन immersion
nimbu *n.* नींबू lemon
nimn sthiti mein *adv.* निम्न स्थिति में low
nimnastariya *a.* निम्नस्तरीय banal
ninadita *n.* निनादिता sonority
ninda *n.* निंदा censure
ninda *n* निंदा condemnation
ninda *n.* निंदा reproof
ninda karna *v.t.* निंदा करना vilify
ninda karna *v.* निन्दा करना asperse
ninda karna *v. t.* निन्दा करना calumniate
ninda karna *v. t.* निंदा करना censure
ninda karna *v. t.* निंदा करना condemn
ninda karna *v. t* निंदा करना criticize
ninda karna *v. t* निंदा करना denounce
ninda karna *v.t.* निंदा करना malign
ninda karna *v.t.* निंदा करना reprimand
nindak *n* निंदक cynic
nindapurna *a.* निंदापूर्ण sardonic
nindatmak *a.* निंदात्मक slanderous
nindra ka samay *n.* निद्रा का समय bedtime
nipun *a.* निपुण skilful
nipun *adj.* निपुण adept
nipun vyakti *n.* निपुण व्यक्ति adept
nipunata *n.* निपुणता skill
nipunnta *n.* निपुणता proficiency
nipunta *n.* निपुणता accomplishment
nipunta *n* निपुणता efficiency
nira *a.* निरा sheer
niraash *a.* निराश pessimistic
niraksharta *n.* निरक्षरता illiteracy
nirala *n* निराला neuter
niramish *a* निरामिष vegetarian
nirana *v.t.* निराना weed
nirankush *a.* निरंकुश arbitrary
nirankush shasak *n* निरंकुश शासक despot
nirantar *~a.* निरंतर ceaseless
nirantar *adj.* निरन्तर continual
nirantar *a* निरन्तर continuous
nirantar *n.* निरन्तर frequency

nirantarta *n* निरंतरता continuity
nirarthak *a.* निरर्थक meaningless
nirarthak *n.* निर्थक waste
niras *a.* नीरस humdrum
niras *a.* नीरस monotonous
niras *a.* नीरस prosaic
niras *a.* नीरस weary
nirasan *n.* निरसन revocation
nirasavadi *n.* निराशावादी pessimist
nirash *a.* निराश hopeless
nirash *adj* निराश melancholy
nirash hona *v. i* निराश होना despair
nirasha *n* निराशा dejection
nirasha *n* निराशा despair
nirasha, baukhalahat *n.* निराशा, बौखलाहट frustration
nirashajanak *a* निराशाजनक desperate
nirashavad *n.* निराशावाद pessimism
nirast karna *v.t.* निरस्त करना repeal
nirasta *n* नीरसता monotony
nirbhakata *n.* निर्भीकता intrepidity
nirbhar *a* निर्भर dependent
nirbhar hona *v.i.* निर्भर होना rely
nirbhik *a* निर्भीक dauntless
nirbhikta *n* निर्भीकता boldness
nirbhikta *n.* निर्भीकता daring
nirdaya *a* निर्दय bloody
nirdaya *a* निर्दय brutal
nirdesh *n* निर्देश direction
nirdeshak *n* निर्देशक conductor
nirdeshak *n.* निर्देशक director
nirdeshan *n.* निर्देशन reference
nirdeshika *n* निर्देशिका directory
nirdeshit karna *v.t.* निर्देशित करना supervise
nirdhan *a.* निर्धन needy
nirdhan *a.* निर्धन penniless
nirdhan *a.* निर्धन poor
nirdhanta *adv.* निर्धनता impoverish
nirdharan *n.* निर्धारण prescription
nirdharit *a* निर्धारित set

nirdharit karna *v.t.* निर्धारित करना allocate
nirdharit karna *v.t.* निर्धारित करना prescribe
nirdosh *a.* निर्दोष innocent
nirdosh banana *v.t.* निर्दोष बनाना perfect
nirdosh ghoshit karna *v.t.* निर्दोष घोषित करना acquit
nirdoshta *n.* निर्दोषता perfection
nirdya *a.* निर्दय ruthless
nirekshak *n.* निरीक्षक invigilator
nirikshak *n.* निरीक्षक inspector
nirikshak *n.* निरीक्षक supervisor
nirikshan *n.* निरीक्षण inspection
nirikshan *n.* निरीक्षण invigilation
nirikshan karna *v. t.* निरीक्षण करना censor
nirikshan karna *v.t.* निरीक्षण करना invigilate
nirikshan karna *v.t.* निरीक्षण करना survey
nirjan *a.* निर्जन lonely
nirjan *a.* निर्जन lonesome
nirjan sthan *n.* निर्जन स्थान nook
nirjanta *n.* निर्जनता loneliness
nirlajj *a.* निर्लज्ज shameless
nirmaan karna *v.t.* निर्माण करना make
nirmaata *n.* निर्माता maker
nirmal *a.* निर्मल neat
nirman *n* निर्माण construction
nirman *n* निर्माण erection
nirman *n* निर्माण formation
nirman karna *v. t* निर्माण करना build
nirman karna *v. t.* निर्माण करना construct
nirman karna *v. t* निर्माण करना erect
nirman karna *v.t* निर्माण करना fabricate
nirman karna *v.t.* निर्माण करना manufacture
nirman karna *v.t.* निर्माण करना raise
nirman shaili *n.* निर्माण शैली architecture
nirmata *n* निर्माता creator

nirmit karna *v. t* शांत होना compose
nirmit karna *v.t.* निर्मित करना originate
nirmul *a.* निर्मूल baseless
nirnay karna *v.t.* निर्णय करना adjudge
nirnaya *n.* निर्णय conclusion
nirnaya *n* निर्णय decision
nirnaya *n.* निर्णय judgement
nirnaya karna *v. t* निर्णय करना decide
nirnaya karna *v. i* निर्णय करना decree
nirnaya karna *v.i.* निर्णय करना judge
nirnayak *a* निर्णायक conclusive
nirnayak *n.* निर्णायक judge
nirnayak *n.* निर्णायक umpire
nirnayak hona *adj* निर्णायक होना umpire
nirnayakarta *n.* निर्णयकर्त्ता referee
nirnayatmak *a* निर्णयात्मक decisive
nirparadhata *n.* निरपराधता innocence
nirpeksh *a.* निरपेक्ष irrespective
nirsan *n* निरसन repeal
nirshar *a.* निरक्षर illiterate
nirthakta *n.* निरर्थकता futility
nirvachak mandal *n* निर्वाचक मंडल electorate
nirvachan *n* निर्वाचन election
nirvasan *n.* निर्वासन banishment
nirvasit karna *v.t.* निर्वासित करना banish
nirvasit karna *v.t.* निर्वासित करना ostracize
nirvivad *a* निर्विवाद certain
nirviwad *a.* निर्विवाद implicit
niryaat *n* निर्यात export
niryaat karna *v. t.* निर्यात करना export
nisaana *n.* निशाना mark
nisandeh *adv.* नि:संदेह certainly
nishan *n* निशान print
nishan *n.* निशान spot
nishan *n.* निशान trace
nishana *n.* निशाना shot
nishana *n.* निशाना target
nishanebaaj *n.* निशानेबाज़ marksman
nishani *n.* निशानी relic

nishani *n.* निशानी vestige
ni-shastra karna *v. t* निःशस्त्र करना disarm
nishchit *a* निश्चित definite
nishchit *a.* निश्चित specific
nishchit *a.* निश्चित sure
nishchit karna *v.t.* निश्चित करना ascertain
nishchit mulya ka *a* निश्चित मूल्य का worth
nishchit rup se *adv.* निश्चित रूप से surely
nishedh *n.* निषेध prohibition
nishedh *n.* निषेध taboo
nishedhadhikar *n.* निषेधाधिकार veto
nishedhagya *n* निषेधाज्ञा curfew
nishedhagya *n.* निषेधाज्ञा injunction
nishedhatimikta *adv.* निषेदात्मिका negativvity
nishedhatmak *a.* निषेधात्मक prohibitory
nishidh *a.* निषिद्ध illicit
nishidh *a* निषिद्ध taboo
nishidh karna *v.t* निषिद्ध करना forbid
nishidh karna *v.t.* निषिद्ध करना taboo
nishidh karna *v.t.* निषिद्ध करना veto
nishkapat *a.* निष्कपट frank
nishkapatata *n.* निष्कपटता candour
nishkasan *n.* निष्कासन expulsion
nishkasan *n.* निष्कासन rustication
nishkriya *a.* निष्क्रिय inert
nishkriya *a.* निष्क्रिया inoperative
nishkriya *a.* निष्क्रिय passive
nishpaksh *a.* निष्पक्ष impartial
nishpaksh *a.* निश्प्रकाश neutral
nishpakshta *n.* निष्पक्षता impartiality
nishphal *adv* निष्फल abortive
nishphal karna *v.t.* निष्फल करना counteract
nishphal karna *v.t* निष्फल करना foil
nishprabhavikaran *n.* निष्प्रभावीकरण nullification
nishta *n* निष्ठा faith

nishtha *n* निष्ठा fidelity
nishthavan *n.* निष्ठावान trusty
nishthur *a.* निष्ठुर inexorable
nishulk *a.* निशुल्क free
nishulk *adv.* निःशुल्क gratis
niskars nikalana *v.t.* निष्कर्ष निकालना infer
nistaar *n* निस्तार rescue
nistej *a.* निस्तेज lacklustre
nistha *n.* निष्ठा allegiance
nistha *n.* निष्ठा loyalty
nisthabadtha *n* निस्तब्धता hush
nisthahin *a.* निष्ठाहीन insincere
nisthahinta *n.* निष्ठाहीनता insincerity
nisthavan *a.* निष्ठावान loyal
nisthur *adj.* निष्ठुर merciless
nitamb *n.* नितंब loin
niti chatur *a.* नीति चतुर politic
niti katha *n.* नीति कथा fable
niti yukti *n.* नीति युक्ति policy
nitigat baat karna *v.t.* नीतिगत बात करना moralize
nitigranth *n.* नीतिग्रंथ ethics
nitikatha *n.* नीतिकथा parable
nitivachan *n.* नीतिवचन sermon
nivarak *a.* निवारक preventive
nivaran *n.* निवारण prevention
nivas *n.* निवास accommodation
nivas *n.* निवास home
nivas *n.* निवास nest
nivas karna *v.i.* निवास करना reside
nivas sthan *n.* निवासस्थान residence
nivasi *a.* निवासी resident
nivden karna *v.t.* निवेदन करना ask
nivedak *n.* निवेदक petitioner
nivedan karna *v. t.* निवेदन करना beg
nivida *n* निविदा tender
nivriti-vetan *n.* निवृत्ति वेतन pension
niwaala *n.* निवाला morsel
niwaala *n.* निवाला mouthful
niwas *n.* निवास habitation

niwas karna *v.i.* निवास करना live
niwasi *n.* निवासी inhabitant
niwirwad *a.* निर्विवाद indisputable
niyam *n* नियम formula
niyam *n.* नियम norm
niyam *n.* नियम rule
niyam virodh *n* नियम-विरोध anomaly
niyamit *a.* नियमित normal
niyamit *a.* नियमित orderly
niyamit *n.* नियमित routine
niyamit *a.* नियमित steady
niyamit *adv.* नियमत usually
niyamit avartan *n.* नियमित आवर्तन rotation
niyamit karna *v.t.* नियमित करना regulate
niyamitata *n.* नियमितता regularity
niyamnishth vyakti *n.* नियमनिष्ठ व्यक्ति puritan
niyantrak *n.* नियंत्रक censor
niyantrak *n.* नियंत्रक controller
niyantran *n* नियंत्रण control
niyantran *n* नियंत्रण curb
niyantran hatana *v.t.* नियन्त्रण हटाना decontrol
niyantran karna *v. t* नियंत्रण करना curb
niyantran karna *v.t* नियंत्रण करना handle
niyantran rakhna *v. t* नियन्त्रण रखना control
niyantran yogya *a.* नियंत्रण योग्य manageable
niyantrit karna *v.t.* नियंत्रित करना contain
niyantrit karna *v.t.* नियंत्रित करना restrain
niyat karna *v.t.* नियत करना allot
niyati *n* नियति destiny
niyatkalik *a.* नियतकालिक periodical
niyojak *n* नियोजक employer
niyukt karna *v. t* नियुक्त करना depute
niyukt karna *v.t.* नियुक्त करना appoint
niyukt karna *v.t.* नियुक्त करना assign
niyukt karna *v. t* नियुक्त करना constitute
niyukt karna *v.t.* नियुक्त करना install
niyukt karna *v.t.* नियुक्त करना place
niyukt karna *v.t.* नियुक्त करना post
nochna *v.t* नोचना nip
nok *n.* नोक tip
nok se chhed karna *v.t.* नोक से छेद करना puncture
nokdaar banana *v.t.* नोकदार बनाना tip
nokdar banana *v.t.* नोकदार बनाना point
november *n.* नवंबर november
nrishans *a* नृशंस cruel
nrishansata *n* नृशंसता atrocity
nrishansata *n.* नृशंसता outrage
nritya *n* नृत्य dance
nritya sangit *a.* नृत्य-संगीत minuet
nukila *n.* नुकीला mucro
nukila *a.* नुकीला sharp
nuksaan *n* नुकसान disadvantage
nukta chini karna *v.t.* नुकता चीनी करना nibble
nupur *n* नुपूर anklet
nyasi *n.* न्यासी trustee
nyaya *n* न्याय right
nyaya parayan *a.* न्याय परायण righteous
nyaya virudh *adj* न्याय विरुद्ध absonant
nyayabhikarta *n.* न्यायाभिकर्त्ता solicitor
nyayalaya *n.* न्यायालय judicature
nyayalaya *n.* न्यायालय, न्यायाधिकरण tribunal
nyayaochit *a* न्यायोचित equitable
nyayik nirnaya *n* न्यायिक निर्णय decree
nyay-sambandhi *a.* न्याय संबंधी judicial
nyay-tantra *n.* न्यायतंत्र judiciary
nylon *n.* नाइलॉन nylon
nyunatam matra *n.* न्यूनतम मात्रा minimum

O

october *n.* अक्टूबर October
odhni *n.* ओढ़नी veil

offset chhapai *n* ऑफ़सैट छपाई offset
ojha *n.* ओझा necromancer
omlet *n.* आमलेट omelette
oon *n.* ऊन wool
ooni *a.* ऊनी woollen
ooni dhaga *n.* ऊनी धागा worsted
ooni kaparha *n* ऊनी कपड़ा woollen
os *n.* ओस dew
osana, barsana *v.t.* ओसाना, बरसाना winnow
oshth sambandhi *a.* ओष्ठ संबंधी labial
ounce *n.* औंस ounce
out karna *v.t* आउट करना stump
oxygen *n.* ऑक्सीजन oxygen

P

paadariyon ka sangh *n.* पादरियों का संघ convocation
paadri *n* पादरी clergy
paagal *a.* पागल insane
paagal vaykti *n.* पागल व्यक्ति maniac
paagana *v. t.* पागना candy
paak vidhi *n.* पाक विधि recipe
paakhandi *n.* पाखंडी hypocrite
paakhandi *a.* पाखंडी hypocritical
paalan *n* पालन culture
paalki *n.* पालकी litter
paalki *n.* पालकी palanquin
paaltu janawar *n.* पालतू जानवर pet
paan *n* पान betel
paangar *n.* पांगर chestnut
paansa *n.* पानसा dice
paap karm *n.* पाप कर्म sin
paap karna *v.i.* पाप करना sin
paap se mukt karna *v.t.* पाप से मुक्त करना assoil
paap svikaran *n* पाप स्वीकरण confession
paapi *a.* पापी sinful
paapi *n.* पापी sinner

paapi *a.* पापी wicked
paapon se mukti *n.* पापों से मुक्ति salvation
paar karna *v.t.* पार करना cross
paar karna *v.i.* पार करना pass
paarad *n.* पारद mercury
paarad *n.* पारद quicksilver
paari *n.* पारी innings
paar-patra *n.* पार-पत्र passport
paas aana *v.i.* पास आना near
paas mein *adv* पास में by
paas pahunchana *v.t.* पास पहुंचना approach
paas rakhna *v.t.* पास रखना keep
paathak *n* पाठक book-worm
pachaas *n.* पचास fifty
pachadana *v.t.* पछाड़ना outdo
pachan *n* पाचन digestion
pachana *v.i.* पचाना assimilate
pachana *v. t.* पचाना digest
pachchar *n.* पच्चर wedge
pachtava karnewala *a.* पछतावा करनेवाला repentant
pad *n.* पद chair
pad *n.* पद quality
pad *n.* पद status
pad tyag *n* पद-त्याग abdication
padak *n.* पदक gong
padak *n.* पदक medal
padak prapt vaykti *n.* पदक प्राप्त व्यक्ति medallist
padarath *n.* पदार्थ matter
padari *n.* पादरी parson
padari ka pradesh *n.* पादरी का प्रदेश parish
padarth *n* पदार्थ liquid
padarth *n.* पदार्थ material
padarth *n.* पदार्थ substance
padbindu *n.* पादबिंदु nadir
padchap *n.* पदचाप tread
padhaku *n.* पढ़ाक्कू bookish

padhati *n.* पद्धति scheme
padhatibadh *a.* पद्धतिबद्ध systematic
padkram *n.* पदक्रम grade
pad-kram *n.* पदक्रम hierarchy
pados *n.* पड़ोस neighbourhood
pados *n.* पड़ोस vicinity
padosi *n.* पड़ोसी neighbour
padri ki vriti *n* पादरी की वृत्ति benefice
padya likhna *v.i.* पद्य लिखना rhyme
padya-baddh karna *v.t.* पद्यबद्ध करना versify
padyakar *n.* पद्यकार rhymester
padyarachna *n.* पद्यरचना versification
pagal *adj* पागल bizarre
pagal *adj.* पागल daft
pagal *a.* पागल lunatic
pagal karna *v.t* पागल करना dement
pagal vykti *n.* पागल व्यक्ति lunatic
pagalpan *n* पागलपन craze
pagalpan *n.* पागलपन lunacy
pagal-pan *n.* पागल-पन insanity
pageh se bandhna *v.t.* पगहे से बांधना tether
paglakar *adv.* पगलाकर amuck
pagrhi *n.* पगड़ी turban
pahal *n.* पहल initiative
pahala *a* पहला former
pahar *n.* पहाड़ mountain
pahar par chadhne wala *n.* पहाड़ पर चढ़ने वाला mountaineer
pahara dena *v.i.* पहरा देना patrol
paharhi *n.* पहाड़ी mount
paharhi nala ya nadi *n.* पहाड़ी नाला या नदी beck
pahari *n* पहाड़ी montane
pahari *a.* पहाड़ी mountainous
pahchan *n.* पहचान identity
paheli *n.* पहेली conundrum
paheli *n* पहेली enigma
paheli *n.* पहेली riddle
paheli karna *v.i.* पहेली कहना riddle

pahiya *a.* पहिया wheel
pahiye ka danta *n* पहिये का दाँता cog
pahla *a.* पहला previous
pahle ka *a.* पहले का past
pahle se bata dena *v.t.* पहले से बता देना prophesy
pahnana *v. t* पहनाना dress
pahulu *n* पहलू facet
pahunch पहुँच access
pahunch ke andar *a* पहुंच के अंदर available
pahunchana *v.i.* पहुंचना arrive
pahunchana *v.t.* पंचरणना convoke
paiband *n.* पैबन्द graft
paiband *n* पैबंद patch
paichish *n* पेचिश dysentery
paida hona *v.i.* पैदा होना stem
paida hua *v.* पैदा हुआ born
paida karna *v.t.* पैदा करना generate
paida karna *v.t.* पैदा करना yield
paidal chalna *v.i.* पैदल चलना trek
paidal saina *n.* पैदल सेना infantry
paighambar *n.* पैग़ंबर prophet
paighambari *a.* पैगंबरी prophetic
paimana *n.* पैमाना gauge
paina *a.* पैना acute
pair *n* पैर foot
pair ghasitna *v.i.* पैर घसीटना shuffle
pair ka *n.* फेरी का pedal
pair ki thaap *n.* पैर की थाप stamp
pair ki ungli *n.* पैर की उंगली toe
pair se choona *v.t.* पैर से छूना toe
pairbansa *n.* पैरबांसा stilt
pairhi *n.* पैड़ी, stair
paitikot *n.* पेटीकोट petticoat
paitrik *a.* पैतृक parental
paitrik *a.* पैतृक paternal
pajaama *n* पेजामा pyjama
paka hua *a* पका हुआ ripe
pakad *n.* पकड़ grapple
pakad *n* पकड़ grasp

pakad *n.* पकड़ hold
pakadna *v.t.* पकड़ना grip
pakadna *v.t* पकड़ना hold
pakana *v. t* पकाना concoct
pakana *v. t* पकाना cook
pakana *v.i.* पकना, पकाना ripen
pakane ki widhi *n.* पकाने की विधि cuisine
pakarh *n.* पकड़ seizure
pakarhna *v. i.* पकड़ना bag
pakarhna *v.t* पकड़ना take
pakarna *v. t.* पकड़ना catch
pakchhpathpurna *a.* पक्षपातपूर्ण partisan
pakhand *n.* पाखंड imposture
pakhandi *n.* पाखंडी impostor
pakhwara *n.* पखवारा fort-night
pakka *a* पक्का fast
pakka *a.* पक्का ingrained
paksh lena *v.i.* पक्ष लेना side
pakshaghar *n.* पक्षधर partisan
pakshaghat *n.* पक्षाघात palsy
pakshapat *n* पक्षपात bias
pakshapatpurna banana *v. t* पक्षपातपूर्ण बनाना bias
pakshi ka navjaat baccha *n* पक्षी का नवजात बच्चा nestling
paksh-paat *n.* प्रकाश-पथ partiality
pakshposhan *n.* पक्षपोषण advocacy
pakshposhit karna *v.t.* पक्षपोषित करना advocate
pala *n* पाला blight
palak *n.* पलक lid
palak *n.* पालक spinach
palak jhapakna *v.i.* पलक झपकना wink
palaki *n.* पालकी sedan
palan *n.* पालन pursuance
palan karna *v.i* पालन करना abide
palan karna *v. i* पालन करना comply
palan karna *v. t* पालन करना execute
palan karna *v.t.* पालन करना observe
palan karte hue *a* पालन करते हुए abiding

palan poshan karna *v.t.* पालन पोषण करना rear
palangposh *n.* पलंगपोश coverlet
palan-poshan karna *v.t* पालन- पोषण करना breed
palan-poshan karna *v.t* पालन-पोषण करना nurture
palatane yogya *a.* पलटने योग्य reversible
palayan *n* पलायन flight
palna *n* पालना cradle
palna *v.t.* पालना tame
paltan *n.* पलटन platoon
paltan ka afsar *n.* पलटन का अफसर cornet
palthi marna *v.i.* पालथी मारना squat
paltu *a.* पालतू tame
panah dena *v.t.* पनाह देना shelter
panala *n.* पनाला spout
panch *n* पांच five
panch faisla *n.* पंचफैसला arbitration
panchang *n.* पंचांग almanac
panchang *n.* पंचांग calendar
panchi *n* पक्षी bird
panchkon *n.* पंचकोण pentagon
pandra *n* पंद्रह fifteen
pandubbi *n.* पनडुब्बी submarine
pandubbi *n.* पनडुब्बी torpedo
pandulipi *n.* पांडुलिपि manuscript
panewaala *n.* पानेवाला receiver
pangu banana *v.t.* पंगु बनाना lame
pani *n.* पानी water
pani ka pakshi *n.* पानी का पक्षी coot
pani ke neechay jaana *v. i* पानी के नीचे जाना dive
pani mein pair *v.i.* पानी में पैर paddle
panir *n.* पनीर cheese
panja *n* पंजा claw
panja *n.* पंजा paw
panje se khurachna *v.t.* पंजे से खुरचना paw
panjiyak *n.* पंजीयक registrar

panjiyan *n.* पंजीयन registration
panjiyan *n.* पंजीयन registry
pankh *n* पंख feather
pankh *n.* पंख wing
pankha *n* पंखा fan
pankti *n.* पंक्ति queue
pankti *n.* पंक्ति rank
pankti *n.* पंक्ति row
pankti mai rakhna *v.t.* पंक्ति में रखना deploy
pank-yukt *a.* पंकयुक्त slimy
panna *n* पन्ना emerald
panne ki dusre aur *adv.* पन्ने की दूसरी ओर overleaf
panni *n.* पन्नी tinsel
pansaari *n.* पंसारी grocer
panth *n* पंथ creed
panth *n* पंथ cult
panth *n.* पंथ sect
paplin kapda *n.* पॉप्लीन कपड़ा poplin
par *prep.* पर on
par *prep* पर upon
par vapas jana *v.t.* पर वापस जाना retrace
paradheen *n* पराधीन dependant
paradhvanik *a.* पराध्वनिक supersonic
parag *n.* पराग pollen
paraishani *n* परेशानी fix
parajay *n.* पराजय rebuff
parajaya *n* पराजय defeat
parajit *a.* पराजित prostrate
parajit karna *v. t.* पराजित करना beat
parajit karna *v.t.* पराजित करना overpower
parajit karna *v.t.* पराजित करना overwhelm
parajit karna *v.t.* पराजित करना vanquish
parajit karna *v.t.* पराजित करना worst
parakarm *n* पराक्रम exploit
parakram *n.* पराक्रम might
parakrami *a.* पराक्रमी manful

param koti ko prapt karna *v.i.* परम कोटि को प्राप्त करना culminate
paramarsh *n* परामर्श advice
paramarsh *n* परामर्श consultation
paramarsh dena *v.t.* परामर्श देना advise
paramarsh dena *v. t.* परामर्श देना counsel
paramarsh lena *v. t* परामर्श लेना consult
parampara *n.* परंपरा tradition
paramparagat *a.* परंपरागत stereotyped
paramparagat *a.* परंपरागत traditional
parampriya *a* परमप्रिय beloved
parangat *a* पारंगत accomplished
parantu *conj.* परंतु only
parasaparik sambandh *n.* पारस्परिक संबंध correlation
paraspar misrith karna *v.t.* परस्पर मिश्रित करना intermingle
paraspar nirbhar *a.* परस्पर निर्भर interdependent
paraspar nirbharta *n.* परस्पर निर्भरता interdependence
paraspar vinimay *v.* परस्पर विनिमय interchange
parasparik *a.* पारस्परिक reciprocal
parast karna *v. t.* परास्त करना defeat
parat *n.* परत layer
parat *n* परत ply
parat *n.* परत seam
paravartak *a.* परावर्तक reflective
paravartan *n.* परावर्तन reflection
paravartit *a* परावर्तित reflex
paravartit karna *v.t.* परावर्तित करना reflect
paraya karna *v.t.* पराया करना alienate
paraypt *adv* पर्याप्त enough
parcha likhne wala *n.* पर्चा लिखने वाला pamphleteer
parchayee *n.* परछाईं shadow
parchi *n.* पर्ची chit
parchi *n.* पर्ची slip
pardaa *n.* परदा shroud

pardar *adj.* परदार aliform
pardarshi *a.* पारदर्शी transparent
pardesi *a.* परदेशी outlandish
pared karna *v.t.* परेड करना parade
paresaan karna *v.t.* परेशान करना obsess
paresani *n* परेशानी distress
pareshaan karna *v. t* परेशान करना distress
pareshan hona *v. t* परेशान होना bother
pareshan karna *v.t.* परेशान करना haunt
pareshani *n.* परेशानी harassment
pareshani *n* परेशानी vexation
pareshani mein chorna *v.i.* परेशानी में छोड़ना strand
parha rahana *v.i.* पड़ा रहना lie
parhav dalna *v. i.* पड़ाव डालना camp
pari *n* परी elf
pari *n* परी fairy
pari *n.* परी sylph
paribhasha *n* परिभाषा definition
paribhasha *n* परिभाषा description
paribhasha dena *v. t* परिभाषा देना define
paribhashik shabdawali *n.* पारिभाषिक शब्दावली terminology
paricharika *n.* परिचारिका nurse
paricharika *n.* परिचारिका waitress
parichay *n.* परिचय introduction
parichay karna *v.t.* परिचय कराना acquaint
parichayak *a.* परिचायक indicative
parichaytamak *a.* परिचयात्मक introductory
parichit *adj.* परिचित conversant
parichit karna *v.t.* परिचित करना introduce
parichit karna *v.t.* परिचित कराना prelude
parichit vyakti *n.* परिचित व्यक्ति acquaintance
paridhan *n.* परिधान attire
paridhan *n.* परिधान clothes
paridhan *n* परिधान clothing

paridhan *n.* परिधान garb
paridhan *n.* परिधान garment
paridhan *n.* परिधान vestment
paridhan pahanana *v.t* परिधान पहनाना garb
paridhi *n.* परिधि circuit
paridhi *n.* परिधि circumference
paridhi *n.* परिधि periphery
paridhi *n.* परिधि purview
parihaas *n.* परिहास humour
parihaas *n.* परिहास joke
parijan *n.* परिजन kin
parikramapath *n.* परिक्रमापथ orbit
pariksha karna *v. t* परीक्षा करना examine
parikshak *n* परीक्षक examiner
parikshan *n* परीक्षण experiment
parikshan *n* परीक्षण test
parikshan karna *v.t.* परीक्षण करना inspect
pariksharthi *n.* परीक्षार्थी candidate
pariksharthi *n* परीक्षार्थी examinee
parilabh *n* परिलाभ emolument
pariman *n.* परिमाण volume
parimarjan karna *v. t* परिमार्जन करना cleanse
parimay *a.* परिमेय measurable
parinaam *n.* परिणाम outcome
parinaam *n.* परिणाम product
parinaam *n.* परिणाम sequel
parinaam *n.* परिणाम upshot
parinam *n* परिणाम consequence
parinam *n.* परिणाम result
parinam hona *v.i* परिणाम होना amount
parinam hona *v.i.* परिणाम होना issue
parinam sambandhi *a.* परिणाम संबंधी quantitative
parinaya *n.* परिणय matrimony
paripak karna *v.* परिपाक करना assimilate
paripakwa *a.* परिपक्व mature
paripakwata *n.* परिपक्वता maturity
paripatra *n.* परिपत्र circular

pari-puran *adj* परिपूर्ण plenary
paripurna karna *v.t.* परिपूर्ण करना saturate
parirakshak *n.* परिरक्षक preservative
parirakshan *n.* परिरक्षण preservation
parirakshi *a.* परिरक्षी preservative
parirakshit vastu *n.* परिरक्षित वस्तु preserve
parisani *n.* परेशानी obsession
parishad *n.* परिषद् council
parishisht *n.* परिशिष्ट appendix
parishisht *n.* परिशिष्ट supplement
parishkrit karna *v.t.* परिष्कृत करना retouch
parishodhan *n.* परिशोधन liquidation
parishodhan shala *n.* परिशोधनशाला refinery
parishram *n* परिश्रम diligence
parishrami *a* परिश्रमी diligent
paristhiti *n.* परिस्थिति situation
paristitihi *n.pl.* परिस्थिति circumstance
paritaap *n.* परिताप anguish
paritoshik *n.* पारितोषिक reward
parityag *n* परित्याग disposal
parityag *n.* परित्याग resignation
parivahan *n.* परिवहन portage
parivahan *n.* परिवहन transit
parivahan *n.* परिवहन transportation
parivahan sadhan *n.* परिवहन साधन transport
parivartan *n.* परिवर्तन change
parivartan *n.* परिवर्तन modification
parivartan *n.* परिवर्तन mutation
parivartan *n* परिवर्तन shift
parivartan *n.* परिवर्तन transition
parivartan *n.* परिवर्तन variation
parivartaniya *a.* परिवर्तनीय variable
parivartit karna *v.t.* परिवर्तित करना alter
parivesh *n.* परिवेश environment
pariviksha kaal *n.* परीक्षा काल probation
parivishharthi *n.* परिवीक्षार्थी probationer
pariwar *n* परिवार family
pariwartansil *a.* परिवर्तनशील mutative
parkar *n* परकार compass
parmadhikaar *n.* परमाधिकार prerogative
parmanand *n* परमानंद bliss
parmanu *n.* परमाणु atom
parosi ke naate *a.* पड़ोसी के नाते neighbourly
parpiran rati *n.* परपीड़न रति sadism
parpirhan kamuk *n.* परपीड़न कामुक sadist
par-roop dharna *n.* पररूप धारण impersonation
parshva chayachitra *n.* पार्श्व छायाचित्र silhouette
parthiv *a.* पार्थिव worldly
parv *n* पर्व festival
parvat ki choti *n.* पर्वत की चोटी alp
paryant *prep* पर्यंत during
paryapt *a.* पर्याप्त adequate
paryapt *a.* पर्याप्त sufficient
paryapt hona *v.i.* पर्याप्त होना suffice
paryapt matra *n.* पर्याप्त मात्रा sufficiency
paryapt matra mein *adv.* पर्याप्त मात्रा में fairly
paryapt matra mein *adv.* पर्याप्त मात्रा में substantially
paryatak *n.* पर्यटक tourist
paryatan *n* पर्यटन ramble
paryatan *n* पर्यटन tourism
paryavekshak *n.* पर्यवेक्षक overseer
paryaya *n.* पर्याय synonym
paryayavachi *a.* पर्यायवाची, synonymous
paryojan *n.* प्रयोजन purpose
pasali sambandhi *adj.* पसली संबंधी costal
pasand *n.* पसंद choice
pasand *n.* पसंद like
pasand *n.* पसंद liking
pasand *n.* पसंद preference
pasand karna *v.t* पसंद करना fancy

pasand karna v.t. पसंद करना like
pase ka khel khelna v. i. पासे का खेल खेलना dice
paseena n. पसीना sweat
paseena aana v.i. पसीना आना sweat
pashchat drishiti n. पश्चात् दृष्टि retrospect
pashchatap n. पश्चाताप remorse
pashchatap n. पश्चात्ताप repentance
pashchatap karna v.i. पश्चात्ताप करना repent
pashchatya a. पाश्चात्य occidental
pashchim n. पश्चिम west
pashchim ki or adv. पश्चिम की ओर west
pashchimi a. पश्चिमी, पछुवां west
pashchimi a. पश्चिमी westerly
pashchimi a. पश्चिमी western
pashu n पशु beast
pashu n पशु brute
pashu ki boli n पशु की बोली cry
pashu ki moonch n. पशु की मूंछ whisker
pashu vadh n. पशुवध slaughter
pashuchikitsa a. पशुचिकित्सा संबंधी veterinary
pashulom n. पशुलोम fur
pashupala n. पशुपाला barn
pashushavak n पुशुशावक cub
pasina n. पसीना perspiration
pasina nikalna v.i. पसीना निकलना perspire
pasli n. पसली rib
pasu samuh n. पशु समूह herd
pata n. पता address
pata lagana v. t पता लगाना discover
patak dena v. i. पटक देना dash
pataka n. पताका streamer
patakha n पटाखा cracker
patan n. पतन relapse
patang n. पतंग kite
patanga n. पतंगा moth
path n. पाठ recitation

path pradarshak n. पथप्रदर्शक guide
pathar n. पत्थर stone
pathar ka sanduk n पत्थर का सन्दूक cist
pathar phenkna v.t. पत्थर फेंकना stone
patharila a. पथरीला stony
pathbhrasht adv., पथभ्रष्ट astray
pathkar n. पथकर toll
path-pradarshan n. पथ-प्रदर्शन guidance
pathpradashan karna v.t. पथप्रदर्शन करना guide
pathyakram n. पाठ्यक्रम syllabus
pathykram n पाठ्यक्रम curriculum
pati n पति husband
pati athwa patni n. पति अथवा पत्नी spouse
pati vishyak a. पति विषयक marital
patili n. पतीली kettle
patit a. पतित licentious
patit hona v.i. पतित होना backslide
patit karna v. t. पतित करना debase
patiya n. पटिया slab
patiyaan n पत्तियाँ foliage
patjharh n. पतझड़ autumn
patkna v.i. पटकना pop
patla a पतला dilute
patla a पतला flimsy
patla n. पतला lean
patla n. पतला slender
patla a. पतला slim
patla a. पतला thin
patla karna v. t पतला करना dilute
patla karna v.t. पतला करना thin
patlapan n पतलापन taper
patlun n. पतलून pantaloon
patlun n. pl पतलून trousers
patni n. पत्नी wife
patnonmukh a पतनोन्मुख decadent
patra pane wala n. पत्र पाने वाला addressee
patra vyavahar karna v. i पत्र व्यवहार करना correspond

patrakar *n.* पत्रकार journalist
patrakarita *n.* पत्रकारिता journalism
patrapaal *n.* पत्रपाल postmaster
patri पटरी foot path
patri se uttar jana *v. t.* पटरी से उतर जाना derail
patrika *n.* पत्रिका journal
patrika *n.* पत्रिका periodical
patsan *n.* पटसन jute
patta *n* पट्टा belt
patta *n.* पत्ता leaf
patta *n.* पट्टा lease
patta *n.* पट्टा strap
patte par dena *v.t* पट्टे पर देना lease
pattedar *n.* पट्टेदार lessee
patthar *n.* पठार plateau
patti *n.* पट्टी band
patti *n.* पत्ती blade
patti *n.* पट्टी strip
patti *n.* पट्टी tape
patti bandhana *v.t* पट्टी बांधना bandage
pattiyon se bhara *a.* पत्तियों से भरा leafy
patwaar *n.* पतवार oar
patwar *n.* पतवार helm
paudha *n.* पौधा plant
pauranik *a.* पौराणिक mythological
pauranik katha *n.* पौराणिक कथा myth
pauranik kavita *n* पौराणिक कविता mythopoetry
paurush *n* पौरुष manliness
paurush *n.* पौरुष virility
pavan *a.* पावन virtuous
pavati *n.* पावती receipt
pavitra *a.* पवित्र chaste
pavitra *a.* पवित्र pious
pavitra *a.* पवित्र sacred
pavitra *a.* पवित्र sacrosanct
pavitra *n* पवित्र virgin
pavitra *a* पवित्र pure
pavitra karna *v.t.* पवित्र करना hallow
pavitra karna *v.t.* पवित्र करना purge

pavitra karna *v.t.* पवित्र करना purify
pavitra sthan *n.* पवित्र स्थान shrine
pavitrata *n.* पवित्रता sanctity
pavitrikaran *n.* पवित्रीकरण sanctification
pawan *a.* पावन holy
pawanchakki *n.* पवनचक्की windmill
pawroti *n.* पावरोटी loaf
payaj *n.* प्याज़ onion
payaria *n.* पायरिया pyorrhoea
payavekshak *v.t.* पर्यवेक्षक oversee
paye *n* पेय beverage
pech *n.* पेच screw
pech se kasna *v.t.* पेच से कसना screw
peche ghatit hona *v.i* पीछे घटित होना ensue
pechida *a.* पेचीदा intricate
pechila *adj* पेचीला anfractuous
ped *n.* पेड़ tree
peecha karna *v. t* पीछा करना dog
peecha karna *v.t.* पीछा करना pursue
peeche hatana *v.t.* पीछे हटाना withdraw
peeche hatna *v.i.* पीछे हटना retreat
peeche ki aur *adv* पीछे की ओर behind
peeche ko hatana *v.t.* पीछे को हटाना repel
peechhe chhorna *n.* पीछे छोड़ना leave behind
peekdaan *n.* पीकदान spittoon
peela *a* पीला pale
peela *a.* पीला yellow
peela *a.* पीला wan
peela hona *v.i.* पीला होना pale
peela karna *v.t.* पीला करना yellow
peela rang *n* पीला रंग chrome
peela rang *n* पीला रंग yellow
peela sa *a.* पीला-सा yellowish
peena *v.t.* पीना drink
peera *n.* पीरा pang
peerha *n.* पीड़ा ache
peerha hona *v.i.* पीड़ा होना ache
peerhit karna *v.t.* पीड़ित करना aggrieve
peeru *n.* पीरू turkey

peesna *v. t* पीसना crush
peesna *v.t.* पीसना mill
peetal *n.* पीतल brass
peetna *v.t.* पीटना beat
peetna *v. t* पीटना belabour
peetna *v.t* पीटना hammer
pehchan *n.* पहचान identification
pehchan *n.* पहचान recognition
pehchan lena *v.t.* पहचान लेना recognize
pehchanana *v.t.* पहचानना identify
pehle hi *adv.* पहले ही beforehand
pehle se *adv.* पहले से already
pehle se acchha *a* पहले से अच्छा better
pehlu *n.* पहलू aspect
pencil *n.* पेंसिल pencil
pencil ka tukrha *n.* पेंसिल का टुकड़ा stub
pension dena *v.t.* पेंशन देना pension
perh ka tana *n.* पेड़ का तना trunk
perh paudhe *n.* पेड़ पौधे vegetation
pesh-kash *n* पेश-कश offer
pet *n* पेट abdomen
pet *n* पेट belly
pet *n.* पेट stomach
pet band *n.* पेटबंद apron
pet ke bal khisakna *v. i* पेट के बल खिसकना creep
peti *n.* पेटी girdle
peti se bandhna *v.t* पेटी से बांधना girdle
petrak *a.* पैतृक ancestral
petrol *n.* पेट्रोल petrol
pet-sambandhi *a.* पेट-संबंधी abdominal
petupan *n.* पेटूपन gluttony
peyano *n.* पियानो piano
phaansi *n.* . फांसी gallows
phaawra *n.* फावड़ा spade
phailana *v.t.* फैलाना scatter
phailana *v.t.* फैलाना stretch
phailna *v.i.* फैलना spread
phal *n.* फल fruit
phali *n.* फली pod
phallpaag *n.* फलपाग marmalade

phalna phulna *v.i* फलना फूलना flourish
phalna phulna *v.i.* फलना फूलना thrive
phalodhyan *n.* फलोद्यान orchard
phalras pay *n* फलरस पेय squash
phaltupan *n.* फ़ालतूपन redundancy
phanda *n.* फंदा noose
phank *n.* फांक slice
phans jana *v.i* फंस जाना bog
phansi ka takhta *n.* फांसी का तख्ता scaffold
phaphola *n* फफोला bleb
phaphola *n* फफोला blister
phaphundi *n* फफूंदी mould
pharhana *v.t.* फाड़ना rip
pharhna *v.t.* फाड़ना tear
pharhpharhahat *n* फड़फड़ाहट flutter
pharhpharhana *v.t* फड़फड़ाना flutter
phasal *n* फ़सल crop
phatan *n.* फटन rift
phatehal *a.* फटेहाल shabby
phatkaar *n.* फटकार rebuke
phatkar bhara bhashan *n.* फटकार भरा भाषण tirade
phatkarna *v.t.* फटकारना rebuke
phatkarna *v.t* फटकारना upbraid
phatta *n.* पत्ता lath
phavrhe se khodna *v.t.* फावड़े से खोदना spade
phenk *n.* फेंक throw
phenkana *v.t* फेंकना fling
phenkana *v.t.* फेंकना pitch
phenkna *v.t.* फेंकना throw
phentana *v.t.* फेंटना whip
phentani *n* फेंटनी whisk
pheri lagana *v* फेरी लगाना peddle
pheri wala *n* फेरीवाला hawker
phir *adv.* फिर anew
phir bhi *adv.* फिर भी nonetheless
phir se *adv.* फिर से again
phir se bharna *v.t.* फिर से भरना replenish
phisalna *v.i.* फिसलना skid

phisalna *v.i.* फिसलना slip
phislan wala *a.* फिसलन वाला slippery
phiton se bandhana *v.t.* फीतों से बांधना lace
phool bikrita *n* फूल विक्रेता florist
phool ki pankhuri *n.* फूल की पंखुरी petal
phoolgobhi *n.* फूलगोभी broccoli
phora *n* फोड़ा sore
phorha *n* फोड़ा boil
phorhna *v. i.* फोड़ना burst
photo *n* फ़ोटो photo
photo *n.* फ़ोटो shot
photo khinchne ki kala *n.* फ़ोटो खींचने की कला photography
photo lena *v.t.* फ़ोटो लेना snap
photo sambandhi *a.* फ़ोटो संबंधी photographic
photo utarna *v.t.* फ़ोटो उतारना photograph
photo utarnay wala *n.* फ़ोटो उतारने वाला photographer
phudakna *v.i.* फुदकना skip
phuhar *a.* फूहड़ slatternly
phuhar *n.* फुहार spray
phuhar istri *n.* फूहड़ स्त्री slattern
phuhar parhna *n* फुहार drizzle
phuhar parhna *v. i* फुहार पड़ना drizzle
phuhariya *a.* फूहड़िया slipshod
phulna *v. i* फूलना cockle
phunkarna *v.i.* फुंकारना, फफकारना snort
phunsi *n.* फुंसी pock
phuphusa kar kehna *v.t.* फुसफुसा कर कहना whisper
phursat *a* फ़ुर्सत leisure
phurti *n.* फुर्ती alacrity
phurtila *a.* फुर्तीला agile
phurtila *a.* फुर्तीला alert
phurtila *a.* फुर्तीला smart
phurtila khasta *a* फुर्तीला खस्ता crisp
phurtilapan *n.* फुर्तीलापन alertness
phuslana *v.t.* फुसलाना wheedle
phus-phus *n* फुसफुस whisper

phut nikalna *v.i.* फूट निकलना, spurt
phutkar bikri *v.t.* फुटकर बिक्री retail
phutkar vikreta *n.* फुटकर विक्रेता retailer
piche ya dur jana *v.i.* पीछे या दूर जाना recede
pichha *n.* पीछा chase
pichha karna *v. t.* पीछा करना chase
pichhla *a.* पिछला latter
pichkari *n.* पिचकारी syringe
pichla bhag *n.* पिछला भाग back
pichla bhag *n.* पिछला भाग rear
pichli taraph *adv.* पिछली तरफ़ back
pichrha hua *a.* पिछड़ा हुआ backward
pida *n.* पीड़ा pain
pighal jana *v.t.* पिघल जाना fuse
pighalna *v.t.* पिघलाना smelt
pighalna *v.i* पिघलना thaw
pighalna *n* पिघलन thaw
pila nargis *n.* पीला नरगिस daffodil
piliya *n.* पीलिया jaundice
pilla *n.* पिल्ला puppy
pilla *n.* पिल्ला whelp
pind *n.* पिंड lump
pind *n.* पिंड mass
pindak *n.* पिंडक lobe
pindali *n.* पिंडली calf
pinjra *n.* पिंजरा cage
pipa *n* पीपा barrel
pipa *n* पीपा cask
pira hona *v.t.* पीड़ा होना pain
pira rahit पीड़ा रहित painless
piramid *n.* पिरामिड pyramid
pirhadayak *a* पीड़ादायक bitter
pirhadayak *a.* पीड़ादायक sore
pishach nivas *n.* पिशाच निवास pandemonium
pisi hui cheez *v.t.* पिसी हुई चीज़ mince
pisna *v.i.* पिसना grind
pisne ka upkaran *n.* पीसने का उपकरण grinder
pissu *n.* पिस्सू flea

istol n. पिस्तौल pistol
it n पित्त bile
pita n पिता dad, daddy
pita n पिता father
pitar n. पितर manes
pithika n. पीठिका pedestal
pitna v.t पीटना flog
pitna v.t. पीटना thrash
pitpiti n. पिटपिटी wren
pitratava adg पितृत्व paternity
pitritva n. पितृत्व parentage
piyakkad n पियक्कड़ bibber
piyanovadak n. पियानोवादक pianist
plate n. प्लेट plate
pokhar n. पोखर puddle
police n. पुलिस police
police ka sipahi n. पुलिस का सिपाही policeman
polki n. पोलकी opal
ponchan n. पोंछन wipe
ponchna v.t. पोंछना wipe
poochhna v.t. पूछना ask
poonch n. पूंछ tail
pop sambandhi a. पोप संबंधी popal
poshaak n. पोशाक costume
poshak n पोशाक dress
poshak a. पोषक nutritious
poshak n. पोषक patron
poshan n. पोषण aliment
poshan n. पोषण nourishment
poshan n. पोषण nutrition
poshan karna v.t. पोषण करना foster
poshan karna v.t. पोषण करना nourish
poshan sambandhi a. पोषण-संबंधी nutritive
poshana v. t. पोसना cherish
potana v. t. पोतना daub
potarohan karna v. t पोतारोहण करना embark
potash n पोटास alkali
potash n. पोटाश potash

potassium yukt n. पोटैशियम युक्त potassium
potavashesh n. पोतावशेष wreckage
potbhang n. पोतभंग wreck
potbhar n. पोतभार cargo
potwahak n. पोतवाहक mariner
powder n. पाउडर powder
prabal adj. प्रबल cogent
prabal a. प्रबल potent
prabal a. प्रबल predominant
prabal v.i. प्रबल preponderate
prabal a. प्रबल prevalent
prabalta n. प्रबलता predominance
prabandh n. प्रबंध monograph
prabandh n. प्रबंध treatise
prabandh karna v.t. प्रबंध करना administer
prabandh karna v.t. प्रबंध करना manage
prabandh se sambandhit a. प्रबंध से संबंधित managerial
prabandhak n. प्रबंधक manager
prabandhak n. प्रबंधक steward
prabandhak n. प्रबंधक superintendent
prabandhakarta n. प्रबंधकर्ता regulator
prabandhan n. प्रबंधन administration
prabandhan n. प्रबंधन management
prabandhkarini samiti n. प्रबंधकारिणी समिति senate
prabandhniya n प्रबन्धियां organizable
prabha mandal n. प्रभा मंडल nimbus
prabhat n प्रभात dawn
prabhav n प्रभाव effect
prabhav n. प्रभाव impact
prabhav n. प्रभाव imprint
prabhav n. प्रभाव influence
prabhav n. प्रभाव pull
prabhav n प्रभाव sway
prabhav dalna v.t. प्रभाव डालना influence
prabhav puran a. प्रभाव पूर्ण operative
prabhavi a प्रभावी emphatic
prabhavit karna v.t. प्रभावित करना affect

prabhavit karna *v.t.* प्रभावित करना impress
prabhavotpadakta *n* प्रभावोत्पादकता efficacy
prabhavshali *a* प्रभावशाली effective
prabhavshali *a.* प्रभावशाली imposing
prabhavshali *a.* प्रभावशाली impressive
prabhavshali *a.* प्रभावशाली influential
prabhusatta *n.* प्रभुसत्ता majesty
prabhusatta *n.* प्रभुसत्ता sovereignty
prabhutwa *n.* प्रभुत्व mastery
prabodhak *a.* प्रबोधक monitory
prachalak *n.* प्रचालक operator
prachalan *n.* प्रचलन prevalence
prachalit *a* प्रचलित current
prachand *a* प्रचंड fierce
prachand *n.* प्रचंड impetuosity
prachand *a.* प्रचंड vehement
prachand dhara *n.* प्रचंड धारा torrent
prachand dhara jaisa *a.* प्रचंड धारा जैसा torrential
prachand tufan *n.* प्रचंड तूफ़ान typhoon
prachar *n.* प्रचार propaganda
prachar *n.* प्रचार publicity
pracharak *n.* प्रचारक propagandist
pracharit karna *v. t* प्रचारित करना broadcast
pracharit karna *v.t.* प्रचारित करना publicize
prachepaastra *n.* प्रक्षेपास्त्र missile
prachin *a.* प्राचीन ancient
prachin *a.* प्राचीन antiquated
prachin kaal mein *prep.* प्राचीन काल में afore
prachinkaal *n.* प्राचीनकाल antiquity
prachinkaal-sambandhi *a* प्राचीनकाल-संबंधी classical
prachlan *n.* प्रचलन vogue
prachlit mulya *n.* प्रचलित मूल्य quotation
prachur *a* प्रचुर abundant
prachur *a.* प्रचुर ample
prachur *a* प्रचुर bountiful
prachur *a.* प्रचुर generous
prachur *a* प्रचुर gross
prachur *a.* प्रचुर lavish
prachur *a.* प्रचुर luxuriant
prachur *a.* प्रचुर profuse
prachur matra *adv.* प्रचुर मात्रा galore
prachur matra mein *adv.* प्रचुर मात्रा में thick
prachurata mein hona *v.i.* प्रचुरता में होना teem
prachurta *n* प्रचुरता abundance
prachurta *n.* प्रचुरता adequacy
prachurta *n.* प्रचुरता fullness
prachurta *n.* प्रचुरता luxuriance
prachurta *n.* प्रचुरता opulence
prachurta *n.* प्रचुरता plenty
prachurta *n.* प्रचुरता profusion
prachurta *n.* प्रचुरता spate
prachurta, bahutayat *n* प्रचुरता, बहुतायत glut
prachya *a.* प्राच्य oriental
pradaan karna *v. t* प्रदान करना bless
pradaan karna *v.t.* प्रदान करना supply
pradan karna *v.t.* प्रदान करना award
pradan karna *v. t* प्रदान करना bestow
pradan karna *v. i* प्रदान करना confer
pradan karna *v. t* प्रदान करना endow
pradan karna *v.t.* प्रदान करना grant
pradarshak *a.* प्रदर्शक representative
pradarshan *n.* प्रदर्शन demonstration
pradarshan *n* प्रदर्शन display
pradarshan *n.* प्रदर्शन performance
pradarshan *n.* प्रदर्शन show
pradarshan karna *v. t* प्रदर्शन करना demonstrate
pradarshan karne wala *n.* प्रदर्शन करने वाला performer
pradarshini *n.* प्रदर्शनी exhibition
pradarshit karna *v. t* प्रदर्शित करना display

pradarshit karna v.t. प्रदर्शित करना wear
pradarsiniya wastu n. प्रदर्शनीय वस्तु exhibit
pradayak n. प्रदायक supplier
pradesh n प्रदेश canton
pradesh n. प्रदेश county
pradhan a प्रधान arch
pradhan a. प्रधान cardinal
pradhan a प्रधान main
pradhan a. प्रधान primary
pradhan devdut n प्रधान देवदूत archangel
pradhan girjaghar n. प्रधान गिरजाघर cathedral
pradhan nyayalaya n प्रधान न्यायालय chancery
pradhan vyakti n. प्रधान व्यक्ति principal
pradhanmantri n प्रधानमंत्री premier
pradhikar n प्राधिकार charter
pradhikrit karna v.t. प्राधिकृत करना authorize
pradhinta n पराधीनता dependence
pradhyapak n. प्राध्यापक professor
pradushan n. प्रदूषण pollution
prafull a. प्रफुल्ल jolly
prafull karna v. t प्रफुल्ल करना enrapture
prafullta n. प्रफुल्लता hilarity
prafulta n. प्रफुल्लता gaiety
pragati n. प्रगति advancement
pragati n. प्रगति process
pragati n. प्रगति progress
pragati karna v.i. प्रगति करना progress
pragatikaar n. प्रगीतकार lyricist
pragatishil a. प्रगतिशील progressive
pragatiwadi vyakti n प्रगतिवादी व्यक्ति leftist
pragetihasik a. प्रागैतिहासिक prehistoric
pragya n. प्रज्ञा intellect
pragya n. प्रज्ञा intelligence
prahaar karna v.t. प्रहार करना hit
prahar n प्रहार cut
prahar n प्रहार hit

prahar n. प्रहार stroke
prahar karna v.t. प्रहार करना whack
prahasan n. प्रहसन comedy
prahasan n. प्रहसन mime
prahasan n. प्रहसन skit
prairet karna v.t. प्रेरित करना prick
prairet karna v.t. प्रेरित करना prompt
prairit karna v.t प्रेरित करना goad
prairit karna v.t. प्रेरित करना induce
prait n. प्रेत demon
prait n प्रेत fiend
praja n. प्रजा subject
prajatantra n प्रजातंत्र democracy
prajatantra rajya n. प्रजातंत्र राज्य republic
prajatantratmak a प्रजातंत्रात्मक democratic
prajnan n प्रजनन reproduction
prajwalan n. प्रज्वलन inflammation
prajwalankar a. प्रज्वलनकार inflammatory
prakaar n प्रकार make
prakar n प्रकार form
prakar n. प्रकार kind
prakar n. प्रकार sort
prakaran n. प्रकरण paragraph
prakartik was n. प्राकृतिक वास habitat
prakash n. प्रकाश illumination
prakash n. प्रकाश light
prakash stambh n. प्रकाश स्तम्भ light house
prakashan n. प्रकाशन publication
prakashan n प्रकाशन release
prakashit hona v.t. प्रकाशित होना light
prakashit karna v.t. प्रकाशित करना publish
prakashman a. प्रकाशमान luminous
prakash-rahit a प्रकाश-रहित black
prakash-rasayan n. प्रकाश-रसायन photochemistry

prakasit karna v.i. प्रकाशित करना irradiate
prakat hona v. i. प्रकट होना dawn
prakat hona v. i प्रकट होना emerge
prakat karna v.t. प्रकट करना betray
prakat karna v. t. प्रकट करना declare
prakat karna v. t प्रकट करना disclose
prakat karna v. t प्रकट करना divulge
prakat karna v. t प्रकट करना expose
prakat karna v.t. प्रकट करना manifest
prakatan n. प्रकटन revelation
prakirtik drishya sthal n. प्राकृतिक दर्शय स्थल landscape
prakop n. प्रकोप outbreak
prakopak a. प्रकोपक irritant
prakriti n. प्रकृति nature
prakriti n. प्रकृति temperament
prakritik a. प्राकृतिक natural
prakritik rup se adv. प्रकृति रूप से naturally
prakriti-vad a प्रकृति-वाद naturalism
prakritivigyani n. प्रकृतिविज्ञानी naturalist
prakshepanastra n. प्रक्षेपणास्त्र projectile
prakshepitr n. प्रक्षेपित्र projector
prakshepya a प्रक्षेप्य projectile
pralobhan n प्रलोभन allurement
pralobhan n प्रलोभन bait
pralobhan n. प्रलोभन lure
pralobhan n. प्रलोभन temptation
pralobhit karna v.t. प्रलोभित करना lure
pramaan n. प्रमाण proof
pramaanit karna v.t. प्रमाणित करना argue
praman n प्रमाण evidence
praman dena v.i. प्रमाण देना testify
praman patra n प्रमाण पत्र diploma
pramanik a. प्रामाणिक authentic
pramanik a प्रामाणिक credible
pramanikaran n प्रमाणीकरण confirmation
pramanikaran n. प्रमाणीकरण substantiation
pramanit karna v.t. प्रमाणित करना attest
pramanit karna v. t. प्रमाणित करना certify
pramanit karna v.t. प्रमाणित करना corroborate
pramanit karna v.t. प्रमाणित करना prove
pramanit karna v.t. प्रमाणित करना substantiate
pramanpatra n. प्रमाण पत्र certificate
pramanpatra n. प्रमाणपत्र testimonial
pramapak n. प्रमापक logarithm
pramay n. प्रमेय theorem
pramodkaal n. प्रमोदकाल honeymoon
pramukh a प्रमुख dominant
pramukh a प्रमुख first
pramukh a. प्रमुख premier
pramukh hona v.i. प्रमुख होना predominate
pramukh padri n. प्रमुख पादरी archbishop
pramukhta n प्रमुखता emphasis
pramukhta n. प्रमुखता preponderance
pran ghatak a. प्राणघातक murderous
pranadhar a. प्राणाधार vital
pranay nivedan n. प्रणय निवेदन courtship
pranaya n प्रणय love
pranaya karna v.t. प्रणय करना woo
pranghatak a. प्राणघातक lethal
prani n. प्राणी animal
prani n प्राणी being
prani n प्राणी creature
prani n. प्राणी wight
prani vigyan n. प्राणि विज्ञान zoology
prani vigyan vishayak a. प्राणि विज्ञान विषयक zoological
prani vigyani n. प्राणि विज्ञानी zoologist
prant n. प्रांत province
prant n. प्रांत shire
prantiya a. प्रान्तीय provincial
prapak n. प्रापक recipient

prapaya *a.* प्राप्य obtainable
praphul *adj.* प्रफुल्ल convivial
prapt karna *v.t.* प्राप्त करना acquire
prapt karna *v. t.* प्राप्त करना derive
prapt karna *v.t* प्राप्त करना find
prapt karna *v.t.* प्राप्त करना gain
prapt karna *v.t.* प्राप्त करना get
prapt karna *v.t.* प्राप्त करना have
prapt karna *v.t.* प्राप्त करना obtain
prapt karna *v.t.* प्राप्त करना procure
prapt karna *v.t.* प्राप्त करना reach
prapt karna *v.t.* प्राप्त करना win
prapti *n.* प्राप्ति acquirement
prapti *n.* प्राप्ति procurement
prarambh *n.* प्रांरभ outset
prarambh *n* प्रारंभ start
prarambh *n.* प्रारंभ beginning
prarambh karna *n* प्रारंभ करना begin
prarambh karna *v.t.* प्रारंभ करना start
prarambha *n* प्रारंभ commencement
prarambha karna *v. t* प्रांरभ करना commence
prarambhik *a.* प्रारंभिक inaugural
prarambhik *a.* प्रारंभिक preparatory
prarambhik muul *a.* प्रारंभिक मूल rudimentary
prarmbhik *a.* प्रारंभिक initial
prarmbhik karyavahi *n* प्रारंभिक कार्यवाही preliminary
prarthana karna *v.t.* प्रार्थना करना implore
prarthi *n.* प्रार्थी applicant
prarthi *n.* प्रार्थी suitor
prarup hona *v.t.* प्रारूप होना typify
prarup taiyar karna *v. t* प्रारूप तैयार करना draft
prarup taiyar karna *n* प्रारूप तैयार करना draught
prarupik vishisht *a.* प्रारूपिक विशिष्ट typical
prasaan karna *v.t.* प्रसन्न करना gladden

prasang *n* प्रसंग context
prasangik *a.* प्रासंगिक relevant
prasangikta *n.* प्रासंगिकता relevance
prasann *a.* प्रसन्न happy
prasann *a.* प्रसन्न cheerful
prasann karna *v. t* प्रसन्न करना enchant
prasann karna *v.t.* प्रसन्न करना please
prasanna hona *v.i.* प्रसन्न होना rejoice
prasannata *n.* प्रसन्नता cheer
prasansa karna *v.t.* प्रशंसा करना magnify
prasanta *n.* प्रसन्नता frolic
prasaran *n* प्रसारण broadcast
prasaran *n* प्रसारण circulation
prasaran *n.* प्रसारण propagation
prasaran *n.* प्रसारण radiation
prasaran kaksh *n.* प्रसारण कक्ष studio
prasarit karana *v.t.* प्रसारित करना relay
prasarit karna *v. i.* प्रसारित करना circulate
prasarit karna *v.t.* प्रसारित करना radiate
prashan *n* प्रश्न query
prashan karna *v.t.* प्रश्न करना interrogate
prashan karna *v.t* प्रश्न करना query
prashan puchna *v.t.* प्रश्न पूछना quiz
prashanatmak *a.* प्रश्तमक interrogative
prashanmaala *n.* प्रश्नमाला questionnaire
prashansa *n* प्रशंसा acclamation
prashansa *n.* प्रशंसा admiration
prashansa *n.* प्रशंसा applause
prashansa *n.* प्रशंसा appreciation
prashansa *n.* प्रशंसा commendation
prashansa *n.* प्रशंसा compliment
prashansa *n* प्रशंसा laud
prashansa *n.* प्रशंसा praise
prashansa *v.t.* प्रशंसा करना recommend
prashansa karna *v.t.* प्रशंसा करना admire
prashansa karna *v.t.* प्रशंसा करना applaud
prashansa karna *v. t* प्रशंसा करना commend
prashansa karna *v. t* प्रशंसा करना compliment

prashansa karna v. t. प्रशंसा करना extol
prashansa karna v.t. प्रशंसा करना laud
prashansa karna v.t. प्रशंसा करना praise
prashansniya a. प्रशंसनीय admirable
prashansniya a. प्रशंसनीय commendable
prashansniya a. प्रशंसनीय laudable
prashanvachak shabd n प्रश्नवाचक शब्द interrogative
prashasak n. प्रशासक administrator
prashasan n. प्रशासन regime
prashasan-sambandhi a. प्रशासन-संबंधी administrative
prashasti n. प्रशस्ति glorification
prashikshan n. प्रशिक्षण training
prashikshan dena v.t. प्रशिक्षण देना train
prashikshanarthi n. प्रशिक्षणार्थी trainee
prashikshu n. प्रशिक्षु apprentice
prashitan n. प्रशीतन refrigeration
prashiti yantra n. प्रशीतियंत्र fridge
prashititr n. प्रशीतित्र refrigerator
prasiddh a. प्रसिद्ध legendary
prasiddh banana v.t. प्रसिद्ध बनाना popularize
prasiddh vyakti n प्रसिद्ध व्यक्ति celebrity
prasiddhi n. प्रसिद्धि notability
prasiddhi n. प्रसिद्धि popularity
prasidh a प्रसिद्ध famous
prasidh a. प्रसिद्ध renowned
prasidhi n प्रसिद्धि credit
prasphotan n. प्रस्फोटन outburst
prasphutit hona v. i प्रस्फुटित होना erupt
prastav n. प्रस्ताव motion
prastav n. प्रस्ताव suggestion
prastavak n. प्रस्तावक mover
prastavana n. प्रस्तावना preface
prastavit karna v.t. प्रस्तावित करना propound
prastavit karna v.t. प्रस्तावित करना suggest
prastavit karna v.t. प्रस्तावित करना propose

prasthan n. प्रस्थान exit
prastut karna v.t. प्रस्तुत करना adduce
prastut karna v.t. प्रस्तुत करना offer
prastut karna v.t. प्रस्तुत करना present
prastut karna v.t. प्रस्तुत करना submit
prastut karna v.t. प्रस्तुत करना table
prastut karna v.t. प्रस्तुत करना tender
prastutikaran v.i. प्रस्तुतिकरण pose
prasuti vidya n. प्रसूती विद्या midwifery
prasv peerha n. प्रसव पीड़ा labour
prataha kalin prarthana n. प्रातःकालीन प्रार्थना morning prayer
prataya-karan n. प्रयत्न-करना persuasion
pratha n. प्रथा convention
pratha n. प्रथा custom
prathagat a प्रथागत customary
pratham a प्रथम maiden
pratham a प्रथम principal
pratham dristiya adv. प्रथम दृष्टया prima facie
pratham pradarshan n. प्रथम प्रदर्शन premiere
pratham sthan n प्रथम स्थान first
prathamik a. प्राथमिक preliminary
prathamta n. प्रथमता priority
prathana n. प्रार्थना prayer
prathana karna v.i. प्रार्थना करना pray
pratharna n प्रार्थना request
pratharna karna v.t. प्रार्थना करना request
prati prep. प्रति per
prati sainkrha adv. प्रति सैकड़ा per cent
pratibandh n. प्रतिबंध ban
pratibandh lagana v.t प्रतिबंध लगाना outlaw
pratibandhak a. प्रतिबंधक restrictive
pratibandhatmak a प्रतिबंधात्मक conditional
pratibandhith karna v.t. प्रतिबंधित करना ban
pratibembit karna v.t. प्रतिबिंबित करना mirror

pratibha *n.* प्रतिभा talent
pratibha *n.* प्रतिभा genius
pratibha sampannata *n.* संपन्नता versatility
pratibhashali *a* प्रतिभाशाली brilliant
pratibhuti *n.* प्रतिभूति assurance
pratichhed *n.* प्रतिच्छेद intersection
pratidhvani *n* प्रतिध्वनि echo
pratidhvani *n.* प्रतिध्वनि repercussion
pratidin *adv.* प्रतिदिन daily
pratidwandi hona *v.t.* प्रतिद्वंद्वी होना rival
pratifal dena *v.t.* प्रतिफल देना recompense
pratigan *n.* प्रतिगान antiphony
pratigya karna *v. t.* प्रतिज्ञा करना commit
pratigya patra *n.* प्रतिज्ञा पत्र covenant
pratigyatmak *a.* प्रतिज्ञात्मक promissory
pratihastaksharit karna *v. t.* प्रतिहस्ताक्षरित करना countersign
pratik *n* प्रतीक emblem
pratik *n.* प्रतीक token
pratik hona *v.t.* प्रतीक होना symbolize
pratikar *n.* प्रतिकार retaliation
pratikar *n.* प्रतिकार revenge
pratikar karna *v.i.* प्रतिकार करना react
pratikar karna *v.i.* प्रतिकार करना retaliate
pratikarak *a.* प्रतिकारक repulsive
pratikatmak *a.* प्रतीकात्मक symbolic
pratikirti *n* प्रतिकृति fax
pratikrati *n.* प्रतिकृति replica
pratiksha *n.* प्रतीक्षा wait
pratiksha karna *v.i.* प्रतीक्षा करना wait
pratikshepak *n.* प्रतिक्षेपक reflector
pratikshipt hona *v.i.* प्रतिक्षिप्त होना rebound
pratikul aadesh dena *v.t.* प्रतिकूल आदेश देना countermand
pratikvad *n.* प्रतीकवाद symbolism
pratilipi *n* प्रतिलिपि copy
pratilipi *n* प्रतिलिपि duplicate

pratilipi banana *v. t* प्रतिलिपि बनाना duplicate
pratilipi lekhan *n.* प्रतिलिपि लेखन transcription
pratilom *n.* प्रतिलोम antipodes
pratimaah *adv* प्रतिमाह monthly
pratinidhan *n* प्रतिनिधान delegation
pratinidhi *n* प्रतिनिधि agent
pratinidhi *n.* प्रतिनिधि attorney
pratinidhi *n* प्रतिनिधि delegate
pratinidhi *n* प्रतिनिधि deputy
pratinidhi *n* प्रतिनिधि representative
pratipadak *n* प्रतिपादक exponent
pratirakshit *a.* प्रतिरक्षित immune
pratirakshit karna *v.t.* प्रतिरक्षित करना immunize
pratirodh devi *n.* प्रतिरोध देवी nemesis
pratiroop *n.* प्रतिरूप pattern
pratiropit karna *v.t.* प्रतिरोपित करना transplant
pratirup *n* प्रतिरूप double
pratirup *a.* प्रतिरूप negative
pratisanvedi *a* प्रतिसंवेदी amenable
pratishat *n.* प्रतिशत percentage
pratishedh *n.* प्रतिषेध refusal
pratishodh *n.* प्रतिशोध vengeance
pratishodh lena *v.t.* प्रतिशोध लेना avenge
pratishodhi *a.* प्रतिशोधी revengeful
pratishtha *n.* प्रतिष्टता glory
pratishtha *n.* प्रतिष्ठा prestige
pratishtha sambandhi *a.* प्रतिष्ठा संबंधी prestigious
pratishtith *a* प्रतिष्ठित eminent
pratispardha *n.* प्रतिस्पर्धा rivalry
pratispardha karna *v. i* प्रतिस्पर्धा करना compete
pratispardhi *n.* प्रतिस्पर्धी rival
pratistha karna *v.t.* प्रतिष्ठा करना consecrate
pratisthapan *n.* प्रतिस्थापन replacement
pratisthapan *n.* प्रतिस्थापन substitution

pratit hona *v.i.* प्रतीत होना appear
pratiti samochan *n* प्रतीती सामोचान parole
prativad *n* प्रतिवाद contradiction
prativad *v.i.* प्रतिवाद करना protest
prativadi *n* प्रतिवादी defendant
prativadi *n.* प्रतिवादी respondent
prativarsh *adv.* प्रतिवर्ष yearly
prativastu *n.* प्रतिवस्तु counterpart
prativesh *n.* प्रतिवेश surroundings
pratiwaad karna *v.t.* प्रतिवाद करना gainsay
pratiyogi *a* प्रतियोगी competitive
pratiyogita *n.* प्रतियोगिता competition
pratiyogita *n.* प्रतियोगिता contest
pratyaksh *a.* प्रत्यक्ष apparent
pratyaksh darshak *n.* प्रत्यक्ष दर्शक witness
pratyaksh gyanshil *a.* प्रत्यक्ष ज्ञानशील perceptive
pratyavartit vykati *n* प्रत्यावर्तित व्यक्ति repatriate
pratyaya *n.* प्रत्यय suffix
pratyek *pron.* प्रत्येक each
pratyek *a* प्रत्येक every
pratyek saptah *adv.* प्रत्येक सप्ताह weekly
pratyuttar *n.* प्रत्युत्तर rejoinder
pratyuttar dena *v.t.* प्रत्युत्तर देना rejoin
praudyogiki *n.* प्रौद्योगिकी technology
praudyogikivad *n.* प्रौद्योगिकीविद् technologist
praudyogikiya *a.* प्रौद्योगिकीय technological
pravaasi *n.* प्रवासी migrant
pravachan *n* प्रवचन discourse
pravachan manch *a.* प्रवचन मंच pulpit
pravah *n* प्रवाह flush
pravah yukt *a* प्रवाह युक्त fluent
pravah-hin *a.* प्रभाव-हीन laboured
pravakta *n.* प्रवक्ता lecturer
pravakta *n.* प्रवक्ता spokesman

pravardhan *n* प्रवर्धन amplification
pravarjan *n.* प्रव्रजन migration
pravarjan karna *v.i.* प्रव्रजन करना migrate
pravesh *n* प्रवेश access
pravesh *n.* प्रवेश admission
pravesh *n.* प्रवेश admittance
pravesh *n* प्रवेश entrance
pravesh *n* प्रवेश entry
pravesh *n.* प्रवेश manhole
pravesh karna *v.t* प्रवेश करना enter
pravesh ki anumati dena *v.t.* प्रवेश की अनुमति देना admit
pravesh marg *n* प्रवेश मार्ग door
praveshak *n.* प्रवेशक usher
pravhu *n.* प्रभु lord
pravidhi *n.* प्रविधि technique
pravidhikta *n.* प्राविधिकता technicality
pravin *a* प्रवीण conversant
pravin *a.* प्रवीण proficient
pravin *a.* प्रवीण versed
pravishika *n.* प्रवेशिका primer
pravrat hona *v.i.* प्रवृत्त होना tend
pravrati *n.* प्रवृत्ति trend
praviti *n.* प्रवृत्ति instinct
pravritimulak *a.* प्रवृत्तिमूलक instinctive
prawah *n* प्रवाह flow
prawah *n.* प्रवाह onrush
prawartak *n.* प्रवर्तक innovator
praya *adv.* प्राय oft
prayaan karna *v. i.* प्रयाण करना depart
prayas *n.* प्रयास attempt
prayas *n* प्रयास effort
prayas *n* प्रयास endeavour
prayashchit *n.* प्रायश्चित atonement
prayashchit karna *v.i.* प्रायश्चित करना atone
prayatan *n* प्रयत्न bid
prayatna *n* प्रयत्न try
prayatna karna *v.t.* प्रयत्न करना attempt
prayog *n.* प्रयोग exercise

prayog *n.* प्रयोग usage	**prithakaran** *n.* पृथक्करण separation
prayog karna *v. t.* प्रयोग करना exercise	**prithakari** *n.* पृथक्कारी insulator
prayog karna *v.t* प्रयोग करना harness	**prithivi mandal** *n.* पृथ्वी मंडल orb
prayog karna *v.t.* प्रयोग करना utilize	**prithvi** *n* पृथ्वी earth
prayog mein laana *v.t.* प्रयोग में लाना wield	**prithvi** *n.* पृथ्वी globe
prayog yogya *a.* प्रयोग योग्य applicable	**prithvi** *n.* पृथ्वी ground
prayogsala *n.* प्रयोगशाला laboratory	**priti** *n.* प्रीति endearment
prayojak *n.* प्रायोजक sponsor	**pritibhoj** *n* प्रीतिभोज feast
prayojit karna *v.t.* प्रयोजित करना sponsor	**pritikar** *a.* प्रीतिकर lovable
praytan karna *v.i* प्रयत्न करना endeavour	**pritrihatya** *n.* पितृहत्या patricide
prem *n* प्रेम amour	**priya** *a* प्रिय acceptable
prem karna *v. t.* प्रेम करना court	**priya, pyara** *a.* प्रिय, प्यारा dear
prem karna *v.t.* प्रेम करना love	**priyatam** *n* प्रियतम beloved
prem leela *n.* प्रेम लीला romance	**priyatam** *n* प्रियतम darling
prem prasangyukt *a.* प्रेम प्रसंगयुक्त romantic	**protein** *n.* प्रोटीन protein
prematur *a.* प्रेमातुर amorous	**protsaahan** *n.* प्रोत्साहन incentive
premi *n.* प्रेमी lover	**protsahit karna** *v. t.* प्रोत्साहित करना embolden
premika *n.* प्रेमिका paramour	**protsahit karna** *v. t* प्रोत्साहित करना encourage
prempatra *a.* प्रेमपात्र amiable	**pryatna karna** *v.i.* प्रयत्न करना try
prempatra *n* प्रेमपात्र favourite	**puchaltara** *n* पुच्छलतारा comet
prerak padarth *n.* प्रेरक पदार्थ stimulant	**puchkaarna** *v. t.* पुचकारना caress
prerit karna *v.t.* प्रेरित करना inspire	**puchkarna** *v.t* पुचकारना fondle
prerit karna *v* प्रेरित करना motivate	**puchtach** *n.* पूछताछ interrogation
prerna *n.* प्रेरणा inspiration	**puchtach** *n.* पूछताछ query
prerna *n.* प्रेरणा motivation	**pudding** *n.* पुडिंग pudding
prerna *n.* प्रेरणा stimulus	**pudina** *n.* पुदीना mint
preshak *n.* प्रेषक transmitter	**puja** *n.* पूजा worship
preshan *n.* प्रेषण remittance	**puja karna** *v.t.* पूजा करना adore
preshit karna *v.t.* प्रेषित करना transmit	**puja karna** *v.t.* पूजा करना, worship
preshit maal *n.* प्रेषित माल consignment	**pujari, upasak** *n.* पुजारी, उपासक worshipper
pret *n.* प्रेत phantom	**pujarin** *n.* पुजारिन priestess
pret *n.* प्रेत wraith	**pujasthal** *n.* पूजास्थल chapel
prethak karna *v.t.* पृथक् करना insulate	**pukaar** *n.* पुकार call
prethakaran *n.* पृथक्करण insulation	**pukaarna** *v. t.* पुकारना call
prishth *n.* प्रसिद्ध page	**pukar** *n* पुकार yell
prishthbhumi *n.* पृष्ठभूमि background	**pukarna** *v. t* पुकारना evoke
prithak ho jana *v.i.* पृथक् हो जाना secede	**pukarna** *v.t.* पुकारना term
prithak karna *v.t.* पृथक् करना isolate	**pukhraj** *n.* पुखराज topaz
prithak karna *v.t.* पृथक् करना segregate	

pulaa *n.* पूला sheaf
pulak *n.* पुलक thrill
pulinda *n* पुलिंदा bundle
pulinda *n.* पुलिंदा package
puling *a.* पुलिंग male
puling *a.* पुलिंग masculine
pulkit karna *v.t.* पुलकित करना thrill
pull *n* पुल bridge
pump *n.* पंप pump
pump se uthana *v.t.* पंप से उठाना pump
puna mudrit karna *v.t.* पुन: मुद्रित करना reprint
puna sthapit karna *v.t.* पुन: स्थापित करना replace
puna vishwas dilana *v.t.* पुन: विश्वास दिलाना reassure
punar mudran *n.* पुनर्मुद्रण reprint
punargrahan *n.* पुनर्ग्रहण resumption
punarjanam *n.* पुनर्जन्म renaissance
punarjanm *n.* पुनर्जन्म rebirth
punarjivit hona *v.i.* पुनर्जीवित होना revive
punarniveshan *n.* पुनर्निवेशन rehabilitation
punarparikshan *n* पुनर्परीक्षण review
punarvichar karna *v.t.* पुनर्विचार करना review
punh jail bhejna *v.t.* पुन: जेल भेजना remand
punh prapt karna *v.t.* पुन: प्राप्त करना retrieve
punji *n* पूंजी capital
punji lagana *v.t.* पूंजी लगाना invest
punji nivesh *n.* पूंजी निवेश investment
punjipati *n.* पूंजीपति capitalist
punragaman *n.* पुनरागमन recurrence
punravrati *n.* पुनरावृत्ति reiteration
punravrati hona *v.i.* पुनरावृत्ति होना recur
punruthanshil *a.* पुनरुत्थानशील resurgent
punrutpadan *a.* पुनरुत्पादक reproductive
punyaatma *a.* पुण्यात्मा saintly
pura bharna *v.t* पूरा भरना fill

pura karna *v. t* पूरा करना complete
pura karna *v.t* पूरा करना finish
pura karna *v.t.* पूरा करना supplement
puraa karna *v.t.* पूरा करना meet
purak *n* पूरक complement
purak *a.* पूरक supplementary
puran asafalta. *n* पूर्ण असफलता fiasco
puran rup se *a* पूर्ण रूप से outright
purana *a.* पुराना chronic
purana *a.* पुराना old
purana *a.* पुराना outdated
purana *a.* पुराना outmoded
purana mitr *n* पुराना मित्र chum
purana sangrah *n.* पुराण संग्रह mythology
purankatha sambandhi *a.* पुराणकथा संबंधी mythical
puraskaar *n.* पुरस्कार award
puraskar *n.* पुरस्कार prize
puraskar *n.* पुरस्कार remuneration
puraskar *n.* पुरस्कार trophy
puratan *a.* पुरातन primitive
puratatvaveta *n* पुरातत्ववेत्ता antiquarian
puratatva-vishayak *a.* पुरातत्व-विषयक antiquarian
pure marammat *n.* पूरी मरम्मत overhaul
puri murammat karna *v.t.* पुरानी मरम्मत करना overhaul
puri tarah se *adv* पूरी तरह से downright
purna *a* पूर्ण absolute
purna *a* पूर्ण complete
purna *a* पूर्ण thorough
purna *a* पूर्ण utter
purna karna *v.t.* पूर्ण करना accomplish
purna karna *v.t.* पूर्ण करना fulfil
purna matra *n.* पूर्ण मात्रा total
purna rup se *adv.* पूर्ण रूप से absolutely
purna rup se *adv.* पूर्णरूप से altogether
purna rup se *adv.* पूर्ण रूप से fully
purna rup se *adv.* पूर्णरूप से wide
purnataya *adv.* पूर्णतया all
purnataya *adv.* पूर्णतया utterly

purntaya *adv.* पूर्णतया wholly
purohit *n.* पुरोहित priest
purohit *n.* पुरोहित vicar
purohit varg *n.* पुरोहित वर्ग priesthood
purruthan *n.* पुरुत्थान resurgence
purruthan *n.* पुरुत्थान revival
purti *adj.* पूर्ति completion
purti *n.* पूर्ति fulfilment
purti karna *v.t.* पूर्ति करना produce
purti, *n.* पूर्ति, पूतिता sepsis
purushochit *a.* पुरुषोचित manlike
purushochit *a.* पुरुषोचित manly
puruskar *n.* पुरस्कार recompense
purustwa *n.* पुरुषत्व manhood
purv janam ka smaran *n* पूर्व जन्म का स्मरण anamnesis
purv prayog *n.* पूर्व प्रयोग rehearsal
purva *n.* पूर्व orient
purva agman *n.* पूर्व आगमन precedence
purva awastha *v.t.* पूर्व अवस्था में लाना rehabilitate
purva chetawani dena *v.t* पूर्व चेतावनी देना forewarn
purva dharna *n.* पूर्व धारणा assumption
purva disha *n* पूर्व दिशा east
purva nishchit bhent *n.* पूर्व निश्चित भेंट tryst
purvabodh *n.* पूर्वबोध prescience
purvachintan *n.* पूर्वचिंतन premeditation
purvadharna *n.* पूर्वधारणा prejudice
purvadharna *n.* पूर्वधारणा presupposition
purvadhikari *n.* पूर्वाधिकारी predecessor
purvagami *n.* पूर्वगामी antecedent
purvagyan *n.* पूर्वज्ञान foreknowledge
purvaj *n.* पूर्वज ancestor
purvaniyati *n.* पूर्वनियति predestination
purvanuman hona *v.t.* पूर्वानुमान होना anticipate
purvapeksha *n* पूर्वापेक्षा prerequisite
purvapekshit *a.* पूर्वापेक्षित prerequisite
purvasarg *n.* पूर्वसर्ग preposition

purvasnatak *n.* पूर्वस्नातक undergraduate
purvasuchna *n.* पूर्वसूचना warning
purvavarti *a.* पूर्ववर्ती antecedent
purvavarti *a.* पूर्ववर्ती prior
purvavbodh *n.* पूर्वबोध premonition
purvawasi *n* पूर्ववासी oriental
purvayojan karna *v.t.* पूर्वयोजन करना premeditate
purvokt *pron* पूर्वोक्त former
purvprabhavi *a.* पूर्वप्रभावी retrospective
purv-suchna dena *v.t.* पूर्वसूचना देना portend
purwa wichar *n* पूर्व विचार forethought
purwaanuman *n.* पूर्वानुमान anticipation
purwahan *n* पूर्वाह्न forenoon
purwaj *n* पूर्वज forefather
purwanuman *n* पूर्वानुमान forecast
purwanuman karna *v.t* पूर्वानुमान करना forecast
pushp *n* पुष्प flower
pushti karna *v.t* पुष्टि करना confirm
pushti karna *v.t.* पुष्टि करना ratify
pushtikaran *n* पुष्टीकरण affirmation
pustak *n* पुस्तक book
pustak bechne wala *n* पुस्तक बेचने वाला book-seller
pustak ka naam *n.* पुस्तक का नाम title
pustakalaya. *n.* पुस्तकालय library
pustakalayadhayaksh *n.* पुस्तकालयाध्यक्ष librarian
pustika *n* पुस्तिका booklet
pustika *n.* पुस्तिका handbook
pustika *n.* पुस्तिका leaflet
pustika *n* पुस्तिका tract
putayee *n.* पुताई daub
putla *n* पुतला effigy
putlaa *n.* पुतला mannequin
putli *n.* पुतली pupil
putr *n.* पुत्र son
putri *n* पुत्री daughter
puttho mai dard *n.* पुट्ठो में दर्द myalgia

rajdhani *n.* राजधानी capital
rajdoot *n.* राजदूत ambassador
rajdroh karna *v.i.* राजद्रोह करना revolt
rajgaddi *n.* राजगद्दी throne
rajgaddi par bithana *v.t.* राजगद्दी पर बिठाना throne
rajgeer *n.* राजगीर mason
rajgire *n.* राजगीरी masonry
rajhanta *n.* राजहंता regicide
rajkiya *n* राजकीय official
rajkiya *a.* राजकीय regal
rajkumar *n.* राजकुमार prince
rajkumari *n.* राजकुमारी princess
rajmukut *n* राजमुकुट crown
rajnayik *n* राजनयिक diplomat
rajneta *n.* राजनेता statesman
rajniti shastra *n* राजनीति शास्त्र political science
rajnitigya *n.* राजनीतिज्ञ politician
rajnitik *a.* राजनीतिक political
rajnitishastra *n.* राजनीतिशास्त्र politics
rajoniwirti *n.* रजोनिवृत्ति menopause
rajpath *n.* राजपथ highway
rajpatra *n.* राजपत्र gazette
rajtantra *n.* राजतंत्र polity
raj-tantra *n.* राज-तंत्र monarchy
rajvansh *n* राजवंश dynasty
rajya *a.* राज्य realm
rajya karna *v.i.* राज्य करना reign
rajyabhishek *n* राज्याभिषेक coronation
rajyakal *n* राज्यकाल reign
rajyapaal *n.* राज्यपाल governor
rakab *n.* रकाब stirrup
rakashak *n.* प्रकाशक publisher
rakhel *n.* रखैल mistress
rakhna *v.t.* रखना lay
rakhna *v.t.* रखना lodge
rakhna *v.t.* रखना put
rakhwali रखवाली guard
rakhwali *n.* रखवाली vigil
raksha karna *v. t* रक्षा करना defend
raksha karna *v.t* रक्षा करना fend
raksha karna *vt.* रक्षा करना safeguard
raksha karna *v.t.* रक्षा करना ward
rakshak *n.* रक्षक protector
rakshak *n.* रक्षक saviour
raksharth sath jana *v. t* रक्षार्थ साथ जाना escort
rakshas *n.* राक्षस monster
rakshit mrit sharir *n* रक्षित मृत शरीर mummy
rakt varna ka *a.* रक्त वर्ण का sanguine
raktapaat *n* रक्तपात bloodshed
ram baan *n.* रामबाण nostrum
ramaniya *adj* रमणीय elegant
ramaniya *a.* रमणीय sightly
rambhahat *n.* रंभाहट low
rambhana *v.i.* रंभाना low
rambhana *v.i* रंभाना moo
randi ka ghar *n* रंडी का घर brothel
rang *n* रंग colour
rang *n* रंग dye
rang *n.* रंग paint
rang *n.* रंग tint
rang urhna *v.i* रंग उड़ना fade
rang bhumi *n* रंगभूमि amphitheatre
rang ke the *n* रंग की तह coating
rangin khadiya *n.* रंगीन खड़िया pastel
rangna *v. t* रंगना dye
rangna *v.t.* रंगना tint
rangraliayan *n.* रंगरलियां revelry
rangroot *n.* रंगरूट recruit
ranniti *n.* रणनीति tactics
rannitigya *n.* रणनीतिज्ञ tactician
rasad *n.* रसद ration
rasatal *n* रसातल abyss
rasayan shastra *n.* रसायन-शास्त्र chemistry
rasayanik padarth *n.* रासायनिक पदार्थ chemical
rasayan-sambandhi *a.* रसायन-संबंधी chemical

rasdaar *a.* रसदार juicy
raseed *n.* रसीद acknowledgement
rashi panewala *n.* राशि पानेवाला payee
rashichakra *n* राशिचक्र zodiac
rashtra *n.* राष्ट्र nation
rashtraprem *n.* राष्ट्रप्रेम nationalism
rashtriya *a.* राष्ट्रीय national
rashtriya banana *v.t.* राष्ट्रीय बनाना nationalize
rashtriyakaran *n.* राष्ट्रीयकरण nationalization
rashtriyata *n.* राष्ट्रीयता nationality
rashtriyawadi *n.* राष्ट्रवादी nationalist
rashtr-mandal *n.* राष्ट्रमंडल commonwealth
rasila *a.* रसीला lush
rasoi ghar *n.* रसोईघर kitchen
rasoiyaa *n* रसोइया cook
rass *n* रस juice
rassa *n.* डोरी cable
rassi *n.* रस्सी rope
rassi *n.* रस्सी string
rassi *n.* रस्सी tether
rasta *n* रास्ता pass
ratan *n* रत्न gem
rath *n* रथ chariot
ratna *v. t* रटना cram
ratnabhushan *n.* रत्नाभूषण jewellery
ratranmandith karna *v.t.* रत्नमंडित करना jewel
ratri *n.* रात्रि night
ratri bhar *a* रात्रि भर overnight
ratri ka bhojan *n.* रात्रि का भोजन supper
raund dalna *v.t* रौंद डालना overrun
raviwar *n.* रविवार sunday
raye *n.* राई rye
razamandi *n.* रज़ामंदी acquiescence
razi hona *v.i.* राज़ी होना acquiesce
reader *n.* रीडर reader
rean ka chihan *n* ऋण का चिह्न minus
rechak aushadhi *n.* रेचक औषधि laxative

rechan *n.* रेचन laxity
redi ka tel *n.* रेंडी का तेल castor oil
reel *n.* रील reel
registan *n* रेगिस्तान desert
rehna *v. i* रहना dwell
rehna *v.i.* रहना remain
rehna *v.i.* रहना stay
rehne wala *n* रहने वाला resident
rekha *n.* रेखा line
rekha ganitiya *a.* रेखा गणितीय geometrical
rekhachitra *n.* रेखाचित्र graph
rekhachitra *n.* रेखाचित्र profile
rekhaganit *n.* रेखागणित geometry
rekhankit karna *v.t.* रेखांकित करना underline
rekhapath *n.* रेखापथ locus
rengna *v.i.* रेंगना snake
rengna *v.i.* रेंगना wriggle
rengne ki kriya *n* रेंगने की क्रिया wriggle
rengne wala jantu *n.* रेंगनेवाला जंतु reptile
renkna *v. i* रेंकना bray
resham *n.* रेशम silk
resham jaisa *a.* रेशम जैसा silky
resham ka patla feeta *n.* रेशम का पतला फ़ीता ribbon
reshami *a.* रेशमी silken
ret *n.* रेत sand
reti *n* रेती file
reti lagana *v.t* रेती लगाना file
retila *a.* रेतीला sandy
revolver *n.* रिवाल्वर revolver
ridh *n.* रीढ़ spine
rifal *n* राइफ़ल rifle
riha karna *v.t.* रिहा करना loosen
rihayee *n.* रिहाई ransom
rijka *n.* रिजका lucerne
riksha *n.* रिक्शा rickshaw
rikt *a.* रिक्त void
rikt pad *n.* रिक्त पद vacancy
rikt sthan *n* रिक्त स्थान blank

rinankan karna *v. t* ऋणांकन करना debit
rinch *n.* रिंच spanner
rindata *n* ऋणदाता creditor
rinshodh kshamta *n.* ऋणशोधक्षमता solvency
rinshodhksham *a.* ऋणशोधक्षम् solvent
ririyana *v.i.* रिरियाना whimper
risan *n.* रिसन leakage
rishi *n.* ऋषि sage
rishtedar *n.* रिश्तेदार kith
rishtedar *n.* रिश्तेदार relative
rishvat dena *v. t.* रिश्वत देना bribe
risna *v.i.* रिसना seep
risnaa *v.i.* रिसना leak
riti *n.* रीति modality
riti riwaaj *n.* रीति रिवाज manner
ritu *n.* ऋतु season
ritustrav *n.* ऋतुस्त्राव menses
ritu-strav *n.* ऋतुस्त्राव menstruation
ritu-strav vishayak *a.* ऋतुस्त्राव विषयक menstrual
rituwigyani *n.* ऋतुविज्ञानी meteorologist
riwaaz,adat *n* रिवाज, आदत wont
rocket *n.* राकेट rocket
rodi *n.* रोड़ी metal
rog *n.* रोग illness
rogan *n.* रोगन varnish
rogan karna *v.t.* रोगन करना varnish
roganurodhak *a.* रोगाणुरोधक antiseptic
roganurodhak aushadhi *n.* रोगाणुरोधक औषधि antiseptic
rogatmak *n* रोगात्मक pathological
rogi *n* रोगी patient
rogi-vahan *n.* रोगी-वाहन ambulance
rognivarak *a* रोगनिवारक curative
rok rakhna *v.t.* रोक रखना retain
rok rakhna *v.t.* रोक रखना withhold
rokana *v.t.* रोकना rebuff
rokana *v.t.* रोकना rein
roke rakhna *v. t* रोके रखना detain
rokna *v.t.* रोकना arrest
rokna *v.t.* रोकना avert
rokna *v.t* रोकना bar
rokna *v. t.* रोकना halt
rokna *v.t.* रोकना inhibit
rokna *v.t.* रोकना repress
rokna *v.t.* रोकना resist
rokna *v.t.* रोकना stop
rokna *v.t.* रोकना thwart
roktham karna *v.t* रोकथाम करना forestall
roler *n.* रोलर roller
rome ka bada paadari *n.* रोम का बड़ा पादरी pope
romkup *n.* रोमकूप pore
rona *v. i* रोना cry
rona *v.i.* रोना weep
rona chilana *v.i.* रोना चिल्लाना whine
rooprekha *n.* रूपरेखा outline
roos ki mudra *n.* रूस की मुद्रा, रूबल rouble
roosi *n* रूसी dandruff
rootha hua *a.* रूठा हुआ sullen
roshni vala bulb *n.* रोशनी वाला बल्ब bulb
roti *n* रोटी bread
rubber *n.* रबड़ rubber
rubber chadha tyre *n.* रबर चढ़ा टायर retread
ruchi lene wala *a.* रुचि लेने वाला interested
ruchikar *a.* रुचिकर interesting
ruchikar *a.* रुचिकर spicy
ruchikar *a.* रुचिकर tasteful
ruchikar ghatna *n.* रुचिकर घटना anecdote
rudankari *a.* रुदनकारी lachrymose
rudhivadi *a.* रूढ़िवादी orthodox
rudhivaditha *n.* रूढ़िवादिता orthodoxy
ruganta *n* रुग्णता morbidity
rujhan *n* रुझान bent
rukaav *n* रुकाव halt
rukawat *n* रुकावट stoppage
rukha *a.* रूखा mawkish
rukha *a.* रूखा rough

rukhapan n रूखापन acrimony
rumaal n. रूमाल handkerchief
rumal n. रूमाल kerchief
rumal n. रूमाल napkin
rup a रूप look
rup badal dena v. t रूप बदल देना colour
rup badal dena v. रूप बदल देना transform
rup dena v.t. रूप देना model
rup rekha n रूपरेखा contour
rupak n. रूपक metaphor
rupantaran n. रूपांतरण transfiguration
rupantaran n. रूपांतरण transformation
rupantarit karna v. t रूपांतरित करना convert
rupantarit karna v.t. रूपांतरित करना transfigure
rupantran n रूपांतरण conversion
rupantran n. रूपांतरण metamorphosis
ruperekha n. रूपरेखा synopsis
rupiya n. रुपया rupee
ruprekha n. रूपरेखा conspectus
ruprekha n. रूपरेखा design
rurhivadi vyakti n रूढ़िवादी व्यक्ति conservative

S

saada a. सादा simple
saadagi n. सादगी simplicity
saadhak adj. साधक component
saadhan n. साधन mean
saadharan a. साधारण common
saadharan a. साधारण general
saadharan a. साधारण middling
saaf a. साफ़ clean
saaf karna v. t साफ़ करना clear
saaf rakhna v. t साफ़ करना clean
saaf safai n. साफ़ सफ़ाई sweep
saaf-suthara a साफ़-सुथरा clear
saagar n. सागर ocean
saahas n. साहस courage
saahasi a. साहसि courageous
saaj saaman n साज़ सामान equipment
saaj sajja n. साज सज्जा harness
saaj samaan n. साज़ सामान furniture
saaj saman n. साज़ सामान kit
saakar rakhna v.t. साकार रखना incarnate
saakh n. साख goodwill
saakshatakaar karna v.t. साक्षात्कार करना interview
saakshatkar n. साक्षात्कार interview
saamaan n सामान goods
saamanjasyapurna a. सामंजस्यपूर्ण harmonious
saamant n. सामंत feud
saamanti a सामंती feudal
saamanya a. सामान्य mediocre
saamanya avastha n. सामान्य अवस्था mediocrity
saamiyvad n साम्यवाद communism
saamney adv. सामने before
saana huwa aata n. साना हुआ आटा paste
saandar a. शानदार magnificent
saangitik a. सांगीतिक musical
saans ghutanai wali ek gas n साँस घुटाने वाली एक गैस chlorine
saans ki rukawat n साँस की रुकावट apnoea
saans lena v.i. सांस लेना inhale
saans lena v.i. सांस लेना respire
saansarik a सांसारिक earthly
saanwala n. सानवाला mulatto
saar n सार essence
saar n सार extract
saar n. सार gist
saar n. सार kernel
saar, sanksep n. सार, संक्षेप resume
saarang n सारंगी fiddle
saarangi bajana v.i सारंगी बजाना fiddle
saarhinta n. सारहीनता vanity
saarhna vt सड़न decay

saat *a* सात seven
saat ki sankhya *n.* सात की संख्या seven
saath *n.* साथ company
saath *prep.* साथ with
saath dena *v.t.* साथ देना accompany
saath he *adv* साथ ही besides
saath he *adv.* साथ ही also
saath may *adv.* साथ में along
saath saath *adv.* साथ साथ together
saathwan *a.* साठवां sixtieth
saatth *n., a.* साठ sixty
saayak nadi *n.* सहायक नदी tributary
saaz saaman *n. pl* साज़ सामान paraphernalia
sab *pron.* सब all
sab se bura *a* सब से बुरा worst
sabaq *n.* सबक lesson
sabha *n* सभा conference
sabha *n.* सभा meeting
sabha karna *v.i* सभा करना parley
sabha sthal *n.* सभा स्थल venue
sabhapati *n* सभापति chairman
sabhapati hona *v.i.* सभापति होना preside
sabha-sad *n.* सभासद councillor
sabhya banana *v. t* सभ्य बनाना civilize
sabhyta *n.* सभ्यता civilization
sabkuchh *n.* सबकुछ all
sabse adhik *a.* सबसे अधिक most
sabse buri baat *n.* सबसे बुरी बात worst
sabun *n.* साबुन soap
sabun jaisa *a.* साबुन जैसा soapy
sabun lagana *v.t.* साबुन लगाना soap
sabzi *n.* साग vegetable
sach manana *v.t.* सच मानना accredit
sach sidh karna *v.t.* सच सिद्ध करना vindicate
sachait *a* सचेत awake
sachait *a* सचेत careful
sachait hona *v.t.* सचेत होना awake
sachayee *n.* सच्चाई sincerity
sachchayee *n.* सच्चाई veracity

sachet karna *v.t.* सचेत करना warn
sachetan *a* सचेतन conscious
sachitra *a.* सचित्र pictorial
sachitra banana *v.t.* सचित्र बनाना illustrate
sachiv *n.* सचिव secretary
sachivalaya *n.* सचिवालय secretariat (e)
sachmuch *adv.* सचमुच yes
sad bhavpurna *a* सद् भावपूर्ण bonafide
sad bhavpurwak *adv* सद् भावपूर्वक bonafide
sada *a.* सादा sober
sada *a.* सादा workaday
sadabahar *a* सदाबहार evergreen
sadabahar lata *n* सदाबहार लता ivy
sadachaar purna *a.* सदाचार पूर्ण moral
sadachhar *n.* सदाचार morality
sadaiv ke leya *adv* सदैव के लिए forever
sadak *n.* सड़क road
sadan *n.* सदन chamber
sadar darwaza *n.* सदर दरवाज़ा portal
sadasyata *n.* सदस्य membership
sadgun *n.* सद् गुण merit
sadha hua *adj* सड़ा हुआ addle
sadhan *n.* साधन artifice
sadhan *n* साधन means
sadhan *n.* साधन resource
sadharan log *n.* साधारण लोग populace
sadharan vykati *n.* साधारण व्यक्ति layman
sadharanta *adv.* साधारणत ordinarily
sadhyata *n.* साध्यता practicability
sadna *v.i.* सड़ना perish
sadrishya *a.* सदृश similar
sadrishya hona *n.* सादृश्य होना resemblance
saf suthra *a.* साफ़ सुथरा trim
safaai *n* सफाई clarity
safai ka brush *n* सफाई का ब्रश brush
safai karamchari *n.* सफ़ाई कर्मचारी scavenger

safal *a.* सफल prosperous
safal hona *v.i.* सफल होना prevail
safal hona *v.i.* सफल होन prosper
safalta *n.* सफलता achievement
safalta *n.* सफलता prosperity
saga *n.* सगा akin
sagar *n.* सागर sea
sagariya *a.* सागरीय oceanic
saghan *a.* सघन intensive
saghna *a* सघन dense
saghnata *n* सघनता density
sagrahagaar *n* संग्रहागार depot
sahabhagi *n* सहभागी co-partner
sahabhagi hona *v.t.* सहभागी होना share
sahad *n.* शहद honey
sahaj *a.* सहज inborn
sahakari *a* सहकारी co-operative
sahakarita *n* सहकारिता co-operation
sahakarmi *n* सहकर्मी colleague
sahamaat *n* शहमात mate
sahamat *a.* सहमत agreeable
sahamat hona *v.i.* सहमत होना assent
sahamat hona *v. i* सहमत होना coincide
sahamat hona *v. i* सहमत होना consent
sahamat karna *v.t.* सहमत करना accord
sahamati *n* सहमति accession
sahamati *n.* सहमति agreement
sahamiti *n.* सहमति consent
sahan karna *v.t.* सहन करना endure
sahana *v. t* सहना bide
sahaniya *a* सहनीय endurable
sahaniya *a.* सहनीय tolerable
sahanshilta *n.* सहनशीलता endurance
sahanshilta *n.* सहनशीलता patience
sahanshilta *n.* सहनशीलता tolerance
sahanubhuti *n* सहानुभूति compassion
sahanubhuti *n.* सहानुभूति sympathy
sahanubhuti rakhna *v.i.* सहानुभूति रखना sympathize
sahanubhuti-purna *a.* सहानुभूतिपूर्ण sympathetic

sahara *n* सहारा boost
sahara *n.* सहारा support
sahara *v.t.* सहारा support
sahara dena *v.t.* सहारा देना prop
sahara lena *v.i.* सहारा लेना resort
sahas karna *v.t.* साहस करना presume
sahas karna *v.t.* साहस करना venture
sahashiksha *n.* सहशिक्षा co-education
sahasi *adj.* साहसी hardy
sahasi *a.* साहसी mettlesome
sahasi *a.* साहसी venturous
sahasik karya *n* साहसिक कार्य adventure
sahasik karya *n* साहसिक कार्य feat
sahasikta *n.* साहसिकता hardihood
sah-astitva *n* सहअस्तित्व co-existence
sahavarti hona *v. i* सहवर्ती होना co-exist
sahawas karna *v. t* सहवास करना cohabit
sahayak *n* सहायक aid
sahayak *n.* सहायक assistant
sahayak *a.* सहायक auxiliary
sahayak *a.* सहायक helpful
sahayak *n.* सहायक helpmate
sahayak *a.* सहायक instrumental
sahayak *a.* सहायक subservient
sahayak *a.* सहायक subsidiary
sahayak *a.* सहायक tributary
sahayak kriya *n.* सहायक क्रिया auxiliary
sahayata *n* सहायता aid
sahayata *n.* सहायता assistance
sahayata *n* सहायता help
sahayata dena *v.t* सहायता देना aid
sahayata dena *v.t.* सहायता देना patronize
sahayata karna *v.t.* सहायता करना assist
sahayog *n* सहयोग collaboration
sahayog karna *v. i* सहयोग करना collaborate
sahayta karna *v.t.* सहायता करना help
sahchaari *adj* सहचारी cohesive
sahi *a.* सही right
sahi karna *v.i.* सही करना rectify
sahishnu *a.* सहिष्णु tolerant

sahitya *n.* साहित्य literature
sahitiyik *a.* साहित्यिक literary
sahitiyik vyakti *n.* साहित्यिक व्यक्ति litterateur
sahmat hona *v.i.* सहमत होना agree
sahmati *n.* सहमति accord
sahpalan karna *v. i* सहपलायन करना elope
sahsambandhi banana *v.t.* सहसंबंधी बनाना correlate
sahsrabdi *n.* सहस्राब्दी millennium
sahyog karna *v. i* सहयोग करना co-operate
saidhantik *a.* सैद्घांतिक theoretical
saidhantik gyan *n.* सैद्घांतिक ज्ञान theory
saina ka afsar *n.* सेना का अफ़सर lieutenant
saina ka sadasya *n.* सेना का सदस्य legionary
sainanayak *n* सेनानायक commandant
sainapati *n* सेनापति marshal
sainavas *n.* सेनावास barrack
sainik *n.* सैनिक soldier
sainik chhatra *n.* सैनिक छात्र cadet
sainik dhang se *a.* सैनिक ढंग से militarily
sainik namavali *n* सैनिक नामावली muster
sainya nikaya *n* सैन्य निकाय corps
sainyadal *n.* सैन्यदल regiment
sainyikaran *n* युद्घकर्त्ता militarization
sair *n.* सैर trip
sair sapaata *n.* सैर सपाटा outing
sajaana *v.t.* सजाना adorn
sajaana *v. t* सजाना deck
sajaana *v. t* सजाना decorate
sajaana *v.t.* साजाना furnish
sajaatiya *a.* सजातीय homogeneous
sajaavat *n* सजावट decoration
sajana *v. t* सजाना beautify
sajana *v.t.* सजाना bedight
sajawat *n.* सजावट ornamentation
sajha *n.* साझा partnership

sajiv *a.* सजीव vivid
sajiv karna *v. t.* सजीव करना enliven
sajivta *n* सजीवता animation
sajja *n.* सजा outfit
sajja *n* सज्जा trim
sajjit *v. t* सज्जित equip
sajjit karna *v.t* सज्जित करना outfit
sakaratmak *a* सकारात्मक affirmative
sakaratmak *a.* साकारात्माक positive
sakarin *n.* सैकरिन saccharin
sakarmak *n.* सकर्मक क्रिया transitive
sakht *a.* सख्त severe
sakhti *n.* सख्ती stringency
sakirna banana *v.t.* संकीर्ण बनाना straiten
sakriya *a.* सक्रिय lively
sakriya sthiti mein *adv.* सक्रिय स्थिति में afoot
sakshar *a.* साक्षर literate
saksharta *n.* साक्षरता literacy
sakshya *n.* साक्ष्य testimony
saktihin baykti *n.* शक्तिहीन व्यक्ति laggard
salaahkaar *n.* सलाहकार mentor
salad *n.* सलाद salad
salahakar *n.* सलाहकार counsellor
sam karna *v. t* सम करना even
samaadhaan *n.* समाधान rectification
samaaj *n.* समाज community
samaan hona *v. t* कसमान होना equal
samaan hona *v.i.* समान होना match
samaan manana *v. t* समान मानना equate
samaanatar karna *v.t.* समानांतर करना parallel
samaantar *a.* समानांतर parallel
samaantar chaturvurj *n.* समानांतर चतुर्भुज parallelogram
samaapati *n.* समाप्ति subversion
samaarohapurna *a.* समारोहपूर्ण ceremonial
samaas *n* समास compound

samaayojan karna *v. t* समायोजन करना co-ordinate
samachar *n.* समाचार message
samachar *n. pl.* समाचार tidings
samadhaan *n* समाधान answer
samadhan *n.* समाधान resolution
samadhan *n.* समाधान solution
samadhey *a.* समाधेय soluble
samadhi *n.* समाधि sepulchre
samadhilekh *n* समाधिलेख epitaph
samai bitan *v.t. & i.* समय बिताना delay
samaj *n.* समाज society
samaj shastra *n.* समाजशास्त्र sociology
samajhana *v.t.* समझना understand
samajhdaar *a.* समझदार mellow
samajhdar *a.* समझदार sagacious
samajhdar *a.* समझदार sensible
samajhdari *n* समझदारी discretion
samajhdari *n.* समझदारी wisdom
samajhna *v. t* समझना comprehend
samajhna *v.t.* समझना perceive
samajik *n.* सामाजिक social
samajsevi *n.* समाजसेवी philanthropist
samajvad *n* समाजवाद socialism
samajvadi *n,a* समाजवादी socialist
samakalin *a* समकालीन contemporary
samalochak *n* समालोचक critic
saman *a.* समान alike
saman *conj.* समान as
saman *a* समान equal
saman *n.* सामान luggage
saman *a.* समान tantamount
saman prakarti vala *a.* समान प्रकृति वाला akin
saman rup se *adv* समान रूप से alike
saman rup se *conj* समान रूप से both
samana karna *v.t.* (सामना करना withstand
samanantar *prep.* समानांतर along
samanarthi *a* समानार्थी equivalent
samanata *n.* समानता conformity

samanata *n* समानता equality
samanayata *n.* सामान्यता normalcy
samaney *a* सामने front
samaney hona *v.t* सामने होना front
samaniya bhasha *n.* सामान्य भाषा lingua franca
samaniya se bada *a.* सामान्य से बड़ा outsize
samaniya vaykti *n.* सामान्य व्यक्ति commoner
samaniyat *adv.* सामान्यत: generally
samanjasya *n.* सामंजस्य concord
samanjasya *n.* सामंजस्य consistency
samanjasya *n.* सामंजस्य unison
samanta *n* समानता affinity
samanta *n.* समानता correspondence
samanta *n.* समानता parallelism
samanta *n.* समानता parity
samanta *n.* समानता similarity
samanta *n.* समानता similitude
samanupatan karna *v.t.* समानुपातन करना proportion
samanupati *a.* समानुपाती proportionate
samanupatik *a.* समानुपातिक proportional
samanya *a.* सामान्य commonplace
samanya *a* सामान्य elementary
samanya *n.* सामान्य infinitive
samanya *a* सामान्य standard
samanya *a.* सामान्य usual
samanya bhasha *n.* सामान्य भाषा vernacular
samapak *a* समापक finite
samapan *n.* समापन closure
samapan *n.* अंजाम end
samapan karna *v. t* समापन करना conclude
samapati *n.* समाप्ति termination
samapt hona *v.t.* समाप्त होना terminate
samapt karna *v. t.* समाप्त करना demolish
samapt karna *v. t* समाप्त करना end
samapya *a.* समाप्य terminable

samaroh manana v.t. समारोह मनाना solemnize
samarpan n समर्पण dedication
samarpan n समर्पण devotion
samarpan n. समर्पण submission
samarpan karna v. t. समर्पण करना dedicate
samarpit vyakti n समर्पित व्यक्ति devotee
samarth a. समर्थ competent
samarthan n. समर्थन countenance
samarthan karna v. t. समर्थन करना champion
samarthan karna v. t. समर्थन करना endorse
samarthan karna v.t समर्थन करना favour
samarthniya a. समर्थनीय tenable
samarthya n. सामर्थ्य capability
samarthya n सामर्थ्य competence
samast a. समस्त all
samasya n. समस्या problem
samasyatmak a. समस्यात्मक problematic
samawesh n. समावेश inclusion
samay n समय date
samay n. समय period
samay n. समय time
samay n. समय while
samay gawana v.t. समय गंवाना while
samay ka paband a. समय का पाबंद punctual
samay ki pabandi n. समय की पाबंदी punctuality
samay se purva adv समय से पूर्व early
samay se purva ghatit hona v.t. समय से पूर्व घटित होना antecede
samayanukul a. समयानुकूल well-timed
samayik a. सामयिक topical
samayojan n समायोजन co-ordination
sambaah a समबाह equilateral
sambadh karna v.t. संबद्ध करना annex
sambandh n संबंध connection
sambandh n. संबंध relation

sambandh n.pl. सम्बन्ध term
sambandh viched n. संबंध विच्छेद rupture
sambandhi adj सम्बन्धी cognate
sambhalna v.t. संभालना poise
sambhalna v.t संभालना uphold
sambhav a संभव feasible
sambhav hona v. संभव होना can
sambhavana v संभावना may
sambhavana n. संभावना possibility
sambhavana a. संभव possible
sambhavana n. संभावना probability
sambhavayata adv. संभवतया probably
sambhavit a. संभावित probable
sambhavya a संभाव्य subject
sambhavyata n. संभव्यता likelihood
sambhawana n. संभावना potentiality
sambhodan karna v.t. निवेदन करना address
sambhog n. संभोग intercourse
sambhrant jan n. संभ्रांत जन personage
samdaab rekha n. समदाब रेखा isobar
same n. सेम bean
samgrata n. समग्रता integrity
samikaran n समीकरण assimilation
samikaran n. समीकरण equation
samip a. समीप approximate
samipvarti a. समीपवर्ती adjacent
samir n समीर breeze
samiti n समिति committee
samiti sadasya n. समिति सदस्य senator
samjhana v. t. समझाना enlighten
samjhana v.t समझाना urge
samjhauta n. समझौता settlement
samjhota n समझौता compromise
samjhota karna v. t समझौता करना compromise
samkaksh a. समकक्ष co-ordinate
samkalik a. समकालिक simultaneous
samkonik rekha n. समकोणिक रेखा perpendicular
sammaan karna v.t. सम्मान करना revere

sammalit *a.* सम्मिलित inclusive
samman *n* सम्मान deference
sammanarth *a.* सम्मानार्थ honorary
sammanit karna *v. t* सम्मानित करना honour
sammelan *n* सम्मेलन congress
sammilit karna *v.t.* सम्मिलित करना include
sammilit karna *vt.* सम्मिलित करना incorporate
sammishran *n.* सम्मिश्रण infusion
sammit *a.* सममित symmetrical
sammohan *n.* सम्मोहन hypnotism
sammohan *n.* सम्मोहन mesmerism
sammohit karna *v.t.* सम्मोहित करना hypnotize
samney *prep. & adv.* सामने afore
sampaan banana *v. t* संपन्न बनाना enrich
sampadak *n* संपादक editor
sampadan *n.* स्पंदन throb
sampadan *n.* संपादन transaction
sampadan karna *v. t* संपादन करना edit
sampadit hona *v.i.* स्पंदित होना pulse
sampadit karna *v.t.* संपादित करना transact
sampadkiya *a* संपादकीय editorial
sampann *a.* संपन्न well-to-do
sampannata *n.* संपन्नता affluence
sampark *n.* संपर्क affiliation
sampark *n.* संपर्क contact
sampark *n.* सम्पर्क liaison
sampark mein ana *v.t.* संपर्क में आना touch
sampark sthapit karna *v. t* संपर्क स्थापित करना contact
sampatti *n.* संपत्ति asset
sampatti *n.* संपत्ति mammon
sampatti-bhagi *n.* संपत्ति-भागी assignee
sampradayik *a* सांप्रदायिक communal
sampurna *a* संपूर्ण entire
sampurna *a.* संपूर्ण, समूचा total
sampurna *a.* संपूर्ण whole
sampurna *n* संपूर्ण whole
sampurnata *adv* संपूर्णत: entirely
sampurnata *n.* संपूर्णता totality
samraat *n* सम्राट emperor
samrajya *n* साम्राज्य empire
samrajya *n.* साम्राज्य kingdom
samrajyawad *n.* साम्राज्यवाद imperialism
samsvarit karna *v.t.* समस्वरित करना tune
samtal *a* समतल even
samtal *a* समतल level
sam-tal *v.t.* सम-तल plane
samtal karna *v.t.* समतल करना level
samuchi yojana *n.* समूची योजना strategy
samudari ghoda *n.* समुद्री घोड़ा walrus
samudari kachchap *n.* समुद्री कच्छप turtle
samudra ke shakha *a* समुद्र की शाखा armlet
samudra mein yatra karna *v.i.* समुद्र में यात्रा करना cruise
samudra tat *n* समुद्र-तट beach
samudra tat *n.* समुद्रतट shore
samudra tat *n* समुद्र तट strand
samudra yatra *n.* समुद्र यात्रा voyage
samudra yatra karna *v.i.* समुद्र यात्रा करना voyage
samudra yatri *n.* समुद्र यात्री voyager
samudra-tat *n* समुद्र-तट coast
samudri daketi *n.* समुद्री डकैती piracy
samudri daku *n.* समुद्री डाकू pirate
samudri shaiwal *n.* समुद्री शैवाल wrack
samudri tatiya *a.* समुद्री तटीय maritime
samudri vigyan sambandhi *n* समुद्री विज्ञान सम्बन्धी oceanographic
samudrik *a.* समुद्रिक nautical
samudritar se bhejna *v. t.* समुद्रीतार से भेजना cable
samuh *n.* समूह group
samuh *n.* समूह multitude

samuhbadh hona *v. i.* समूहबद्ध होना cluster
samuhik *a* सामूहिक collective
samuhik *a* सामूहिक molar
samvadata *n.* संवाददाता correspondent
samvaddata *n.* संवाददाता reporter
samvedanatamak *a.* संवेदनात्मक sensational
samvedansheel *a.* संवेदनशील sensitive
samvedansheelta *n.* संवेदनशीलता sensibility
samyochit *a.* समयोचित timely
sanak *n.* सनक caprice
sanak *n* सनक fad
sanak *n.* सनक vagary
sanak *n.* सनक whim
sanand *a* सानंद merry
sanatak *n* स्नातक graduate
sanatak hona *v.i.* स्नातक होना graduate
sanatan सनातन eternal
sancha *n.* सांचा mould
sanchalan *n* संचालन drive
sanchalan *n.* संचालन superintendence
sanchalan karna *v. t* संचालन करना direct
sanchalan karna *v.t.* संचालन करना superintend
sanchalit karna *v.t.* संचालित करना mobilize
sancharan karna *n.* संचारण transmission
sanchar-saadhan *n* संचार-साधन medium
sanchay karna *v.t* संचय करना heap
sanchika *n* संचिका file
sanchit karna *v.t.* संचित करना aggregate
sanchit karna *v.t.* संचित करना treasure
sanchit vastu *n* संचित वस्तु collection
sand *n* सांड bull
sandeh *n.* संदेह suspicion
sandeh karna *v.t.* संदेह करना question
sandeh karna *v.t.* संदेह करना suspect
sandeh shunya *adj.* सन्देह शून्य credulity
sandehwadi *n.* संदेहवादी sceptic

sandehyukt *a.* संदेहयुक्त questionable
sandesh *n* संदेश errand
sandesh patra *n.* लिखित संदेश missive
sandeshvahak *n.* संदेशवाहक courier
sandeswahak *n.* संदेशवाहक messenger
sandheh *n.* संदेह misgiving
sandhi *n.* संधि alliance
sandhi *n.* संधि junction
sandhi *n.* संधि pact
sandhi *n.* संधि treaty
sandhi prastav *n.* संधि प्रस्ताव overture
sandhya *n* संध्या dusk
sandhya *n* संध्या evening
sandigadhata *n.* संदिग्धता ambiguity
sandigdh vyakti *n* संदिग्ध व्यक्ति suspect
sandighdh *a.* संदिग्ध suspect
sanduk *n* संदूक box
sanduk *n.* संदूक case
sandwich *n.* सैंडविच sandwich
sangalan karna *v. t* संगलन करना enclose
sangam *n* संगम confluence
sangam *n.* संगम juncture
sangat *n* संगत accompaniment
sangat *a.* संगत apposite
sangathan *n* संगठन combination
sangathit *a.* संगठित organic
sangathit hona *v. t.* संघटित करना consolidate
sangathit karna *v.t.* संगठित करना regiment
sangati *n.* संगति association
sangeet gosthi *n.* संगीत गोष्ठी concert
sangh *n* संघ federation
sangh *n.* संघ guild
sangh *n.* संघ league
sangharsh *n.* संघर्ष clash
sangharsh *n.* संघर्ष conflict
sangharsh *n* संघर्ष struggle
sangharsh *n.* संघर्ष tussle
sangharsh karna *v. i* संघर्ष करना conflict
sangharsh karna *v. t* संघर्ष करना contest

sangharsh karna *v.i.* संघर्ष करना strive
sangharsh karna *v.i.* संघर्ष करना tussle
sanghatan *n.* संघटन organization
sanghatit karna *v.t.* संघटित करना organize
sanghiya *a* संघीय federal
sanghwadi *.* संघवादी unionist
sangin *n* संगीन bayonet
sangit *n.* संगीत music
sangit natak *n.* संगीत नाटक opera
sangitkaar *n.* संगीतकार musician
sangmarmar *n.* संगमरमर marble
sangraam *n.* संग्राम warfare
sangrah *n.* संग्रह digest
sangrah *n.* संग्रह heap
sangrah karna *v. t* संग्रह करना compile
sangram *n* संग्राम combat
sangreh *n* संग्रह accumulation
sangreh karna *v. t* संग्रह करना collect
sangya *n.* संज्ञा noun
sanhar *n* संहार carnage
sanhita *n* संहिता code
sankaitak *n* संकेतक beacon
sankalp shakti *n.* संकल्प शक्ति volition
sankalpana *n* संकल्पना concept
sankalpshakti *n.* संकल्पशक्ति will
sankar *n* संकर cross
sankar *n* संकर hybrid
sankar jati ka *a.* संकर जाति का hybrid
sankar jatiya *a* संकर जाति mongrel
sankara karna *v.t.* संकरा करना narrow
sankat *n.* संकट danger
sankat kal *n* संकटकाल crisis
sankat mai dalna *v.t* संकट में डालना hazard
sankat mein dalna *v.t.* संकट में डालना imperil
sankat puran *n.* संकट पूरण peril
sankatmai *a.* संकटमय perilous
sankatpurna *a* संकटपूर्ण critical
sankatpurna *a* संकटपूर्ण disastrous

sankaya *n* संकाय faculty
sanket *n* संकेत allusion
sanket *n* संकेत clue
sanket *n* संकेत cue
sanket *n.* संकेत gesture
sanket *n.* संकेत hint
sanket *n.* संकेत indication
sanket *n.* संकेत sign
sanket *n.* संकेत signal
sanket *n.* संकेत tip
sanket karna *v.t.* संकेत करना beckon
sanket karna *v.t.* संकेत करना indicate
sanket karna *v.t.* संकेत करना signal
sanket karna *v.t.* संकेत करना spell
sanket lipi *n.* संकेत लिपि code
sanketik *a.* सांकेतिक allusive
sankhiya *n* संखिया arsenic
sankhya *n.* संख्या count
sankhya *n.* संख्याँ number
sankhyatmak *a.* संख्यात्मक numerical
sankhyiki *n.* सांख्यिकी statistics
sankhyikivid *n.* सांख्यिकीविद् statistician
sankhyikiya *a.* सांख्यिकीय statistical
sanki *a* सनकी crazy
sankirnata *n.* संकीर्णता provincialism
sankirnatapurna *a.* संकीर्णतापूर्ण suburban
sankoch *n.* संकोच hesitation
sankoch *n* संकोच modesty
sankoch karna *v.i.* संकोच करना hesitate
sankochi *a.* संकोची bashful
sankochi *adj.* संकोची compliant
sankochi *a.* संकोची sheepish
sankochi *n.* संकोची shy
sankraamak *a.* संक्रमणक infectious
sankramak *a* संक्रामक contagious
sankraman *n.* संक्रमण infection
sankshaleshan *n.* संश्लेषण synthesis
sankshaleshanatmak *a.* संश्लेषणात्मक synthetic
sankshep *n* संक्षेप abridgement

sankshep *n.* संक्षेप precis
sankshep karna *v.t* संक्षेप करना abridge
sankshipt *a.* संक्षिप्त brief
sankshipt *a* संक्षिप्त concise
sankshipt *a.* संक्षिप्त laconic
sankshipt *n.* संक्षिप्त वर्णन sketch
sankshipt *a.* संक्षिप्त, अधूरा sketchy
sankshipt *a* संक्षिप्त summary
sankshipt *a.* संक्षिप्त terse
sankshipt karna *v.t.* संक्षिप्त करना abbreviate
sankshipt karna *v.t.* संक्षिप्त करना summarize
sankshipt vivran *n.* संक्षिप्त विवरण summary
sankshiptata *n* संक्षिप्तता brevity
sankshiptikaran *n* संक्षिप्तीकरण abbreviation
sankuchit *a.* संकुचित limited
sankuchit marg *n.* संकुचित मार्ग defile
sanlaganak *n.* संलग्नक appendage
sanlagna *n.* संलग्न attachment
sanlagna karna *v.t.* संलग्न करना append
sanlagna karna *v.t.* संलग्न करना tag
sannivesh *n.* सन्निवेश insertion
sannivisht karna *v.t.* सन्निविष्ट करना insert
sanrakshak *n* संरक्षक custodian
sanrakshan *n.* संस्करण patronage
sanrakshi *a.* संरक्षी protective
sans lena *v. i.* सांस लेना breathe
sansaarik *a.* सांसारिक mundane
sansad *n.* संसद parliament
sansad sadasya *n.* संसद सदस्य parliamentarian
sansadiya *a.* संसदीय parliamentary
sansanana *v.i.* सनसनाना whiz
sansani khez *a.* सनसनीखेज़ melodramatic
sansarik anand *n.* सांसारिक आनंद worldling
sanshayatmak *a.* संशयात्मक sceptical

sanshayatmakta *n.* संशयात्मकता scepticism
sanshay-sheel *a.* संशयशील hesitant
sanshodhan *n* संशोधन alteration
sanshodhan karna *v.t.* संशोधन करना amend
sanshodhan karna *v. t* संशोधन करना correct
sanskaran *n* संस्करण edition
sanskritik *a* सांस्कृतिक cultural
sanstha *n.* संस्था institute/institution
sansthapak *n.* संस्थापक founder
sanstuti *n.* संस्तुति recommendation
sant *n.* संत saint
santan *n.* संतान progeny
santara *n.* संतरा orange
santari *n.* संतरी sentinel
santari *n.* संतरी sentry
santati *n.* संतति offspring
santosh *n* संतोष contentment
santosh *n.* संतोष gratification
santosh *n.* संतोष satisfaction
santoshjanak *a.* संतोषजनक satisfactory
santra *n.* संतरा kino
santras *n.* संत्रास intimidation
santulan *n.* संतुलन balance
santulan *n* संतुलन equation
santulan *n.* संतुलन poise
santulan *n.* संतुलन symmetry
santulan *n.* संतुलन moderation
santulit karna *v.t.* संतुलित करना balance
santusht *adj.* सन्तुष्ट complacent
santusht *a.* संतुष्ट content
santusht karna *v.t.* संतुष्ट करना pamper
santusht karna *v.t.* संतुष्ट करना satisfy
santushti *n* संतुष्टि content
santushti pradan karna *v. t* संतुष्टि प्रदान करना content
santushtii *n.* संतुष्टि saturation
santvana *n.* सांत्वना solace
santvana dena *v.t.* सांत्वना देना solace

santwana *n* सांत्वना consolation
santwana dena *v. t* सांत्वना देना console
sanvad *n* संवाद dialogue
sanvala *a.* सांवला swarthy
sanvedansheel *a.* संवेदनशील sentient
sanvida *n.* संविदा compact
sanvida *n* संविदा contract
sanvidhan nirmankari *adj.* संविधान निर्माणकारी constituent
sanwad *n* संवाद conversation
sanwasi *n.* संवासी inmate
sanyaasbhav *n* संन्यासभाव monasticism
sanyasi *n.* संन्यासी hermit
sanyog *n.* संयोग chance
sanyog *v.i.* संयोग coincide
sanyog *n.* संयोग hazard
sanyojak *n* संयोजक convener
sanyojan *n* संयोजन annexation
sanyojan *n.* संयोजन incorporation
sanyojana *v. t* संजोना enshrine
sanyukt *adj.* संयुक्त conjunct
sanyukt *adj.* संयुक्त corporate
sanyukt karna *v.t.* संयुक्त करना associate
sapath *n.* शपथ oath
sapeksh *a.* सापेक्ष relative
saphal *a* सफल successful
saphal hona *v.i.* सफल होना succeed
saphalta *n.* सफलता success
saphed *a.* सफ़ेद white
saphed karana *v. t* सफ़ेद करना bleach
saphed karna *v.t.* सफ़ेद करना whiten
saphed rang *n* सफ़ेद रंग white
saphed sa *a.* सफ़ेद सा whitish
saphed saras pakshi *n* सफ़ेद सारस पक्षी aigrette
saphedi *n.* सफ़ेदी whitewash
saphedi karna *v.t.* सफ़ेदी करना whitewash
saptah *n.* सप्ताह week
saptahik *a.* साप्ताहिक weekly
saptahik *n.* साप्ताहिक weekly
sar *n.* सिर head

sar kai bal *adv.* सिर के बल headlong
saraab banana *n.* शराब बनाना malt
sarabor kar dena *v. t* सराबोर कर देना drench
sarahana karna *v. t* सराहना करना exalt
sarai *n.* सराय inn
sarakna *v.i.* सरकाना slide
saral *a.* सरल austere
saral *a* सरल easy
saral *a* सरल light
saral banana *v.t.* सरल बनाना simplify
saranchana *n.* संरचना structure
saranchanatamak *a.* संरचनात्मक structural
saransh *n* सारांश abstract
saras *n.* सारस stork
sarasar *adv.* सरासर stark
saraswati(Hindu goddess) *n* सरस्वती muse
sarawsri *n.* सर्वश्री Messrs
sarbotam samay *n.* सर्वोत्तम समय heyday
sardal *n.* सरदल lintel
sardi *n* सर्दी cold
sares *n.* सरेस glue
sarhak ki patri *n.* सड़क की पटरी pavement
sarhan *n.* सड़न decomposition
sarhana *v.i.* सड़ना rot
sarhane yogya *a.* सराहने योग्य praiseworthy
sarhna *v. t.* सड़ना decompose
sarjan karna *v. t* सर्जन करना create
sarjent *n.* सारजेंट sergeant
sarkaari vigyapati *n.* सरकारी विज्ञप्ति communiqué
sarkana *v.t.* सरकना glide
sarkas *n.* सर्कस circus
sarlikaran *n.* सरलीकरण simplification
sarniyak *n.* सारणीयक tabulator
sarniyan *n.* सारणीयन tabulation

sarp *n.* सर्प serpent
sarp *n.* सर्प snake
sarpat daurna *v.t.* सरपट दौड़ाना gallop
sarpil aakar *n.* सर्पिल आकार spiral
sarsari *a* सरसरी cursory
sarson *n.* सरसों mustard
sarthak *a.* सार्थक meaningful
sarvada *adv* सर्वदा always
sarvadhik matra mai *adv.* सर्वाधिक मात्रा में most
sarvagy *a.* सर्वज्ञ omniscient
sarvagyata *n.* सर्वज्ञता omniscience
sarvajanik *a.* सार्वजनिक public
sarvakshama *n.* सर्वक्षमा amnesty
sarvanaam *n.* सर्वनाम pronoun
sarvanash *n.* सर्वनाश holocaust
sarvasammat *a.* सर्वसम्मत unanimous
sarvasammati *n.* सर्वसम्मति unanimity
sarvashaktiman *a.* सर्वशक्तिमान almighty
sarvashaktiman *a.* सर्वशक्तिमान omnipotent
sarvashaktimata *n.* सर्वशक्तिमत्ता omnipotence
sarva-shreshth *a* सर्वश्रेष्ठ sovereign
sarvatra *adv.* सर्वत्र throughout
sarvavadit *a.* सर्वविदित proverbial
sarva-vyapakta *n.* सर्वव्यापकता omnipresence
sarvaypi *a.* सर्वव्यापी omnipresent
sarvekshan *n.* सर्वेक्षण survey
sarvoch *a.* सर्वोच्च supreme
sarvotkrist kriti *n.* सर्वोत्कृष्ट कृति masterpiece
sarvottam *n.* सर्वोत्तम paramount
sarwatam *a* सर्वोत्तम foremost
sasharir *adv.* सशरीर bodily
sashodhan *n.* संशोधन revision
sashodhan *n* संशोधन correction
sasta *a.* सस्ता frugal
sasta *a* सस्ता cheap

sasta karna *v. t.* सस्ता करना cheapen
sasural *n.* ससुराल in-laws
satah *n.* सतह side
satah *n.* सतह surface
satana *v.t.* सताना afflict
satana *v. t* सताना bedevil
satark *a.* सतर्क attentive
satark *a.* सतर्क vigilant
satark *a.* सतर्क wary
satark *a.* सतर्क watchful
satarkh *a.* सतर्क cautious
sath dena *v.t.* साथ देना associate
sath hona *v.t.* साथ होना attend
sath ugna *v.t.* साथ उगना accrete
sathi *n.* साथी associate
sathi *n.* साथी companion
sathi *n.* साथी comrade
sathi *n.* साथी consort
sathi *n* साथी fellow
sathi *n.* साथी mate
sathi *n.* साथी partner
satitva haran *n.* सतीत्व हरण seduction
satkaar karne wala *a.* सत्कार करने वाला hospitable
satrah *n., a* सत्रह seventeen
satrehwan *a.* सत्रहवां seventeenth
satta *n* सत्ता entity
sattar *n., a* सत्तर seventy
sattarwan *a.* सत्तरवां seventieth
satwan *a.* सातवां seventh
satya *n.* सत्य certainty
satyabhas *n.* सत्याभास verisimilitude
satyapan *n.* प्रमाणन verification
satyavadi *a.* सत्यवादी truthful
sau *n* सौ cent
sau *n.* सौ hundred
sau anshon mein vibhajit *a.* सौ अंशों में विभाजित centigrade
sau varsh ka samay *n.* सौ वर्ष का समय centenary
saubhagya *n* सौभाग्य felicity

saubhagya se *adv.* सौभाग्य से luckily
sauda *n.* सौदा bargain
sauda *n.* सौदा merchandise
sauda karna *v.t.* सौदा करना bargain
sauda karna *v.t.* सौदा करना negotiate
saudebaji karna *v.i.* सौदेबाज़ी करना haggle
saugunna *n. & adj* सौगुना centuple
saujanya *n.* सौजन्य courtesy
saumya *n.* सौम्य amiable
saumyata *n.* सौम्यता urbanity
saundariya *n* सौंदर्य beauty
saundarya vardhak *a.* सौंदर्यवर्धक cosmetic
saundryashastra *n.pl.* सौंदर्यशास्त्र aesthetics
saunf ka beej *n* सौंफ का बीज aniseed
saunpana *v. t* सौंपना entrust
saur *a.* सौर solar
sauvin varshaganth *adj.* सौवीं वर्षगाँठ centennial
savdhan *n.* सावधान attention
savdhan *adj.* सावधान circumspect
savdhan *a.* सावधान mindful
savdhan *a.* सावधान particular
savdhani *n.* सावधानी prudence
sawaar *n.* सवार rider
sawaar hona *v.t.* सवार होना mount
sawar hona *v.t.* सवार होना board
sawari *n* सवारी conveyance
sawari karna *v.t.* सवारी करना ride
sawdhan *a.* सावधान observant
scooter *n.* स्कूटर scooter
scotland ka niwasi *n.* स्कॉटलैंड का निवासी Scot
scotland niwasi *n.* स्कॉटलैंड निवासी scotch
se *prep.* से from
se baad mein *prep* से बाद में behind
se bachna *v.t.* से बचना avoid
se neechay *prep* से नीचे below
se sambandhit *v.i.* से सम्बंधित pertain

se upar *prep.* से ऊपर beyond
seb *n.* सेब apple
seedh nirdharan *n.* सीध निर्धारण alignment
seedha *a.* सीधा upright
seedha karna *v.t.* सीधा करना straighten
seekh *n.* सीख moral
seekhna *v.i.* सीखना learn
seema *n.* सीमा bound
seema *n.* सीमा limit
seema *n.* सीमा restriction
seema *n.* सीमा span
seema rekha *n* सीमारेखा boundary
seema shulk *n.* सीमा शुल्क tariff
seemant *n* किनारी border
seemit karna *v.i.* सीमित करना qualify
seengh *n.* सींग horn
seer hilana *v.i.* सिर हिलाना nod
seer katna *v. t.* सिर काटना behead
seeti bajana *v.i.* सीटी बजाना whistle
seeti ki awaaz *n* सीटी की आवाज़ whistle
seetkaar sahith bholna *v.* सीत्कार सहित बोलना assibilate
seetnindra *n.* शीतनिद्रा hibernation
sena *n.* सेना army
sena *n* सेना military
sena ka pradarshan *n.* सेना का प्रदर्शन tattoo
senavas *n* सेनावास bunker
senkna *v.t.* सेंकना bake
senkna *v.t* सेंकना foment
service *n.* सर्विस serve
setambar *n.* सितंबर September
setu *n.* सेतु weir
sevak *n.* सेवक attendant
sevak *n* सेवक tender
sewa karna *v.i.* सेवा करना minister
sewak *n* सेवक menial
sewak *a.* सेवक ministrant
sewak *n.* सेवक servant
seyaar *n.* सियार jackal

shaabdik *a.* शाब्दिक verbatim
shaan *n.* शान grandeur
shaandar jhankian *n.* शानदार झांकियां pageant
shaant *n* शांत still
shaanti *n.* शांति quiet
shaaririk *a.* शारीरिक physical
shabadkosh *n.* शब्दकोश lexicon
shabd *n.* शब्द word
shabd chayan *n* शब्द चयन diction
shabd soochi *n.* शब्द सूची vocabulary
shabdabahul *a.* शब्दबहुल verbose
shabdabahulata *n.* शब्दबहुलता verbosity
shabdadambarpurna *a.* शब्दाडंबरपूर्ण wordy
shabdakosh *n* शब्दकोश dictionary
shabdandpurna *a.* शब्दाडंबरपूर्ण rhetorical
shabdashah *adv.* शब्दश: verbatim
shabdawali *n.* शब्दावली glossary
shabdh *n.* शब्द term
shabdik *a.* शाब्दिक literal
shadi *n.* शादी marriage
shadi karna *v.t.* शादी करना marry
shadyantra *n.* षड्यंत्र conspiracy
shadyantra *n.* षड्यंत्रकर्त्ता conspirator
shadyantra *n* षड्यंत्र intrigue
shadyantra karna *v.t.* षड्यंत्र करना intrigue
shahad ki madira *n.* शहद की मदिरा mead
shahamat *n* शहमात checkmate
shahatut *n.* शहतूत mulberry
shah-balut *n.* शाहबलूत oak
shahd aur sirka ka sharbat *n* शहद और सिरका का शरबत oxymel
shahi *a.* शाही imperial
shahid *n.* शहीद martyr
shahmaat dena *v.t.* शहमात देना mate
shahteer *n.* शहतीर girder
shaidayi संन्धि nympholept
shaishav *n.* शैशव childhood
shaitan *n.* शैतान devil

shaitan *n.* शैतान satan
shakahari *n.* शाकाहारी vegetarian
shakha *n.* शाखा agency
shakha *n* शाखा bough
shakha *n* शाखा branch
shakha *n.* शाखा limb
shakki *a.* शक्की suspicious
shakti *n* शक्ति force
shakti *n.* शक्ति potency
shakti *n.* शक्ति power
shakti *n.* शक्ति sap
shakti *n.* शक्ति strength
shakti barhana *v.t.* शक्ति बढ़ाना activate
shakti jutaana *v.t.* शक्ति जुटाना rally
shakti puran *a* शक्ति-पुरण forcible
shakti ya adhikar *n.* शक्ति या अधिकार authority
shaktiheen karna *v.t.* शक्तिहीन करना sap
shaktihin *a.* शक्तिहीन lethargic
shaktihin *a.* शक्तिहीन nerveless
shaktishali *a* शक्तिशाली energetic
shaktishali *a.* शक्तिशाली muscular
shaktishali *a.* शक्तिशाली powerful
shaktishali *a.* शक्तिशाली strong
shaktishali *a.* शक्तिशाली vigorous
shaktishali *a.* शक्तिशाली virile
shakun wichar *n.* शकुन विचार auspice
shakya *a.* शक्य potential
shalinta *n* शालीनता decency
shaljam *n.* शलजम turnip
shalya chikitsa *n.* शल्य चिकित्सा operation
shalya chikitsa *n.* शल्य चिकित्सा surgery
shalya chikitsak *n.* शल्य चिकित्सक surgeon
shamak *a.* शामक sedative
shamak aushadh *n* शामक औषध sedative
shamiz *n* शमीज़ chemise
shan *n.* शान stateliness
shandaar *a.* शानदार sumptuous
shandar *a.* शानदार princely

shandar *a.* शानदार splendid
shaniwar *n.* शनिवार Saturday
shanka *n.* शंका doubt
shanka karna *v. i* शंका करना doubt
shankh *n.* शंख conch
shanku *n.* शंकु cone
shant *n.* शांत calm
shant *a.* शांत pacific
shant *a.* शांत peaceful
shant *a.* शांत placid
shant *a.* शांत serene
shant *a.* शांत silent
shant *a.* शांत tranquil
shant hona *v.i* शांत होना hush
shant karna *v.t.* शांत करना allay
shant karna *v.t.* शांत करना appease
shant karna *v. t.* शांत करना calm
shant karna *v.t.* शान्त करना conciliate
shant karna *v.t.* शांत करना pacify
shant karna *v.t.* शांत करना quench
shant karna *v.t.* शांत करना soothe
shant karna *v.t.* शांत करना tranquillize
shanti *n.* शांति calm
shanti *n.* शान्ति composure
shanti *n.* शांति peace
shanti *n.* शांति repose
shanti *n.* शांति serenity
shanti *n.* शांति silence
shanti *n.* शांति tranquillity
shanti kaal *n.* शांति काल lull
shanti lane wali *adj* शान्ति लाने वाली calmative
shantpriya *a.* शांतिप्रिय peaceable
shap dena *v. t.* शाप देना damn
shapath *n* शपथ adjuration
shapathpatra *n* शपथपत्र affidavit
sharab *n* शराब ale
sharab *n* शराब drink
sharab *n.* शराब rum
sharab *n.* शराब whisky
sharab banana *v. t.* शराब बनाना brew

sharabi *n* शराबी drunkard
sharam *n.* शरम shame
sharan *n.* शरण refuge
sharan dena *v.t* शरण देना harbour
sharanarthi *n.* शरणार्थी refugee
sharansthal *n.* शरणस्थल shelter
sharan-sthal *n.* शरण-स्थल asylum
shararat *n* शरारत mischief
sharbat *n.* शरबत syrup
shareer rachna vigyan *n.* शरीर-रचना विज्ञान anatomy
sharir rachna *n.* शरीर रचना organism
sharir rachna *n.* शरीर रचना physique
sharirik *a* शारीरिक bodily
sharm shodhak *n.* चर्म शोधक tanner
sharm shodhanshala *n.* चर्म शोधनशाला tannery
sharm-naak *a.* शर्मनाक ignoble
shart *n* शर्त bet
shart *n* शर्त condition
shart *n.* शर्त proviso
shart *n.* शर्त wager
shart lagana *v.i* शर्त लगाना bet
shart lagana *v.t.* शर्त लगाना stipulate
shasak *n.* शासक ruler
shasan *n* शासन domination
shasan *n.* शासन governance
shasan *n.* शासन government
shasan karna *v. t* शासन करना dominate
shasan karna *v.t.* शासन करना rule
shasan kshetra *n* शासन क्षेत्र domain
shasit karna *v.t.* शासित करना govern
shastragar *n.* शास्त्रागार armoury
shatak *n.* शतक century
shatayu vyakti *n* शतायु व्यक्ति centenarian
shatranj *n.* शतरंज chess
shatranj mein zich *n.* शतरंज में ज़िच stalemate
shatru *n* शत्रु enemy
shatru *n* शत्रु foe

puviya *a* पूर्वीय eastern
pyaaz jaisi sabzi *n.* प्याज़ जैसी सब्ज़ी leek
pyala *n.* प्याला cup
pyala *n.* पहला goblet
pyar *n.* प्यार affection
pyar karna *v.t.* प्यार करना pet
pyara *a.* प्यारा affectionate
pyara *a* प्यारा darling
pyara banana *v.t* प्यारा बनाना endear
pyas *n.* प्यास thirst
pyas bujhana *v.t.* प्यास बुझाना slake
pyasa *adj.* प्यासा athirst
pyasa *a.* प्यासा thirsty
pyasa hona *v.i.* प्यासा होना thirst

Q

qabza dhari *n.* कब्ज़ा धारी occupant
qabza karna *v.t.* कब्ज़ा करना occupy
qanoon *n.* कानून law
qanoon ke anusar *a.* कानून के अनुसार lawfulness
qilla *n.* किला fort
qilla *n.* किला fortress
qimti patharl ghoda *n.* जीमती पथरी घोड़ा jade

R

raag *n.* राग melody
raajhse *a.* राजसी majestic
raasta badalna *v.t. & i.* रास्ता बदलना deflect
raat bhar *prep.* रात भर night long
raat ka *adv.* रात का nightly
raat ka *a.* रात का nocturnal
raat kai samai *adv.* रात के समय overnight
rabar ka pipe *n.* रबर का पाइप hose

rachna *n* रचना build
rachna *n* रचना composition
rachna *n* रचना creation
radd *n* रद्द cancellation
radd karana *v.t.* रद्द करना revoke
radd karna *v. t.* रद्द करना abrogate
radd karna *v. t.* रद्द करना cancel
radd karna *v. t* रद्द करना discard
radd karna *v.t.* रद्द करना overrule
radd karna *v.t.* रद्द करना void
raddh karna *v.t.* रद्द करना nullify
raddi *n.* रद्दी scrap
radhya karna *v.t.* रद्द करना annul
radio *n* रेडियो wireless
radium dhatu *n.* रेडियम धातु radium
rafuchakar *v.i* रफ़ूचक्कर होना flee
ragarna, ghisna *v.t.* रगड़ना rub
rahasmay *a.* रहस्यमय mysterious
rahasya *n.* रहस्य mystery
rahasyamaya *a.* रहस्यमय uncanny
rahasywad *n.* रहस्यवाद mysticism
rahasywadi *n* रहस्यवादी mystic
rahi *n.* राही wayfarer
rahit *prep.* रहित without
rahit *a* रहित devoid
rahne yogya *a.* रहने योग्य habitable
rail garhi ka dibba *n.* रेलगाड़ी का डिब्बा compartment
railgarhi *n.* रेलगाड़ी train
railgarhi ka dabba *n* रेलगाड़ी का डिब्बा coach
railmarg *n.* रेलमार्ग rail
railpath *n.* रेलपथ railway
railway shakha *n.* रेलवे शाखा loop
raj bhakt *n.* राजभक्त royalist
raja *n* राजा duke
raja *n.* राजा king
raja *n.* राजा monarch
rajasi *a.* राजसी royal
rajbhakt *n.* राजभक्त loyalist
rajdand *n.* राजदंड sceptre

shatruta *n* शत्रुता enmity
shauchalaya *n.* शौचालय latrine
shauchalya *n.* शौचालय lavatory
shauchghar *n.* शौचघर toilet
shauk *n.* शौक hobby
shaul *n.* शॉल shawl
shaurya *n.* शौर्य valour
shauryavan *a.* शौर्यवान chivalrous
shav *n* शव corpse
shav pariksha *n.* शव परीक्षा post-mortem
shav yatra *n.* शव यात्रा funeral
shavlep karna *v. t* शवलेप करना embalm
shayan saamagri *n.* शयन सामग्री bedding
shayanika *n.* शयनिका sleeper
shayika *n* शायिका berth
sheera *n* शीरा molasses
sheeshi *n.* शीशी vial
sheet ritu *n.* शीत ऋतु winter
sheetal *a* शीतल cold
sheetal *a* शीतल cool
sheetal karna *v.t.* शीतल करना refrigerate
sheetoshna *a.* शीतोष्ण temperate
sher *n* शेर lion
sherni *n.* शेरनी lioness
shesh *n.* शेष remainder
shesh bhag *a.* शेष (भाग) residual
shesh sangreh *n.* शेष संग्रह appendix
sheshtama jvar *n.* श्लेष्मा ज्वर influenza
shighra *adv.* शीघ्र anon
shighra grahankari *a.* शीघ्र ग्रहणकारी receptive
shighra hi *adv.* शीघ्र ही shortly
shighrah *adv.* शीघ्र presently
shighrata *n.* शीघ्रता haste
shigrahta se *adv.* शीघ्रता से apace
shigrata *n* शीघ्रता hurry
shikaar *n.* शिकार prey
shikaar *n* शिकार shoot
shikaar karna *v.t.* शिकार करना hunt
shikaar karna *v.i.* शिकार करना prey
shikanja *n* शिकंजा clamp

shikanja *n.* शिकंजा rack
shikanji *n.* शिकंजी lemonade
shikar *n.* शिकार victim
shikar karna *v.t.* शिकार करना depredate
shikari *n.* शिकारी hunter
shikari kutta *n.* शिकारी कुत्ता greyhound
shikari kutta *n.* शिकारी कुत्ता hound
shikayat *n.* शिकायत complaint
shikayat *n.* शिकायत grievance
shikayat karna *v. i* शिकायत करना complain
shikhar *n.* शिखर apex
shikhar *n.* शिखर climax
shikhar *n.* शिखर pinnacle
shiksha *n* शिक्षा education
shiksha *n.* शिक्षा learning
shiksha dena *v. t* शिक्षा देना educate
shiksha dena *v.t.* सिखा देना inculcate
shiksha dena *v.t.* शिक्षा देना teach
shikshak *n.* शिक्षक instructor
shikshak *n.* शिक्षक teacher
shikshakiya *a.* शिक्षकीय tutorial
shikshan shastra *n.* शिक्षणशास्त्र pedagogy
shilp *n.* शिल्प workmanship
shilpi *n.* शिल्पी artisan
shilpi *n* शिल्पी craftsman
shira *n.* शिरा vein
shirovastra *n.* शिरोवस्त्र wimple
shirshak *n.* शीर्षक caption
shirstraan *n.* शिरस्त्राण helmet
shisha lagana *v.t.* शीशा लगाना glaze
shisht *a.* शिष्ट courteous
shisht mandal *n* शिष्टमंडल deputation
shisht mandal *n.* शिष्ट मंडल mission
shishtachar *n.* शिष्टाचार decorum
shishtachar *n.* शिष्टाचार etiquette
shishtachar *n.* शिष्टाचार nicety
shishtata *n.* शिष्टता chivalry
shishu *n.* शिशु baby

shishudhani jeev *n.* शिशुधानी जीव marsupial
shishu-sadan *n.* शिशु-सदन nursery
shishuvadh *n.* शिशुवध infanticide
shishya *n.* शिष्य learner
shithil karna *v.t.* शिथिल करना relax
shithil karna *v.t.* शिथिल करना remit
shithilta *n.* शिथिलता relaxation
shivir *n.* शिविर camp
shoak bhar *n.* शोक भार load
shobha *n.* शोभा grace
shobha badhana *v.t.* शोभा बढ़ाना grace
shobha yukt *a.* शोभायुक्त glorious
shobhayukt karna *v.t* शोभायुक्त करना dignify
shobh-niya *a.* शोभनीय decent
shodh granth *n.* शोध ग्रंथ thesis
shodhak *a* शोधक purgative
shok *n* शोक condolence
shok *n.* शोक grief
shok *n.* विषाद woe
shok janak *a.* शोक जनक grievous
shok manana *v. t* शोक मनाना bewail
shok manana *v.t.* शोक मनाना grieve
shok prakat karna *v. i.* शोक प्रकट करना condole
shokakul *n.* शोकाकुल mournful
shokgeet *n* शोकगीत elegy
shokgeet *n.* शोकगीत monody
shokpurna *n.* शोकपूर्ण woeful
shorba *n* शोरबा broth
shorba *n.* शोरबा soup
shorgul *n* शोरगुल commotion
shraddha *n.* श्रद्घा homage
shraddha *n.* श्रद्घा veneration
shraddhapurna *a.* श्रद्घापूर्ण reverential
shradhalu *a.* श्रद्घालु respectful
shradhalu *a.* श्रद्घालु reverent
shradhapurna naman *n.* श्रद्घापूर्ण नमन obeisance
shramik *n.* श्रमिक labourer

shravan sambandhi *adj.* श्रवण सम्बन्धी auditive
shravya *a* श्रव्य audible
shreni *n.* श्रेणी category
shreni *n.* श्रेणी gradation
shreni *n.* श्रेणी type
shrenibadh karna *v.t.* श्रेणीबद्घ करना align
shreshtha *a.* श्रेष्ठ perfect
shreshthata *n.* श्रेष्ठता superiority
shreshthatasuchak *a.* श्रेष्ठतासूचक superlative
shriman *n.* श्रीमान sir
shrota *n.* श्रोता listener
shrotagan *n.* श्रोतागण audience
shrotakaksh *n.* श्रोताकक्ष auditorium
shubh *a.* शुभ providential
shubhsuchak *a.* शुभसूचक auspicious
shuchita *n.* शुचिता purity
shuchita *n.* शुचिता virginity
shudh karna *v. t* शुद्घ करना distil
shudh karna *v.t.* शुद्घ करना refine
shudhata *n.* शुद्घता accuracy
shudhata *n.* शुद्घता refinement
shudhi ka sthan *n.* शुद्घि का स्थान purgatory
shudhikaran *n.* शुद्घिकरण purification
shudhivadi *n.* शुद्घिवादी purist
shudhta *n.* शुद्धता chastity
shukar-mans *n.* शूकर-मांस bacon
shukranu *n.* शुक्राणु sperm
shukrawar *n.* शुक्रवार Friday
shulk *n* शुल्क fee
shulk se mukt शुल्क से मुक्त exempt
shunya *n.* शून्य void
shunya *n.* शून्य zero
shunya ka ank *n.* शून्य का अंक cipher, cypher
shunya,nirvat *n.* शून्य, निर्वात vacuum
shushkan *n.* शुष्कन soak
shuturmurg *n.* शुतुरमुर्ग ostrich

shvas avrodhan *n.* श्वास अवरोधन strangulation
shvasan *n* श्वसन breath
shwasan *n.* श्वसन respiration
shwet *n.* श्वेत muscovite
shwet saar *n.* श्वेत सार starch
siddhant *n.* सिद्धांत tenet
siddhant sthapit karna *v.i.* सिद्धांत स्थापित करना theorize
siddhantshastri *n.* सिद्धांतशास्त्री theorist
sidha *a.* सीधा artless
sidha *a* सीधा direct
sidha *a.* सीधा plain
sidha *a.* सीधा, straight
sidha sada *a.* सीधा सादा straightforward
sidhant *n* सिद्घांत doctrine
sidhant vadi *n.* सिद्धांत वादी nestorian
sidhantheen *a.* सिद्घांतहीन unprincipled
sidhe *n.* सीढ़ी ladder
sidhi ka danda *n.* सीढ़ी का डंडा rung
sidhpurush *n.* सिद्घपुरुष seer
sigaar *n* सिगार cheroot
sigaar *n.* सिगार cigar
sikhar *n.* शिखर peak
sikka *n* सिक्का coin
sikka *n* सिक्का coinage
sikurh jana *v.i.* सिकुड़ जाना wince
sikurhan *n.* सिकुड़न shrinkage
sikurhna *v.i* सिकुड़ना shrink
silayee se jodna *v.t.* सिलाई से जोड़ना seam
silencer *n.* साइलैंसर silencer
silna *v.t.* सिलना sew
silna *v.t.* सिलना stitch
silwat dalna *v.t.* सिलवट डालना wrinkle
sima nirdharan *n.* सीमा निर्धारण demarcation
simaant *n* सीमांत march
simant *n.* सीमांत frontier
simit karna *v.t.* सीमित करना limit
sinchai *n.* सिंचाई irrigation
sinchna *v.t.* सींचना irrigate

sindur *n* सिन्दूर cinnabar
sinha jaisa *a* सिंह जैसा leonine
sinha rashi *n.* सिंह राशि Leo
sinhasanarurh karna *v. t* सिंहासनारूढ़ करना enthrone
sinhavalokan *n.* सिंहावलोकन retrospection
sipahi *n* सिपाही constable
sira *n* सिरा terminal
sirdard *n.* सिरदर्द headache
sirka *n.* सिरका vinegar
sirka banana *v.* सिरका बनाना acetify
sirsak *n.* शीर्षक heading
sisa *n.* सीसा lead
siskari *n* सिसकारी hiss
sista *a.* शिष्ट mannerly
sisu *a.* शिशु infantile
sitakani lagana *v. t* सिटकनी लगाना bolt
sivandar *a.* सीवनदार seamy
siwan *n.* सीवन stitch
siwaya *prep* सिवाय save
skait *n.* स्केट skate
skaiton par phisalna *v.t.* स्केटों पर फिसलना skate
slate *n.* स्लेट slate
smaarak *n.* स्मारक monument
smarak *n.* स्मारक memorial
smarak *n.* स्मारक remembrance
smaran *n.* स्मरण reminiscence
smaran *n.* स्मरण recollection
smaran karna *v.t.* स्मरण करना recollect
smaran karna *v.t.* स्मरण रखना remember
smaran patar *n.* स्मरणपत्र reminder
smaran patra *n* स्मरण पत्र memorandum
smaran vishayak *a* स्मरण विषयक memorial
smaranotsava *n.* स्मरणोत्सव commemoration
smarkiya *a.* स्मारकीय monumental
smarniya *a.* स्मरणीय memorable
smirtihin *a.* स्मृतिहीन oblivious

smriti chinha *n.* स्मृतिचिन्ह keepsake
smritichinh *n.* स्मृतिचिह्न memento
snaan *n* स्नान bath
snaan karna *v. t* स्नान करना bathe
snayu rog *n.* स्नायु रोग neurosis
snehan *n.* स्नेहन lubrication
soak prakat karna *v.i.* शोक प्रकट करना lament
soar *n.* शोर noise
sobhakaari *a.* शोभाकारी ornamental
soch lena *v. t* सोच लेना devise
soch-vichar *n* सोच विचार thought
sofa *n.* सोफ़ा couch
sofa *n.* सोफ़ा sofa
sokhna *v.t* सोखना absorb
solaha *n., a.* सोलह sixteen
solahawan *a.* सोलहवां sixteenth
somvaar *n.* सोमवार Monday
sona *n.* सोना gold
sona *v.i.* सोना sleep
sona *v.i.* सोना slumber
sone ke liye patri *n* सोने के लिये पटरी bunk
soodkhor *n.* सूदखोर usurer
soodkhori *n.* सूदखोरी usury
sookha *n* सूखा drought
sookhi ghaas *n.* सूखी घास hay
soonghna *v.t.* सूंघना smell
sota hua *adv.* सोता हुआ asleep
spain ka *a.* स्पेन का Spanish
spain ka nivasi *n.* स्पेन का निवासी Spaniard
spain ki bhasha *n.* स्पेन की भाषा Spanish
spanj *n.* स्पंज sponge
sparsh *n* स्पर्श touch
sparsh karna *v.t.* स्पर्श करना touch
sparsh yogya *a.* स्पर्श योग्य tactile
sparshaniya *a.* स्पर्शनीय palpable
sparshjya *n.* स्पर्शज्या tangent
sparshniya *a.* स्पर्शनीय tangible

spash+D3379twadi *a* स्पष्टवादी downright
spasht *a.* स्पष्ट articulate
spasht *a.* स्पष्ट obvious
spasht *a.* स्पष्ट patent
spasht karna *v. t* स्पष्ट करना clarify
spasht rup se *adv* स्पष्ट रूप से clearly
spashta karna *v. t* स्पष्ट करना elucidate
spashtikaran *n* स्पष्टीकरण clarification
spashti-karan *n* स्पष्ट करना explanation
spast roop se *adv.* स्पष्ट रूप से outright
spastwadi *a.* स्पष्टवादी outspoken
squadran *n.* स्क्वाड्रन squadron
srimaan *n.* श्रीमान mister
stabdha karna *v. t* स्तब्ध करना daze
stabdhata *n* स्तब्धता daze
stambh *n.* स्तंभ column
stanagra *n.* स्तनाग्र nipple
stanagra *n.* स्तनाग्र teat
stanpan karana *v.t.* स्तनपान कराना suckle
station *n.* स्टेशन station
stethoscope *n.* स्टैथौस्कोप stethoscope
sthagan *n.* स्थगन adjournment
sthagan *n.* स्थगन postponener
sthagit karna *v.t.* स्थगित करना adjourn
sthaitiki *n.* स्थैतिकी statics
sthal *n.* स्थल place
sthalakriti *n.* स्थलाकृति topography
sthalakriti visheshagya *n.* स्थलाकृति विशेषज्ञ topographer
sthalakritik *a.* स्थलाकृतिक topographical
sthan *n.* स्थान locality
sthan *n.* स्थान location
sthan *n.* स्थान position
sthan *n.* स्थान quarter
sthan *n.* स्थान site
sthan lena *v.t.* स्थान लेना supersede
sthan rakhna *v.t.* स्थान रखना rank
sthan se jodna *v.t.* स्थान से जोड़ना locate
sthan vishayak *a.* स्थान विषयक spatial

sthananataran *n.* स्थानांतरण transfer
sthanantaraniya *a.* स्थानांतरणीय transferable
sthanantarit karana *v.t.* स्थानांतरित करना shift
sthanantarit karna *v.t.* स्थानांतरित करना transfer
sthanapann *n.* स्थानापन्न substitute
sthanapann *a.* स्थानापन्न vicarious
sthaniya *a.* स्थानीय local
sthaniya banana *v.t.* स्थानीय बनाना localize
sthanpaye *n.* स्तनपायी mammal
sthansambandhi *a.* स्तन संबंधी mammary
sthapana *n* स्थापना establishment
sthapit karna *v.t.* स्थापित करना establish
sthayitva *n.* स्थायित्व stability
sthir *a* स्थिर constant
sthir *a.* स्थिर stable
sthir *a.* स्थिर stagnant
sthir *n.* स्थिर static
sthir *a.* स्थिर stationary
sthir *a.* स्थिर still
sthir banana *v.t.* स्थिर बनाना stabilize
sthir hona *v.i.* स्थिर होना rest
sthir kaal se purve ka samay *n* स्थिर काल से पूर्व का समय antedate
sthir karna *vt* स्थिर करना fix
sthir karna *v.t.* स्थिर करना peg
sthir karna *v.t.* स्थिर करना quiet
sthirikaran *n.* स्थिरीकरण stabilization
sthirta *n.* स्थिरता permanence
sthirta *n.* स्थिरता stillness
sthulkaya *a.* स्थूलकाय stout
stool *n.* स्टूल stool
stotra sangreh *n.* स्तोत्र संग्रह breviary
stove *n.* स्टोव stove
strav *n.* स्त्राव secretion
stravit karna *v.t.* स्त्रावित करना secrete
stri jati *a* स्त्री जाति female
stri-jatiya *a* स्त्री-जाति feminine

stuti *n.* स्तुति hymn
suar *n* सूअर boar
suar *n.* सूअर swine
suar ka mans *n.* सूअर का मांस pork
suar ki charbi *n.* सूअर की चरबी lard
suawsar *n.* सुअवसर opportunity
subah *n.* सुबह morning
subakna *v.i.* सुबकना sob
subhankar tabiz *n.* शुभंकर ताबीज़ mascot
subki *n* सुबकी sob
subodh *a.* सुबोध intelligible
suchak *n.* सूचक indicator
suchana *n.* सूचना intimation
suchana dena *v.t.* सूचना देना intimate
suchi *n.* सूची index
suchibadh karna *v.t.* सूचीबद्ध करना list
suchipatra *n.* सूचीपत्र catalogue
suchipatra *n.* सूचीपत्र list
suchit karna *v.t.* सूचित करना apprise
suchit karna *v.t* सूचित करना communicate
suchit karna *v.t.* सूचित करना convey
suchna *n.* सूचना communication
suchna *n.* सूचना note
suchna *a.* सूचना notice
suchna dena *v.t.* सूचना देना inform
suchna dena *v.t.* सूचना देना notify
suchnapurna *a.* सूचनापूर्ण informative
sudhaar *n* सुधार redress
sudhaar *n.* सुधार reform
sudhaar *n.* सुधार reformation
sudhaarna *v.t* सुधारना better
sudhar *n.* सुधार amelioration
sudhar *n.* सुधार amendment
sudhar *n* सुधार betterment
sudhar *n.* सुधार improvement
sudhar *n* सुधार reclamation
sudhar *n.* सुधार regeneration
sudhar *n* सुधार uplift
sudhar greha *n.* सुधार गृह reformatory
sudharak *n.* सुधारक reformer

sudharana *v.t.* सुधारना reclaim
sudharatmak *a* सुधारात्मक reformatory
sudharna *v.t.* सुधारना ameliorate
sudharna *v.t.* सुधारना improve
sudharna *v.t.* सुधारना meliorate
sudharna *v.t.* सुधारना reform
sudharna *v.t.* सुधारना regenerate
sudhridhikaran *n.* सुदृढ़ीकरण reinforcement
sudridh banana *v.t.* सुदृढ़ बनाना reinforce
sugam *a* सुगम facile
sugandh *n* सुगंध flavour
sugandh *n.* सुगंध incense
sugandh *n.* सुगंध perfume
sugandh *n.* सुगंध scent
sugandhi *a.* सुगंधि odorous
sugandhit *a.* सुगंधित fragrant
sugandhit karna *v.t.* सुगंधित करना incense
sugandith karna *v.t.* सुगंधित करना perfume
sugharh *a.* सुघड़ shapely
sui lagana *n.* सूई लगाना injection
sujhao *n.* सुझाव proposal
sukh kar सुखकर cosy
sukh se *adv.* सुख से readily
sukha *a* सूखा dry
sukha angur *n.* सूखा अंगूर currant
sukha rog *n.* सूखा रोग rickets
sukha rogi *a.* सूखा रोगी rickety
sukhad *a.* सुखद welcome
sukhane ka karya *n* सुखाने का कार्य rarefaction
sukhna *v. i.* सूखना dry
suksham tarang *n.* सूक्ष्म तरंग microwave
sukshamdarshi yantra *n.* सूक्ष्मदर्शी यंत्र microscope
sukshm janch *n.* सूक्ष्म जांच scrutiny
sukshm parikshan karna *v.t.* सूक्ष्म परीक्षण करना scan
sulagna *v.i.* सुलगना smoulder

sumirani *n.* सुमिरनी rosary
sunamya *a.* सुनम्य supple
sunana *v.t.* सुनाना recite
sundar *a* सुंदर beautiful
sundar *adj* सुन्दर celestial
sundar *a* सुंदर fair
sundar *a.* सुंदर gallant
sundar *a.* सुंदर handsome
sundar *a.* सुंदर lovely
sundar *a* सुंदर pretty
sundari *n* सुंदरी belle
sundarta *n.* सुंदरता prettiness
sunderta *n* सुन्दरता elegance
sunghana *v.* सूंघाना nuzzle
sunghani *n.* सूंघनी snuff
sunhara *a.* सुनहरा gilt
sunhara *a.* सुनहरा golden
sunishchit *a.* सुनिश्चित categorical
sunishchit karna सुनिश्चित करना ensure
sunishchit karna *v.t.* सुनिश्चित करना insure
sunn *a.* सुन्न numb
supari ka vriksh *n* सुपारी का वृक्ष areca
suparichit *a.* सुपरिचित well-known
supathya *a.* सुपाठ्य legible
supathya rup mein *adv.* सुपाठ्य रूप में legibly
supurd karna *v. t.* सुपुर्द करना consign
suraag *n.* सुराग़ clew, clue
suraakh *n* सूराख eyelet
surag pa lena *v.t.* सुराग़ पा लेना trace
suragaya, chamar *n.* सुरागाय, चमर yak
surahi *n* सुराही flask
suraksha *n.* सुरक्षा safety
suraksha *n.* सुरक्षा security
surakshatmak *adv.* सुरक्षात्मक defensive
surakshit *a.* सुरक्षित safe
surakshit *a.* सुरक्षित scot-free
surakshit *a.* सुरक्षित secure
surakshit karna *v.t.* सुरक्षित करना secure

surakshit rakhna *v. t* सुरक्षित रखना conserve
surakshit rakhna *v.t.* सुरक्षित रखना save
surang *n.* सुरंग tunnel
surang banana *v.t.* सुरंग बनाना undermine
surang banana *v.i.* सुरंग बनाना tunnel
sureela *a.* सुरीला melodious
surhak *n* सुड़क sniff
surilapan *n.* सुरीलापन symphony
surya *n.* सूर्य sun
susabhya *a.* सुसभ्य urbane
susangat *a* सुसंगत coherent
sushil *adj.* सुशील complaisant
sushilta *n.* सुशीलता amiability
sushri *n..* सुश्री missus
suspasht *a.* सुस्पष्ट evident
suspasht *a.* सुस्पष्ट explicit
sust *n.* सुस्ती lethargy
sust *n.* सुस्त sluggard
sust rehna *v.i.* सुस्त रहना laze
su-svabhav *a.* सु-सुभाव nice
suswad *a.* सुस्वाद luscious
sut *n.* सूत yarn
sutrabadh karna *v.t* सूत्रबद्ध करना formulate
sutrapaat karna *v.t.* सूत्रपात करना initiate
suuksmmaape *n.* सूक्ष्ममापी micrometer
suvas *n.* सुवास fragrance
suvidha *n.* सुविधा convenience
suvidha *n* सुविधा facility
suvidha dena *v. t* सुविधा देना ease
suvidha janak *a* सुविधा जनक convenient
suvidhajanak *a.* सुविधाजनक handy
suvyavastha *n.* सुव्यवस्था harmony
suvyavasthit *a.* सुव्यवस्थित tidy
suvyavasthit karna *v.t.* सुव्यवस्थित करना systematize
suvyavasthit karna *v.t.* सुव्यवस्थित करना tidy
suvyavstha *n.* सर्वश्रेष्ठा orderly

suwaywasthit *a.* सुव्यवस्थित methodical
svabhavik *a.* स्वाभाविक temperamental
svabhavikta *n.* स्वाभाविकता spontaneity
svachata *n.* स्वच्छता, सुव्यवस्था tidiness
svachhata *n* स्वच्छता cleanliness
svad *n.* स्वाद taste
svadisht *a* स्वादिष्ट delicious
svadisht *a.* स्वादिष्ट tasty
svadisht *a.* स्वादिष्ट toothsome
svadisht khadya *n.* स्वादिष्ट खाद्य dainty
svadosh svikar *n.* स्वदोष-स्वीकार apology
svagat kaksh *n.* स्वागत कक्ष saloon
svagat karna *v.t* स्वागत करना welcome
svaicha se *adv.* स्वेच्छा से voluntarily
svaichik *a.* स्वैच्छिक spontaneous
svaichik *a.* स्वैच्छिक voluntary
svang bharna *v.i* स्वांग भरना mime
svapan *n* स्वप्न dream
svapan dekhna *v. i.* स्वप्न देखना dream
svapan drishta *n.* स्वप्न दृष्टा visionary
svar *n* स्वर accent
svar *n.* स्वर tone
svar *n.* स्वर vowel
svarn shuddhta ka map *n.* स्वर्ण शुद्धता का माप carat
svarnapind *n.* स्वर्णपिंड nugget
svarochaaran karna *v.t* स्वरोच्चारण करना accent
svasthavardhak aushadhi *n.* स्वास्थ्यवर्धक औषधि tonic
svasthya sambandhi *a.* स्वास्थ्य संबंधी hygienic
svasthya vigyaan *n.* स्वास्थ्य विज्ञान hygiene
svayamsevak *n.* स्वयंसेवक volunteer
svayat *a* स्वायत्त autonomous
svayattikaran *n.* स्वायत्ती करण appropriation
svecha se dena *v.t.* स्वेच्छा से देना volunteer
svechachari *a.* स्वेच्छाचारी headstrong

sveekar karna *v.t.* स्वीकार करना accept
svikar karna स्वीकार करना admit
svikar karna *v. t.* स्वीकार करना confess
svikar karna *v.t.* स्वीकार करना consent
svikarya *a.* स्वीकार्य admissible
svikriti *n* स्वीकृति acceptance
swaad *n.* स्वाद smack
swad *n* स्वाद relish
swad *n.* स्वाद savour
swad lena *v.t.* स्वाद लेना relish
swadesh bhejna *v.t.* स्वदेश भेजना repatriate
swadeshya *a.* सोद्देश्य intentional
swadhhinta *n.* स्वादहीनता insipidity
swadisht *a.* स्वादिष्ट palatable
swadisht hona *v.t.* स्वादिष्ट होना savour
swagat *n.* स्वागत reception
swagat *n.* स्वगत soliloquy
swami *n.* स्वामी owner
swami *n.* स्वामी proprietor
swami *n.* स्वामी master
swamijnochit *a.* स्वामिजनोचित masterly
swamitwa *n.* स्वामित्व ownership
swar *n.* स्वर organ
swar shastra *n.* स्वर शास्त्र phonetics
swarg *n.* स्वर्ग heaven
swarnakar *n.* स्वर्णकार goldsmith
swarthi *a.* स्वार्थी selfish
swarth-rahit *a.* स्वार्थरहित selfless
swasth *v.t* स्वस्थ fit
swasth chit ka *a.* स्वस्थ चित्त का sane
swastha *a.* स्वस्थ healthy
swastha *a.* स्वस्थ well
swatantra *a.* स्वतंत्र independent
swatantrata *n.* स्वतंत्रता freedom
swatantrata *n.* स्वतंत्रता liberty
swayam *pron.* स्वयं myself
sweater *n.* स्वेटर sweater
swikaar karna *v.t.* स्वीकार करना receive
swikriti *n* स्वीकृति placet
switch *n.* स्विच switch

switzerland ka nivasi *n.* स्विट्ज़रलैंड का निवासी Swiss
swtantrata *n.* स्वतंत्रता independence
syahi *n.* स्याही ink

T

taabut *n* ताबूत coffin
taak jhaank karna *v.i.* ताक झांक करना pry
taak par rakhana *v.t.* ताक पर रखना shelve
taakna *v.t.* ताकना ogle
taal *b.* ताल rhythm
taal dena *v.t.* तल देना parry
taal matol *n* टाल मटोल evasion
taalbadh *a.* तालबद्घ rhythmic
taalmatol *n.* टालमटोल procrastination
taal-matol *n.* छेकान parry
taalmatol karna *v.i.* टालमटोल करना procrastinate
taalna *v. t* टालना
elude
taalu *n.* तालु palate
taalu sambandhi *a.* तालु संबंधी palatal
taan vishayak *a.* तान विषयक tonic
taanbadh karna *v.t.* तानबद्घ करना tone
taand *n.* टांड shelf
taang *n.* तंग leg
taapman *n.* तापमान temperature
taapman ka maap *n.* तापमान का माप calorie
taapmapi *n.* तापमापी thermometer
taar *n.* तार chord
taar *n.* तार wire
taar dwara bhejana *v.t.* तार द्वारा भेजना telegraph
taar dwara preshit *a.* तार द्वारा प्रेषित telegraphic
taar sandesh *n.* तार संदेश telegram

taar yantra *n.* तार यंत्र telegraph
taar yantrik *n.* तार यांत्रिक telegraphist
taarak chinha *n.* तारक चिन्ह asterisk
taarkoal *n.* तारकोल pitch
taarpin *n.* तारपीन turpentine
taarsanchar *n.* तारसंचार telegraphy
taash ka ikka *n* ताश का इक्का ace
taash ka patta *n.* ताश का पत्ता card
taaza *a.* ताज़ा recent
tab se ab tak *adv.* तब से अब तक since
tabeez *n.* ताबीज़ amulet
tadantar *adv.* तदनंतर thereafter
tadanusar *adv.* तद्नुसार accordingly
taha ka nisan *n* तह का निशान crease
tahakhana *n.* तहखाना basement
tahakhana *n* तहखाना cellar
tahakhana *n.* तहखाना vault
tahalna *v.i.* टहलना stroll
tahani *n* टहनी shoot
tahani *n.* टहनी sprig
tahani *n.* टहनी twig
tahas nahas karna *v.t.* तहस नहस करना ravage
tainaat karna *v.t.* तैनात करना station
tairak *n.* तैराक swimmer
tairaki *n* तैराकी swim
tairana *v.i.* तैरना swim
tairane wala *a* तैरने वाला natant
taiyar *a.* तैयार ready
taiyari karna *v.i.* तैयारी करना provide
taiyyar karna *v.t.* तैयार करना prepare
tak *prep.* तक until
takha *n.* ताखा corbel
takhna *n.* टखना ankle
takht *n.* तख्त board
takhta palat *n.* तख्ता पलट coup
takhta ulat jana *v.t.* तख्ता उलट देना overthrow
takhte lagana *v.t.* तख्ते लगाना plank
taki *adv.* ताकि that
takiya *n* तकिया pillow

takiya lagana *v.t.* तकिया लगाना pillow
takkar maarna *v.t.* टक्कर मारना ram
takla *n.* तकला spindle
takneek jananevala *n.* तकनीक जाननेवाला technician
takniki *n.* तकनीकी technical
taksaal *n* टकसाल mint
taktaki *n.* टकटकी gaze
taktaki *n.* टकटकी stare
tala hua *n* टाला हुआ fry
tala lagana *v.t* ताला लगाना lock
talaak *n* तलाक divorce
talaak dena *v. t* तलाक देना divorce
talash karna *v.i* तलाश करना fish
talash karna *vt* तलाश करना fossick
talashna *v.t.* तलाशना grope
talchat *n.* तलछट sediment
taledaar almarhi *n.* तालेदार अलमारी locker
tali bajana *v. i.* ताली बजाना clap
talika badh *a.* तालिकाबद्घ tabular
talikabadh karna *v.t.* तालिकाबद्घ करना tabulate
talla *n.* तल्ला sole
talla lagana *v.t* तल्ला लगाना sole
tallin karna *v.t.* तल्लीन करना preoccupy
talna *v. t* टालना evade
talna *v.t.* टालना postpone
talwar *n* तलवार brand
talwar *n.* तलवार sabre
talwar *n.* तलवार sword
talwar ghopna *v.i* तलवार घोंपना lunge
talwar ka war *n.* तलवार का वार lunge
tamacha *n* तमाचा cuff
tamacha maarana *v.t.* तमाचा मारना slap
tamacha maarna *v. t* तमाचा मारना cuff
tamasha *n* तमाशा farce
tamatar *n.* टमाटर tomato
tamba *n* तांबा copper
tambaku *n.* तंबाकू tobacco
tambu *n.* तंबू lodge

tambu *n.* तंबू tent
tamchini *n* तामचीनी enamel
tan *n.* टन ton
tana *n* ताना gibe
tana *n.* ताना scoff
tana *n* ताना taunt
tana maarna *v.t.* ताना मारना taunt
tana marna *v.i.* ताना मारना gibe
tanashah *n.* तानाशाह tyrant
tanashaha *n* तानाशाह dictator
tanashahi *n.* तानाशाही tyranny
tandrik jvar *n.* तंद्रिक ज्वर typhus
tang *a.* तंग narrow
tang karna *v.t.* तंग करना bait
tang karna *v.t.* तंग करना harass
tang karna *v.t.* तंग करना molest
tang karna *v.t.* तंग करना oppress
tang karna *v.t.* तंग करना vex
tanka *n.* टांका solder
tankak *n.* टंकक typist
tanke se jodna *v.t.* टांके से जोड़ना solder
tanki *n.* टंकी tank
tankit karna *v.t.* टंकित करना type
tanmaya *a.* तन्मय rapt
tantra *n.* तंत्र mechanism
tantra *n.* तंत्र network
tantrika vigyan *n.* तंत्रिका विज्ञान neurology
tantrika vigyani *n.* तंत्रिका विज्ञानी neurologist
tantu bandh *n.* संयोजिका commissure
tapakna *v.i.* टपकना, trickle
tapasvi *n.* तपस्वी ascetic
tapasyapurna *a.* तपस्यापूर्ण ascetic
tapkan *n* टपकन drip
tapkana *v. i* टपकना drip
tapkana *v. i* टपकना drop
tapkana *v.t.* टपकाना instill
tapu *n.* टापू island
tapu *n.* टापू isle
tar karna *v.t.* तर करना steep

tara *n.* तारा star
taral *a* तरल fluid
taral *a.* तरल liquid
taramaya *a.* तारामय starry
taras khana *v.t.* तरस खाना pity
tarazoo mein tolana *v.t.* तराज़ू में तोलना scale
tarbooj *n.* तरबूज़ melon
tarbooz *n.* तरबूज़ water-melon
tarhak *n* तड़क snap
tarjani *n* तर्जनी forefinger
tark *n* तर्क contention
tark karna *v.i.* तर्क करना reason
tark prastut karna *n.* तर्क प्रस्तुत करना argue
tarkas *n.* तरकस quiver
tarkasheel *a.* तर्कशील reasonable
tarkol *n.* तारकोल tar
tarkol potna *v.t.* तारकोल पोतना tar
tarksammat *a.* तर्कसम्मत logical
tarksangat *a.* तर्कसंगत justifiable
tarksastri *n.* तर्कशास्त्री logician
tarkshakti *n.* तर्कशक्ति rationality
tarkshastra *n.* तर्कशास्त्र logic
tarkshunya *a.* तर्कशून्य irrational
tarkwirodh *a.* तर्कविरूद्घ illogical
tarsana *v.t.* तरसाना tantalize
tarunya *n.* तारूण्य puberty
tash ka rami khel *n.* ताश का रमी खेल rummy
tashtari *n* तश्तरी dish
tashtari *n.* तश्तरी saucer
taskar *n.* तस्कर smuggler
taskari karna *v.t.* तस्करी करना smuggle
tatasthu *interj.* तथास्तु amen
tatbandhan *n* तटबंधन embankment
tathapi *conj* तथापि however
tathapi *adv.* तथापि though
tathapi *conj.* तथापि yet
tathasth banana *v.t.* तटस्थ बनाना neutralize

tathyatmak *a.* तथ्यात्मक true
tatitya leharain *n.* तटीय लहरें surf
tatiya *n.* ततैया wasp
tatkaleen *a* तत्कालीन then
tatkalik *a.* तात्कालिक instantaneous
tatpar *a.* तत्पर prompt
tatpar *a.* तत्पर willing
tatparta *n.* तत्परता willingness
tattu *n.* टट्टू nag
tatwamimansa *n.* तत्वमीमांसा metaphysics
tatwarti *a.* तटवर्ती littoral
tauliya *n.* तौलिया towel
tauliye se paunchna *v.t.* तौलिये से पोंछना towel
taveez *n.* तावीज़ talisman
taxi *n.* टैक्सी cab
taxi *n.* टैक्सी taxi
taxi mein jaana *v.i.* टैक्सी में जाना taxi
tay karna *v.t* तय करना determine
taza *a.* ताज़ा new
tedha *a.* टेढ़ा wry
tedha medha *a.* टेढ़ा मेढ़ा sinuous
tedha medha *a.* टेढ़ा मेढ़ा tortuous
tedha medha *a.* टेढ़ा मेढ़ा zigzag
teeka dravya *n.* टीका द्रव्य vaccine
teeka lagana *v.t.* टीका लगाना vaccinate
teeka lagane wala *n.* टीका लगाने वाला vaccinator
teekakaran *n.* टीकाकरण vaccination
teekha *a.* तीखा caustic
teekha *a.* तीखा piquant
teela *n.* टीला hill
teela *n.* टीला hillock
teela *n.* टीला mound
teen *a* तीन three
teen baar *adv.* तीन बार thrice
teen ki sankhya *n.* तीन की संख्या three
teen taaron ka chinha *n.* तीन तारों का चिन्ह asterism
teer *n* तीर arrow

tees *n* टीस smart
tees *a* तीस thirty
tees ki sankhya *n.* तीस की संख्या thirty
tees lagna *v.i* टीस लगना smart
teesra *a.* तीसरा third
teesre sthan par *adv.* तीसरे स्थान पर thirdly
teesvan *a.* तीसवां thirtieth
teesvan bhag *n* तीसवां भाग thirtieth
teh *n* तह bottom
tej daurhna *v.t.* तेज़ दौड़ना outrun
teji se *adv* तेज़ी से fast
tel *n.* तेल oil
tel lagana *v.t* तेल लगाना oil
tel pot *n.* तेल पोत tanker
telephone *n.* टेलिफ़ोन phone
tendua *n.* तेंदुआ leopard
tenis ka balla *n.* टेनिस का बल्ला racket
tennis *n.* टैनिस tennis
terah *a* तेरह thirteen
terah ki sankhya *n.* तेरह की संख्या thirteen
terahawan *a.* तेरहवां thirteenth
tevar *n.* तेवर frown
tez *a.* तेज़ keen
tez daurh *n* तेज़ दौड़ scamper
tez daurhana *v.i* तेज़ दौड़ना race
tez hawa *n.* तेज़ हवा gale
tez karana *v.t.* तेज़ करना sharpen
tez karana *v.t.* तेज़ करना whet
tez raftar *adh* तेज़ रफ्तार outspeed
tez udharv udan *n.* तेज़ ऊर्ध्व उड़ान zoom
tezab *n* तेज़ाब acid
tezi *n.* तेज़ी speed
tezi se bahar nikalna *v.i.* तेज़ी से बाहर निकलना spout
tezi se chalna *v.i.* तेज़ी से चलना speed
tezi se daurana *v.i.* तेज़ी से दौड़ना sprint
tezi se le jana *v.t.* तेज़ी से ले जाना rush
thag *n.* ठग cheat
thag *n.* ठग sharper

thag n. झांसिया, ठग swindler
thagana v.t. ठगना rook
thagi n. ठगी, झांसा swindle
thagna v. t. ठगना cheat
thagna v.t. ठगना swindle
thah lena v.t थाह लेना fathom
thaharav n. ठहराव visit
thaharna v.i. ठहरना pause
thahrana v.i. ठहरना sojourn
thahrav n. ठहराव abeyance
thahrav n ठहराव sojourn
thahrav n ठहराव stand
thahrav n ठहराव stay
thaila n. थैला bag
thaila n. झोला satchel
thaile n. थैली pouch
thaili n. थैली wallet
thaka dena v. t. थका देना exhaust
thaka jana v.t. थक जाना tire
thaka manda a. थका मांदा haggard
thaka manda a. थका मांदा weary
thakaana v.t. थकाना weary
thakan n थकान fatigue
thakana v.t थकाना fatigue
thakana v.t. & i थकना weary
thakau a. थकाऊ tiresome
thakka n. थक्का clot
thakka banana v. t थक्का बनाना clot
than par rakhna v.t. थान पर रखना stall
thand n. ठंड chill
thanda a. ठंडा chilly
thanda a. ठंडा frigid
thanda a. ठंडा wintry
thanda hona v. i. ठंडा होना cool
thapki n थपकी pat
thapthapna v.t. थपथपाना pat
tharmas n. थर्मस thermos (flask)
thasathas bhar dena v.t. ठसाठस भर देना throng
thathera n. ठठेरा tinker
theek a. ठीक accurate

theek a ठीक exact
theek hona v.i. ठीक होना heal
theek karna v.t. ठीक करना mend
theek karna v.t. ठीक करना modulate
theek prakar se adv. ठीक प्रकार से aright
theek samay se adv. ठीक समय से sharp
thekedar n ठेकेदार contractor
thela n. ठेला lorry
thela n. ठेला, धक्का shove
thelna v.t. ठेलना propel
thik karana v.t ठीक करना remedy
thikaana n ठिकाना nest
thoda a. थोड़ा meagre
thok bikri n. थोक बिक्री wholesale
thok mein adv. थोक में wholesale
thok sambandhi a थोक संबंधी wholesale
thok vyapari n. थोक व्यापारी wholesaler
thokar n. ठोकर kick
thokar n. ठोकर stumble
thokar khana v.i. ठोकर खाना stumble
thokare marna v.t. ठोकर मारना kick
thopna v.t. थोपना inflict
thora se adv. थोड़ा सा little
thorha a. थोड़ा slight
thorhe se a थोड़े से few
thorhi n. ठोड़ी chin
thos a. ठोस compact
thos a ठोस concrete
thos a. ठोस solid
thos a. ठोस substantial
thos padarth n ठोस पदार्थ solid
thos rup dena v. t ठोस रूप देना concrete
thuk n थूक spit
thuk n थूक spittle
thuk n. थूक sputum
thukara dena v.t. ठुकरा देना spurn
thukna v.i. थूकना spit
thuni n. थूनी prop
thunskar bharna 2 v.t. ठूंसकर भरना stuff
thuthan n. थूथन snout
tibra iccha n. तीव्र इच्छा longing

ticket *n.* टिकट ticket
ticket sangrahi *adj* टिकट संग्रहरी philatelist
tiddi *n.* टिड्डी locust
tie *n* टाई tie
tiguna *a.* तिगुना triple
tiguna *a.* तिगुना triplicate
tiguna karna *v.t.* तिगुना करना triplicate
tiguna karna *adj* तिगुना करना triple
tihayee bhag *n.* तिहाई भाग third
tijori *n* तिजोरी ark
tijori *n.* तिजोरी safe
tik tik karna *v.i.* टिक टिक करना tick
tik tik ki dhwani *n.* टिक टिक की ध्वनि tick
tika lagana *v.t.* टीका लगाना inoculate
tikakaran *n.* टीकाकरण inoculation
tika-tippani *n* टीका टिप्पणी commentary
tikau *a* टिकाऊ durable
tikau *a.* टिकाऊ lasting
tikau *a.* टिकाऊ permanent
tikha *a.* तीखा poignant
tikhapan *n.* तीखापन poignancy
tikhapan *n.* तीखापन pungency
tikna *v.i.* टिकना last
tikshna awaz *a.* तीक्ष्ण आवाज़ shrill
tilchatta *n* तिलचट्टा cockroach
tilli *n.* तिल्ली spleen
timtimahat *v. t. & i* टिमटिमाहट blink
timtimahat *n* टिमटिमाहट flicker
timtimana *v.t* टिमटिमाना flicker
tin *n.* टिन tin
tin ka dabba *n.* टिन का डिब्बा tin
tin saman dhatu *n* टीन समान धातु cadmium
tipahiya cycle *n.* तिपहिया साइकिल tricycle
tipayee *n.* तिपाई tripod
tippani *n* टिप्पणी comment
tippani *n.* टिप्पणी remark
tippni *n.* टिप्पणी observation

tippni karna *v. i* टिप्पणी करना comment
tiranga *a.* तिरंगा tricolour
tiraskaar *n.* तिरस्कार repudiation
tiraskaarpurna *a* तिरस्कारपूर्ण contemptuous
tiraskar *n.* तिरस्कार scorn
tiraskar *n* तिरस्कार sneer
tircha *a* तिरछा cross
tircha *a.* तिरछा italic
tircha *a.* तिरछा oblique
tircha karna *v.t.* तिरछा करना slant
tircha mudran *n.* तिरछा मुद्रण italics
tirth mandir *n.* तीर्थ मंदिर oracle
tirth sthal *n.* तीर्थ pilgrimage
tirthyatri *n.* तीर्थयात्री pilgrim
tis par bhi *conj.* तिस पर भी nevertheless
tithyankit karna *v. t* तिथ्यंकित करना date
titli *n* तितली butterfly
tivra *a.* तीव्र pungent
tivra *a.* तीव्र rapid
tivra *a.* तीव्र speedy
tivra *a.* तीव्र violent
tivra dhalan wala *a.* तीव्र ढलान वाला steep
tivra ichcha *n* तीव्र इच्छा urge
tivra kolahal *n.* तीव्र कोलाहल tumult
tivra peerha *n.* तीव्र पीड़ा throe
tivra prakash *n.* तीव्र प्रकाश limelight
tivra vridhi *n.* तीव्र वृद्धि proliferation
tivra, tatper *a.* तीव्र, तत्पर swift
tivrata *n.* तीव्रता rapidity
tivrata *n.* तीव्रता tenacity
tivrata *n.* तीव्रता vehemence
todna, *v.t.* तोड़ना rupture
toffee *n.* टॉफी toffee
tokari *n.* टोकरी basket
tolan *v.t.* तोलन weigh
toli *n.* टोली team
toli *n.* टोली troop
toli mein chalna *v.i* टोली में चलना troop
tonsil *n.* टॉन्सिल tonsil
tonti *n.* टोंटी nozzle

tonti *n.* टोंटी tap
toofan *n.* तूफान storm
toofan *n.* तूफान tempest
toofan *n.* तूफान tornado
toofani *a.* तूफानी stormy
toofani *a.* तूफानी tempestuous
tooshak ki kholi *n.* तोषक की खोली quilt
top *n.* तोप cannon
top *n.* टोप hood
top gola *n.* तोप गोला canon
top khana *n.* तोपखाना ordnance
tope *n.* टोप hat
topi *n.* टोपी cap
topi *n* टोपी coif
topi pahanana *v. t.* टोपी पहनाना cap
topkhana *n.* तोपखाना artillery
topkhana *n* तोपखाना battery
tor phor *n.* तोड़फोड़ sabotage
tor phor karna *v.t.* सतोड़ फोड़ करना sabotage
toran *n.* तोरण arch
torh marorh *v. t* तोड़ मरोड़ देना distort
torhna *v. i* तोड़ना crack
torhna *v.t* तोड़ना fracture
torhna *v.t.* तोड़ना pluck
torhne ki kriya *n* तोड़ने की क्रिया breakage
tota *n.* तोता parrot
tractor *n.* ट्रैक्टर tractor
tramgarhi *n.* ट्रामगाड़ी tram
trasadikar *n.* त्रासदीकार tragedian
tray *n.* ट्रे tray
tribhuj *n.* त्रिभुज triangle
tribhujakar *a.* त्रिभुजाकार triangular
trigunan *n.* त्रिगुणन triplication
trijya *n.* त्रिज्या radius
trik *n.* त्रिक trinity
trik *n.* त्रिक trio
trinbhumi *n.* तृणभूमि turf
trin-bhumi *n.* तृणभूमि sod
tripakshiya *a.* त्रिपक्षीय tripartite
tript *a.* तृप्त satiable

tript kar dena *v.t.* तृप्त कर देना satiate
tripti aghav *n.* तृप्ति अघाव satiety
truck *n.* ट्रक truck
tub *n.* टब tub
tufani *a.* तूफ़ानी windy
tuk *n.* तुक rhyme
tukbandi ka khel *n.* तुकबंदी का खेल crambo
tukkarh *n.* तुक्कड़ poetaster
tukra *n* टुकड़ा bit
tukrha *n* टुकड़ा crumb
tukrha *n.* टुकड़ा stump
tukrhe tukrhe karna *v. t* टुकड़े टुकड़े करना crumble
tulna karna *v. t* तुलना करना compare
tulna karna *v.t.* तुलना करना liken
tulnaatmak *a* तुलनात्मक comparative
tulsi *n.* तुलसी basil
turahi *n.* तुरही trumpet
turahi *n.* तुरही clarion
turahi banana *v.i.* तुरही बजाना trumpet
turant *adv.* तुरंत forthwith
turant *a* तुरंत immediate
turant *adv.* तुरंत instantly
turant *adv.* तुरंत straightway
turant *adv.* तुरंत summarily
turbine *n.* टरबाइन turbine
turup *n.* तुरुप trump
tushar *n.* तुषार frost
tutlahat *n* तुतलाहट lisp
tutlana *v.t.* तुतलाना lisp
tutne-yogya *a.* टूटने-योग्य brittle
tvacha *n.* त्वचा skin
tyag *n* त्याग abnegation
tyag dena *v.t.* त्याग देना abandon
tyag dena *v.t* त्याग देना forgo
tyag dena *v.t.* त्याग देना forsake
tyag dena *v.t.* त्याग देना relinquish
tyag karna *v. t* त्याग करना abnegate
tyagna *v.t,* त्यागना abdicate
tyori chadhna *v.i.* त्योरी चढ़ाना scowl
tyre *n.* टायर tyre

U

ubalna *v.i.* उबलना simmer
ubalna *v.i.* उबलना boil
ubalna *v.i.* उबलना seethe
ubane ya thakane wala *a.* उबाऊ या उकताने वाला tedious
ubarh khabarh *a.* ऊबड़खाबड़ rough
ubharana *v.t.* उभारना stimulate
uccha *a.* उच्च superior
ucchalana *v.t.* उछालना hurl
ucchalkud karna *v.i.* उछलकूद करना frolic
uccharan *n.* उच्चारण pronunciation
ucchata *n* उच्चता eminence
ucchit *a.* उचित good
ucchit *a.* उचित just
ucchit *a.* उचित proper
ucchit pramanit karna *v.t.* उचित प्रमाणित करना justify
ucchit rup mein *adv.* उचित रूप में justly
uchaal *n* उछाल skip
uchakankshi vyakti *n.* उच्चाकांक्षी व्यक्ति aspirant
uchakka *n* उचक्का sneak
uchal *n* उछाल spring
uchal kud *n.* उछल कूद romp
uchalana *n.* उच्छलन rebound
ucharan ikayee *n.* उच्चारण इकाई syllable
uchayee *n.* ऊँचाई altitude
uchchal *n* उछाल toss
uchchata *n.* उच्चता supremacy
uchhal wala *adj* उछाल वाला bumpy
uchhalna *v.i.* उछलना spring
uchit *a.* उचित advisable
uchit *a* उचित due
uchit *a.* उचित opportune
uchit *a.* उचित pertinence
uchit *a.* उचित suitable
uchit *adv* उचित pat
uchit riti se *adv* उचित रीति से appositely
uchit riti se *adv* उचित रीति से aright
uchit,vaidh *a.* उचित, वैध valid
udaar *a.* उदार large
udaar *a.* उधार liberal
udaar *a.* उदार philanthropic
udaarta *n.* उदारता lenience, leniency
udaas *a.* उदास moody
udaas *a.* उदास morose
udaas hona *v.i.* उदास होना mope
udaat banana *v. t.* उदात्त बनाना ennoble
udaatt *a.* उदात्त sublime
udaharan *n* उदाहरण example
udar *a.* उदार chivalrous
udarhridayata *n.* उदारहृदयता magnanimity
udarta *n.* उदारता generosity
udarta *n.* उदारता liberality
udarta *n.* उदारता prodigality
udarvad *n.* उदारवाद liberalism
udas *a* उदास cheerless
udas *a* उदास dull
udas *a.* उदास gloomy
udas *a.* उदास woebegone
udas karna *v. t* उदास करना depress
udashin *a.* उदासीन listless
udasi *n* उदासी depression
udasi *n.* उदासी gloom
udasin *a.* उदासीन indifferent
udasinta *n.* उदासीनता apathy
udasinta *n.* उदासीनता indifference
udasinta *n.* उदासीनता nonchalance
udattata *n.* उदात्तता sublimity
udattikaran karna *v.t.* उदात्तीकरण करना sublimate
uday *n* उदय appearance
uday *n.* उदय rise
uddarta *n.* उदारता goodness
uddeshya rakhna *v.t.* उद्देश्य रखना purpose

uddhami *a.* उद्यमी painstaking
uddhar *n.* उधार loan
uddhar dena *v.t.* उधार देना loan
udeshyahin *a.* उदेश्यहीन wanton
udgam *n.* उद्गम source
udghatan *n.* उद्घाटन inauguration
udha dena *v.t.* उड़ा देना squander
udhaar *n.* उधार advance
udhahran *n.* उदाहरण illustration
udhar *n* उधार debt
udhar *n* उधार due
udhar dena *v.t.* उधार देना lend
udhar lena *v. t* उधार लेना borrow
udhbilaav *n.* ऊदबिलाव otter
udhghoshak *n.* उद्घोषक herald
udjan *n.* उद्जन hydrogen
udna *v.i* उड़ना fly
udyaan *n.* उद्यान garden
udyaan *n* उद्यान park
udyg *n.* उद्योग industry
ugaana *v.t.* उगाना grow
ugra *a.* उग्र furious
ugra krantikari *a* उग्र क्रांतिकारी extreme
ugrata *n.* उग्रता turbulence
ukhadana *v.t.* उखाड़ना pull
ukharhna *v.t.* उखाड़ना uproot
uksaana *v.t.* उकसाना irritate
uksaav *n.* उकसाव abetment
uksana *v.t.* उकसाना abet
uksana *v.t.* उकसाना instigate
uksana *v.t.* उकसाना persuade
uktti *n.* उक्ति maxim
ulanghan *n.* उल्लंघन violation
ulanghan karna *v.t.* उल्लंघन करना infringe
ulat dena *v.t.* उलट देना subvert
ulat jaana *v.i.* उलट जाना topple
ulat jana *v. i.* उलट जाना capsize
ulat pulat sthiti mein *adv* उलट पुलट स्थिति में topsy turvy
ulatna *v.t.* उलटना upset

ulekhaniya *a.* उल्लेखनीय signal
uljalul bate karna *v.i.* ऊलजलूल बातें करना gabble
uljhan *n.* उलझन complication
uljhan *n.* उलझन labyrinth
uljhan *n.* उलझन puzzle
uljhan *n.* उलझन tangle
uljhan may dalna *v. t* उलझन में डालना bewilder
uljhana *v. t* उलझाना complicate
uljhana *v.t.* उलझाना tangle
uljhav *n.* उलझाव implication
ulka *n.* उल्का meteor
ullasamai *a* उल्लासमय festive
ullasit *a.* उल्लसित hilarious
ullasit *a.* उल्लसित jubilant
ullasit hona *v. i* उल्लसित होना exult
ullaspurna *a.* उल्लासपूर्ण jovial
ullekh *n.* उल्लेख mention
ullekhaniya *a.* उल्लेखनीय appreciable
ullekhniya *a.* उल्लेखनीय notable
ullekhniya *a.* उल्लेखनीय noteworthy
ullu *n.* उल्लू owl
ullu ki boli *n.* उल्लू की बोली hoot
ultaav *n.* उल्टाव reversal
umarhna *v.i.* उमड़ना teem
umarna *v.i* उमड़ना flow
umasdar *a.* उमसदार sultry
uncha *a.* ऊँचा high
uncha karna *v.t.* ऊंचा करना heighten
uncha uthna *v.i.* ऊंचा उठना tower
unchai *n.* ऊंचाई height
unchayee *n* ऊंचाई elevation
unchi awaz may *adv.* ऊँची आवाज़ में aloud
unchi urhaan bharna *v.i.* ऊंची उड़ान भरना soar
unghana *v. i* ऊँघना doze
ungli *n* उंगली digit
ungli *n* उंगली finger
ungliyo se chuna *v.t* उंगलियों से छूना finger

uni kaprha *n* ऊनी कपड़ा flannel	**upbhasha** *n* उपभाषा dialect
unidrapan *n.* उनींदापन narcosis	**upbhawan** *n.* उपभवन outhouse
uninda *a.* उनींदा sleepy	**upchaari** *a.* उपचारी remedial
unka *a.* उनका their	**upchar karna** *v. t.* उपचार करना cure
unka *pron.* उनका theirs	**up-chunav** *n* उप-चुनाव by-election
unko *pron.* उनको them	**updaan** *n.* उपदान gratuity
unmaad *n.* उन्माद frenzy	**updesh** *n.* उपदेश precept
unmaad *n.* उन्माद hysteria	**updeshatmak** *a* उपदेशात्मक didactic
unmat *a.* उन्मत्त hysterical	**updeshpurna kahani** *n* उपदेशपूर्ण कहानी apologue
unmulan *v* उन्मूलन abolition	**updrava** *n.* उपद्रव uprising
unmulan karna *v.t* उन्मूलन करना abolish	**updravi** *a.* उपद्रवी unruly
unmulan karna *v. t* उन्मूलन करना eradicate	**upekchha karna** *v.t.* उपेक्षा करना neglect
unnis *n.* उन्नीस nineteen	**upeksha** *n* उपेक्षा neglect
unnisvan *a.* उन्नीसवां nineteenth	**upeksha** *n.* उपेक्षा negligence
unt *n.* ऊँट camel	**upeksha karna** *v. t* उपेक्षा करना disregard
untkataara *n.* ऊंटकटारा thistle	**upeksha karna** *v.t.* उपेक्षा करना ignore
up patni *n* उपपत्नी concubine	**upgreha** *n.* उपग्रह satellite
upadhik *a.* औपाधिक titular	**uphaas** *n.* उपहास ridicule
upahar *n.* उपहार largess	**uphar** *n* उपहार bounty
upahas karna *v.i.* उपहास करना scoff	**uphar** *n.* उपहार gift
upaj *n* उपज yield	**uphar** *n.* उपहार offering
upantika *n.* उपांतिका lobby	**uphar pradan karna** *n.* उपहार प्रदान करना presentation
upantrashool *n.* उपांत्रशूल appendicitis	**uphas karna** *v.t.* उपहास करना ridicule
upar *adv* ऊपर above	**upkaar** *n.* उपकार benefaction
upar *prep.* ऊपर over	**upkaran** *n.* उपकरण apparatus
upar chadhna *v.i.* ऊपर चढ़ना scramble	**upkaran** *n.* उपकरण appliance
upar faila hona *v.t.* ऊपर फैला होना span	**upkaran** *n.* उपकरण implement
upar jana *v.t.* ऊपर जाना ascend	**upkram** *n* उपक्रम enterprise
upar ki aur *adv.* ऊपर की ओर up	**upmaa** *n.* उपमा simile
upar ki aur *adv.* ऊपर की ओर upwards	**upmarg** *n* उपमार्ग bypass
upar uthana *v.i.* ऊपर उठना arise	**upnaam** *n.* उपनाम alias
upar uthana *v.t.* ऊपर उठाना hoist	**upnaam** *n.* उपनाम nickname
upar wala *a.* ऊपर वाला upper	**upnagariya** *a.* उपनगरीय suburban
uparjan karna *v. t* अपर्जन करना earn	**upnagariya kshetra** *n.* उपनगरीय क्षेत्र suburb
upasthith *n.* उपस्थिति attendance	**upnam dena** *v.t.* उपनाम देना nickname
upasthiti *n.* उपस्थिति presence	**upnayas** *n* उपन्यास novel
upaya *n.* उपाय remedy	**upnayaskar** *n.* उपन्यासकार novelist
upaya karna *v.t.* उपाय करना redress	**upnivesh** *n* उपनिवेश colony
upaya kushal *a.* उपाय कुशल resourceful	

upnivesh *n* उपनिवेश dominion
upniveshak *a* औपनिवेशिक colonial
upniveshi *n.* उपनिवेशी settler
upniyam *n* उपनियम bye-law
uppar aana *v.i* ऊपर आना surface
uppar ke aur *adv* ऊपर की ओर over
uppar se dekhna *v.t.* ऊपर से देखना overlook
uppar uthna *v.t.* ऊपर उठाना uplift
uppari *a.* ऊपरी outward
uprayukt *a.* अप्रयुक्त fresh
uprodhak *n.* उपरोधक throttle
upsadhan *n* उपसाधन accessory
upsanhaar *n* उपसंहार epilogue
upsarga *n.* उपसर्ग prefix
upsarga lagana *v.t.* उपसर्ग लगाना prefix
up-shakha *n.* उप शाखा offshoot
uptopadan *n* उपोत्पादन by-product
upwas *n* उपवास fast
upwas karna *v.i* उपवास करना fast
upyog *n* उपयोग consumption
upyog *n.* उपयोग utilization
upyogi *a.* उपयोगी practical
upyogi *a.* उपयोगी useful
upyogi *a.* उपयोगी utilitarian
upyogi *a.* उपयोगी valuable
upyogi hona *v.t.* उपयोगी होना avail
upyogita *n.* उपयोगिता subservience
upyogita *n.* उपयोगिता value
upyogita *n.* उपयोगिता worth
upyukt *a.* उपयुक्त appropriate
upyukt *a* उपयुक्त becoming
upyukt *a* उपयुक्त eligible
upyukt *a* उपयुक्त expedient
upyukt उपयुक्त fit
upyukt *a.* उपयुक्त likely
upyukt *a.* उपयुक्त seemly
upyukt banana *v.t.* उपयुक्त बनाना suit
upyuktata *n.* उपयुक्तता propriety
upyuktata *n.* उपयुक्तता suitability
urdhvargaami *a.* ऊर्ध्ववगामी upward

urhati gend par maar *v.t.* उड़ती गेंद पर मार volley
urja *n.* ऊर्जा energy
urwarta *n* उर्वरता fertility
us (istri)ka *a* उस (स्री)का her
us aur, vahan ko *adv.* उस ओर, वहां को thither
us samay *adv.* उस समय then
ushmiya *a.* ऊष्मीय thermal
usi tarah *adv.* उसी तरह likewise
uska *pron.* उसका his
uske atirikt *prep* उसके अतिरिक्त but
uske baad *adv* उसके बाद after
uske baad jab *conj.* उसके बाद जब after
uske dwara *adv.* उसके द्वारा thereby
usko *pron.* उसको him
usne *dem. pron.* उसने that
ustara *n.* उस्तरा razor
utaar *n.* उतार descent
utar jana *v. i* उतर जाना ebb
utaridhruva-sambandhi *n* उत्तरीध्रुव-संबंधी Arctic
utejit karna *v. t* उत्तेजित करना excite
utejna *adj* उत्तेजना gadfly
uthaana *v.t.* उठाना pick
uthal puthal *n.* उथल पुथल upheaval
uthana *v. t.* उठाना carry
uthana *v.i.* उठाना heave
uthana *v.* उठना rise
uthkrisht *a.* उत्कृष्ट pre-eminent
uthkrishta *n.* उत्कृष्टता pre-eminence
uthla *a.* उथला shallow
uthpadak *a.* उत्पादक productive
uthpadakta *n.* उत्पादकता productivity
uthsahi *a* उत्साही fervent
utkanthit *a.* उत्कंठित wistful
utkat ichcha *adv.* उत्कट इच्छा avidity
utkatata *n.* उत्कटता intensity
utkeerna karna *v. t* उत्कीर्ण करना engrave
utkhanan *n.* उत्खनन excavation
utkrisht *a* उत्कृष्ट classic

utkrisht *a.* उत्कृष्ट excellent
utkrisht kriti *n* उत्कृष्ट कृति classic
utkrishta *a* उत्कृष्ट fabulous
utkrishtata *n.* उत्कृष्टता excellence
utpaadak *n.* उत्पादक grower
utpaadak *n* उत्पादक manufacturer
utpaat *n.* उत्पाद nuisance
utpadak *adj.* उत्पादक creative
utpadak *n.* उत्पादक generator
utpadan *n.* उत्पादन generation
utpadan *n.* उत्पादन output
utpadan *n.* उत्पादन production
utpadan shulk *n* उत्पादन शुल्क excise
utpatti se purv *adj.* उत्पत्ति से पूर्व antenatal
utpeeran *n.* उत्पीड़न persecution
utradhikaar *n.* उत्तराधिकार inheritance
utradhikar mai pana *v.t.* उत्तराधिकार में पाना inherit
utradhikari *n.* उत्तराधिकारी heir
utsa *n.* उत्साह zeal
utsah *n* उत्साह enthusiasm
utsah *n.* उत्साह mettle
utsah *n.* उत्साह verve
utsah *n.* उत्साह zest
utsah dena *v.t.* उत्साह देना galvanize
utsahi *a.* उत्साही ardent
utsahi *a* उत्साही enthusiastic
utsahi *a.* उत्साही spirited
utsahi *a.* उत्साही zealous
utsahpurna *a.* उत्साहपूर्ण sprightly
utsav *n.* उत्सव celebration
utsav *n.* उत्सव function
utsav gaan *n.* उत्सवगान wassail
utsav manana *v. t. & i.* उत्सव मनाना celebrate
utsuk *adj.* उत्सुक avid
utsukta *n.* उत्सुकता keenness
utsukta se *adv* उत्सुकता से avidly
utsvaagni *n* उत्सवाग्नि bonfire
uttam *a.* उत्तम noble
uttam *a.* उत्तम superb
uttar *n.* उत्तर north
uttar *n* उत्तर reply
uttar *n.* उत्तर response
uttar dena *v.i.* उत्तर देना reply
uttar dena *v.i.* उत्तर देना respond
uttar ki or *adv.* उत्तर की ओर northwards
uttar ki ore ka *adv.* उत्तर की ओर northerly
uttar pashankalin *a.* उत्तर पाषाणकालीन neolithic
uttardayi *a.* उत्तरदायी accountable
uttardayi *a.* उत्तरदायी answerable
uttardayi *a.* उत्तरदायी responsible
uttardayitva *n.* उत्तरदायित्व responsibility
uttari *a* उत्तरी north
uttari *a.* उत्तरी northerly
uttari *a.* उत्तरी northern
uttarjeevita *n.* उत्तरजीविता survival
uttejak *a.* उत्तेजक provocative
uttejak padarth *n.* उत्तेजक पदार्थ irritant
uttejana *n* उत्तेजना fermentation
uttejana *n.* उत्तेजना stew
uttejet karna *v. t* उत्तेजित करना commove
uttejit *a.* उत्तेजित frantic
uttejit karna *v.t.* उत्तेजित करना agitate
uttejit karna *v.t.* उत्तेजित करना incite
uttejit karna *v.t.* उत्तेजित करना inflame
uttejit karna *v.i.* उत्तेजित करना rouse
utterdinankit karna *v.t.* उत्तरदिनांकित करना post-date
uttolak *n.* उत्तोलक lever
uttolok ki sakti *n.* उत्तोलक की शक्ति leverage
uttradhikari *n.* उत्तराधिकारी successor
uun *n* ऊन fleece
uunat karna *v. t* उन्नत करना elevate
uwar banana *v.t* उर्वर बनाना fertilize

V

vaadi *n.* वादी plaintiff
vaad-vivad *n.* वाद-विवाद argument
vaagdan *v. t* वाग्दान करना betroth
vaagdan *n.* वाग्दान betrothal
vaakpatuta *n.* वाक्पटुता rhetoric
vaas karna *v.t.* वास करना inhabit
vaastukar *n.* वास्तुकार architect
vachak *n.* वाचक narrator
vachan *n* वचन aphorism
vachan *n.* वाचन perusal
vachan dena *v.t* वचन देना promise
vachan dena *v.t.* वचन देना undertake
vada *n* वादा promise
vadakvrind *n.* वादकवृंद orchestra
vadh karna *v.t.* वध करना slaughter
vadh karna *v.t.* वध करना slay
vadyavrind rachna *n.* वाद्यवृंद रचना symphony
vadyavrindiya *a.* वाद्यवृंदीय orchestral
vagvidagdh *a.* वाग्विदग्ध witty
vah *a.* वह that
vahak *n.* वाहक carrier
vahan *adv.* वहां there
vahan *n.* वाहन vehicle
vahan ka *a.* वहां का yonder
vahan se *adv.* वहां से thence
vahi *a.* वही same
vahi *a.* वही very
vahini *n* वाहिनी battalion
vahini *n.* वाहिनी brigade
vaidh *a.* वैध legitimate
vaidh adhikaar *n.* वैध अधिकार lien
vaidhanik *a.* वैधानिक statutory
vaidhata *n.* वैधता legality
vaidhata *n.* वैधता legitimacy
vaidhata *n.* वैधता validity
vaidhsalla *n.* वैधशाला observatory

vaigyanik *a.* वैज्ञानिक scientific
vaigyanik *n.* वैज्ञानिक scientist
vaikalpik *a.* वैकल्पिक alternative
vaikalpik *a.* वैकल्पिक optional
vair *n* वैर animosity
vairagi *n.* वैरागी stoic
vaishya *n.* वेश्या courtesan
vaishya *n.* वेश्या whore
vaitan *n* वेतन pay
vaivahik *a* वैवाहिक conjugal
vaivahik *a.* वैवाहिक matrimonial
vaivahik *a.* वैवाहिक nuptial
vakalat *n.* वकालत advocacy
vakalat karna *v.i.* वकालत करना plead
vakhtarband sena *n.* वख्तरबंद सेना cavalry
vakil *n* वकील advocate
vakil *n.* वकील barrister
vakil *n.* वकील lawyer
vakil *n.* वकील pleader
vakpatuta *n* वाक्पटुता eloquence
vakra *n* वक्र curve
vakrchal *n.* वाक्रछल quibble
vakrchal karna *v.i.* वाक्रछल करना quibble
vakrotipurna *a.* वक्रोक्तिपूर्ण ironical
vakya rachna *n.* वाक्य रचना syntax
vakya vigreh *n.* वाक्य-विग्रह analysis
vakyaansh *n.* वाक्यांश parenthesis
vakya-shaili *n.* वाक्य-शैली phraseology
valve *n.* वाल्व valve
vaman kriya *n* वमन क्रिया vomit
van lagana *v.t.* वन लगाना afforest
van sanjali *n.* वन संजली hawthorn
vanar-sadrish *a.* वानर-सदृश apish
vanaspati *n* वनस्पति flora
vanaspati jagat *v.t.* वनस्पति जगत plant
vanchaniya *a* वांछनीय desirable
vanchit karna *v. t.* वंचित करना bereave
vanchit karna *v. t* वंचित करना deprive
vandana *n.* वंदना invocation
vani *n.* वाणी speech

vaniki *n.* वानिकी forestry
vanmaanush *n.* वनमानुष chimpanzee
vanmanush *n.* वनमानुष gorilla
vanpal *n.* वनपाल ranger
vanrakshak *n* वनरक्षक forester
vansavali *n.* वंशावली pedigree
vansh *n.* वंश posterity
vansh *n.* वंश race
vanshagat *a.* वंशागत heritable
vanshaj *n* वंशज descendant
vanshanugat *n.* वंशानुगत hereditary
vanshavali *n.* वंशावली ancestry
vansthali *n.* वनस्थली woodland
van-vihar manoranjan *n.* वन-विहार मनोरंजन picnic
vapas bulaana *n.* वापस बुलाना recall
vapas karna *v.t.* वापस करना repay
vapas nikal jana *v.i.* वापस निकल जाना recoil
vapasi *n.* वापसी recession
vapasi *adv.* वापसी recoil
vapasi *n.* वापसी repayment
vapasi *n.* वापसी return
vapasi *n.* वापसी withdrawal
vapis pana *v.t.* वापिस पाना recover
vardaan *n.* वरदान godsend
vardan *n* वरदान benison
vardan *n* वरदान boon
varg *n.* वर्ग square
varg dambh *n.* वर्गदंभ snobbery
varg dambhi *n.* वर्गदंभी snob
vargakar banana *v.t.* वर्गाकार बनाना square
vargikaran *n* वर्गीकरण classification
vargikaran karna *v.t.* वर्गीकरण करना assort
vargikaran karna *v.t* वर्गीकरण करना grade
vargikrit karna *v. t* वर्गीकृत करना classify
vargikrit karna *v.t.* वर्गीकृत करना group
variyata *n.* वरीयता seniority

varjit karna *v. t.* वर्जित करना debar
varnakramanusari *a.* वर्णक्रमानुसारी alphabetical
varnamala *n.* वर्णमाला alphabet
varnan *n.* वर्णन narrative
varnan karna *v. t.* वर्णन करना depict
varnan karna *v. t* वर्णन करना describe
varnan karna *v.t.* वर्णन करना portray
varnan karna *v.t.* वर्णन करना represent
varnatmak *a* वर्णनात्मक descriptive
varsh *n.* वर्ष year
varsh ganth *n.* वर्षगांठ jubilee
varsha *n* वर्षा rain
varsha hona *v.i.* वर्षा होना rain
varsh-bhar rahne wali *a.* वर्ष-भर रहने वाली perennial
varshik *a.* वार्षिक annual
varshik *a.* वार्षिक yearly
varshik anudaan *n.* वार्षिक अनुदान annuity
varshik vrintant *n.pl.* वार्षिक वृत्तांत annals
varshwala *a.* वर्षावाला rainy
varta *n.* वार्ता negotiation
varta yogya *a.* वार्ता योग्य negotiable
vartakaar *n.* वार्ताकार negotiator
vartaman *n.* वर्तमान present
vasantik *a.* वासंतिक vernal
vaseline *n.* वैसलीन vaseline
vash mein karna *v.t.* वश में करना quell
vash mein karna *v.t.* वश में करना subdue
vashibhut karna *v.t.* वशीभूत करना master
vashp *n.* वाष्प vapour
vashp jaisa *a.* वाष्प जैसा vaporous
vashp mein badal jaana *v.t.* वाष्प में बदल जाना vaporize
vasiyat *n.* वसीयत legacy
vasiyat *n.* वसीयत testament
vasiyat mein dena *v. t.* वसीयत में देना bequeath
vaskat *n.* वास्कट waistcoat

vasool karna *v.t.* वसूल करना realize
vastav mein *adv.* वास्तव में indeed
vastav mein *adv.* वास्तव में really
vastavik *n.* वास्तविक objective
vastr *n.* वस्त्र apparel
vastr *n* वस्त्र dressing
vastr pehenana *v.t.* वस्त्र पहनना apparel
vastr vikreta *n* वस्त्र विक्रेता draper
vastra *n* वस्त्र textile
vastra *n.* वस्त्र wardrobe
vastra pahanaana *v.t.* वस्त्र पहनाना attire
vastrkhand *n.* वस्त्रखंड rag
vastu *n.* वस्तु article
vastu *n.* वस्तु object
vastu *n.* वस्तु thing
vastuen *n.* वस्तुएं ware
vastuteh *adv.* वस्तुत: actually
vastvik *a* वास्तविक virtual
vastvik sach *a.* वास्तविक सच्चा veritable
vastvikta *n.* वास्तविकता reality
vastvikta *n.* वास्तविकता truth
vasul karna *v.t.* वसूल करना levy
vasul karnewala *n* वसूल करनेवाला collector
vasuli *n.* वसूली realization
vasuli *n.* वसूली recovery
vatapurti *n.* वातापूर्ति हवादारी ventilation
vaykt *a.* व्यक्त manifest
vayngya karna *v.i.* व्यंग्य करना jest
vayovridh *a.* वयोवृद्ध senior
vayo-vridh *a* वयो-वृद्ध elderly
vayu kay saman *adj.* वायु के समान aeriform
vayumandal *n* वायुमण्डल air
vayumandal *n.* वायुमंडल atmosphere
vayu-sambandhi *a.* वायु-संबंधी airy
vayuyan *n* वायुयान plane
vayuyan mein chalak kaksha *n.* वायुयान में चालक-कक्ष cock-pit
vazan *n.* वज़न weight

vazan kam karna *v.i.* वज़न कम करना slim
vazifa *n.* वज़ीफ़ा stipend
vedna *n.* वेदना pang
veena *n.* वीणा harp
veerta *n.* वीरता heroism
veh (stri) *pron.* वह (स्त्री) she
veri banana *v.t.* वैरी बनाना antagonize
vesh badalana *v. t* वेश बदलना disguise
veshya *n.* वेश्या prostitute
veshya *n.* वेश्या strumpet
veshyagaman karna, *v.t.* वेश्यागमन करना womanise
veshyapan *n.* वेश्यापन concubinage
vetan *n.* वेतन salary
vhagyasali *a.* भाग्यशाली lucky
vhisan aakraman *n.* भीषण आक्रमण onslaught
vhramansil *a.* भ्रमणशील nomadic
vibhaag *n* विभाग department
vibhajan *n* विभाजन division
vibhajan *n* विभाजन split
vibhajit karana *v. t* विभाजित करना dissect
vibhajit karna *v.t.* विभाजित करना segment
vibhakt *a.* विभक्त separate
vibhedan kshamata *n* विभेदन क्षमता discrimination
vibhin prakar ka *a.* विभिन्न प्रकार के multifarious
vibhin rang *n.* पच्चीकारी mosaic
vibhinn *a.* विभिन्न miscellaneous
vibhinn *a.* विभिन्न sundry
vibhinn *a.* विभिन्न varied
vibhinn *a.* various
vichaar karna *v. t* विचार करना conceive
vichalan *n* विचलन departure
vichalan *n* विचलन deviation
vichalit hona *n.* विचलित होना aberrance
vichar *n* विचार consideration

vichar n. विचार idea
vichar n. विचार impression
vichar n. विचार notion
vichar goshthi n. विचार गोष्ठी symposium
vichar karna v.t. विचार करना account
vichar karna v. t विचार करना consider
vichar karna v. t विचार करना contemplate
vichar karna v.t. विचार करना meditate
vichar karna v.t. विचार करना ponder
vichar karte huye prep. विचार करते हुए considering
vichar vimarsh n विचार विमर्श deliberation
vichar vinimaya karna v. t. विचार विनिमय करना discuss
vicharadhin a विचाराधीन pending
vicharak n. विचारक thinker
vicharna v.i. विचारना deem
vicharna v. i विचारना deliberate
vicharniya a विचारणीय considerable
vicharotejak a. विचारोत्तेजक suggestive
viched n विच्छेद breach
vichhed n. विच्छेद severance
vichitra n. विचित्र oddish
vichitra a. विचित्र quaint
vicrit ang wala adj विकृत अंग वाला anamorphous
vida n विदा farewell
vidagdhokti n विदग्धोक्ति epigram
vidambana n. विडंबना irony
vidayee n. विदाई adieu
vidayee n. विदाई conge
videsh adv विदेश abroad
videsh a विदेश foreign
videshi bhasha n. विदेशी भाषा lingo
videshi vyakti n विदेशी व्यक्ति foreigner
vidha n. विद्या lore
vidhan n विधान constitution
vidhan n. विधान legislation
vidhanmandal n. विधानमंडल legislature
vidhaya n. विधेय predicate

vidhayi a. विधायी legislative
vidhi n. विधि approach
vidhi n. विधि method
vidhi n. विधि mode
vidhi vicharadhin a. विधि विचाराधीन sub-judice
vidhivat adv विधिवत् duly
vidhur n. विधुर widower
vidhva n. विधवा widow
vidhva banana v.t. विधवा बनाना widow
vidhvans n. विध्वंस havoc
vidhwans n. विध्वंस ravage
vidroh n. विद्रोह insurrection
vidroh karna v.i. विद्रोह करना rebel
vidroha n. विद्रोह sedition
vidrohi a. विद्रोही insurgent
vidrohi vyakti n. विद्रोही व्यक्ति insurgent
vidroohi n. विद्रोही rebel
vidushak n विदूषक clown
vidvaan a. विद्वान learned
vidvan a. विद्वान well-read
vidvatapurna a. विद्वत्तापूर्ण scholarly
vidyadambar n. विद्याडंबर pedantry
vidyadambari n. विद्याडंबरी pedant
vidyalaya n. विद्यालय school
vidyaman a. विद्यमान present
vidyamulak a विद्यामूलक academic
vidyan n. विद्वान् scholar
vidyan sambandhi a. विद्वान् संबंधी scholastic
vidyarthi n. विद्यार्थी student
vidyashi a. विद्वेषी malicious
vidyesh n. विद्वेष malignancy
vidyut n विद्युत् electricity
vidyut dhara ki ekayee n विद्युत् धारा की इकाई ampere
vidyut kan n. विद्युत् कण neutron
vidyut sanket n. विद्युत् संकेत neonsign
vidyut seerhi n. विद्युत् सीढ़ी lift
vidyut shakti yantra n विद्युत् शक्ति यंत्र dynamo

vidyutikaran karna *v. t* विद्युतीकरण करना electrify
vidyutiya *a* विद्युतीय electric
vifal hona *v.i.* विफल होना miscarry
vifal kar dena *v. t.* विफल कर देना baffle
vig *n.* विग wig
vigyan *n.* विज्ञान science
vigyapan *n* विज्ञापन advertisement
vigyapan karna *v.t.* विज्ञापन करना advertise
vigyapan patra *n.* विज्ञापन पत्र placard
vigyapati *n* विज्ञप्ति bulletin
vigyapna patra *n.* विज्ञापन पत्र pamphlet
vihar *n.* विहार sally
vijay *n* विजय conquest
vijay *n.* विजय triumph
vijay *n.* विजय victory
vijay *n* विजय win
vijay prapt karna *v.i.* विजय प्राप्त करना triumph
vijay pana *v.t.* विजय पाना surmount
vijay sambandhi *a.* विजय संबंधी triumphal
vijayayi *a.* विजयी triumphant
vijayi *a.* विजयी victorious
vijeta *n.* विजेता champion
vijeta *n.* विजेता victor
vijeta *n.* विजेता winner
vikalp *n.* विकल्प alternative
vikarshak *a.* विकर्षक repellent
vikarshak vastu *n* विकर्षक वस्तु repellent
vikas *n.* विकास development
vikas *n* विकास evolution
vikas *n.* विकास growth
vikas *n.* विकास promotion
vikas rokna *v.t.* विकास रोकना stunt
viklang *a* विकलांग disabled
viklang banana *v. t* विकलांग बनाना disable
viklang vyakti *n* विकलांग व्यक्ति cripple
viklangata *n* विकलांगता disability

vikray *a.* विक्रय saleable
vikreta *n.* विक्रेता salesman
vikreta *n.* विक्रेता seller
vikreta *n.* विक्रेता vendor
vikreya *a.* विक्रेय marketable
vikrit *a.* विकृत perverse
vikrit karna *v.t.* विकृत करना mangle
vikriti *n.* विकृति perversion
viksit hona *v.i* विकसित होना mature
viksit karna *v. t.* विकसित करना develop
viksit karna *v.t* विकसित करना evolve
vilaap *n.* विलाप moan
vilaap karna *v.i.* विलाप करना moan
vilakshan *a* विलक्षण fantastic
vilakshan *a* विलक्षण rum
vilamb karna *v.i.* विलम्ब करना dawdle
vilamb karna *v.i.* विलंब करना linger
vilamb shulk *adv.* विलम्ब शुल्क late fee
vilambit *a.* विलंबित overdue
vilap *n.* विलाप lamentation
vilap *n* विलाप wail
vilap karna *v.i.* विलाप करना mourn
vilap karna *v.i.* विलाप करना wail
vilap karnewala *n.* विलाप करनेवाला mourner
vilasita *n.* विलासिता luxury
vilasmaya *a.* विलासमय luxurious
vilayak drav *n* विलायक द्रव solvent
vilayan *n.* विलयन fusion
vilom *n.* विलोम antonym
vilomatah *adv.* विलोमतः vice-versa
viman *n.* विमान aircraft
viman chalak *n.* विमान चालक pilot
viman chalan-vigyan *n.pl.* विमान चालन-विज्ञान aeronautics
viman-bhedi *a.* विमान-भेदी anti-aircraft
vimanchalak *n.* विमानचालन aviation
vimanchalak *n.* विमानचालक aviator
vimukh *pref.* विमुख contra
vina *n.* वीणा lute
vinamra *a* विनम्र docile

vinamra *a.* विनम्र humble
vinamra *a.* विनम्र meek
vinamra *a.* विनम्र modest
vinamrata *n.* विनम्रता humility
vinash *n* विनाश destruction
vinash *n* विनाश doom
vinash *n* विनाश fall
vinash *n.* विनाश obliteration
vinash *n* विनाश overthrow
vinashkaari *a.* विनाशकारी subversive
vinashkari *a.* विनाशकारी wasteful
vinast karna *v.t.* विनष्ट करना obliterate
vinay *n.* विनय politeness
vinayshil *a.* विनयशील lowly
vineet *adj.* विनीत bland
vinimaya *n.* विनिमय barter
vinimaya karna *v. t* विनिमय करना exchange
vinit *a.* विनीत polite
vinod puran *a.* विनोदपूर्ण humorous
vinodi *n.* विनोदी humorist
vinti *n.* विनती entreaty
vinti *n.* विनती solicitation
vinti karna *v.t.* विनती करना appeal
vinti karna *v.t.* विनती करना solicit
violin *n.* वायलिन violin
violin vadak *n.* वायलिन वादक violinist
vipakshi *n.* विपक्षी antagonist
viparit *a.* विपरीत averse
viparyaya *n* विपर्यय reverse
vipatti *n.* विपत्ति scourge
vipatti *n.* विपत्ति calamity
vipatti mai dalna *v. t* विपत्ति में डालना endanger
vipatti mein daalna *v.t.* विपत्ति में डालना peril
viplavkari *a.* विप्लवकारी seditious
viprit *a.* विपरीत reverse
viraam *n.* विराम standstill
viraasat *n.* विरासत heritage
viral *a.* विरल rare

viram *n.* विराम pause
viram *n* विराम stop
viram chihn vidhan *n.* विराम चिह्न विधान punctuation
virasat *n.* विरासत patrimony
virechek padarth *n.* विरेचक पदार्थ purgative
virechen *n.* विरेचन purgation
virodh *n.* विरोध antipathy
virodh *n.* विरोध antithesis
virodh *n.* विरोध confrontation
virodh *n* विरोध contrast
virodh *n.* विरोध hostility
virodh *n.* विरोध negation
virodh *n.* विरोध protest
virodh *n.* विरोध protestation
virodh *n.* विरोध resistance
virodh hona *v. t.* विरोध होना clash
virodh karna *v. t.* विरोध करना combat
virodh karna *v. i* विरोध करना contend
virodh karna *v. t* विरोध करना contradict
virodh karna *v. t* विरोध करना counter
virodh karna *v. t* विरोध करना cross
virodh karna *v.t.* विरोध करना object
virodh karna *v.t.* विरोध करना oppose
virodh mein *prep.* विरोध मे against
virodh patr *n.* विरोध पत्र representation
virodhabhasaatmak *a.* विरोधाभासात्मक paradoxical
virodhatmak *a* विरोधत्माक contrary
virodhi *a.* विरोधी hostile
virodhi *a.* विरोधी inimical
virodhi *n.* विरोधी opponent
virodhi *a.* विरोधी opposite
virodhi dal *n.* विरोधी दल opposition
virodhi par kabu *n.* विरोधी पर काबू tackle
virta *n.* वीरता prowess
virtapurna *a.* वीरतापूर्ण quixotic
virudh kriya *n.* विरूद्ध क्रिया reaction
virya *n.* वीर्य semen
virya sambandhi *a.* वीर्य संबधी seminal

visangat *a.* विसंगत irrelevant
vish *n.* विष poison
vish *n.* विष venom
vishaad rog *n.* विषाद रोग melancholia
vishaadgrast *a.* विषादग्रस्त melancholic
vishaal *a.* विशाल immense
vishaalkaaya *a* विशालकाय mammoth
vishaalkaaya haathi *n.* विशालकाय हाथी mammoth
vishaila *a.* विषैला poisonous
vishaila *a.* विषैला venomous
vishaila sanp *n* विषैला साँप cobra
vishaishadhikar *n.* विशेषाधिकार privilege
vishakt *a.* विषाक्त septic
vishakt *a.* विषाक्त virulent
vishakt tatva *n.* विषाक्त तत्व virus
vishal *a.* विशाल capacious
vishal *a* विशाल enormous
vishal *a* विशाल great
vishal *a.* विशाल huge
vishal *a.* विशाल massive
vishal *a.* विशाल roomy
vishal *a.* विशाल sizable
vishal *a.* विशाल stupendous
vishal *a.* विशाल titanic
vishal *a.* विशाल tremendous
vishal *a.* विशाल vast
vishal *a.* विशाल voluminous
vishal granth *n.* विशाल ग्रंथ tome
vishal hridya *a.* विशाल हृदय magnanimous
vishal sankhya *n.* विशाल संख्या legion
vishal sankhya *n.* विशाल संख्या myriad
vishal vhawan *n.* विशाल भवन mansion
vishal-kaaya *n.* विशालकाय monstrous
vishalta *n.* विशालता immensity
visham *a.* विषम odd
vishamta dikhana *v. t* विषमता दिखाना contrast
vishay *n.* विषय theme
vishay *n.* विषय topic

vishay mein *prep* विषय में about
vishay soochi *n.* विषय सूची content
vishaygat *a.* विषयगत thematic
vishayi *n* विषयी debauchee
vishayvastu *n.* विषयवस्तु subject
visheshagya *a* विशेषज्ञ expert
visheshagya *n.* विशेषज्ञ specialist
visheshagya banana *v.i.* विशेषज्ञ बनना specialize
visheshan *n.* विशेषण adjective
visheshta *n.* विशेषता peculiarity
visheshta *n.* विशेषता speciality
visheshta *n.* विशेषता trait
vishishit *a.* विशिष्ट prominent
vishishita *a.* विशिष्ट conspicuous
vishishitata *n.* विशिष्टता prominence
vishisht nirdeshan *n.* विशिष्ट निर्देशन specification
vishisht vyakti *n.* विशिष्ट व्यक्ति somebody
vishishtikaran *n.* विशिष्टीकरण specialization
vishleshan *n* विश्लेषण dissection
vishleshan karna *v.t.* विश्लेषण करना resolve
vishleshan karta *n* विश्लेषणकर्ता analyst
vishleshanaatmak *a* विश्लेषणात्मक analytical
vishuvat rekha *n* विषुवत् रेखा equator
vishv *n.* विश्व world
vishv vidyalaya *n.* विश्वविद्यालय university
vishvakosh *n.* विश्वकोश encyclopaedia
vishvas *n.* विश्वास trust
vishvas dilana *v. t* विश्वास दिलाना convince
vishvas na rakhna *v. t.* विश्वास न रखना distrust
vishvasaniya *a.* विश्वसनीय reliable
vishvasghat *n.* विश्वासघात perfidy
vishvasghat *n.* विश्वासघात treason

vishvasghat *n* विश्वासघात betrayal
vishvasghat karna *vt.* विश्वासघात करना betray
vishvasghati *a* विश्वासघाती disloyal
vishvasghati *n.* विश्वासघाती traitor
vishvasi *a.* विश्वासी trustful
vishvasniya *a.* विश्वसनीय staunch
vishvaspatra *n* विश्वासपात्र confidant
vishvast *n* विश्वास confidence
vishva-vyapi *a.* विश्व-व्यापी global
vishwa *n.* विश्व universe
vishwas *n.* विश्वास belief
vishwasniya anuchar *n.* विश्वसनीय अनुचर henchman
vishwayopakata *n.* विश्वव्योपकता universality
vishyai *n.* विषय item
vishyasakt *n.* विषयासक्त voluptuary
vismaran *n.* विस्मरण oblivion
vismay *n.* विस्मय amazement
vismaya *n.* विस्मय astonishment
vismaya *n.* विस्मय awe
vismayodgaar *n* विस्मयोद्गार exclamation
vismit ho jana *v.i* विस्मित हो जाना marvel
vismit karna *v.t.* विस्मित करना amaze
vismit karna *v.t.* विस्मित करना astonish
vismyadibodhak *n.* विस्मयादिबोधक interjection
visphot *n* विस्फोट burst
visphot *n* विस्फोट eruption
vistaar *n.* विस्तार expansion
vistaar *n.* विस्तार quantity
vistar *n.* विस्तार continuation
vistar *n* विस्तार increase
vistar *n.* चादर sheet
vistar *n.* विस्तार spread
vistar karna *v. t* विस्तार करना enlarge
vistar se kahana *v. t* विस्तार से कहना elaborate

visthapit karna *v. t* विस्थापित करना displace
vistrit *a* विस्तृत elaborate
vistrit *a.* विस्तृत spacious
vistrit bhubhag *n.* विस्तृत भूभाग tract
vistrit varnan *n.* विस्तृत वर्णन particular
viswavyapi *a.* विश्वव्यापी universal
vitamin *n.* विटामिन vitamin
vitaran *n* वितरण distribution
vitt varsh वित्त वर्ष fiscal year
vivaadgrast sammelan *n.* विवादग्रस्त सम्मेलन parley
vivad *v. i. & n* विवाद brawl
vivad *n* विवाद controversy
vivad *n.* विवाद debate
vivad *n* विवाद dispute
vivad karna *v. t* विवाद करना bicker
vivad karna *v. i* विवाद करना dispute
vivah *n.* विवाह spousal
vivah *n.* विवाह wedlock
vivah karna *v.t. & i.* विवाह करना conjugate
vivah karna *v.t.* विवाह करना wed
vivah sambandhi *n.* विवाह संबंधी nuptials
vivah se purva hone wala *adj.* विवाह से पूर्व होने वाला ante nuptial
vivah se purva ka *a.* विवाह से पूर्व का premarital
vivah virodhi *n* विवाह विरोधी agamist
vivah yogya *a.* विवाह योग्य marriageable
vivahutsav *n.* विवाहोत्सव wedding
vivaran *v. t* विवरण detail
vivaran dena *v. t.* विवरण देना explain
vivek *n* विवेक conscience
vivek *a.* विवेक prudent
vivekhin *adj* विवेकहीन absurd
vivekpurna *a.* विवेकपूर्ण prudential
viveksheel *a.* विवेकशील rational
vivekshil *a.* विवेकशील judicious
vividh *a* विविध diverse
vividh *a.* विविध manifold

vividh *a.* बहुप्रसवा multifarious
vividh, vibhinn *a.* विविध, विभिन्न various
vividhata *n.* विविधता variety
vividhkala vidhaylaya *n.* विविधकला विद्यालय polytechnic
vividhtapurna sangrah *n.* विविधतापूर्ण संग्रह miscellany
vivran *n.* विवरण report
vivran pustika *n.* विवरण पुस्तिका prospectus
vivranika *n* विवरणिका brochure
viyog *n* वियोग bereavement
viyojit karna *v. t* वियोजित करना disconnect
viyojya *a.* वियोज्य separable
voh *pron.* वह he
volt *n.* वोल्ट volt
voltata *n.* वोल्टता voltage
vote mangana *v. t.* वोट मांगना canvass
vraniya, vranyukt *a.* व्रणीय, व्रणयुक्त ulcerous
vrat *n.* व्रत vow
vrat lena *v.t.* व्रत लेना vow
vriddhi *n.* वृद्धि increment
vridh *a.* वृद्ध aged
vridhavastha sambandhi *a.* वृद्धावस्था संबंधी senile
vridhi *n.* वृद्धि aggravation
vridhi *n.* वृद्धि augmentation
vridhi hona *v.i.* वृद्धि होना accrue
vrikshiya *a.* वृक्षीय sylvan
vrish hanta *n .* वृषहंता matador
vrit *n.* वृत circle
vyabhichar *n.* व्यभिचार adultery
vyabhichari *n.* व्यभिचारी libertine
vyabhicharini stri ka pati *n.* व्यभिचारिणी स्त्री का पति cuckold
vyabhicharita *n* व्यभिचारिता debauchery
vyagra *a* व्यग्र eager
vyaiktikata *n.* वैयक्तिकता individuality
vyakaran *n.* व्याकरण grammar
vyakaranweta *n.* व्याकरणवेत्ता grammarian
vyakatitva *n.* व्यक्तित्व personality
vyakhayan *n.* व्याकरण lecture
vyakhya *n.* व्याकरण gloss
vyakhya karna *v.t.* व्याख्या करन interpret
vyakhyan *n.* व्याख्यान say
vyakti *n.* व्यक्ति person
vyaktigat *a.* व्यक्तिगत individual
vyaktigat maal-asbaab *n.* व्यक्तिगत माल-असबाब belongings
vyaktigat vartalap *n.* व्यक्तिगत वार्तालाप tete-a-tete
vyaktivad *n.* व्यक्तिवाद individualism
vyakul karna *v.t.* व्याकुल करना perplex
vyakul karna *v.t.* व्याकुल करना perturb
vyang-kavita likhna *v.t.* वियोग-कविता लिखना parody
vyangya *n.* व्यंग्य satire
vyangya chitr *n.* व्यंग्य-चित्र caricature
vyangya karna *v.t.* व्यंग्य करना lampoon
vyangya karna *v.t.* व्यंग्य करना satirize
vyangya kathan *n.* व्यंग्य कथन sarcasm
vyangya lekhak *n.* व्यंग्य लेखक satirist
vyangya ukti *n.* व्यंग्य उक्ति repartee
vyangyapurna *a.* व्यंग्यपूर्ण sarcastic
vyangyapurna *a.* व्यंग्यपूर्ण satirical
vyanjan *n.* व्यंजन consonant
vyapaari *n.* व्यापारी merchant
vyapak *a* व्यापक comprehensive
vyapak *a.* व्यापक widespread
vyapar *n* व्यापार business
vyapar *n.* व्यापार trade
vyapar karna *v.i* व्यापार करना trade
vyapar sambandh *n.* व्यापार संबंध dealing
vyapari *n* व्यापारी businessman
vyapari *n* व्यापारी dealer
vyapari *n.* व्यापारी trader
vyaparik chinh *n.* व्यापारिक चिन्ह brand
vyapt hona *v.t.* व्याप्त होना pervade
vyarth *a.* व्यर्थ worthless

vyartha *a.* व्यर्थ vain
vyartha *adv.* व्यर्थ vainly
vyartha *a.* व्यर्थ waste
vyas *n* व्यास diameter
vyasak *a* वयस्क adult
vyasak vyakti *n.* वयस्क व्यक्ति adult
vyasan *n.* व्यसन vice
vyast *a* व्यस्त busy
vyast rakhna *v.t* व्यस्त रखना engross
vyastata व्यवस्था engagement
vyastata ka samay *n.* व्यस्तता का समय rush
vyavahar *n.* व्यवहार treatment
vyavaharmulak *a.* व्यवहारमूलक pragmatic
vyavaharya *a.* व्यवहार्य viable
vyavaharya *a.* व्यवहार्य workable
vyavasay sambandhi *a.* व्यवसाय संबंधी professional
vyavasaya sangh *n.* व्यवसाय-संघ firm
vyavasayee *n.* व्यवसायी practitioner
vyavasayi *n.* व्यवसायी monger
vyavasayik *a* व्यवसायिक commercial
vyavasayik kshetra *n.* व्यावसायिक क्षेत्र sector
vyavdhan *n.* व्यवधान trouble
vyaya *v.t.* व्यय retrench
vyaya karna *v.t.* व्यय करना spend
vyaya ki rasid *n.* व्यय की रसीद voucher
vyaya mein kami *n.* व्यय में कमी retrenchment
vyayam sambandhi *a.* व्यायाम संबंधी gymnastic
vyayam vidha *n.* व्यायाम विद्या gymnastics
vyayami *n.* व्यायामी gymnast
vyom *n* व्योम ether
vyovridh vyakati *n.* वयोवृद्ध व्यक्ति senior
vyutpatishastra *n.* व्युत्पत्तिशास्त्र etymology
vyvahar kaushal *n.* व्यवहार कौशल tact

vyvasaya *n.* व्यवसाय career
vyvasaya *n.* व्यवसाय vocation
vyvasaya *n.* व्यवसाय work
vyvastha *n.* व्यवस्था ruling
vyvasthapan *n.* व्यवस्थापन regulation
vyvasthata *n.* व्यवस्था stipulation

W

wadak *n.* वादक instrumentalist
wafaadar *a* वफ़ादार faithful
wahan *adv.* वहाँ yonder
wakta *n.* वक्ता speaker
wakya *n.* वाक्य sentence
wanijaya *n* वाणिज्य commerce
wanijya-sambandhi *a.* वाणिज्य-संबंधी mercantile
wanshavali *n.* वंशावली lineage
warden *n.* वार्डन warden
warn *n* वर्ण complexion
warnan karna *v. t.* वर्णन करना express
washer *n.* वाशर washer
watt *n.* वाट watt
wayrth *a.* व्यर्थ futile
wayudaabmapi *n* वायुदाबमापी barometer
whale *n.* वेल whale
whale machali ki haddi *n.* व्हेल मछली की हड्डी baleen
wilaap *n* विलाप lament
williyan *n.* विलयन merger
wisfot karna *v. t.* विस्फोट करना explode
wisfotak *a* विस्फोटक explosive
wisfotak padarth *n.* विस्फोटक पदार्थ explosive
wishisht *a* विशिष्ट especial
wishishta *n.* विशिष्टता forte
wishishtata chinha *n.* विशिष्टता चिन्ह hallmark
wishmarak aushadhi *n.* विषमारक औषध antidote

Y

yaad dilaana *v.t.* याद दिलाना remind
yaadgaar *n.* यादगार memory
yaajkiya *a* याजकीय clerical
yaanshala *n.* यानशाला garage
yaantrik *a* यांत्रिक mechanic
yaantrik *a.* यांत्रिक mechanical
yaantrika *n.* यांत्रिकी mechanics
yaapasi *n.* वापसी restoration
yachika *n.* याचिका petition
yachna karna *v.t.* याचना करना crave
yada kada *adv.* यदा कदा seldom
yada kada *adv.* यदा कदा occasionally
yadgar *n.* यादगार souvenir
yadi *conj.* यदि if
yadi *conj.* यदि whether
yadi nahin *conj.* यदि नहीं unless
yadyapi *conj.* यद्यपि although
yadyapi *conj.* यद्यपि though
yahan यहां here
yahan se *adv.* यहां से hence
yahi *a.* यही very
yahudi *n.* यहूदी Jew
yamak *n.* यमक pun
yantr manav *n.* यंत्र मानव robot
yantra *n* यंत्र engine
yantrana *n.* यंत्रणा agony
yantrana dena *v.t.* यंत्रणादेना lacerate
yanyukt *a.* यानयुक्त vehicular
yash *n.* यश renown
yash *n.* यश reputation
yatayaat *n.* यातायात traffic
yathapi *conj.* यद्यपि notwithstanding
yatharth *a.* यथार्थ actual
yatharth *n* यथार्थ fact
yatharth *n.* यथार्थ precise
yatharth *n.* यथार्थ realism
yatharthavadi *n.* यथार्थवादी realist
yatharthavadi *a.* यथार्थवादी realistic
yatharthta *n.* यथार्थता precision
yathesht *a* यथेष्ट enough
yathopari *n.* यथोपरि ditto
yatna *n.* यातना affliction
yatna *n.* यातना torment
yatna *n.* यातना torture
yatna dena *v.t.* यातना देना torment
yatna dena *v.t.* यातना देना torture
yatra *n.* यात्रा journey
yatra *n* यात्रा travel
yatra karna *v.i.* यात्रा करना journey
yatra karna *v.i.* यात्रा करना travel
yatri *n.* यात्री passenger
yatri *n.* यात्री traveller
yatri-saman *n.* यात्री-सामान baggage
yaun kriya *n.* यौन क्रिया sex
yauvan *n* यौवन bloom
yauvan *n.* यौवन youth
yavsura nirmansala *n* यवसुरा निर्माणशाला brewery
yayawar *a.* व्यवहार migrator
yeh *pron.* यह it
yeh din *n.* यह दिन today
yodha *n* योद्धा agonist
yodha *n* योद्धा combatant
yodha *n.* योद्धा knight
yodha *a.* योद्धा militant
yodha *n.* योद्धा warrior
yog *n* योग amount
yog dena *v. t* योग देना contribute
yogdaan *n* योगदान contribution
yogik *a* यौगिक compound
yogya *a* योग्य able
yogya *adj* योग्य apposite
yogya *a.* योग्य apt
yogya *a.* योग्य capable
yogya *a.* योग्य meritorious
yogya *a.* योग्य, सम्मान्य worthy
yogya banana *v. t* योग्य बनाना enable
yogya hona *v.t* योग्य होना merit

yogya hona *v. t.* योग्य होना deserve
yogyata *n* योग्यता ability
yojak *n.* योजक joiner
yojana *n* योजना device
yojana *n.* योजना plan
yojana *n.* योजना programme
yojana *n.* योजना project
yojana banana *v. t.* योजना बनाना design
yojana banana *v.t.* योजना बनाना plan
yojana banana *v.i.* योजना बनाना scheme
yojna *n.* योजना measure
yojna *n.* योजना system
yoni *n.* योनि vagina
yuddh *n.* युद्घ war
yudh *n* युद्घ battle
yudh karna *v.i.* युद्घ करना militate
yudh ke liye taiyar karna *v.t.* युद्घ के लिए तैयारी करना arm
yudh ladna *v. i.* युद्घ लड़ना battle
yudh saamagri *n.* युद्घ सामग्री munition
yudhapriyata *n* युद्घप्रियता belligerency
yudhniti vishayak *a.* युद्घनीति विषयक strategic
yudhnitigya *n.* युद्घनीतिज्ञ strategist
yudhpot *n* युद्घपोत cruiser
yudhpoton ka berha *n.* युद्घपोतों का बेड़ा armada
yudhpriya *a.* युद्घप्रिय warlike
yudhrat *a* युद्घरत belligerent
yudhrat rajya *n* युद्घरत राज्य belligerent
yudh-saamagri *n.* युद्घ-सामग्री armament
yudhshil *a.* युद्घशील combatant
yudhviram *n.* युद्घविराम armistice
yudhviram *n.* युद्घविराम truce
yug *n* युग epoch
yugmit karna *v.t.* युग्मित करना yoke
yunani bhasha *n.* यूनानी भाषा greek
yuva *a.* युवा youthful
yuvan *n.* यौवन prime

Z

zabt *n* ज़ब्त forfeit
zabt ho jana *v.t* ज़ब्त हो जाना forfeit
zabti *n* ज़ब्ती confiscation
zahar dena *v.t.* ज़हर देना poison
zaitoon *n.* जैतून olive
zamanat *n.* जमानत guarantee
zamanat *n.* ज़मानत bail
zameen se sat jana *v. i.* ज़मीन से सट जाना crouch
zamindar *n.* जमींदार squire
zanzir ki kadi *n.* ज़ंजीर की कड़ी link
zaridar kapda *n* ज़रीदार कपड़ा brocade
zebra *n.* ज़ेबरा zebra
zimma lena *v.t.* जिम्मा लेना warrant
zimmedaar *a.* ज़िम्मेदार liable
zinda *a* ज़िंदा alive
zinda-dil *a.* जिंदादिल gay
zindadili *n.* जिंदादिली joviality
zip *n.* जिप zip
zor dena *v.t.* ज़ोर देना push
zor se band karna *v.t.* ज़ोर से बंद करना slam
zor se khinchna *v.t.* ज़ोर से खींचना tug
zordaar *a.* ज़ोरदार strenuous
zordaar dhakka *n* ज़ोरदार धक्का thrust